संगीत श्रीरामायण दोहावली

SANGIT SHRI RAMAYAN DOHAVALI

A Musical Poem of the interesting stories of Shrī Rāma's amazing deeds in Doha Chhanda.

श्री राम की अद्भुत लीलाओं की दोहा छंद में हिंदी कविता ।

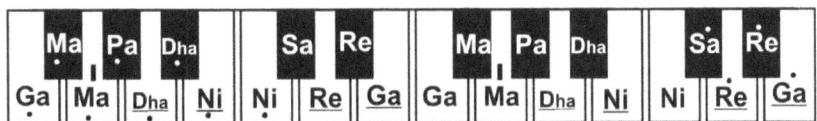

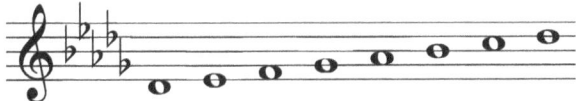

Prof. Ratnakar Narale

PUSTAK BHARATI, TORONTO, CANADA

Composition : Dr. Ratnakar Narale, Prof. Hindī, Ryerson University, Toronto.
B. Sc. (Nagpur), M. Sc. (Pune), Ph. D. (IIT, Kharagpur), Ph. D. (Kālīdas Sanskrit Univ. Nagpur);
web : www.Pustak-bharati-canada.com , email : books.india.books@gmail.com
WhatsApp : +1 416 666 6932

Book Title : संगीत श्रीरामायण दोहावली (हिन्दी आवृत्ति)

इतिहास रचनेवाला, 5200 दोहों का, रागबद्ध गीत-संगीत महाकाव्य ऐसा कभी हुआ न होगा. रघुवीर श्रीराम चंद्र व परम भक्त श्री हनुमान के सर्वतोपरी दैवी अद्‌भुत लीलाओं से ओतप्रोत भरा हुआ यह मनोरम चरित्र आध्यात्मिक गहनता से परिपूर्ण चरित्र जागतिक इतिहास में अनुपम हैं. नये रूप में रामायण लिख कर उसे उत्तमतम छंद, राग सरगम से अलंकृत की हुई यह दोहाबद्ध कवितारूप प्रस्तुति अपूर्व, असामान्य एवं अद्वितीय है.

भारतीय संस्कृति का ऐसा कोई भी पहलू नहीं है जो इस अनूठे महाकाव्य में रुचिरता से सन्नद्ध न किया हो. यह केवल काव्य मात्र ही नही बल्कि यह गंभीर संशोधन से भरा हुआ सचित्र शोधप्रबंध भी है. यह काव्य-संगीत प्रेमियोंके लिये राग-छंदों का दोहाबद्ध व्याख्याओंका ऐसा महान भांडागार है जैसा अन्य कहीं भी विद्यमान नहीं है. यह स्वरलीपी से परिपूर्ण महान ग्रंथ लेखक की दस वर्षों की काव्य तपस्या व संगीत साधना है. विश्व का पहिला रामायण श्री वाल्मीकि जी का था, उनके बाद श्री तुलसी रामायण और फिर अनेकों रामायण निकले, परंतु प्रस्तुत काव्य विश्व का सर्वप्रथम और एकमेव दोहाबद्ध स्वरलिपि युक्त संगीत-रामायण है.

Sanskrit and Hindi Font : Sarasvatī Font Designed and Created by Ratnākar Narale.
Graphics : Ratnakar Narale, Madhavi Borikar, Rajni Phansalkar
Cover Design : Arvind Narale, Architect, Toronto, Canada
Published by : PUSTAK BHARATI (Books India), Toronto, Canada, M2R 3E4.

ISBN 978-1-897416-93-8
90000
9 781897 416938

Copyright © Dec 12, 2018

ISBN 978-1-897416-93-8

© All rights reserved. No part of this book may be copied, reproduced or utilised in any manner or by any means, computerised, e-mail, scanning, photocopying or by recording in any information storage and retrieval system, without the permission in writing from the author.

About the Author :

Vishva Hindi Samman, Sarasvati Samman and Hindu Ratna Award recipient, Designer and Creator of the well known Sarasvati Font, Dr. Ratnakar Narale has Ph.D. from IIT, Kharagpur and Ph.D. from Kalidas Sanskrit University, Nagpur, India. He is an author, lyricist and musician. Ratnakar is Prof. of Hindī at Ryerson University, Toronto, Canada. He is living in Toronto since last 50 years.

He has studied **Sanskrit, Hindi, Marathi, Bengali, Punjabi, Urdu** and **Tamil** languages and has written books for learning these languages. He has written excellent and unique books on Gītā, Rāmāyan, Shivājī and Music. His books can be viewed at **www.books-india.com** and they are available at **amazon.com** and other international book distributors.

His writings have been applauded by such organizations as the World Hindi Secretariat, Mauritius, Sangit Natak Akademi, New Delhi; Indian Council for Cultural relations (ICCR), New Delhi; Strings-N-Steps, New Delhi; ATN News Channel, OMNI News Channel, Hindi Times, The Hitwad, The Tarun Bharat, the Lokmat, The Sakal, Des Pardes, Nav Bharat Times, Sahitya Amrit, The Voice, The Indian Express, ... etc.

He has received citations from some of the most prominent people as, **Hon. Atal Vihari Vajpai,** *Prime Minister of India;* **Hon. Basdeo Panday,** *Prime Minister of Trinidad and Tobaggo;* **Dr. Murli Manohar Joshi,** *Federal HRD Minister of India;* **Ashok Singhal,** *President, VHP, New Delhi;* **Shri Mohan Bhagavat,** *Sarsanghachalak, Rashtriya Swayamsevak Sangh, Nagpur, India,* etc.

His music compositions are endorsed by such great Indian music Maestros as *Bharat Ratna* **Dr. Ustad Bismillah Khan Trust,** New Delhi; *Padma Vibhushan* **Amjad Ali Khan,** New Delhi; *Padmashri* **Ustad Ghulam Sadiq Khan,** New Delhi; *Music Maestro* **Rashid Mustafa Thirakwa,** New Delhi; *Padmabhushan* **Ustad Sabri Khan,** New Delhi; *Padmabhushan* **Pandit Debu Chaudhuri,** New Delhi; *Pundit* **Birju Mahataj,** New Delhi; etc.

SANSKRIT
PRIMER
Primary to Intermediate
Prof. Ratnakar Narale
Pustak-Bharati
Books-India
SANSKRIT
TEACHER
ALL-IN-ONE
For All Levels
Without
Transliteration
Prof. Ratnakar Narale
A to Z
REVISED
Pustak-Bharati
Books-India
SANSKRIT
TEACHER
ALL-IN-ONE
For All Levels
With Transliteration
Prof. Ratnakar Narale
A to Z
REVISED
Pustak-Bharati
Books-India
SANSKRIT GRAMMAR
AND
REFERENCE BOOK
With transliteration
For All Levels
The Sanskrit Black Book
Prof. Ratnakar Narale
Pustak-Bharati
Books-India
HINDI
TEACHER
FOR
HINDU
CHILDREN
Prof. Ratnakar Narale
Sunita Narale
Pustak-Bharati
Books-India
HINDI
TEACHER
for
English Speaking People
New
Enlarged
Edition
TAMIL
TEACHER
With Transliteration & Devanagari
Primary to Intermediate
Self-Tutor
Prof. Ratnakar Narale
Pustak-Bharati
Books-India
URDU
TEACHER
With Transliteration & Devanagari
Primary to Intermediate
Self-Tutor
Prof. Ratnakar Narale
Pustak-Bharati
Books-India
GURUMUKHI
TEACHER
COLOR CODED
Punjabi Gurumukhi
ਪੰਜਾਬੀ ਗੁਰਮੁਖੀ
Prof. Ratnakar Narale
Sunita Narale
Learn Bengali
Through English / Hindi
With Transliteration & Devanagari
Ratnakar Narale
Self-Tutor
Learn Gujrati
Through English / Hindi
With Transliteration & Devanagari
Ratnakar Narale
Self-Tutor
Learn Marathi
Through English / Hindi
With Transliteration & Devanagari
Ratnakar Narale
Self-Tutor
GITA AS SHE IS
Ratnakar
Gita ka Shabdakosh
Grammatical Dictionary
of the Gita
गीता का शब्दकोश
और अनुक्रमणी
New
Edition
Prof. Ratnakar Narale
रत्नाकर रचित
गीतोपनिषद्
संस्कृत-हिंदी
Gitopanishad
Sanskrit-Hindi
Prof. Ratnakar Narale
Yoga-Sūtras of Patañjali,
Made Easy
Body Mind & Soul
Prof. Ratnakar Narale
मेरे भजन
MERE BHAJAN
With English Transliteration and Meaning
VOLUME 1
Ratnakar
SANSKRIT HINDI RESEARCH INSTITUTE
Learn Hindi
Through English Medium
IN 20 EASY STEPS
Hindi Level I
Ratnakar Narale
FLIPPED
ENGLISH DICTIONARY
NEW EDITION
Prof. Ratnakar Narale
Pustak-Bharati
Books-India
सविस्तार
हिंदी गीता
आचार्य रत्नाकर

Nirmala Armstrong
Regional Councillor

October 18th, 2017

Dr. Ratnakar Narale
Hindu Institute of Learning
2411 Dundas Street West
Toronto, Ontario
M6P1X3

HINDU-RATNA AWARD

Dear Dr. Narale,

As a Regional Councillor for the City of Markham and a Honourary Co-Chair of the Markham Hindu Heritage Month Committee, it is my pleasure to request your presence at the Markham Hindu Heritage Month Celebrations and to inform you that you have been selected to receive a "Hindu Ratna Award" on the day of this event.

This event has been organized by members of the Hindu Canadian Community who formed the Markham Hindu Heritage Month Committee in partnership with the City of Markham. As such, this event will commemorate the proclamation that was made by the Markham City Council on December 12, 2016. On this day, a motion was passed to proclaim the month of November as Hindu Heritage Month in the City of Markham. This proclamation goes on to recognize the many ways that Hindu Canadians have contributed to Markham's growth and success and reaffirms the city's commitment to celebrating Markham's diversity.

During this event, the 'Hindu Ratna Award' will be graciously presented to you for your service to the Hindu Canadian Community. Please do inform whether you will be able to attend this event to receive your award in person.

Event: Hindu Heritage Month Celebrations - "Come Celebrate with us Hindu Heritage Month"

Date: November 12th, 2017

Time: 5:00 pm – 7:30 pm

Location: Markham Civic Centre, 101 Town Centre Blvd., Markham ON L3R 9W3

Sincerely,

Nirmala Armstrong
Regional Councillor

The Corporation of the City of Markham, Anthony Roman Centre, 101 Town Centre Boulevard, Markham, ON L3R 9W3 Canada
T: 905-415-7534 • M: 416-509-2037 • F: 905-479-7763 • narmstrong@markham.ca • www.markham.ca

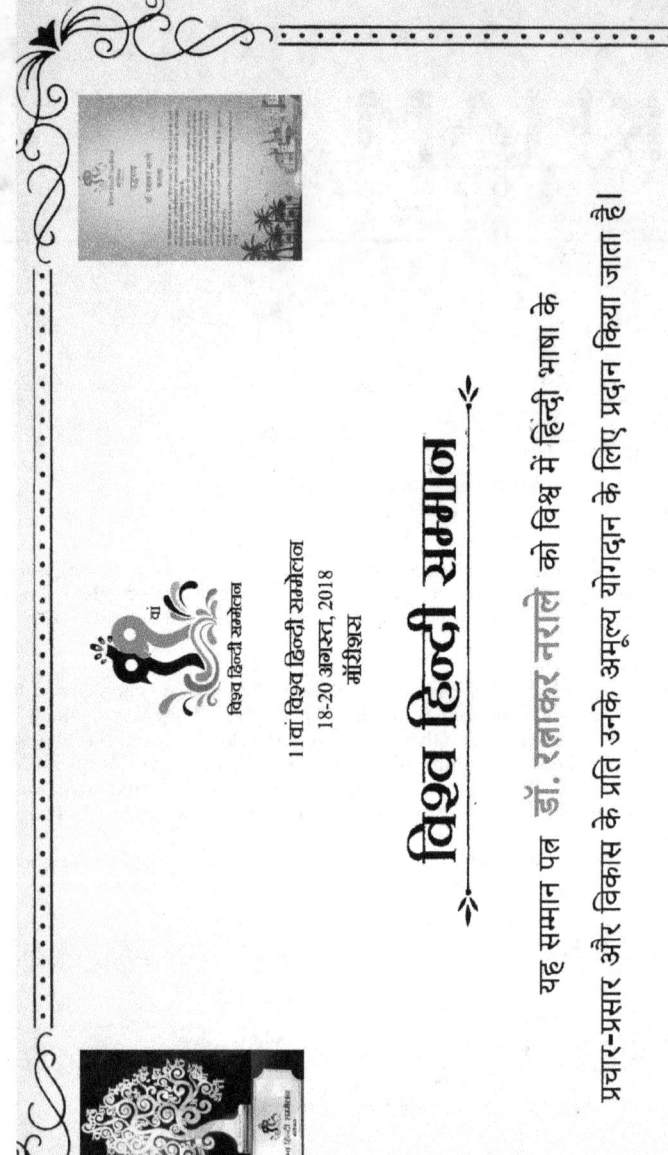

विश्व हिन्दी सम्मेलन

11वां विश्व हिन्दी सम्मेलन
18-20 अगस्त, 2018
मॉरीशस

विश्व हिन्दी सम्मान

यह सम्मान पत्र डॉ. रत्नाकर नराले को विश्व में हिंन्दी भाषा के प्रचार-प्रसार और विकास के प्रति उनके अमूल्य योगदान के लिए प्रदान किया जाता है।

20 अगस्त, 2018

सुषमा स्वराज

सुषमा स्वराज
अध्यक्ष, 11वां विश्व हिन्दी सम्मेलन

संगीत श्रीरामायण दोहावली

प्रस्तावना

संगीतसंयुता हृद्या छन्दोरागैरलंकृता ।
ईदृक्षी कविता विश्वे न भूता न भविष्यति ।।

हमारे आप्रवासी बंधु-भगिनियों की संस्कृतिश्रद्धा के आधारस्तंभ हमारी पुरातन अवधभूमि की भाषा, ग्रामीण गीत-संगीत, आचार-विचार, रहन-सहन, तौर-तरीके, निसर्ग और पशु-पक्षियों के साथ संलग्नता, गाय-बैल किसान-किसानी, ग्वाले-गोपियाँ, दूध-माखन, आदि सभी सांस्कृतिक-सामाजिक विधाओंने ही भारतीय ग्रामीण एवं गिरमिटिया आत्मविश्वास को दृढ़ एवं जीवित रखा है.

अतः निष्कर्ष है कि राघव-सीता के जीवन की अनुपम झलकियाँ ही वे विधाएँ हैं जो हमारे ग्रामीण और गिरमिटिया पुरखों ने हृदय के साथ रखी थीं. उन अमूल्य झलकियों को, उसी पुरातन व्रज-अवधी गीत-संगीत के द्वारा, संरक्षित रखने व प्रस्तुत करने का काम संगीत श्रीरामायण दोहावली कर रही है.

इतिहास रचनेवाला संगीत महाकाव्य ऐसा न कभी हुआ न ही होगा कभी. आधुनिक हिंदी भाषा में इससे बृहत भी शायद ही होगा. रघुवीर श्रीराम चंद्र व परम भक्त श्री हनुमान के सर्वतोपरी दैवी अद्‌भुत लीलाओं से ओतप्रोत भरा हुआ यह मनोरम व आध्यात्मिक गहनता से परिपूर्ण चरित्र जागतिक इतिहास में अनुपम हैं. नये रूप में रामायण लिख कर उसे उत्तमतम छंद, राग संगीत और सुर-सरगम से अलंकृत की हुई यह दोहाबद्ध कवितारूप प्रस्तुति अपूर्व, असामान्य एवं अद्वितीय है.

भारतीय संस्कृति का ऐसा कोई भी पहलू नहीं है जो इस अनूठे महाकाव्य में रुचिरता से सन्नद्ध न किया गया हो. यह केवल काव्य मात्र ही नही बल्कि यह गंभीर संशोधन से भरा हुआ शोधप्रबंध भी है. यह काव्य-संगीत प्रेमियों के लिये राग-छंदों का दोहाबद्ध व्याख्याओ का ऐसा महान भांडागार है जैसा अन्य कहीं भी विद्यमान नहीं है. यह स्वरलीपी से परिपूर्ण महान ग्रंथ लेखक की दीर्घ काव्य तपस्या व संगीत साधना है. विश्व का पहिला रामायण श्री वाल्मीकि जी का था, उनके बाद श्री तुलसी रामायण और फिर अनेकों रामायण निकले, परंतु प्रस्तुत काव्य विश्व का सर्वप्रथम और एकमेव सुसंधानयुक्त, दोहाबद्ध स्वरलिपि युक्त संगीत-रामायण है.

Toronto, Canada. Dec 12, 2018 — रत्नाकर नराले

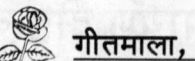 गीतमाला, पुष्प 1 of 163

दादरा ताल, 12 मात्रा

(संगीत श्रीकृष्णरामयण)

स्थायी

कविता होगी न ऐसी हुई है,
राग छंदों भरी ये नदी है ।
तुलसी ने कथा जो कही है,
व्यास वाल्मीक वाणी यहीं है ।।

♪ रेसा– रे–रे– रे ग–रे सारे– ग–, रे–ग म–म– मप– म– गरे– रे– ।
सासारे– रे– रेग– रे– सारे– ग–, रे–ग म–म–म प–म– गरे– रे– ।।

अंतरा–1

इसमें वो है जो करने सही है,
अवगुणों की प्रशंसा नहीं हैं ।
वेद शास्त्रों का आशय यही है,
ऋषि-मुनियों ने गाया वही है ।।

♪ सां–सां नि– सां– सां धधनि– धप– म–, सां–सांनि– सां– निध–नि– धप– म– ।
मग म–म– म प–मम गम– प–, रेग– ममम– म प–म– गरे– रे– ।।

अंतरा–2

ज्ञान गंगा ये मंगल बही है,
धन्य जिससे हुई ये मही है ।
बात युग युग से जो आ रही है,
मैंने संगीत में वो कही है ।।

अनुक्रम

दोहा॰

रामकृष्ण संगीत के, भजनन का भण्डार ।
जो गाता है प्रेम से, उसका है भव पार ।।

संगीत-श्री-रामायण

मंगलाचरण (Page 4)
संज्ञा परिचय (Page 6)

१. बाल काण्ड

1. श्री गणेश वंदना (Page 10)
2. श्री सरस्वती वन्दना (Page 11)
3. श्री राष्ट्रभाषा हिंदी वन्दना (Page 13)
4. श्री गुरुवर वाल्मीकि वन्दना (Page 16)
5. रत्नाकर डाकू की कथा (Page 17)
6. क्रौंच वध की कथा (Page 28)
7. श्री गुरुवर वाल्मीकि की कथा (Page 30)
8. तमसा तट पर श्री नारद के आगमन की कथा (Page 32)
9. श्री नारद-वाल्मीकि मिलन की कथा (Page 33)
10. श्री राम गुणगान की कथा (Page 34)
11. अयोध्या वर्णन (Page 37)
12. ब्रह्मर्षि वसिष्ठ की कथा (Page 40)

13. राजा दशरथ की कथा (Page 42)
14. कैकेयी के दो-वरों की कथा (Page 43)
15. श्रवण कुमार की कथा (Page 45)
16. पुत्रेष्टि यज्ञ की कथा (Page 52)
17. श्री राम जन्म की कथा (Page 54)
    - चंद्रमा के लिए हठ की कथा (Page 63)
18. श्री राम के गुरुकुल गमन की कथा (Page 65)
19. श्री राम के गुरुकुल समापन की कथा (Page 66)
20. श्री अगस्त्य मुनि की कथा-1 (Page 68)
21. ताड़का वध की कथा (Page 69)
22. सिद्धाश्रम में स्वागत की कथा (Page 83)
23. मिथिला नरेश जनक जी की कथा (Page 86)
24. मिथिला नगरी को प्रस्थान की कथा (Page 88)
25. अहल्योद्धार की कथा (Page 91)
26. सीता स्वयंवर की कथा (Page 98)
27. श्री राम –लक्ष्मण–भरत–शत्रुघ्न विवाह की कथा (Page 108)
28. श्री परशुराम भार्गव की कथा (Page 117)

२. अयोध्या काण्ड

29. श्री राम-सीता के अवध में आगमन की कथा (Page 121)
30. श्री राम के राज तिलक की कथा (Page 123)

31. कुब्जा मंथरा दासी की कथा (Page 138)
32. कैकेयी के हठ की कथा (Page 146)
33. कैकेयी-राम संवाद की कथा (Page 157)
34. वनवास गमन आज्ञा की कथा (Page 162)
35. श्री राम-सुमित्रा लक्ष्मण संवाद की कथा (Page 163)
36. श्री राम-सीता संवाद की कथा (Page 168)
37. उर्मिला-लक्ष्मण संवाद की कथा (Page 178)
38. श्री राम-सीता-कौशल्या संवाद की कथा (Page 181)
39. श्री राम-दशरथ संवाद की कथा (Page 186)
40. श्री राम-लक्ष्मण-सीता वनवास गमन की कथा (Page 190)
41. श्री गंगा मैया की कथा (Page 198)
42. गुह निषाद की कथा (Page 199)
43. श्री भरद्वाज मुनि की कथा (Page 211)
44. श्री यमुना रानी की कथा (Page 212)
45. चित्रकूट पर्वत की कथा (Page 214)
46. श्री राम के, चित्रकूट गमन की कथा (Page 217)
47. सुमंत्र के अयोध्या आगमन की कथा (Page 220)
48. श्री दशरथ जी के स्वर्गारोहण की कथा (Page 223)
49. भरत के अयोध्या आगमन की कथा (Page 228)
50. भरत के चित्रकूट गमन की कथा (Page 237)

51. 🪔 श्री राम-भरत मिलाप की कथा (Page 242)

52. 🪔 भरत के राज्यारोहण की कथा (Page 252)

३. अरण्य काण्ड

53. 🪔 साध्वी अनसूया की कथा (Page 256)
    - श्री दत्तात्रय की कथा (Page 256)
54. 🪔 श्री शरभंग मुनि की कथा (Page 261)
55. 🪔 श्री सुतीक्ष्ण ऋषि की कथा (Page 264)
56. 🪔 श्री अगस्त्य मुनि की कथा-2 (Page 266)
57. 🪔 विंध्याद्रि पर्व की कथा (Page 269)
58. 🪔 श्री नर्मदा देवी की कथा (Page 269)
59. 🪔 सातपुड़ा पहाड़ की कथा (Page 270)
60. 🪔 श्री ताप्ती देवी की कथा (Page 271)
61. 🪔 सह्याद्रि पर्वत की कथा (Page 273)
62. 🪔 रामटेक नगर की कथा (Page 275)
63. 🪔 श्री गोदावरी देवी की कथा (Page 278)
64. 🪔 पंचवटी में श्री राम के आगमन की कथा (Page 280)
65. 🪔 शूर्पणखा की कथा (Page 286)
66. 🪔 असुर खर-दूषण की कथा (Page 289)
    - देव बाण की कथा (Page 294)
67. 🪔 मायावी मारीच की कथा (Page 295)

68. कांचन-मृग की कथा (Page 300)
69. लक्ष्मण रेखा की कथा (Page 305)
70. सीता अपहरण की कथा (Page 308)
71. सीता के विलाप की कथा (Page 310)
72. वीर जटायु की कथा (Page 313)
73. श्री राम के विलाप की कथा (Page 315)
    - वृक्षराज अश्वत्थ की कथा (Page 320)
74. जटायु के स्वर्गारोहण की कथा (Page 320)
75. वीर संपाती की कथा (Page 325)
76. श्री अगस्त्य मुनि की कथा-3 (Page 327)
    - गजेंद्र मोक्ष की कथा (Page 328)
    - श्री राम के प्रतिस्थान से प्रस्थान की कथा (Page 330)

४. किष्किन्धा काण्ड

77. सीता के आभूषणों की कथा (Page 338)
78. सीता के लंका प्रवेश की कथा (Page 339)
79. अशोक वटिका की कथा (Page 346)
80. मंदोदरी देवी की कथा (Page 348)
81. असुर भक्त कबंध की कथा (Page 349)
82. शबरी भीलनी के जूठे बेरों की कथा (Page 351)
83. श्री हनुमान जन्म की कथा (Page 360)

- पुंजिकस्थला की कथा (Page 360)
- केसर और अंजनी की कथा (Page 362)

84. श्री राम-हनुमान मिलन की कथा (Page 364)
85. सुग्रीव पत्नी रुमा हरण की कथा (Page 374)
86. श्री राम-सुग्रीव मिलन की कथा (Page 378)
87. सुग्रीव-बाली संग्राम की कथा (Page 379)
    - साखु वृक्ष की कथा (Page 381)
88. साध्वी तारा देवी की कथा (Page 391)
89. सुग्रीव के राज्यारोहण की कथा (Page 393)
    - रामलीला की कथा (Page 395)
90. सीता आभूषण पहिचान की कथा (Page 399)
91. श्री राम के लंका के लिए प्रस्थान की कथा (Page 402)

५. सुंदर काण्ड

92. सीता की खोज की कथा (Page 406)
    - सुरसा अहिनी की कथा (Page 412)
    - हिरण्यनाभ गिरि की कथा (Page 413)
    - त्रिकूट गिरि की कथा (Page 413)
    - अशोक वाटिका की कथा (Page 415)
93. हनुमान समक्ष सीता पर रावण के अत्याचार कथा (Page 417)
    - त्रिजटा दासी की कथा (Page 424)
94. श्री हनुमान-सीता मिलन की कथा (Page 425)
95. छाती फाड़ हनुमान की कथा (Page 430)

96. सीता-उपलब्धि के शुभ संदेश की कथा (Page 436)

६. लंका काण्ड

97. सेतु बंधन की कथा (Page 451)
98. श्री हनुमान-रावण मिलन की कथा (Page 457)
    - अशोक वाटिका ध्वंस की कथा (Page 458)
    - अक्षकुमार की कथा (Page 461)
99. लंका दहन की कथा (Page 466)
100. नीति वीर बिभीषण की कथा (Page 469)
101. सरमा देवी की कथा (Page 477)
102. बिभीषण-सीता मिलन की कथा (Page 479)
103. बिभीषण-राम मिलन की कथा (Page 481)
104. वीर अंगद के दौत्य की कथा (Page 484)
105. रावण द्वारा युद्ध ललकार की कथा (Page 487)
106. जंबुमाली की कथा (Page 489)
    - धुम्राक्ष की कथा (Page 490)
107. अंगद-अकंपन युद्ध की कथा (Page 491)
    - वज्रदंष्ट्र की कथा (Page 492)
108. नील-प्रहस्त युद्ध की कथा (Page 492)
109. कुंभकर्ण की कथा (Page 493)
110. इन्द्रजीत मेघनाद की कथा (Page 498)
    - अतिकाय की कथा (Page 498)

- मायावी सीता की कथा (Page 499)
- ऐन्द्रास्त्र की कथा (Page 501)

111. श्री राम-रावण युद्ध की कथा (Page 501)
112. संजीवनी जड़ी बूटी की कथा (Page 503)
   - अमोघ अस्त्र की कथा (Page 503)
   - सुषेण हनुमान संवाद की कथा (Page 506)
   - मेरु द्रोण गिरि की कथा (Page 508)
113. रावण के प्रथम शीश की कथा (Page 511)
   - चन्द्र अस्त्र की कथा (Page 512)
114. रावण के द्वितीय शीश की कथा (Page 513)
115. रावण के तृतीय शीश की कथा (Page 514)
116. रावण के चतुर्थ शीश की कथा (Page 516)
117. रावण के पंचम शीश की कथा (Page 516)
118. रावण के षष्ठम शीश की कथा (Page 518)
   - त्रिशूलास्त्र की कथा (Page 519)
119. रावण के सप्तम शीश की कथा (Page 520)
   - सुदर्शन अस्त्र की कथा (Page 520)
120. रावण के अष्टम शीश की कथा (Page 521)
   - कुन्तास्त्र की कथा (Page 521)
121. रावण के नवम शीश की कथा (Page 522)
122. रावण के दशम शीश की कथा (Page 523)
123. ज्ञानी रावण की कथा (Page 526)

124. विभीषण के राज्यारोहण की कथा (Page 529)

125. श्रीलंका में रामराज्य की कथा (Page 533)

126. श्री राम-सिया मिलन की कथा (Page 536)

127. अग्नि परीक्षा की कथा (Page 542)

128. लंका से प्रस्थान की कथा (Page 544)

129. पुष्पक विमान की कथा (Page 550)

- कुबेर की कथा (Page 551)

130. किष्किन्धा में आगमन की कथा (Page 556)

७. भरत-मिलाप काण्ड

131. भरत-मिलाप की कथा (Page 561)

132. दिवाली उत्सव की कथा (Page 564)

133. श्री राम के राज्याभिषेक की कथा (Page 568)

134. रामराज्य की कथा (Page 572)

135. मोती के हार की कथा (Page 577)

136. धोबी की कथा (Page 582)

८. लव-कुश काण्ड

137. लव-कुश जन्म की कथा (Page 588)

138. अश्वमेध यज्ञ की कथा (Page 589)

139. धरणी भंग की कथा (Page 596)

140. श्री राम-नाम महति की कथा (Page 600)

संगीत रामयण दोहावली

दादरा ताल

♪ म-ग॒ म-म-म- म प-म- ग॒ म-प-, रे-ग॒ म म-म- मध॒- प- मग॒-म- ।
रेग॒म-म म- म ध॒-प- ग॒म-प-, रेग॒-मम म- म ध॒प- मग॒-रे- ।।

गीत शारद ने मंजुल है गाया, साज नारद मुनि ने बजाया ।
रत्नाकर से है मंगल रचाया, रामायण को है सुंदर सजाया ।।

संगीत श्री-रामायण दोहावली ।

दोहा छंद सेती है प्रीत, राग रसायन जिसे अमरीत ।
रत्नाकर लिखे सहसंगीत, श्री रामायण का सुंदर गीत ।। 2105/5205

गीतमाला, पुष्प 152 of 163

गीत : कहरवा ताल 8 मात्रा

(लव-कुश)

स्थायी

सुना रहे हैं लव-कुश सुंदर, रामायण का कथा समुंदर ।

♫ पधनि सांनिपमं मं- -मंध निध म-गग, -गमधपरेरे सा- साध- धनिधपपप ।

अंतरा-1

ब्रह्मा बोले, नारद धाए, बाल्मीक लेखा, शारद गाए ।
मंगल पावन ये श्लोक सागर, आनंदित हैं भवानी शंकर ।।

♫ -गंगंगरें गं-गं-, -गं-गंमं गंरेंरें-, -निसांनिध निरेंरें- -निरेंगंरें निरेंसां- ।
-प-सांनि पमंमंमं -मंमंधनिध म-गग । -गमधपरेरे सा - साध-ध निधपपप ।।

अंतरा-2

अवध पुरी में रघुकुल साजा, "दो-वर" दीन्हा दशरथ राजा ।
कैकयी कुब्जा रचा कुचक्कर, भेजा वन में राम सुमंगल ।।

अंतरा-3

हरिण सुनहरा, हरण सिया का, जटायु शबरी, वध बाली का ।
लंक जरावन, सेतु बंधन, लखन संजीवन, रावण भंजन ।।

अंतरा-4

लव-कुश बालक अश्व जीत कर, हारे हनुमत भरत लखन दल ।
भूप अवध का बना है राघव, हर्ष भरे हैं धरती अंबर ।।

मङ्गलाचरण ।

प्रार्थना

✍ दोहा॰ नमन करूँ परमातमा, परम ब्रह्म भगवान ।
गायत्री की वन्दना, मस्तक टेक प्रणाम ।। 1/5200

♫ सासासा रेग- रेगम-गम-, पपप म-ग रेगम-म ।
ग-गम- ग- म-गरे-, सा-सासा रे-ग रेसा-सा ।।

पुरुष-प्रकृति को मेरा, साष्टांग नमस्कार ।
भोले शंकर पार्वती! करिए मम उद्धार ।। 2/5200

लक्ष्मी नारायण प्रभो! शेषशायी भगवान ।
पद्मनाभ लक्ष्मीश के, गाऊँह कीर्तन गान ।। 3/5200

शिवनंदन श्री गणपति, गणेश श्री गणनाथ ।
सरस्वती माँ शारदे! जोड़ूँ दोनों हाथ ।। 4/5200

जनक नंदिनी जानकी, दशरथ सुत रघुनाथ ।
मनहर राधा कृष्ण को, नमन हृदय के साथ ।। 5/5200

अर्जुन, भीम प्रवीर को, और युधिष्ठिर भ्रात ।
यशोदा-नंदनंदिनी! प्रणाम तुमको, मात! ।। 6/5200

विश्ववृक्ष अश्वत्थ तू, अद्भुत दैवी रूप ।
विश्वरूप श्रीकृष्ण जी! पूजूँ मैं, सुरभूप! ।। 7/5200

देव-देवता सर्व ही, गुरुजन जितने ज्ञात ।
मात-पिता मम पूज्य के, चरणन में प्रणिपात ।। 8/5200

नमो नमः प्रभु इंद्र को, वरुण देव! सम्मान ।
धन्य कियो पितु मातु को, राम भक्त हनुमान ।। 9/5200

वन्दे पावक-देवता, अंतरिक्ष आकाश ।

धरती जगमाता तथा, नवग्रह दिव्य प्रकाश ।। 10/5200

पँच भूत को धीमहि, तीन गुणों को और ।
सर्व भूतगण भूमि के, वनस्पति सब ओर ।। 11/5200

गिरि सरिता सागर मही, नमामि तन मन जोड़ ।
सूर्य चंद्र तारे सभी, बिना किसी को छोड़ ।। 12/5200

उपनिषदों को ध्याऊँ मैं, वैदिक ज्ञान प्रमाण ।
देवर्षि नारद मुनि, त्रिभुवन में रममाण ।। 13/5200

तीन-मुखी गुरु दत्त श्री, सुर सेनापति स्कंद ।
सुभक्त ध्रुव प्रह्लाद को, स्मरण करूँ सह छंद ।। 14/5200

गुरु पाणिनि पातंजलि, दीन्हा मुझको ज्ञान ।
यास्क पिंगल से मुझे, मिला छंद अभिधान ।। 15/5200

व्यास बाल्मीक मम गुरो! तुम्हीं सच्चिदानंद ।
काव्य ज्ञान के स्त्रोत हैं, तुलसी रामानंद ।। 16/5200

जय भारत संतान वे, शिवा प्रताप महान ।
लक्ष्मी के बलिदान ने, दिया हमें अभिमान ।। 17/5200

आदि शंकराचार्य श्री, नमन वल्लभाचार्य ।
रामानुज माधव तथा, यमुना वरदाचार्य! ।। 18/5200

मीरा ने कीर्तन दिए, कविता ब्रह्मानंद ।
योग विवेकानंद ने, बरणन सत्यानंद ।। 19/5200

ऋषि-मुनि योगी संत को, हिरदय अपना वार ।
ज्ञानी ध्यानी सकल कों, वन्दन बारंबार ।। 20/5200

कवि लेखक जन सर्व को, सुहृद जन प्रत्येक ।
मिली है जिनसे प्रेरणा, वन्दन घुटने टेक ।। 21/5200

।। हरि ॐ तत् सत् ।।

संज्ञा परिचय

दोहा छंद की व्याख्या

8 + ऽ।ऽ + 7 + ।ऽ।

भक्ति काव्य का छन्द ये, मीठा बहुत सुहाय ।

तेरह-ग्यारह मत्त का, 'दोहा' इति कहलाय ।। 22/5200

♫ सा-सा सा-सा सा- रे-ग म-, प-प- धपम गम-म ।

सा-सासा रे-रेरे ग-पम-, प-प धप मगम-म ।।

दोहा॰ (दोग्धि चिन्तामिति दोहा:) दोहा शब्द संस्कृत √दुह् धातु से बना है । यह एक 24 मात्रा का मात्रिक छन्द है । श्लोक के समान ही इसमें भी चार चरण होते हैं और यह भी अर्धसम छन्द है । **मात्रा को मत्त, मत्ता, कल अथवा कला भी कहते हैं** ।

विशेष यह कि, दोहे में :

(1) विषम चरणों की 13 कल, मत्त अथवा मात्राएँ होती हैं । अंतिम वर्ण दीर्घ होता है ।

(2) सम चरणों की 11 मात्राएँ होती हैं । अंतिम वर्ण लघु होता है ।

(3) विषम चरणों के अंत में ज गण (। ऽ।) नहीं आना चाहिये ।

(4) सम चरण के अंत में ज गण (। ऽ।) और विषम चरण के अंत में र गण (ऽ। ऽ) उत्तम होता है ।

(5) अन्य वर्णों के लिए मात्रिक बन्धन नहीं है । इस मात्रिक स्वातंत्र्य के कारण दोहों में विविध चालें प्राप्त होतीं हैं । दोहों में लिखी कविताओं के पदों में इस गण-विविधता के कारण इस छन्द की विस्तृततम रचना भी उकतावनी नहीं होती है ।

(6) किसी भी केवल एक ही मात्राक्रम में कविता के सभी दोहे नहीं लिखे जाते ।

राग संज्ञेची व्याख्या

♫ **संगीत-गीता-दोहावली छन्दमाला, मोती 1 of 11**

हिंदी श्लोक

♫ ग-ग- ग-ग-गरे-म- ग- ममम-म- पम-ग रे- ।

प–प–प–प–पध–प– म– गरे–म– प–गरे– नि़सा– ।।

राग संगीत का सूत्र, स्वर की लय जाति का ।

अवरोही व आरोही, सुर विशिष्ट भाँति का ।।

राग : जिस संगीत सूत्र से गीत गाने बजाने के आरोही एवं अवरोही स्वर निश्चित **लय** में होते हैं, उसे **राग** कहते हैं । जैसे कि : बिलावल राग के सभी आरोही तथा अवरोही स्वर शुद्ध गुण के होते हैं और जाति संपूर्ण-संपूर्ण (7/7) होती है, खमाज राग का अवरोही नि कोमल होता है और जाति षाडव-संपूर्ण (6/7) होती है ।

जो स्वर अधोरेखांकित करके लिखा है वह कोमल स्वर होता है (जैसे : कोमल नि = नि), जो स्वर उर्ध्व रेखांकित करके लिखा है वह तीव्र स्वर होता है (जैसे : तिव्र म = मं), जिस स्वर के नीचे बिंदु लगाया है वह मन्द्र सप्तक का स्वर है (जैसे मन्द नि = नि़), और जिस स्वर के ऊपर बिंदु लगाया है वह तीव्र सप्तक का स्वर है (जैसे तीव्र नि = निं) ।

छन्द रचना में सूत्र-बद्धता जितनी अपरिहार्य होती है उतनी ही राग रचना में लय-बद्धता अनिवार्य होती है । सप्तक के कम से कम पाँच स्वरों का राग होता है ।

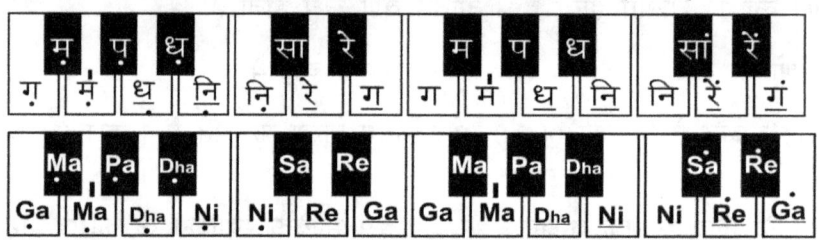

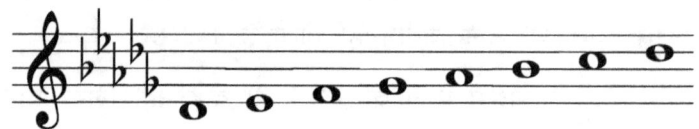

The D-flat-Major Scale

7

रत्नाकर रचित संगीत-श्री-रामायण दोहावली

♪ छन्द संज्ञा की व्याख्या

♪ **छन्द :** जिस लक्षण सूत्र से पद्य के अक्षरों या मात्राओं का विशिष्ट परिमाण निश्चित किया जाता है उसे छन्द कहते हैं (अक्षरपरिमाणं छन्दः), और पद्य की विशिष्ट शब्द रचना को वृत्त कहा जाता है (काव्यरचना वृत्तम्) । वर्ण की गिनती से वार्णिक वृत्त होते हैं, और मात्रा की गिनती से मात्रिक छन्द होते हैं ।

दोहा॰ सूत्र युक्त कृत पद्य को, कवि कहते हैं "छन्द" ।
अलंकार रस वर्ण का, मन को दे आनंद ।। 23/5200

सुंदर लघु गुरु वर्ण का, चार चरण न समान ।
मात्रा संख्या सम जहाँ, "मात्रिक छन्द" प्रमाण ।। 24/5200

लघु गुरु अक्षर क्रम जहाँ, चारों चरण समान ।
संख्या भी सम वर्ण की, "वर्णवृत्त" है नाम ।। 25/5200

लक्षण, संख्या सम जहाँ, रहे चरण में चार ।
कहा उसे "सम वृत्त" है, करके छंद विचार ।। 26/5200

प्रथम तीसरा सम जहाँ, दो अरु चार समान ।
उसे "अर्ध सम" है कहा, दोहा छंद प्रमाण ।। 27/5200

तीन वर्ण का गण बने, लघु गुरु कल का ठाठ ।
पिंगलमुनि ने गण कहे, न स ज य भ र त म आठ ।। 28/5200

यथा सर्व ब्रह्माण्ड है, पंच भूत से व्याप्त ।
छंद शास्त्र भी है तथा, दश अक्षर से व्याप्त ।। 29/5200

कल गति यति प्रति पाद में, और चरण का अंत ।
नियुक्त हों जिस पद्य में, वह कहलाता "छन्द" ।। 30/5200

छन्द बद्ध वह "पद्य" है, बिना छंद है "गद्य" ।
गद्य पद्य मिल कर रचा, "चंपू" है वह हृद्य ।। 31/5200

चारों पद जिस पद्य के, लक्षण में असमान ।

"विषम वृत्त" उसको कहें, जिन्हें छंद का ज्ञान ।। 32/5200

भजन संज्ञेची व्याख्या

भक्ति-भाव हो भरा 'भजन' में । ताल मधुर रव मन रंजन में ।। 1
रुझान आवे वही सुनन में । जो अनुभव होवे दर्शन में ।। 2

दोहा॰ दे कर मन सुख-शाँति जो, करता पुण्य प्रदान ।
कहा "भजन" संगीत है, भक्ति युक्त वह गान ।। 33/5200

शलोक संज्ञेची व्याख्या

संगीत-गीता-दोहावली छन्दमाला, मोती 2 of 11

श्लोक का अनुष्टुप् छन्द

श्लोक लक्षण : 4 + ।ऽऽ + 1 – 4 + । + ऽ + । + 1

श्लोक-व्याख्या : हिंदी श्लोक

ग-गग- ग-गरे- म-ग-, म म- म-म गरे- मग- ।
रेरे-रे रेग रे- सा-नि़-, रे-रेरे- मग रे- नि़सा- ।।

श्लोक में पाँचवाँ ह्रस्व, छठा दीर्घ सदा रहे ।
द्वितीय चौथ में दीर्घ, सातवाँ अन्य में लघु ।।

पवित्र चार पादों का, वाल्मीकि ने रचा जिसे ।
बत्तीस वर्ण का छन्द, अनुष्टुप् कहा इसे ।।

दोहा॰ अष्टवर्ण-पद चार हों, विषम पद ग ल ग अंत ।
सम चरण ल ग ल अंत का, "श्लोक" अनुष्टुप् छंद ।। 34/5200

श्लोक छन्द : श्लोक शब्द संस्कृत √श्लोक् (पद्य रचना करना) धातु से बना है । यह "अनुष्टुभ्" नामक छन्द है, परन्तु अनुष्टुभ् शब्द के आगे कोई भी कठोर वर्ण आने से अनुष्टुभ् शब्द अनुष्टुप् हो जाता है । श्लोक छन्द को साधारणतया अनुष्टुप्-छन्द कहा जाता है, परंतु यह ध्यान में रहे कि, श्लोक छन्द अनुष्टुभ् वर्ग का केवल एक प्रकार है । श्लोक 32 अक्षरों का वार्णिक छन्द है । श्लोक में आठ वर्णों के चार चरण होते हैं । इसके दूसरे और चौथे (सम) चरणों के बीच वर्णों का प्रमाण समान होता है और पहले और तीसरे (विषम) चरणों के वर्णों का प्रमाण भी समान होता है, अत: इसको अर्धसम **छन्द** कहा जाता है । श्लोक छंद के आदि रचेता श्री वाल्मीकि थे।

अवतरणिका

दोहा॰ श्रीगणेश अब मैं करूँ, भज कर गणेश ईश ।
सरस्वती शिव पार्वती, राघव कृष्ण कपीश ।। 35/5200

वन्दे गणपति शारदा! जय गुरु! जय भगवान्!।
भक्ति बुद्धि देना मुझे, स्वर किरपा वरदान ।। 36/5200

दया क्षमा मन में रहें, धीरज धरूँ अपार ।
श्रद्धा विद्या विनय हों, सदाचार व्यवहार ।। 37/5200

सदा रहूँ मैं शरण में, स्मरण करूँ दिन-रात ।
मरण मुझे देना, प्रभो! परम शाँति के साथ ।। 38/5200

दोहा॰ अथ रामायण का आ रहा, सुगम काव्य का ठाठ ।
रत्नाकर है रच रहा, राग छंद के साथ ।। 39/5200

नारद ने देखी सुनी, यथा स्वयं हर बात ।
रत्नाकर ने है लिखी, यतन किए दिन-रात ।। 40/5200

सरस्वती ने स्वर दिये, शिव जी ने आशीष ।
गौरी माता के लिए, लिखूँ, राम जगदीश! ।। 41/5200

पाणिनि पिंगल भाष दी, वर्णन बाल्मिक व्यास ।
रत्नाकर ने है लिखा, पढ़ कर तुलसी दास ।। 42/5200

1. श्री गणेश वन्दना :

संगीत-गीता-दोहावली गीतमाला, पुष्प 2 of 163

कीर्तन : राग खमाज,[1] कहरवा ताल 8 मात्रा

---

[1] **राग खमाज** : यह खमाज ठाठ का अति प्रचलित राग है । इसका आरोह है : सा ग म प, ध नि सां ।

स्थायी

गणपति गणपति गणपति देवा! कोई लाए मोदक कोई लाए मेवा ।।

♫ मपपम पधधप पधनिनिनि निधध–, मप पम पसांधप पध पम म–म– ।

अंतरा–1

गणपति गणपति गणपति देवा! कोई करे भगति तो कोई करे सेवा ।

♫ धधनिसां सांसांसांसां सांरेंमंगं रेंसांसां–! मप पम पसांध प पध पम म–म– ।

अंतरा–2

भजनन किरतन बहुविध देवा! लंबोदर लंबोदर लंबोदर देवा! ।

अंतरा–3

मुनि जन करियत जप–तप सेवा, गजमुख गजमुख गजमुख देवा! ।

अंतरा–4

अर्पण सब तव चरणन देवा! गौरीसुत गौरीसुत गौरीसुत देवा! ।

2. श्री सरस्वती वन्दना :

संगीत–गीता–दोहावली गीतमाला, पुष्प 3 of 163

आरती : राग खमाज, कहरवा ताल 8 मात्रा

(स्वरदा वन्दना)

स्थायी

जै जै स्वरदा माता । देवी स्मरण तेरा भाता ।

दरशन तुमरे सुंदर । सुमिरन तुमरे मंगल । चाहे सब ध्याता । ॐ जै सरस्वती माता ।।

♫ म–म– ममम– गमप– । पध नीसांसां सांरेंसां नीधरे– ।

पधपध नीनीनीध पधमम । पधपध नीनीनीध पधमम । प–प– धप मगरे– । प– प– पपधप मगम– ।।

अवरोह : सां नि ध प, म ग, रे सा । अवरोही कोमल नि इस राग की विशेषता है ।

▶ लक्षण गीत : **दोहा॰ आरोही रे वर्ज्य हो, वादी ग नि संवाद ।**
"खमाज" के अवरोह में, कोमल रहे निषाद ।। 43/5200

जो षाडव–संपूर्ण है, सुर शृंगारप्रधान ।
देत नाम "कांबोज" हैं, जिन्हें राग का ज्ञान ।। 44/5200

अंतरा–1

जो आवे गुण पाने । ध्यान लगाने का । देवी ज्ञान बढ़ाने का ।

तेरे दर पर पावे । झोली भर कर जावे ।

ध्येय सफल उसका । ॐ जै सरस्वती माता ।।

♫ पम मगपम मग पमम– । सांरेंसां नीध–पम प– । सांसां सांरेंसां नीध–पम प– ।

पधपध नीनी नीध पधम– । पधपध नीनी नीध पधम– ।

प–प पधप मगरे– । रे– प– पपधप मगम– ।।

अंतरा–2

जो आवे सुर पाने । गान बजाने का । देवी तान सजाने का ।

संगित नृत्य सिखाने । नाट्य कला को दिखाने ।

मार्ग सरल उसका । ॐ जै सरस्वती माता ।।

अंतरा–3

जो प्यासा है कला का । चित्राकारी का । देवी शिल्पाकारी का ।

चौंसठ सारी कलाएँ । विद्या अष्ट लीलाएँ ।

साध्य सकल उसका । ॐ जै सरस्वती माता ।।

अंतरा–4

जो कवि गायक लेखक । वाङ्मय विरचेता । देवी सरगम रचयेता ।

साहित्य साधन पावे । बुद्धि का धन आवे । हेतु सबल उसका । ॐ जै सरस्वती माता ।।

अंतरा–5

शुभ्र वसन नथ माला । काजल का तिल काला । देवी हाथ कमल नीला ।

केयुर कंठी छल्ला । गजरा कुंदन ड़ाला ।

मुकुट है नग वाला । ॐ जै सरस्वती माता ।।

अंतरा–6

नारद किन्नर शंकर । तुमरे गुण गाते । देवी तुमरे ऋण ध्याते ।

भगत जो शरण में आता । भजन ये तुमरे गाता ।

मोक्ष अटल उसका । जै जै सरस्वती माता ।।

3. राष्ट्रभाषा हिन्दी वन्दना :

संगीत-गीता-दोहावली गीतमाला, पुष्प 4 of 163

राष्ट्रभाषा हिन्दी

स्थायी

वाणी सरस्वती की, है देन गणपति की ।
उज्ज्वल ये संस्कृति की, हिन्दी है राष्ट्रभाषा ।। हिन्दी है॰

♫ रे–रे– मप–मग– रे–, म प–ध पपमग– म– ।
नि–ध– प मगरे– म–, ध–प– म ग–मरेग– ।।

अंतरा–1

सुनने में है लुभानी, गाने में है सुहानी ।
सबसे मधुर ये जानी, ब्रह्मा इसे तराशा ।। हिन्दी है॰

♫ निनिध– प म– पध–प–, सां–नि– ध प– धपम– ।
रेरेरे– गप– म ग–म–, ध–प– मग– मरेग– ।। ध–प–

अंतरा–2

संस्कृत की ये सुता है, ऊर्दू की ये मीता है ।
मंगल सुसंगीता है, सुंदर ये हिन्दी भाषा ।। हिन्दी है॰

अंतरा–3

हिन्दी ये वो जुबाँ है, जिस पर सभी लुभाँ हैं ।
दुनिया का हर सूबा ही, हिन्दी का है निबासा ।। हिन्दी है॰

अंतरा–4

मनहर गुलों की क्यारी, बोली सभी से न्यारी ।
हिन्दी है सबको प्यारी, चाहे जो हो लिबासा ।। हिन्दी है॰

दोहा॰ वाणी कीन्ही शारदा, गणपति की है देन ।
परंपरा उज्ज्वल जिसे, सुंदर उसका बैन ।। 45/5200

हिन्दी हमरी मातु है, हमको देती ज्ञान ।

देकर दैवी संस्कृति, दूर करे अज्ञान ।। 46/5200

संस्कृत वाणी की सुता, उर्दू की है मात ।
नौ रस से जो पृक्त है, ज्ञानी जन को ज्ञात ।। 47/5200

देवनागरी है लिपी, पवित्र हैं उच्चार ।
गद्य पद्य व्यवहार में, छंद राग शृंगार ।। 48/5200

संस्कृत की ये उपनदी, अमृत इसका तोय ।
उर्दू नदी समा गई, गहरी नदिया होय ।। 49/5200

नवम सदी में हो गए, कविवर गोरखनाथ ।
हिन्दी भाषा फिर बढ़ी, बरदाई के साथ ।। 50/5200

तुलसी मीरा जायसी, कबीर रामानंद ।
सूरदास रैदास के, पद दीन्हे आनंद ।। 51/5200

दोहा रोला कुंडली, चौपाई के संग ।
कवित्त सोरठ छंद से, हिन्दी पद में रंग ।। 52/5200

हिन्दी भाषा सुगम है, कहते संत सुजान ।
चारु मनोरम सुखद है, जिन्हें काव्य का ज्ञान ।। 53/5200

सुरस सुलभ सुखकार है, जग में भाषा एक ।
हिन्दी वह शुभ नाम है, जानत हैं जन नेक ।। 54/5200

हिन्दी में जो शान है, और न पायी जाय ।
हिन्दी जो है जानता, वही समझ यह पाय ।। 55/5200

ऐसा कोई देश ना, जहाँ न हिन्दी लोग ।
जहाँ काव्य संगीत में, हिन्दी का न प्रयोग ।। 56/5200

अलंकार से जो भरी, तुमने, हे वागीश! ।
हिन्दी भाषा दी हमें, धन्यवाद, जगदीश! ।। 57/5200

हिन्दी भाषा से हमें, रहे सदा ही प्यार ।
हिन्दी भाषा को नमो, नम: कहो शत बार ।। 58/5200

संगीत श्रीरामायण दोहावली
दोहा छन्द में

Sangit Ramayana Dohavali

Composed by Ratnakar

प्रथम तरंग

अध्याय 1

बाल काण्ड

CHAPTER 1, Bal-Kand

अध्याय 1

बाल काण्ड

CHAPTER 1, Bal-Kand

दोहा॰ श्रीगणेश अब होत है, भारत माँ के नाम ।
रामायण संगीत का, जय सीता! जय राम! ।। 59/5200

बाल काण्ड : पहिला सर्ग

4. श्री गुरुवर वाल्मीकि वन्दना :

96. Prayers to Sage Vālmīki *(Rāmāyan, 1. Bāl Kānd)*

दोहा॰ आदि कवीश्वर वाल्मिकी, विद्या के भंडार ।
महान कवि ऋषिवर हुए, सरस्वती अवतार ।। 60/5200

विमल वचन वागीश थे, कविकोकिल गुणग्राम ।
तेजयुक्त शुभ ओज के, जय जय सीताराम ।। 61/5200

मन मंदिर में रामजी, हिरदय सीता धाम ।
जिह्वा रूपी लेखनी, ओज देत श्री राम ।। 62/5200

राम-सिया की जीवनी, कोमल काव्य महान ।
सुंदर कविता मोहनी, मंगल विविध बखान ।। 63/5200

पठन मनन जिस काव्य का, जीवन का आधार ।
रामायण लिख, बाल्मिकी, किया जगत उपकार ।। 64/5200

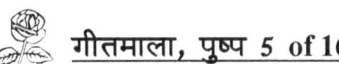

गीतमाला, पुष्प 5 of 163

राग खमाज, दादरा ताल 6 मात्रा

(महर्षि वाल्मीकि)

5. Story of Ratnākar, the Robber (Rāmāyan, 1. Bāl Kānd)

स्थायी

मनन मगन, सुमिरन रत, नयन मूँदे, भूले भान ।
जाप चलत, पाप जलत, राम राम, रटत नाम ।।

♪ सासासा गगम, पधगम पध, सांसांसां निधम, पधम ग-ग ।
नि-नि निनिनि, सां-सां सांपध, सां-नि ध-म, पधम ग-ग ।।

अंतरा–1

भव विराग, वीतराग, चरम याग, परम त्याग ।
कर्म विरत, ध्यान निरत, नित्य घटत, पुण्य काम ।।

♪ गम गमनिध, सां-निसां-सां, पनिनि सां-सां, निसांनि ध-ध ।
सा-सा गगग, म-म पधध, सांसांसां निधम, पधम ग-ग ।।

अंतरा–2

रव निवांत, पूर्ण शाँत, मन नितांत, विगत भ्रांत ।
ध्येय अटल, हेतु सुफल, शून्य विलीन, पूज्य धाम ।।

5. रत्नाकर डाकू की कथा :

5. Story of Ratnākar, the Robber *(Rāmāyan, 1. Bāl Kānd)*

दोहा॰ **रत्नाकर है लिख रहा, "रत्नाकर"[2] की बात ।**
पावन श्रद्धा से सुनो, कथा सुमंगल, तात! ।। 65/5200

(रत्नाकर)

दोहा॰ **एक विपिन के छोर पर, रहता था इक चोर ।**
"रत्नाकर" शुभ नाम था, मगर लुटेरा घोर ।। 66/5200

हमला पथिकन पर किए, लूटे वह बटमार ।
धन उनका सब छीन कर, उनको देता मार ।। 67/5200

चोरी के धन पर सुखी, उसका था परिवार ।
मातु-पिता पत्नी सुता, घर में सदस्य चार ।। 68/5200

---

[2] रत्नाकर = रत्नाकर डाकू ।

5. Story of Ratnākar, the Robber (Rāmāyan, 1. Bāl Kānd)

इक दिन नारद ने कहा, "तेरे सिर से पाप ।
कैसे उतरेंगे, सखे! बिना उतारे आप" ॥ 69/5200

बोला रत्नाकर उन्हें, "सीधी सी है बात ।
पत्नी लेगी अघ मेरे, मातु सुता मम तात ॥ 70/5200

"करता हूँ मैं तस्करी, जंगल में दिन-रात ।
पातक हैं उनके सभी, जो हैं धन वह खात" ॥ 71/5200

(नारद मुनि)

नारद बोले चोर से, बहुत स्नेह के साथ ।
"पाप लगें उनको सभी, कर्म करें जो हाथ" ॥ 72/5200

सुन कर नारद का कहा, रत्नाकर को शोक ।
बोला, "जुगत कहो, मुने! नरक सकूँ मैं रोक" ॥ 73/5200

नारद बोले, हे सखे! मत कर पश्चाताप ।
उपाय मैं तुनसे कहूँ, जिससे मिटते पाप ॥ 74/5200

बैठो बरगद के तले, जपत "राम" का नाम ।
आँधी वर्षा ताप में, निश-दिन सुबहो शाम ॥ 75/5200

अखंड तुमरा जाप हो, जब तक मिलें न राम ।
रत्नाकर "बाल्मिक" भया, मिट कर पाप तमाम ॥ 76/5200

📖 कथा 📖

दोहा॰ एक विपिन के छोर पर, जन बस्ती से पार ।
रत्नाकर शुभ नाम का, रहता था बटमार ॥ 77/5200

रत्नाकर बटमार के, घर में जन थे चार ।
मातु-पिता पत्नी सुता, सबसे उसको प्यार ॥ 78/5200

उस अरण्य में एक थी, पगडंडी बीरान ।
इधर उधर उस राह के, झरने, पेड़ विशाल ॥ 79/5200

खाईं, टीले थीं गुफा, इर्दगीर्द सब ओर ।

5. Story of Ratnākar, the Robber (Rāmāyan, 1. Bāl Kānd)

रत्नाकर जिनमें छुपा, रहता था वह चोर ।। 80/5200

घने विपिन की छोर पर, जहाँ न पशु का त्रास ।
वहाँ विराने स्थान में, सुख मय उसका वास ।। 81/5200

बरगद तरु की ओट में, बैठे वह चुपचाप ।
उस अरण्य वीरान में, डगर किनारे आप ।। 82/5200

जभी पथिक उस राह में, आवे उसके पास ।
ठग रत्नाकर दे उसे, लूट मार की त्रास ।। 83/5200

इस भाँति के पाप में, बीते सुख में साल ।
इक दिन आया चोर का, भाग्य जगाने काल ।। 84/5200

 गीतमाला, पुष्प 6 of 163

(भाग्योदय)

स्थायी

भाग्योदय का सूरज निकला, देखो आज हरि की लीला ।
♪ ग-म॑-म॑म॑ म॑- नि-धप म॑म॑ग-, सा-रे- ग-ग म॑प- म॑- गरेसा- ।

अंतरा-1

आज हवा में नया नंद है, रश्मि सुंदर, पवन मंद है ।
मंद पवन में मधु सुगंध है, धरती अंबर कनक रंग हैं ।
आज ये मंगल दिन है उजला, गात हैं पंछी, सुर है रसीला ।।
♪ ग-म॑ प म॑- ग- रेरे- ग-ग ग-, धपप- म॑-गग, म॑पप धपम ग- ।
म॑-म॑ म॑पप प- धध धप-प म॑-, गमग- रे-रेरे गगग म॑-म॑ म॑- ।
ग-ग ग म॑-म॑म॑ पप ध- पम॑ग-, सा-रे रे ग-ग-, म॑प म॑ गरे-सा- ।।

अंतरा-2

मिटा अंधेरा अतिशय भय का, अंत हुआ नास्तिक निर्दय का ।
चमका रवि अब दृढ़ निश्चय का, भाग्योदय का, अकुतोभय का ।
सृष्टि चराचर मोहन माला, कण-कण पुलकित अरु फुर्तिला ।।

अंतरा-3

5. Story of Ratnākar, the Robber (Rāmāyan, 1. Bāl Kānd)

हिरदय हिरदय नई रोशनी, हर्ष भरा है रोम-रोमनि[3] ।
आनंदित हैं खग तरु प्राणी, सबके मुख में अमृत वाणी ।
घट-घट पावन आज तजीला, हरि भक्ति में प्रेम-नशीला ।।

(एक दिन)

दोहा॰ दिन है निकला भाग्य का, बहुत समय के बाद ।
अंतरीक्ष में आज है, मंगल अनहद नाद ।। 85/5200

सुंदर किरणें सूर्य की, नष्ट किए अँधकार ।
मंजुल झोंके पवन के, करत रोम संचार ।। 86/5200

पंछी तरु पर गा रहे, मीठे सुर की तान ।
आए सुर गंधर्व हैं, गाने सुमधुर गान ।। 87/5200

फूल खिले हैं सुरभि के, सौरभ चारों ओर ।
सृष्टि चराचर स्फूर्त है, कहीं न कोई शोर ।। 88/5200

कण-कण में आनंद है, हर हिरदय में मोद ।
नारद मुनि ने धन्य की, वन देवी की गोद ।। 89/5200

(वहाँ)

दोहा॰ ऐसे उस शुभ काल में, सुन कर वीणा तान ।
पंछी सब चुप होगए, विस्मित, खो कर भान ।। 90/5200

नारद मुनि थे आ रहे, गाते मंगल गान ।
कहाँ छुपा वो चोर है, मुनि ने लीन्हा जान ।। 91/5200

आज्ञा ब्रह्मा से लिए, नारद आए आज ।
गीत सुमंगल गा रहे, साथ बीन का साज ।। 92/5200

देखा उसने दूर से, नारद मुनि को आत ।
मंगल मधु रव छंद में, वीणा पर थे गात ।। 93/5200

उन्हें देख कर चोर ने, सोचा, मुनि निःशस्त्र ।

---

[3] रोमनि (संस्कृत) = (हिंदी) रोम-रोम में ।

5. Story of Ratnākar, the Robber (Rāmāyan, 1. Bāl Kānd)

विना लड़े देंगे मुझे, आभूषण, धन, वस्त्र ।। 94/5200

(और फिर)

दोहा॰ देख पथिक को राह में, खड़ा हुआ वह चोर ।
नारद मुनि थे लख रहे, रत्नाकर की ओर ।। 95/5200

आँखे जब मुनि से मिली, नम्र हुआ बदमाश ।
पत्थर हिरदय नम हुआ, मन में पड़ा प्रकाश ।। 96/5200

तापस गुण तन में जगा, तामस गुण का नास ।
पग छू कर मुनि से कहा, दो जो तुमरे पास ।। 97/5200

प्रसन्न मुख मुनि ने कहा, मत हो तू नाराज ।
तुझे कभी ना जो मिला, वो धन दूँगा आज ।। 98/5200

गीतमाला, पुष्प 7 of 163

(भज ले रे नाम)

स्थायी

भज ले रे नाम हरि का बंदे! ।
टूटें सब भव बंधन फँदे, छुट जावेंगे पातक गंदे ।।

♪ पम ग रे– ध–प गरे– सा– रे-ग–! ।
ग–ग– पप पप ध–पग प–ध–, पप प–ध–ध– प–गग रे–सा– ।।

अंतरा–1

लख चौरासी जग के फेरे, मिट जावेंगे आप ही तेरे ।
देख ले, आँखें खोल के, अंधे! ।।

♪ रेरे रे–ग–ग– पप प– ध–ध–, निनि सां–निधप– ध–प ग प–प– ।
पमग रे–, ध–प ग–रे सा–, रे–ग–! ।।

अंतरा–2

पाप पुण्य का चक्र अनूठा, फल उनका है कडुआ मीठा ।
छोड़ दे सारे, नकली धंदे ।।

अंतरा–3

मन ये तेरा है कलुषित काला, राम–नाम का देख उजाला ।

5. Story of Ratnākar, the Robber (Rāmāyan, 1. Bāl Kānd)

बोल तू, हर दम "हरि हरि! वन्दे" ।।

(रत्नाकर बोला)

दोहा॰ पहले तू मुझको बता, सच्चे मन से बात ।
फिर दे दूँगा मैं तुझे, तू जो चाहे, तात! ।। 99/5200

"अब तक तूने, हे सखे! मारे कितने लोग ।
तेरे सिर कितने चढ़े, बता पाप के भोग ।। 100/5200

"भुगतेगा कैसे कभी, घोर तिहारे पाप ।
बाँटेगा कोई नहीं, झेले तू ही आप ।। 101/5200

"सिर से अघ उतरे जभी, मिले स्वर्ग का द्वार ।
उपाय कोई सोच ले, जिससे हो उद्धार" ।। 102/5200

रत्नाकर बोला, "मुने! चिंता करो न आप ।
मातु, पिता, पत्नी, सुता, बाटेंगे मम पाप ।। 103/5200

"बटमारी जिनके लिए, करता मैं दिन-रात ।
उनके माथे पाप है, सीधी सी है बात" ।। 104/5200

(नारद जी बोले)

दोहा॰ नारद बोले, "हे सखे! पाप न बाँटा जाय ।
जो करता है सो भरे, ज्यों बोए त्यों खाय ।। 105/5200

"घर जाकर तू पूछ ले, कौन पाप हकदार ।
वापस आकर फिर मुझे, लूट सखे! या मार" ।। 106/5200

(फिर)

दोहा॰ घर जाकर वो मातु से, बोला माते! बोल ।
धन मैं पथिकन मारके, घर लाया बिनु तोल ।। 107/5200

सबकी सेवा यों किए, घोर कमाया पाप ।
पातक के इस ढेर से, कितना लोगी आप ।। 108/5200

(माता बोली)

दोहा॰ मातु-पिता पत्नी सुता, पाले हैं दिन-रात ।

5. Story of Ratnākar, the Robber (Rāmāyan, 1. Bāl Kānd)

चौथाई तुम चार लो, तभी बनेगी बात ।। 109/5200

माता बोली पुत्र को, बड़े प्रेम के साथ ।
बेटा! "तेरा अघ सभी, ले लूँ अपने हाथ ।। 110/5200

"मगर न दुनिया यों चले, पाप न बाँटा जाय ।
करनी जो करता, सखे! फल उसका, वो खाय ।। 111/5200

"अनपढ़ तेरी मातु मैं, इतनी जानूँ बात ।
पूछ किसी मुनि साधु से, जिसको है सच ज्ञात" ।। 112/5200

 **गीतमाला, पुष्प 8 of 163**

(भवचक्र)

स्थायी दोहा, अंतरा चौपाई

स्थायी

भवसागर के चक्र से, कुल चौरासी लाख ।
बचने की तू फिक्र से, तन-मन बंधन राख ।। 797/5200

♪ ममम-पप प- ध-प ध-, पप ध-प-म- ग-ग ।
रेरेरे- ग- ग- प-म ग-, रेरे रेरे म-गरे सा-सा ।।

अंतरा-1

राम! राम! नित नाम जपाए, प्यास बुझत बिनु कूप खुदाए ।
कर्म छुटत नित हरि गुन गाए, पंथ कटत बिनु पाँव थकाये ।
मन के अंदर झाँक ।।

♪ सा-रे! ग-ग! गग प-म गरे-ग-, प-प मगग मम प-म गरे-ग- ।
म-म पपप पप धध निनि ध-प-, सांनि धपप मम ध-प पग-म- ।
रेरे रे म-गरे सा-सा ।।

अंतरा-2

नाम जपन बिनु मन न सुखावे, राम रतन बिनु तन न सुहावे ।
ध्यान मनन से चित हरषावे, ज्ञान परम यह, सुख बरसावे ।
जप का फल तू चाख ।।

अंतरा-3

5. Story of Ratnākar, the Robber (Rāmāyan, 1. Bāl Kānd)

कर्म किया बिनु आस लगाए, आप डूबे ना और डुबावे ।

उतार कलमष, पुण्य चढ़ावे, जनम-जनम के दुख बिसरावे ।

सुन ले बात मनाक्[4] ।।

(फिर, पिता से)

दोहा॰   उन्मन माता से भया, गया पिता के पास ।
         बोला, बापू! मातु ने, मुझको किया उदास ।। 113/5200

         बोलो बापू! तुम मेरा, कितना लोगे पाप? ।
         "पाप उसी का, जो करे," उत्तर दीन्हा बाप ।। 114/5200

(फिर, पत्नी से)

दोहा॰   नैनन आँसू पोंछ कर, गया दार के पास ।
         डाकू बोला, हे प्रिये! विनति आज है खास ।। 115/5200

         पतिव्रता तू है, सखी! अर्धांगिनी हमार ।
         मैं जो कीन्हा आज तक, आधा भाग तिहार ।। 116/5200

         घर लाया मैं धन घना, वन में पथिकन मार ।
         पातक आधा बाँट कर, दुख से मुझको तार ।। 117/5200

(पत्नी बोली)

दोहा॰   गृहिणी मैं तुमरी, सखे! पत्नी बोली, नाथ! ।
         मर्यादा मम गेह है, पाप पुण्य में साथ ।। 118/5200

         "कारज तुमने जो करे, उस सीमा के पार ।
         उनके सदसत् फल सभी, तुमरा है अधिकार" ।। 119/5200

(फिर, कन्या से)

दोहा॰   बेटी को उसने कहा, बचा मुझे तू आज ।
         चौथाई तू पाप ले, रख ले मेरी लाज ।। 120/5200

         बेटी बोली, हे पिता! बनो न इतने दीन ।
         पछतावा करके अभी, पाप मिटाओ हीन ।। 121/5200

---

[4] मनाक् (संस्कृत) = जरा सी, थोडी सी ।

5. Story of Ratnākar, the Robber (Rāmāyan, 1. Bāl Kānd)

"पाप पुण्य ना बँट सके, भुगतो अपने आप ।
आगे से वह मत करो, जो दे पश्चाताप" ॥ 122/5200

(जब)

दोहा॰ इस दुनिया में हैं सभी, मतलब के ही यार ।
खड़े रहो निजि पाँव पर, करो प्रभु से प्यार ॥ 123/5200

 गीतमाला, पुष्प 9 of 163

(दुनिया का खेला)

स्थायी

झूठा है दुनिया का खेला, रे! जग चार दिनों का मेला ।

♪ सां–धप ग– रेगरे– प– गरेसा–, ग–! रेसा रे–ग पध– प– गरेसा– ।

अंतरा–1

आवा गमन चुरासी फेरा, पँच भूत ने जग है घेरा ।
बंधु भाई कोई न तेरा, तू, चार जनों में अकेला ॥

♪ सा–रे– गगग पध–प– ग–रे–, ग–प प–प प– सांसां सां– रे–सां– ।
गं–रें– सां–रें– सां–ध प म–ध–, म–, ग–ग पध– प गरे–सा– ॥

अंतरा–2

सत् रज तम नौ द्वार के अंदर, पवन अनल जल धरती अंबर ।
चमड़ी काली गोरी ऊपर, ये, चार छनों का झमेला ॥

अंतरा–3

सुनो भई साधो! सद्गुरु वाणी, नित्य गति है आनी–जानी ।
सुमिर हरि को निश–दिन प्राणी! तू, चारों याम की बेला ॥

(तब)

दोहा॰ रोता आकर चोर वो, पड़ा मुनि के पाँव ।
मुनि के पग छू कर कहा, "मुझको मुने! बचाव" ॥ 124/5200

मुनिवर! तुम जोभी कहो, करूँ हृदय को जोड़ ।
शिष्य तिहारा मैं बनूँ, भव बंधन को तोड़ ॥ 125/5200

(फिर)

दोहा॰ नारद बोले, हे सखे! करो न अधिक विलाप ।

5. Story of Ratnākar, the Robber (Rāmāyan, 1. Bāl Kānd)

मार्ग मुक्ति का एक है, "राम" नाम का जाप ।। 126/5200

बैठो बरगद के तले, नैन मीच चुपचाप ।
आसन ना टूटे कभी, जब तक मिटे न पाप ।। 127/5200

आँधी या तूफान हो, आतप वर्षापात ।
राम-नाम जपते रहो, जितना हो उत्पात ।। 128/5200

गीतमाला, पुष्प 10 of 163

खयाल : राग पूर्वी, तीनताल 16 मात्रा

(निस दिन गा रे)

स्थायी

निस दिन गा रे राम के भजना, हरि भजना, सदा भज मना ।
डगमग मत अब, कुछ नहीं उस बिन ।।

♫ पध पर्मं गम गरे ग-नि़ रे गमग-, गरे गर्मंप - - -, र्मंग- र्मंग रेसा- ।
नि़नि़सारे गग र्मंध, रेंनि धप र्मंग मग ।।

अंतरा-1

भजन करो नित मोरे जियरवा, काहे करे तू जग जन परवा ।
नकली जग में, मन न लगाना ।। निस दिन

♫ र्मंर्मंग गर्मं- धर्मंध सां-सां सांसांरेंसां-, सां-सां सांनिध निध निनिरें निध निधप- ।
नि़नि़सारे गग र्मंध, रेंनि ध पर्मंगमग ।। पध पर्मं

अंतरा-2

रघुपति राघव घड़ी-घड़ी भजले । मत कर प्यारे व्याकुल मनवा ।
ज्योति ज्ञान की, मन में जगाना ।। निस दिन

दोहा॰ राम-नाम उद्धार है, राम-नाम भव तार ।
राम-नाम उच्चार हो, राम-नाम जयकार ।। 129/5200

राम-नाम इस आर है, राम-नाम उस पार ।
राम-नाम उपकार है, राम-नाम उपचार ।। 130/5200

राम-नाम करतार है, राम-नाम पतवार ।
राम-नाम हर बार हो, मुख से शुभ उद्गार ।। 131/5200

5. Story of Ratnākar, the Robber (Rāmāyan, 1. Bāl Kānd)

राम-नाम सत् सार है, राम-नाम सत्कार ।
राम-नाम संस्कार हो, राम-नाम संसार ।। 132/5200

राम-नाम अनिवार है, राम-नाम सुविचार ।
राम-नाम सुखकार है, राम-नाम अधिकार ।। 133/5200

राम नाम आधार है, राम नाम है आस ।
राम नाम पर ध्यान हो, राम नाम हर साँस ।। 134/5200

राम-नाम से होत है, सबका बेड़ा पार ।
राम-नाम का जप करो, मन में बारम्बार ।। 135/5200

गीतमाला, पुष्प 11 of 163

(कहो राम)

स्थायी

कहो रा-म, जपो रा-म, भजो रा-म ।

♫ ध़नि़ सा-, नि़सा रे-, सानि़ ध़- ।

अंतरा-1

राम-नाम है, एक सहारा, एक किनारा एक पियारा ।
राम तिहारा एक उबारा, एक उद्धारा, एक गुजारा ।
बोलो रा-म, गाओ रा-म ।।

♫ ध़-नि़ सा-सा सा-, ग-रे सानि़-रे-, सा-रे गम-म- प-म गरे-रे- ।
रे-ग मप-प- ध-प मग-म-, नि-ध पम-ग-, प-म गरे-सा- ।
नि़सा रे-, ध़नि़ सा- ।।

अंतरा-2

राम तुम्हारे सदा पास है, राम आस में साँस-साँस में ।
राम पवित्तर एक नाम है, राम ज्ञान है, राम ध्यान है ।
बोलो रा-म, गाओ रा-म ।।

अंतरा-3

राम तुम्हारा एक ही चारा, एक ही यारा, एक ही प्यारा ।

6. Story of shooting the Karuñch bird (1. Bāl Kānd)

राम तुम्हारा है जग सारा, रटो राम का जय जय कारा ।

बोलो रा–म, गाओ रा–म ।।

(फिर)

दोहा॰ रत्नाकर का शाँति से, प्रेरित करके ध्यान ।
राम–नाम गाते हुए, नारद अंतर्धान ।। 136/5200

वर्ष चतुर्दश नाम का, किए निरंतर ध्यान ।
रत्नाकर–तस्कर बना, "ऋषि बाल्मीक" महान ।। 137/5200

राम–नाम जादू भरा, अद्‌भुत जिसे रुझान ।
अंधन को दृष्टि मिले, अज्ञानी को ज्ञान ।। 138/5200

गीतमाला, पुष्प 12 of 163

(राम–नाम भजो)

स्थायी

राम राम राम नाम भजो मना, निश–दिन जप ले रघुनंदना ।

♫ म– म– म– म– पग– मप – – –, पप पनि पम म– रेरेग–पम – – – ।

अंतरा–1

हरि ओम् तत्सत् नारायणा, जपु जपु जपु नित रामायणा ।

♫ सांसां सां– सां– सां–नि–सांगंसांनिध – –, पप पनि पम मम रे–ग पम – – – ।

अंतरा–2

नमस्तुभ्यं दुख निकंदना, स्वस्ति धीमहि निरंजना ।

अंतरा–3

नमो भगवते जनार्दना, ओम् भूर्भूवः सुदर्शना ।

बाल काण्ड : दूसरा सर्ग

6. क्रौंच वध की कथा :

6. Story of shooting the Karuñch bird *(1. Bāl Kānd)*

कथा

(एक दिन)

6. Story of shooting the Karuñch bird (1. Bāl Kānd)

✍दोहा॰ इक दिन ऋषिवर बाल्मिकी, करके तमसा स्नान ।
पगडंडी से आ रहे, करत ईश का ध्यान ।। 139/5200

भरद्वाज मुनि साथ थे, पगडंडी पर सौम्य ।
राम नाम थे जप रहें, मंगल शब्द सुरम्य ।। 140/5200

(तब)

✍दोहा॰ राह किनारे वृक्ष थे, सुमन विविध के मंच ।
एक पेड़ की डाल पर, बैठे थे दो क्रौंच ।। 141/5200

गीतमाला, पुष्प 13 of 163

गीत : राग मालकंस, तीन ताल 16 मात्रा

(शुक मैना)

स्थायी

एक डाल पर दो शुक मैना, प्रेम पाश में जोड़ के डैना ।

♪ सां-सां सांधम धनि सां- सांध निधम-, ग-मध निसांनि सां- ग-ग म गसासा-।

अंतरा-1

पंख पंख से बँधन बाँधे, चंचु चंचु में सारी रैना ।

♪ ग-म ध-ध नि- सां-सांसां गंनिसां-, नि-नि नि-नि नि- ग-गम गसासा- ।

अंतरा-2

बंद कभी वे खोलत नैना, मंद मंद थे बोलत बैना ।

अंतरा-3

हना तीर वो शुक को पैना, हाय! विलपती रोई मैना ।

(वहाँ)

✍दोहा॰ दोनों रत थे प्रणय में, चंचु चंचु में डाल ।
देखत झाड़ी में छुपा, निषाद उनका काल ।। 142/5200

नर पक्षी को देख कर, उसने छोड़ा बाण ।
शर ने छाती चीर कर, लिए विहग के प्राण ।। 143/5200

पक्षी गुरु-पग में गिरा, पक्षिण किया विलाप ।
घातक चिड़ियामार को, मुनिवर दीन्हा श्राप ।। 144/5200

7. Story of Sage Vālmīki (Rāmāyan, 1. Bāl Kānd)

(रामायण में वाल्मीकि जी ने कहा है)

हिंदी श्लोक

काम तन्मय जोड़े में, मारा तू नर क्रौंच को ।
तू निषाद! न जीएगा, दीर्घ काल इसी लिए ।।

दोहा॰ "मार दिया रति युक्त को, क्रौंच युगल में एक ।
निषाद जीएगा नहीं, तू भी साल अनेक" ।। 145/5200

(ब्रह्मा जी)

दोहा॰ सुन कर उस शुचि श्लोक को, ब्रह्मा को आनंद ।
बोले, "रामायण लई, यही योग्य है छंद" ।। 146/5200

7. श्री गुरुवर वाल्मीकि की कथा :

7. Story of Sage Vālmīki *(Rāmāyan, 1. Bāl Kānd)*

गीतमाला, पुष्प 14 of 163

राग रत्नाकर, कहरवा ताल 8 मात्रा

(सुनो राधे रानी)

स्थायी

सुनो सुनो श्री राधे रानी, रामायण की कथा सुहानी ।
♫ सारेग सारे- रे- गपम- म-म-, पधम-गग रेसा सारे- गपमम- ।

अंतरा–1

नारद जी ने यथा बताई, शारद माता कला सजाई ।
बाल्मीक कविता ललित रचाई, तुलसी दोहे अरु चौपाई ।
अब गाऊँ मैं, बजाऊँ मैं, सुनाऊँ मैं, वो अमर कहानी ।।
♫ सा-रेग म- म- पम- गरे-सा-, रे-रेरे ग-ग- गम- पम-ग- ।
प-पप धधधध- निधनि धप-ध-, पपप- म-ग- पम ग-रे-सा- ।
सासा रे-रे- रे-, गम-म म-, पम-ग- रे-, सा- रेरेग गपमम- ।।

अंतरा–2

मंथर दासी आग लगाई, कैकयी माता तिन सुलगाई ।

7. Story of Sage Vālmīki (Rāmāyan, 1. Bāl Kānd)

रामचंद्र जी वन में जाई, साथ में निकली सीता माई ।
अब गाऊँ मैं, बजाऊँ मैं, सुनाऊँ मैं, वो मधुर बखानी ।।

अंतरा–3

लछमन, प्रभु का सच्चा भाई, हनुमत परबत लाय उठाई ।
सागर पर कपि सेतु बनाई, रावण को मारत रघुराई ।
अब गाऊँ मैं, बजाऊँ मैं, सुनाऊँ मैं, वो अमरित बानी ।।

(रामयण)

दोहा॰ मंगल चरित श्री राम का, निर्मल गंगा नीर ।
सद्गुण क्यारी नीति की, रामचंद्र रघुवीर ।। 147/5200

कर्म भाव निष्काम है, जिनका जीवन नीर ।
लखन लला, कपिकेसरी, परम जटायु वीर ।। 148/5200

सागर राघव चरित का, सुंदर श्लोक स्वरूप ।
लिखत बाल्मीकि, श्लोक में, कविता अमर अनूप ।। 149/5200

(वाल्मीकि शैली)

दोहा॰ शैली कवि बाल्मीक की, जिसमें सुमन सुगंध ।
दिव्या वाणी भारती, मधुर अनुष्टुप् छंद ।। 150/5200

लिखत छंद बाल्मीक जी, संस्कृत के वागीश ।
रुचिकर शब्दों से सजे, वर्ण हृद्य बत्तीस ।। 151/5200

राघव–गाथा ज्ञान का, सुमन सुगंधित बाग ।
मोहक सौरभ से भरा, सुंदर राग पराग ।। 152/5200

अलंकार रस सर्ग से, शोभित स्वर के साज ।
कविता राघव–चरित की, स्वर्ण रंग अंदाज ।। 153/5200

(वाल्मीक आश्रम)

दोहा॰ आश्रम मुनि बाल्मीक का, वेद पठन का स्थान ।
तमसा सरिता रम्य पर, गुरुकुल बना महान ।। 154/5200

इक दिन नारद आगए, बाल्मिक मुनि के पास ।
आज्ञा ब्रह्मा की लिए, लिखवाने इतिहास ।। 155/5200

8. Shrī Nārad muni's arrival at Tamasā river (1. Bāl Kānd)

बाल काण्ड तीसरा सर्ग

8. तमसा तट पर श्री नारद के आगमन की कथा :

8. Shrī Nārad muni's arrival at Tamasā river *(1. Bāl Kānd)*

दोहा॰ ऋषियों में जो श्रेष्ठ है, महर्षि वह सत् नाम ।
देवों के देवर्षि जो, नारद नाम ललाम ।। 156/5200

महान ज्ञानी जो मुनि, उन्हें महामुनि नाम ।
त्रिलोक में वागीश हैं, जन हित उनका काम ।। 157/5200

कथा

(एक दिन)

दोहा॰ वीणा जिनके हाथ में, सजी रहे दिन-रात ।
"नारायण!" के गीत वे, गाते सुर में सात ।। 158/5200

महा मधुर सुर गान का, हरि! हरि! शब्द उचार ।
नारद पटु संगीत के, सरस्वती अवतार ।। 159/5200

आज्ञा ब्रह्मा की लिए, लिखने को इतिहास ।
निकले मुनि वैकुंठ से, आए ऋषि के पास पास ।। 160/5200

बाल्मिक कवि ने थी पढ़ी, शास्त्रों में यह बात ।
नारद दर्शन हों जिन्हें, भाग्य उन्हीं के साथ ।। 161/5200

(आगमन)

दोहा॰ नारद मुनिवर आगए, तमसा नदिया तीर ।
मन में आनंदित हुए, पी कर पावन नीर ।। 162/5200

मुदितमना मुनि ने कहा, "तमसा! तू है धन्य ।
तुझसे भी बड़भाग है, नदी न कोई अन्य ।। 163/5200

"तेरी धरती पर करे, बालमीक ऋषि ध्यान ।
राम-सिया भी आयँगे, विश्व तेरा ऋणवान" ।। 164/5200

9. Dialogue between Nārad muni and Vālmīki (1. Bāl Kānd)

9. मुनिवर नारद गुरुवर वाल्मीकि संवाद की कथा :

9. Dialogue between Nārad muni and Vālmīki *(1. Bāl Kānd)*

कथा

(वाल्मीकि)

दोहा॰ नारद को लख सामने, ऋषिवर को उत्साह ।
भागे-भागे आगए, फैलाए दो बाँह ।। 165/5200

स्वागत करने हर्ष से, नारद मुनि का आप ।
चरणन पर कवि गिर पड़े, मुख में हरि! हरि! जाप ।। 166/5200

कुशल क्षेम फिर पूछ कर, लाए पूजा थाल ।
आसन पर बिठलाइ कर, पूछा त्रिभुवन हाल ।। 167/5200

(फिर)

दोहा॰ कृतांजली फिर सौम्य ने, किया प्रश्न, "मुनिराज! ।
कैसे आगम है किया, मेरे मठ पर आज?" ।। 168/5200

नारद बोले, हे गुरो! सुनो परम संदेस ।
ब्रह्मा जी का आज मैं, लाया हूँ आदेश ।। 169/5200

"कथा लिखो तुम राम की, सकल विश्व में भव्य ।
छन्द अनुष्टुभ् में रचो, संस्कृत वाणी दिव्य" ।। 170/5200

(तब)

दोहा॰ कवि ने मुनिवर से कहा, मुझे कथा नहिँ ज्ञात ।
रामचंद्र की पूर्ण वो, मुझे कहो तुम, तात! ।। 171/5200

नारद बोले, तो सुनो! राम कथा संक्षिप्त ।
अमृत वाणी तुम लिखो, नव-रस से जो लिप्त ।। 172/5200

और न कोई लिख सके, त्रिभुवन में कविराज ।
ऐसे अद्‌भुत रूप में, कथा लिखो तुम आज ।। 173/5200

गौरीजी ने है कही, शिवजी को अरदास ।

10. Story of Shrī Rāma's Virtues (Rāmāyan, 1. Bāl Kānd)

"राम कथा गिर्वाण सी, मुझे सुनन की प्यास" ।। 174/5200

(और)

दोहा॰ सद्‌गुण राघव में सभी, जितने गिर् को याद ।
और न सद्‌गुण है कहीं, रामचंद्र के बाद ।। 175/5200

तुमको देंगी शारदा, अमृत वाणी स्त्रोत ।
कथा तिहारी जो पढ़े, जगे ज्ञान की ज्योत ।। 176/5200

10. श्री राम गुणगान की कथा :

10. Story of Shrī Rāma's Virtues *(Rāmāyan, 1. Bāl Kānd)*

(फिर भी)

दोहा॰ कहते सब गुण राम के, बीतेंगे दिन-रात ।
अत: कहूँगा मैं यहाँ, स्वल्प रीति से, तात! ।। 177/5200

श्लोक छंद

लोके-सम्प्रति, श्रीराम: प्रशस्तगुणवान्नर: ।
धर्मज्ञो वीर्यवान्राम: कृतज्ञश्च महामना ।। 1

♫ ध-ध- ध-धध प-नि-ध-, सांनि-धमपसांनिध- ।
प-प-प- नि-धप-नि-ध-, पम-ग-म- पम-गरे- ।।

जीतकामो गतक्रोधो वीतरागो जनप्रिय: ।
आनन्ददायको राम: सदाचारी च बुद्धिमान् ।। 2

नीतिज्ञो धृतिमान्रामो द्युतिमांश्च जितेन्द्रिय: ।
समस्तगुणसम्पन्नो दृढदेहो जनार्दन: ।। 3

शोभावान्दीर्घबाहुश्च कम्बुकण्ठो महाबल: ।
महावीर्यो धमुष्मान्स सर्वभूतहिते रत: ।। 4

रामो वाग्मी मनोज्ञश्च यशस्वी च विचक्षण: ।
विक्रम: सर्वशास्त्रज्ञो ज्ञानी दानी दयानिधि: ।। 5

10. Story of Shrī Rāma's Virtues (Rāmāyan, 1. Bāl Kānd)

दुर्लभसद्गुणाः सर्वे रामे हि सुलभाः खलु ।
अत एव मतो रामः पृथिव्यां पुरुषोत्तमः ।। 6

📖 कथा 📖

(गुणगान)

दोहा॰ सब नामों में एक है, उत्तम राघव नाम ।
एक मात्र शुभ नाम से, सफल होत सब काम ।। 178/5200

जितने जग में देह हैं, राघव देही एक ।
जितने सद्गुण स्वर्ग में, राघव में प्रत्येक ।। 179/5200

राघव जग में एक हैं, अनुपम गुण भँडार ।
राम कला कासार[5] हैं, क्षात्र-धर्म का सार ।। 180/5200

सागर पर पत्थर तरे, लिख कर राघव नाम ।
राघव जो ना कर सकें, करे राम का नाम ।। 181/5200

सुखदाता प्रभु राम है, पुरुषोत्तम है राम ।
सब सृष्टि का सार है, सर्व सुखों का धाम ।। 182/5200

राम ज्ञान विज्ञान है, सत्य सुरक्षक राम ।
सज्जन मन का मोद है, सदाचार सत्नाम ।। 183/5200

(और)

दोहा॰ इक-पत्नी हैं रामजी, एक-वचन के धीर ।
एक लक्ष्य पर दृढ़ मति, एक-बाण के वीर ।। 184/5200

परम प्रतापी पुरुष हैं, पुण्य रूप भगवान ।
असुर निकंदन राम हैं, अनुपम कीरतिमान ।। 185/5200

रामचंद्र अभिराम हैं, सुंदर रूप ललाम ।
नीति निपुण निष्काम हैं, परम शाँति के धाम ।। 186/5200

तेज पुंज हरि सूर्य हैं, धर्म कुशल विद्वान ।

---

[5] **कासार** = सरोवर, तालाब ।

10. Story of Shrī Rāma's Virtues (Rāmāyan, 1. Bāl Kānd)

राघव को सब ज्ञात हैं, कला ज्ञान विज्ञान ।। 187/5200

(और भी)

☙दोहा॰ सुगठित तन है राम का, कान्तिमान हैं अंग ।
प्रभावान शुचि रूप है, सुखद सुनीला रंग ।। 188/5200

सरल सबल तनु राम का, सुदृढ़ ऊँचा गात ।
मुख मंडल पर तेज है, लब पर मीठी बात ।। 189/5200

प्रबल भुजाएँ राम कीं, वीरों के हैं वीर ।
ध्येय राम को साध्य है, एक चला कर तीर ।। 190/5200

बृहत् शीश है राम का, कुंचित काले केश ।
नैन गोल विशाल हैं, कंबु ग्रीव परमेश ।। 191/5200

चंचु नाक, श्रुति तीक्ष्ण है, दीर्घ राम के स्कंध ।
दंत सुमंडित राम के, पद हैं कदली स्तंभ ।। 192/5200

छाती चौड़ी राम की, सुंदर कोमल गाल ।
भुजा हथौड़ी राम की, सिंहराज सम चाल ।। 193/5200

सोहे तन पर राम के, पुण्य पितांबर पीत ।
धनुष विराजे हाथ में, राघव से मम प्रीत ।। 194/5200

नील कमल पर राम का, आसन है अभिराम ।
चरण कमल पर शीश मम, जय जय सीताराम ।। 195/5200

(मुनिवर आगे बोले)

☙दोहा॰ इसके आगे और मैं, जो जो कहूँ प्रसंग ।
बिना रुके कछु बीच में, लिखते रहिए संग ।। 196/5200

साथ बजाऊँ बीन मैं, गीत राग की तान ।
गाऊँ भजनन संग मैं, भक्ति भाव के गान ।। 197/5200

पद्य अलंकृत यों रचो, लिखा न पहले कोय ।
ना भविष्य में भी कभी, वाङ्मय ऐसा होय ।। 198/5200

11. Story of the City of Ayodhyā (Rāmāyan, 1. Bāl Kānd)

 गीतमाला, पुष्प 15 of 163

(जय सिया राम)

स्थायी

छवि सुमंगल रूप ललाम, जै जै राघव जय सिया राम ।

♪ सा॒ध॒- मप-म‍ग॒ ध॒-नि॒ नि॒म-म, मम पप ध॒-पम रे॒रे ग॒प म-म ।

अंतरा–1

कमल वदन शुभ लोचन सुंदर, संकट मोचन स्नेह समुंदर ।
भागा आए भगत के काम, जै जै रघुपति, जय सिया राम ।।

♪ सा‍रे‍ग॒ ममम मम प-म‍ग॒ रे॒-ग‍ग॒, सा-रे‍ग॒ म-मम प-म ग‍रे॒-ग‍ग॒ ।
सा-ध॒- प-म- ग‍गमम प-प, ध॒- नि॒- ध॒पमम, रे॒रे ग‍ग॒ म-म ।।

अंतरा–2

मुख मंडल पर दीर्घ हनु है, हाथ विराजत इन्द्र धनु है ।
राम से ऊँचा राम का नाम, जै जै रघुपति, जय सिया राम ।।

अंतरा–3

पीत पीतांबर कटि पर सोहे, आस दरस की निश-दिन मोहे ।
सपनन जाऊँ मैं राम के धाम, जै जै रघुपति, जय सिया राम ।।

बाल काण्ड : चौथा सर्ग

 11. अयोध्या वर्णन :

11. Story of the City of Ayodhyā *(Rāmāyan, 1. Bāl Kānd)*

📖 कथा 📖

(अयोध्या)

🎵दोहा॰ सरयु[6] सरित के नीर से, सिंचित शोभित देश ।
रघुकुल का चिर काल से, कोशल पुण्य प्रदेश ।। 199/5200

सरयु पवित्तर पूज्य है, निर्मल सुमधुर तोय ।

---

[6] **सरयु** = (हिंदी) सरयू, सरजू, सरयु; (संस्कृत) शरयु, शरयू ।

11. Story of the City of Ayodhyā (Rāmāyan, 1. Bāl Kānd)

गंगा से जाकर मिली, संगम सुंदर होय ।। 200/5200

अमृत नदिया नीर से, अवध नगर समृद्ध ।
फल-फूलों से थे भरे, घर-घर जन मन शुद्ध ।। 201/5200

(और)

दोहा॰ उपवन सुंदर नगर में, मधु फल के उद्यान ।
पंछी रंग बिरंग के, मंजुल गाते गान ।। 202/5200

चौड़े सुथरे मार्ग थे, दीपक दोनों ओर ।
मंदिर मंदिर आरती, ज्यों ही होती भोर ।। 203/5200

सजे सदन थे पंक्ति में, भुट्टे पर ज्यों बीज ।
हर घर में था सुख भरा, कमी न कोई चीज ।। 204/5200

निलय सुमंडित थे सभी, परिसर लगे निसर्ग ।
नगर अयोध्या का कहा, धरती पर है स्वर्ग ।। 205/5200

 गीतमाला, पुष्प 16 of 163

राग रत्नाकर, कहरवा ताल 8 मात्रा

(दशरथ की अयोध्या)

स्थायी

लाल पीले फूल खिले, पंछी सुंदर चहक रहे ।
नन्हे मुन्ने सुन कर उनको, भागे-भागे आते हैं ।।

♪ ग-ग प-म- ग-रे गम-, ग-प- ध-पम गगरे गम- ।
रे-रे- ग-ग- मम मम गगम-, प-ध- प-म- ग-मग रे- ।।

अंतरा-1

रंग बसंती छाया है, बाग में ईश्वर आया है ।
हरा हरा सा बिछा गलीचा, उसका स्वागत करता है ।।

♪ प-म गरे-ग- प-मप ध-, नि-ध प म-मम प-मप ध- ।
रेग- मग- रे- गप- मग-रे-, गगग- प-पप मगमग रे- ।।

अंतरा-2

मंगल मौसम फूलों का, मंजुल झूला झूलों का ।

11. Story of the City of Ayodhyā (Rāmāyan, 1. Bāl Kānd)

जरा जरा सा ठंढा मौसम, तन में सिहरन भरता है ॥

अंतरा–3

मोर पपीहा नाचे रे, कोयल कूहू बोले है ।
हरा हरा सा शावक तोता, मिट्ठू मीया कहता है ॥

(वहाँ)

दोहा॰ अवध पुरी के लोग थे, धन संपद् श्रीमंत ।
सबके मन आनंद था, सब थे सज्जन संत ॥ 206/5200

सरल सुहानी नगर की, चौड़ी थी हर बाट ।
सुंदर सुरचित थे सजे, विशाल सुथरे हाट ॥ 207/5200

बिखरे थे सब नगर में, फल–फूलों के बाग ।
पवित्र सरिता नीर से, सबके उजले भाग ॥ 208/5200

नगरी में गृह थे सजे, सर्व बनाय कतार ।
जैसीं पावन वस्त्र पर, बुनीं ज़री की तार ॥ 209/5200

घर–घर सुमन गुलाब के, जवा कुसुम कचनार ।
वनिता पहने मालती, कुमुद चमेली हार ॥ 210/5200

कृषि, प्रांगण घर के सभी, उपजाते फल–फूल ।
उज्ज्वल पावन नगरिया, लगी स्वर्ग अनुकूल ॥ 211/5200

(अतः)

दोहा॰ पूज्य नदी के नीर से, जनपद जन थे स्वस्थ ।
सबके पूत निरोग थे, सब थे सुखी गृहस्थ ॥ 212/5200

वनिता सब व्रतधारिणीं, कन्या सभी सुशील ।
माताएँ थीं देवियाँ, बालक कुशल निखिल ॥ 213/5200

प्रसन्न हिरदय थे सभी, कोमल सदय सुजान ।
वेद वाक्य सब वदन में, मंगल स्तुति के गान ॥ 214/5200

दशरथ के इस नगर में, सभी सुखी थे लोग ।
चोर लुटेरे थे नहीं, न ही छूत के रोग ॥ 215/5200

12. Story of Sage Vasishtha (Rāmāyan, 1. Bāl Kānd)

(इस लिए)

स्वर्ग तुल्य इस राज्य के, दशरथ नृप थे तात ।
कौशल्या रानी सजी, देवी सम थी मात ।। 216/5200

भू पर दूजी इन्द्र की, नगरी और न कोय ।
राम जनम अधिकारिणी, अवध पुरी शुभ होय ।। 217/5200

 गीतमाला, पुष्प 17 of 163

राग रत्नाकर, कहरवा ताल 8 मात्रा

(अवध पुरी)

स्थायी

अवध पुरी जग से न्यारी, नर सुर ईश्वर की प्यारी ।
♪ रेरेरे रेग– रेसा रेग रेगम–, पप पप ध–पम गप मगरे– ।

अंतरा–1

सरयू नद के तट पर नगरी, अमृत जल की है गगरी ।
♪ रेगम– पप प– धध धनि धपप–, प–पप धप म– गप मगरे– ।

अंतरा–2

मातु प्रेम सम मंगलकारी, जनपद की प्राण पियारी ।

अंतरा–3

राम–राज्य की नींव सुनहरी, राम जनम की अधिकारी ।

अंतरा–4

भारत माँ की प्यारी दुलारी, हम तेरे हैं बलिहारी ।

 104. ब्रह्मर्षि वसिष्ठ की कथा :

12. Story of Sage Vasishtha (Rāmāyan, 1. Bāl Kānd)

📖 कथा 📖

(वसिष्ठ)

दोहा॰ वसिष्ठ मुनि रघु वंश के, रघुकुलगुरु थे पात्र ।
याज्ञवल्क्य मुनि मित्र थे, परशुराम थे छात्र ।। 218/5200

12. Story of Sage Vasishtha (Rāmāyan, 1. Bāl Kānd)

ब्रह्मा जी के पुत्र थे, वसिष्ठ विज्ञ महान ।
अगस्त्य मुनि के बंधु थे, कर्म धर्म मतिमान ॥ 219/5200

वसिष्ठ ने वाल्मीक से, सीखा था जो ज्ञान ।
लिखा योगवासिष्ठ में, करने जग कल्याण ॥ 220/3735

अवतार कहे थे दक्ष के, यज्ञ कर्म निष्णात ।
शस्त्र-अस्त्र के सूत्र सब, वसिष्ठ को थे ज्ञात ॥ 221/5200

वसिष्ठ मुनि के निलय में, कामधेनु थी गाय ।
वांछित फल देती सदा, बिना विलंब लगाय ॥ 222/5200

 गीतमाला, पुष्प 18 of 163

(योगवासिष्ठ)

दोहा॰

कहा योगवासिष्ठ में, ब्रह्मज्ञान उपदेश ।
प्रश्नोत्तर गुरु ने दिये, राघव के निःशेष ॥ 902/5200

♪ सारे- ग-गग-म-ग म-, म-गरे-ग मपम-म ।
प-प-पप पप ध- पध-, प-मग म- प-म-म ॥

स्थायी

गुरुवर, राम को योग सिखायो, ब्रह्म मार्ग दिखा- - - यो- - - ।
♪ रेगमग-, प-म ग म-ग रेग-म-, प-म ग-रे गरे- - - सा- - - ।

अंतरा-1

वसिष्ठ से राघव ने पूछा, ब्रह्म शब्द का, अर्थ समूचा ।
आत्म ब्रह्म का, अनहद नाता, पुरुष प्राणदा, प्रकृति माता ।
गुरुवर, राम को ज्ञान बतायो ॥

♪ रे-गम प- प-धप म- ग-म-, प-म ग-रे ग-, म-म गम-म- ।
ग-ग ग-ग ग-, रेरेरेरे ग-म-, रेगम गरेग-, म-गरे ग-म- ।
सारेगम-, प-म ग म-ग रेगरे- - - सा- - - ॥

अंतरा-2

विश्व अनादि, अनंत सारा, विश्व किसी ने, नहीं बनाया ।

13. Story of King Dashrath (Rāmāyan, 1. Bāl Kānd)

चक्र ये भौतिक, परिवर्तन का, जल सागर पर, जलतरंग सा ।
गुरुवर, राम को राह बतायो ।।

अंतरा–3

अस्थि युक्त ये, रक्त माँस का, देह बना है, पँच भूत का ।
पुरुष प्रकृति, मेल से हुआ, खेल यहाँ का, भव का पसारा ।
गुरुवर, राम को शास्त्र बतायो ।।

अंतरा–4

ब्रह्म शून्य है, आत्म शून्य है, शून्य से निकला, सो भी शून्य है ।
ब्रह्म सत्य है, सत्य पूर्ण है, पूर्ण से निकला, सो भी पूर्ण है ।
गुरुवर, राम को गणित बतायो ।।

बाल काण्ड : पाँचवाँ सर्ग

13. राजा दशरथ की कथा :

13. Story of King Dashrath *(Rāmāyan, 1. Bāl Kānd)*

दोहा० नेमी राजा वीर थे, धनुधर धीर महान ।
चलाय रथ दश अयन पर, पाए "दशरथ" नाम ।। 223/5200

दशरथ नृप निष्पक्ष थे, न्यायशील गुणवान ।
सूर्यवंश के सूर्य थे, वीर क्षात्र धीमान ।। 224/5200

पक्षपात से थे परे, उनको सभी समान ।
सज्जन की रक्षा करें, शठ को दंड महान ।। 225/5200

नीर क्षीर के भेद में, राजहंस थे आप ।
नृत अनृत विच्छेद में, किया कभी ना पाप ।। 226/5200

उनका सचिव सुमंत्र था, धर्मपाल अरु धीर ।
नव–रत्नों में श्रेष्ठ था, शस्त्र कला में वीर ।। 227/5200

कथा

(दशरथ)

14. Story of the two-boons given to Kaikeyī (1. Bāl Kānd)

दोहा॰ दशरथ नृप की रानियाँ, सुप्रसिद्ध थीं तीन ।
कौशल्या अरु कैकयी, सौम्य सुमित्रा लीन ।। 228/5200

मँझली के रति पाश में, दशरथ थे बेहाल ।
ना जाने वह एक दिन, बन जावेगी काल ।। 229/5200

कौशल्या थी साधवी, सात्त्विक उसका वेश ।
मंगल वाणी से सदा, प्रसन्न करती देश ।। 230/5200

कैकेयी सजती परी, राजकीय श्रृंगार ।
पहने ऊँचे वस्त्र वो, चौदह लाखे हार ।। 231/5200

शाँत-सुमित्रा थी सदा, पूजे अपना नाथ ।
देते आदर सब उसे, सराहना के साथ ।। 232/5200

14. कैकेयी के दो-वरों की कथा :

14. Story of the two-boons given to Kaikeyī *(1. Bāl Kānd)*

कथा

(दो-वर की काथा)

दोहा॰ अब सुनिये पहली कथा, रामायण की बीज ।
रघुकुल को जो दी व्यथा, कुल-कलहों की चीज ।। 233/5200

तब दशरथ को थी लगी, हानि हीन यह बात ।
आगे चल कर दे गयी, रघुकुल पर आघात ।। 234/5200

(नेमी)

दोहा॰ नेमी राजा वीर थे, सबको उनसे प्यार ।
दुर्बल दिल नृपने दिया, कैकेयी पर वार ।। 235/5200

नेमी नृप बलबीर थे, त्रिभुवन में मशहूर ।
उनसे डरते थे सभी, दुर्जन रहते दूर ।। 236/5200

(एक दिन)

दोहा॰ शंबर कश्यप-पुत्र था, असुर बड़ा बलवान ।

14. Story of the two-boons given to Kaikeyī (1. Bāl Kānd)

मायावी वह दनुज था, असुरपति तूफान ।। 2337/5200

शंबर ने जब इन्द्र को, करी युद्ध ललकार ।
उससे इन्द्र न लड़ सका, आया नेमी-द्वार ।। 238/5200

बोला, मुझे बचाइये, दुष्ट असुर के हाथ ।
सेना लेकर आइए, लड़ने को, जगनाथ! ।। 239/5200

शंबर से जब लड़ पड़े, रण में नृप रघुराज ।
मन पत्नी में था लगा, रथ पर जो थी आज ।। 240/5200

असुरपति के धनुष का, लगा नृपति को तीर ।
जखमी होकर गिर पड़ा, रथ में वह रणवीर ।। 241/5200

(तब, रानी)

✍दोहा॰ रानी रथ को लेगई, रण से थोड़ी दूर ।
आया नृप जब होश में, लड़ने निकला शूर ।। 242/5200

एक साथ लड़ने लगा, दस अयनों में वीर ।
रथ दस ओर भगाइके, छोड़े उसने तीर ।। 243/5200

(मगर)

✍दोहा॰ इधर-उधर रथ भागते, गिरी चक्र की कील ।
रक्षा रानी ने करी, भले गयी वह छील ।। 244/5200

युद्ध जीत कर इंद्र ने, बोला, नेमीराज! ।
'दश' आयन 'रथ' हाँक के, तुम हो 'दशरथ' आज ।। 245/5200

दशरथ बोले दार को, कीन्हे तुम दो काज ।
तुमरे मन में जो प्रिये! माँगो "दो-वर" आज ।। 246/5200

रानी बोली, "अब नहीं, फिर माँगूँगी, नाथ! ।
अवसर जब अनुकूल हो, अरु मौका हो साथ ।। 247/5200

"जो माँगूँगी वो, सखे! देना वह वरदान ।
"ना" मत कहना तुम मुझे, रखना अपना मान" ।। 248/5200

(हाय!)

15. Story of Shravan Kumār (Rāmāyan, 1. Bāl Kānd)

दोहा॰ नीर क्षीर का भेद जो, नहीं जानता मूढ़ ।
दूर दृष्टि उसकी नहीं, न ही नीति का गूढ़ ॥ 249/5200

मोह प्यार से कैकयी, बनी चहेती आज ।
बांध नाथ को जाल में, करती उस पर राज ॥ 250/5200

रथ का संरक्षण किए, कीन्हा दशरथ-काज ।
पति से "दो-वर" माँग कर, कीन्हा वश में आज ॥ 251/5200

आज दे रही कैकयी, जिस दशरथ को मान ।
कल "दो-वर" में फाँस कर, लेगी उसकी जान ॥ 252/5200

बाल काण्ड : छठा सर्ग

 15. श्रवण कुमार की कथा :

15. Story of Shravan Kumār *(Rāmāyan, 1. Bāl Kānd)*

📖 कथा 📖

(दशरथ)

दोहा॰ दशरथ नृप धर्मिष्ठ थे, क्षात्र-कर्म में वीर ।
आँख मूँद कर छोड़ते, शब्द वेध से तीर ॥ 253/5200

प्रजा जनों के प्राण थे, सबसे उनको प्रीत ।
जनपद जन के थे सखा, हर नर उनका मीत ॥ 254/5200

फिर भी नृप को दुःख था, सुत के बिना न चैन ।
सुत की चिंता ही उन्हें, खाती थी दिन रैन ॥ 255/5200

(एवं)

दोहा॰ ज्यों ज्यों बढ़ती थी जरा, अंत सरकता पास ।
त्यों त्यों ही होते चले, दसरथ बहुत उदास ॥ 256/5200

बिना पुत्र की गोद से, जग लगता वीरान ।
बोल तोतले सुनन को, आतुर उनके कान ॥ 257/5200

15. Story of Shravan Kumār (Rāmāyan, 1. Bāl Kānd)

जब तक खेले पुत्र ना, आँगन में कर शोर ।
तब तक घर में है लगे, सन्नाटा सब ओर ।। 258/5200

देख-भाल बिन, पुत्र की, लगो निकम्मे आप ।
बिना पुत्र के प्यार भी, लगे निठल्ला बाप ।। 259/5200

सुत की सेवा के बिना, जीवन है निस्सार ।
बिना पुत्र के प्राप्ति की, धन दौलत बेकार ।। 260/5200

(तथा ही)

✍दोहा॰ जब तक रौनक पुत्र की, ना देखो घर आप ।
भागा दौड़ी के सिवा, जगत लगे चुपचाप ।। 261/5200

जब तक काँधे पर नहीं, बैठे शिशु सुकुमार ।
तब तक तन को है लगे, कपड़ों का भी भार ।। 262/5200

जब तक बालक का रहे, रोने का घर नाद ।
तब तक कोई शब्द ना, भाए उसके बाद ।। 263/5200

"बेटा!" कह कर प्रेम से, कहो न जब तक आप ।
तब तक सचमुच ना लगे, आप हुए हो बाप ।। 264/5200

(यों)

✍दोहा॰ जब तक उँगली थाम कर, शिशु ना चलता आप ।
तब तक पितु को ना लगे, सचमुच है वह बाप ।। 265/5200

जब तक कानों में नहीं, "बापू" नाम पुकार ।
तब तक कोई हाँक ना, देती मन को प्यार ।। 266/5200

जब तक बालक की हँसी, नहिँ सुनत हैं कान ।
तब तक सूना सब लगे, जैसे हो शमशान ।। 267/5200

(तथा ही

✍दोहा॰ जब भी पितु की उँगली, काटे शिशु के दंत ।
रूखापन नव बाप का, होजाता है अंत ।। 268/5200

मुत्र ओक मल पुत्र के, नहीं भिगोते अंग ।

तब तक पितु की हेकड़ी, होती नहिँ है भंग ।। 269/5200

मृदुल त्वचा नव पुत्र की, जो ना छूते हाथ ।
वंचित परमानंद है, रहता उनके साथ ।। 270/5200

लाड़ प्यार में पुत्र के, बिते जब दिन-रात ।
फीके फिर सब हर्ष हैं, सुखद न कोई बात ।। 271/5200

हठ जब करता पुत्र है, दिल को देता ताप ।
राजा हो या रंक हो, झुक जाता है बाप ।। 272/5200

(इस लिए)

दोहा॰ निश-दिन दशरथ शोक में, करते सोच विचार ।
कैसे मन बहलाइए, बिना पुत्र-का-प्यार ।। 273/5200

राजा दशरथ शोक से, उदासीन दिन रैन ।
ना ही मिलती रात में, ना ही दिन में चैन ।। 274/5200

मगर किसी से ना कही, अपने मन की बात ।
बिन अँसुअन रोते रहे, मछली सम दिन-रात ।। 275/5200

जाने पहले जनम में, किया कौनसा पाप ।
पता नहीं किसका लगा, मुझको यह अभिशाप ।। 276/5200

गीतमाला, पुष्प 19 of 163

खयाल : राग जोगिया

(बिन अँसुअन मन रोये)

स्थायी

बिन अँसुअन मन रोये । ये दुखी, बिन अँसुअन, मन रोये ।।

♫ पनि धपमध पम गपमगरे-सा - । पनि धप-, मध पमगप, मग रे-सा- ।।

अंतरा-1

मोहे बालक की अभिलासा, नीर में खड़ा फिर भी प्यासा ।
जीवन में अब कछु नहीं भावे, मोरा जिया, कलपाए ।।

♫ सा-सारे म-मम मप गगमपप-, मधध ध- धधप मम धप म-ग- ।

15. Story of Shravan Kumār (Rāmāyan, 1. Bāl Kānd)

म-पध़ सां- सांसां निसां निनि ध़-प-, पनिध़प मध़, पमगपमगरे़-सा- ।।

(अत:)

✍दोहा॰ बहलाने को मन दुखी, करके बहुत विचार ।
इक दिन वे वन में गए, करने वन्य शिकार ।। 277/5200

निकल अकेले वे पड़े, और न कोई साथ ।
दिन भर भटके विपिन में, पशु ना आया हाथ ।। 278/5200

पशु ढूँढत चलते गए, कर में लेकर तीर ।
साँझ समय तक भटकते, आए नदिया तीर ।। 279/5200

भूखे बैठे रेत पर, पी कर निर्मल नीर ।
लेते लम्बी साँस वे, दूर हटाने पीर ।। 280/5200

(वहाँ)

✍दोहा॰ नदी किनारे एक था, जंबुल पेड़ विशाल ।
मधुर फलों से थी लदी, उस तरु की हर डाल ।। 281/5200

बिना अन्न के पेट में, प्राण रहे थे सूख ।
ललचाए फल देख कर, उन्हें लगी थी भूख ।। 2825206

मीठे फल वे देखके, चढ़े वृक्ष पर आप ।
खान लगे फल रस भरे, करत नाम का जाप ।। 283/5200

पके पके जामून वे, मुख में लेते ठूँस ।
थोथा थोथा थूक कर, रस रस लेते चूस ।। 284/5200

बोले, श्वापद जब कोई, आवे पीने नीर ।
तुरंत उस पर धनुष से, छोड़ूँगा मैं तीर ।। 285/5200

(फिर)

✍दोहा॰ उसी अँधेरी रात में, बालक श्रवण कुमार ।
मातु-पिता को ढो रहा, काँधे काँवर भार ।। 286/5200

अंधे थे माता-पिता, जिन्हें लगी थी प्यास ।
बोले, "जल ले आइयो, बेटा! यदि हो पास" ।। 287/5200

15. Story of Shravan Kumār (Rāmāyan, 1. Bāl Kānd)

(और बोले)

दोहा॰ "तू ही हमरा एक है, जीवन का आधार ।
अंधन की तू लाकड़ी, अनुपम तव सहकार ॥ 288/5200

"बिन तेरे हमरा नहीं, इस जग में आधार ।
मातु–पिता का भक्त तू, बेटा श्रवण कुमार!" ॥ 289/5200

(फिर)

दोहा॰ नदिया तट काँवर रखे, लोटा लेकर हाथ ।
पानी लाने चल पड़ा, परम प्रेम के साथ ॥ 290/5200

उसी अँधेरी रात में, सुन्न शाँत उस तीर ।
उतरा जल में वह युवा, लेने सरिता नीर ॥ 291/5200

पात्र डुबोया नीर में, अति श्रद्धा के संग ।
गुड़गुड़ के उस शब्द ने, किया शाँति का भंग ॥ 292/5200

(तब)

दोहा॰ आई जब आवाज वो, नृप दशरथ के कान ।
उसे वन्य पशु जान कर, उठे बाण को तान ॥ 293/5200

छोड़ा उस पर बाण को, शब्द वेध के साथ ।
सुनी चीख चिल्लान की, काँपे कोशलनाथ ॥ 294/5200

सन्-सन् करता तीर वो, लगा श्रवण के गात ।
गिरा नीर में वीर वो, विद्युत गति के साथ ॥ 295/5200

(तब)

दोहा॰ दशरथ आए भागते, सुन बालक की – हाय! ।
काढ़ा शर को गात से, अपनी गोद लिटाय ॥ 296/5200

बोले, "बेटा! माफ कर, मुझको मेरी भूल ।
गलती से मैंने तुझे, दीन्हा घातक शूल" ॥ 297/5200

(इतना कह कर)

दोहा॰ कहा श्रवण ने, हे प्रभो! विधि का है यह खेल ।
समय बहुत अब अल्प है, और न दुख तू झेल ॥ 298/5200

15. Story of Shravan Kumār (Rāmāyan, 1. Bāl Kānd)

इस नदिया के तीर पर, आम्र वृक्ष के पास ।
अंधे मम माँ बाप हैं, उन्हें लगी है प्यास ।। 299/5200

जल्दी जाओ दौड़ कर, मम पितरों के पास ।
उनको नीर पिलायके, बुझाव उनकी प्यास ।। 300/5200

लोटा तुम देना उन्हें, कछु मत कहना आप ।
कुछ भी बोंलेंगे तुम्हें, सुन लेना चुपचाप ।। 301/5200

गीतमाला, पुष्प 20 of 163

(श्रवण वध)

स्थायी

लगा रे बाण श्रावण को, बचाओ पुत्र पावन को ।

♫ गमप म- ध-प म-गग म-, धप-म- ग-प म-गग रे- ।

अंतरा-1

अंधी माता, पिता भी अंधे, ले कर कावड़ अपने कंधे ।
बूढ़े दोनों नीर के प्यासे, रख कर उनको नदी तीर पे ।
गया था, नीर लावन को ।।

♫ रे-गम प-प- धप- म ग-म-, रे- रेग म-मम पपम- ग-म- ।
रे-ग- म-म- प-म ग रे-ग-, मम मम ममम- गम- प-म ग- ।
धप- म-, ग-प म-गग रे- ।।

अंतरा-2

रात अँधेरी, शाँत किनारा, बैठा तरु पर भूप दुखारा ।
शब्द सुना जब जल में नृप ने, तीर चलाया तुरंत उसने ।
न देखा, पुत्र भावन को ।।

अंतरा-3

मातु-पिता ने, नृप को कोसा, अपशब्दों में दीन्हा दोसा ।
बोले, तू भी पुत्र-बिरह में, प्राण तजेगा, विरह हृदय में ।
मिला रे! शाप राजन् को ।।

(तब)

15. Story of Shravan Kumār (Rāmāyan, 1. Bāl Kānd)

दोहा॰ इतना कह कर श्रवण ने, लीन्ही अंतिम साँस ।
प्राण पखेरु उड़ गए, मिला स्वर्ग में वास ॥ 302/5200

आए दशरथ जल लिए, तब तक भई सवेर ।
माता बोली, क्यों लगी, बेटा! इतनी देर ॥ 303/5200

कुछ तो बोलो तुम हमें, बेटा! क्यों हो मौन ।
आते-जाते राह में, तुमको रोका कौन ॥ 304/5200

माँ ने कीन्हा नीर को, लेने से इन्कार ।
बोली पहले दो मुझे, "माते!" कह कर प्यार ॥ 305/5200

 गीतमाला, पुष्प 21 of 163

राग रत्नाकर, कहरवा ताल 8 मात्रा

(श्रावण कुमार)

स्थायी

मातु-पिता कहो, कैसे जियें, अब । तनय बिना देखो, हुए हैं अनाथ, ये ॥
♪ म-ग रेग- रेसा, रे-रे गम-, गरे । रेरेरे रेग- मग, मप म गरे-सा, रे- ॥

अंतरा-1

पुत्र पियारा, एक सहारा । छीन लिया तो, दैया! हुए बेसहारा, अब ॥
♪ रे-रे रेग-ग-, प-म गरे-ग- । रे-रे रेरे ग, मग! मप मगरेसा, रेरे ॥

अंतरा-2

अंधी माता, अंध पिता भी । दीन बनें हैं, रामा! नहीं सुत साथ, अब ॥

अंतरा-3

लैलो शरण में, लैलो चरण में । आर्त पुकार, सुनो! नहीं कोई नाथ, अब ॥

(तब, दशरथ ने अंधी माता से कहा)

दोहा॰ रो कर दशरथ ने कही, श्रवण-हनन की बात ।
सुन कर मरना पुत्र का, प्राण तज गए तात ॥ 306/5200

बोली माँ मरते समय, "करतब तव अति हीन ।
मार दिये निर्दोष तू, एक बाण से तीन ॥ 307/5200

"पुत्र विरह में जा रहे, यथा हमारे प्राण ।
सुत विरहा में तू मरे, बिना लगे ही बाण" ॥ 308/5200

बाल काण्ड : सातवाँ सर्ग

 16. पुत्रेष्टि यज्ञ की कथा :

16. Story of Putreshti Yajña *(Rāmāyan, 1. Bāl Kānd)*

📖 कथा 📖

(दशरथ)

दोहा॰ "श्रवण-हनन" से थे हुए, दशरथ थे दिन-रात ।
मगर किसी से ना कही, अपने मन की बात ॥ 309/5200

बार-बार नृप ने किए, शब्द शाप के याद ।
सोचत, "क्या इस राज्य का, होगा मेरे बाद" ॥ 310/5200

बिना पुत्र उनको लगे, सबसे बढ़ कर ताप ।
कैसे उतरे शीश से, घोर बड़ा यह पाप ॥ 311/5200

नृप ने सचिव सुमंत्र से, इक दिन छेड़ी बात ।
"वंश चलावे को मेरा, चिंता है दिन-रात ॥ 312/5200

"पुत्रहीन के बाद यह, कौन चलावे राज ।
न्याय नीति से जो करे, प्रजा जनों के काज" ॥ 313/5200

वसिष्ठ गुरुवर ने कहा, "चिंता करो न, तात! ।
पुत्रेष्टि के यज्ञ से, बने तिहारी बात ॥ 314/5200

"पुत्रेष्टि का देवता, प्रभो! बहुत हितकार ।
शास्त्र-नियम से व्रत किए, फल दे छप्पर फाड़" ॥ 315/5200

(इस लिए)

दोहा॰ पुत्र प्राप्ति के हेतु से, 'पुत्रेष्टी' का यज्ञ ।

16. Story of Putreshti Yajña (Rāmāyan, 1. Bāl Kānd)

विधि विधान से सब करें, यथा कहेंगे तज्ञ ।। 316/5200

लाओ पुष्प सुगंध के, पीले लाल सफेद ।
तुलसी दल, कुश दर्भ भी, यथा बताते वेद ।। 317/5200

श्रीफल कदली आम्र हों, घृत मधु गौ का दूध ।
हल्दी कुमकुम और हों, केसर अक्षत शुद्ध ।। 318/5200

पावन गंगा नीर हो, अबीर अरु सिंदूर ।
समिधा चंदन धूप हों, कस्तूरी कर्पूर ।। 319/5200

पूजा के साधन सभी, गायन के सामान ।
पट पीतांबर, मृग त्वचा, धर्म-दक्षिणा, दान ।। 320/5200

विप्र पुरोहित लाइए, जाबाली सम संत ।
अश्वमेध से दिग्विजय, "निश्चित," कहें महंत ।। 321/5200

लाओ पावन यज्ञ की, सामग्री निःशेष ।
कुछ भी विस्मृत ना रहे, बतलाए अवधेश ।। 322/5200

(ततः)

दोहा॰ हुई तयारी यज्ञ की, आया ऋषि-मुनि वृंद ।
गए निमंत्रण शीघ्र ही, आए जन सानंद ।। 323/5200

नर-नारी सब देश के, पहने मंगल वेश ।
आभूषण परिधान थे, सजाय सुंदर केश ।। 324/5200

मंत्र पाठ सब शुद्ध से, यज्ञ हुआ सम्पन्न ।
पूजा कीर्तन गान से, जनता हुई प्रसन्न ।। 325/5200

(और)

दोहा॰ भोजन रुचिकर स्वादु थे, विपुल दक्षिणा दान ।
वर्ण चार ही एक थे, सबको सम सम्मान ।। 326/5200

वसिष्ठ ने आशिष दिये, नृप को मंगल ढेर ।
रानीत्रय को वर मिले, प्रसाद मंतर फेर ।। 327/5200

(पायस दान)

17. Story of Shrī Rāma's birth (Rāmāyan, 1. Bāl Kānd)

दोहा॰ पायस पावन यज्ञ का, गुरु वसिष्ठ ने काट ।
तीन रानियों को दिया, चार भाग में बाँट ।। 328/5200

इस प्रसाद से होगया, मन वांछित परिणाम ।
तीन रानियों को मिला, गर्भ रूप वरदान ।। 329/5200

माँगा नृप ने एक था, मिले उसे सुत चार ।
दशरथ को भगवान ने, दीन्हा छप्पर फाड़ ।। 330/5200

बाल काण्ड : आठवाँ सर्ग

17. श्री राम जन्म की कथा :

17. Story of Shrī Rāma's birth *(Rāmāyan, 1. Bāl Kānd)*

कथा

(श्रावण मास)

दोहा॰ आयी श्रावण की झरी, बरसी नीर फुहार ।
घट घट में उल्लास था, जगा जनों में प्यार ।। 331/5200

गीतमाला, पुष्प 22 of 163

कजरी[7] : कहरवा ताल 8 मात्रा

(सावन की कजरी)

स्थायी

कैसी ये सुहानी सावन की कजरिया, शीतल रिमझिम झरियाँ ।
शीतल रिमझिम झरियाँ, शीतल रिमझिम झरियाँ ।। शीतल॰ ।।

म–म– मप पनिनि–निध पधध ध पम म–म–प–म–, ग–सा–सा– ग–म–पधपध– म–गम– – – – – ।
सां–सां–सां– सां–सां–सांरेंसांरें– नि–धप– – – – –, ग–गसासा– ग–म–पधपध– म–गम– – – ।।

अंतरा–1

---

[7] **कजरी** : यह एक सावन ऋतु में गाया जाने वाला, एक बहुत पुराना लोकप्रिय गीत प्रकार है ।

17. Story of Shrī Rāma's birth (Rāmāyan, 1. Bāl Kānd)

गरजत बिजुरिया, बरसत बदरिया ।

गरजत बिजुरिया, बरसत बदरिया ।

कान्हा रे छलकत, मोरी गगरिया । शीतल० ।।

♫ म–म–मपप– नि–नि–सां–सां–, सां–सां–सां–सांनि निरेंसांरेंनि–ध– ।

म–म–मपप– नि–नि–सां–सां–, सां–सांरेंरेंमंमंगं गंरेंरेंसांसांसांनिध– ।

म–म– मप– – निनिनिनि ध– – – प– म–म–प–म–, ग–गसासा– ।।

अंतरा–2

दूर मोरी नगरिया, छोड़ मोरी डगरिया ।

कान्हा रे भीग गयी, मोरी चुनरिया ।। शीतल० ।।

अंतरा–3

आज तोरी साँवरिया, लूँगी मैं खबरिया ।

ना कर बरजोरी, मोरे कनाईया ।। शीतल० ।।

गीतमाला, पुष्प 23 of 163

(सावन के बादर)

स्थायी

घिर आए सावन के, बादर कारे ।

आजा री सजनीया, पपीहा पुकारे ।।

♫ गम पसांनिसां–नि पपग–म– ग–सा–नि– –, निसागरे गम– – – म– – – – – – – ।

मपग– म पधपनि–धप– – –, पधपमग रे गमपप–प– ।।

अंतरा–1

मतवारी मोरनीया, नाच दिखावे ।

धुन टेर मोरवा की, मनवा रिझावे ।।

♫ – – –पपनि–नि सां–सां–सांसांसां– – – –, नि–सां– सांनिसांनिरेंसां–नि–प– – – ।

पसां सां–रें नि–नि–धप प– – – –, गमगरे गमप– –प– ।।

अंतरा–2

मेहा रे झरी तोरी, नेहा लगावे ।

शीतल रीम झीम, मोती पसारे ।।

17. Story of Shrī Rāma's birth (Rāmāyan, 1. Bāl Kānd)

गीतमाला, पुष्प 24 of 163

राग : गौड़ मल्हार,[8] तीन ताल 16 मात्रा

(सावन की बादरिया)

स्थायी

कारी बादरिया भीनी चादरिया, चादरिया मोरी भीनी साँवरीया ।

♪ –गरे मगरेसा– गरेग मपगपमग, –गरेपपप– पप धनि सांध पगपमग ।

अंतरा–1

पल छिन तड़पत मोरा मनवा, गरजत बरसत कारो बदरवा ।

अधीर भई मैं बाँवरिया, अधीर भई मैं बाँवरिया ।।

♪ –पग पप निधनिनि सां–सां– निरेंसां–, –निनिनिनि निनिनिनि धनिसांनि सांध निधप ।

–मरेप पपध प– धनि सांधपगपमग, –मरेप पपध प– धनिसांरेंसांनिधप गपमग ।।

अंतरा–2

कड़कत चमकत बैरी बिजुरिया, आजा बलमवा मोरी डगरिया ।

हार गई मैं साँवरिया, हार गई मैं साँवरिया ।।

(सावन)

दोहा॰ सावन भादो का समाँ, मदन जगावे प्यार ।
नर–नारी के गात में, प्रणय भरी रस धार ।। 332/5200

पावन पायस यज्ञ का, कीन्हा पुण्य प्रताप ।
दशरथ नृप के मनस का, दूर भया अनुताप ।। 333/5200

तीन रानियों की जभी, भरी गर्भ से गोद ।
मुदित भए नृप अवध के, जन–गण के मन मोद ।। 334/5200

करत प्रतीक्षा चैत की, सबके मन में प्यार ।

---

[8] **राग गौड़ मल्हार :** यह खमाज ठाठ का राग है । इसका आरोह है : सा, रे ग रे म ग रे सा, रे म प, ध नि सां । अवरोह है : सां, ध नि प म, ग म रे सा ।

▶ लक्षण गीत : **दोहा॰ म सा वादि संवाद में, संपूरण विस्तार ।**
मृदु निषाद अवरोह से, राग "गौड़ मल्हार" ।। 335/5200

17. Story of Shrī Rāma's birth (Rāmāyan, 1. Bāl Kānd)

नौ मासों में आयँगे, दशरथ के सुत चार ।। 333/5200

गीतमाला, पुष्प 25 of 163

गीत : राग भीमपलासी, कहरवा ताल 8 मात्रा

(सावन आयो)

स्थायी

गरजत बरसत सावन आयो, प्यासन दुखियन के मन भायो ।

♫ मपनिसां निधपमप ग-गम गरेसा-, पनिसाग रेरेसासा प- गम गरेसा- ।

अंतरा-1

सब के मन में जोश जगायो, वन में पपीहा बहु हरषायो ।
मोर कोयलिया नाच नचायो ।।

♫ पप प- निमप गम पनिसां सांगंरेंसां-, निनि सांमं गंरेंसां- पनि सांसांनिधप- ।
प-गं गंरेंरेंसां- नि-नि निध-प- ।।

अंतरा-2

तरु बेली पर फूल खिलायो, हरी हरियाली अनूप बिछायो ।
दुखी नैनन की आस बुझायो ।।

(यों)

गीतमाला, पुष्प 26 of 163

(ऋतु सावन)

स्थायी

ऋतु सावन की, मोद बढ़ावे, मन का मोर नचावे ।
हरा गलीचा तले बिछावे, तरु पर रंग रचावे ।।

♫ सारे म-पप प-, प-म सांध-प-, मम प- ध-प मगरेसा- ।
मप- पप-प- धनि- धप-म-, धध धध प-म गरे-सा- ।।

अंतरा-1

सुंदर सौरभ फूल फूल पर, तितली भ्रमर भुलावे ।
मंजुल झोंका मंद पवन का, पादप बेली डुलावे ।।

♫ सा-रेरे म-मम प-ध नि-ध पम, पपध- निनिसां रेंनि-सां- ।
रें-सांनि ध-प- नि-ध पमम प-, म-पप ध-प मगरेसा- ।।

अंतरा–2

चह चह चिड़ियाँ पपीहे मैना, मनहर गान सुनावे ।
आम्र वृक्ष पर काली कोयल, कूहू कूहू गावे ।।

अंतरा–3

सात रंग ये इन्द्र धनुष के, क्षितिज को हार पिन्हावे ।
पल में वर्षा पल में सूरज, बादर खेल खिलावे ।।

अंतरा–4

मधुर फलों के गुच्छ पेड़ पर, सबका मन ललचावे ।
बाल बालिका वृंद वृंद में, सावन हर्ष मनावे ।।

अंतरा–5

चाँद सितारे नील गगन के, चाँदनी रात सुहावे ।
अनूप नजारा सावन का ये, इन्द्र भी देख लजावे ।।

(शरद्)

दोहा॰ पवन शीत ऋतु शरद का, करता जब तन स्पर्श ।
रोम-रोम गदगद किए, देता मन को हर्ष ।। 336/5200

गीतमाला, पुष्प 27 of 163

खयाल : राग भूपाली तीन ताल 16 मात्रा

(सावन ऋतु)

स्थायी

सावन ऋतु आयो, सुख लायो, सावन ऋतु आयो, सुख लायो ।
बरखा झरी रिम झिम बरसायो ।

♫ सां-धप गरे सारेध़- सारे गरेग-, गपधसांधप गरे सारेध़- सारे गरेग- ।
गगगरे गप धसां धसां धपगरेग- ।।

अंतरा–1

धरती पहने सुंदर गहने, रंगीन वाले हरित सुहाने ।

♫ पपग- पपसांध सां-सांसां सांरेसां-, सां-गरें ध-सां- सांसांध पगरेग- ।

अंतरा–2

बादल शीतल करत फुहारे, कोयल मंजुल कूहु पुकारे ।

17. Story of Shrī Rāma's birth (Rāmāyan, 1. Bāl Kānd)

(हेमंत)

दोहा॰ शीतल ऋतु हेमंत की, दशरथ के मन भाय ।
देख शरीफे मिष्ट वे, उनका मन ललचाय ॥ 337/5200

(शिशिर)

दोहा॰ शिशिर ऋतु की ठंढ का, पाकर पुलिकित स्पर्श ।
रोम-रोम में भर गया, गर्भवती का हर्ष ॥ 338/5200

मटर छोलिया खोपरा, शिशिर ऋतु में स्वाद ।
अनार इमली अम्ल की, आती उनको याद ॥ 339/5200

(माघ)

दोहा॰ उष्ण माघ के मास में, मकर राशि में सूर्य ।
आए दशरथ काशि में, पातक धोने पूर्व ॥ 340/5200

रानी तीनों गंग में, पावन नीर नहाय ।
लीन्हे काशी धाम का, तीरथ आस लगाय ॥ 341/5200

(चैत्र)

दोहा॰ मौसम कोसा चैत्र का, हरे आम की घात ।
कोयल काली आम्र पर, कूहु कूहु है गात ॥ 342/5200

(बसंत)

दोहा॰ बसंत देता है खुशी, रिम झिम बरखा मेह ।
बिंदु-बिंदु नभ से गिरे, सबन लगावत नेह ॥ 343/5200

 गीतमाला, पुष्प 28 of 163

(बसंत बरखा)

स्थायी

रंग गुलों की शोभा न्यारी, गंध सुगंधित हिरदय हारी ।
♪ सां–नि ध॒प– म॒ंग म॒ध॒निसां रें॒निसांमंध॒, सां–नि ध॒प–म॒ंग गर्मंध॒म गरे॒सा– ।

अंतरा-1

बसंत बरखा बरसत रिमझिम, मंजुल रंगों की फुलवारी ।
♪ गर्मं॒ध॒ ध॒निसांसां– सांसांसांसां निरें॒सांसां । निरें॒मंग रें॒–सां– निध॒ सांसांनिरें॒सांनिधपमंध॒ ।

17. Story of Shrī Rāma's birth (Rāmāyan, 1. Bāl Kānd)

अंतरा-2

मोर पपीहा कोयल कारी, कूजत कूहु कूहु बारी-बारी ।

(चैत)

✍दोहा॰ चैत्र मास जब आगया, सबको उत्कट आस ।
दशरथ सुत के जन्म का, समय आगया पास ।। 344/5200

चंपत राहु केतु थे, लक्षण सब प्रतिकूल ।
भाग विश्व के जब जगे, शुभ ग्रह थे अनुकूल ।। 345/5200

तब शुभ शुभ पल चार में, विधि के ज्यों आदेश ।
दशरथ के सुत आगए; हर्षित कोशल देश ।। 346/5200

(राम जन्म)

✍दोहा॰ कौशल्या की गोद में, आए राघव राम ।
वदन सुमंगल कमल सा, नील वर्ण घनश्याम ।। 347/5200

शिशु के कर को देख कर, हुए वसिष्ठ प्रसन्न ।
बोले, कोशल देश के, भाग्य हुए निष्पन्न ।। 348/5200

शिशु होगा सब विश्व में, धर्म कर्म का वीर ।
सदाचार सद्भाव में, होगा अनुपम धीर ।। 349/5200

विद्या बुद्धि कुशलता, दया क्षमा भंडार ।
धर्म सुरक्षा के लिए, क्षात्र तेज अंगार ।। 350/5200

कैकेयी की कोख में, भरत सुभग अभिराम ।
जन्म सुमित्रा ने दिये, लखन शत्रुघन नाम ।। 351/5200

(भरत)

✍दोहा॰ आयी जब दूजी घड़ी, शुभ मंगल सुखकार ।
कैकेयी की गोद में, आए भरत कुमार ।। 352/5200

(लक्ष्मण, शत्रुघ्न)

✍दोहा॰ फिर आयीं दो शुभ घड़ी, जैसा था वरदान ।
पुत्र, सुमित्रा को हुए, शत्रुघ्न लखन नाम ।। 353/5200

बधाइयाँ)

17. Story of Shrī Rāma's birth (Rāmāyan, 1. Bāl Kānd)

✍दोहा॰ खुश खबरी सुत जन्म की, सुन कर मुख पर हास ।
देन बधाई आगए, जनपद जन नृप-वास ।। 354/5200

सबने हर्षित हृदय से, बोली दशरथ जीत ।
ऋषि-मुनि नर-नारी सभी, गाए मंगल गीत ।। 355/5200

ढोल बजे आनंद के, ऊँचे सुर के साथ ।
जय जय के नारे लगे, उभय हिला कर हाथ ।। 356/5200

गीतमाला, पुष्प 29 of 163

(आनंद)

स्थायी

पायो जी आज, दशरथ नृप सुत पायो ।
♫ सारे म गरे-, पमगरे सासा मग रे-सा- ।

अंतरा-1

कमल वदन, सखी! रामचंद्र का, चार चाँद लगायो ।
♫ सासारे रेगग, मम-! प-मगरे म-, पम ग-म गरे-सा- ।

अंतरा-2

कौशल्या कहे, धन्य भई मैं, राम रतन मन भायो ।

अंतरा-3

नारद शारद शंकर गौरी, कृष्ण कनाई है आयो ।

अंतरा-4

लखन भरत कहें, राघव भ्राता, हमको नेहा लगायो ।

(नामकरण)

✍दोहा॰ दसवे दिन पर महल में, नामकरण थे चार ।
पढ़ कर मंतर वेद के, यथा क्षात्र संस्कार ।। 357/5200

नामकरण गुरुदेव ने, किया पवित्तर काम ।
कौशल्या के पुत्र को, दिया 'राम' शुभ नाम ।। 358/5200

(रघु परिवार)

✍दोहा॰ चारों सुत थे लाड़ले, तीन मातु के प्राण ।

17. Story of Shrī Rāma's birth (Rāmāyan, 1. Bāl Kānd)

तीनों माता को लगे, सब सुत एक समान ।। 359/5200

कोई माँ, सुत को किसी, लेकर अपनी गोद ।
दूध पिलाती प्रेम से, मानत मन में मोद ।। 360/5200

किसी अंक में कोई भी, सोता सुत सानंद ।
किसी क्रोड़ में कोई भी, पाता शिशु आनंद ।। 361/5200

जनपद की जनता सभी, दशरथ-पुत्र समान ।
कौशल्या रानी उन्हें, लगती मातु महान ।। 362/5200

(बचपन)

✍दोहा॰ दशरथ सुत बढ़ने लगे, यथा शुक्ल का चंद्र ।
शिशु-लीलाएँ देख कर, सबके मन आनंद ।। 363/5200

बोली उनकी तोतली, देती सबको मोद ।
कदम उठाते गिर पड़े, मातु उठावे गोद ।। 364/5200

दशरथ बापू खेल में, घोड़ा बनते आप ।
केश पकड़ शिशु खेंचते, नृप चलते चुपचाप ।। 365/5200

(फिर)

फिर काँधे पर बैठ कर, करते दुनिया सैर ।
बारी-बारी सैर से, थकत न नृप के पैर ।। 366/5200

बच्चे आँगन खेलते, बहुत मचाते शोर ।
ठुमक ठुमक कर नाचते, जैसे नाचे मोर ।। 367/5200

जो भी आए हाथ में, चीज दबाते दंत ।
उनके नटखट खेल का, कछु नाही था अंत ।। 368/5200

(और)

बाण धनुष से खेलते, योद्धा बन कर बाल ।
खेल कूद में प्रेम से, चला गुजरता काल ।। 369/5200

ओम् ओम् शुभ मंत्र को, करते चारों याद ।
गायत्री का गीत भी, गाते उसके बाद ।। 370/5200

17-A. Story of baby Rāma's cry for the Moon (1. Bāl Kānd)

17-A. Story of baby Rāma's cry for the Moon *(1. Bāl Kānd)*

दोहा॰ नील गगन का चन्द्रमा, चमकाता सुरपूर ।
जोड़ी प्रीति राम से, शत-शत योजन दूर ।। 371/5200

रो रो कर मुन्ना कहे, जाओ नभ को फाँद ।
शुभ्र सुहाना गोल वो, हमका चाही चाँद ।। 372/5200

मैया चंदा गगन से, ला दो अभी ललाम ।
चाँद मुकुर में पाइके, भया शाँतमन राम ।। 373/5200

गीतमाला, पुष्प 30 of 163

(चाँद गगन से ला दो)

स्थायी

मैया! चाँद गगन से ला दो, गेंद सुहाना हमका दै दो ।

♫ सा-म-! प-म गरेरे सा- रे- म-, प-म गरे-म- पपम- गरे म- ।

अंतरा-1

इतना रिझौना, इतना लुभौना, कोई खिलौना, नै यो - - - ।

♫ सासारे गम-म-, निधप- मग-म-, पम गरे-सा-, गरे म- - - ।

अंतरा-2

भाग के जाओ, कूद के जाओ, उड़ कर अंबर, जैयो - - - ।

अंतरा-3

पकड़ो मेरी, उँगली मैया, साथ लखन को, लै लो - - - ।

अंतरा-4

चाँद मुकुर का, मैया दीन्हा, राम भयो चुप, ऐ यो - - - ।

गीतमाला, पुष्प 31 of 163

(ला दो चंद्र, माँ!)

स्थायी

नीला आसमाँ ..., शुभ्र चंद्रमा ... ।
कहे राम मुन्ना, हमका, दै दो चंद्र, माँ! ।।

17-A. Story of baby Rāma's cry for the Moon (1. Bāl Kānd)

♬ रे-सा रे-गम-, ध-प म-गम- ।

सारे- ग-म प-म-, गगरे-, ध- प म-ग, म- - -! ।।

अंतरा-1

गगन में इतना ऊँचा, गेंदवा किसने फेंका ।

लगता सुहाना कितना, इंदु चंद्र, माँ! ।।

♬ ममम प- धधध नि-ध-, सां-निध- पपप- ध-नि- ।

सांसांनि- धप-ध पपम-, ध-प म-ग, म- - - ! ।।

अंतरा-2

बोलो लखन को जावे, गगन से कंदुक लावे ।

सारी रात हम सब खेलें, कंज चंद्र, माँ! ।।

अंतरा-3

चंद्र बिंब दर्पण में, दिखलाया जब माता ने ।

मुदित राम लेकर कर में, हँसे चंद्रमा ।।

(राम का बचपन)

(हेमंत ऋतु)

✍दोहा॰ **सुखमय ऋतु हेमंत में, चारों भाई साथ ।**
नदिया तट पर खेलते, सब आनंदित गात ।। 374/5200

सुबह सवेरे रजत-से, श्वेत सुहाने खेत ।
ओस बिंदु मोती बने, मन को रंजन देत ।। 375/5200

सूर्य किरण से चमकते, नीले पीले लाल ।
जैसे हीरे हों उगे, देखे चारों बाल ।। 376/5200

हरे खेत गोधूम के, पीले सरसों फूल ।
कुहरे के घन ध्वान्त से, मन को देते भूल ।। 377/5200

(और)

जीव ठिठुरते शीत से, पशु-पक्षी सब मूक ।
राह देखते सूर्य की, कब सेकेंगे धूप ।। 378/5200

नर-नारी सब काँपते, ठंडे अंग सिकोड़ ।
चादर कंबल ओढ़ते, बैठे नाक मरोड़ ।। 379/5200

18. Story of Rāma's Gurukul initiation (1. Bāl Kānd)

अवध पुरी में राम को, सब देते थे प्यार ।
भरत शत्रुघन लखन के, राम सुखद आधार ।। 380/5200

बाल काण्ड : नौवाँ सर्ग

18. श्री राम के गुरुकुल गमन की कथा :

18. Story of Rāma's Gurukul initiation *(1. Bāl Kānd)*

कथा

(दशरथ)

दोहा॰ "वर्ष पाँच पूरे हुए," बोले दशरथ राज ।
गुरुकुल में मुनि वसिष्ठ के, चारों जावें आज ।। 381/5200

माता तीनों रोइके, किए चार तैयार ।
भेजे गुरुकुल पठन को, देकर उनको प्यार ।। 382/5200

(गुरुकुल)

दोहा॰ वसिष्ठ गुरु से चार ने, सीखे शास्त्र अनेक ।
गुरुवर को वन्दन करें, बालक घुटने टेक ।। 383/5200

कटि पीतांबर बांधके, काँधे कमली डाल ।
खड़ाऊँ चंदन पाँव में, गले रुद्र की माल ।। 384/5200

धर्म कर्म सब सीखते, गुरुवर से तत्काल ।
धनुर्वेद रण नीति से, युद्ध कला की चाल ।। 385/5200

गीतमाला, पुष्प 32 of 163

(सत् नाम)

स्थायी

राम–नाम सत् नाम सुहाना, श्री राम जय राम जय जय रामा ।
♫ मं–ध ध–ध धध मं–ध धध–ध–, मं– मं–मं धध ध– मंध धध ध–धमं ।

अंतरा–1

पीत पितांबर कटि पर सोहे, छवि निरंजन मन को मोहे ।

19. Story of Rāma's Graduation from Gurukul (1. Bāl Kānd)

दशरथ नंदन रघुपति रामा, दास परम प्रिय कपि हनुमाना ।।

♫ म॑म म॑ध-धध म॑ध धध म॑-ध-, म॑ध- धनि-धध धध नि- धधम॑- ।

ममममम म॑-धध धधधम॑ म-म॑-, म॑-ध धधधध निध धध निधध-म॑- ।।[9]

अंतरा-2

कमल लोचन सूरत प्यारी, मंगल मुख मूरतिया दुलारी ।

परम पुरुष परमेश्वर रामा, सुर नर पूजित हरि अभिरामा ।।

अंतरा-3

रघुपति राघव दीन-दयाला, भगतन के अविरत प्रति पाला ।

परम आतमा रूप ललामा, अंतर्यामी हिरदय धामा ।।

(गुरु)

दोहा॰ दीन्हा मनु को कृष्ण ने, कर्मयोग का ज्ञान ।
शास्त्र योगवासिष्ठ का, गुरु ने किया प्रदान ।। 386/5200

वसिठ सिखाते राम को, मंत्र वेद के चार ।
उपनिषदों के तत्त्व भी, आत्मज्ञान का सार ।। 387/5200

19. श्री राम के गुरुकुल समापन की कथा :

19. Story of Rāma's Graduation from Gurukul *(1. Bāl Kānd)*

गीतमाला, पुष्प 33 of 163

राग : शंकरा, झप ताल 10 मात्रा

(सरस्वती वन्दना)

स्थायी

करूँ वन्दना स्वरदे, सुन ले वरदे, ज्ञान भर दे, सफल कर दे ।

करूँ वन्दन, दुआ दे ।।

♫ पनिसां नि-पग पसांनि-, पग ग- परेगप, सा-सा प़नि़ सा-, सागग पप प ।

पनिसां निपपग, परेग- सा ।।

---

[9] इस गीत की स्वर रचना शुद्ध, तीव्र और कोमल स्वरों के सुंदर प्रयोग का अनूठा उदाहरण है ।

19. Story of Rāma's Graduation from Gurukul (1. Bāl Kānd)

अंतरा-1

माँ शारदे, ज्ञान तरु को अमर कर दे ।

शारदे तार दे, माँ झोली भर दे ।।

♪ पगप सां-सांसां-, सां-सां सांगं गं- पंगंरें सांरें सां ।

निधनिसांरेंनिसां निधनि प-, सांनिध पगपग रेग- सा ।।

📖 कथा 📖

(युवावस्था)

✍दोहा॰ **गुरुकुल शिक्षा जब हुई, बच्चों की सम्पन्न ।**
सूत्र शस्त्र अरु शास्त्र के, उन्हें हुए प्रतिपन्न ।। 388/5200

बालक चारों हो गए, सुदृढ़ नये जवान ।
गुरुवर बोले, राम को, हो तुम आयुष्मान ।। 389/5200

चारों भाई देख कर, सबके मन में हर्ष ।
जन-गण के मन में सदा, चारों थे आदर्श ।। 390/5200

न्याय नीति में योग्य थे, धनुधर चारों भ्रात ।
भरत लखन शत्रुघ्न को, राघव अग्रज भात ।। 391/5200

तीनों अनुजन को सदा, प्रीत करत श्री राम ।
"राम! राम!" मुख में सदा, अनुजन के मुख नाम ।। 392/5200

(लड़की वाले)

✍दोहा॰ **"पुत्र तरुण चारों हुए, ढूँढें कन्या चार" ।**
मातु-पिता गुरुदेव के, मन में एक विचार ।। 393/5200

दूर दूर के देश से, आन लगे प्रस्ताव ।
परामर्श होने लगा, रोज नवीन सुझाव ।। 394/5200

किसी की सुता है पढ़ी, जिसमें अहम विकार ।
कोई कन्या है परी, सुंदर रूप निखार ।। 395/5200

धनाड्य की कोई सुता, कुबेर जैसा बाप ।

20. Story-1 of Agastya muni (Rāmāyan, 1. Bāl Kānd)

कोई खुद को गुणवती, कहती अपने आप ।। 396/5200

कोई गोरे वर्ण की, और न कोई बात ।
लड़की वालों की यही, डींगें थीं दिन-रात ।। 397/5200

रिश्ते आते थे नये, शादी के हर रोज ।
बिन ढूँढे भी, भाग्य की, विधि करता है खोज ।। 398/5200

बाल काण्ड : दसवाँ सर्ग

20. श्री अगस्त्य मुनि की कथा-1

20. Story-1 of Agastya muni *(Rāmāyan, 1. Bāl Kānd)*

दोहा॰ रामायण के स्रोत पर, सर्वाधिक परिणाम ।
जिनकी गति का था हुआ, "अगस्त्य-मुनि" वह नाम ।। 399/5200

रामायण के मंच पर, सबसे वीर महान ।
सप्त रंग का पात्र वो, कपिवर है "हनुमान" ।। 400/5200

रामचंद्र को युद्ध में, करने में कृतकाम ।
योगदान जो सूक्ष्म था, "विभीषण" का है नाम ।। 401/5200

(तो)

सत्य-धर्म के कर्म का, सर्व प्रथम प्रारंभ ।
कारूषा वन में किया, अगस्त्य ने आरंभ ।। 402/5200

करने विनष्ट ताड़का, सुबाहु का संहार ।
भेजे विश्वामित्र को, लाने रामकुमार ।। 403/5200

विविध वनों में थे किए, अगस्त्य मुनि ने धाम ।
करके कारज सफल वे, जाते अगले स्थान ।। 404/5200

कारूषा वन में बसे, गंगा दक्षिण तीर ।
असुर वहाँ के मारने, आए श्री रघुवीर ।। 405/5200

मारे सुबाहु ताड़का, किया धर्म का काम ।

21. Story of the Slaying of Tātakā (Rāmāyan, 1. Bāl Kānd)

कारूषा में ना रहा, असुर जनों का नाम ॥ 406/5200

असुर नष्ट करके वहाँ, आए विंध्य प्रदेश ।
दंडक में मुनि आ बसे, करने नया निवेश ॥ 407/5200

विंध्या में जब आगए, वनवासी बन राम ।
मुनि अगस्त्य ने राम को, दिया धर्म का काम ॥ 408/5200

कहा राम को, तुम करो, पंचवटी में वास ।
दक्षिण दंडक में करो, अधर्मियों का नास ॥ 409/5200

देकर करतब राम को, निकले दक्षिण देश ।
प्रतिस्थान में आ बसे, करने काम विशेष ॥ 410/5200

प्रतिस्थान जब आगए, सीता ढूँढत राम ।
मुनि अगस्त्य से रामजी, आए मुनि के धाम ॥ 411/5200

कहा मार्ग श्री राम को, जाने लंका देश ।
दिया मंत्र श्री राम को, जय पाने नि:शेष ॥ 412/5200

असुर निकंदन काम में, महान मुनि का नाम ।
अगस्त्य मुनिवर धन्य हैं, जय जय जय श्री राम ॥ 413/5200

 21. ताड़का वध की कथा :

21. Story of the Slaying of Tātakā *(Rāmāyan, 1. Bāl Kānd)*

📖 कथा 📖

(ताड़का परिचय)

दोहा॰ मित्र एक लंकेश का, नाम सुकेतू यक्ष ।
कारूषा वन में बसा, असुरों का अध्यक्ष ॥ 414/5200

कन्या उसकी सुंदरी, दुष्ट, ताड़का नाम ।
बिना हिचक करती सदा, मनमाने सब काम ॥ 415/5200

कारूषा के छोर पर, लगभग योजन दूर ।

21. Story of the Slaying of Tātakā (Rāmāyan, 1. Bāl Kānd)

मुनि अगस्त्य का वास था, जल फल से भरपूर ।। 416/5200

अगस्त्य मुनि बहु ख्यात थे, यज्ञ प्रणेता आप ।
दुखदाता पर मारते, मंत्र तंत्र कटु श्राप ।। 417/5200

शिष्य मित्र उनके सभी, करते यज्ञ महान ।
उनके मित्र घनिष्ठ थे, विश्वामित्र समान ।। 418/5200

(ताड़का अगस्त्य संवाद)

दोहा॰ इक दिन मुनिवर ध्यान में, बैठे थे जब शाँत ।
सहसा आई ताड़का, भंग किया एकांत ।। 419/5200

काया देख अगस्त्य की, उपजा मन में काम ।
बोली, मुझसे ब्याह कर, चल तू मेरे धाम ।। 420/5200

रति रस तुझे पिलाइके, कर दूँगी मद मस्त ।
जीवन तेरा व्यर्थ है, मठ में, सखे अगस्त! ।। 421/5200

(मुनिवर बोले)

दोहा॰ मुनिवर बोले, ताड़िके! अभी यहाँ से भाग ।
आगे आई और तो, तुझे लगाऊँ आग ।। 422/5200

ब्रह्मचर्य व्रतशील मैं, दूँगा तुझको श्राप ।
कहना यदि माना नहीं, पछतावेगी आप ।। 423/5200

फिर भी वह आगे बढ़ी, मुनि का कहना टार ।
मुनि ने उस पर शाप का, दीन्हा मंतर मार ।। 424/5200

असुरी नाजुक सुंदरी, बनी भयानक काय ।
कुरूपिणी वह राक्षसी, रो कर बोली, हाय! ।। 425/5200

पीछे मुड़ कर ताड़का, बोली कुछ क्षण बाद ।
बदला लूँगी खूब मैं, तुम भी रखना याद ।। 426/5200

(कुरूप देख कर)

दोहा॰ प्रति निश फिर वो राक्षसी, आजाती मुनिवास ।
मरिच सुबाहु साथ में, लाती करन विनास ।। 427/5200

21. Story of the Slaying of Tātakā (Rāmāyan, 1. Bāl Kānd)

यज्ञ कुंड को फोड़ती, खाती बकरी गाय ।
माँस कुंड में फेंकती, बकती शोर मचाय ।। 428/5200

कभी कुटी को तोड़ती, कभी बाग का नास ।
कभी मौन व्रत मोड़ती, तरह तरह दे त्रास ।। 429/5200

यज्ञ कर्म सब नष्ट थे, बंद हुए सत्संग ।
मरिच सुबाहु ताड़का, करते सबको तंग ।। 430/5200

(विश्वामित्र दशरथ मिलन)

✍दोहा॰ दशरथ इक दिन कक्ष में, वसिष्ठ गुरु के साथ ।
चारों पुत्र विवाह की, करत रहे जब बात ।। 431/5200

कौशिक मुनिवर आगए, बड़ी आस के साथ ।
बोले, रक्षा कीजिए, हमरी, कोशलनाथ! ।। 432/5200

मुनि को दशरथ राज ने, दिया बहुत सम्मान ।
पग धोकर सेवा करी, देवेन्द्र के समान ।। 433/5200

योगक्षेम पूछा कहा, दीन्हे मधु पकवान ।
उन्हें पास बिठलाइके, दिया पयस का पान ।। 434/5200

(फिर)

✍दोहा॰ दशरथ बोले, "क्या करूँ, सेवा तुमरी, नाथ!" ।
उत्तर ना मैं "ना" कहूँ, मुने! शपथ के साथ ।। 435/5200

"जो भी बोलोगे वही, कर दूँगा मैं काम ।
बिना देर के आज ही, माँगो धन या धाम" ।। 436/5200

(कौशिक विश्वामित्र मुनि)

✍दोहा॰ पा कर नृप से स्वीकृति, मुनि के मन में आस ।
नृप को प्रण में बाँध कर, बुझी मुनि की प्यास ।। 437/5200

दशरथ के शुभ वचन से, विश्वामित्र निहाल ।
सोचे, "अब तो ताड़का, होवेगी बेहाल" ।। 438/5200

रघुकुल का ये नियम है, सदाचार की रीत ।

21. Story of the Slaying of Tātakā (Rāmāyan, 1. Bāl Kānd)

"दिये बचन को पालना, मिले हार या जीत" ॥ 439/5200

राजन को मुनि ने कहा, कृपया रखिये याद ।
दिया वचन मत तोड़ना, अब तुम इसके बाद ॥ 440/5200

(दशरथ)

दोहा॰ रघुपति गुणमय आप हों, धन्य तिहारे काम ।
दुनिया में अब अमर हो, पुण्य आपका नाम ॥ 441/5200

नीति नियम के तुम धनी, धर्म कर्म के नाथ ।
पुरुषोत्तम नृप आप हैं, सबल तिहारे हाथ ॥ 442/5200

(उद्देश)

दोहा॰ लेकर नृप से बचन वे, मुनिवर बोले बात ।
मतलब आने का सुनो, दशरथ जी गणनाथ! ॥ 443/5200

कारूषा में असुर हैं, करते अति उत्पात ।
उनकी रानी ताड़का, करती है आघात ॥ 444/5200

सुबाहु मारिच ताड़का, शत्रु हमारे तीन ।
आए हैं परदेस से, राक्षस लज्जा हीन ॥ 445/5200

यज्ञ ध्यान तप तोड़ते, यज्ञ कुंड को फोड़ ।
नीच बचन हैं बोलते, लाज शर्म को छोड़ ॥ 446/5200

ऋषि-मुनि जन को मार कर, यज्ञ किए हैं भंग ।
तपोभूमि में आज कल, बंद भए सत्संग ॥ 447/5200

उन्हें मदद लंकेश की, करने कारज हीन ।
उनके छल उत्पात से, संत हुए हैं दीन ॥ 448/5200

इस लिए

दोहा॰ "जब होता है धर्म की, हानि का संजोग ।
विघ्न हरण आवे तभी," कृष्ण कहे हैं योग ॥ 459/5200

अगस्त्य मुनि ने है दिया, उस असुरी को श्राप ।
"ब्रह्मचारी के बाण से, मरण तुझे सह ताप" ॥ 450/5200

21. Story of the Slaying of Tātakā (Rāmāyan, 1. Bāl Kānd)

मुनि अगस्त्य ने था कहा, उस असुरी के प्राण।
लेगा बालक बिक्रमी, ब्रह्मव्रती का बाण ।। 451/5200

बोले विश्वामित्र जी, अति गौरव के साथ ।
"मैं मरवाऊँ ताड़का, दशरथ सुत के हाथ" ।। 452/5200

ब्रह्मव्रती है आपका, वीर पुत्र श्री राम ।
उसको मेरे साथ दो, तभी बनेगा काम ।। 453/5200

रघुकुल की ये रीत है, क्षात्र-धर्म का ज्ञान ।
बचन नहीं टूटे कभी, चाहे निकले प्राण ।। 454/5200

नृपवर मत बोलो "नहीं," वचन न तोड़ो आप ।
छोड़ा क्षत्रिय धर्म तो, दे दूँगा मैं शाप ।। 455/5200

गीतमाला, पुष्प 34 of 163

(राम विष्णु का अवतार)

स्थायी

राम विष्णु का है अवतारा, असुर निकंदन सिरजनहारा ।

♫ म-मं ध-ध ध- नि- धधमं-ध-, रेंनिध धध-निनि रेंरेंनिधध-मं- ।

अंतरा-1

अधम धरा पर जब-जब छाते, प्रभु नर रूप में तब तब आते ।
काम ये उनको लगे पियारा, भव सागर का वही किनारा ।।

♫ गगग ममं- मंमं धध धध ध-ध-, निरें रेंरें नि-ध ध- निनि निनि धधमं- ।
म-म म मंमंम- धनि- धमं-म-, गग मं-ममं ध- निध- मंम-ग- ।।[10]

अंतरा-2

शिव शंकर है प्रलय को लाता, ब्रह्म विधाता, विष्णु चलाता ।
राम रमैया परम सुखारा, हरि! हरि! जिसने आर्त पुकारा ।।

अंतरा-3

---

[10] इस गीत की स्वर रचना में विविध शुद्ध, तीव्र और कोमल स्वरों का सुंदर प्रयोग किया गया है ।

21. Story of the Slaying of Tātakā (Rāmāyan, 1. Bāl Kānd)

राम रतन सुंदर अभिरामा, चारु चरित सिमरूँ सियरामा ।
भजले नाम राम का प्यारा, नर योनि नहीं मिलै दुबारा ।।

(वसिष्ठ दशरथ संवाद)

दोहा॰ सुन कर तीखे वचन वे, कौशिक मुनि के सात ।
दशथ जी घबड़ा गए, बोल न पाए बात ।। 456/5200

मुनिवर के अंदाज से, दशरथ थे बेचैन ।
ना "हाँ," ना "ना," कह सके, छम-छम बरसे नैन ।। 457/5200

दशरथ भौंचक्के हुए, वसिष्ठ भी हैरान ।
दशरथ ने चुप्पी धरी, आतुर मुनि के प्राण ।। 458/5200

धीरज मुनि का छूट कर, पाए वह संताप ।
बोले, नृपवर! "हाँ" कहो, वरना दूँ मैं शाप ।। 459/5200

वसिष्ठ गुरु ने तब कहा, धर लो, मुनिवर! धीर ।
नृप थोड़ी सी साँस लें, पोंछें दृग से नीर ।। 460/5200

(फिर)

दोहा॰ मूर्छा खाकर गिर पड़े, दशरथ नीचे, धाँय! ।
वसिष्ठ ने जल छिड़क कर, नृप को दिया जगाय ।। 461/5200

दशरथ बोले, माँग लो, सेना सैनिक आज ।
असुरों को वे मार कर, सफल करेंगे काज ।। 462/5200

"राघव मेरा प्राण है, जीवन का आधार ।
बिना राम के मैं कभी, जीऊँ ना दिन चार" ।। 463/5200

दशरथ को गुरु ने कहा, भूलो मत कुल रीत ।
कर्म धर्म के सामने, तजो पुत्र से प्रीत ।। 464/5200

कौशिक मुनि को हाँ कहो, राखो कुल की रीत ।
राम तिहारा वीर है, होगी उसकी जीत ।। 465/5200

गीतमाला, पुष्प 35 of 163

21. Story of the Slaying of Tātakā (Rāmāyan, 1. Bāl Kānd)

(राम तन-मन मेरे)

स्थायी

राम बसा है तन-मन मेरे, साँस वही और प्राण वही ।

♫ म-म॑ धम॑- म- मम॑ धनि धम॑म-, म-म॑ धध-, ध-म॑ नि-ध धम॑- ।

अंतरा-1

नाम है मुख में साँझ सकारे, राम हैं दुख में पास हमारे ।
दूर हुए जो गम थे घेरे, अब जान वही, वरदान वही ।।

♫ म-म॑ म॑ धध ध- नि-ध धम॑-ध-, म-म॑ म॑ धध ध- नि-ध धम॑-म॑- ।
म-म॑ धम- म- म॑म॑ ध- ध-ध-, म॑म॑ म-म॑ धध-, धमनि-ध धम॑- ।।[11]

अंतरा-2

राघव मेरी डोर सँभारे, नाव लगे भव पार किनारे ।
दूर हुए हैं जनम के फेरे, अभिमान वही, अभिधान वही ।।

अंतरा-3

काम मेरे सब नाम उचारे, ज्ञान ध्यान सब उसी विचारे ।
दूर हुए अब तम के अँधेरे, खान वही और, पान वही ।।

(वसिष्ठ)

✍दोहा॰ **वसिष्ठ ने नृप से कहा, वचन निभाओ, नाथ! ।**
क्षात्र-धर्म से हैं, प्रभो! बंधे तुमरे हाथ ।। 466/5200

क्षात्र-धर्म को जो तजे, कायर उसका नाम ।
दिया वचन जो आपने, वही करो अब काम ।। 467/5200

मन पर अब काबू करो, कार्य करो निष्काम ।
कहना मेरा मानिये, वीर तिहारा राम ।। 468/5200

(मगर, दशरथ)

✍दोहा॰ **दशरथ बोले, हे गुरो! बालक मेरा राम ।**
लाड़ प्यार में है पला, राजकुमार ललाम ।। 469/5200

कैसे भेजूँ विपिन में, कोमल जिसके गात ।

---

[11] इस गीत की स्वर रचना में शुद्ध, तीव्र और कोमल स्वरों का बहुत सुंदर प्रयोग है ।

21. Story of the Slaying of Tātakā (Rāmāyan, 1. Bāl Kānd)

कैसे मुनि को हाँ कहूँ, समझ न आवे बात ।। 470/5200

जीवन जिसका सुख भरा, कभी न दुख का नाम ।
कैसे होगा अब भला, वन में उसका धाम ।। 471/5200

युद्ध अभी तक ना किया, कीन्हे मंगल काज ।
असुरों से कैसे लड़े, अचरज लागे आज ।। 472/5200

(फिर भी)

✍दोहा॰ वसिष्ठ ने नृप से कहा, "सुनो मर्म की बात ।
रचा विधि ने खेल यह, करने राक्षस घात ।। 473/5200

"असुर मचाते हैं जभी, भू पर अत्याचार ।
प्रभु लेकर अवतार तब, शठ को देते मार ।। 474/5200

"एक हाथ से असुर को, करते हैं बलवान ।
दूजे कर से फिर उसे, नष्ट करें भगवान ।। 475/5200

"किशोर अब राघव नहीं, वीरों का है वीर ।
असुर विनाशन वह करे, छोड़ एक ही तीर ।। 476/5200

"शिक्षा मैंने दी उसे, निष्काम कर्म का योग ।
शब्दवेध वो जानता, धनुर्वेद प्रयोग ।। 477/5200

"शत असुरों से आप ही, लड़ सकता है राम ।
निश-दिन राघव लड़ सके, बिना किए आराम" ।। 478/5200

(विश्वामित्र)

✍दोहा॰ दशरथ से मुनि ने कहा, राघव वीर महान ।
दूँगा मैं श्री राम को, शस्त्र-अस्त्र का ज्ञान ।। 479/5200

सिखलाऊँगा राम को, धनुर्वेद का तंत्र ।
नाना विध शस्त्रास्त्र के, महा गूढ जो मंत्र ।। 480/5200

(अत: वसिष्ठ बोले)

✍दोहा॰ "असुरों से तुम मत डरो, सुनलो मेरी बात ।
कर में धनु जब हरि धरे, डरे इन्द्र भी, तात! ।। 481/5200

21. Story of the Slaying of Tātakā (Rāmāyan, 1. Bāl Kānd)

"विश्वामित्र महामुनि, द्वार तिहारे आज ।
यह प्रमाण ही सिद्ध है, विधि का है यह काज" ॥ 482/5200

सुन वसिष्ठ की बात को, दशरथ ने तत्काल ।
बोला, "ले लो राम को, बने ताड़का-काल" ॥ 483/5200

 गीतमाला, पुष्प 36 of 163

(ताड़का वध)

स्थायी

ताड़िका वध को जात है रामा, संग में निकला लछमन भैया ।
♪ म-मंध मंम मं- नि-ध ध मं-ध-, रें-नि ध धधध- धध-धध मंममं- ।

अंतरा-1

खूँखार काया, लाल हैं आँखें, फेरत माया, दाँत हैं तीखे ।
रूप भयानक, दैया रे दैया ॥
♪ ग-ग-म मं-म-, ध-ध ध ध-ध-, नि-धध मं-ध-, ध-ध मं म-मं- ।
मं-मं मंध-धध, ध-ध मं म-मं- ।[12]

अंतरा-2

क्रंदत दशरथ, आँखों में आँसू, प्राण पियारा, जीवन जासूँ ।
राम सहारा, राम रमैया ॥

अंतरा-3

विलपत रानी, कौसल माता, गुरुवर बोले, राम है त्राता ।
कर्तब करने, जाने दे मैया! ॥

(वनवास गमन)

दोहा॰ दशरथ बोले जाइए, करिए मुनि का काज ।
धैर्य वीरता साथ हो, लो शुभ आशिष आज ॥ 484/5200

माताओं ने शीश पर, रख कर दक्षिण हाथ ।
दीन्हे शुभ वर प्रेम से, अति ममता के साथ ॥ 485/5200

---

[12] इस गीत की स्वर रचना में शुद्ध, तीव्र और कोमल स्वरों का असाधारण प्रयोग है ।

21. Story of the Slaying of Tātakā (Rāmāyan, 1. Bāl Kānd)

अनुमति लेकर तात की, वन को निकले राम ।
साथ चला है लखन भी, सफल करन को काम ।। 486/5200

(विश्वामित्र)

✍दोहा० कौशिक मुनिवर ने कहा, बधाई हो नृपराज! ।
तुमने मंगल काज ये, कीन्हा है शुभ आज ।। 487/5200

दिया वचन पालन किया, रखी वंश की रीत ।
परम तिहारी है, प्रभो! क्षात्र-धर्म से प्रीत ।। 488/5200

रानी त्रय से फिर कहा, अमर तिहारे नाम ।
विवाह तुमरे पुत्र के, अब है मेरा काम ।। 489/5200

(गमन)

✍दोहा० दशरथ बोले जाइयो, करियो मुनि का काज ।
धैर्य वीरता साथ हो, लीजो आशिष आज ।। 490/5200

(जनता)

✍दोहा० अनुमति पितुवर की लिए, माता से आशीष ।
वसिष्ठ गुरु के चरण में, रख कर अपना शीश ।। 491/5200

हाथ पकड़ कर लखन का, वन को निकले राम ।
राम लखन मुनिवर चले, राह खड़े जन आम ।। 492/5200

नैनन सबके नीर है, सब हैं बहुत उदास ।
राम विजय की एक है, सबके मन में आस ।। 493/5200

गंगा तक जन अवध के, चले राम के साथ ।
करत वन्दना राम की, जोड़े दोनों हाथ ।। 494/5200

हिरदय सबके थे भरे, परम स्नेह के साथ ।
पुष्प वृष्टि थे कर रहे, गाकर, "जय रघुनाथ!" ।। 495/5200

शंख मजीरे बज रहे, कर से ताली ताल ।
प्रसाद बाँटत नारियाँ, लेकर पूजा थाल ।। 496/5200

नाचत हैं जन भक्ति से, फेंकत रंग गुलाल ।

21. Story of the Slaying of Tātakā (Rāmāyan, 1. Bāl Kānd)

भगत लगावत भाल पर, चंदन टीका लाल ।। 497/5200

छिड़कत गंगा नीर हैं, गाते मंगल गीत ।
करत प्रार्थना रुद्र से, "राघव की हो जीत" ।। 498/5200

(यों)

दोहा॰ सब लोगों के हृदय में, हरि दर्शन की आस ।
सब जन-गण थे चाहते, असुरों का हो नास ।। 499/5200

देने राघव को विदा, दूर दूर के लोग ।
आकर पथ में थे खड़े, सबको अतिशय सोग ।। 500/5200

संगम गंगा सरयु का, आते बोले राम ।
जाते नदिया पार हम, लौटो तुम निज धाम ।। 501/5200

सबने कीन्हा राम को, वन्दन जोड़े प्रीत ।
पीछे मुड़ कर घर गए, गाते मंगल गीत ।। 502/5200

(सरयू तट पर)

दोहा॰ आगे कौशिक मुनि चले, संग लखन के राम ।
तट गंगा का दिख रहा, आगे था अभिराम ।। 503/5200

संध्या जब थी हो गई, मुनि बोले, हरि तात! ।
तृण की सेज बिछाइके, यहाँ बिताएँ रात ।। 504/5200

(राम)

दोहा॰ लेटे-लेटे रात में, पूछत मुनि से राम ।
जाना हमने है कहाँ, करना क्या है काम ।। 505/5200

गंगा कैसे पार हो, कहाँ आपका धाम ।
नदिया करके पार फिर, जाना है किस ग्राम ।। 506/5200

(विश्वामित्र)

दोहा॰ मुनिवर बोले, राम जी! गंगा नद के पार ।
कारूषा घन विपिन में, असुरों का संचार ।। 507/5200

उनकी नेता राक्षसी, बहुत बनी है क्रूर ।

21. Story of the Slaying of Tātakā (Rāmāyan, 1. Bāl Kānd)

नाम उसे है ताड़का, नहीं यहाँ से दूर ।। 508/5200

(ताड़का, मारीच, सुबाहु)

✍दोहा॰ महा दुष्ट है ताड़का, तीखे उसके दाँत ।
विशाल काया आसुरी, जीवित नर पशु खात ।। 509/5200

सुत हैं सुबाहु मारिची, छल में उसके साथ ।
पाप कर्म में हैं लगे, नित तीनों के हाथ ।। 510/5200

रक्त पिपासु अधम हैं, अत्याचारी ढीठ ।
ऋषि-मुनियन को मार कर, ध्वस्त यज्ञ के पीठ ।। 511/5200

यज्ञ हमारे बंद हैं, नष्ट पुण्य के कर्म ।
खंडित पूजा पाठ हैं, छाया घोर अधर्म ।। 512/5200

(और)

✍दोहा॰ आकर तीनों रात में, हँसते धेनु चुराय ।
अस्थि रक्त मल छोड़ते, गाय हमारी खाय ।। 513/5200

फल-फूलन के पेड़ भी, जड़ से देत उखाड़ ।
मठ की सुंदर वाटिका, कीन्ही सर्व उजाड़ ।। 514/5200

अगस्त्य आश्रम ध्वस्त है, मुनि मंडल है नष्ट ।
असुरों के आतंक से, सब संतन को कष्ट ।। 515/5200

जाना हमने है जहाँ, उसी मार्ग के पास ।
आएगी वह ताड़का, खाने तुमरा माँस ।। 516/5200

झपटेगी जब आप पर, सुबाहु सुत के साथ ।
आत्म सुरक्षा के लिए, लड़ो, लखन-रघुनाथ! ।। 517/5200

मारेगा उस दुष्ट को, ब्रह्मचारी का बाण ।
शर से तुमरे, रामजी! जाएँ उसके प्राण ।। 518/5200

पिशाच पापी भ्रष्ट को, मारेगा जो क्षात्र ।
पाप न उस नर को लगे, वही पुण्य का पात्र।। 519/5200

ॐ श्लोक

21. Story of the Slaying of Tātakā (Rāmāyan, 1. Bāl Kānd)

हत्वाऽवध्यं हि यत्पापं शास्त्रेषु विदितं सखे ।
वध्यं तदेव चाहत्वा पातकं कथितं हरे ।।

(कर्तव्य)

दोहा॰ जान बूझ कर झेलता, जो पापी का पाप ।
पातक साँझेदार वो, पापी जाना आप ।। 520/5200

शास्त्र कहत हैं पाप जो, निरपराध को मार ।
वही पाप निर्दिष्ट है, अपराधी को तार ।। 521/5200

नारी कोई ना कहीं, इतनी पापन दुष्ट ।
जितनी पामर ताड़का, मति जिसकी है भ्रष्ट ।। 522/5200

नर हो, या नारी, रघो! जो है पापी स्पष्ट ।
पापी को जो दंड दे, क्षात्र वही है इष्ट ।। 523/5200

(राम ने कहा)

दोहा॰ सुन कर विश्वामित्र के, वचन नीति अनुसार ।
राघव ने मुनि से कहा, "तुमरे सत्य विचार" ।। 524/5200

मुनिवर! सच है ताड़का, दुष्ट विषैली नार ।
घड़ा भरा है पाप से, उसे मृत्यु अधिकार ।। 525/5200

यदि दुष्टा हम पर करें, आक्रमणों का पाप ।
आत्मत्राण अधिकार है, मिलता हमको आप ।। 526/5200

वसिष्ठ गुरु का छात्र मैं, क्षात्र-धर्म में वीर ।
मारूँगा मैं ताड़का, एक चला कर तीर ।। 527/5200

(प्रात:)

दोहा॰ राम-लखन उठ भोर में, आए गंगा तीर ।
उनके पग के स्पर्श से, धन्य हुआ वह नीर ।। 528/5200

करके पूजा शंभु की, चढ़े नाव पर राम ।
नौका गंगा नीर पर, चली लिए भगवान ।। 529/5200

(अरण्य में)

21. Story of the Slaying of Tātakā (Rāmāyan, 1. Bāl Kānd)

दोहा॰ निर्भय बन कर चल रहे, वन के पथ पर तीन ।
निर्जन वन की राह थी, डर से, पथिक-विहीन ।। 530/5200

राम-लखन को ताड़का, निहार वन के बीच ।
जगी प्यास मृदु माँस की, उसके मन में नीच ।। 531/5200

ज्यों ही समीप आगए, मुनिवर लछमन राम ।
खड़ी सामने ताड़का, करने अपना काम ।। 532/5200

उसके साथ सुबाहु था, खाने लखन कुमार ।
पीछे मारिच था खड़ा, मायावी मक्कार ।। 533/5200

पीने रघुपति का लहू, खाने उनका माँस ।
झपटी उन पर ताड़का, आकर उनके पास ।। 534/5200

सुबाहु लपका लखन पर, खाने लछमन माँस ।
मारिच पीछे था खड़ा, लिए विजय की आस ।। 535/5200

(और)

दोहा॰ बोले मुनिवर, ताड़के! रघुकुल बीरन साथ ।
किस बल शर तुम आगयी, करने दो-दो हाथ ।। 536/5200

(मुनिवर)

दोहा॰ मुनि फिर बोले, रामजी! छोड़ो अपना तीर ।
मारो शर से ताड़का, अनुमति है, रघुबीर! ।। 537/5200

(तब)

दोहा॰ अच्छा! कह कर राम ने, छोड़ा शिव का बाण ।
हृदय छिन्न करके तभी, लीन्हे उसके प्राण ।। 538/5200

दूजे शर से लखन के, भया सुबाहु ढेर ।
तीर तीसरा लखन का, मारिच रखा उधेड़ ।। 539/5200

डरा राम से मारिची, गया कारुषा छोड़ ।
दंडक वन में जा बसा, फिर से धीरज जोड़ ।। 540/5200

मारिच ने लंकेश को, बतलाया सब हाल ।

22. Story of Rāma's elcom at Vishvāmitra's Āshram

रावण बोला मैं उन्हें, हनूँ बिछा कर जाल ॥ 541/5200

(इधर)

दोहा॰ असुरों के वध की खुशी, आश्रम में आनंद ।
बधाई लखन-राम को, बोला ऋषि-मुनि वृंद ॥ 542/5200

मारिच आहत बाण से, गया विंध्य पर भाग ।
आया रावण पास फिर, देने उसको जाग ॥ 543/5200

रावण बोला, कौन हैं, जिसने मारे तीर ।
मारी हमरी ताड़का, और सुबाहु वीर ॥ 544/5200

बदला लेंगे हम, सखे! कौन कहो वे बाल ।
मारेंगे हम भी उन्हें, बिछाय माया जाल ॥ 545/5200

 22. सिद्धाश्रम में स्वागत की कथा :

22. Story of Rāma's elcom at Vishvāmitra's Āshram

📖 कथा 📖

(स्वागत)

दोहा॰ सिद्धाश्रम का शाँत वो, परिसर रम्य ललाम ।
भग्न ताड़का ने किया, किया बहुत नुकसान ॥ 546/5200

सुबाहु मारिच साथ थे, करने को उत्पात ।
करते रोज नई-नई, तोड़-फोड़ दिन-रात ॥ 547/5200

यज्ञ कुंड सब ध्वस्त थे, बाग बगीचे नष्ट ।
असुरों का बल देख कर, अगस्त्य मुनि को कष्ट ॥ 548/5200

ऋषि-मुनि सारे थे डरे, यज्ञ भए थे भंग ।
मंत्र तंत्र सब वेद के, पाठ भए थे बंद ॥ 549/5200

मरी अधम जब ताड़का, सिद्धाश्रम में मोद ।
याग योग फिर से भए, वन में भरा प्रमोद ॥ 550/5200

निर्भय सारे थे भए, नये हर्ष के साथ ।

22. Story of Rāma's elcom at Vishvāmitra's Āshram

पुनरुत्थापन के लिए, जुटे सभी थे हाथ ।। 551/5200

तोड़-फोड़ सब ठीक की, नये यज्ञ के कुंड ।
धेनु अजा नूतन सभी, नव छात्रन के झुंड ।। 552/5200

पाठ पठन रव वेद के, जप तप आसन योग ।
गान भजन कीर्तन पुनः, हुए भक्ति के भोग ।। 553/5200

ज्ञानी विश्वामित्र थे, धनुर्वेद विख्यात ।
तंत्र मंत्र शस्त्रास्त्र के, उनको चालिस ज्ञात ।। 554/5200

मुनिवर विश्वामित्र ने, कर आदर सम्मान ।
दिया लखन अरु राम को, सर्व शस्त्र का ज्ञान ।। 555/5200

(फिर)

मुनि अगस्त्य का जब यहाँ, सफल भया उद्देश ।
मठ नव गुरु को सौंप कर, निकले नूतन देश ।। 556/5200

विंध्यगिरि में आ बसे, अगस्त्य मुनि नव धाम ।
दंडक वन में शाँति का, शुरू किया अब काम ।। 557/5200

✍दोहा॰ करके विश्वामित्र ने, राघव का सम्मान ।
दिया उन्हें शस्त्रास्त्र का, मंत्र तंत्र विज्ञान ।। 558/5200

मुनिवर विश्वामित्र थे, युद्ध कला के ईश ।
मुनि ने राघव को कहे, शस्त्र सूत्र चालीस ।। 559/5200

चालीस धनुर्वेद सूत्र)

"दंडचक्र" के गुण सभी, "वज्र अस्त्र" का योग ।
"ब्रह्म अस्त्र" का मंत्र भी, "वारूणास्त्र" प्रयोग ।। 560/5200

"धर्मचक्र" का भेद भी, "सौरास्त्र" का प्रहार ।
"सौम्यास्त्र" का रहस्य भी, शिशिरायुध का मार ।। 561/5200

"त्वष्ट्र अस्त्र" का गौप्य भी, "धर्मपाश" का मंत्र ।
"क्रौंच अस्त्र" की शर कला, "परमायुध" का तंत्र ।। 562/5200

"वायव्यास्त्र" प्रक्षेप भी, "ऐशिकास्त्र" का योग ।

22. Story of Rāma's elcom at Vishvāmitra's Āshram

"पिनाकास्त्र" कैसे चले, "कंकालास्त्र" प्रयोग ।। 563/5200

वर्णन "ब्रह्मशिरास्त्र" का, "सत्य अस्त्र" विज्ञान ।
विष्णुसुदर्शन चक्र भी, अग्नि अस्त्र का ज्ञान ।। 564/5200

"मूसलास्त्र" की साधना, "मोह अस्त्र" का पाश ।
"कंकणास्त्र" प्रताड़ना, "इन्द्रचक्र" से नाश ।। 565/5200

"कालचक्र" उत्क्षेपना, "सुदामनायुध" बोध ।
"मोदकीशिखरी" तथा, "शोषणास्त्र" प्रतिशोध ।। 566/5200

"कालपाश" को फेंकना, "विलापनास्त्र" प्रपात ।
"मानवास्त्र" को छोड़ना, "सौमनास्त्र" आघात ।। 567/5200

"हयशिशरास्त्र" प्रयोग भी, "शूलास्त्र" का निपात ।
"मायाधरास्त्र" कैसे चले, "मदनास्त्र" का प्रताप ।। 568/5200

"चक्रप्रस्थापनास्त्र" भी, "संवरास्त्र" संबोध ।
"वज्रतेजप्रभास्त्र" भी, "नारायणास्त्र" बोध ।। 569/5200

गीतमाला, पुष्प 37 of 163

(खुशी का गीत)

स्थायी

आज खुशी से गीत गाइए, राम मिलायो जीत है ।
आओ मिल कर मोद मनाएँ, हरि भजन संगीत, रे ।।

♫ म॑–ध पम॑– ग– म॑–ध प–म॑ग–, रे–रे रेग–म॑– प–म॑ ग– ।
सा–सा रेरे गग– म॑–ध पम॑–ग–, सासा रेगग म॑–ग–रे, सा– ।।

अंतरा–1

राम चंद्र की कृपा सुगम से, कष्ट हमारे नष्ट हैं ।
एक बाण से मरी ताड़का, मरा सुबाहु दुष्ट, रे ।।

♫ सा–रे ग–ग ग– म॑ध– पम॑म॑ ग–, म॑–प धनि–ध– प–म॑ ग– ।
सा–रे ग–ग ग– म॑ध– प–म॑ग–, सारे– गम॑–म॑– ग–रे, सा– ।।

अंतरा–2

23. Story of King Janaka of Mithilā (Rāmāyan, 1. Bāl Kānd)

चाहे किसी का काम हो बिगड़ा, नसीब चाहे फूटा हो ।
हरि के दर पर जो भी आता, फल पाता वो मीठा, रे ।।

अंतरा–3

चाहे नर या नारी कोई, भिखारी या धनी अपार हो ।
हरि की शरण में जो भी आता, बेड़ा उसका पार, रे ।।

अंतरा–4

प्रीत प्रभु से जोड़लो भगतों, कह गए मुनिवर सूत हैं ।
माँगलो मन का मीत कोई, मांगलो सोना पूत, रे ।।

बाल काण्ड : ग्यारहवाँ सर्ग

23. मिथिला नरेश जनक जी की कथा :

23. Story of King Janaka of Mithilā *(Rāmāyan, 1. Bāl Kānd)*

दोहा॰ जनकभूप–दरबार में, ज्ञानी जन की भीड़ ।
याज्ञवल्क्य जमदग्नि से, यमी पराशर धीर ।। 570/5200

कथा

(जनक जी)

दोहा॰ ओज तेज से पूर्ण थे, जनक विदेह नरेश ।
आभा उनकी जानते, पंडित देश विदेश ।। 571/5200

जनक सभा में थी सजी, भद्र जनों की शान ।
याज्ञवल्क्य तत्त्वज्ञ थे, अष्टावक्र सुजान ।। 572/5200

जनक राज के राज्य में, कुशल सभी थे लोग ।
नर–नारी सुखभाग थे, आनंदकंद का भोग ।। 573/5200

प्रसन्न सब विध थे सभी, निश–दिन तृप्त समाज ।
जनक राज धर्मज्ञ थे, नीति नियम से काज ।। 574/5200

ऊँच नीच कोई न था, सबको मिलता न्याय ।

23. Story of King Janaka of Mithilā (Rāmāyan, 1. Bāl Kānd)

भेद भाव कोई न था, पक्षपात अन्याय ।। 575/5200

वेद पाठ नित राज्य में, योग यज्ञ सत्संग ।
भक्ति भाव सबमें बसा, सदाचार व्यासंग ।। 576/5200

(जनपद)

दोहा॰ जैसे नृप, वैसी प्रजा, सब थे श्रद्धावान ।
धर्म सुरक्षा के लिए, देते अपने प्राण ।। 577/5200

विद्या से अन्वित सभी, प्राप्त ज्ञान विज्ञान ।
उद्यम सेवा में लगे, तन्मय सबका ध्यान ।। 578/5200

बसा प्रजा में सुख सदा, चिंता का था नास ।
संपद् के सब थे धनी, सदन सभी के पास ।। 579/5200

सुंदर सुथरे पथ सभी, नगरी में अभिराम ।
गलियाँ कूचे सरल थे, पुष्पित बाग ललाम ।। 580/5200

छात्र कुशल सब स्वस्थ थे, क्रीडा खेल प्रवीण ।
बालक बाला चुस्त थे, सीखत कला नवीन ।। 581/5200

मीठी वाणी के सभी, स्निग्ध वचन थे बैन ।
यथा जनक थे, जन सभी, सत् धार्मिक दिन रैन ।। 582/5200

गीता में गौरव जिन्हें, कर्म किए निष्काम ।
जनक राज वे एक हैं, उनको लाख प्रणाम ।। 583/5200

(सीता)

दोहा॰ जनक नंदिनी जानकी, लक्ष्मी का अवतार ।
वैदेही धरणी सुता, तेरी जय जयकार ।। 584/5200

(उर्मिला)

दोहा॰ कुशध्वज भ्राता जनक के, जनक समान महान ।
कन्या उनकी तीन थीं, तीनों थीं गुणवान ।। 585/5200

श्रुतकीर्ति फिर मांडवी, उर्मिल अनुजा स्थान ।
सीता सबमें थी बड़ी, दीदी का सम्मान ।। 586/5200

24. Story of Shrī Rāma's Departure for Mithilā (1. Bāl Kānd)

(शिव-धनु)

दोहा॰ राजा जनक महान थे, जग जाने मिथिलेश ।
ज्ञान संपदा से भरा, उज्ज्वल उनका देश ।। 587/5200

शिवधनु नृप को था मिला, विष्णु ईश वरदान ।
बाल-सिया थी खेलती, डोरी उसकी तान ।। 588/5200

सियास्वयंवर था रचा, चुनने को पति वीर ।
चढ़ा सके जो धनुष पर, भरी सभा में तीर ।। 589/5200

24. मिथिला नगरी को प्रस्थान की कथा :

24. Story of Shrī Rāma's Departure for Mithilā *(1. Bāl Kānd)*

(अभिनंदन)

दोहा॰ "मरी ताड़का!" जब सुनी, मुनियों ने शुभ बात ।
सबने अभिनंदन किए, राघव के, सुख गात ।। 590/5200

यज्ञ पाठ फिर से हुए, बिना विघ्न निर्भीक ।
कारूषा में अब हुई, मनःशाँति नैष्ठिक ।। 591/5200

गीतमाला, पुष्प 38 of 163

(मंगल नाम हरि का)

स्थायी

कहो कहो, मंगल नाम हरि का, देखो देखो, मंगल काम हरि का ।

♪ रेग पम- ध-पम ग-म रेग- म-, गम पम-, प-मग म-ग रेगरे सा- ।

अंतरा-1

ताड़का मर्दन राम हरि का, कंस निकंदन श्याम हरि का ।
भजो भजो, सुंदर नाम हरि का, जपो जपो, सुंदर नाम हरि का ।।

♪ प-मग रे-गग प-म गरेग म-, ध-प मप-धध नि-ध पमग म- ।
रेग मग-, प-मग रे-सा रेग- म-, गम पम-, प-मग म-ग रेगरे सा- ।।

अंतरा-2

सिया पति हैं सब सुख दाता, राधा रमण हरि विश्व विधाता ।

24. Story of Shrī Rāma's Departure for Mithilā (1. Bāl Kānd)

गाओ गाओ, सुंदर नाम हरि का, ध्याओ ध्याओ, सुंदर नाम हरि का ।।

अंतरा–3

पाप विमोचक राघव जी का, ताप विमोचक माधव जी का ।
बोलो बोलो, सुंदर नाम हरि का, लेलो लेलो, सुंदर नाम हरि का ।।

(ऋषि–मुनि)

दोहा॰ कारूषा वन के मुनि, आए राघव पास ।
चरण पड़े श्री राम के, बने राम के दास ।। 592/5200

सबको विश्वामित्र ने, कहा, रचाएँ याग ।
सब मिल कर आदृत करें, हत मुनियन का त्याग ।। 593/5200

(विश्वामित्र)

दोहा॰ मुनिवर विश्वामित्र ने, यज्ञ किया सम्पन्न ।
राम–लखन रक्षण किए, धर्म कर्म निष्पन्न ।। 594/5200

सिद्धाश्रम में आज हैं, सफल हुए सब याग ।
बिन बाधा पूजा हुई, असुर गए हैं भाग ।। 595/5200

बीता उत्सव शाम को, पर्व हुआ सब शाँत ।
संध्याकर्म समाप्त कर, सभी प्रसन्न नितांत ।। 596/5200

(राम–लक्ष्मण)

📖 कथा 📖

(एक दिन, राम–विश्वामित्र संवाद)

दोहा॰ एक दिवस मुनि ने कहा, और एक है काम ।
मिथिला नगरी मैं चला, चलो आप भी, राम! ।। 597/5200

अखिल विश्व में एक ही, ज्ञानी कहे नरेश ।
हमरे स्नेही परम हैं, जनकराज मिथिलेश ।। 598/5200

जनक सुता है जानकी, सीता उसका नाम ।
राजकुमारी मैथिली, अनुपम नारी, राम! ।। 599/5200

मुनिवर बोले राम को, चलिए मिथिला देश ।

24. Story of Shrī Rāma's Departure for Mithilā (1. Bāl Kānd)

वहाँ भव्य प्रतियोगिता, मुझे मिला संदेश ।। 600/5200

(सीता)

✍दोहा॰ जनक दुलारी है सिया, अनुपम उसका स्नेह ।
सेवा भावी है सिया, स्वर्ग किया है गेह ।। 601/5200

चारु चरित है भूमिजा, सुरचित सुगठित गात ।
मधुर भाषिणी है सिया, प्रियतम उसकी बात ।। 602/5200

कमल वदन है जानकी, मीन नुमा हैं नैन ।
सोने जैसा वर्ण है, कोयल के सम बैन ।। 603/5200

लक्ष्मी का प्रतिरूप है, शिव की किरपा प्राप्त ।
धर्मचारिणी है सिया, भक्ति भाव से व्याप्त ।। 604/5200

वेदवती है मैथिली, कला सर्व का ज्ञान ।
हँसमुख नारी है सिया, स्नेह भाव पर ध्यान ।। 605/5200

क्षत्रिय कन्या जानकी, तेज युक्त है नार ।
विनयशील शुभदर्शिनी, धर्म कर्म संस्कार ।। 606/5200

सीता जैसी सुंदरी, और कहीं ना कोय ।
जनक सुता है गुणवती, निर्मल गंगा तोय ।। 607/5200

वैदेही है जोगिनी, जप तप व्रत में लीन ।
दया क्षमा सुख-शाँति में, हिरदय सदा विलीन ।। 608/5200

(व्रत)

✍दोहा॰ सीता ने है व्रत धरा, पति उसका वह वीर ।
भरी सभा में चढ़ सके, धनु पर जिससे तीर ।। 609/5200

रचा स्वयंवर है वहाँ, शोभावान अपार ।
शिव-धनु दैवी चाप है, शिव जी का उपहार ।। 610/5200

नृपवर देश विदेश से, आएँगे उस धाम ।
चलना चाहो तो चलो, मिथिला पुर, श्रीराम! ।। 611/5200

(अत:)

25. Story of Ahalya's Salvation (Rāmāyan, 1. Bāl Kānd)

दोहा॰ चलना चाहो, ले चलूँ, बहुत हर्ष के साथ ।
जनक राज से हम मिलें, अनुमति दो, रघुनाथ! ॥ 612/5200

मंद हास्य से राम ने, नम्र नवाया शीश ।
"तथास्तु" कह कर प्रेम से, "हाँ" बोले जगदीश ॥ 613/5200

 गीतमाला, पुष्प 39 of 163

(सीते रानी)

स्थायी

सीते रानी सीते रानी, सपनन आना, जनक नंदिनी दरसन देना ।
♪ रेरे गग मम गग, मपधप मगरे–, ममम प–धप– मपधप मगरे– ।

अंतरा–1

कोमल कलिका सूरत प्यारी, सूंदर मूरत सीरत न्यारी ।
राम जिया का तू दरद न जाना, नाथ पुकारे, न देर लगाना ॥
♪ रे–सारे गगरे– प–मग रे–ग–, प–मग रे–गग रे–गग म–म– ।
म–म मप– प प– धधनि ध प–म–, रे–रे गम–म–, म प–ध पमगरे– ॥

अंतरा–2

याद करो उत वृंदावन में, श्याम समाए थे तोरे मन में ।
राधेरानी सीतेरानी एक ही नामा, श्याम अरु राम है एक समाना ॥

अंतरा–3

शिव–धनु पर मैं बाण चढाऊँ, आकर अपना हाथ बढ़ाऊँ ।
फूलमाला वरमाला लेकर आना, माला स्वयंवर मुझे पहनाना ॥

दोहा॰ पितु के वचन निभाइके, किए विपिन अभिराम ।
सिद्धाश्रम से ले विदा, चले मिथिल को राम ॥ 614/5200

बाल काण्ड : बारहवाँ सर्ग

 25. अहल्योद्धार की कथा :

25. Story of Ahalya's Salvation *(Rāmāyan, 1. Bāl Kānd)*

25. Story of Ahalya's Salvation (Rāmāyan, 1. Bāl Kānd)

✍दोहा॰ सिद्धाश्रम से चल पड़े, मुनिवर लक्ष्मण राम ।
मिथिला जाने के लिए, चले ग्राम से ग्राम ।। 615/5200

📖 कथा 📖

(गंडक नदी पर)

✍दोहा॰ सिद्धाश्रम से रामजी, मुनिवर लखन कुमार ।
आए दक्षिण तीर पर, करने गंडक पार ।। 616/5200

बैठे तीनों नाव में, निर्मल गंडक धार ।
डोलत नौका नीर पर, जैसी तन्मय नार ।। 617/5200

दृश्य मनोहर देखते, करके नदिया पार ।
उतरे मुनिवर, रामजी, पीछे लखन कुमार ।। 618/5200

(गौतम ऋषि)

✍दोहा॰ रामचंद्र जब आगए, गंडक नदिया पार ।
चले दिशा ईशान में, वन में योजन चार ।। 619/5200

चलते-चलते राह में, मुनिवर बोले, राम! ।
कथा अहल्या की सुनो, देवी सती महान।। 620/5200

एक बिराने स्थान में, मिथिला पुर की ओर ।
गौतम ऋषि का वास है, उस अरण्य में घोर ।। 621/5200

गौतम तुनक मिजाज हैं, रोक न पाते क्रोध ।
पत्नी की हर बात का, करते सदा विरोध ।। 622/5200

मुद्गल मुनिवर की सुता, गौतम मुनि की दार ।
सती अहल्या साधवी, पतिपरायणा नार।। 623/5200

गौतम ऋषि हैं संशयी, उनके मन संदेह ।
इक दिन बोले दार को, अछूत तेरा देह ।। 624/5200

इन्द्र देव ने है किया, तेरा आदर भंग ।
छूऊँगा मैं अब नहीं, मलीन तेरा अंग ।। 625/5200

25. Story of Ahalya's Salvation (Rāmāyan, 1. Bāl Kānd)

पत्नी ने उनको कहा, करो न तुम अविचार ।
मैं हूँ नार पतिव्रता, मुझे आप से प्यार ।। 626/5200

गौतम ऋषि माने नहीं, उनके मन संताप ।
भ्रम वश अपनी दार को, दीन्हा कटुतम शाप ।। 627/5200

पत्नी को उस मूढ़ ने, मठ से दिया खदेड़ ।
बोला, आश्रय के लिए, लो अब तुम वह पेड़ ।। 628/5200

पड़ी रहो पत्थर बनी, सदा वहाँ दिन-रात ।
आतप वर्षा वात से, छीजे तेरे गात ।। 629/5200

खाने पीने के बिना, करो वहीं उपवास ।
धीमी तेरी साँस हो, सूखे मज्जा माँस ।। 630/5200

तेरे पत्थर देह को, जब छूएँगे राम ।
तभी तुम्हें निःशाप हो, फिर आना मम धाम ।। 631/5200

राह तको निश-दिन वहाँ, जब तक आवें राम ।
पड़ी रहो तब तक वहाँ, बिना किए आराम ।। 632/5200

सुन कर दारुण वह कथा, लछमन बोले, भ्रात! ।
चलिए अहल्या मातु को, विमुक्त करिए, तात! ।। 633/5200

 गीतमाला, पुष्प 40 of 163

(अहल्योद्धार)

स्थायी

प्रभु विनय सुनो देवा, उद्धार करो मेरा ।
♪ सारे गपप पध- पगप-, ग-प-प धप- पमग- ।

अंतरा-1

मेरी जान फँसी दुख में, आवाज नहीं मुख में ।
हिरदय से पुकारूँ में, इन्तजार करूँ तेरा ।।
♪ गरे सा-रे रेग- पप ध-, सां-रें-सां निध- पप ध- ।
धपमम रे सारे-ग- म-, गगप-प पध- पमग- ।।

25. Story of Ahalya's Salvation (Rāmāyan, 1. Bāl Kānd)

अंतरा–2

एक शाप की माया है, शिला बनी काया है ।
इक स्पर्श की है आसा, हरि! हस्त लगे तेरा ।।

अंतरा–3

कब आओगे, रामा! जपु निश-दिन तव नामा ।
मन में बस तू ही है, मैं नाम भजूँ तेरा ।।

(मिथिला के पथ पर)

दोहा॰ मिथिला नगरी दूर थी, वन की छोटी राह ।
रामचंद्रभ्राता चले, धर कर लछमन बाँह ।। 634/5200

वन की शोभा देख कर, सुंदर अति अभिराम ।
प्रसन्न अति मन में हुए, मुनिवर लछमन राम ।। 635/5200

तरु पर बेली झूमतीं, मंद पवन के साथ ।
पुष्प पर्ण फल थे घने, पहुँच सकत थे हाथ ।। 636/5200

खग पशु न्यारे ढंग के, सुंदर जिनके रंग ।
त्वचा पंख उनके मृदु, मोहक उनके अंग ।। 637/5200

झरने निर्मल नीर के, मंगल शीतल वात ।
झोंके चंचल वायु के, करते पुलकित गात ।। 638/5200

(इस तरह)

दोहा॰ राह गुजरती थी चली, जभी ग्राम से ग्राम ।
आते सज्जन ग्राम के, निहारने श्री राम ।। 639/5200

लाते भोजन पान भी, करते अर्पण फूल ।
देख प्रेम वह, रामजी, थकान जाते भूल ।। 640/5200

बैठ जनों के मध्य में, हरि करते सत्संग ।
भजनन से उस संग में, चढ़ता मनहर रंग ।। 641/5200

आभा शुभ श्री राम की, सबके मन पर छात ।
कभी न देखी जो प्रभा, सबके चित को भात ।। 642/5200

25. Story of Ahalya's Salvation (Rāmāyan, 1. Bāl Kānd)

छू कर चरणन राम के, पाते सब जन पुण्य ।
लगाइके रज भाल पर, होजाते अघ-शून्य ।। 643/5200

(और)

✍दोहा॰ लिए विदाई प्रात में, चलते आगे राम ।
दिन-बेला आगे बढ़े, निश में करत विराम ।। 644/5200

चलते-चलते राह में, करते दिन में मोद ।
रुकते सूरज जब ढले, रात नींद की गोद ।। 645/5200

गीतमाला, पुष्प 41 of 163

(हरे! हरे!)

स्थायी

भज ले श्यामा, भज ले रामा, निश-दिन भज ले, हरे! हरे! ।
जीवन बीता जात है, प्यारे! पछतावेगा, अरे! अरे! ।।

♫ रेनि़ रे- ग-ग-, मंग रे- ग-ग-, सारे गग पमं गरे, मंग-! रेसा-! ।
प-मंध प-प- नि-ध प, मं-प-! धपमंप-ग-, मंग-! रेसा-! ।।

अंतरा-1

देर करे तो, सपने तेरे, रह जावेंगे, धरे धरे ।

♫ प-मं धप- प-, निधप- मं-प-! धप मं-ध-प-, मंग-! रेसा-! ।

अंतरा-2

हरि किरपा से, सींच ले बगिया, कर ले जीवन, हर भरे ।

अंतरा-3

रान नाम के, चुग ले मोती, अनमोले हैं, खरे खरे ।

अंतरा-4

हरि चरणन की, शरणन ले ले, विपदा तेरी, टरे टरे ।

(संक्षेप में)

✍दोहा॰ मुद्‌गल कन्या थी सती, गौतम ऋषि की दार ।
पतिव्रता थी योगिनी, धर्म परायण नार ।। 646/5200

गौतम ऋषि मतिमान थे, करते ब्रह्म जाप ।

शीघ्र कोपी अति ज्ञात थे, बिगड़े, देते शाप ।। 647/5200

इक दिन मुनि थे क्रोध में, तन-मन में था ताप ।
पत्नी को आमर्ष में, मारा कटुतर शाप ।। 648/5200

बोले, तुम पत्थर बनी, पड़ी रहो दिन-रात ।
आँधी पानी धूप में, छीजे तुमरे गात ।। 649/5200

भूखी प्यासी तुम रहो, आश्रम के उस पार ।
राम हस्त के स्पर्श से, तुमरा हो उद्धार ।। 650/5200

गीतमाला, पुष्प 42 of 163

खयाल : राग जोगिया

(अहल्या)

स्थायी

बिन आँसू मन रोये, मोरा दुख जग जान न पाए ।

♪ पनि धपमध पम गपमगरेरेसा-, पनिधप मध पम गप म गरेरेसा- ।

अंतरा

जीवन नैया उसी किनारे, भँवर गहन है, दूर किनारे ।
केवट काहे देर लगावे, मोहे भव तरसाए ।।

♪ सा-सारे म-म- मपग गमपप-, मधध धधध धप, म-ध पम-ग- ।
म-पध सां-सां- निसांनि निध-प-, पनिधप मध पमगपमगरेरेसा- ।।

(श्रीराम, अहल्या)

दोहा॰ सती अहल्या थी वहाँ, पाकर पति से श्राप ।
पत्थर बन कर थी पड़ी, बिना किए कछु पाप ।। 651/5200

देख अहिल्या को वहाँ, निश्चल जपती "राम!" ।
करुणा मन में राम के, करने को शुभ काम ।। 653/5200

राघव के कर स्पर्श से, मिला उसे उद्धार ।
शुष्क त्वचा कोमल हुई, मुख पर तेज निखार ।। 654/5200

गिरी चरण पर राम के, पद रज लाग्यो भाल ।

25. Story of Ahalya's Salvation (Rāmāyan, 1. Bāl Kānd)

बोली, दो कर जोड़ कर, तुम हो, प्रभु! किरपाल ।। 655/5200

 गीतमाला, पुष्प 43 of 163

(अहल्या)

स्थायी

तेरे चरण के छूते, मुक्ति मुझे मिली है ।
श्री राम तेरी किरपा, किस्मत मेरी खिली है ।।

♪ सा–म– पधध नि ध–प–, म–म– पध– पम– ग– ।
ग– म–प ध–प मगरे–, रे–गग मप– मगरे सा– ।।

अंतरा–1

पत्थर बनी पड़ी थी, मेरी घड़ी अड़ी थी ।
पावन तेरे चरण से, बद किस्मती टली है ।।

♪ म–मम पध– पमग म–, म–प– धनि– धप– म– ।
सा–रेरे गम– पमग रे–, गग म–पम गरे– सा– ।।

अंतरा–2

पुलकित मेरा बदन है, मंगल हुआ है जीवन ।
अमृत बना हलाहल, दुष्कर घड़ी ढली है ।।

अंतरा–3

फिर से मेरा जनम ये, निर्मल मेरे करम हैं ।
कहे राम से अहल्या, करुणा तेरी भली है ।।

(तब)

दोहा॰ गौतम ऋषि ने जब सुना, पत्नी का उद्धार ।
आए राघव पास वे, करने को आभार ।। 656/5200

पड़े राम के चरण में, कहने को निज भूल ।
बोले, भ्रम वश दार को, दीन्हा मैंने शूल ।। 657/5200

कृपा करो श्री राम जी, हर लो मेरे पाप ।
निज पातक को सोच कर, लज्जित हूँ मैं आप ।। 658/5200

(गौतम राम संवाद)

दोहा॰ राघव ने मुनि से कहा, "क्रोध बुरी है बात ।

26. Story of Sītā's Engagement (Rāmāyan, 1. Bāl Kānd)

काम क्रोध ना हो कभी, ना हि शाप आघात ।। 659/5200

"धर्मचारिणी दार हो, प्राण प्रिया सुखभाग ।
सत्य-धर्म से ब्याह कर, ना हो उसका त्याग ।। 660/5200

"तजो न सुत सुहृद कभी, पिया बंधु पति मात ।
तजो न पत्नी क्रोध में, न शाप की बरसात ।। 661/5200

"दोष द्रोह छल से परे, रोष क्रोध से दूर ।
शाप ताप तम को तजो, बनो न शठ मगरूर ।। 662/5200

"दया क्षमा सुख-शाँति से, गले लगाओ दार ।
नीर क्षीर सम एक हो, सुखी करो संसार" ।। 663/5200

धर्म कर्म की बात वो, सुन कर मुनि को लाज ।
बोले गौतम राम को, "हुआ त्राण मम आज" ।। 664/5200

बाल काण्ड : तेरहवाँ सर्ग

26. सीता स्वयंवर की कथा :

26. Story of Sītā's Engagement *(Rāmāyan, 1. Bāl Kānd)*

कथा

(फिर)

दोहा॰ किया अहल्या साधवी देवी का उद्धार ।
आशिष पाए रामजी, और ढेर सा प्यार ।। 665/5200

कहे विदाई, चल पड़े, मिथिला के पथ राम ।
संग राम के है चला, लखन अनुज सुखधाम ।। 666/5200

विदेह)

दोहा॰ मिथिला में राघव रुके, मुनिवर लखन सुजान ।
बहुत पुराना था जहाँ, शिव का देवस्थान ।। 667/5200

जनक विश्वामित्र संवाद)

26. Story of Sītā's Engagement (Rāmāyan, 1. Bāl Kānd)

✍दोहा॰ जब विदेह ने यह सुना, मिथिला आए राम ।
स्वागत करने चल पड़े, मुनि का जहाँ मुकाम ।। 668/5200

राजा जनक प्रसन्न थे, मिल कर लछमन राम ।
बोले, मुनिवर को, चलो! रुकिये मेरे धाम ।। 669/5200

(जनक जी बोले)

✍दोहा॰ नृप ने मुनिवर को कहा, तुमरा अति उपकार ।
आए उत्सव के लिए, उज्ज्वल भाग्य हमार ।। 670/5200

उपस्थिति से आपकी, बढ़ा हमारा नाम ।
चरण कमल से आपके, पावन हमरा धाम ।। 671/5200

राम-लक्ष्मण को देख कर)

राम-लखन को देख कर, बोले मिथिला-नाथ ।
कौन दिव्य ये युवक दो, मुनिवर! तुमरे साथ ।। 672/5200

चंद्र सूर्य सम तेज है, सुगठित इनके गात ।
वीर ओज परिपूर्ण हैं, धनुर्वेद निष्णात ।। 673/5200

दीप्त दिव्य दीदार हैं, लगते इन्द्र समान ।
शाँत सुमंगल रूप हैं, बाँहें धनुष कमान ।। 674/5200

पुष्ट पीठ, पद स्तंभ से, कद लंबा अभिराम ।
यौवन से तन हैं भरे, लगते युवक ललाम ।। 675/5200

नैन कमल, मुख विमल हैं, अनुपम अद्‌भुत रूप ।
मंगल प्रतिमा देख कर, लगते दोनों भूप ।। 676/5200

(मुनि बोले)

✍दोहा॰ मुनिवर विश्वामित्र ने, कहा, जनक नृपराज! ।
दशरथ नृप के पुत्र दो, साथ हमारे आज ।। 677/5200

अग्रज भाई राम हैं, छोटे लखन कुमार ।
राम श्रेष्ठतम भ्रात हैं, लछमन आज्ञाकार ।। 678/5200

राघव गुण भँडार हैं, शूर वीर बलवान ।

26. Story of Sītā's Engagement (Rāmāyan, 1. Bāl Kānd)

एक बाण से असुर के, ले लेते हैं प्राण ।। 679/5200

लक्ष्मण रण में धीर हैं, वेद शास्त्र विद्वान ।
रण से राक्षस भागते, करने जीवन त्राण । 680/5200

सद्गुण जितने जगत में, इनमें सको निहार ।
नारद शारद गीत से, करत सदा सत्कार ।। 681/5200

करतब इनके परम हैं, वर्णन विस्मयकार ।
अतुलनीय दो बंधु हैं, राघव लखन कुमार ।। 682/5200

पितु–आज्ञा पालन किए, आए हमरे साथ ।
क्षात्र–धर्म के कर्म को, आए वन रघुनाथ ।। 683/5200

संग लखन भी चल पड़े, अग्रज के प्रिय भ्रात ।
बंधु भाव में रत सदा, लखन लला दिन-रात ।। 684/5200

मुनिवर ने नृप को कही, ताड़िक वध की बात ।
सुबाहु के वध की कथा, मारिच पर आघात ।। 685/5200

बोला विश्वामित्र ने, अहल्या का उद्धार ।
गौतम ऋषि पर जो किया, अनमोला उपकार ।। 686/5200

(फिर, जनक)

दोहा॰ सुन कर विश्वामित्र से, परम कर्म की बात ।
जनक राज हर्षित भए, सुन प्रसन्न वृत्तांत ।। 687/5200

बोले विश्वामित्र को, जनक राज मिथिलेश ।
मिले हमें सौभाग्य से, रामचंद्र अवधेश ।। 688/5200

आए चल कर आज हैं, राम-लखन मम ग्राम ।
मैं चाहूँ तुम सब बसो, मुनिवर! मेरे धाम ।। 689/5200

प्राक्तन मंदिर यह नहीं, उचित तिहारे स्थान ।
राजकुँवर का वास हो, सुख से, सह सम्मान ।। 690/5200

मच्छर कीड़े रात में, तुम्हें करेंगे तंग ।

26. Story of Sītā's Engagement (Rāmāyan, 1. Bāl Kānd)

राज महल में तुम चलो, वहाँ मोद के रंग ।। 691/5200

(तत: राम)

दोहा॰ प्रणाम करके राम ने, कहा जनक, मिथिलेश! ।
धन्यवाद, प्रभु! आपको, करता है अवधेश ।। 692/5200

मंदिर ये प्राचीन है, मगर पूज्य शिव धाम ।
संत लोग आकर यहाँ, देते मन आराम ।। 693/5200

ऋषि-मुनि गाते वेद की, वाणी मंगल ताल ।
पुण्य रम्य सत्संग में, बीते सुख में काल ।। 694/5200

क्षमा करें हमको, प्रभो! हमने दिया नकार ।
आमंत्रण कल के लिए, नृपवर! हमें स्वीकार ।। 695/5200

(विश्वामित्र मुनिवर)

दोहा॰ नृप को मुनिवर ने कहा, मधुर तिहारे बोल ।
मगर हमें सत्संग है, लगता अति अनमोल ।। 696/5200

राज महल हमरे लिए, अनुचित लगता स्थान ।
क्षात्र-कर्म का व्रत लिए, निकले हैं श्री राम ।। 697/5200

क्षमा कीजिए, हे प्रभो! हमें बहुत है खेद ।
मगर आप ही जानिये, नीर क्षीर का भेद ।। 698/5200

आदर जो तुमने दिया, आकर हमरे द्वार ।
यही हमें पर्याप्त है, क्षमा करो इनकार ।। 699/5200

बोले विश्वामित्र जी, नृप से, दो कर जोड़ ।
महामुनि के भाव को, पल भर मन से छोड़ ।। 700/5200

मुनिवर बोले, जनक जी! परम तिहारी प्रीत ।
उत्सव में हम कल मिलें, यही उचित है रीत ।। 701/5200

जनक राज को था पता, मुनि का तीव्र स्वभाव ।
हँस मुख से नृप जनक ने, मान लिया प्रस्ताव ।। 702/5200

26. Story of Sītā's Engagement (Rāmāyan, 1. Bāl Kānd)

वन्दन करके प्रेम से, विदा हुए नृप राज ।
रक्षक चाकर साथ थे, चले बजाते साज ।। 703/5200

(फिर, अगले दिन)

दोहा॰ अगले दिन मिथिला पुरी, सजी शान के साथ ।
आए देश विदेश से, जन-गण धरणीनाथ ।। 704/5200

पहने नर-नारी सभी, वेश वस्त्र बहु ढंग ।
जैसे फूल गुलाब के, जिन्हें विविध हों रंग ।। 705/5200

(स्वयंवर मंडप)

दोहा॰ मंडप मंगल था सजा, भूमंडल पर एक ।
जिससे सुंदर था कभी, कोई सका न देख ।। 706/5200

माणिक मोती रत्न के, पुष्प सजीले हार ।
लटके झूमर झुंड में, नग मणियन की धार ।। 707/5200

बिछे गलीचे पश्मिने, मधुर गीत के साज ।
आसन चंदन के बने, जिनमें अतिथि बिराज ।। 708/5200

खाने को पकवान थे, पीने को रस पान ।
मंद नाद संगीत से, परियों का था गान ।। 709/5200

यों)

परम कला से था बना, विशाल मंडप गोल ।
बढ़कर स्वर्ग महान से, शोभा थी अनमोल ।। 710/5200

ऊँचे पद पर जनक थे, सुता जानकी साथ ।
कौशिक मुनि के संग थे, बैठे कोशलनाथ ।। 711/5200

सीता मोहक थी सजी, कोमल कली गुलाब ।
भई न ऐसी सुंदरी, श्रीलक्ष्मी के बाद ।। 712/5200

भव्य मंच पर मध्य में, शिवधनु शोभित बाण ।
दिव्य धनुष को देख कर, भूले सबके भान ।। 713/5200

(अतिथि)

26. Story of Sītā's Engagement (Rāmāyan, 1. Bāl Kānd)

दोहा॰ आए जनपद जन सभी, जनक राज के पूत ।
सबको सम सम्मान था, कोइ न छूत अछूत ॥ 714/5200

दूर दूर से वीर थे, आए मिथिला देश ।
कुंभकर्ण के संग था, मंडप में लंकेश ॥ 715/5200

कोई ऊँचा ताड़ सा, कोई नाटा पुष्ट ।
कोई तगड़ा साँड़ था, कोई पतला दुष्ट ॥ 716/5200

कोई दढ़ियल शेर था, कोई मूछड़ वीर ।
कोई लंबे बाल का, कोई गंजा पीर ॥ 717/5200

कोई डींगे मारता, बड़े गर्व के साथ ।
कोई सच्चा मर्द था, जैसे श्री रघुनाथ ॥ 718/5200

(शुभ घोषणा)

दोहा॰ शुभ मुहुर्त जब आगया, हुआ पर्व आरंभ ।
सचिव सुदामा ने किया, पूजन विना बिलंब ॥ 719/5200

"शिव-धनु पर दरबार में, जोड़ेगा जो तीर ।
जीतेगा प्रतियोगिता, वही श्रेष्ठतम वीर ॥ 720/5200

"वरमाला उसके गले, डाले सीता आज ।
चुना जाएगा वर वही, नरवर तीरंदाज" ॥ 721/5200

वीरों को नृप ने कहा, "जो न सके शर जोड़ ।
हारा वो प्रतियोगिता, जावे मिथिला छोड़" ॥ 722/5200

(फिर)

दोहा॰ एक-एक कर आगए, धनुष उठाने वीर ।
ना धनुष उनसे उठा, न ही चढ़ सका तीर ॥ 723/5200

हारे रावण असुर भी, कुंभकर्ण सम शूर ।
निकले मिथिला छोड़ कर, घमंड चकनाचूर ॥ 724/5200

(राम)

दोहा॰ मुनिवर ने फिर राम को, करके शुभ संकेत ।

26. Story of Sītā's Engagement (Rāmāyan, 1. Bāl Kānd)

बोले, "राघव! आइए, मंगल चित्त समेत" ।। 725/5200

पाकर मुनि से अनुमति, खड़े हुए श्री राम ।
बोले शिव से रामजी, "सफल बने मम काम" ।। 726/5200

छू कर चरणन जनक के, लीन्हे आशीर्वाद ।
सीता ने की प्रार्थना, करके दुर्गा याद ।। 727/5200

बोली, माते! अंबिके! सफल बनें श्री राम ।
मेरी सुनिये अर्चना, शिवजी, ओ भगवान! ।। 728/5200

(तब)

दोहा॰ सब शठ जब मिथिला तजे, वीर बचे श्री राम ।
जन-गण विस्मित देखते, खड़ा युवक अभिराम ।। 729/5200

नृप से आज्ञा पाइके, करके उन्हें प्रणाम ।
आए धनु के पास वे, लेकर शिव का नाम ।। 730/5200

सिया देखती नेह से, राघव प्रभा विलास ।
करती शिव से प्रार्थना, राम विजय की आस ।। 731/5200

जन-गण हरि को देखते, अति अचरज के साथ ।
बड़े-बड़े हारे, वहाँ, क्या करलें रघुनाथ ।। 732/5200

किसी को न कछु था पता, क्या कर सकते राम ।
ज्ञात न उनको, राम हैं, मनुज रूप भगवान ।। 733/5200

(आश्चर्य)

दोहा॰ नारद थे बरसा रहे, पुष्प सिया पर फेंक ।
आशिष राघव को दिये, मंगल परम अनेक ।। 734/5200

नारद मुनिवर जानते, विधि विधान के लेख ।
मुनवर शिव से कह रहे, उमा रही है देख ।। 735/5200

पत्थर से भारी बड़ी, जो थी धनुष कमान ।
नारद आशिष से बनी, हल्की फूल समान ।। 736/5200

26. Story of Sītā's Engagement (Rāmāyan, 1. Bāl Kānd)

खींची डोरी राम ने, बिना किसी भी पीड़ ।
टूटा झट से शिव-धनु, ज्यों हि चढ़ाया तीर ।। 737/5200

(बधाइयाँ)

दोहा॰ खींचत डोरी बाण की, ज्यों ही श्री रघुनाथ ।
टूट गया धनु हाथ में, शुभ लक्षण के साथ ।। 738/5200

चकित हुए जन-गण सभी, देख राम की जीत ।
सबने जय सियराम के, गाए मंगल गीत ।। 739/5200

राघव को अति हर्ष से, जनक बधाई देत ।
आशिष दीन्हे राम को, शुभ कामना समेत ।। 740/5200

विजय राम की देख कर, सीता के मन तोष ।
जनपद के जन, मोद में, खोये अपने होश ।। 741/5200

लख कर अद्‌भुत काम वो, सभा हुई गंभीर ।
बोली, रवि सम तेज ये, कौन भला है वीर ।। 742/5200

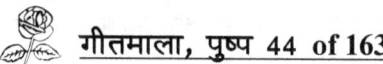

गीतमाला, पुष्प 44 of 163

(राम रतन)

स्थायी

ओ हो जी मेरो, आज वो शुभ दिन आयो ।
सखी री मैंने, राम रतन वर पायो ।।

सा रे म गरे-, प-म ग रेरे सारे ग-म- ।
पम ग रेग-, प-म गरेरे गम गरेसा- ।।

अंतरा-1

राम धनु पर बाण चढ़ायो, तीर करजवा में, मेरे धायो ।
दैया रे दैया, टूट गयो धनु म्हारो ।।

रे-ग रेग- गग म-ग रेग-म-, नि-ध पममम ध-, प-म ग-म- ।
नि-ध प म-प-, प-म गरे- गम गरेसा- ।।

अंतरा-2

दशरथ नंदन मिथिला आयो, एक नजर मोहे नेहा लगायो ।

26. Story of Sītā's Engagement (Rāmāyan, 1. Bāl Kānd)

दैया रे दैया, टूट गयो प्रण म्हारो ।।

अंतरा–3

का करू सजनी मैं, अवधकुमारा, ले गयो मन म्हारो, होश भी सारा ।

दैया रे दैया, छूट गयो बस म्हारो ।।

(तब)

दोहा॰ वर माला लाई सिया, वर उसके श्री राम ।
बाहु–हार श्री राम का, सिय को सजा ललाम ।। 743/5200

ताली पीटी हर्ष से, सबने मिल कर साथ ।
गाए नारे, जन सभी, जय सिय! जय रघुनाथ! ।। 744/5200

गीतमाला, पुष्प 45 of 163

खयाल : राग पूर्वी, तीन ताल 16 मात्रा

(सुंदर बंसी)

स्थायी

सुंदर मंगल बंसी प्यारी, झनक झनक वीणा झनकारी ।

♫ प–मंग मंधनिरें निधप– मंधपमंग, पपमं गमंरे ग–मंध मंगरे–सा– ।

अंतरा–1

छम् छम–छम छम घुँघरू बोले, पायल रुन झुन पैंजन बाजे ।

साथ मजीरा धुन हिय हारी ।।

♫ –म– गग मंमं धध धनिसांसां– निरेंसां–, –निरेंगं रेंगंरें सांसा निरेंसांनिध निधप– ।
–प–मं गमंरेग– मंध निरें धनिधप– ।।

(कन्या को जनक जी का उपदेसा)

दोहा॰ देते आशिष जनक जी, सीता को उपदेश ।
बोले, "बेटी! अब तुम्हें, पति राघव अवधेश ।। 745/5200

"पतिव्रता बन कर रहो, सदा पिया के संग ।
पति परमेश्वर हो सदा, अर्ध तिहारा अंग ।। 746/5200

"तुम छाया हो जानकी, रहो पिया के साथ ।
सुख–दुख विपदा में सभी, संग रखो रघुनाथ ।। 747/5200

26. Story of Sītā's Engagement (Rāmāyan, 1. Bāl Kānd)

"गृह लक्ष्मी तुम राम की, दशरथ तुमरे तात ।
अमृत वाणी से सदा, करो सभी से बात ।। 748/5200

"क्षत्रिय की तुम हो सुता, रहे सदा यह याद ।
डरो कभी ना विपद् से, बिना किसी अपवाद ।। 749/5200

"पति पुरुषोत्तम प्राण हो, पति बिन जीवन व्यर्थ ।
सास ससुर माता-पिता, अर्चित हों निःस्वार्थ" ।। 750/5200

"दया क्षमा धृति सत्य हों, त्याग विनय के साथ ।
वत्सलता की बुद्धि हो, सेवा में नित हाथ" ।। 751/5200

"देवर जानो पुत्र सा, माता सम व्यवहार ।
ममता ही सम्मान है, सर्वोत्तम उपहार" ।। 752/5200

गीतमाला, पुष्प 46 of 163

(जाओ री सीते)

स्थायी

जाओ री सीते! प्रीतम के घर जाओ ।

♫ सारे- प- मप-! सां-निनि ध- पप गरेसा- ।

अंतरा-1

सास ससुर की सेवा करना, मातु-पिता सम नेहा धरना ।
उफ् न कभी मुख लाओ ।।

♫ सा-सा सारेरे म- सांधप ममप-, स?ध पम- पप ध-पम ममप- ।
संध प मप- मम रेसा- ।।

अंतरा-2

साथ पति के निश-दिन रहना, साथ पति के सुख-दुख सहना ।
राघव की होजाओ ।।

अंतरा-3

लछमन की तुम माता बहिना, भावज प्रेमल बन कर रहना ।
सब पर नेह बहाओ ।।

27. Weddings of Rāma, Lakshman, Bharat & Shatrughana

(फिर, जनक जी ने)

दोहा॰ स्वर्ण मुकुट मणि रत्न का, रखा राम के शीश ।
जनक राज ने स्नेह से, देकर शुभ आशीष ॥ 753/5200

विदेह बोले राम को, अब तुम मेरे पूत ।
दशरथ जी को शीघ्र ही, ले आवेंगे दूत ॥ 754/5200

बाल काण्ड : चौदहवाँ सर्ग

 27. श्री राम लक्ष्मण भरत शत्रुघ्न विवाह की कथा :

27. Weddings of Rāma, Lakshman, Bharat & Shatrughana

📖 कथा 📖

दोहा॰ समाप्त उत्सव जब हुआ, सभी गए घर लोग ।
विदेह ठहराने लगे, राम-सिया संजोग ॥ 755/5200

सभा बुलाई जनक ने, अवध भेजने दूत ।
परिणय का प्रस्ताव जो, ठीक करे प्रस्तुत ॥ 756/5200

मंत्री बोले, जनक जी! जावे सचिव सुजान ।
वेश सुदर्शन पहन कर, साथ सभी सामान ॥ 757/5200

(अयोध्या में)

दोहा॰ सचिव सुदामा चल पड़े, शुभ करने सब काम ।
छह घोड़ों का रथ सजा, जाने दशरथ धाम ॥ 758/5200

श्वेत अश्वषट् से सजे, रथ रमणीय विशाल ।
शीघ्र वेग, लाने गए, दशरथ को तत्काल ॥ 759/5200

(सचिव सुदामा)

दोहा॰ सचिव सुदामा अवध में, लाए शुभ संदेश ।
स्वागत कीन्हे सचिव का, दशरथ श्री अवधेश ॥ 760/5200

बोले सचिव सुदाम जी, प्रणाम मम, अखिलेश! ।

27. Weddings of Rāma, Lakshman, Bharat & Shatrughana

भेजे हैं न्यौता, प्रभो! जनक राज मिथिलेश ।। 761/5200

कह कर शिवधनु की कथा, सकल सहित विस्तार ।
रामचंद्र का तिलक भी, सिया राम का प्यार ।। 762/5200

विनति प्रभो! है आपको, चलिए मिथिला देश ।
विवाह सीता-राम का, रचा रहे मिथिलेश ।। 763/5200

चलिए लेकर साथ सब, सुत सुहृद परिवार ।
पंच पुरोहित, सेविका, सैनिक दल, सरकार! ।। 764/5200

विराट आयोजन किए, गाते मंगल गीत ।
करिए सफल विवाह को, जोड़ें कुल में प्रीत ।। 765/5200

रघुकुल ऊँचा है यथा, सूर्य वंश में ज्येष्ठ ।
मिथिला कुल भी उच्च है, क्षात्र-धर्म में श्रेष्ठ ।। 766/5200

शुभ विवाह संपन्न ये, करिए मौली बाँध ।
राघव रवि कुल सूर्य हैं, सिया चौधवीं चाँद ।। 767/5200

(सुदामा की बखानी)

दोहा॰ कथा बताई सचिव ने, बड़े प्रेम के साथ ।
मरी ताड़का आसुरी, रामचंद्र के हाथ ।। 768/5200

गौतम ऋषि का झींखना, अहल्या का उद्धार ।
सीता का गुणगान भी, सुंदरता का सार ।। 769/5200

(फिर)

दोहा॰ कथा सिया के जन्म की, "भूमिसुता" क्यों नाम ।
जनक राज का ज्ञान भी, त्रिभुवन में सम्मान ।। 770/5200

(दशरथ)

दोहा॰ सुन कर वाणी सचिव की, मंजुल मधुर सुजान ।
दशरथ बोले प्रेम से, करिए शुभ प्रस्थान ।। 771/5200

करिए उत्सव ठाठ से, विवाह शोभावान ।
सजी अयोध्या शान से, बटे दक्षिणा दान ।। 772/5200

27. Weddings of Rāma, Lakshman, Bharat & Shatrughana

अवध नगर के जन सभी, नचत राह से राह ।
ढोल बजे आनंद के, सबके मन उत्साह ।। 773/5200

(दशरथ जी मिथिला चले)

दोहा॰ शुभ मुहूर्त जब आगया, निकले दशरथ राज ।
पंच पुरोहित साथ में, जाने मिथिला आज ।। 774/5200

लेकर सब परिवार को, दशरथ जी अवधेश ।
ब्याह रचाने राम का, निकले मिथिला देश ।। 775/5200

बाजे मंगल बज रहे, हर्षित सबके गात ।
राम-सिया की जय कहे, मिथिला चली बरात ।। 776/5200

आगे रथ अवधेश का, पीछे जनपद लोग ।
सबके मन पर राम का, शुभ विवाह संजोग ।। 777/5200

गीतमाला, पुष्प 47 of 163

(दशरथ मिथिला चले)

स्थायी

दशरथ मिथिला चले ।

♫ रेसारेग- पमग- सारे- ।

अंतरा-1

राम-सिया का ब्याह रचेंगे ।
साथ रानियाँ पुत्र चलेंगे, सुंदर रथ हैं सजे ।।

♫ रे-सा रेग- म- ध-प मग-म- ।
नि-ध प-मप- ध-प मग-रे-, रेगरेसा पम ग- सारे- - ।।

अंतरा-2

सिया-स्वयंवर जनक सजायो ।
राम धनु पर बाण चढ़ायो, शिवजी किरपा करे ।।

अंतरा-3

विश्वामित्र मुनि काज है कीन्हा ।
वसिष्ठ गुरु ने आशिष दीन्हा, रघुकुल आगे बढ़े ।।

27. Weddings of Rāma, Lakshman, Bharat & Shatrughana

अंतरा–4

सिया राम को हार पिनावे ।

राम–सिया को मंगल डाले, बाहों का हार गले ।।

(इधर)

✍दोहा॰ **मिथिला नगरी है सजी, शोभा सुघट अथाह ।**
दशरथ दर्शन के लिए, सबके मन में चाह ।। 778/5200

बाहों में धर कर मिले, दशरथ से मिथिलेश ।
क्षेम कुशल सब पूछ कर, मुदित हुए अवधेश ।। 779/5200

कीन्हा स्वागत जनक ने, दशरथ के अनुकूल ।
बरसे राजा रानियों पर गुलाब के फूल ।। 780/5200

(राम लक्ष्मण)

✍दोहा॰ **छूए लछमन राम ने, मातु–पिता के पाँव ।**
भरत–शत्रुघन से मिले, बंधु स्नेह के भाव ।। 781/5200

लाकर सबको मान से, राज महल में दिव्य ।
सचिव सुदामा ने किया, सबका स्वागत भव्य ।। 782/5200

राज भवन में की सभा, करने को सुविचार ।
कुशध्वज बोले, "क्यों न हों, विवाह बंधन चार" ।। 783/5200

बंधु कुशध्वज जनक के, कन्या जिनकी तीन ।
यथा सिया है जनक की, तीनों सद्‌गुण लीन ।। 784/5200

सुधाजीत ने भी कहा, ये है उचित सुझाव ।
उनकी बहिना कैकयी, बोली, शुभ यह भाव ।। 785/5200

सचिव सुमंतर ने कहे, सबको हृद् आभार ।
पंच पुरोहित गा रहे, मंत्र वेद से चार ।। 786/5200

(सचिव सुदामा बोले)

✍दोहा॰ **सचिव सुदामा ने किया, परिचय को आरंभ ।**
बोले अब मैं सब कहूँ, विना किसी भी दंभ ।। 787/5200

27. Weddings of Rāma, Lakshman, Bharat & Shatrughana

रवि कुल श्री मिथिलेश का, सूर्य समान अनूप ।
हुए अनेकों वीर हैं, महान इसमें भूप ।। 788/5200

जैसा रघुकुल राम का, विवस्वान से ख्यात ।
वैसा ही कुल जनक का, इक्ष्वाकु से ज्ञात ।। 789/5200

हुए यहाँ भी वीर हैं, दानी शूर महान ।
धीर धनुर्धर बाँकुरे, क्षत्रिय प्रतिभावान ।। 790/5200

नाम यहाँ मैं कुछ कहूँ, जिनके मंगल काम ।
वंशावली विशाल है, सभी दिव्य हैं नाम ।। 791/5200

निमि, मिथि सम नृप और ना, दानी जग विख्यात ।
धर्म कर्म तप ध्यान में, जो थे जग प्रख्यात ।। 792/5200

नंदीवर्धन थे कहे, वेद शास्त्र में लीन ।
सुकेतु राजा ज्ञात थे, पंडित जग में तीन ।। 793/5200

देवराज संपन्न थे, राज्य किया समृद्ध ।
बृहद्रथराज विदेह भी, विद्या दान प्रसिद्ध ।। 794/5200

नृप सुधृति अति वीर थे, धृष्टकेतु बलवीर ।
महारथी हर्षश्व थे, मिथिला के रणधीर ।। 795/5200

कीर्तिरथ महीपाल थे, शस्त्र शास्त्र के विज्ञ ।
देवमीढ़ नृप थे बड़े, तत्त्वज्ञान के तज्ञ ।। 796/5200

स्वर्णरोम नृप ओज के, तेजस्वी अंगार ।
शीरध्वज सम्मान्य थे, विद्या के भंडार ।। 797/5200

(सचिव सुमंत्र ने कहा)

दोहा॰ सचिव सुदामा से सभी, सुन कर वर्णन शाँत ।
सुमंत्र मंत्री ने कहा, रघुकुल का वृत्तांत ।। 798/5200

सुनिये अब मिथिलेश जी! और सभाजन ज्येष्ठ ।
दशरथ जी के वंश के, नृपवर जो थे श्रेष्ठ ।। 799/5200

27. Weddings of Rāma, Lakshman, Bharat & Shatrughana

दशरथ के सुत राम हैं, जिनका वंश विशाल ।
नाम प्रमुख उनके कहूँ, जिनसे प्रजा निहाल ।। 800/5200

कुकुत्स्थ विकुक्षि हो गए, राजा अधिप सुजान ।
मान्धाता नृप राज थे, जन के प्रियतम प्राण ।। 801/5200

अंबरीश मतिमान थे, यज्ञ कर्म के तज्ञ ।
हरिश्चंद्र नृप सत्य के, महा पुजारी प्रज्ञ ।। 802/5200

रोहित राज महाव्रती, दानी सगर महान ।
भगिरथ लाकर भूमि पर, गंगा करी प्रदान ।। 803/5200

राजा दिलीप संत थे, रघु राजा यशमान ।
अज शाकाहारी घने, क्षत्रिय थे बलवान ।। 804/5200

वंश उच्च मिथिलेश का, जितना जग में ज्ञात ।
उतना ही अवधेश का, त्रिभुवन में प्रख्यात ।। 805/5200

दोनों पावन वंश हैं, दोनों एक समान ।
दोनों कुल अब एक हों, और बढ़े सम्मान ।। 83065206

(दशरथ)

✍दोहा॰ दशरथ बोले जनक को, विवाह रचिए भव्य ।
राम–सिया जोड़ा सजे, जग में सबसे दिव्य ।। 807/5200

(विश्वामित्र)

✍दोहा॰ दशरथ को बोले जभी, विश्वामित्र मुनीश ।
वचन आपके मान्य हैं, अवध राज वागीश ।। 808/5200

वसिष्ठ गुरुवर ने तभी, कहा जनक को, नाथ! ।
तीन ब्याह सम्पन्न हों, राम–सिया के साथ ।। 809/5200

लछमन ब्याहें उर्मिला, कुशध्वज कन्या, तात! ।
श्रुतकीर्ति से शत्रुघन, भरत मांडवी साथ ।। 810/5200

(कौशल्या)

✍दोहा॰ दशरथ नृप की सहमति, विदेह ने स्वीकार ।

27. Weddings of Rāma, Lakshman, Bharat & Shatrughana

रानी-तीनों ने कहा, करिए विवाह चार ।। 811/5200

दूर हुए अपशकुन हैं, शकुन हुए हैं स्पष्ट ।
विवाह का दिन आगया, कुल दोनों संतुष्ट ।। 812/5200

(चार विवाह)

✍दोहा॰ दिवस दूसरे प्रात को, जन सब हुए तयार ।
मंडप मंगल थे सजे, करने विवाह चार ।। 813/5200

बाजत बाजे सामने, पीछे थे रथ चार ।
दशरथ, तीनों रानियाँ, दूल्हे अश्व सवार ।। 814/5200

सुवेष सुंदर पहन कर, जैसे मनहर मोर ।
गात बराती नाचते, करत पटाखे शोर ।। 815/5200

सेहरा सुंदर शीश पर, मणि मोती की धार ।
दूल्हे चारों थे सजे, गले गुलाबी हार ।। 816/5200

कानन कुंडल कनक के, कर में धर तलवार ।
श्वेत अश्व सब शुभ्र पर, राजकुमार सवार ।। 817/5200

घोड़े टप-टप ठुमकते, पग में घुँघरू डाल ।
एक चाल चारों चले, हिलते लंबे बाल ।। 818/5200

ललिता ललना लचकती, लय में ताली ताल ।
पीछे पंडित पाँच थे, कर में लेकर थाल ।। 819/5200

रथ में नृप परिवार था, प्रौढ़ जनों के साथ ।
दरसाते सब हर्ष थे, उभय हिला कर हाथ ।। 820/5200

(मिथिला नगरी)

✍दोहा॰ पथ नगरी के थे सजे, तोरण नाना रंग ।
चौराहों पर पुष्प की, विविध सजावट ढंग ।। 821/5200

लोग राह में, राम के, गाते मंगल गीत ।
बरातियों पर बरसते, फूल गुलाली पीत ।। 822/5200

27. Weddings of Rāma, Lakshman, Bharat & Shatrughana

दर्शन पाकर राम के, मिथिला जन को हर्ष ।
कर से कोई करत हैं, राम चरण कों स्पर्श ॥ 823/5200

(स्वागत)

दोहा॰ बरात आई शान से, वधू पक्ष के द्वार ।
रिवाज मिलनी के हुए, पृथक् वरों के चार ॥ 824/5200

वधू पक्ष ने पुष्प की, अविरत की बरसात ।
जय जय के नारे लगे, बहुत हर्ष के साथ ॥ 825/5200

(राम)

दोहा॰ पिता जनक को राम ने, सादर किया प्रणाम ।
आशिष दीन्हा जनक ने, "सदा बनो कृतकाम" ॥ 826/5200

मुकुट रत्न का जनक ने, रखा राम के शीश ।
गल में मोती हार भी, देकर शुभ आशीष ॥ 827/5200

हाथ सिया का जनक ने, दिया राम के हाथ ।
बोले, "जुग-जुग कीर्ति से, जीओ तुम, रघुनाथ!" ॥ 828/5200

वरमाला डाली सिया, राम गले, सह प्यार ।
पहनाया श्री राम ने, गले सिया के हार ॥ 829/5200

(जनक)

दोहा॰ कहा पिताश्री जनक ने, "सुनो पुत्र रघुनाथ! ।
सीता पत्नी आपकी, कभी न छोड़ो हाथ ॥ 830/5200

"तुमरा सब खुशहाल हो, मिलें सुखों के भोग ।
हार्दिक अभिनंदन तुम्हें, देते हैं सब लोग" ॥ 831/5200

आए हैं सुर देवता, देने को वरदान ।
पुष्प वृष्टि शुभ हो रही, करने को कल्याण ॥ 832/5200

गंगा से जमुना मिली, पवित्र दोनों तोय ।
राघव से सीता मिली, मिलाप मंगल होय ॥ 833/5200

 गीतमाला, पुष्प 48 of 163

रत्नाकर रचित संगीत-श्री-रामायण दोहावली

27. Weddings of Rāma, Lakshman, Bharat & Shatrughana

☯गज़ल

(जब दिल से मिलता)

शेर

जब दिल से मिलता दिल जवाँ, जिंदगी में बहार आती है ।

दिलों को मिले करार है, मगर जोशे फुहार आती है ।।

♬ रेरे रे- रे रेरेरे- रेसा मग-, म-गरे ग- मम-म ध-प- म- ।

धनि- नि- सांनि धप-प ध-, पम- प-म- गरे-ग म-गरे सा- ।।

स्थायी

आज मौसम बड़ा है सुहाना, प्यार के रंग में दिल दीवाना ।

♬ सा-रे ग-ग- पम- ग- रेग-म-, प-म प- ध-प म- प- मगरेसा- ।

अंरतरा-1

आज दो दिल अमन में मिले हैं, आज दो गुल चमन में खिले हैं ।

माता रानी की उन पर दुआ है, राधे रानी की उन पर कृपा है ।

सोऽनेऽ मेंऽ सुहागा मिलाया, सोने मेंऽ हैऽ सुहागा मिलाया ।।

♬ म-प ध- ध- निधध प- मप- ध-, प-ध नि- नि- सांनिनि ध- पधप म- ।

रेग म-म- म प- म- रेग- म-, सारे ग-ग- ग प- म- रेग- म- ।

सा-सा- सा- रेग-म- गरे-सा-, सारे ग- ग- मप-म- गरे-सा- ।।

अंतरा-2

आज शंकर ने डमरु बजाया, परियों ने है मंडप सजाया ।

हे प्रभो! लाख तेरा शुकर है,

तूने सूरज से चंदा मिलाया ।

तूने चंदा से सूरज मिलाया ।।

अंतरा-3

आज बंधु सखा सब हैं आए, ढेर आशीष उपहार लाए ।

गीत मंगल सुमंगल हैं गाए, आज धरती पे आनंद बिछा है ।

प्रीऽतिऽ में सुधा रस मिलाया,

प्रीति में है सुधा रस मिलाया ।।

अंतरा-4

28. Story of Parshurām (Rāmāyan, 1. Bāl Kānd)

राम राजा और सीता है रानी, इनकी मंगल है प्रेम कहानी ।

प्यार की ये अमर है कहानी ।

जीये जुग-जुग ये हंसों का जोड़ा,

सबसे प्रीति और नेहा लगाया ।

सबसे नेहा और प्रीति लगाया ।।

(फिर)

दोहा॰ विवाह-मंडप में भरा, मंगल मोद अथाह ।
दशरथ बोले, अब करें, और तीन सुत-ब्याह ।। 834/5200

शुभ मुहूर्त जब आगए, प्रारब्ध थे प्रसन्न ।
भरत लखन शत्रुघ्न के, हुए ब्याह सम्पन्न ।। 835/5200

दोहा॰ चारों पुत्र अवधेश के, वैदेहीं थीं चार ।
उस मंडप में ठाट से, ब्याहे थे क्रमवार ।। 836/5200

रामचंद्र अरु लखन थे, रथ में दोनों भ्रात ।
चले अवध के मार्ग से, पुलकित सबके गात ।। 837/5200

भरत तथा शत्रुघ्न को, मामा जी के साथ ।
नाना जी से मिलन को, भेजा मँझली मात ।। 838/5200

कैकेयी माता यथा, दीन्हा है आदेश ।
चले भरत-शत्रुघ्न हैं, रथ में केकय देश ।। 839/5200

बाल काण्ड : पन्द्रदहवाँ सर्ग

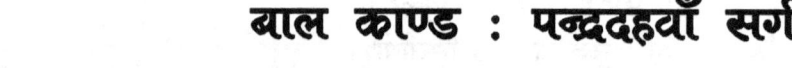

28. श्री परशुराम भार्गव की कथा :

28. Story of Parshurām (Rāmāyan, 1. Bāl Kānd)

📖 कथा 📖

(अचानक)

दोहा॰ राघव का रथ सामने, पीछे दशरथ राज ।
उनके पीछे अवध के, चले निवासी आज ।। 840/5200

28. Story of Parshurām (Rāmāyan, 1. Bāl Kānd)

राघव थे जब जा रहे, मिथिला से निज धाम ।
रुके बराती राह में, करने को विश्राम ।। 841/5200

तभी अचानक आगए, आँधी और तूफान ।
समझ न आया क्या हुआ, किसका है यह काम ।। 842/5200

प्रखर बवंडर छा गया, उड़ी धूल सब ओर ।
नभ का सूरज ढक गया, बादल का घन शोर ।। 843/5200

काँटे तीले डंठलें, उड़ी हवा में घास ।
धूली कंकड़ यों चुभे, दुखा देह का माँस ।। 844/5200

आँखें खोली जाय ना, नजर न आवे पास ।
सभी खड़े सिर थामके, रुक रुक आवे साँस ।। 845/5200

रोम-रोम में सिहर थी, सबके तन में घोर ।
अकुलाए जन अश्व भी, कहर हुआ सब ओर ।। 846/5200

लगा तृणाव्रत आगया, फिर से है इक बार ।
सबको झंझावात में, डालेगा अब मार ।। 847/5200

(फिर)

दोहा॰ शाँत हुआ जब कहर वो, धूली धूसर मंद ।
निकला सूरज गगन में, हुआ शोर सब बंद ।। 848/5200

आगे परशुराम जी भार्गव खड़े निहार ।
बोले राघव जी उन्हें, क्या है ध्येय तिहार ।। 849/5200

क्रोध तिहारा क्यों, प्रभो!, इतना क्यों उत्पात ।
लाल किया क्यों थोबड़ा, आखिर क्या है बात ।। 850/5200

क्षत्रियमर्दन मैं बना, बोले परशुराम ।
तोड़ा तुमने शिव-धनु, अब न बचोगे, राम! ।। 851/5200

इक्कीस बेरी मैं किए, क्षत्रित योद्धा ढेर ।
बारी तुमरी आगयी, राघव! अब की बेर ।। 852/5200

28. Story of Parshurām (Rāmāyan, 1. Bāl Kānd)

(राम)

दोहा॰ भार्गव से हरि ने कहा, सुनिये होकर शाँत ।
इतना क्रोध अयोग्य है, उचित नहीं आक्रांत ।। 853/5200

होकर तुम पंडित, सखे! अनुचित तुमरी बात ।
मैं धनु यदि मम तान दूँ, पछताओगे, तात! ।। 854/5200

इतना कह कर राम ने, बिना किए अपमान ।
परशुराम के हाथ से, छीनी शार्ङ्ग कमान ।। 855/5200

बोले राघव प्रेम से, भार्गव को सुखबात ।
"लौटो तुम अब शाँति से, भला इसी में, तात!" ।। 856/5200

(तब, राम को शार्ङ्ग धनु की प्राप्ति)

दोहा॰ ताना धनु जब शार्ङ्ग वो, भार्गव पर श्री राम ।
सहमे परशूराम जी, लिया शाँति से काम ।। 857/5200

बोले, वापस मैं चला, लौटूँगा नहिँ, राम! ।
जाओ सुख से अवध को, कुशल बने तव काम ।। 858/5200

जब आए थे रोकने, भार्गव परशूराम ।
क्षत्रियमर्दन को तभी, किया पराङ्मुख राम ।। 859/5200

(तब)

दोहा॰ वापस भार्गव जी गए, शाँत होगयी धूल ।
नारद थे बरसा रहे, रामचंद्र पर फूल ।। 860/5200

(इति)

दोहा॰ मुनिवर नारद ने दिया, रत्नाकर को हाथ ।
शारद माता से मिला, काव्य स्फूर्ति का साथ ।। 861/5200

चौपाई दोहे तथा, सजा गीत का ठाठ ।
हरि किरपा से अंत है, बाल काण्ड का पाठ ।। 862/5200

अध्याय 2
अयोध्या काण्ड

29. Story of Sītā's arrival at Ayodhyā (2. Ayodhyā Kānd)

अध्याय २
अयोध्या काण्ड

(अथ)

दोहा॰ सफल सकल इति है भया, बाल काण्ड निःशेष ।
पाठ अयोध्या काण्ड का, हुआ अथ श्रीगणेश ॥ 863/5200

अयोध्या काण्ड : पहला सर्ग

 29. सिया–राम के अवधपुरी में आगमन की कथा :

29. Story of Sītā's arrival at Ayodhyā *(2. Ayodhyā Kānd)*

📖 कथा 📖

(अयोध्या नगरी)

दोहा॰ सिया आ रही अवध में, स्वागत जहाँ महान ।
हर्ष भरा सब नगर था, सज–धज स्वर्ग समान ॥ 864/5200

आए सीता–राम जब, अवध नगर के पास ।
दिखा दूर से क्षितिज पर, अद्भुत दिव्य प्रकाश ॥ 865/5200

ढोल नगाड़े शहर में, करत रहे हैं नाद ।
गीत सिया श्री राम के, प्रकट करत आह्लाद ॥ 866/5200

नगर अवध का है सजा, उत्सव है अभिराम ।
नर–नारी सब गा रहे, जय जय सीता राम! ॥ 867/5200

पुष्प पताका नगर में, महक सुगंधित धूप ।
यहाँ स्वर्ग का दर्श है, उत्सव सजा अनूप ॥ 89385206

लोग राह में हैं खड़े, कर में पूजा थाल ।
हार सुवासित फूल के, सफेद पीले लाल ॥ 869/5200

(स्वागत)

29. Story of Sītā's arrival at Ayodhyā (2. Ayodhyā Kānd)

दोहा॰ खड़े राह में लोग थे, सिय दर्शन की आस ।
राम-सिया की जय कहे, उन्हें मिलन की प्यास ॥ 870/5200

आए जब राघव सिया, सबके मुख पर हास ।
पुष्प वृष्टि सबने करी, आकर रथ के पास ॥ 871/5200

राम-सिया के चरण पर, लोग झुकाये शीश ।
दीन्ही मंगल कामना, हिरदय से आशीष ॥ 872/5200

दशरथ नृप की जय कही, सबने मिल कर साथ ।
जय कौशल्या की कही, उभय उठा कर हाथ ॥ 873/5200

दोहा॰ दिव्य अवध प्रासाद में, वीणा की झनकार ।
मोद हर्ष सुख से हुआ, राम-सिया सत्कार ॥ 874/5200

हीरे मोती तेज से, रविवत् सब चकचौंध ।
राम-सिया के प्रेम से, शुभ शशांक सा कौंध ॥ 875/5200

 गीतमाला, पुष्प 50 of 163

खयाल : बागेश्री, तीन ताल

(रात सुहानी सुहाग की)

स्थायी

रात सुहानी सुहानी, रात सुहानी सुहानी सुहागी ।
रे सजनवा! मधुर सुखारी ॥

♪ गमधप धनि-धम मगमगरे-सा, गमधप धनि-धम मगम गरे-सा- ।
ग मधनिमधनिसां- - मगम गरे-सा ॥

अंतरा-1

सुमन की सेज सजी, मोतियन माला ।
शोभिवंत झूला है, चंदन वाला ॥

♪ गमध निध सांसां सांसां, धनिसांमं गरेंसांसां ।
धधपधनिध मगमगरे- सा-, मधनिसां मगमगरे-सा ॥

अंतरा-2

30. Story of Shrī Rāma's Annointment (2. Ayodhyā Kānd)

रेशम की चदरिया, जरी बूटी बेला ।
सज-धज आई मैं, काजल काला ।।

अयोध्या काण्ड : दूसरा सर्ग

 30. श्री राम के राज तिलक की कथा :

30. Story of Shrī Rāma's Annointment *(2. Ayodhyā Kānd)*

📖 कथा 📖

(राजा दशरथ)

✎दोहा॰ सुख सागर सा शाँत था, दशरथ का परिवार ।
इन्द्र पुरी सम सुख भरा, भू पर स्वर्ग दुआर ।। 876/5200

सबको चारों पुत्र ही, लगते एक समान ।
माता तीनों, चार को, करती प्रेम समान ।। 877/5200

उनमें अग्रज राम का, विशेष था सम्मान ।
सबके मन में था बसा, मुख में एक हि नाम ।। 878/5200

हरि, रघुकुल की साँस हैं, दशरथ जी की आस ।
तीन बंधु के पूज्य हैं; तीन मातु की प्यास ।। 879/5200

दशरथ बोले सचिव को, अवध राज्य की डोर ।
राम-सिया को सौंप दूँ, समय नहीं अब और ।। 880/5200

(और कहा)

✎दोहा॰ तीनों मेरी रानियाँ, जनपद लोग सुजान ।
होंगे प्रमुदित सर्व ही, मेरे मत को जान ।। 881/5200

कल ही हम दरबार में, लेंगे सबकी राय ।
जन, बहुमत से जो कहें, कार्य किया वह जाय ।। 882/5200

(महारानी कौशल्या ने कहा)

✎दोहा॰ माँ कौशल्या ने कहा, करें यही हम काम ।

30. Story of Shrī Rāma's Annointment (2. Ayodhyā Kānd)

यही धर्म का कर्म है, परंपरा के नाम ॥ 883/5200

"करो वही जो धर्म है," कहते सारे लोग ।
कौशल्या माँ ने कहा, "यह दैवी संजोग" ॥ 884/5200

चारों सुत मेरे लिए, निश्चित एक समान ।
जो बहुमत को मान्य हो, उसे मिले सम्मान ॥ 885/5200

(रानी सुमित्रा ने कहा)

दोहा॰ मातु सुमित्रा ने कहा, राम-राज्य आदर्श ।
दुखिया कोई ना रहे, न्याय नीति हो हर्ष ॥ 886/5200

सत्यशील होगी प्रजा, निर्भय नारी सर्व ।
कलह न छल कोई करे, न ही किसी में गर्व ॥ 887/5200

महिला सिंहनियाँ बनें, निर्भय चारों ओर ।
कभी न अत्याचार ना, होगा कोई चोर ॥ 888/5200

भेद भाव होगा नहीं, देश भक्त सब लोग ।
पर हित में रत हों सभी, किसी को न मद रोग ॥ 889/5200

(रानी कैकेयी ने कहा)

दोहा॰ कैकेयी ने फिर कहा, दशरथ के सुत चार ।
"अग्रज सुत का है सदा, राज्य ग्रहण अधिकार" ॥ 890/5200

"मैंने अपने पुत्र हैं, भेजे केकय देश ।
लछमन का प्रिय राम है, राम बने अवधेश" ॥ 891/5200

लखन भरत शत्रुघ्न का, राघव है प्रिय भ्रात ।
तीनों भाई राम को, कहते अपना तात ॥ 892/5200

सुख दायक श्री राम हैं, सब जनपद में श्रेष्ठ ।
माता त्रय का प्रेम हैं, चार बंधु में ज्येष्ठ ॥ 893/5200

अग्रज सुत श्री राम हैं, राम-नाम अविकार ।
"सिंहासन पर सत्य है, अग्रज का अधिकार" ॥ 894/5200

30. Story of Shrī Rāma's Annointment (2. Ayodhyā Kānd)

अग्रज सुत राजा बने, शास्त्र किए फरमान ।
"अग्रज पहला स्थान है, ईश्वर का वरदान" ।। 895/5200

(गुरु वसिष्ठ ने कहा)

श्लोक

परमः पुरुषो रामो रामश्च पुरुषोत्तमः ।
रघुनाथो महाभागो रघुवीरो नरोत्तमः ।। 1

कार्यपरायणः शूरः स सद्गुणप्रभाकरः ।
जनप्रियो दयावांश्च धर्मगोप्ताश्च राघवः ।। 2

गुणरत्नाकरो विज्ञः क्षात्रधर्मसुरक्षकः ।
सर्वदक्षः शुचिर्भद्रो राघवो हितकारकः ।। 3

दुःखहारी सदाचारी चित्तहारी मनोरमः ।
धीरश्च प्रतिभाशाली बलशाली महाजनः ।। 4

वेदवेत्ता च शास्त्रज्ञो वीरभद्रो महाबलः ।
अन्तर्यामी पुरोगामी सत्यसन्धो दृढव्रतः ।। 5

क्षात्रवरो महावीरः कुशाग्रबुद्धिमांश्च सः ।
पण्डितः पादुकाधारी राघवो नृपतिर्भवेत् ।। 6

संस्कृत दोहा

हे राम! त्वं जनप्रियः, त्वं हीरकश्च हेम ।
भवताद्युवराजो भवान्, वयं हृष्टा भवेम ।। 896/5200

दोहा॰ वसिष्ठ कुलगुरु ने कहा, पुरुषोत्तम श्री राम ।
गुण रत्नाकर राम हैं, उन्हें तिलक सम्मान ।। 897/5200

परम पुरुष श्री राम हैं, महाभाग श्री राम ।
सर्व नरोत्तम राम हैं, उचित उन्हीं का नाम ।। 898/5200

कार्यपरायण राम हैं, शूर धनुर्धर राम ।
ज्ञान प्रभाकर राम हैं, दयावान हैं राम ।। 899/5200

30. Story of Shrī Rāma's Annointment (2. Ayodhyā Kānd)

धर्मपरायण राम हैं, जनप्रिय हैं श्री राम ।
धर्म सुरक्षक राम हैं, शुचिर्भद्र श्री राम ।। 900/5200

सर्वदक्ष श्री राम हैं, हित कारक हैं राम ।
विघ्न विनाशक राम हैं, महाबली श्री राम ।। 901/5200

प्रतिभाशाली राम हैं, नयन मनोहर राम ।
ज्ञान वेद का राम को, वीरभद्र श्री राम ।। 902/5200

अंतर्यामी राम हैं, पुरोगामी हैं राम ।
सत्यसंध श्री राम हैं, शस्त्र शास्त्र का ज्ञान ।। 903/5200

महावीर श्री राम हैं, तीक्ष्ण बुद्धि श्री राम ।
सर्वमान्य श्री राम हैं, रघुवर हैं भगवान ।। 904/5200

निष्कलंक श्री राम हैं, निर्मल स्वर्ण समान ।
उज्ज्वल हीरा राम हैं, युवराजा हों राम ।। 905/5200

(मुनिवर विश्वामित्र ने कहा)

ॐ श्लोक

राघवः शान्तमूर्तिश्च सीतापतिर्महामना ।
गुणेन्द्रः सत्यसन्धश्च रामो राजीवलोचनः ।। 1

दीननाथः कृपावांश्च ज्ञानी दानी महाबलः ।
श्रीरामः सच्चिदानन्दो नीतिज्ञश्च धनुर्धरः ।। 2

पतितपावनो रामो राघवः प्रियदर्शनः ।
कृपालुः सत्यवान्रामः परमः करुणाकरः ।। 3

सर्वमङ्गलमाङ्गल्यः-चारुरूपो मनोहरः ।
ज्ञानसूर्यो महाबाहुः-युवराजो हरिर्भवेत् ।। 4

संस्कृत दोहा

रघुवर श्रीधर भोः प्रभो! रघुवीरस्तव नाम ।
धनुर्धर रामचन्द्र त्वं, युवराजो भव राम ।। 906/5200

30. Story of Shrī Rāma's Annointment (2. Ayodhyā Kānd)

✍दोहा॰ बोले विश्वामित्र जी, "करने को सिध काज ।
यथा शास्त्र, श्री राम को, तिलक लगाओ आज" ।। 907/5200

शाँतमूर्ति श्री राम हैं, सीतानाथ महान ।
कमल नयन श्री राम हैं, गुणेन्द्र हैं श्री राम ।। 908/5200

राघव दीन-दयाल हैं, कृपावान श्री राम ।
दानशील श्री राम हैं, सत् चित् आनँद राम ।। 909/5200

नीति तज्ञ श्री राम हैं, प्रियदर्शन हैं राम ।
पतितपावन राम है, सुंदर है श्री राम ।। 910/5200

सत्यवान श्री राम हैं, करुणाकर श्री राम ।
सर्वमंगल राम है, चारु रूप श्री राम ।। 911/5200

ज्ञान सूर्य श्री राम हैं, महाबाहु हैं राम ।
श्री श्रीधर श्रीराम हैं, युवराजा हों राम ।। 912/5200

(परम बंधु लक्ष्मण ने कहा)

✍दोहा॰ लखन बंधुवर ने कहा, तन-मन मेरे प्राण ।
राघव ही राजा बनें, सद्गुण की जो खाण[13] ।। 913/5200

तन-मन में मम राम हैं, निश-दिन एक हि नाम ।
सपनन में मम राम हैं, मम अर्चन में राम ।। 914/5200

हर धड़कन में राम हैं, मम कण-कण में राम ।
हर सुमिरण में राम हैं, मम चिंतन में राम ।। 915/5200

बलिहारी मैं राम का, प्राण पियारे राम ।
मैं हरि की बायीं भुजा, स्वामी मेरे राम ।। 916/5200

मैं राघव के चरण में, हर पंथन में राम ।
श्रीराघव युग पुरुष हैं, बनें अवध नृप राम ।। 917/5200

(प्रधान मंत्री सुमंत्र ने कहा)

---

[13] **खाण** : हिंदी = खान, खदान । मराठी = खाण, खदान ।

30. Story of Shrī Rāma's Annointment (2. Ayodhyā Kānd)

दोहा॰ दुर्गम कारज विश्व के, सुगम करत हैं राम ।
राम कृपा जिसको मिली, कठिन न कोई काम ॥ 918/5200

कर्म कुशल श्री राम हैं, जनपद के आदर्श ।
जन अनुयाई राम के, राम जनों के हर्ष ॥ 919/5200

नीति निपुण श्री राम हैं, सुख-दुख मोद न खेद ।
दृष्टिक्षेप से भाँपते, नर के मन का भेद ॥ 920/5200

राम ज्ञान के सिंधु हैं, विद्या के भँडार ।
क्षात्र-धर्म के विज्ञ हैं, ऋणि जिनका संसार ॥ 921/5200

तर्क चतुर श्री राम हैं, युक्तिवाद प्रवीण ।
तीव्र बुद्धि श्री राम की, जन हित में तल्लीन ॥ 922/5200

वाणी कोविद राम हैं, शस्त्र शास्त्र विद्वान ।
धनुर्वेद के तज्ञ हैं, उन्हें योग का ज्ञान ॥ 923/5200

(और)

दोहा॰ वेद विदित श्री राम हैं, पंडित शास्त्र पुराण ।
अद्वितीय उनकी प्रभा, दान धर्म पटु राम ॥ 924/5200

मनोविनोदी राम हैं, तर्कशास्त्र निष्णात ।
दंभ कपट से हैं परे, सरल हृदय हर बात ॥ 925/5200

वीरों के हरि वीर हैं, धैर्यशील हैं धीर ।
कृपाशील श्री राम हैं, बलशाली बलबीर ॥ 926/5200

सद्गुण सागर राम हैं, अवगुण उनसे दूर ।
शुद्ध अग्नि सम राम हैं, समर नीति में शूर ॥ 927/5200

कर्मवीर श्री राम हैं, पावन गंगा नीर ।
रसना सुमधुर राम की, कामधेनु का क्षीर ॥ 928/5200

तेजस्वी छवि राम की, सूर्य चंद्र की ज्योत ।

30. Story of Shrī Rāma's Annointment (2. Ayodhyā Kānd)

मेधावी धी[14] राम की, सत् चित आनँद स्रोत ।। 929/5200

(और भी)

✍दोहा॰ रामचंद्र सुख छाँव हैं, कल्पतरु सियराम ।
राघव हैं चिंतामणी, पारस राघव नाम ।। 930/5200

करुणा वत्सल राम हैं, मातु-पिता की प्रीत ।
भवसागर से पार हैं, राम-नाम आश्रित ।। 931/5200

राम देह, देही तथा, राम श्वास निःश्वास ।
परमात्मा श्री राम हैं, जिन्हें राम विश्वास ।। 932/5200

विद्या बुद्धि तेज बल, नर को देवें राम ।
बनता नर सुखभाग है, जपे राम का नाम ।। 933/5200

अत:)

✍दोहा॰ सचिव सुमंतर ने कहा, राम प्रजा के पाल ।
राजतिलक के योग्य हैं, स्वामी! तुमरे लाल ।। 934/5200

((उप महामंत्री ने कहा)

✍दोहा॰ धर्म परायण राम हैं, जिन्हें ज्ञान का योग ।
कर्म परायण राम हैं, सदा करत उद्योग ।। 935/5200

बैरी कोई ना उन्हें, सब नर एक समान ।
राघव के दरबार में, पाते सब सम्मान ।। 936/5200

निर्दोषी नर को गले, सदा लगाते राम ।
दोषी नर के दंड में, यथा दोष, परिणाम ।। 937/5200

लाभ हानि सब एक हैं, सुख-दुख एक समान ।
विजय पराजय ना लखें, कार्य परायण राम ।। 938/5200

शुचिर्दक्ष श्री राम हैं, ध्येय परायण राम ।
उदासीन उनकी मति, ज्ञेय राम के काम ।। 939/5200

---

[14] धी (संस्कृत) : हिंदी = बुद्धि ।

30. Story of Shrī Rāma's Annointment (2. Ayodhyā Kānd)

(तथा ही)

✍दोहा॰ असुरनिकंदन राम हैं, करते सुरजन त्राण ।
आत्मश्लाघ उनमें नहीं, पर हित उनके बाण ।। 940/5200

शीश बिठावें वीर को, क्षात्र-धर्म के नाम ।
आदर देते शूर को, करत कर्म निष्काम ।। 941/5200

निर्व्यसनी श्री राम हैं, दीनन के हैं नाथ ।
दुखिया के दुख झेलते, कृपा सिंधु रघुनाथ ।। 942/5200

(अत:)

✍दोहा॰ उपमंत्री ने भी कहा, धर्म परायण राम ।
राज तिलक उनको लगे, यही न्याय्य है काम ।। 943/5200

(अन्य मंत्रीगण ने कहा)

(अत:)

✍दोहा॰ मंत्री जन बोले सभी, नृप सोहे श्री राम ।
और कहीं कोई नहीं, जग में पावन नाम ।। 944/5200

सबके स्नेही राम हैं, सर्वसहायक राम ।
परम हितैषी राम हैं, सच्चे साथी राम ।। 945/5200

शब्दवेध श्री राम हैं, लक्ष्यवेध श्री राम ।
महाधनुर्धर राम हैं, वरेण्य नर हैं राम ।। 946/5200

परम पवित्तर राम हैं, दया क्षमा के धाम ।
रघुकुल भूषण राम हैं, राम-नाम सत्नाम ।। 947/5200

राज पुरुष श्री राम हैं, राज रत्न हैं राम ।
राज केसरी राम हैं, राज ईश श्री राम ।। 948/5200

अनजाने जो भूल हो, राघव करते माफ ।
करते अत्याचार जो, उनका सुपड़ा साफ ।। 949/5200

देते शरणन आर्त कों, बड़े कृपालु राम ।
स्तुति जिनकी गाते सभी, त्रिभुवन के भगवान ।। 950/5200

30. Story of Shrī Rāma's Annointment (2. Ayodhyā Kānd)

(ऋषि-मुनि जनों ने कहा)

✍दोहा॰ सभी विश्व पर राम के, ऋण हैं अपरंपार ।
कोई नहीं चुका सके, अनगिनती उपकार ।। 951/5200

राघव जग के बीज हैं, राघव सर्जनहार ।
राघव सत् के सार हैं, निसर्ग के आधार ।। 952/5200

धरती के सब देवता, गाते राघव नाम ।
देवों का जो देवता, एक वही श्रीराम ।। 953/5200

राम-नाम चिंतामणि, पूर्ण करे अभिलाष ।
जप तप राघव नाम का, करत पाप का नाश ।। 954/5200

आर्त जनों के विघ्न है, सकल मिटाते राम ।
ऊँच नीच कोई नहीं, सब जन एक समान ।। 955/5200

सब नाथों के नाथ हैं, राम हमारे साथ ।
रघुपति श्री रघुनाथ को, जोड़ो दानों हाथ ।। 956/5200

मन वाणी अरु कर्म से, ध्यान लगा कर काम ।
फल की आशा के बिना, करते हैं श्री राम ।। 957/5200

दीन-दयालु राखते, शरण पड़े की लाज ।
श्री राघव के छत्र में, रक्षित संत समाज ।। 958/5200

और)

पावन परमानंद हैं, रघुनंदन सुखरास ।
राम-राज्य में सुख बसे, जनपद को विश्वास ।। 959/5200

सर्व विश्व का एक है, राघव सर्वाधार ।
राम-नाम मन में बसे, होकर एकाकार ।। 960/5200

अगम महत्ता राम की, गगन समान अपार ।
परम पुरुष प्रभु राम की, लीला अपरंपार ।। 961/5200

भूत प्रेत पिशाच भी, रहते कोसों दूर ।
विघ्न राम के सामने, होते चकनाचूर ।। 962/5200

30. Story of Shrī Rāma's Annointment (2. Ayodhyā Kānd)

नीच दुष्ट कापुरुष ही, करे न राघव संग ।
कपट निकट श्री राम के, आकर होते भंग ॥ 963/5200

ज्ञान दीप का, राम है, स्निग्ध स्नेह का तेल ।
माता सम श्री राम में, दया क्षमा का मेल ॥ 964/5200

बीते जिसका, राम के, जप में निश-दिन काल ।
सुख सब तीनों लोक के, उसको प्राप्त त्रिकाल ॥ 965/5200

सदाचार सत्कर्म में, राघव सदा सहाय ।
देते शुभ आशीष वे, मंगल हस्त बढ़ाय ॥ 966/5200

(और)

राघव सुख धन भगत को, देते दिल को खोल ।
मधुर वचन वरदान के, देते अमृत घोल ॥ 967/5200

जो करता श्रीराम को, भक्ति प्रीति प्रदान ।
उसके सुहृद बंधु हैं, रामचंद्र भगवान ॥ 968/5200

जाप राम के नाम का, उजलाता तकदीर ।
सबसे मंगल भाग्य दे, नाम नदी का नीर ॥ 969/5200

राघव जननी जगत की, परम प्रेम का स्रोत ।
पावन आतम-ज्ञान की, उज्ज्वल जगमग ज्योत ॥ 970/5200

राघव माता भगत की, मधुर सुखों की गोद ।
सत् चित अरु आनंद है, नाम जाप का मोद ॥ 971/5200

मुख में जिसके है बसा, राम-नाम सुखकंद ।
मंगल राघव चरण का, उसे मिले आनंद ॥ 972/5200

राम-नाम जप शब्द हैं, सुखद सुगंधित फूल ।
केसर चंदन तिलक है, राम चरण की धूल ॥ 973/5200

राम-नाम का जो लुटे, मंगल वचन विलास ।
छत्र बने रहते सदा, राघव उसके पास ॥ 974/5200

30. Story of Shrī Rāma's Annointment (2. Ayodhyā Kānd)

लीला राघव नाम की, चितहारी रमणीक ।
अनुभव करता है वही, जो है तन्मय ठीक ।। 975/5200

किरपा पाता है वही, विषयों से मन मार ।
अविचल चिंतन में लगा, जो है एकाकार ।। 976/5200

लालच नाना भाँति के, करते रहें किलोल ।
मगर चित्त को दृढ़ रखें, राम! राम! जप बोल ।। 977/5200

(और भी)

नाम जाप में ही सदा, मन तल्लीन निहाल ।
सुमिरण में डूबा रहे, तन्मय चित्त त्रिकाल ।। 978/5200

परम पूज्य ध्यातव्य हैं, परमेश्वर श्रीराम ।
नारायण अवतार हैं, रामचंद्र भगवान ।। 979/5200

कुशाग्र मति मय राम हैं, प्रतिभाशाली वीर ।
युक्तिवान हैं सद्गुणी, कठिन समय में धीर ।। 980/5200

राम ज्ञान का सूर्य है, राम बुद्धि का मूल ।
सद्गुण से आपूर्य है, रहे न इसमें भूल ।। 981/5200

सबके प्रिय प्रभु राम हैं, उनको सबसे प्रीत ।
राघव के गुणगान के, जनपद गाता गीत ।। 982/5200

विपदा संकट राम के, आते नहीं समीप ।
विघ्न विनाशक राम हैं, राघव महामहीप ।। 983/5200

चारु रूप परमेश हैं, पुरुषोत्तम श्री राम ।
नारायण अवतार हैं, निराकार सत्नाम ।। 984/5200

सत्यधर्म के काज में, अर्पण कर दें देह ।
मातृभूमि से राम को, माता सम है स्नेह ।। 985/5200

जनपद में राघव सदा, समान सबके बीच ।
जात पात निज गैर ना, ऊँच न कोई नीच ।। 986/5200

30. Story of Shrī Rāma's Annointment (2. Ayodhyā Kānd)

पावन राघव राज्य में, पाप पनप ना पाय ।
शेर बसे जिस माँद में, गीदड़ वहाँ न जाय ।। 987/5200

राघव नाम अनाम का, एक नाम सुखकार ।
जप कर उस परमेश को, भवसागर है पार ।। 988/5200

(और)

चिंतामणि वह नाम है, राम-नाम सुध धाम ।
सफल करे सब काम वो, परम पूज्य श्री राम ।। 989/5200

सिमर सिमर कर राम को, हुए भगत भव पार ।
पावन राघव चरण में, सुखी बसे संसार ।। 990/5200

राम-नाम की ज्योत से, मिटे तमस अँधकार ।
दोष क्लेश अज्ञानता, विपदा दुख खूँखार ।। 991/5200

साँझ-सवेरे सिमरिए, सुंदर सुखद स्वरूप ।
संत सुजन को सिद्धि दें, सीतापति सुरभूप ।। 992/5200

रहे भरोसा राम पर, हमें सदा सब काल ।
विघ्न विनाशक राम हैं, राघव दीन-दयाल ।। 993/5200

पावन पुण्य प्रतीक हैं, परम पुरुष प्रभु राम ।
पूज्य प्राण परमातमा, पूजनीय भगवान ।। 994/5200

नाम नाद उमदा सदा, रहे हमें यह याद ।
अन्य नाम के नाद हैं, राम-नाम के बाद ।। 995/5200

राम शाँति के दूत हैं, राम समान न और ।
सर्वसिद्ध श्री राम हैं, राम सत्य की ठौर ।। 996/5200

राघव ज्ञाता विश्व का, आतमज्ञान निधान ।
चित्पावन परमेश हैं, रघुवर वेद विधान ।। 997/5200

माया है श्री राम की, निसर्ग के सब भाव ।
प्रकृति के गुण तीन को, जिसने दिया स्वभाव ।। 998/5200

30. Story of Shrī Rāma's Annointment (2. Ayodhyā Kānd)

रामचंद्र राजा बनें, परम पुरुष हैं श्रेष्ठ ।
अग्रज ही राजा बने, राम बंधु हैं ज्येष्ठ ।। 999/5200

(और फिर)

✍दोहा॰ ऋषि-मुनि जन सबने कहा, पूजनीय हैं राम ।
दुःख निवारक राम हैं, ध्यायनीय हर याम ।। 1000/5200

जन प्रिय, स्वामी! राम हैं, असुरनिकंदन राम ।
राघव सम दूजा नहीं, राजतिलक के काम ।। 1001/5200

(राजा दशरथ)

✍दोहा॰ दुर्बल जब होने लगी, जीर्ण देह में साँस ।
दशरथ नृप को होगया, मृत्यु समय अहसास ।। 1002/5200

क्या जाने ये कब बुझे, दीप ज्वलित जो आज ।
उचित समय पर मैं चुनूँ, अपना अब युवराज ।। 1003/5200

(क्योंकि)

✍दोहा॰ जर्जर अब मैं हो चुका, अंत अवस्था पास ।
पक्का मुझको अब नहीं, जीवन पर विश्वास ।। 1004/5200

निश्चित निर्णय आज लूँ, जन मत के अनुसार ।
चाबी सुत के हाथ दूँ, सिर से उतरे भार ।। 1005/5200

बाल शीश के हैं पके, आँखें दोनों क्षीण ।
टाँगें निर्बल हो गई, बाँहें हैं बलहीन ।। 1006/5200

क्षमता मेरी जीर्ण है, याद गया हूँ भूल ।
साँसें दुर्बल होगयी, गातों में है शूल ।। 1007/5200

कान काम के हैं नहीं, प्राण गए हैं सूख ।
काया थरथर काँपती, मुझे लगे ना भूख ।। 1008/5200

खाना पचता है नहीं, पेट करे तकरार ।
मानो तो अब है मुझे, गया बुढ़ापा मार ।। 1009/5200

सबका मत क्या है कहो, करें उसी अनुसार ।

30. Story of Shrī Rāma's Annointment (2. Ayodhyā Kānd)

निर्णय क्या अभिषेक का, किस को पद अधिकार? ।। 1010/5200

(अत:)

दोहा॰ रानी तीनों ने कहा, "नाम राम का एक" ।
बोलीं, "कल सुख साथ हो, राम–नाम अभिषेक" ।। 1011/5200

"सबका मत है राम को, करो तिलक अभिषेक" ।
मंत्री गुरु मुनि बंधु का, मातात्रय मत एक ।। 1012/5200

एक राय से है चुना, सभा जनों ने राम ।
अब राघव का तिलक हो, शुभ होजावे काम ।। 1013/5200

"यदि विकल्प हो दूसरा, अभी बताओ नाम ।
कहो न कुछ भी बाद में, ना देना इलजाम" ।। 1014/5200

सब जन ताली मारके, हर्षित थे सह जोश ।
"एक साथ सबने किया, राम–सिया जय घोष" ।। 1015/5200

वसिष्ठ गुरुवर ने किया, तिलक राम के भाल ।
माता ने की आरती, लेकर पूजा थाल ।। 1016/5200

(फिर)

दोहा॰ सुन कर सबके वचन वे, विवेक सदसद् साथ ।
दशरथ बोले, अब हुआ, राजकुँवर रघुनाथ ।। 1017/5200

निश्चिंतित मैं होगया, सब उलझन को फेंक ।
मरने का कछु डर नहीं, करिए अब अभिषेक ।। 1018/5200

करो तयारी यज्ञ की, राघव का अभिषेक ।
भेजो न्यौते देश में, आवे जन प्रत्येक ।। 1019/5200

(तैयारी)

दोहा॰ करो खड़ा मंडप बड़ा, समतल भूमि देख ।
बने सजावट सोहनी, निकाल चित्र सुरेख ।। 1020/5200

रंग सुरंगित सुमन के, मणि मोती के हार ।
झूले झूमर स्फटिक के, वस्त्र जरी के तार ।। 1021/5200

30. Story of Shrī Rāma's Annointment (2. Ayodhyā Kānd)

चंदन के आसन रखो, नरम गलीचे और ।
सिंहासन हीरक मढ़ा, इन्द्र पुरी की तौर ।। 1022/5200

लाओ पटु संगीत के, मृदंग वीणा साज ।
सरस्वती का दर्श हो, उस मंडप में आज ।। 1023/5200

पूर्ण शास्त्र से यज्ञ हो, विधि का यथा विधान ।
अर्धपूर्ण कछु ना रहे, अथक करो सब काम ।। 1024/5200

पूजा व्यंजन हों सभी, पुष्प पर्ण फल दूध ।
तुलसी दल घी दधि मधु, गंगा जल हों शुद्ध ।। 1025/5200

केसर चंदन कस्तुरी, कपूर कुमकुम धूप ।
चारु अतिथि-उपहार हों, बोले दशरथ भूप ।। 1026/5200

(परंतु)

दोहा॰ दशरथ बोले, राम को, आओ मेरे पास ।
तुमको गले लगाइके, ले लूँ सुख की साँस ।। 1027/5200

दशरथ ने सुत को कहा, "होंगे तुम युवराज ।
सीता कल रानी बने, करें प्रतीक्षा आज" ।। 1028/5200

चुंबन देकर राम को, बहुत स्नेह के साथ ।
चले गए नृप शयन को, थकान उनके गात ।। 1029/5200

सुख सपनों को देखते, दशरथ नृप अवधेश ।
"राघव राजा रूप में, सीता रानी वेश" ।। 1030/5200

मगर)

उलझाओ मन आपका, सपनों में दिन-रात ।
मगर घटत है सर्वदा, विधि विधान से बात ।। 1031/5200

अशुभ कुलक्षण टपकते, अंतकाल जब पास ।
तेवर लगते हैं बुरे, कल पर क्या विश्वास ।। 1032/5200

जो मम चाहे सोच लो, कुछ ना आवे काम ।
सद् गुरु ज्ञानी कह गए, "होनी जाने राम" ।। 1033/5200

31. Story of Maid Mantharā (Rāmāyan, 2. Ayodhyā Kānd)

अयोध्या काण्ड : तीसरा सर्ग

31. कुब्जा मंथरा दासी की कथा :

31. Story of Maid Mantharā (Rāmāyan, 2. Ayodhyā Kānd)

(भूमिका)

दोहा॰ बतला कर आता नहीं, संकट का आघात ।
लुटती पूँजी जन्म की, पल में बन अज्ञात ।। 1034/5200

चक्कर जब दुर्भाग्य का, चलता अपने आप ।
होता बिन चेतावनी, सब चौपट चुपचाप ।। 1035/5200

रखो सँभाले लाख तुम, दौलत का संदूक ।
खिसके सब कुछ हाथ से, जब हो सिर बंदूक ।। 1036/5200

बनी बात भी बिगड़ती, जब हो पल प्रतिकूल ।
जब आता भूचाल है, पुर बन जाते धूल ।। 1037/5200

गिरती है जब दामनी, मीच न पाओ आँख ।
ऊँचे चौड़े वृक्ष भी, पल भर में ही राख ।। 1038/5200

एक हि कण स्फुलिंग का, दावानल की आग ।
वन को करता भस्म है, कोई सकै न भाग ।। 1039/5200

कालकूट की बूँद से, अमृत भी विष होय ।
विष के उस आघात से, बचा सके ना कोय ।। 1040/5200

(सूक्ति)

दोहा॰ "दुनिया के संकट सभी, राम हटावे मौन ।
संकट जो हो राम पर, उसे घटावे कौन" ।। 1041/5200

कथा

(कुब्जा)

दोहा॰ वृद्ध जर्जरा मंथरा, कपटी झूठी दुष्ट ।
करती मीठे बोल से, कैकेयी को तुष्ट ।। 1042/5200

31. Story of Maid Mantharā (Rāmāyan, 2. Ayodhyā Kānd)

कुब्जा दासी मंथरा, कुल-कलहों की मूल ।
कैकेयी की लाड़ली, डालत उसको भूल ।। 1043/5200

दिल की काली मंथरा, भोली सूरत नार ।
कैकेयी पर डालती, जादू मंतर मार ।। 1044/5200

☎उस दिन)

✍दोहा॰ उस दिन आई झाँकने, कौशल्या के कक्ष ।
चकाचौंध सब देख कर, जला जलन से वक्ष ।। 1045/5200

भवन सजा था सोहना, मोहक सुमन सुगंध ।
कर्ण मधुर संगीत की, ध्वनि थी मंजुल मंद ।। 1046/5200

शिव की सुंदर मूर्ति पर, फूल गुलाबी हार ।
धूप सुगंधित जल रहे, प्रसाद मीठे चार ।। 10747/5200

रौनक सुंदर देख कर, आँखे हुई सफेद ।
रानी को हँसमुख लखे, कुब्जा के मन खेद ।। 1048/5200

वस्त्र रेशमी मणि मढ़े, झूलत परदे लाल ।
फर्श ढके कालीन से, ऊपर मृग की छाल ।। 1049/5200

निहार शोभा भवन की, कुलटा के मन पाप ।
बोली, रानी! आज यों, हर्षित क्यों हैं आप? ।। 1050/5200

(कौशल्या)

✍दोहा॰ रानी बोली, क्या तुझे, मिली नहीं सुखबात ।
"राघव कल राजा बने, रानी सीता साथ" ।। 1051/5200

दशरथ जी ने घोषणा, की है मंगलकार ।
कल है उत्सव अवध में, होगा मोद अपार ।। 1052/5200

नगर नगर में आज ही, किया गया ऐलान ।
किस जासूसी काम में, रत थे तेरे कान ।। 1053/5200

(राणी की शुभ वाणी सुन कर)

✍दोहा॰ सुन कर हितकर खबर वो, कुब्जा को दुखघात ।

31. Story of Maid Mantharā (Rāmāyan, 2. Ayodhyā Kānd)

मत्सर के अतिरेक से, काँपे उसके गात ।। 1054/5200

रानी के मधु वचन वे, उसको लगे कठोर ।
विद्युत का झटका लगा, उसके तन को घोर ।। 1055/5200

कौशल्या ने जब कहा, श्री राघव का नाम ।
बोली दुष्टा क्रोध से, बिगड़ गया है काम ।। 1056/5200

खिसकी उल्टे पैर वो, तुरत वहाँ से भाग ।
कैकेयी के कक्ष में, गयी लगाने आग ।। 1057/5200

(रानी कैकेयी के शयन कक्ष में)

✍दोहा॰ कैकेयी थी मंच पर, लेटी चादर तान ।
राम-तिलक के हर्ष में, खोई थी कृतकाम ।। 1058/5200

(कुब्जा)

✍दोहा॰ तिलक लगेगा राम को, कुब्जा के मन दाह ।
भरत बने नृप अवध का, उसके मन में चाह ।। 1059/5200

कैकेयी के भवन में, आई जब शैतान ।
फूँके उसने द्वेष से, कैकेयी के कान ।। 1060/5200

बोली, "रानी! तुम यहाँ, सोई हो निश्चिंत ।
कल होना अभिषेक है, राघव का निश्चित" ।। 1061/5200

चुड़ैल बोली, उठ अरी! अभी नींद से जाग ।
तेरे सुख-संसार में, लगी हुई है आग ।। 108862/5200

फूटा तेरा भाग है, दुख में तेरी जान ।
चढ़ा नीर है नाव में, लेगा तेरे प्राण ।। 1063/5200

तेरे सिर की भ्रांत है, करत भूल की भीड़ ।
कीड़ा तेरे मगज का, देगा तुझको पीड़ ।। 1064/5200

सुख के दिन तेरे गए, अंत हुई है चैन ।
किस झाँसे में तू पड़ी, खोल अभी भी नैन ।। 1065/5200

31. Story of Maid Mantharā (Rāmāyan, 2. Ayodhyā Kānd)

नीर विहीना मीन तू, तड़पेगी दिन-रात ।
विघ्न निवारण के लिए, सुन ले मेरी बात ।। 1066/5200

कैकेयी)

✍दोहा॰ सुन कर कुब्जा के सड़े, झूठ अनूठे बोल ।
उठी चौंक कर कैकयी, अपनी आँखें खोल ।। 1067/5200

रानी बोली रंज से, उस कुबड़ी को दुष्ट ।
क्यों यह कटु अपशब्द हैं, तेरे मुख में रुष्ट ।। 1068/5200

(मंथरा)

✍दोहा॰ दुष्टा बोली कसक से, अपनी नाक सिकोड़ ।
बात सुनी है सनसनी, रानी! मैं जी तोड़ ।। 1069/5200

आज सभा दरबार में, बुना गया है जाल ।
मंत्री सब मिल कर वहाँ, रची कपट की चाल ।। 1070/5200

तिलक राम को है लगा, कल होगा अभिषेक ।
उनके आगे झुक गया, नृप है घुटने टेक ।। 1071/5200

राह भरत की ना तकी, झटपट कीन्हा काम ।
पीछे तेरी पीठ के, कुँवर बना है राम ।। 1072/5200

तुझे बताया कुछ नहीं, क्या है उनकी चाल ।
दशरथ नृप ने छद्म से, की है आज कमाल ।। 1073/5200

कौशल्या ने सब मुझे, बता दिये हैं काम ।
अब है उसके कक्ष में, चकाचौंध अभिराम ।। 1174/5200

कूट नीति को जानले, राज नीति पहिचान ।
अभी नींद से जाग जा, कहना मेरा मान ।। 1175/5200

(रानी बोली)

✍दोहा॰ सुन कर कुब्जा का कहा, कैकेयी संभ्रान्त ।
बोली दासी को, अरी! होजा अब तू शाँत ।। 1176/5200

तिलक राम को था लगा, मेरे सम्मुख आज ।

31. Story of Maid Mantharā (Rāmāyan, 2. Ayodhyā Kānd)

जन बहुमत से सब हुआ, नीति नियम से काज ।। 1177/5200

“राघव मैंने ही चुना, अग्रज सुत गुणवान” ।
मेरा कहना है सुना, सबने सह सम्मान ।। 1178/5200

प्यारी मैं नृप की सखी, नृप सुनते मम बात ।
मेरे सुजान पुत्र का, राघव है प्रिय भ्रात ।। 1179/5200

वत्सल भाई राम है, लखन लला का प्राण ।
तात भरत का राम है, राम बिना निष्प्राण ।। 1180/5200

(और)

✍दोहा॰ केकय मैंने भरत को, मामा जी के साथ ।
भेजा नाना के यहाँ, बड़ी खुशी के साथ ।। 1181/5200

लौटेंगे जब प्रेम से, भरत शत्रुघन साथ ।
हर्षित होंगे देख कर, कुँवर बना रघुनाथ ।। 1182/5200

मेरा ही सुत राम है, धर्म परायण क्षात्र ।
“अग्रज दशरथ राज का, अभिषेचन का पात्र” ।। 1183/5200

(दुष्टा बोली)

✍दोहा॰ फिर से दीन्हा मंथरा, कैकेयी को ज्ञान ।
“अत्मघात अपना किया, चुन कर तूने राम” ।। 1184/5200

करके ओछी भूल ये, हारा तूने दाँव ।
मारी अपने हाथ से, कुठार अपने पाँव ।। 1185/5200

बिलकुल उलटा है किया, रानी! तूने काम ।
अपना बेटा आप ही, कीन्हा तू बेकाम ।। 1186/5200

विपरीत ऐसी बुद्धि से, आया विनाश काल ।
अपने सुत के साथ ही, होगी तू बेहाल ।। 1187/5200

करते सौतन-पुत्र को, अधिप अवध का आज ।
तुझको ऐसे पाप में, आई क्यों ना लाज ।। 1188/5200

31. Story of Maid Mantharā (Rāmāyan, 2. Ayodhyā Kānd)

सौतन को रानी किए, दासी होगी आप ।
किया भरत को भृत्य तू, कैसा है यह शाप ।। 1189/5200

भूखी प्यासी आप तू, भटके इसके बाद ।
भविष्य तूने भरत का, कीन्हा है बरबाद ।। 1190/5200

सुत का कीन्हा घात तू, नाम भरत का भ्रष्ट ।
और करेगी आप ही, अपना कुल तू नष्ट ।। 1191/5200

सौतन ने तेरा किया, आज पराभव घोर ।
उसके छल के सामने, चला न तेरा जोर ।। 1192/5200

सूरज तेरे भाग्य का, डूब गया है आज ।
तूने अपने भरत को, कीन्हा है मुहताज ।। 1193/5200

हानि में क्यों हर्ष तू, मना रही है, मूढ़! ।
तूने उनकी चाल का, ना जाना है गूढ़ ।। 11194 5206

(और आगे)

✍दोहा॰ कहना मेरा मान ले, रानी! हित की बात ।
उपाय अच्छा मैं कहूँ, देने उनको मात ।। 1195/5200

फिकर तुझे क्यों राम की, बचा भरत के प्राण ।
रामचंद्र को छोड़ तू, सुत का कर कल्याण ।। 1196/5200

राघव प्यारा क्यों तुझे, करके निज नुकसान ।
सबके आगे झूठ ही, बनने चली महान ।। 1197/5200

राम-लखन के राज्य में, तुम्हें मिलेंगे कष्ट ।
रानी तेरे भरत के, होंगे सुख सब नष्ट ।। 1198/5200

(और भी)

✍दोहा॰ तेरी भी सब संपदा, राजा लेगा छीन ।
सुहाग सुख भी जाएगा, जीएगी तू दीन ।। 1199/5200

पटरानी तू अवध की, नृप है तेरा दास ।
तू उससे जब रूठती, तेरे बिना उदास ।। 1200/5200

31. Story of Maid Mantharā (Rāmāyan, 2. Ayodhyā Kānd)

(और फिर)

✍दोहा॰ रानी! तेरा नाथ वो, दो शकली है नाग ।
बाहर ठंढा बर्फ सा, भीतर उसके आग ।। 1201/5200

फाँसे तुझको प्रेम में, देकर झाँसे झूठ ।
भोली भाली तू सखी, सके न उससे रूठ ।। 1202/5200

(क्योंकि)

✍दोहा॰ किये बहाना आयु का, चिंता करता पेश ।
तिलक राम का कर दिया, बिना भरत–आदेश ।। 1203/5200

स्वामी तेरा साँप है, और सपेरा आप ।
स्वयं हि दे वरदान भी, स्वयं हि देता शाप ।। 1204/5200

तेरा सुत गुणवान है, राज कुँवर के योग्य ।
सिंहासन उसको मिले, तुझे मिले सौभाग्य ।। 1205/5200

(और)

✍दोहा॰ जन्म उसे तूने दिया, उसने तुझको तोष ।
यही भरत का पाप है, या फिर उसका दोष ।। 1206/5200

रानी! तेरा भरत भी, नहीं राम से कम ।
सदाचार बल शौर्य में, चारों में उत्तम ।। 1207/5200

भरत गुणी है, वीर है, ज्ञानी पुरुष महान ।
पराक्रमी अति शूर है, उसे मिले सम्मान ।। 1208/5200

राज्य राम को दे रही, पछतावेगी बाद ।
निष्कासित जब तू बने, तब आवेगा याद ।। 1209/5200

(इस लिए)

✍दोहा॰ रानी! अब तू ठीक से, सुन ले एक इलाज ।
जिससे तेरी कामना, सफल बनेगी आज ।। 1210/5200

राजा होगा अवध का, तेरा भरत महान ।
राम न होगा राज्य में, तभी तुझे सम्मान ।। 1111/5200

(चुडैल आगे बोली)

31. Story of Maid Mantharā (Rāmāyan, 2. Ayodhyā Kānd)

✍दोहा॰ आगे बोली मंथरा, सुनो ढोंग की रीत ।
यह नुसखा अपनाइके, तुझे मिलेगी जीत ।। 1112/5200

नेमी राजा था लड़ा, जब शंबर के साथ ।
नृप था आहत हो गया, दुष्ट असुर के हाथ ।। 1113/5200

तेरे कारण नृपति के, प्राण बचे दो बार ।
"दो-वर" दशरथ ने दिये, रानी! तुझ पर वार ।। 1114/5200

वर दोनों अब माँग ले, अभी समय है ठीक ।
फिर मौका ना आएगा, देवी! इससे नीक ।। 1115/5200

पहले वर से भरत को, मिले अवध का राज ।
कल होगी यह घोषणा, डौंडी सुने समाज ।। 1116/5200

दूजे वर से राम को, दंडक में वनवास ।
चौदह वर्ष न आ सके, लौट अवध के पास ।। 1117/5200

दंडक वन में राम की, ले लेंगे पशु जान ।
आ न सकेगा लौट कर, बिना गँवाए प्राण ।। 1118/5200

ढीली ना पड़ना कभी, बिना लिए वरदान ।
रहो हठीली स्वाँग में, जब तक बने न काम ।। 1119/5200

(अत:)

✍दोहा॰ बिगाड़ दो अब कक्ष को, कर दो वस्त्र मलीन ।
लेटी तुम कालीन पर, लगना मरणासीन ।। 1120/5200

नयनन तुमरे नीर हो, आखें कर लो लाल ।
लारें निकलें तुंड से, और बिखेरो बाल ।। 1121/5200

(क्योंकि)

✍दोहा॰ जाकर मैं नृप भवन में, उसको दूँ संदेश ।
नृप जब आवे कक्ष में, रोती आना पेश ।। 1122/5200

मुख तुम लेना फेर कर, जब वो आवे पास ।
स्वामी की तू प्रीत है, तू है उसकी साँस ।। 1123/5200

32. Story of Kaikeyī's stubbornness (2. Ayodhyā Kānd)

कूदेगा वह आग में, तुझको दुखिया देख ।
देगा अपने प्राण भी, अपना सब कुछ फेंक ।। 1124/5200

(मंथरा बोली, इसलिए)

✍दोहा॰ "सुन मेरा कहना, प्रिये! रोक पुत्र का ह्रास ।
राज्य दिला तू भरत को, राघव को वनवास ।। 1125/5200

"रघुपति की तू प्राण है, माने तेरी बात ।
कूट नीति से काम ले, करने राघव-घात ।। 1126/5200

"दो-वर नृप ने थे दिये, उन्हें माँग तू आज ।
ढीली मत पड़ना कभी, तभी बनेगा काज" ।। 1127/5200

(ततः)

✍दोहा॰ कालकूट विष द्वेष का, कूट कूट कर घोर ।
खूब पिलाई मंथरा, रानी की चितचोर ।। 1128/5200

यथा योजना थी बनी, तथा रची थी चाल ।
कैकेयी ने कक्ष का, किया भयानक हाल ।। 1129/5200

✍दोहा॰ पके बाल ज्यों शीर्ष से, नारी देत उखाड़ ।
कुब्जा ने कुल राम का, क्षण में दिया उजाड़ ।। 1130/5200

छेनी के शत चोट से, पत्थर जावे टूट ।
बार-बार आघात से, मन में आई फूट ।। 1131/5200

अयोध्या काण्ड : चौथा सर्ग

32. कैकेयी के हठ की कथा :

32. Story of Kaikeyī's stubbornness *(2. Ayodhyā Kānd)*

कथा

(कुब्जा)

✍दोहा॰ हुआ असर उस जहर का, लगी हृदय पर चोट ।

32. Story of Kaikeyī's stubbornness (2. Ayodhyā Kānd)

कैकेयी के मगज में, विवश आगयी खोट ।। 1132/5200

गयी मंथरा भवन में, लाने को अवधेश ।
सजल नैन से दे दिया, रानी का संदेश ।। 1133/5200

(कैकेयी)

✍ दोहा॰ कुब्जा ने जैसे रची, नौटंकी की चाल ।
कैकेयी करती गयी, कमरा माया जाल ।। 1134/5200

अस्तव्यस्त भूषण किए, मोती माला तोड़ ।
वस्त्र मलिन तन के किए, कंगन डाले फोड़ ।। 1135/5200

शकल बिगाड़ी आप ही, मुख पर काजल पोत ।
लेट गयी वह फर्श पर, हाय! हाय! कर रोत ।। 1136/5200

नागिन सी फुत्कारती, रोई बारम्बार ।
नैनन से बहने लगी, नकली अँसुअन धार ।। 1137/5200

(दशरथ)

✍ दोहा॰ देख तमाशा वो नया, काँपे दशरथ गात ।
मन में व्याकुल होगए, देख नया उत्पात ।। 1138/5200

डगमग डगमग काँपते, चलते धीमी चाल ।
आए उसके पास वे, पूछन उसका हाल ।। 1139/5200

(नृप ने कहा)

✍ दोहा॰ बोलो मेरी प्रेयसी, बोले दशरथ भूप ।
धारण तुमने क्यों किया, यह दुखियारा रूप ।। 1140/5200

किसने दीन्हा कष्ट है, को बोला कटु बोल ।
तुमरे संयम का घड़ा, किसने कीन्हा डोल ।। 1141/5200

कैकेयी, मेरी प्रिये! शब्द मधुर अनमोल ।
सुनने मैं व्याकुल खड़ा, बोल सखी! मधु बोल ।। 1142/5200

(और)

✍ दोहा॰ किसने, सजनी! है दिया, विषद देह का दाह ।

147

32. Story of Kaikeyī's stubbornness (2. Ayodhyā Kānd)

डाँटा किसने है तुम्हें, किसने रोकी राह ।। 1143/5200

किसने तेरे नैन में, दीन्हे आँसू आज ।
कौन दुखाया है तुझे, किससे तू नाराज ।। 1144/5200

किसने यों कुपिता किया, किसने दीन्ही पीर ।
किसका धन तू चाहती, करना किसे अमीर ।। 1145/5200

किसको करना बंद है, कौन बिगाड़ा काज ।
किसको करना मुक्त है, क्या है भाया आज ।। 1146/5200

तेरे पथ में को खड़ा, किसको करना दास ।
किसकी मृत्यु चाहती, किसका करना नास ।। 1147/5200

किसने आज्ञा भंग की, किसने कीन्हा घात ।
क्यों तू इतनी है दुखी, प्रिये! बता दे बात ।। 1148/5200

पटरानी तू अवध की, किसका है यह काम ।
किसमें इतनी धृष्टता, प्रिये! बता दे नाम ।। 1149/5200

(और भी)

✍दोहा॰ नाम तिहारे मैं करूँ, अपना सारा राज ।
तारे ला दूँ तोड़ कर, आसमान से आज ।। 1150/5200

धन दौलत मेरी, सखी! कर दूँ तेरे नाम ।
तू कहदे तो वार दूँ, तुझ पर अपने प्राण ।। 1151/5200

(नृप-रानी संवाद)

✍दोहा॰ दशरथ को वश में किया, लंपट नर की तौर ।
बलि का बकरा मान कर, देखा उसकी ओर ।। 1152/5200

ज्योंही नृप ढीला पड़ा, देने उसको मात ।
कैकेयी ने तब कही, तीखे सुर में बात ।। 1153/5200

कोई कटु बोला नहीं, ना ही दीन्ही पीर ।
सखे! किसी ने ना दिया, मम नैनन में नीर ।। 1154/5200

32. Story of Kaikeyī's stubbornness (2. Ayodhyā Kānd)

वचन अगर दो, तो कहूँ, अपने मन का हाल ।
वादा तोड़ा तो अभी, प्राण तजूँ तत्काल ।। 1155/5200

(दशरथ)

दोहा॰ डूबा उसके मोह में, समझ न पाया गूढ़ ।
लेकर पत्नी बाँह में, वचन दिया, नृप मूढ़ ।। 1156/5200

"जो भी तेरी माँग मैं, पूर्ण करूँगा आज ।
छोड़ अभी इस क्रोध को, बतला क्या है काज" ।। 1157/5200

(कैकेयी)

दोहा॰ रानी बोली हर्ष से, बाँध वचन में नाथ ।
"सच्चे प्रेमी आप हो, अतः कहूँ मैं बात" ।। 1158/5200

सुनो मुझे क्या चाहिए, ध्यान दीजिए नीक ।
उत्तर देना "हाँ" हि तुम, "ना" न सुनूँ तो ठीक ।। 1159/5200

(दशरथ)

दोहा॰ सीधे सादे आदमी, दशरथ भोली जान ।
जान सके ना माजरा, दुष्टनीति-अज्ञान ।। 1160/5200

बिछा रखा था प्रेम का, कैकेयी ने जाल ।
दशरथ उसमें फँस गए, विपदा सके न टाल ।। 1161/5200

मछली अटकी जाल में, दशरथ निर्बल दीन ।
छटपट सारी व्यर्थ थी, जल के बाहर मीन ।। 1162/5200

अंधे की लाठी गयी, गूँगे को ना बैन ।
दलदल में हाथी फँसा, कटे विहग के डैन ।। 1163/5200

बनी कसाई कैकयी, देगी बकरा मार ।
बिल्ली को चूहा मिला, राजा बने शिकार ।। 1164/5200

दशरथ नृप के फूस में, लगी हुई है आग ।
बेड़ी पैरों में लगी, दूर सके ना भाग ।। 1165/5200

दीये में बाती नहीं, अंधकार में पाँव ।

32. Story of Kaikeyī's stubbornness (2. Ayodhyā Kānd)

हुआ तरी में छेद है, बीच भँवर में नाव ।। 1166/5200

वादों पर वादे किए, आव रहा ना ताव ।
कूटनीति का मूढ़ वो, हार चुका था दाँव ।। 1167/5200

पड़ी कुल्हाड़ी पाँव पर, जखमी अपने आप ।
सूली पर चढ़ने चले, बिना किए ही पाप ।। 1168/5200

(अत:)

✍दोहा॰ कैकेयी को प्यार से, डाल बाहु का हार ।
हाथ पीठ पर फेर कर, धीरे से पुचकार ।। 1169/5200

दशरथ बोले स्नेह से, "माँगो सारा राज ।
उत्तर मेरा "हाँ" सुनो, "ना" न कहूँगा आज ।। 1170/5200

"तारे ला कर गगन से, तुझ पर दूँ मैं वार ।
हीरे लाऊँ ढूँढ कर, सात समुंदर पार ।। 1171/5200

"जो भी बोलो सब करूँ, वादा सकै न टूट ।
उत्तर प्रण का हाँ सुनो, आज न जाओ रूठ" ।। 1172/5200

दशरथ लंपट यों बने, देख सखी का रोष ।
साँप सँपेरे ने किया, तुमड़ी पर मदहोश ।। 1173/5200

हुई बतंगड़ बात थी, राई बनी पहाड़ ।
पिद्दी का था शोरबा, बिल्ली मार दहाड़ ।। 1174/5200

बिल्ली को चूहा मिला, मगर मच्छ को मीन ।
कैकेयी की पकड़ में, आए दशरथ दीन ।। 1175/5200

वश में करके नाथ को, फँसाय उनकी टाँग ।
बोली कैकेयी उसे, सुनो हमारी माँग ।। 1176/5200

(दो-वर)

✍दोहा॰ रघु कुल की ये रीत है, वादा टूट न पाय ।
अब "ना" मत कहना, सखे! चाहे जो हो जाय ।। 1177/5200

(तब, कैकेयी)

32. Story of Kaikeyī's stubbornness (2. Ayodhyā Kānd)

✍दोहा॰ "तथास्तु" नृप ने जब कहा, पक्के प्रण के साथ ।
रानी बोली प्रेम से, सुनो, अयोध्यानाथ! ।। 1178/5200

"दो-वर दीन्हे थे मुझे, रण में, करलो याद ।
आज मुझे वे चाहिएं, इस अरसे के बाद ।। 1179/5200

"पहले वर से तुम करो, भरत अवध का भूप ।
दूजे वर से राम को, भेजो वन मुनि-रूप ।। 1180/5200

"राघव बनबासी बने, पूरे चौदह वर्ष ।
वादा पूरण तुम करो, तभी मुझे हो हर्ष" ।। 1181/5200

(फिर, दशरथ)

✍दोहा॰ सुन कर रानी के कड़े, कटुतम तीखे बोल ।
दशरथ नृप का हो गया, हिरदय डाँवा डोल ।। 1182/5200

तन-मन पीड़ा से भरा, हुई बोलती बंद ।
नागिन के उस डंक से, हुई साँस थी मंद ।। 1183/5200

आँखें आँसू से भरी, काया थी बल हीन ।
चक्कर खा कर गिर पड़े, दशरथ क्षण में तीन ।। 1184/5200

सुन कर कटुतम बेतुकी, बेधक पैनी बात ।
मूर्छित दशरथ थे भए, सुन्न पड़े थे गात ।। 1185/5200

(उसके बाद)

✍दोहा॰ चेतन होकर फिर कहा, नृप ने दुख के साथ ।
नीचे शीश झुकाइके, माथे रख कर हाथ ।। 1186/5200

मूरख तू है क्यों बनी, तुझको है धिक्कार ।
राघव पर क्यों क्रोध, जो, करता तुझसे प्यार ।। 1187/5200

माँ! माँ! कह कर जो तुझे, स्नेह करे दिन-रात ।
राम भरत-सा पुत्र है, उस पर क्यों आघात ।। 1188/5200

बिन राघव के मैं, प्रिये! जी न सकूँ दिन चार ।
इससे अच्छा मैं मरूँ, विष पी कर लाचार ।। 1189/5200

32. Story of Kaikeyī's stubbornness (2. Ayodhyā Kānd)

(फिर कुछ देर बाद)

दोहा॰ जिसकी महिमा जान कर, जग गाता है गीत ।
सबको भाता राम है, सबसे उसको प्रीत ।। 190/5200

विमल मृदुल जो प्रेम से, सबको देता मोद ।
ऐसे सुत पर तू भला, क्यों करती है क्रोध ।। 191/5200

तेरे मन में ये भला, आया क्यों है पाप ।
सुत-बिरहा में भला, कैसे जीये बाप ।। 1192/5200

(पहला वर)

दोहा॰ भरत पुत्र तेरा यथा, वैसा ही सुत राम ।
दोनों सुत प्यारे मुझे, दोनों एक समान ।। 1193/5200

उनमें करती भेद क्यों, क्यों बिगड़ी तुम आज ।
पहले वर से, हे प्रिये! मिले भरत को राज ।। 1194/5200

अब तो हठ को छोड़ दे, सोच समझ कर ठीक ।
वन मत भेजो राम को, तुमसे माँगूँ भीख ।। 1195/5200

(और)

दोहा॰ आज सवेरे तू चुना, स्वयं राम को आप ।
अब क्यों तेरे हृदय में, घोर समाया पाप ।। 1196/5200

कौन बिगाड़ा है तुझे, कौन दिया है कोह ।
किसने फूँके कान हैं, कौन किया विद्रोह ।। 1197/5200

राम-भरत में भेद क्यों, तेरे मन में आज ।
नागिन सी फुत्कार क्यों, बिना किसी भी लाज ।। 1198/5200

मेरा मरना देख कर, सफल बने क्या काज ।
विधवा होकर क्यों भला, जीना चाहे आज ।। 1199/5200

(और भी)

दोहा॰ रघु कुल इतना दिव्य है, उत्तम जिसका नाम ।
उसकी रानी के भला, क्यों हों ओछे काम ।। 1200/5200

32. Story of Kaikeyī's stubbornness (2. Ayodhyā Kānd)

कुलीन कुल में तू पली, पाया प्रेम अथाह ।
तो फिर तेरे हृदय में, किसने डाली डाह ।। 1201/5200

आज अचानक, तू सखी! क्यों यह करती चूक ।
किसने पागल है किया, किसने दी है फूँक ।। 1202/5200

निश-दिन सेवा में लगा, रहता है सुत राम ।
माता कहता वो तुझे, तेरा दामन थाम ।। 1203/5200

ऐसे पावन पुत्र को, क्यों तू दे वनवास ।
पाप द्वेष का सिर लिए, क्यों खोती विश्वास ।। 1204/5200

परम पवित्तर पूत से, क्यों है ईर्ष्या आज ।
क्यों है तेरे मगज में, बेतुक ये अंदाज ।। 1205/5200

मुख से निकला शब्द वो, बनता है कटु बाण ।
मिटे न उसका व्रण कभी, लेने पर भी प्राण ।। 1206/5200

लांछन देवेगा तुझे, ऐसा कुत्सित काम ।
सारे वनिता-विश्व में, होगी तू बदनाम ।। 1207/5200

हाथ जोड़ नृप ने कहा, सुनो प्रार्थना आप ।
कृपा करो मम राम पर, जो है अति निष्पाप ।। 1208/5200

(और)

✍दोहा॰ रघुकुल इतना दिव्य है, नीति रीति आदर्श ।
नहीं किया दुष्कर्म को, कभी किसी ने स्पर्श ।। 1209/5200

फिर तुझमें मति पाप की, घुसी कहाँ से नीच ।
बतला किसने है तेरे, भरा मगज में कीच ।। 1210/5200

वचन विषैले बोलते, क्यों नहिं आती लाज ।
क्यों है नागिन तू बनी, हमको डसने आज ।। 1211/5200

विनती तुझको मैं करूँ, दोनों हस्तक जोड़ ।
तिलक लगेगा भरत को, अब राघव को छोड़ ।। 1212/5200

(मगर)

32. Story of Kaikeyī's stubbornness (2. Ayodhyā Kānd)

दोहा॰ कैकेयी को नाथ ने, बोली चोखी बात ।
मगर अड़ी वह माँग पर, अपने हठ के साथ ॥ 1213/5200

लेकर नूतन साँस को, पा कर फिर से जोश ।
खोली अपनी वेणिका, दिखलाने को रोष ॥ 1214/5200

नृप का करके अनसुना, रोना अरु अनुपाप ।
रही हठीली कैकयी, जतलाने संताप ॥ 1215/5200

(रानी बोली)

दोहा॰ पहले वर को पाइके, नहीं हुआ संतोष ।
दूजा पाने के लिए, और बढ़ाया रोष ॥ 1216/5200

बोली, भेजो राम को, अभी अभी वनवास ।
वरना, स्वामी! मैं करूँ, कुल का सत्यानास ॥ 1217/5200

सौतन का सुत ना रहे, घर में मेरे पास ।
राज भरत का हो गया, तुम सब मेरे दास ॥ 1218/5200

दूजा वर पूरा करो, बिना किए कछु देर ।
नृप को यों फटकार कर, लीन्हा मुखड़ा फेर ॥ 1219/5200

जब नागिन ने यों डसा, पा कर ओछा जोश ।
उसके जहरी डंक से, नृप ने खोया होश ॥ 1220/5200

(दशरथ जी)

दोहा॰ देख अडंगा दार का, दशरथ थे हैरान ।
समझ न पाए क्या करें, मुश्किल में है जान ॥ 1221/5200

दशरथ निश्चल थे पड़े, खोये आधी सूझ ।
सोचत अब मैं क्या करूँ, रानी पावे बूझ ॥ 1522/5200

(और)

दोहा॰ नृप आए जब होश में, किट किट बाजे दाँत ।
फिर से पत्नी को कहा, सुनले मेरी बात ॥ 125235206

जीवन मेरा राम है, उसके बिना न प्राण ।

32. Story of Kaikeyī's stubbornness (2. Ayodhyā Kānd)

उसको जाता देख कर, मुझे चुभेंगे बाण ॥ 1224/5200

नई नवेली है सिया, आई लेकर आस ।
क्यों डाले फिर तू बता, उसके गल में फाँस ॥ 1225/5200

राम पियारी है सिया, पतिव्रता वह नार ।
प्राण तजेगी बिरह में, उसको तो मत मार ॥ 1226/5200

गीतमाला, पुष्प 51 of 163

(अगम हरि के काम)

स्थायी

रघुपति! अगम है काम तिहारे ।
♪ रेगमग! पमग रे म-ग रेसा-रे- ।

अंतरा –1

जगत जनों के भय दुस्तारे, संकट सारे राम उतारे ।
विघ्न घोर जब राम को घेरे, तब कौन उसे दे सहारे ॥
♪ सासासा सारेरे ग- पम ग-रे-ग-, प-मग रे-म- प-म गरे-म- ।
प-ध नि-ध पम प-म ग म-प-, मम- ध-प मग- मप रेसा-रे- ॥

अंतरा –2

निश-दिन पाहि राम सखा रे, भगत जनों को साँझ सकारे ।
जब हो अपने पिता दुखारे, तब दूर से राम निहारे ॥

अंतरा –3

नई दुल्हनिया आई घर में, पति उसका भेजा हो वन में ।
सीता पर जब कष्ट घनेरे, तब कौन है उनको उबारे ॥

(और)

दोहा॰ कौशल्या होकर बड़ी, रानी राघव-मात ।
तेरी सेवा में लगी, रहती है दिन-रात ॥ 1227/5200

उस पर तेरा रोष क्यों, वह तो है निष्पाप ।
उससे सुत को छीन कर, तुझे लगेगा पाप ॥ 1228/5200

देखूँगा मैं जब, प्रिये! वन में जाता राम ।

32. Story of Kaikeyī's stubbornness (2. Ayodhyā Kānd)

मर जाऊँगा बिलखता, तुमरा आँचल थाम ।। 1229/5200

नई नवेली है बहू, नहीं हुए दिन सात ।
कैसे वह सह पाएगी, दुख का यह आघात ।। 1230/5200

कैसे वर्षा धूप में, हिंस्त्र जीव के साथ ।
गिरि कंदर जलपात में, जीएगा रघुनाथ ।। 1231/5200

कोमल काया राम है, सुख में वह दिन-रात ।
कैसे वन में जी सके, वल्कल धारण गात ।। 1232/5200

निरपराध को दंड यों, क्यों देती हो शाप ।
कैसे इतना घोर ये, भुगतेगी तू पाप ।। 1233/5200

(कैकेयी-दशरथ अंतिम संवाद)

✍दोहा॰ मैंने तुझको आज तक, दीन्हा सच्चा प्यार ।
ये ना सोचा, यों मुझे, डालेगी तू मार ।। 1234/5200

इससे अच्छा तो मुझे, शंबर देता मार ।
तुझे लिए वो भागता, असुर, नरक के द्वार ।। 1235/5200

रानी अडिग डटी रही, अपने हठ पर ढीठ ।
टस से मस ना वह हुई, खड़ी घुमा कर पीठ ।। 1236/5200

(और)

✍दोहा॰ नृप बोला, मैंने तुझे, सुख दीन्हा दिन-रात ।
उसके बदले तू किया, मूढ़े! मेरा घात ।। 1237/5200

रति रस दीन्हा तू मुझे, उसमें मिलाय विष ।
मेरी आँखें अब खुलीं, जब तू फोड़ा शीश ।। 1238/5200

भ्रातृ-भगत सुत भरत है, नीति धर्म का पाल ।
ना मानेगा वो कभी, तेरी पापी चाल ।। 1239/5200

इतना कह कर नृप पुनः, गए धरा पर लेट ।
दोनों आँखे मीच कर, मुख पर बाँह लपेट ।। 1240/5200

33. Kaikeyī-Rāma dialogue (2. Ayodhyā Kānd)

 33. कैकेयी-राम संवाद की कथा :

33. Kaikeyī-Rāma dialogue (2. Ayodhyā Kānd)

📖 कथा 📖

(कैकेयी)

दोहा॰ पति को मूर्छित देख कर, चली नई वह चाल ।
भेजा सचिव सुमंत्र को, लाने दशरथलाल ॥ 1241/5200

(सुमंत्र, राम के कक्ष में)

दोहा॰ गया सुमंतर भागता, लाने को श्री राम ।
बिना देर के, शीघ्र ही, सभी छोड़ कर काम ॥ 1242/5200

राम-सिया थे कक्ष में, सजत रहे अभिराम ।
सीता कल रानी बने, अधिप बनेगा राम ॥ 1243/5200

सिया सजी थी सुंदरी, स्वर्ग परी समतोल ।
पायल कुंडल कंगना, भूषण थे अनमोल ॥ 1244/5200

राघव पहने मुकुट थे, गल में मोती हार ।
कर में मुंदरी स्वर्ण की, पाँव खड़ाऊँ डार ॥ 1245/5200

मंत्री आया कक्ष में, लेकर वह संदेश ।
"राह तकत है मध्य-माँ, चलो साथ, अवधेश!" ॥ 1246/5200

(राम)

दोहा॰ कहा सिया से राम ने, माँ का है संदेश ।
आता मैं माँ से मिले, देखूँ क्या है शेष ॥ 1247/5200

उत्सव का कछु काम हो, या माता को आस ।
या कोई हो पाहुना, आया नृप के पास ॥ 1248/5200

आकर फिर तुमसे कहूँ, समाचार शुभ ठीक ।
आया है अभिषेक का, समय बहुत नजदीक ॥ 1249/5200

(कैकेयी के शयन भवन में)

33. Kaikeyī-Rāma dialogue (2. Ayodhyā Kānd)

दोहा॰ राम भवन में जब गए, शीघ्र गति की चाल ।
हक्के-बक्के रह गए, देख पिता के हाल ।। 1250/5200

दोहा॰ पिता पड़े हैं भूमि पर, मातु खड़ी है पास ।
पितृनयन में नीर हैं, सिसक रही है साँस ।। 1251/5200

नृप ने देखा राम को, एक निमिष गंभीर ।
पुनः खोगयी चेतना, अथक यातना पीड़ ।। 1252/5200

गीतमाला, पुष्प 52 of 163

(राम की बाते राम ही जाना)

स्थायी

सुख आना है या दुख आना, राम की बातें राम ही जाना ।
तिलक लगे कल, या बनबासा, राम ही जाने राम की भासा ।।

♪ सारे ग-म- म- प- मग रे-म-, नि-ध प म-प- मपम ग रेसा- ।
रेरेरे रेग- मम, ध- पमग-म-, प-प प म-प- म-ग ग रे-सा- ।।

अंतरा-1

शीश मुकुट कंचन मणिवर का, पीत पीतांबर शुभ कटि पर था ।
कानन कुंडल मन को भाते, हार गले के नयन लुभाते ।
मुंदरी मंगल रघुनंदन की, पग में खड़ाऊँ कठ चंदन की ।
राजपुत्र सजा था सुंदर, देख प्रफुल्लित हुआ सुमंत्र ।
हो अभिषेका या बनबासा, राम का निर्णय राम के पासा ।।

♪ सा-सा सारेरे रे-गग ममगरे सा-, रे-रे रेग-गग मम मम गग रे- ।
ग-गग म-मम पप मग रे-ग-, म-म मप- प- ममम गरे-ग- ।
पपप- ध-पम ममप-धध प-, धध ध धनि-ध- पप म-मम म- ।
सा-सारे-रे गरे- ग- म-मम, प-प पध-पप गम- पम-मम ।
रे- रेरेग-म- ध- पमग-म-, प-प प म-पप म-ग ग रे-सा- ।।

अंतरा-2

सिया सजी थी राजकुमारी, केश वेश सुशोभित भारी ।
सचिव संदेसा लाया माँ से, बोला सुस्मित राम, रमा से ।

33. Kaikeyī-Rāma dialogue (2. Ayodhyā Kānd)

साथ सचिव के मैं जाता हूँ, आशिष माँ का ले आता हूँ ।
द्वार तक चली पति के संगा, आओ जल्दी कही धर अंगा ।
सिया खड़ी है धर मन आसा, राम ही देवे उसे दिलासा ।।

अंतरा-3

जन जनपद के ऋषि-मुनि सारे, राजा अतिथि आन पधारे ।
समारोह की हुई तयारी, मंडप में जन हर्षित भारी ।
माता हठ पर अड़ी पड़ी है, विकट समस्या करी खड़ी है ।
पिता धरा पर चित पड़े हैं, राम सामने चकित खड़े हैं ।
लिखा जा रहा है इतिहासा, राम न जाने कोई निरासा ।।

(राम)

दोहा॰ परम विनय से राम ने, कही मातु से बात ।
"आज अचानक क्या हुआ, अचेत क्यों हैं तात ।। 1253/5200

"मुझको आता देख कर, हर्षित जिनका गात ।
आज नैन में नीर है, क्यों न करत कछु बात" ।। 1254/5200

व्यथा पिता को क्यों घनी, कहो मुझे तुम, मात! ।
आज्ञा जो भी दो मुझे, करूँ वही मैं बात ।। 1255/5200

वचन भंग मैं ना करूँ, बिना किसी अपवाद ।
चाहे करते मैं मरूँ, तव आज्ञा के बाद ।। 1256/5200

(रानी का मनगढंत युक्तिवाद)

दोहा॰ पिता तिहारा ठीक है, ना वह पड़ा अचेत ।
स्वाँग धरा है लाज से, तुमको झाँसा देत ।। 1257/5200

डरत रहा है वो स्वयं, कहने मन की बात ।
मुझको कहता, "तुम करो," राघव पर आघात ।। 1258/5200

कितना दंभी है, रघो! देखो तुमरा बाप ।
अपने बदले में मुझे, देता अपना पाप ।। 1259/5200

इच्छा पितु की पूर्ण तुम, अगर करोगे आप ।

33. Kaikeyī-Rāma dialogue (2. Ayodhyā Kānd)

उठ बैठेगा हर्ष से, निर्भय होकर बाप ।। 1260/5200

"हाँ" कह दोगे तो कहूँ, इच्छा पितु की, राम! ।
सत्यधर्म को पाल कर, बनो पुत्र! कृतकाम ।। 1261/5200

प्रण में उसको फाँस कर, पति को दीन्ही मात ।
तथा वचन में बाँध कर, राघव पर आघात ।। 1262/5200

(तब)

दोहा॰ सुन कर माँ के शब्द वे, राघव थे हैरान ।
फिर भी संयम को धरे, शाँत रहे श्री राम ।। 1263/5200

माते! तुम मुझको कहो, बात सहित संतोष ।
आज्ञा पितु की जो भी हो, तुम्हें न दूँगा दोष ।। 1264/5200

"वचन पिता का मैं सुनूँ, बड़े प्रेम के साथ ।
प्राण जाय तो भी करूँ," बोले श्री रघुनाथ ।। 1265/5200

(कैकेयी बोली)

दोहा॰ "दो-वर" का वृत्तांत वो, नमक मिर्च के साथ ।
मँझली माँ कहती गयी, सुनत रहे रघुनाथ ।। 1266/5200

बोली माता राम को, बहुत जता कर प्रीत ।
रखो पुत्र! तुम ध्यान में, रघु कुल की शुभ रीत ।। 1267/5200

बाँध बचन में राम को, बड़े हुनर के साथ ।
बोली अपने काम की, "दो-वर" वाली बात ।। 1268/5200

"पहले वर से, पुत्र! तुम, जाओ वन में आज ।
दूजे वर से भरत को, दे दो अपना राज" ।। 1269/5200

(अब)

दोहा॰ इच्छा पितुवर की अगर, सफल करो तू, राम! ।
पुत्र-धर्म को पाल कर, होंगे तुम कृतकाम ।। 1270/5200

कहना चाहत है यही, पिता तिहारा, राम! ।
मगर स्वाँग इसने रचा, करन मुझे बदनाम ।। 1271/5200

33. Kaikeyī-Rāma dialogue (2. Ayodhyā Kānd)

उसका संकट जान कर, करो शीघ्र तुम काम ।
उसे उबारो आज तुम, छोड़ो अब तुम धाम ।। 1272/5200

(फिर)

दोहा॰ पुत्र! अभी तुम शीर्श से, मुकुट उतारो हार ।
राघव! बन जाओ वनी, कटि पर वल्कल धार ।। 1273/5200

मुनि बन कर वन में बसो, खाय कंद फल घास ।
चौदह वर्ष न लौटना, फिर आना पितु पास ।। 1274/5200

तिलक लगे जब भरत को, मिले अवध का राज ।
सुखी पिता होंगे तभी, सफल किए दो काज ।। 1275/5200

संकट में तुमरे पिता, घिरे हुए, रघुनाथ! ।
उन्हें उबारो, पुत्र! तुम, क्षात्र-धर्म के साथ ।। 1276/5200

(राम, स्वगत)

दोहा॰ मुख से मँझली मातु के, निकले पैने तीर ।
झेल रहे थे स्वगत ही, बिना जताए पीर ।। 1277/5200

(और)

दोहा॰ धीरज धारे थे खड़े, सुनत मातु की बात ।
श्री राघव सर्वज्ञ ने, सुना सर्व ही शाँत ।। 1278/5200

(फिर बोले)

दोहा॰ मुझे पिता ने ना कही, अपने मुख से बात ।
फिर भी मैं वन में चला, वचन निभाने, मात! ।। 1279/5200

"हाँ, माँ!" कह कर राम ने, तज कर मकुट लिबास ।
वल्कल धारण कर लिए, करने विपिन निबास ।। 1280/5200

गीतमाला, पुष्प 53 of 163

खयाल : राग अल्हैया बिलावल,[15] तीन ताल 16 मात्रा

---

[15] **राग अल्हैया बिलावल** : यह बिलावल ठाठ का राग है । इसका आरोह है : सा, रे, ग रे ग प, ध नि

34. Rāma ordered to go to exile in the forest (Ayodhyā Kānd)

(भरत)

स्थायी

साफ कहो तुम दिल में क्या है, हँस कर बात बताओ हमको ।

♫ धनिसांध पमग मरे गमपमग मरे सा–, गग मरे गपनि निसां–रेंनिसां धनिधप ।

अंतरा–1

सच्चे बोल सुखावे रब को, मिल जुल कर सुख आवे सबको ।

♫ पप– निधनि निसां–सां– सांरें सां–, सांगं मंमंगं मरें सांसां सां–रेंनिसां धनिधप ।

अंतरा–2

प्यारे शब्द सुहावे मन को, तन से दूर भगावे गम को ।

अयोध्या काण्ड : पाँचवाँ सर्ग

34. वनवास गमन की आज्ञा की कथा :

34. Rāma ordered to go to exile in the forest *(Ayodhyā Kānd)*

(कैकेयी)

दोहा॰ **रानी ने अपना कहा, पति–मुख दीन्हा थाम ।**
मगर सचाई है कहाँ, जानत हैं श्री राम ।। 1281/5200

कुब्जा दासी ने बुरा, उगला है जो पाप ।
उसी चाल से जो चली, जानो पापी आप ।। 1282/5200

कथा

(सुमित्रा–राम संवाद)

दोहा॰ **मँझली को वन्दन किए, पितु के छू कर पाँव ।**
आए राघव मुनि बने, छोटी माँ के ठाँव ।। 1283/5200

सां । अवरोह है : सां नि ध प, ध नि ध प, म ग म रे, सा ।

▶ लक्षण गीत : **दोहा॰ वर्ज्य म आरोही रहे, अवरोही नि विशेष ।**
ध ग वादी संवाद से, "अल्हैया बिलावल" श्लेष ।। 1284/5200

35. Rāma-Sumitrā-Lakshman dialogue (2. Ayodhyā Kānd)

माता के पग राम ने, नम्र झुकाया शीश ।
लगा गले फिर मातु के, रामचंद्र जगदीश ॥ 1285/5200

लखा सुमित्रा ने जभी, वल्कल-धारी राम ।
बोली, राघव! पुत्रवर! किसका है यह काम ॥ 1286/5200

(सुमित्रा)
दोहा॰ आज तुम्हें अभिषेक है, फिर क्यों ऐसा रूप ।
वल्कल में कोई भला, बनता है क्या भूप? ॥ 1287/5200

मातु सुमित्रा से कहा, राघव ने वृत्तांत ।
और कहा, माते! सुनो, तुम सब मन से शाँत ॥ 1288/5200

(राम)
दोहा॰ उनको राघव ने कही, "दो-वर" वाली बात ।
मँझली माँ के वचन भी, पुत्रधर्म के साथ ॥ 1289/5200

बोला, मुझको दो विदा, वर-विमुक्त हों तात ।
माते! तुमरे स्नेह को, सिमरूँ मैं दिन-रात ॥ 1290/5200

माता ने श्री राम को, दीन्हे आशिष ढेर ।
उसका माथा चूम कर, कहा, "करो मत देर" ॥ 1291/5200

35. श्री राम-सुमित्रा-लक्ष्मण संवाद की कथा :

35. Rāma-Sumitrā-Lakshman dialogue *(2. Ayodhyā Kānd)*

📖 कथा 📖

(लक्ष्मण)
दोहा॰ सच्चा साथी है सखा, लछमन बंधु सुजान ।
साहस सेवा धर्म का, सुहृद प्रेम निधान ॥ 1292/5200

निर्भय क्षत्रिय वीर है, परम पुरुष गुणवान ।
सदाचार का सिंधु वो, लक्ष्मण है बलवान ॥ 1293/5200

(और)

35. Rāma-Sumitrā-Lakshman dialogue (2. Ayodhyā Kānd)

दोहा॰ लछमन आकर क्रोध में, बोला, हे श्रीराम! ।
मुझको यह लगता नहीं, नीति नियम का काम ।। 1294/5200

पिता धरा पर हैं पड़े, मूर्छा खाकर आप ।
तुमको बेघर कर रहा, मँझली-माँ का पाप ।। 1295/5200

निरपराध को दंड क्यों, न्याय नीति का घात ।
जाकर करता हूँ अभी, मँझली माँ से बात ।। 1296/5200

छन्दमाला, मोती 3 of 11

वसंततिलका छन्द

ऽ ऽ ।, ऽ । ।, । ऽ ।, । ऽ ।, ऽ ऽ

♫ सा-नि़- सारे- रेसारे ग- मगरे- गरे-सा-

(राम सुमित्रा संवाद)

आँसू भरे नयन से, कहती सुमित्रा । "तू रामचंद्र! हमरा, सुत है पियारा ।।
श्री रामचंद्र सुत! तू यह क्या किया है । ये वेश आज मुनि का, कह क्यों लिया है" ।। 1

बोला रमेश, पितु के, वर की कथा को । प्यारे पिता परम व्याकुल की, व्यथा को ।।
माँ ने कहा, "लखन के प्रिय राम बंधो! । आशीष लाख तुमको, प्रिय स्नेह सिंधो!" ।। 2

(राम)

दोहा॰ बोले राघव, लखन को, रहो शाँत तुम, भ्रात! ।
दोष मध्यमा का नहीं, तुम्हें हुई है भ्रांत ।। 1297/5200

किसी का न कोई यहाँ, बैरी है, मम भ्रात! ।
कोप न अपनों पर करो, मन न दुखाओ, तात! ।। 1298/5200

"कुल पर जो विपदा पड़ी, अपने ही हैं कर्म ।
कल तक हमने जो किए, यही कर्म का धर्म" ।। 1299/5200

अपनों पर ना तुम कभी, धरो भूल से रोष ।
कर्म-फलों का खेल ये, नहीं किसी का दोष ।। 1300/5200

(और)

दोहा॰ ना यह लड़ने की घड़ी, ना झगड़े का स्थान ।

35. Rāma-Sumitrā-Lakshman dialogue (2. Ayodhyā Kānd)

सोच समझ कर है यहाँ, कार्य कर्म का काम ।। 1301/5200

तुम हो भट रण बाँकुरे, लक्ष्मण! वीर महान ।
मगर समर का यह नहीं, समय न यह है स्थान ।। 1302/5200

अपनों से करके कलह, होगा सखे! अधर्म ।
सुख से शासन पुण्य है, यही क्षात्र का धर्म ।। 1303/5200

यही कहत सब संत हैं, यही शास्त्र का सार ।
ऋद्धि सिद्धि का मार्ग है, यही धर्म-कासार ।। 1304/5200

(और भी)

दोहा॰ बचन पिता ने जो कहे, वहीं निभाना कर्म ।
सदाचार की नींव है, वही पुत्र का धर्म ।। 1305/5200

पिता पड़े हैं विपद् में, उन्हें हो रहा ताप ।
ऐसे दुर्घट काल में, उन्हें उबारो आप ।। 1306/5200

(क्योंकि)

दोहा॰ तत्त्व कर्म का जान कर, करता जो है काम ।
उस योगी का विश्व में, होता उज्ज्वल नाम ।। 1307/5200

विकट घड़ी ने आज जो, यहाँ बिगाड़ा काम ।
पूर्वकर्म का फल कहो, या "होनी" है नाम ।। 1308/5200

राम-भरत में तुम कभी, करो न कृत्रिम भेद ।
सत्य जानलो तो, सखे! होगा तुमको खेद ।। 1309/5200

भाग्य बिगाड़ा मातु ने, करके मति का नास ।
वरना क्यों वह पुत्र को, देती वन का वास ।। 1310/5200

क्यों वह लटकाती भला, पति के गल में फाँस ।
क्यों वह देती भरत को, भ्रातृ विरह का त्रास ।। 1311/5200

जिसकी रसना मधुर थी, अब है तेज कटार ।
"होनी" इसको जग कहे, "कर्म" कहत करतार ।। 1312/5200

(और)

35. Rāma-Sumitrā-Lakshman dialogue (2. Ayodhyā Kānd)

✍दोहा॰ चार बंधु की तीन माँ, बिना भेद का भाव ।
कर्म-फलों ने है चला, मगर विकट यह दाँव ।। 1313/5200

ऐसे संकट काल में, जो है घटत अपाय ।
"पालन करना धर्म का, अब है उचित उपाय" ।। 1314/5200

(तथा ही)

✍दोहा॰ रूठा हमसे दैव है, माँ को देकर भूल ।
झूठे उसके वचन ने, दीन्हा सबको शूल ।। 1315/5200

नारी कुलटा हो जभी, चलती उल्टा दाँव ।
नारी के फिर रूप में, दैव लगाता घाव ।। 1316/5200

उसके आगे वीर भी, हारे पंडित लोग ।
आती है जब वो घड़ी, काम न आवे सोग ।। 1317/5200

(अत:)

✍दोहा॰ विवस्वान को कृष्ण ने, दिया कर्म का योग ।
इक्षवाकु से था वही, पढ़े पुरातन लोग ।। 1318/5200

भले बुरे का आज ये, आया है संजोग ।
सखे! कर्म निष्काम का, करना उचित प्रयोग ।। 1319/5200

इसी योग के ज्ञान से, करो न माँ पर कोप ।
राग क्रोध के जोश से, चला रही है तोप ।। 1320/5200

कह कर कटुक्ति नाथ को, करत रही है चूक ।
पिया उसी आघात से, सुन्न पड़े हैं मूक ।। 1321/5200

शाँतमना बन कर हमीं, उसे दिखाएँ दोष ।
मिलाप कुल में हो तभी, पाएँगे सब तोष ।। 1322/5200

(अब)

✍दोहा॰ लाओ मंडप से अभी, अभिषेचन का नीर ।
पूजा सामग्री सभी, लाओ मधु दधि क्षीर ।। 1323/5200

35. Rāma-Sumitrā-Lakshman dialogue (2. Ayodhyā Kānd)

दीक्षा दो मुझको अभी, वनी[16] बनाओ आप ।
वन में जाकर मैं करूँ, पितुवर को नि:शाप ।। 1324/5200

रोना मत मेरे लिए, ना मँझली पर क्रोध ।
तिलक भरत को जब लगे, करना नहीं विरोध ।। 1325/5200

(फिर, लखन)

दोहा॰ मेरे पीछे ना कभी, घबड़ाना तुम, भ्रात! ।
ना ही हो तुमको द्विधा, ना हो दुख आघात ।। 1326/5200

सुन कर कहना बंधु का, बोला लखन सुजान ।
"मैं भी वल्कल धार कर, संग चलूँगा, राम!" ।। 1327/5200

राघव बोले लखन को, चलो न तुम वन, भ्रात! ।
उर्मिल को बिरहा न दो, सुन लो मेरी बात ।। 1328/5200

लछमन बोला, रामजी! मैं हूँ तुमरा दास ।
तपस्विनी है उर्मिला, रहे पिता के पास ।। 1329/5200

(और फिर)

हरि के पीछे चल पड़ा, भाई लखन सुजान ।
वन्दन करके मातु को, लिए धनुष अरु बाण ।। 1330/5200

मातु-पिता नित पूज्य हों, जान उन्हें भगवान ।
उनकी आज्ञा में रहो, यही कार्य है काम ।। 1331/5200

(अत: सुमित्रा बोली)

दोहा॰ मातु सुमित्रा ने उसे, देकर आशिष लाख ।
किया विदा अति प्रेम से, सजल नयन के साथ ।। 1332/5200

बोली माता फिर उसे, "करो पुण्य का काम ।
राम पिता है अब तुझे, सखा बंधु गुरु राम ।। 1333/5200

"माता अब तुमरी सिया, चरण कमल को पूज ।

---

[16] वनी = बनवासी, संन्यासी ।

36. Rāma-Sītā dialogue (Rāmāyan, 2. Ayodhyā Kānd)

तुमसे भूल न हो कभी, रखो सदा यह सूझ" ।। 1334/5200

(और)

दोहा॰ मातु सुमित्रा ने कहा, सुनियो लखन कुमार! ।
भाग्यवान हो पुत्र! तुम, भ्राता राम तुम्हार ।। 1335/5200

कोप कलह को रख परे, करो काम अनुकूल ।
धैर्य शौर्य बल शाँति से, हरो सर्व प्रतिकूल ।। 1336/5200

क्रोध भाव से तुम परे, रहो सदा, मम लाल! ।
सेवा में कछु भूल ना, करना किंचित काल ।। 1337/5200

सब सुख दाता राम हैं, तुम हो उनके दास ।
कर्म भूमि अब विपिन है, जहाँ तिहारा वास ।। 1338/5200

शौर्य धैर्य नित साथ हों, रहो सत्य प्रतिपाल ।
आशिष मंगल हैं तुम्हें, तिलक तिहारे भाल ।। 1339/5200

अयोध्या काण्ड : छठा सर्ग

36. श्री राम-सिया संवाद की कथा :

36. Rāma-Sītā dialogue (Rāmāyan, 2. Ayodhyā Kānd)

कथा

(सीता)

दोहा॰ राह तकत सिय, राम की, खड़ी कक्ष के द्वार ।
अभिषेचन चिंता उसे, खावे बारंबार ।। 1340/5200

संन्यासी के रूप में, आते लख कर राम ।
सोचा यह तो ना लगे, अभिषेचन परिधान ।। 1341/5200

(राम)

दोहा॰ चलते-चलते सोचते, राम, सिया-दुखभार ।
कैसे चौदह वर्ष वो, बिरह सहेगी नार ।। 1342/5200

36. Rāma-Sītā dialogue (Rāmāyan, 2. Ayodhyā Kānd)

कैसे काटेगी भला, इतना लंबा काल ।
नई नवेली है वधू, होगी वह बेहाल ।। 1343/5200

केसे बतलाऊँ उसे, बिगड़ा है जो काम ।
क्या उपाय इस पर करूँ, सोचत हैं श्री राम ।। 1344/5200

(और)

दोहा॰ देख सिया को सजधजी, तकत पिया की राह ।
खड़ी-खड़ी थक सी गयी, मृदुल जिया में दाह ।। 1345/5200

राघव ने उसको कहा, रानी! बैठो पास ।
राह हमारी देखते, तुम हो हुई उदास ।। 1346/5200

"दो-वर" वाली वो कथा, बोले सिय को राम ।
परम पिता की सब व्यथा, मँझली माँ का काम ।। 1347/5200

दिया चतुर्दश वर्ष का, माता ने वनवास ।
जाना है मुझको, सिये! वल्कल पहन लिबास ।। 1348/5200

(फिर भी)

दोहा॰ मूर्छित पितुवर हैं पड़े, उन्हें लगी है चोट ।
करो भरत को भूप तुम, जब आवेगा लौट ।। 1349/5200

तुमको बिरहा की व्यथा, सहनी होगी आज ।
दो कुल की तुम शान हो, नारी-जग की लाज ।। 1350/5200

पतिव्रता आदर्श हो, राघव-भार्या आर्य ।
करो वही अब तुम, प्रिये! निर्णित जो है कार्य ।। 1351/5200

भरत बंधु अवधेश का, हो आदर सत्कार ।
निंदा मत करना कभी, ना उसका प्रतिकार ।। 1352/5200

(और)

दोहा॰ वचन न कटु कहना कभी, रहना सोच विचार ।
राज नीति से कर्म हो, सद् गुण से आचार ।। 1353/5200

व्यक्त न हो बिरहा व्यथा, ना उसके मन भार ।

36. Rāma-Sītā dialogue (Rāmāyan, 2. Ayodhyā Kānd)

न हो भेद की भावना, बंधु सदा हम चार ।। 1354/5200

रोष न हो तुझमें कभी, ना हो मन में खेद ।
मुख पर तुमरे मोद हो, नयनन में ना क्लेद[17] ।। 1355/5200

देवर तुमरे भ्रात हों, तीनों पुत्र समान ।
तुम्हें भौज का मान हो, तथा मातु सम्मान ।। 1356/5200

(और कहा)

दोहा० मेरी जननी है दुखी, दुर्दैवी दुखभाग ।
कभी जलावे ना उसे, सुत-बिरहा की आग ।। 1357/5200

उसको सुख तुम दो, प्रिये! यही उसे है आस ।
सुख की प्यास बुझाइके, उसको दो विश्वास ।। 1358/5200

(अतः)

दोहा० उसको आदर दो सदा, करना उससे प्यार ।
उसको तुमरा साथ हो, हलका हो मन भार ।। 1359/5200

भेद भाव माँ तीन में, ना हो कछु अपमान ।
मँझली पर ना क्रोध हो, तीनों एक समान ।। 1360/5200

सीते! ना डरना कभी, पिता तिहारे साथ ।
पूजा, अनशन, होम हों, जप, तप, व्रत दिन-रात ।। 1361/5200

मंगल मुख से अब मुझे, कहो विदा सुख हाल ।
चौदह वर्ष बिताइके, आता हूँ तत्काल ।। 1362/5200

(तब, सीता)

दोहा० सुन कर पति के वाक्य वे, सिय ने किया निषेध ।
बोली, स्वामी! है मुझे, तव वचनों पर खेद ।। 1363/5200

ऐसी वाणी क्यों कही, बात नहीं यह नीक ।
पतिव्रता का व्रत नहीं, जाना तुमने ठीक ।। 1364/5200

---

[17] क्लेद = पानी, आँसू, गीलापन ।

36. Rāma-Sītā dialogue (Rāmāyan, 2. Ayodhyā Kānd)

सुख-दुख बाँटू मैं सदा, बन कर पति का अंग ।
पति घर हो या विपिन में, रहूँ उन्हीं के संग ।। 1365/5200

कन्द-मूल फल पात भी, अमृत मुझको, राम! ।
बिना नाथ इस राज्य के, सुख सब हैं बेकाम ।। 1366/5200

गीतमाला, पुष्प 54 of 163

राग केदार, कहरवा ताल 8 मात्रा

(कानन ले चलो)

स्थायी

कानन ले चलो साथ नाथ मोहे, मन में उदासी रे ।
वन दंडक में साथ चलूँगी, बन कर दासी रे ।।

♫ -सारेसाम म-मग प-प प-ध मंप, -धसांध पप-मंपधप म- - सारे-सा- ।
-सारेसा मम-मग पप प-पध मंप, -धसां धप प-मंपधप म- -सारे-सा- ।।

अंतरा-1

जंगल मंगल स्थान करेंगे, निर्जन भूमि स्वर्ग कहेंगे ।
प्रभु! मैं तुमरी जनम-जनम की, हूँ सहवासी रे ।।

♫ -प-पप सां-सांसां धनिसां रेंसांनिधप, -प-पप सां-सां सां धनिसां रेंसांनिधप ।
-गंगं गंमं रेंरेंसां- -निनिनि सांधध प-, -प पपप-मंपधप म- -सारे-सा- ।।

अंतरा-2

जहाँ पति है वहाँ सती हो, जहाँ राम है वहाँ सिया हो ।
तुम दीपक छाया मैं तुमरी, जुग चौरासी रे ।।

(सीता)

✍दोहा॰ **वन का मुझको डर नहीं, पति जहँ वह मम देश ।**
मैं भी क्षत्रिय नार हूँ, अधिक न दो उपदेश ।। 1367/5200

जंगल में मंगल मुझे, अगर तिहारा साथ ।
साथ आपके मैं मरूँ, या जीऊँ, रघुनाथ! ।। 1368/5200

36. Rāma-Sītā dialogue (Rāmāyan, 2. Ayodhyā Kānd)

देखूँ गिरि पर्वत नदी, तरु बेली के फूल ।
राज महल के सुख मुझे, तुम बिन देंगे शूल ।। 1369/5200

शशक विहग वन के मुझे, प्रिय हैं हरिण ललाम ।
मुझे तजोगे यदि यहाँ, दे दूँगी मैं प्राण ।। 1370/5200

गीतमाला, पुष्प 55 of 163

खयाल : राग तिलंग, तीन ताल 16 मात्रा

(सीता विनती)

स्थायी

सैंया मोहे संग ले चलो दैया,
अकेली मोहे छोड़ ना जैंया ।
♫ सां–प सांनिप गम ग– – साग मपनिमप,
सासाग मपप निसां पनिसांगंसांगंसांनिपनिपमगमग– ।

अंतरा–1

विष का प्याला पी के मरूँगी,
पडूँगी तोहरे पैंया ।
♫ गम पनि सां–सां– पनि सां गं सांरेंनिसांनिप,
सासागम पपनिसां पनिसांगंसांगंसांनिपनिपमगमग– ।

अंतरा–2

तन–मन सब बलिहारी जाऊँ, सुनो रे राम रमैया ।

✍ दोहा॰ सीता ने फिर हार कर, भरा नैन में तोय ।
फिर भी राघव ने नहीं, सुना बहाना कोय ।। 1371/5200

गीतमाला, पुष्प 56 of 163

खयाल : राग आसावरी, तीन ताल

(सिया विलाप)

स्थायी

अँखियन में जो अँसुअन आए, सावन के बादल बरसाए ।

36. Rāma-Sītā dialogue (Rāmāyan, 2. Ayodhyā Kānd)

♫ पमपसां ध- पधमप गरेमम प-प-, गं-रेंसां रें- सां-सांसां रेंरेंध-प- ।[18]

अंतरा–1

तिल काजल का जल में पिघला, गाल पे काली घटा उमड़ाये ।

♫ मम प-धध निध सांसांसां- सांसांसां-, नि-नि नि सां-सां- पगं रेंसांध-प- ।[19]

अंतरा–2

गाल पे काली घटा सिया के, देख पिया का दिल कलपाए ।

(फिर राघव बोले)

✍**दोहा॰** **सीता का हठ देख कर, राम हुए हैरान ।**
बोले, तुम हमरी सुनो, जिसमें है कल्याण ।। 1372/5200

कानन भीषण स्थान है, क्रूर जंतु का धाम ।
वहाँ त्रास हर बात का, मिले शरण ना त्राण ।। 1373/5200

महा विषैले साँप हैं, वन में नाग भुजंग ।
मँडराते पशु हिंस्त्र हैं, नाना रंग विहंग ।। 1374/5200

वहाँ भयानक रीछ हैं, चीते सिंह सियार ।
डर जाओगी तुम वहाँ, नारी हो सुकुमार ।। 1375/5200

(और)

✍**दोहा॰** **राह व्याघ्र जब रोकते, भाग सको ना आप ।**
करना पड़ता सामना, याद दिलाते बाप ।। 1376/5200

तरुअन के काँटे बड़े, पग-पग देते शूल ।
तन को आतप लगत हैं, अँखियन में भी धूल ।। 1377/5200

(और भी)

✍**दोहा॰** **बरसे जब वर्षा घनी, छा जाता अँधकार ।**

---

[18] **स्थायी तान :** 1. अखियन में जो- सारे मप निनि धप । सानि धप मग रेसा 2. अखियन में जो- रेम पनि धप मप । निनि धप गग रेसा 3. अखियन मप धप मप धसां । गंगं रेंरें सांसां निध । मप धप गग रेसा ।

[19] **अंतरा तान :** 1. तिल काजल का- सारे मम रेम पप । मप धध पध सासा 2. तिल काजल का जल में पिघला- सारे मप धध सां- । धसां रेंसां धप मप

36. Rāma-Sītā dialogue (Rāmāyan, 2. Ayodhyā Kānd)

नद-नालों पर नक्र का, होता है अधिकार ।। 1378/5200

वल्कल धारे देह को, चुभते शीत तुषार ।
सोना गीली घास पर, ऊपर ठंढ फुहार ।। 1379/5200

पीने को तब विपिन में, मिले न निर्मल नीर ।
कंद मूल फल पर्ण ही; मिलती वहाँ न खीर ।। 1380/5200

(तथा ही)

✍दोहा॰ खाने में ना स्वाद भी, ना पीने में मोद ।
कभी मिलेगी घास ही, या अनशन की गोद ।। 1381/5200

गिरि कंदर में असुर हैं, रहते निर्दय लोग ।
कभी विषैली पात भी, देते पीड़ा रोग ।। 1382/5200

वन में झँझावात जब, चलता है घन-घोर ।
आँधी औ तूफान का, सह न सकोगी शोर ।। 1383/5200

चक्रवात भी विपिन में, होते हैं जी तोड़ ।
उड़ते हैं झंखाड़ तब, देते माथा फोड़ ।। 1384/5200

☎और भी)

✍दोहा॰ बन में बसने के लिए, तेरा तन-मन स्वल्प ।
वन में कोह न मोह है, ब्रह्मचर्य संकल्प ।। 1385/5200

कोमल कलिका, तू सिये! मृदुल कली मम दार ।
वन में बसने के लिए, बनी नहीं तू नार ।। 1386/5200

(और अंत में)

✍दोहा॰ जाने दो मुझको, सिये! हर्षित मुख से आज ।
विदा कहो हँस कर प्रिये! और न हो नाराज ।। 1387/5200

(सीता बोली)

✍दोहा॰ सुन कर बातें राम की, हुई न वह भयभीत ।
उसके मन में थी घनी, राम-नाम से प्रीत ।। 1388/5200

36. Rāma-Sītā dialogue (Rāmāyan, 2. Ayodhyā Kānd)

रो कर बोली, तुम बिना, सुरपुर नरक समान ।
साथ तिहारे मैं रहूँ, वन को सुरपुर मान ।। 1389/5200

डर दिखला कर शेर का, बनीं नहीं है बात ।
संगी जिसका राम हो, कौन करे आघात ।। 1390/5200

मैं कन्या नृप जनक की, मुझे न दो तुम मात ।
पतिव्रता श्री राम की; कब समझोगे बात ।। 1391/5200

(और)

दोहा॰ बातों से श्री राम की, डरावनी जी तोड़ ।
तनिक नहीं सीता डरी, विपदाओं से घोर ।। 1392/5200

बोली, भाती है मुझे, चुनौतियाँ, रघुवीर! ।
डरते हैं डरपोक ही, निडर कहे हैं वीर ।। 1393/5200

क्षात्र-धर्म का ही तुम्हें, पूर्ण हुआ है ज्ञान ।
पतिव्रता के धर्म की, तुम्हें नहीं पहचान ।। 1394/5200

जितना दुर्धर क्षात्र का, धर्म कहत हैं लोग ।
उससे बढ़कर घोर है, साध्वी का व्रत भोग ।। 1395/5200

सावित्री ने जो किया, धार्मिक कार्य कठोर ।
क्षत्रिय ना वह कर सके, कर्म, बिना कछु शोर ।। 1396/5200

(अतः)

दोहा॰ जिद पर सीता अड़ गयी, साथ ले चलो, नाथ! ।
सीता का हठ देख कर, घबड़ाये रघुनाथ ।। 1397/5200

सीता ने फिर से कहा, वन में तुमरे पास ।
सुखदाई बन कर रहूँ, हूँगी नहीं उदास ।। 1398/5200

जनक राज की मैं सुता, क्या बोलेगा बाप ।
"भार्या गृह में छोड़ कर, चला गया पति आप ।। 1399/5200

"जामाता निर्लज बड़ा, निर्बल है श्री राम ।
पत्नीरक्षा से डरा," क्षात्र-धर्म बदनाम ।। 1400/5200

36. Rāma-Sītā dialogue (Rāmāyan, 2. Ayodhyā Kānd)

(इस लिए)

✍दोहा॰ वन में सुख हो या न हो, पग-पग दुख हों लाख ।
सह लूँगी सब प्रेम से, बिना नीर के, आँख ।। 1401/5200

तुम बिन सुख मुझको नहीं, महलों में भी, राम! ।
कंद मूल फल खाइके, मुझे विपिन सुख धाम ।। 1402/5200

तीले-झुर्मट ही सही, वन के झाड़-झँखाड़ ।
तुमरी माया से, प्रभो! फेंकूँ सकल उखाड़ ।। 1403/5200

(और)

✍दोहा॰ जो बोलोगे सो करूँ, बिना किए तकरार ।
नहीं ले गए तो मरूँ, बिरहा व्याकुल नार ।। 1404/5200

मुझे अवध में मत तजो, संग ले चलो राम ।
अगर नाथ हों विपिन में, वही मुझे सुखधाम ।। 1405/5200

जंगल ही मंगल मुझे, घास पात फल-फूल ।

वन्य-अन्न पकवान हों, कंद विपिन के मूल ।। 1406/5200

रो कर लिपटी नाथ को, बाहु-हार को डार ।
पति-बिरहा मत दो मुझे, बोली राघव नार ।। 1407/5200

(फिर, यह सुन कर, राम)

✍दोहा॰ सुन कर सीता का कहा, दृढ़ उसका संकल्प ।
राघव के मन अब नहीं, कोई बचा विकल्प ।। 1408/5200

अवाक् हो कर राम ने, मानी उसकी बात ।
एक निमिष फिर सोच कर, कहा स्नेह के साथ ।। 1409/5200

पतिव्रता हो तुम सिये! ध्रुव निश्चय की नार ।
तुमरे प्रण के सामने, मानी हमने हार ।। 1410/5200

लिखा हुआ यदि भाग्य में, है तुमरे वनवास ।
संग हमारे तुम, प्रिये! वन में करो निवास ।। 1411/5200

36. Rāma-Sītā dialogue (Rāmāyan, 2. Ayodhyā Kānd)

✍दोहा॰ अच्छा तो फिर ठीक है, करो विपिन में वास ।
चौदह बरसों में लिखें, एक नया इतिहास ।। 1412/5200

अब न अवध में तुम रहो, चलो हमारे संग ।
ब्रह्मचर्य का व्रत लिए, पति-प्रण ना हो भंग ।। 1413/5200

राग क्रोध सब छोड़ दो, दो न किसी को दोष ।
मम जननी से अब मिलें, उसको दें संतोष ।। 1414/5200

लक्ष्मण को भी साथ लें, वो भी है तैयार ।
चलो पिताश्री को करें, साष्टांग नमस्कार ।। 1415/5200

(तब)

✍दोहा॰ राजवस्त्र तज कर वहाँ, पीली साढ़ी धार ।
सीता बन कर जोगिनी, चलने हुई तयार ।। 1416/5200

आई थी वह अवध में, स्वप्न-सुनहरे संग ।
सपने सुख-संसार के, मगर होत हैं भंग ।। 1417/5200

गीतमाला, पुष्प 57 of 163

बड़ा खयाल : राग भैरव – तीन ताल

(सिया अवध में आई)

स्थायी

सिया अवध में आई सखी, सिया अवध में आई, एरी ।
आशाएँ मन में लाई, चित में आस जगाई, सखी ।।

♫ गमध धपप पध पधमपम-ग- मग, गमध धपप पध पमपम-ग-, गमपम ।
गरेगमपमगरे-सा धध ऩिसा रे-सा-, ऩिसा गम प-ग मपधनिसांनिधपमप, मग ।।

अंतरा–1

मगर उजड़ता घर सिय पाई, दुखी भई सीता माई, सखी ।

♫ ममम मधधनि- सांसां सांसां निरेंसां-, सांरें गंमं गंरेंसां- धनिसांनिधपमप, मग ।।

अंतरा–2

अब तो उसका एक सहाई, राम सखा सुखदाई, सखी ।

37. Urmilā-Lakshman dialogue (Rāmāyan, 2. Ayodhyā Kānd)

37. उर्मिला-लक्ष्मण संवाद की कथा :

37. Urmilā-Lakshman dialogue *(Rāmāyan, 2. Ayodhyā Kānd)*

कथा

(लक्ष्मण-उर्मिला संवाद)

(लक्ष्मण)

दोहा॰ लेकर अनुमति राम से, निकला लछमन भ्रात ।
आया उर्मिल पास वो, करने उससे बात ।। 1418/5200

धर उर्मिल को बाँह में, बोला लखन कुमार ।
संकट आया राम पर, जो है दुखद अपार ।। 1419/5200

(उर्मिला बोली)

दोहा॰ उर्मिल बोली लखन को, राघव पर क्या क्लेश ।
राम तजे क्यों अवध को, क्यों वह छोड़े देश ।। 1420/5200

(लक्ष्मण)

दोहा॰ राघव वन को जा रहे, तज कर अपना देश ।
देकर शासन भरत को, माता का आदेश ।। 1421/5200

राघव मेरा प्रेम है, सुहृद मेरा राम ।
अंतर् आत्मा राम हैं, परमात्मा मम राम ।। 1422/5200

अनुगामी मैं राम का, राघव मेरे प्राण ।
साँस-साँस में राम हैं, राघव मेरे त्राण ।। 1423/5200

(और)

दोहा॰ लछमन ने उससे कही, अपने मन की बात ।
राघव मेरे स्वर्ग हैं, राघव मेरे तात ।। 1424/5200

स्नेही मेरे राम हैं, मेरे अंतर्याम ।
परम सहारा राम हैं, पथ दर्शक श्री राम ।। 1425/5200

नम्र भगत मैं राम का, वही मुझे हैं तात ।
स्वामी मेरे राम हैं, सीता मेरी मात ।। 1426/5200

37. Urmilā-Lakshman dialogue (Rāmāyan, 2. Ayodhyā Kānd)

सेवक हूँ मैं राम का, बंधु सखा मम राम ।
दुख हारक मम राम हैं, राघव हैं सुखधाम ।। 1427/5200

मेरे मुख नित राम हैं, राघव मम जगदीश ।
राम चरण पर हो सदा, निश-दिन मेरा शीश ।। 1428/5200

जीवन मेरा राम हैं, उन्हें मिला वनवास ।
राम जहाँ हों, मैं वहाँ, बन कर उनका दास ।। 1429/5200

(और बोला)

✍दोहा॰ लछमन फिर कहने लगा, "दो-वर" वाली बात ।
कैसा कीन्हा कांड है, अपनी मँझली मात ।। 1430/5200

वन में भेजत राम को, कटि पर वल्कल धार ।
मुकुट हार कुंडल कड़े, रेशम-वस्त्र उतार ।। 1431/5200

(और)

✍दोहा॰ राम गमन तक ना रुकी, भेजा केकय दूत ।
राज्य भरत को सौंपने, सवार सिर पर भूत ।। 1432/5200

(अतः)

✍दोहा॰ आज्ञा को स्वीकार कर, पहने वल्कल छाल ।
मातु सुमित्रा से मिले, निकला दशरथ लाल ।। 1433/5200

सीता से मिलने गया, करने उससे बात ।
सुन कर सीता-मातु को, होगा दुख आघात ।। 1434/5200

घोर विपद् है राम पर, उसका हम दें साथ ।
जो दुखपल में साथ दे, वही है सच्चा भ्रात ।। 1435/5200

(और)

✍दोहा॰ जाऊँ राघव संग मैं, यही बंधु का धर्म ।
तुम भी मुझको दो विदा, करें उचित यह कर्म ।। 1436/5200

तज दूँ सुख मैं महल के, रहूँ राम के पास ।
सेवा मैं उसकी करूँ, विनम्र बन कर दास ।। 1437/5200

(फिर)

37. Urmilā-Lakshman dialogue (Rāmāyan, 2. Ayodhyā Kānd)

दोहा॰ कहो विदा मुझको, प्रिये! मुख पर लेकर हास ।
चिंता में ना हम रहें, सफल करूँ वनवास ।। 1438/5200

मेरे जाते ना रहो, चिंता ग्रस्त उदास ।
सेवा माता की करो, पूजो तीनों सास ।। 1439/5200

सेवा दशरथ तात की, करना तुम दिन-रात ।
उनको बिरहा ना चुभे, सदा रहे यह ज्ञात ।। 1440/5200

(उर्मिला बोली)

दोहा॰ उर्मिल ने शुचि हृदय से, कहा लखन को, नाथ! ।
सब सिमरूँगी मैं सदा, अति श्रद्धा के साथ ।। 1441/5200

मातु-पिता का मैं करूँ, नित आदर सत्कार ।
भारत की मैं हूँ सती, धर्मचारिणी नार ।। 1442/5200

सुन कर मंगल वचन वे, उर्मिल के सुखकार ।
लछमन धनु शर को लिए, जाने हुआ तयार ।। 1443/5200

♫ छन्दमाला, मोती 4 of 11

शार्दूलविक्रीडित छन्द

ऽ ऽ ऽ, । । ऽ, । ऽ ।, । । ऽ, ऽ ऽ ।, ऽ ऽ ।, ऽ

♫ सा–रे– ग–मग रे– गम– पमग रे–, ग– प–म ग– म–ग रे–

(उर्मिल लक्ष्मण आलाप)

देवी उर्मिल ने कहा लखन से, "जा राम के संग तू ।
तेरा राघव है सखा जनम से, जाका बना अंग तू ।। 1
ऐसी राघव की घड़ी-कठिन में, मेरी न चिंता करो ।
जो है राघव ने किया प्रण महा, मैं भी जरासा करूँ" ।। 2

देवी उर्मिल को कहा लखन ने, "तू भी सती है खरी ।
तूने चौदह वर्ष आत्मवश की, गाढ़ी प्रतिज्ञा करी ।। 3
पीछे तू पितु मातु की लगन से, सेवा करोगी, प्रिये! ।
आऊँगा अब लौट के विपिन से, तेरी पिपासा लिए" ।। 4

(फिर)

38. Story of Rāma-Sītā-Kausalyā dialogue (2. Ayodhyā Kānd)

दोहा॰ उर्मिल बोली लखन को, प्राण तुम्हें रघुनाथ ।
संगी बन कर राम के, जाओ राघव साथ ।। 1444/5200

सच्चा त्यागी है वही, पर हित जिसका याग ।
अपनी निंदिया छोड़ कर, अपर-भले में जाग ।। 1445/5200

अत:)

सास ससुर परमातमा, यही वधू की शान ।
लाख बहू में एक वो, उर्मिल देवी जान ।। 1446/5200

राम-सिया लेने जभी, आए लखन दुआर ।
अनुज खड़ा था, संग में, चलने को तैयार ।। 1447/5200

करके वन्दन राम को, बोला चलिए, बाप! ।
सिय के पग रख शीश को, कहा "मातु" अब आप ।। 1448/5200

अयोध्या काण्ड : सातवाँ सर्ग

38. श्री राम-सीता-कौशल्या संवाद की कथा :

38. Story of Rāma-Sītā-Kausalyā dialogue *(2. Ayodhyā Kānd)*

कथा

(राम-सीता-लक्ष्मण)

दोहा॰ उर्मिल को कह कर विदा, कर्म योग में लीन ।
राम-सिया लछमन चले, सजल नयन वे तीन ।। 1449/5200

(तब)

दोहा॰ राम-लखन-सीता गए, वनी बनेले तीन ।
कौशल्या के कक्ष में, पुत्रधर्म में लीन ।। 1450/5200

(राम)

दोहा॰ वल्कल में लख राम को, कौशल्या हैरान ।
बोली, सुत! ये क्या हुआ, क्यों वल्कल परिधान ।। 1451/5200

राघव ने माँ से कही, "दो-वर" वाली बात ।

38. Story of Rāma-Sītā-Kausalyā dialogue (2. Ayodhyā Kānd)

और बताया, हैं पड़े, मूर्छित होकर तात ।। 1452/5200

कीन्हे वन्दन मातु के, पग पर मस्तक टेक ।
सीता राघव लखन ने, कीन्हे नमन अनेक ।। 1453/5200

सुन कैकेयी के सभी, निर्दय पापी काम ।
माता रोई बिलखती, लेकर प्रभु का नाम ।। 1454/5200

आज्ञा मुझको है मिली, करने को वनवास ।
पुत्र-धर्म को पालने, यह मैं लिया लिबास ।। 1455/5200

(माता बोली)

✍दोहा॰ माता बोली राम को, मुझे बहुत है खेद ।
कैकेयी ने है किया, राम-भरत में भेद ।। 1456/5200

कौशल्या ने फिर कहा, दंडक वन है घोर ।
कैसे उस वन में भला, होगा तुमरा ठौर ।। 1457/5200

कंद मूल रसहीन पर, कैसे जीवन, राम! ।
राज महल में तुम पले, निश-दिन सुख आराम ।। 1458/5200

वन में आतप ताप लू, ओले झंझावात ।
कैसे वर्षा ठंढ में, बीतेंगे दिन-रात ।। 1459/5200

(फिर बोली)

✍दोहा॰ माता बोली रोइके, सुनियो मेरी बात ।
मैं भी आऊँ साथ में, वन में तुमरे साथ ।। 1460/5200

जीऊँगी मैं विरह में, कैसे तुम बिन, राम! ।
रानी कैकेयी मुझे, कर देगी बदनाम ।। 1461/5200

(फिर)

✍दोहा॰ देख राम को वल्कली, लखन सिया के साथ ।
माता ने अति शोक में, माथे मारा हाथ ।। 1462/5200

बोली, तुमने क्यों लिया, संन्यासी का रूप ।
देखेंगे तो क्या कहें, पितुवर दशरथ भूप ।। 1463/5200

38. Story of Rāma-Sītā-Kausalyā dialogue (2. Ayodhyā Kānd)

कल तुमरा अभिषेक है, यह कैसा है वेष ।
क्या ये नूतन रीत है, तुमरी एक विशेष ।। 1464/5200

राघव ने माँ से कहा, "पति परमेश्वर जान ।
पति को तजना पाप है, चाहे निकले प्राण ।। 1465/5200

"पिता पड़े बेहोश हैं, उनकी सेवा धर्म ।
वेद शास्त्र जो कहत हैं, वहीं योग्य हैं कर्म" ।। 1466/5200

(उपदेश)

✍दोहा॰ आए चारों देखने, नृप थे पड़े अचेत ।
उनकी आहट पाइके, आई नृप को चेत ।। 1467/5200

(और)

✍दोहा॰ आए जब वे कक्ष में, गयी कैकयी छोड़ ।
जाते पल पति को कहा, "अब तू दम को तोड़" ।। 1468/5200

कहा राम ने मातु से, पिता गए हैं टूट ।
मँझली माता से बड़े, तात गए हैं रूठ ।। 1469/5200

सेवा तुम उनकी करो, आओ ना पति छोड़ ।
रहो निकट ही तुम सदा, अविरत नेहा जोड़ ।। 1470/5200

ऐसा कुछ भी ना कहो, जिसमें किंचित् क्रोध ।
ऐसे मुश्किल काल में, उनको दो तुम मोद ।। 1471/5200

(और भी)

✍दोहा॰ माते! पति को छोड़ कर, मत आ, बोले राम ।
पति तजना प्रतिकूल है, अनीति का यह काम ।। 1472/5200

सीता मेरे संग है, और लखन भी साथ ।
चिंता मेरी मत करो, भज तू अपना नाथ ।। 1473/5200

त्याग नाथ का वर्ज्य है, अनार्य जाना काम ।
पत्नी पति के संग ही, सजती आठों याम ।। 1474/5200

पत्नी पति का सुख कही, संकट कष्ट उबार ।

38. Story of Rāma-Sītā-Kausalyā dialogue (2. Ayodhyā Kānd)

पत्नी पति के दुख हरे, तभी उसे उद्धार ।। 1475/5200

पत्नी पति की छाँव है, अर्ध अंग कहलाय ।
पाले पति के वचन जो, नारी सो हि सुहाय ।। 1476/5200

(और)

✎ दोहा॰ भर्ता तेरा है भला, सुखदाई गुणवान ।
पति को आत्मा मान ले, वो तेरा भगवान ।। 1477/5200

आज घड़ी आई बुरी, कल बरसे सुख रास ।
धूप-छाँव का चक्र ये, दरसाता इतिहास ।। 1478/5200

सुत वियोग का दुख लिए, व्याकुल हैं तव नाथ ।
ऐसे में दे सुख उन्हें, बोले श्री रघुनाथ ।। 1479/5200

सब होंगे फिर साथ हम, सफल किए वनवास ।
दुख में धीरज ज्यों धरे, पतझड़ का वह गाछ ।। 1480/5200

सब मिल कर हम साथ में, दुख को करें तमाम ।
करें विपद् का सामना, यही पुण्य का काम ।। 1481/5200

सुन अमृत वच पुत्र के, माता को संतोष ।
बैठी पति के चरण में, दूर हुआ सब रोष ।। 1482/5200

(फिज माता बोली)

✎ दोहा॰ माता बोली राम को, सुत! तेरे शिव बोल ।
कीन्हे गदगद हैं मुझे, दीन्हें नैनन खोल ।। 1483/5200

भेजूँगी अब विपिन में, तुमको सुख के साथ ।
पुत्र-धर्म तव सफल हो, शुभ आशिष, रघुनाथ! ।। 1484/5200

(और, दुर्भाग्य)

✎ दोहा॰ निष्पापी को दंड हैं, दिये हमारे कर्म ।
आज विषम ये भाग्य हैं, उन्हीं कर्म का धर्म ।। 1485/5200

(माता सिया को बोली)

✎ दोहा॰ उन्हीं फलों से हैं मिले, दुख ये सब जी तोड़ ।

38. Story of Rāma-Sītā-Kausalyā dialogue (2. Ayodhyā Kānd)

भूपति दुख में रो रहे, पुत्र चले घर छोड़ ।। 1486/5200

सीता का सिर चूम कर, हार बाहु का डार ।
भीगे नैनन से दिया, कौशल्या ने प्यार ।। 1487/5200

बोली, सीते! विपिन में, पति तेरा परमेश ।
तुम बन कर अर्धांगिनी, सकल निबारो क्लेश ।। 1488/5200

(और)

✍दोहा॰ मुख में तुमरे हों, सिये! केवल मीठे बोल ।
तीते रूठे शब्द हैं, बिल्कुल मिट्टी मोल ।। 1489/5200

शब्द स्निग्ध ही प्रेम के, मुख में हों दिन-रात ।
अपनों पर कटु बोल का, मत करना आघात ।। 1490/5200

रसना संयम हो सदा, तुमरा बिन अपवाद ।
शब्द बाण मुख से चला, लौट न आवे बाद ।। 1491/5200

आस हीन होना नहीं, तुम धीरज को छोड़ ।
गिरे गगन भी टूट कर, आवे विपदा घोर ।। 1492/5200

सीते! बचनन मातु के, रखना निश-दिन याद ।
जब तक आओ लौट कर, चौदह बरसों बाद ।। 1493/5200

(सीता बोली)

✍दोहा॰ सीता बोली मातु से, परम तिहारा प्यार ।
यथा कहा है आपने, करूँ वही व्यवहार ।। 1494/5200

पति वचनों पर मैं चलूँ, पतिव्रता आदर्श ।
भूल नहीं कछु भी करूँ, ना मन में आमर्ष ।। 1495/5200

संयम धरके मैं रहूँ, धर्म परायण नार ।
मर्यादा में मैं बसूँ, रामचंद्र की दार ।। 1496/5200

(राम को माता बोली)

✍दोहा॰ माता कौशल्या भई, मन में बहुत प्रसन्न ।
शुभ आशिष दे कर उसे, बोली तुम हो धन्य ।। 1497/5200

39. The story of Rāma-Dashrath dialogue (2. Ayodhyā Kānd)

जाओ वन में तुम, सिये! अपने पति के साथ ।
जिसकी पत्नी है सिया, भाग्यवान रघुनाथ ।। 1498/5200

तरु बेली खग विपिन के, पशु कीटक सब जीव ।
चंद्र सूर्य तारे तुम्हें, मंगल रहें अतीव ।। 1499/5200

ऋषि-मुनि संतन सुर सभी, दें तुमको सत्संग ।
विघ्न हीन हों विपिन में, तुमरे सभी प्रसंग ।। 1500/5200

गिरि नदियाँ कंदर सभी, तुमको दें सुख लाभ ।
राक्षस सब तुम जीत लो, राघव! तुम अमिताभ! ।। 1501/5200

अयोध्या काण्ड : आठवाँ सर्ग

 39. श्री राम-दशरथ संवाद की कथा :

39. The story of Rāma-Dashrath dialogue (2. Ayodhyā Kānd)

📖 कथा 📖

(कौशल्या)

दोहा॰ माता बोली राम को, सफल करो तुम कार्य ।
पुत्रधर्म पालन करो, तुम हो सच्चे आर्य ।। 1502/5200

(राम, लक्ष्मण, सीता)

दोहा॰ राम-सिया लछमन तभी, कौसल मातु समेत ।
आए नृप को देखने, जो थे पड़े अचेत ।। 1503/5200

चारों कर को जोड़ कर, आए नृप के पास ।
शीश नवा कर थे खड़े; पितु की धीमी साँस ।। 1504/5200

(राम)

दोहा॰ कहा पिता को राम ने, रख कर पग पर शीश ।
सिया लखन मम साथ हैं, दो हमको आशीष ।। 1505/5200

(दशरथ बोले)

39. The story of Rāma-Dashrath dialogue (2. Ayodhyā Kānd)

✍दोहा॰ दशरथ बोले तीन को, दंडक तुमरे भाग ।
मैंने जो "दो–वर" दिये, लगी उन्हीं से आग ।। 1506/5200

(राम बोला)

✍दोहा॰ राघव बोले, हे पिता! रोने का नहिं काम ।
हँस कर वचन निभाएगा, पुत्र तिहारा राम ।। 1507/5200

जो होना सो हो गया, होनी सको न रोक ।
कर्म–फलों के नियम ने, घेरे तीनों लोक ।। 1508/5200

होनी टले न टाल कर, उसका सूत्र अनूप ।
यथा शास्त्र, निश्चित करो, भरत अवध का भूप ।। 1509/5200

दिया धर्म वासिष्ठ ने, मनु ने दीन्ही नीति ।
पितु बचनन को पालना, रघुकुल की है रीति ।। 1510/5200

सेवा तुमरी, हे प्रभो! करिहै रानी तीन ।
भरत रूप में मैं रहूँ, पास तिहारे लीन ।। 1511/5200

(उधर, वसिष्ठ ऋषि)

✍दोहा॰ वसिष्ठ मंडप में खड़े, तकत राम की राह ।
सुमंत्र बोला, राम है, शमत मातु की दाह ।। 1512/5200

सुन कर बात सुमंत्र की, वसिष्ठ के मन ताप ।
बोले, देखूँ बात क्या, जाकर उत मैं आप ।। 1513/5200

गुरुवर आए कक्ष में, चकित देख उत्पात ।
राघव ने गुरु को कही, "दो–वर" वाली बात ।। 1514/5200

(दशरथ बोले)

✍दोहा॰ नृप बोले, "मुनि! आप भी, जाना राघव साथ ।
राह दिखाना पुत्र को, बालक है रघुनाथ ।। 1515/5200

"रथ लेना बहु साथ में, अन्न वस्त्र का भार ।
सैनिक भी लो साथ में, संकट सकें निबार ।। 1516/5200

"कंबल तकिये साथ लो, सतरंजी उपधान ।

सीता के कपड़े सभी, चौके का सामान" ।। 1517/5200

(कैकेयी)

✍दोहा॰ कैकेयी ने जब सुना, वसिठ मिले अवधेश ।
आई दौड़ी कक्ष में, सुनने नृप आदेश ।। 1518/5200

सुन कर दशरथ का कहा, रानी के मन क्रोध ।
उसने तीखे शब्द में, नृप का किया विरोध ।। 1519/5200

बोली, "राघव को मिला, घर से है संन्यास ।
कुछ भी साथ न जाएगा, ना धन रथ ना दास ।। 1520/5200

"राज्य भरत का हो गया, उसकी है हर चीज ।
राम न कछु ले जाएगा, अन्न वस्त्र हरगिज ।। 1521/5200

"सीता साथ न जाएगी, करने वन में वास ।
मेरी सेवा में लगी, पूजेगी वह सास" ।। 1522/5200

(नृप बोले)

✍दोहा॰ मँझली को नृप ने कहा, "मत कर तू अभिमान ।
बड़ी बहू को मिलत है, रानी का सम्मान ।। 1523/5200

"रानी का पद दे उसे, सेवा कर दिन-रात ।
या जाने दे वन उसे, रामचंद्र के साथ ।। 1524/5200

"वनवास मिला है राम को, सिया को न दुतकार ।
क्यों मारे तू, कैकई! अपने पाँव कुठार ।। 1525/5200

"तूने रघु को वन दिया, सीता का नहीं दोष ।
सीता को मत छेड़ तू, सँभलो अपने होश" ।। 1526/5200

(फिर)

✍दोहा॰ रानी बोली, "ठीक है, जावे राघव संग ।
मगर महल के कुछ नहीं, पहने भूषण अंग ।। 1527/5200

"साढ़ी कुंडल कंगना, पायल हार उतार ।
वन में राघव संग वो, जावे वल्कल धार" ।। 1528/5200

39. The story of Rāma-Dashrath dialogue (2. Ayodhyā Kānd)

(सीता)

दोहा॰ लख कर वल्कल को, सिया, सिकुड़ायी निज अंग ।
बोली, "तन यह ना ढके, आवे कटि पर तंग ।। 1529/5200

"आधा तन ये ना ढके, लगते नंगे अंग ।
साढ़ी को मैं ना तजूँ, होती लज्जा भंग" ।। 1530/5200

(और फिर)

दोहा॰ वल्कल सीता ने जभी, देखे देह लगाय ।
ढका न आधा अंग भी, ना ही लिपटा जाय ।। 1531/5200

सीता लज्जित सी खड़ी, लेकर नैनन नीर ।
कैसे पहनूँ मैं भला, वल्कल का यह चीर ।। 1532/5200

राघव बोले, "तुम सिये! वल्कल कटि नजदीक ।
साढ़ी पर ही बांधलो, वन मैं करना ठीक" ।। 1533/5200

(तब वसिष्ठ मुनि ने कहा)

दोहा॰ फिर वसिष्ठ हो कर दुखी, बोले, "यह है पाप ।
इसको वन है ना मिला, लीन्हा व्रत है आप ।। 1534/5200

"निरपराध को दंड क्यों, क्यों नारी–अपमान ।
या दो आजादी इसे, या रानी का स्थान" ।। 1535/5200

(और)

दोहा॰ "कैकेयी! तुम अब करो, बकबक अपनी बंद ।
क्यों डाले सबके तथा, अपने गल में फँद ।। 1536/5200

"सीता वन में जाएगी, साढ़ी भूषण साथ ।
हठ से तू हट जा अभी, मत कर आतम घात" ।। 1537/5200

कैकेयी मुनि से डरी, सहमी अबकी बार ।
चुपके से फिर कक्ष से, खिसकी सिसकी मार ।। 1538/5200

(दशरथ बोले)

दोहा॰ दशरथ बोले राम को, "करो सफल वनवास ।

40. Rāma-Sītā-Lakshman going to forest (Ayodhyā Kānd)

यों ही मैं लेटा रहूँ, तुमरी लेकर आस ।। 1539/5200

"आओ चौदह वर्ष का, पूर्ण किए व्रत घोर ।
तीनों को मैं फिर मिलूँ, ना इच्छा कुछ और" ।। 1540/5200

फिर)

तीनों पितु के पैर पर, अपना माथा टेक ।
करके तीन परिक्रमा, निकल पड़े सुविवेक ।। 1541/5200

अयोध्या काण्ड : नौवाँ सर्ग

40. श्री राम-लक्ष्मण-सीता वनवास गमन की कथा :

40. Rāma-Sītā-Lakshman going to forest *(Ayodhyā Kānd)*

कथा

(शयन कक्ष से)

दोहा॰ कह कर पितुवर को विदा, निकले जब रघुनाथ ।
मंडप में आए चले, गुरुवर उनके साथ ।। 1542/5200

वल्कल-धारी राम को, देख सभी को रोष ।
मंडप वाले पाहुने, कीन्हा अति आक्रोश ।। 1543/5200

(मंडप में)

दोहा॰ बोले अतिथि, वसिष्ठ को, सीय की साढ़ी पीत ।
राघव ने वल्कल धरा, नई तिलक की रीत ।। 1544/5200

गुरुवर ने उनको कही, "दो-वर" वाली बात ।
पुत्रधर्म, दशरथ व्यथा, भी बतलाईं साथ ।। 1545/5200

जन समूह सब चकित था, दुख आश्चर्य समेत ।
कुछ श्रद्धालु गिर पड़े, मूर्छित हुए अचेत ।। 1546/5200

(तब)

दोहा॰ सब जनपद जन ने दिया, कैकेयी को दोष ।

बोले, "रानी है भई, सत्ता से मदहोश" ।। 1547/5200

सजल नयन थे सब भए, काँप रहे थे गात ।
खबर अवध में मिल गयी, विद्युत-गति के साथ ।। 1548/5200

घर-घर में रोना मचा, जनपद सकल उदास ।
जनता दौड़ी आगयी, राज भवन के पास ।। 1549/5200

राघव-दर्शन के लिए, पथ की दोनों ओर ।
खड़े हुए जन प्रीति से, दोनों हस्तक जोड़ ।। 1550/5200

(फिर)

✍दोहा॰ मंडप में गुरु वसिठ ने, जोड़े दोनों हाथ ।
गायत्री के मंत्र को, गाया सबके साथ ।। 1551/5200

वेदी पर बिठलाय कर, राम-लखन-सिय साथ ।
दीक्षा दी वनवास की, रो कर कौसल-मात ।। 1552/5200

पूजा राघव की किए, बाँधी मौली हाथ ।
"जय जय," बोली सब सभा, "सिया-लखन-रघुनाथ!" ।। 1553/5200

(और)

✍दोहा॰ गंगा जल को रामजी, अपने सिर पर डाल ।
निकल पड़े वनवास को, यथा बुना था जाल ।। 1554/5200

राम-सिया रथ पर चढ़े, लखन चला कर जोड़ ।
गुरुवर, अतिथि, जन सभी, निकले मंडप छोड़ ।। 1555/5200

गीतमाला, पुष्प 58 of 163

राग केदार : कहरवा ताल

(सीता वन चली)

स्थायी

दुल्हनिया वन चली, राम की सीता, राज कुमारी, कोमल कलिका ।
रानी अवध की, जानकी माता ।।

♪ सारेसाप पप मंप ध-प प मंपम-, म-प पसांधप, म-धप ममरेसा ।

40. Rāma-Sītā-Lakshman going to forest (Ayodhyā Kānd)

सां-सां सांनिध सांरें, सां-धप मंपम- ।।

अंतरा-1

मधुर मिलन में, दे गयी अँसुअन । रैन सुहाग की, हो गई बैरन ।
जीयो जुग-जुग, जानकी माता ।।

♪ पपसां सांसांसां रेंसां, निध सांरें सांनिधप । म-प पसां-ध प, म-धप म-रेसा ।
सां-सां- निध सांरें, सां-धप मंपम- ।।

अंतरा-2

जल अँखियन भर, रोवत लछमन । हाथ जोर सिय मातु को वन्दन ।
जै जय तुमरी जानकी माता ।।

अंतरा-3

रघुपति दशरथ, जल कर तन-मन । कोसत कैकई, रोकत क्रंदन ।
धन्य है तुमरी, जानकी माता ।।

अंतरा-4

अवध पुरी के, बेबस दुखी जन । गात हैं ब्रह्मा, विष्णुजी शंकर ।
जीती रहो तुम, जानकी माता ।।

(माता)

दोहा॰ रोई कौशल्या दुखी, और सुमित्रा मात ।
दोनों पाकर वेदना, भई अचेता गात ।। 1556/5200

लौट न देखा राम ने, गृह बंधन को तोड़ ।
सुमंत्र को बोले, "चलो!" कर्म धर्म को जोड़ ।। 1557/5200

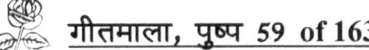

गीतमाला, पुष्प 59 of 163

चैती : दीपचंदी ताल

(चले लंका अवध बिहारी)

स्थायी

चले लंका अवध बिहारी, हो रामा, धनुस जटा धारी ।

♪ सारे- म-म- मप-ध सांसां-सां- -नि-, धप ग-मगमधप, पधप- म-मगरे ग-सा- - - ।

अंतरा-1

40. Rāma-Sītā-Lakshman going to forest (Ayodhyā Kānd)

नीर नयनन सकल नर-नारी, आरती करत मनहारी । हो रामा॰

♫ सांनि-ध- नि-सांरें-सांसां सां-निनि- धप-म मप-ध-,

मसासारे- म-म-मप- धसांसां-सां- -नि- । धप ग-मगम॰

अंतरा-2

संग सिया है रघुवर प्यारी, अंग पे पीत वसन डारी ।

अंतरा-3

पीछे लखन परम सुविचारी, राम-सिया का हितकारी ।

(और)

दोहा॰ **जनपद के जन थे खड़े, पथ की दोनों ओर ।**
राघव को कर जोड़ते, रो कर करते शोर ।। 1558/5200

सिय पग पर सिर टेकते, जन-गण श्रद्धावान ।
लछमन-स्नेह सराहते, कहत धन्य हैं राम ।। 1559/5200

गाते भजनन भक्ति के, चलते-चलते साथ ।
प्रभु की मंगल आरती, जय सिय जय रघुनाथ ।। 1560/5200

गीतमाला, पुष्प 60 of 163

राग भैरवी

(वन को राम चले)

स्थायी

वन को राम चले, सत् नाम चले, तज कर धाम चले ।

♫ रेसा रे- प-म रेग-, मम प-ध पम-, रेरे गग म-ग- रे-सा- ।

अंतरा-1

पापी कैकई ममता खोई, कुल-कलहों से नहीं घबराई ।
रामलला से गादी छीनी, छल से भरत के नाम कराई ।
किसी की न दाल गले ।।

♫ रेसारे ग-गग- ममम- प-प-, धध पमप- ध- पम गगम-प- ।

सा-सासारे- रे- ग-ग- म-प-, पप प धधप म- ध-प मग-रे- ।

रेरे ग ग म-ग रेसा- ।।

40. Rāma-Sītā-Lakshman going to forest (Ayodhyā Kānd)

अंतरा–2

वचन पिता का पूर्ण कराने, वल्कल धर निकला रघुराई ।
पीछे पीछे लछमन भाई, संग सिया बनवास धराई ।
दिन सुख के हैं ढले ।।

अंतरा–3

अवध पुरी के दुखी नर–नारी, असुवन से सब देत विदाई ।
दसरथ ने गम से दम त्यागे, माता सुमित्रा बिरहाई ।
हिय सबका ही जले ।।

अंतरा–4

सबके दिल के टुकड़े टुकड़े, कैकई मन में थी हरषाई ।
भरत राम का सच्चा भाई, गादी अवध की जिन ठुकराई ।
फल छल के न फले ।।

अंतरा–5

वाह रे राम और लछमन भाई, धन्य-धन्य तू, सीतामाई! ।
जाओ तुमको राखे राई, ब्रह्मा विष्णु शंकर साईं।
आशिष देत तले ।।

(फिर)

✍दोहा० राघव ने सबको कहा, जाओ घर अब आप ।
स्नेह तिहारा मिल गया, अधिक न लो अब ताप ।। **1561**/5200

हम तुमरा सुमिरण करें, मन ही मन दिन–रात ।
करो सफल वनवास तुम, फिर मिलते हैं साथ ।। **1562**/5200

(लोग बोले)

✍दोहा० जन बोले श्री राम को, मधुर आपके बोल ।
संग तुम्हारा ही हमें, लगता अति अनमोल ।। **1563**/5200

हम भी चलते साथ ही, वन में करने वास ।
वहीं राम का राज्य हो, हम सब तुमरे दास ।। **1564**/5200

सुख–शाँति से हम रहें, कैकेयी से दूर ।
जंगल में हम खाँयगे, कंद मूल भरपूर ।। **1565**/5200

40. Rāma-Sītā-Lakshman going to forest (Ayodhyā Kānd)

(तब)

दोहा॰ कहा सभी को राम ने, मीठी तुमरी बात ।
इससे होगा, प्रिय जनों! पुत्रधर्म का घात ।। 1566/5200

पिता-वचन को, सिर धरे, निकले हम घर छोड़ ।
निज प्रण हम पूरा करें, बिना वचन को तोड़ ।। 1567/5200

(राम उपदेश)

दोहा॰ नृप तुमरा अब भरत है, करो उसी के काम ।
उसकी सेवा में लगो, सफल धर्म का नाम ।। 1568/5200

आदर हो नृप भरत का, जो सह सके वियोग ।
मुझको उसके रूप में, देखो तुम सब लोग ।। 1569/5200

भरत समर में शूर है, न्यायदान में वीर ।
उसको किंचित् ना चुभे, भ्रातृ विरह की पीर ।। 1570/5200

(और)

दोहा॰ लौटो अब तुम अवध को, विपिन करें हम वास ।
करो तयारी तिलक की, लेकर नया उलास ।। 1571/5200

भरत तुम्हारा नृप नया, सद् गुण का भँडार ।
प्रेम भरत का ना कभी, भूलेगा संसार ।। 1572/5200

सुन कर राघव का कहा, जन बोले, रघुराज! ।
तमसा तक आने हमें, अवुमति दे दो आज ।। 1573/5200

जनता)

दोहा॰ जन बोले, तुम-संग ही, चलते तमसा तीर ।
जाओ तुम नद पार, हम, लौटें पी कर नीर ।। 1574/5200

राघव बोले, ठीक है, चलो हमारे साथ ।
लौटो फिर तुम अवध को, बोले श्री रघुनाथ ।। 1575/5200

तब)

दोहा॰ नभ से नारद देखते, बरसाते हैं फूल ।

40. Rāma-Sītā-Lakshman going to forest (Ayodhyā Kānd)

आशिष शिव गौरी दिये, ग्रह सारे अनुकूल ।। 1576/5200

(जनता)

दोहा॰ तमसा तट जब आ गया, गुजर चुकी थी शाम ।
रात वहीं सबने किया, सरिता तट विश्राम ।। 1577/5200

(लखन)

दोहा॰ जन-गण मन में सोचते, कैकेयी आदेश ।
सीता दुखिया सोचती, मातु-पिता के क्लेश ।। 1578/5200

राघव वन को कर रहे, सपने में साक्षात् ।
लखन सुमंतर ने दिया, पहरा सारी रात ।। 1579/5200

(सवेरे)

दोहा॰ निकल पड़े श्री रामजी, होन लगी जब भोर ।
उत्तर तट से रथ चला, पश्चिम दिश की ओर ।। 1580/5200

प्रातः देखा जनन ने, चले गए हैं राम ।
आए लौटे अवध को, मुख में जपते नाम ।। 1581/5200

(उधर)

"सुमंत्र! रथ रोको यहाँ," बोली सिया हठात् ।
रोक दिया रथ सूत ने, बोला क्या है बात ।। 1582/5200

लगता उथला है यहाँ, तमसा नद का नीर ।
पार करेंगे हम यहीं, जाने परले तीर ।। 1583/5200

(और)

दोहा॰ राम लखन सीता गए, तैरत परले तीर ।
रथ सुमंत्र लाया वहाँ, तर कर तमसा नीर ।। 1584/5200

राह चले फिर विपिन की, निर्जन था वह स्थान ।
निसर्ग था बिखरा जहाँ, सुंदर शोभावान ।। 1585/5200

(हरिणों को देख कर)

40. Rāma-Sītā-Lakshman going to forest (Ayodhyā Kānd)

दोहा॰ वन की शोभा देख कर, सीता बोली, राम! ।
सुंदर कितना विपिन है, कुसुमित अति अभिराम ॥ 1586/5200

तरु बेलों को चूमते, चला हमारा यान ।
चिकने कोमल पात हैं, खींचत हमरा ध्यान ॥ 1587/5200

तरुवर सघन विशाल हैं, शाख फलों से लीन ।
यहाँ न कोई बेल है, गंध पुष्प से हीन ॥ 1588/5200

तरु बेली पर झूमते, लटके हैं लंगूर ।
शोभा रम्य अपार है, लखो जहाँ तक दूर ॥ 1589/5200

कितने सुंदर हरिण हैं, लंबे पतले पैर ।
उछल कूद कर खेलते, दौड़ लगाते स्वैर ॥ 1590/5200

सजे धजे खग वृंद की, चहल पहल सब ओर ।
मन कहता है, रामजी! यहीं जमाएँ ठौर ॥ 1591/5200

(यों)

दोहा॰ टेढ़ी मेढ़ी थी चली, राह ग्राम से ग्राम ।
गिरि के परले पार थे, चरागाह खलिहान ॥ 1592/5200

किसान ग्वाले खेत में, घोड़े बकरी गाय ।
गेहूँ तिल सरसों चने, मक्की साग उगाय ॥ 1593/5200

सींचे पावन नीर से, हरे भरे सब खेत ।
बाग बगीचे फूल के, मनहर शोभा देत ॥ 1594/5200

जभी गुजरते ग्राम से, स्वागत पाते राम ।
सिया-लखन को पूजता, हर्षित होकर ग्राम ॥ 1595/5200

राम जनों में बैठ कर, कहते अपनी बात ।
ग्राम-ग्राम सत्संग में, राम बिताते रात ॥ 1596/5200

(तब, राम)

दोहा॰ रुकते राघव रात में, जो भी आता ग्राम ।
भगतन को अपनी कथा, बतलाते श्री राम ॥ 1597/5200

41. Story of River Ganges (Rāmāyan, 2. Ayodhyā Kānd)

आँखें आँसू से भरी, रोते भगतन लोग ।
कहते, “कितना दुखद है, दारुण ये संजोग” ।। 1598/5200

(जनपद जन)

दोहा॰ जन पूछत आश्चर्य से, सीता कोमल गात ।
कैसे वन फल मूल पर, जीएगी दिन-रात ।। 1599/5200

महलों में जो है पली, पाई है वनवास ।
राज कुमारी जानकी, रखती मुख पर हास ।। 1600/5200

पतिव्रता का व्रत लिए, चली पिया के संग ।
धर्मचारिणी नार है, पति का अभिन्न अंग ।। 1601/5200

(एवं)

दोहा॰ ग्राम-ग्राम यों लाँघते, सीता सह रघुवीर ।
यात्रा कुछ दिन की किए, आए गंगा तीर ।। 1602/5200

आई गंगा जाह्नवी, दिखा दूर से नीर ।
हिमकन्या भागीरथी, रथ में सिय रघुबीर ।। 1603/5200

अयोध्या काण्ड : दसवाँ सर्ग

41. श्री गंगा मैया की कथा :

41. Story of River Ganges (Rāmāyan, 2. Ayodhyā Kānd)

दोहा॰ शंभुजटाओं से चली, जन्हु सुपुत्री होय ।
भगिरथ लाया भूमि पर, पावन अमृत तोय ।। 1604/5200

पावन शीतल पूज्य है, निर्मल गंगा नीर ।
जीवन उसका सिद्ध जो, आवे गंगा तीर ।। 1605/5200

गंगा हिमकन्या कही, गिरिजा गौरी नाम ।
गंगा सम बहु भाग्य की, और न नदी ललाम ।। 1606/5200

पुराण गाते कीर्ति के, गंगा के शुभ गान ।

42. Story of Guh Nishād (Rāmāyan, 2. Ayodhyā Kānd)

स्कंद भागवत शिव तथा, मार्कण्डेय पुराण ॥ 1607/5200

📖 कथा 📖

(गंगा)

दोहा॰ धौलागिरि से चल पड़ी, निर्मल जल की धार ।
मुमुक्षु को दे मोक्ष जो, गंगा पवित्र नार ॥ 1608/5200

पलते जिसके नीर पर, पादप पशु खग जीव ।
जल में जिसके हैं खिले, रंग रंग राजीव ॥ 1609/5200

खेती जिसके तोय से, उपजे सोना सस्य ।
ऋषि-मुनि तट पर जप किए, पाते आत्म रहस्य ॥ 1610/5200

बहती त्रिभुवन में नदी, पड़ा त्रिपथगा नाम ।
उसके तट पर आ रहे, सिया लखन श्री राम ॥ 1611/5200

42. गुह निषाद की कथा :

42. Story of Guh Nishād (Rāmāyan, 2. Ayodhyā Kānd)

📖 कथा 📖

(शृंगिबेरपुर में)

दोहा॰ चलते-चलते, दूर से, दिखी नदी की धार ।
विशाल जिसका पाट था, जल विस्तार अपार ॥ 1612/5200

राघव बोले यह नदी, गंगा मैया नाम ।
इसका नीर पवित्र है, देता सुरपुर धाम ॥ 1613/5200

(निषाद)

दोहा॰ गंगा तट पर है बसा, शृंगिबेर शुभ ग्राम ।
राजा जहाँ निषाद है, गुह उसका शुभ नाम ॥ 1614/5200

आज रात रुक कर यहाँ, निकलें कल भिनसार ।
निषाद-गुह रघुभक्त है, दशरथ नृप से प्यार ॥ 1615/5200

42. Story of Guh Nishād (Rāmāyan, 2. Ayodhyā Kānd)

सुन कर कहना राम का, रथ की खींच लगाम ।
सुमंत्र ने तरु के तले, खड़ा किया वह यान ।। 1616/5200

सुन कर, "राघव हैं रुके, रथ में अपने ग्राम" ।
निषाद गुह हर्षित हुआ, सुन राघव का नाम ।। 1617/5200

स्वागत करने राम का, आया दौड़ निषाद ।
लाया गंगा जल तथा, खाना भोजन स्वाद ।। 1618/5200

(जब निषाद आया)

दोहा॰ गले लगा कर राम को, सीता के पद भाल ।
लछमन को वन्दन किए, पूछा उनका हाल ।। 1619/5200

गुह ने पूछा राम से, वल्कल में क्यों आज ।
सीता पीले वस्त्र में, करना क्या है काज ।। 1620/5200

(तब)

दोहा॰ गुह को राघव ने कही, "दो-वर" वाली बात ।
सुन कर हुआ निषाद का, रोमांचित था गात ।। 1621/5200

(निषाद)

दोहा॰ निषाद बोला राम से, भर कर नैनन नीर ।
बखान सुन कर आपकी, गदगद मैं, रघुवीर! ।। 1622/5200

हम रघुकुल के दास हैं, कार्य परायण धीर ।
आप हमारे नाथ हैं, रामचंद्र रघुबीर! ।। 1623/5200

शृंगिबेरपुर में बसो, राघव! तुम सिय साथ ।
अवध बसाओ अब यहाँ, नृप बन कर, रघुनाथ! ।। 1624/5200

(राम बोले)

दोहा॰ बोले राम निषाद को, बहुत दिया तुम प्यार ।
भाई सम सेवा करी, अगणित तव उपकार ।। 1625/5200

प्रीत भरे तव वचन हैं, मगर असंभव बात ।
सखे! पिता के वचन से, बँधे हमारे हाथ ।। 1626/5200

(गुह)

42. Story of Guh Nishād (Rāmāyan, 2. Ayodhyā Kānd)

✍दोहा॰ इसी सनातन नीति से, रघुकुल की है रीत ।
आहुति देकर प्राण भी, करो वचन की जीत ।। 1627/5200

यही पिता ने है किया, यही राम का काम ।
यही लखन सिय को मिला, "कर्म" इसी का नाम ।। 1628/5200

अरण्य हमको है मिला, वहीं हमारा वास ।
गंगपार तुम ले चलो, बन कर रघुकुल दास ।। 1629/5200

(तब)

(फिर)

✍दोहा॰ सुन कर कहना राम का, गुह की अँखियन नीर ।
बोला, मैं सेवक, प्रभो! स्वामी तुम, रघुवीर! ।। 1630/5200

(सच्चा संगी)

✍दोहा॰ अपना जो तेरा कहे, वो है सच्चा मीत ।
दुख पल में जो प्रेम दे, उसकी सच्ची प्रीत ।। 1631/5200

(और)

✍दोहा॰ "जग में संगी बहुत हैं, मिलते नकली मीत ।
कठिन काल में संग जो, सच्ची उसकी प्रीत ।। 1632/5200

"जिसके घर पकवान हैं, उसके मीत अनेक ।
जिसके घर अनशन सदा, उसका मित्र न एक ।। 1633/5200

"सूरज दिन में ही दिखे, उसे न भाए रात ।
जग में जब अँधकार हो, चंदा मितवा साथ" ।। 1634/5200

(अत:)

✍दोहा॰ "मिला राम को मीत है, निषाद जैसा ठीक ।
राघव के दुख काल में, स्नेह भाव का नीक" ।। 1635/5200

(गुह राम संवाद)

✍दोहा॰ संध्या है अब हो गई, सूरज नभ के पार ।
अभी न, रघुवर! जाइए, सुबह चलो, सरकार! ।। 1636/5200

बाँह पसारे राम ने, गले लगाया मीत ।

42. Story of Guh Nishād (Rāmāyan, 2. Ayodhyā Kānd)

बोले, तुम मम बंधु हो, यथा लखन से प्रीत ।। 1637/5200

गुह फिर बोला राम को, अब हम दोनों भ्रात ।
सदन हमारे, हे प्रभो! आज बिताओ रात ।। 1638/5200

राघव बोले हम यहीं, करें हमारा स्थान ।
सोएँगे आराम से, करते शिव का ध्यान ।। 1639/5200

शैया हमरी भूमि है, कंबल बरगद छाँव ।
तृण की खेस बिछाइके, बने हमारा ठाँव ।। 1640/5200

सेज बनाई घास की, सोने को उस रात ।
लखन निषाद सुमंत्र थे, जागे करते बात ।। 1641/5200

(गुह, सुमंत्र, लक्ष्मण)

✍दोहा॰ कहता लखन निषाद को, रघु कुल का इतिहास ।
बीच बीच में गुह कहे, भिल्लों के गुण खास ।। 1642/5200

सुमँत्र कहता अवध का, वर्णन अति अभिराम ।
दशरथ नृप की वीरता, शंबर से संग्राम ।। 1643/5200

(सवेरे)

✍दोहा॰ उषा काल में जाग कर, तीनों हुए तयार ।
सचिव सुमंतर लौटने, रथ पर हुआ सवार ।। 1644/5200

गुह को बोला राम ने, जलाय "पूजा ज्योत"[20] ।
वनी बनाओ अब हमें, भस्म देह पर पोत ।। 1645/5200

काले कुंचित केश में, मल कर वट का क्षीर ।
लटें बना कर, की जटा, सजे वनी दो वीर ।। 1646/5200

(फिर)

✍दोहा॰ गुह को बोले रामजी, लाओ नाव, निषाद! ।
विदा करो अब तुम हमें, बंधो! बिना विषाद ।। 1647/5200

---

[20] **पूजा ज्योत :** वनवास के व्रत में शिव पूजा के लिए जलाई हुई घृत की ज्योति । इस ज्योति को "व्रत की ज्योत" अथवा "घृत की ज्योत" भी कहा जाता है ।

42. Story of Guh Nishād (Rāmāyan, 2. Ayodhyā Kānd)

दिया प्रेम तुमने हमें, सदा करेंगे याद ।
पुनः मिलेंगे लौट कर, चौदह वर्षों बाद ।। 1648/5200

(तब)
(अत:)

✍दोहा॰ दुखिया होकर खेद से, ले आया गुह नाव ।
गंगा जल में की खड़ी, जहाँ पेड़ की छाँव ।। 1649/5200

नौका गंगा नीर में, देख खड़ी तैयार ।
राघव बोले सूत से, लौटो तुम गृह द्वार ।। 1650/5200

मातु–पिता सब सुजन को, कहो हमारा प्यार ।
कहना, "हम सब ठीक हैं, करत विपिन संचार ।। 1651/5200

"देना धीरज तात को, तकें न हमरी बाट ।
होगा मिलना प्रेम से, लौटें जब दिन काट" ।। 1652/5200

सुन कर बचनन राम के, पाया अतिशय क्लेश ।
सुमंत्र जब रोने लगा, दुख पाए अवधेश ।। 1653/5200

(सुमंत्र)

✍दोहा॰ मंत्री बोला राम से, रखलो मुझको पास ।
रथ से सेवा मैं करूँ, बन कर तुमरा दास ।। 1654/5200

कहा सूत को राम ने, लेकर प्रण का नाम ।
आज्ञा जो हमको मिली, पैदल का है काम ।। 1655/5200

तुम लौटो अब अवध को, सबको कहो प्रणाम ।
बोलो दशरथ तात को, तुम्हें सिमरता राम ।। 1656/5200

गीतमाला, पुष्प 61 of 163

(गंगा तट पर)

स्थायी

गंगा जल में नाव खड़ी, राम रमा के साथ चढ़ै ।

42. Story of Guh Nishād (Rāmāyan, 2. Ayodhyā Kānd)

जल नयनन से, जल में पड़ै ।।

♪ म–प– धध नि– सां–नि धप–, म–म मप– प–, नि–ध पम– ।

पप मगमम प–, मम ग रेसा– ।।

अंतरा–1

राम–सिया का शोक हरै, लखन लला का, हाथ धरै ।

♪ सा–रे रेग– म– प–म गरे–, ममम गम– प– म–ग रेसा– ।

अंतरा–2

गिरी अवध पर विपद् की झड़ी, कैकई के मन, खुशी की लड़ी ।

अंतरा–3

कहे निषाद ये कैसी घड़ी, सतयुग में कलि युग की कड़ी ।

(फिर)

दोहा॰ बैठे तीनों नाव में, जाने परले तीर ।
गंगा में नौका चली, सीता निरखत नीर ।। 1657/5200

गंगा पर)

दोहा॰ "सबकी डोरी जो धरे, बीच भँवर जब नाव ।
नौका पर वे आज हैं, चले विपिन के ठाँव" ।। 1658/5200

गीतमाला, पुष्प 62 of 163

(हे केवट!)

स्थायी

नैया ठीक चलाना भैया, नाव में तेरी, राम रमैया ।

♪ म–म– ध–प मग–रेसा रेगम–, ग–ग ग म–म–, धपम गरे–ग– ।

अंतरा–1

प्रभु निकले हैं पुण्य करम को, पूरण करने क्षात्र धरम को ।

छूते हरि के चरणन जल को, शाँत हो गई गंगा मैया ।।

♪ सासा रेरेग– रे– प–म गरेरे ग–, रेगग मगगरे– प–म गरेरे सा– ।

नि–ध पम– प– ममगग मम प–, सा–रे सा– रेग– प–मग रे–ग– ।।

अंतरा–2

42. Story of Guh Nishād (Rāmāyan, 2. Ayodhyā Kānd)

आज सरित् के भाग्य हैं जागे, चरण प्रभु के जल को लागे ।
स्वागत करने खड़े हैं आगे, नारद शंकर कृष्ण कन्हैया ।।

अंतरा–3

सुविमल नीला गंगा जल है, विशाल शुचि शीतल निर्मल है ।
बीच धार में चली है नैया, देख के मनवा नाचे थैया ।।

अंतरा–4

जल पर फूल हैं लाल कमल के, रवि चमकाए रंग सलिल के ।
जल में मछली नक्र कछुए, बहुत बड़े हैं, दैया! दैया! ।।

(राम–लखन)

✍दोहा॰ राम–सिया हैं नाव में, लछमन उनके साथ ।
गंगा माँ को परसने, जल में डालत हाथ ।। 1659/5200

अचरज से वे निरखते, रंग बिरंगे मीन ।
जल लहरों पर उछलते, लाल पीत रंगीन ।। 1660/5200

मोती जैसे बुदबुदे, घुमत चक्र में गोल ।
जल लहरों का दृश्य ये, लगा उन्हें अनमोल ।। 1961/5200

राघव बोले गंग से, "तू है मंगल मात ।
शंभु जटा से तू चली, शंकर तेरे तात ।। 1662/5200

"तेरी लहरों में सदा, बजते सुंदर साज ।
उनसे मनहर और ना, कोई भी आवाज ।। 1663/5200

"माते! अँचल की तेरे, शोभा अति अभिराम ।
पंछी पादप तीर पर, लगते बहुत ललाम ।। 1664/5200

"चली जटा से रुद्र की, गंगा पूज्य अपार ।
राम–सिया के स्पर्श से, चणामृत की धार ।। 1665/5200

"भगिरथ राजा ने करी, बहुत तपस्या घोर ।
लाया तुझको स्वर्ग से, बिंदुसरस तव ठौर ।। 1666/5200

42. Story of Guh Nishād (Rāmāyan, 2. Ayodhyā Kānd)

"पानी तेरा भूमि पर, धारा बन कर सात ।
चली जन्हु के कर्ण से, बन कर गंगा मात ।। 1667/5200

"नलिनी, पवनी, हादिनी, पूर्वस्त्रोत अभिधान ।
सीता, सिंधु, सुचक्षिणी, पश्चिम सरिता नाम ।। 1668/5200

"आने हिमगिरि से तले, तू थी बहुत अधीर ।
मिल कर यमुना–सरयु से, पावन तीनों नीर"।। 1669/5200

 गीतमाला, पुष्प 63 of 163

दादरा ताल, 6 मात्रा

(गंगा मैया)

🕉 श्लोक:

जाह्नवी गोमती गंगा गायत्री गिरिजा च य: ।
भागिरथी नु यो ब्रूयात्–पापात्स मुच्यते नर: ।।

♪ सा–सासा– सा–सासा– ग–रे–, रे–रे–रे– मपम– ग– रे– ।
रे–म–पध– नि ध– प–म–, ध–प–म– प–मग– रेसा– ।।

स्थायी

गंगा मैया! तू मंगल है माता, तेरा अँचल है कितना सुहाना ।
तेरी लहरों में है गुनगुनाता, मैया! संगीत सरगम सुहाना ।।

♪ –मग म–ध– ध– पधपम म– – ग– म– –प – – – – –,
–गग गसाग– – ग– म–प ध–प– – म – – म – – – ।
–मग ममध– ध– पधप म–ग–म– –प – – – – –,
–गग गसाग–ग म–प– ध–प– – म – – – – ।।

अंतरा–1

निकली शंकर की काली जटा से, तुझको भगिरथ ने लाया धरा पे ।
तुझको जन्हू की कन्या है माना, तेरा इतिहास पावन पुराना ।।

♪ –सां–सां नि–रेंरें सां– निध नि– ध–प– – म – – – – –,
–सां–सां निनिरेंरें सां– निधनि– ध–प– – म – – – – ।

42. Story of Guh Nishād (Rāmāyan, 2. Ayodhyā Kānd)

-म-ग म-ध- ध- पधपम-ग- म- - प- - - - - -,

-गग गसाग-ग- म-पप ध-प- -म- - म - - ।।

अंतरा-2

तेरे जल में हिमालय की माया, तुझमें जमुना का पानी समाया ।

सरयु को भी गले से लगाया, तूने उनको भी दीन्ही गरिमा ।।

अंतरा-3

तेरा तीरथ है लीला जगाता, सारे पापों से मुक्ति दिलाता ।

<u>है सनातन तेरा मेरा नाता</u>, बड़ी पावन नदी तू मेरी माँ ।।[21]

अंतरा-4

राम सीता हैं आँचल में तेरे, आज लछमन भी गोदी में तेरे ।

<u>सारी नदियों में तू भागवाना</u>, इसी कारण तू सबकी बड़ी माँ ।।

(परले तट पर)

✍दोहा॰ केवट लायो नाव को, बहुत शाँति के साथ ।
वो है जानत नाव में, सिया संग रघुनाथ ।। 1670/5200

आई दक्षिण तीर जब, नाव, लिए जगदीश ।
वहाँ खड़े श्रीकृष्ण थे, नारद शंकर ईश ।। 1671/5200

आशिष दीन्हे हर्ष से, सिर पर कर को फेर ।
राम-सिया को प्रेम से, लछमन को भी ढेर ।। 1672/5200

करी परम शुभ कामना, "सफल बनो तुम, राम! ।
सब असुरों का नाश हो, मंगल हो सब काम" ।। 1673/5200

लिए विदाई रामजी, सीता लछमन साथ ।
निकले पगडंडी लिए, दक्षिण दिश, रघुनाथ ।। 1674/5200

✍दोहा॰ नौका दक्षिण तीर पर, आई जब सुखरूप ।
राम, लखन, उतरी सिया, लौटा फिर गुह भूप ।। 1675/5200

---

[21] **सनातन नाता :** हे मैया! सनातन समय से ही हर जनम के अंत में मैं रक्षा के रूप में तेरी गोदी में विलीन होकर, पुनः नया जन्म लेकर धरती पर वापस आरहा हूँ ।

42. Story of Guh Nishād (Rāmāyan, 2. Ayodhyā Kānd)

गीतमाला, पुष्प 64 of 163

खयाल : राग छायानट,[22] तीन ताल 16 मात्रा

(भील निषाद)

स्थायी

चली सजनी प्याऽरी सुखदाऽयी नैया,
डोऽलेऽ प्रिया मोऽरी जल पर, भैऽया! चली ।।

♫ रेग मनिधप रेगमप मगरेसा रेसासा- ।
सा-गमग प-निनि सांरेंसांध निप रेग ।।

अंतरा-1

राऽम सियाऽऽऽ केऽ चरण आऽज लगे ।
भीऽल निषाऽद के भाऽग्य जगेऽऽऽ ।
नौऽका जिसकीऽ में विश्व तरैऽया, चली ।।

♫ प-पप पधनिधनिनि सांसांसांसां -रेंसांसां ।
नि-निनि निधसांसां सां-सांसां धनिप- ।
म-ममग प-परें सांसांसांध निपरेग ।।

(फिर)

दोहा॰ निषाद को कह कर विदा, आगे निकले राम ।
लौटा निषाद नाव में, शृंगिबेरपुर ग्राम ।। 1676/5200

चले विपिन की राह पर, श्री श्रीधर सुरभूप ।
देखो नर अवतार में, सीता-राम स्वरूप ।। 1677/5200

(नारद)

दोहा॰ आगे तीन बढ़े वनी, वन की भीषण राह ।

---

[22] **राग छायानट :** यह कल्याण ठाठ का राग है । इसका आरोह है : सा, रे, ग म प, ध नि सां । अवरोह है : सां नि ध प, मं प ध प, ग म रे सा ।

▶ लक्षण गीत : **दोहा॰ प रे वादि संवाद में, किसी न स्वर का त्याग ।**
अवरोही कोमल नि से, "छायानट" है राग ।। 1678/5200

42. Story of Guh Nishād (Rāmāyan, 2. Ayodhyā Kānd)

सिया राम गंभीर थे, लछमन मन उत्साह ।। 1679/5200

नारद नभ से देखते, फूल राह पर फेंक ।
राघव बोले हम चलें, इधर-उधर सब देख ।। 1680/5200

चौकन्ना लछमन चला, निहार चारों ओर ।
कोई विपद् न आ सके, छोटी हो या घोर ।। 1681/5200

गीतमाला, पुष्प 65 of 163

(पाँव मेरे कोमल)

स्थायी

पाँव मेरे कोमल, चाल मेरी नाजुक । नाथ मेरे! चलो जी, धीरे-धीरे - - - ।।

♪ ग-ग गग म-मम, प-प पप म-म-म । रे-रे रेरे! गग- ग, म-प- म-ग- ।।

अंतरा-1

जाना है जोजन, बिन किए भोजन । कब तक चलेंगे, धीरे-धीरे - - - ।।

♪ ध-ध- ध प-प-प, मम मम- ग-ग-ग । रेरे रेरे गग-ग, म-प- म-ग- ।।

अंतरा-2

हाथ मेरा धरो जी, साथ मेरा करो जी । बात मुझे कहो जी, धीरे-धीरे - - - ।।

अंतरा-3

वन में ही जाना है, कछु नहीं लाना है । जल्दी भी क्या है जी? धीरे-धीरे - - - ।।

(इस तरह)

दोहा॰ चलते दिन के काल में, रात समय आराम ।
जागे लछमन रात में, सोते सीता राम ।। 1682/5200

सीता को मध्याह्न में, कथा सुनाते राम ।
दो टुक तब तरु के तले, लखन करत विश्राम ।। 1683/5200

कभी अयोध्या की कथा, कभी भरत की बात ।
कभी सुमंतर सूत की, कभी सुमित्रा मात ।। 1684/5200

दशरथ नृप की वीरता, शंबर का संहार ।
रघुकुल का तिहास भी, वेद-ज्ञान का सार ।। 1685/5200

42. Story of Guh Nishād (Rāmāyan, 2. Ayodhyā Kānd)

गीतमाला, पुष्प 66 of 163

राग मालकंस, कहरवा ताल 8 मात्रा

(भला करो प्रभु)

स्थायी

भला करो प्रभु चंदा धारी, व्यथा हरो शिव भव भंडारी ।

♫ सामगम गसा- निसा ध-नि- सा-सा-, साम- गम- मध सासा मधगमगसा ।

अंतरा-1

रूप परम शिव शंकर गौरी, छवि निरंजन सुंदर सारी ।

दया करो, कृपा करो, रक्षा करो, प्रभु सब सुख कारी ।।

♫ ग-म म धध निनि सां-सांसां गंनिसां-, निनि- निनि-निनि धनिसांनि ध-म- ।

साम- गम - - -, गमध मध - - -, मधनिसां निसां- म-ग- मधगमगसा ।।

अंतरा-2

काम अथक दुख भंजन कारी, धाम अजब तव रंजन कारी ।

दया करो, कृपा करो, रक्षा करो, प्रभु भव भय हारी ।।

अंतरा-3

माया अगम तव, बंबं भोले! छाया गजब तव अंबर डोले ।

दया करो, कृपा करो, रक्षा करो, प्रभु जग अवतारी ।।

(और)

दोहा॰ **राम-लखन करते जमा, कंद मूल फल पात ।**
भून पका कर प्रेम से, तीनों मिल कर खात ।। 1686/5200

बातें करते अवध की, तीनों मिल कर साथ ।
कभी पिता, मातु तथा, कभी प्रजा की बात ।। 1687/5200

सुबह सवेरे निकलते, करके पूजा पाठ ।
चलते आगे राह पर, नये जोश के साथ ।। 1688/5200

पत्थर काँटे राह में, वर्षा घोर प्रपात ।
कीचड़, आतप, धूल भी, चलता झंझा वात ।। 1689/5200

43. Story of Sage Bharadvāj (Rāmāyan, 2. Ayodhyā Kānd)

अयोध्या काण्ड : ग्यारहवाँ सर्ग

43. श्री भरद्वाज मुनि की कथा :

43. Story of Sage Bharadvāj (Rāmāyan, 2. Ayodhyā Kānd)

कथा

(एक दिन)

(भरद्वाज आश्रम)

दोहा॰ चलते-चलते एक दिन, पहुँच गए श्री राम ।
लगभग संध्या काल में, भरद्वाज के धाम ।। 1690/5200

जमुना तट पर था बसा, आश्रम बहु विख्यात ।
भरद्वाज इक शिष्य थे, बाल्मिक मुनि के ख्यात ।। 1691/5200

ज्ञानी पंडित थे मुनि, अत्रि तपी के पुत्र ।
चार वेद के आपने, जाने थे सब सूत्र ।। 1692/5200

(मुनिवर)

दोहा॰ आहट पाकर राम की, खोले मुनि ने नैन ।
स्वागत कज्के राम का, बोले मधुतम बैन ।। 1693/5200

कुशल क्षेम सब पूछ कर, आसन किया तयार ।
बोले, संगी कौन हैं, वनिता और कुमार ।। 1694/5200

राघव बोले, साथ में, सीता दार हमार ।
और अनुज सुखकार है, प्रियतर लखन कुमार ।। 1695/5200

भरद्वाज से राम ने, कह कर अपनी बात ।
पूछा कोई स्थान हो, जहाँ बिताएँ रात ।। 1696/5200

(और फिर)

दोहा॰ मुनिवर बोले राम को, यहाँ बिताओ रात ।
यदि चाहो तो तुम रहो, वर्ष चतुर्दश, तात! ।। 1697/5200

जमुना के वन में तुम्हें, कंद मूल फल पात ।

44. Story of River Yamunā (Rāmāyan, 2. Ayodhyā Kānd)

बहुत मिलेंगे स्वाद के, मन भावन दिन-रात ।। 1698/5200

(राम ने कहा)

दोहा॰ राघव बोले, हे मुने! सुखद तिहारे बोल ।
सहज न टारे जात हैं, इतने हैं अनमोल ।। 1699/5200

अवध यहाँ से पास है, लोग बहुत चितचोर ।
आना-जाना लोग का, डारेगा व्रत तोड़ ।। 1700/5200

(अत:)

दोहा॰ मित्र समागम में चढ़े, भव बंधन का रंग ।
होगा उस आनंद में, पितु वचनों का भंग ।। 1701/5200

माता ने मुझको दिया, है वनवास प्रसंग ।
व्रत वह प्रण का सर्वदा, रखूँ सदा मैं संग ।। 1702/5200

अत: यहाँ से दूर जो, उचित हमारे स्थान ।
जहाँ न परिचित लोग हों, वहाँ करें हम धाम ।। 1733/5200

(चित्रकूट)

दोहा॰ दक्षिण दिश में एक है, स्थान तिहारे योग्य ।
खान-पान उत्तम जहाँ, शाँति तथा आरोग्य ।। 1703/5200

चित्रकूट में है बसा, देता मन को तोस ।
गंगा जमुना सरित् के, संगम से दस कोस ।। 1704/5200

स्वर्ग भूमि सम रम्य है, ऋषि-मुनियन का वास ।
अवध जनों से दूर है, नहीं किसी का त्रास ।। 1705/5200

अनुयाई बाल्मीक के, वहाँ बसे सुखसाथ ।
तुम्हें वहाँ सत्संग में, सुख होगा, रघुनाथ! ।। 1706/5200

 44. श्री यमुना रानी की कथा :

44. Story of River Yamunā (Rāmāyan, 2. Ayodhyā Kānd)

44. Story of River Yamunā (Rāmāyan, 2. Ayodhyā Kānd)

कथा

(यमुना)

दोहा॰ कान्हा पर इस जगत के, जन हैं सभी निहाल ।
कालिंदी पर मुग्ध हैं, राधावर गोपाल ।। 1707/5200

यमुना के तट पर बसे, व्रज के तीनों ग्राम ।
मथुरा वृंदावन तथा, मधुबनगोकुल धाम ।। 1708/5200

शिशु लेकर वसुदेव जी, आए जमुना तीर ।
हरि चरणन के स्पर्श से, घटा नदी का नीर ।। 1709/5200

मधुबन में हरि जात हैं, लेकर बछड़े गाय ।
जमुना तटपर बांसुरी, सुंदर कृष्ण बजाय ।। 1710/5200

पनघट पर जब गोपियाँ, आतीं भरने नीर ।
कृष्ण सुदामा फोड़ते, मटकी जमुना तीर ।। 1711/5200

किया कालिया नाग ने, जभी विषैला नीर ।
कान्हा कूदा नीर में, आकर जमुना तीर ।। 1712/5200

केशव कूदा नीर में, जहाँ छुपा था साँप ।
ताड़ा कालिय कृष्ण ने, दूर हटाने पाप ।। 1713/5200

जमुना के तट है बसा, कुरुक्षेत्र का ग्राम ।
उस भूमि को है मिला, “धर्मक्षेत्र” का नाम ।। 171439/5200

छन्दमाला, मोती 5 of 11

शोकहर छन्द[23]

8, 8, 8, 4 + ऽ

---

[23] **शोकहर छन्द** : इस 30 मात्रा वाले महातैथिक छन्द के चरणों में 8, 8, 8, 4 और अंत में एक गुरु मात्रा आती है । यह छन्द गाने के लिए बहुत सुंदर है ।

▶ लक्षण गीत : दोहा॰ रचना मात्रा तीस की, गुरु कल से हो अंत ।
विरम मत्त प्रति का, रुचिर “शोकहर” छंद ।। 1715/5200

45. Story of the Chitrakūt mountain (2. Ayodhyā Kānd)

(यमुना नदिया)

जमुनारानी पवित्रपानी राधाकृष्णविलासधरा ।
पापहारिणी तापहारिणी व्रजवासीजनचित्तहरा[24] ।। 1

गिरिविहारिणी हृदयमोहिनी गोकुलभीतिविनाशकरा ।
शुभसुहासिनी मधुरभाषिणी धेनुवत्समनमोदभरा ।। 2

विमलवारिणी कमलधारिणी सीताराघववरग्रहिणी ।
मंगलवदनी चंचलरमणी पूज्यनीरगङ्गाभगिनी ।। 3

अघटनाशिनी अघनिषूदिनी स्वर्गसेउतरी सुरतटिनी ।
गोपमोहिनी गोपिमोदिनी मधुबनदूबहरितकरिणी[25] ।। 4

सुंदरललना मंजुलबैना नरपशुतरुआह्लादखरा ।
गहरापानी अनहदवाणी कर्णमधुरसुरनादभरा ।। 5

अयोध्या काण्ड : बारहवाँ सर्ग

45. चित्रकूट पर्वत की कथा :

45. Story of the Chitrakūt mountain *(2. Ayodhyā Kānd)*

कथा

(आश्रम)

दोहा॰ जग में पावन थे जहाँ, ऋषि-मुनियों के धाम ।
चित्रकूट गिरि को मिला, "बड़भागा-गिरि" नाम ।। 1716/5200

सरित् किनारे विपिन में, रम्य ढूँढ कर स्थान ।
स्थापन मुनियों ने किए, आश्रम बाल्मिक-नाम ।। 1717/5200

योगी ऋषि-मुनि सद्गुणी, गुरुकुल करत निबास ।

---

[24] इस पद्य में : **धरा** = धारण करने वाली, **हरा** = हरने वाली, **भरा** = भरने वाली, **करा** = करने वाली ।

[25] दूब = दुर्वा, लंबी मुलायम घास ।

45. Story of the Chitrakūt mountain (2. Ayodhyā Kānd)

वेद शास्त्र संस्कृत गिरा, पढ़त सुनत दिन-रात ॥ 1718/5200

गान भजन हरि नाम के, रचते गाते राग ।
बाल्मिक मुनि के तेज से, सबको था अनुराग ॥ 1719/5200

सत् चित आनँद सादगी, मठ में थी भरपूर ।
मुनिवर के शुभ ओज से, रहते थे शठ दूर ॥ 1720/5200

(और)

दोहा॰ चित्रकूट गिरि रम्य का, कंज पुंज था रूप ।
बालमीक के काल में, कहलाता "गिरिभूप" ॥ 1721/5200

गिरि पर बिखरे थे घने, सुंदर बेली वृक्ष ।
शोभा जिनकी शोभती, इन्द्रलोक सदृक्ष ॥ 1722/5200

तरु बेली पर गूँजते, विहग भ्रमर के झुंड ।
इसी स्वर्ग के बीच में, बना यज्ञ का कुंड ॥ 1723/5200

साम वेद के मंत्र का, होता मंगल गान ।
सुनते आसन में लगे, ऋषि-मुनि सिद्ध सुजान ॥ 1724/5200

(उधर)

दोहा॰ गिरि में एक तड़ाग था, निर्मल जिसका नीर ।
मनहारी आकाश सा, रंग नीर का नील ॥ 1725/5200

जल में सुंदर रंग के, कमल लाल थे फूल ।
शोभा न्यारी देख कर, सब कुछ जाते भूल ॥ 1726/5200

(और)

दोहा॰ भृंग सुमन पर तितलियाँ, करते मधु रस पान ।
खग मीठे फल खाइके, करते सुमधुर गान ॥ 1727/5200

शशक पपीहे नाचते, हरियाली पर मोर ।
कलरव शुक मैना करे, चिड़िया क्रौंच चकोर ॥ 1728/5200

छाया शीतल वृक्ष की, मनहर थे उद्यान ।
मृग अज गौ हय के लिए, घास भरे मैदान ॥ 1729/5200

45. Story of the Chitrakūt mountain (2. Ayodhyā Kānd)

झील नीर में, मीन के, रंग बिरंगे झुंड ।
तट पर बगुले हंस थे, धरत मीन के मुंड ।। 1730/5200

सूर्य चमकता था कभी, कभी मेघ की छाँव ।
खेल खेलते लुक छुपी, आकर वे इस गाँव ।। 1731/5200

इतने सुंदर दृश्य थे, कैसी करें बखान ।
प्रकृति माता की खिली, मधुर यहाँ मुस्कान ।। 1732/5200

थके थकाये लोग जब, आते थे इस स्थान ।
दृश्य मनोहर देख कर, मिटती सभी थकान ।। 1733/5200

बाल्मिक मुनिवर धन्य हैं, धन्य शिष्य हैं तत्र ।
दशों दिशाएँ देख कर, सब खुश थे सर्वत्र ।। 1734/5200

गुरुकुल)

दोहा० गुरुकुल में गौ मातु का, पीते ऋषि-मुनि दूध ।
बुद्धि स्वास्थ्य वरदान से, पातक ताप अछूत ।। 1735/5200

शिक्षार्थी बाल्मीक के, परम शाँति के दूत ।
राम-नाम के जाप से, सबके मन थे पूत ।। 1736/5200

(यहाँ)

दोहा० भक्ति परायण थे सभी, राम-नाम रस प्यास ।
गुरुवर ने सबमें भरी, राम दरस की आस ।। 1737/5200

राम-नाम भजते सभी, प्रति दिन सुबहो शाम ।
तन-मन में सबके सदा, जगा राम का नाम ।। 1738/5200

गीतमाला, पुष्प 67 of 163

गज़ल

(चित्रकूट)

स्थायी

ये चित्रकूट परम रम्य है, भूमि यहाँ की अति धन्य है ।

46. Story of Rāma's arrival at Chitrakūt (2. Ayodhyā Kānd)

राम! राम! रव कण-कण में है, श्री राम-नाम उमँग है ।।

♫ रे- प-पम-ग मगरे सा-ग रे-, ग-प- मग- म- गग रे-नि़ सा- ।
सा-सा! रे-रे! रेरे गग गग म- ग-, म- ग-रे सा-रे सानि़-ध़ सा- ।।

अंतरा-1

चित्रकूट के वन के अंदर, आश्रम हैं मुनियन के सुंदर ।
राम-नाम का सुख सुर सागर, सप्त स्वरों के तरंग हैं ।।

♫ सा-नि़ध़-नि़ सा- रेरे नि़- सा-सासा, म-गरे सासारेरे ग- म- ग-रेरे ।
सा-रे ग-म ग- मम पप म-गरे, ध-प मग- रे- सानि़-ध़ सा- ।।

अंतरा-2

चित्रकूट में स्वयं तराशा, विश्वकर्मा स्वर्ग का नक्शा ।
पुष्प पर्ण फल तरु पर पंछी, जिनके विविध विध रंग हैं ।।

अंतरा-3

सघन विपिन में शीतल सुंदर, जल सरिता से धौत सुमंगल ।
राम राम रव का रस उज्ज्वल, ये स्वर्ग का एक अंग है ।।

अंतरा-4

प्रति दिन ऋषि-मुनि जन सुर आते, कवि कोकिल से शुभ वर पाते ।
राम-नाम रस पी कर जाते, ये रामायण प्रारंभ है ।।

46. श्री राम के, चित्रकूट गमन की कथा :

46. Story of Rāma's arrival at Chitrakūt *(2. Ayodhyā Kānd)*

कथा

(सवेरे)

दोहा॰ **सुबह सवेरे सब जगे, सुन मुर्गे की बाँग ।**
विदा राम मठ से हुए, मुनि से अनुमति माँग ।। 1739/5200

(गंगा जमुना संगम)

दोहा॰ **नद का पाट विशाल था, सीता मुग्ध निहार ।**
सीता को जमुना नदी, दीन्हा सुखद विहार ।। 1740/5200

राम-लखन बेड़ा किए, जमुना कीन्ही पार ।

46. Story of Rāma's arrival at Chitrakūt (2. Ayodhyā Kānd)

सिया मनाती मन्नतें, धन्यवाद बहु बार ।। 1741/5200

जमुना रानी को मिला, राम-सिया का प्यार ।
लेकर तीनों को तरी, आई नदिया पार ।। 1742/5200

जमुना मैया को कहे, राघव अँसुअन ढार ।
फिर से अगले जनम में, देना पथ उस पार ।। 1743/5200

(दक्षिण तट पर)

✍दोहा॰ वन्य अन्न खाकर चले, चित्रकूट की ओर ।
बोले, संध्या में रुकें, जहाँ मिलेगा ठौर ।। 1744/5200

(विपिन में)

✍दोहा॰ वन-शोभा रमणीय थी, निसर्ग सर्ग अथाह ।
चली गुजरती विपिन में, टेढ़ी मेढ़ी राह ।। 1745/5200

पादप सुंदर थे घने, जिनकी चिकनी पात ।
जहाँ-जहाँ घन छाँव थी, बहता शीतल वात ।। 1746/5200

कहीं पेड़ अश्वत्थ के, जिनके वृंद विशाल ।
बूटे कहीं पलाश के, गुच्छ सुमन के लाल ।। 1747/5200

पौधे कहीं बबूल के, काँटे देते शूल ।
तरुवर चंपक के कहीं, सौरभ देते फूल ।। 1748/5200

कहीं वृक्षवर आम्र पर, कूहू कोयल तान ।
शुक मैना करते कहीं, सुमधुर कोमल गान ।। 1749/5200

दर्दुर करते रव कहीं, कहीं चटक के नीड़ ।
वल्मी दीमक के कहीं, कहीं कीट की भीड़ ।। 1750/5200

टीले कंदर थे कहीं, कहीं बड़ी चट्टान ।
शीतल झरने थे कहीं, कहीं हरित मैदान ।। 1751/5200

(और)

✍दोहा॰ संगम से दस कोस पर, सोम सिद्ध का धाम ।
दिन भर चल कर विपिन में, होन लगी जब शाम ।। 1752/5200

46. Story of Rāma's arrival at Chitrakūt (2. Ayodhyā Kānd)

चलो यहीं पर हम करें, आज रात विश्राम ।
सोम बहुत विख्यात हैं, सिय से बोले राम ।। 1753/5200

(सोम मुनि)

✍दोहा॰ सोम सिद्ध के द्वार पर, आए जब श्री राम ।
मुनिवर हर्षित हो गए, सुन कर राघव नाम ।। 1754/5200

करके स्वागत राम का, दिया बैठने स्थान ।
कुशल क्षेम सब पूछ कर, कंद मूल जल-पान ।। 1755/5200

राघव सीता लखन को, भाया मुनि का भाव ।
वाणी मुनिवर की सुधी, वत्सल परम स्वभाव ।। 1756/5200

(राम सोम मुनि संवाद)

✍दोहा॰ राघव जब कहने लगे, "दो-वर" वाली बात ।
ऋषि बोले कुछ ना कहो, मैं जानूँ सब, तात! ।। 1757/5200

ऋषिवर बोले राम को, मुख पर लेकर हास ।
मैंने जाना है, सखे! तुमरा सब इतिहास ।। 1758/5200

बाल्मिक मुनि ने है कही, पूरण तुमरी बात ।
रघुकुल का ब्यौरा सभी, श्लोक छंद के साथ ।। 1759/5200

कल तुम जाओ भोर में, पश्चिम दिश की ओर ।
माल्यवती सरिता मिले, वहाँ करो तुम ठौर ।। 1760/5200

(दूसरे दिन)

✍दोहा॰ माल्यवती के तीर पर, सुगम खोज कर स्थान ।
मनहर लछमन ने रची, पर्णकुटी अभिराम ।। 1761/5200

उद्‌घाटन मुनि ने किया, यथा शास्त्र का तंत्र ।
गाया सबने साथ में, गायत्री का मंत्र ।। 1762/5200

आए ऋषि-मुनि वृंद थे, शंकर तुलसी दास ।
नारद राधा-कृष्ण भी, यथा लिखा इतिहास ।। 1763/5200

47. Story of Sumantra's arrival at Ayodhyā (Ayodhyā Kānd)

गीतमाला, पुष्प 68 of 163

राग आसावरी, कहरवा ताल

(बादल गरजायो)

स्थायी

बादल गरजायो, बरसायो, रोम-रोम हरसायो ।

♫ पसांनिसांप धमपधमपग- रेसारेमपम, प-प सां-सां सांरेंसांरेंगंरेंसां सांरेंसांनिधप- ।

अंतरा-1

उस माल्यवती नद के तट पे । चित्रकूट गिरि सावन ऋतु में ।
कुटी सीता के, ईर्द गीर्द में । रंग हरा मूँगा बिखरायो ।।

♫ मम प-पपध- निध सां- रेंनि सां-, प-धधसांसां सांगं सां-सांसां निसांनिध प- ।
सांसां सां-ध- मप ग-ग रे-रे सा-, रे-म मप- प-गं- रेंसांनिसांनिधप- ।।

अंतरा-2

कुटिया के सब चारों दिश् में । सुंदर तृण बेलें बूटे ।
फल पुष्पों के ओतप्रोत से । आनंद में सृष्टि लहरायो ।।

अंतरा-3

शुभ सुचि कुटिया के प्रांगण में । मैना बक शुक मोर पपीहे ।
चहके कोयलिया कुहू कुहू । सुन सीता का मन बहलायो ।।

(फिर)

दोहा॰ **सीता बड़ी प्रसन्न थी, कुटिया देख ललाम ।**
ऋषि-मुनि सह सत्संग में, समय बिताते राम ।। 1764/5200

अयोध्या काण्ड : तेरहवाँ सर्ग

47. सुमंत्र के अयोध्या आगमन की कथा :

47. Story of Sumantra's arrival at Ayodhyā *(Ayodhyā Kānd)*

दोहा॰ गंगा तट पर राम को, कह कर विदा सुमंत्र ।
खिन्नमना वापस चला, राम-नाम मुख मंत्र ।। 1765/5200

47. Story of Sumantra's arrival at Ayodhyā (Ayodhyā Kānd)

📖 कथा 📖

(अयोध्या में)

✍दोहा॰ रथ को नीचे छोड़ कर, गया नृपति के पास ।
भूपति बैठे थे लिए, राम मिलन की आस ।। 1766/5200

(महल में)

✍दोहा॰ आया रथ जब महल में, बिना राम के साथ ।
हा हा करके रो उठे, दुख मय सबके गात ।। 1767/5200

शीश झुका कर सूत ने, बोला जो था ज्ञात ।
"राम हि जाने राम की, आगे वाली बात" ।। 1768/5200

(फिर)

✍दोहा॰ काया पीली थी पड़ी, मनवा खिन्न उदास ।
दशरथ अवाक्, देखते, खड़ा सामने दास ।। 1769/716

कहा सूत ने, "हे प्रभो! तज कर मेरा हाथ ।
गंग लाँघ राघव गए, नौका में गुह साथ" ।। 1770/5200

✍दोहा॰ तीनों के कहदो सभी, कारज बेर-अबेर[26] ।
कैसे वन घनघोर में, रहते साँझ सबेर ।। 1771/5200

क्या खाते पीते तथा, साग पात वन बेर ।
कंकर-कंटक में कथं, चलते नंगे पैर ।। 1772/5200

थाम कलेजा भूप ने, पूछा उससे हाल ।
दारुण दुख से थे भरे, नृप दशरथ बेहाल ।। 1773/5200

(सुमंत्र बोला)

✍दोहा॰ दोनों हस्तक जोड़ कर, बोला सचिव सुजान ।
घुटने दोनों टेक कर, धीमी किए जुबान ।। 1774/5200

राघव सीता लखन थे, लेकर मुख पर हास ।

---

[26] ♪ **बेर-अबेर :** (हिंदी) समय-असमय पर । (संस्कृत) यदा-तदा । (मराठी) वेळीं-अवेळीं).

उनको वन में छोड़ कर, मैं था हुआ उदास ।। 1775/5200

चिंता नृपवर! मत करो, राम-लखन हैं वीर ।
कंद मूल फल विपुल हैं, वन में निर्मल नीर ।। 1776/5200

(संदेसा)

✍दोहा॰ राघव ने है आपको, भेजा नम्र प्रणाम ।
बोले, "निश-दिन मैं सदा, सिमरूँ तुमरा नाम ।। 1777/5200

"तीनों माताएँ मुझे, लगतीं एक समान" ।
बोले, "उनको दीजिए, मेरा बहु सम्मान ।। 1778/5200

"उर्मिल का बलिदान मैं, मानूँ अधिक विशेष ।
दीजो मम नेहा उसे, हिरदय का निःशेष ।। 1779/5200

"आशिष मंगल भरत को, मेरा जो प्रिय भ्रात ।
सुख-शाँति अरु नीति से, राज करे दिन-रात ।। 1780/5200

"शत्रुघन को भी कहा, आशिष मंगल प्यार ।
सेवा भ्राता की करे, धर्म नीति अनुसार" ।। 1781/5200

(और)

✍दोहा॰ सीता बोली वन्दना, मातु-पिता को लाख ।
पग पर मेरा शीश हैं, भक्ति भाव के साथ ।। 1782/5200

लछमन ने दी वन्दना, झुक कर बारंबार ।
माता सह प्रिय तात को, कहा ढेर सा प्यार ।। 1783/5200

(कौशल्या)

✍दोहा॰ कुत्सित दो-वर क्यों दिये, कैकेयी, को नाथ! ।
बिना विचारे क्यों किया, अहित पुत्र के साथ ।। 1784/5200

सब सद्गुण हैं आप में, फिर क्यों ऐसी बात ।
बच्चों को वनवास क्यों, दीन्हा तुमने तात! ।। 1785/5200

अयोध्या काण्ड : चौदहवाँ सर्ग

48. Story of Dashrath's ascent to the heaven (Ayodhyā Kānd)

48. श्री दशरथ जी के स्वर्गारोहण की कथा :

48. Story of Dashrath's ascent to the heaven *(Ayodhyā Kānd)*

📖 कथा 📖

(दशरथ जी)

दोहा॰ सुन रानी के प्रश्न वे, सत्य वचन प्रत्येक ।
      बोले दशरथ, "लो सुनो! उत्तर सबका एक" ।। 1786/5200

(और)

दोहा॰ कौशल्या ने जब कहा, समझूँ ना मैं बात ।
      "दो-वर" तुमने क्यों दिये, करने अपना घात ।। 1787/5200

       दशरथ बोले रोइके, सुनो बताऊँ आज ।
       कारण इसका और है, कहते आवे लाज ।। 1787/5200

       "दो-वर" से ना है घटी, पुत्र विरह की बात ।
       घटना उसके पूर्व की, कीन्हा है यह घात ।। 1788/5200

       कैकेयी ने ना किया, राम बिरह का काज ।
       मेरी ही त्रुटि ने लला, हमसे छीना आज ।। 1789/5200

       जो जस करता काम है, फल वैसा वह खात ।
       बोया जैसा बीज हो, तस पौधे के पात ।। 1790/5200

       "जेता जोता खेत मैं, तेता मिला अनाज ।
       ज्यों था लेखा भाग्य का, त्यों ही दिखता आज" ।। 1791/5200

(पुरानी कहानी)

दोहा॰ रानी! मैं था जब युवा, शक्तिशाली कुमार ।
      वन में जाता रात को, करने वन्य शिकार ।। 1792/5200

       शब्द वेधिनी शर कला, मैं था अवगत वीर ।
       आँख मूँद कर मारता, ठीक निशाने तीर ।। 1793/5200

       "पशु हत्या दुष्कर्म है," किया कभी न विचार ।

48. Story of Dashrath's ascent to the heaven (Ayodhyā Kānd)

हिंसा का फल पाप है, पापी के सिर भार ।। 1794/5200

(तो)

दोहा॰ गया विपिन मैं एक दिन, लेकर तरकश बाण ।
भटका सारा दिन वहाँ, ताने तीर कमान ।। 1795/5200

मिला न कोई सामने, प्राणी वन्य शिकार ।
भूखा प्यासा ढूँढते, क्लान्त गया मैं हार ।। 1796/5200

संध्या तक मैं आगया, एक नदी के तीर ।
पानी पीने को रुका, रख कर नीचे तीर ।। 1797/5200

(वहाँ)

दोहा॰ नदी किनारे था वहाँ, जामुन वृक्ष विशाल ।
फल-गुच्छों से थी लदी, तरुवर की हर डाल ।। 1798/5200

चढ़ कर बैठा गाछ पर, जामुन मीठे खात ।
देखत बाट शिकार की, लगभग आधी रात ।। 1799/5200

(फिर अचानक)

दोहा॰ उस सूनी सी घात में, सुन कर बुद् बुद् नाद ।
सोचा, आया तीर पर, हाथी या करियाद ।। 1800/5200

झट से मैंने बाण को, दिया लक्ष्य पर छोड़ ।
पल भर में ही "हाय!" की, सुनी चीख जी-तोड़ ।। 1801/5200

कूदा नीचे पेड़ से, फेंक हाथ से बाण ।
भागा आया तो दिखी, नन्ही आहत जान ।। 1802/5200

प्यारा बालक था वहाँ, शर का हुआ शिकार ।
लहु-लुहान, वह कर रहा, 'हरि! हरि!' नाम पुकार ।। 1803/5200

मैंने धीरे से उसे, कर से लिया उठाय ।
शरीर से शर काढ़ कर, गोदी लिया बिठाय ।। 1804/5200

(श्रावण)

दोहा॰ बालक बोला, "हे प्रभो! मेरी क्यों ली जान ।

48. Story of Dashrath's ascent to the heaven (Ayodhyā Kānd)

मैंने तुमरा क्या किया? क्यों मारा यह बाण ।। 1805/5200

"तापस वल्कल में सजा, जटा-जूट को धार ।
इस बालक निर्दोष को, तुमने डाला मार ।। 1806/5200

"आया जल भरने यहाँ, मातु-पिता का दास ।
कैसे मेरे मरण पर, बुझे उन्हों की प्यास ।। 1807/5200

"अपने मरने का मुझे, नहीं दुःख लव लेश ।
दृष्टि हीन माता-पिता, कथं सहेंगे क्लेश ।। 1808/5200

"मुझे मरा वे जान कर, छोड़ेंगे निज प्राण ।
एक तीर से तीन की, लीन्ही तुमने जान" ।। 1809/5200

(दशरथ)

✍दोहा॰ सुन कर उसके शब्द वे, मैं था करुण निढाल ।
घबराया मैं काँप कर, हुआ हाल बेहाल ।। 1810/5200

(श्रवण)

✍दोहा॰ पीड़ित बालक ने कहा, "श्रवण हमारा नाम ।
राजन्! मेरा कीजिए, एक जरूरी काम ।। 1811/5200

"इस पगडंडी के सिरे, आम्र वृक्ष के पास ।
काँवड़ में बैठे हुए, लेकर मेरी आस ।। 1812/5200

"प्यासे मम माता-पिता, दोनों दृष्टि हीन ।
बूढ़े जर्जर-काय हैं, मुझ पर निर्भर दीन ।। 1813/5200

"रस्ता मेरा तक रहे, वे हैं बहुत अधीर ।
लोटा लेकर जाइए, भर कर नदिया नीर ।। 1814/5200

"पहले देना जल उन्हें, फिर कहना यह भेद ।
मेरा मरना बोल कर, फिर करना तुम खेद ।। 1815/5200

"मेरा मरना जान कर, वे दे देंगे जान" ।
बालक इतना बोल कर, छोड़ गया निज प्राण ।। 1816/5200

225
रत्नाकर रचित संगीत-श्री-रामायण दोहावली

48. Story of Dashrath's ascent to the heaven (Ayodhyā Kānd)

(दशरथ)

दोहा॰ मृत बालक को छोड़ कर, उस नदिया के तीर ।
पगडंडी पर भागता, ले आया मैं नीर ।। 1817/5200

(माता)

दोहा॰ आहट मेरी पाइके, बोली माता रोय ।
"बेटा! देरी क्यों लगी, बाधा थी क्या कोय? ।। 1818/5200

"प्यासी तेरी मातु है, बहुत पिता को प्यास ।
चुप होकर तुम क्यों खड़े, आओ हमरे पास ।। 1819/5200

"एक सहारा हो तुम्हीं, हम हैं तुमरे दीन ।
प्राण हमारे तूहि है, हम तेरे आधीन ।। 1820/5200

"माता! कह दे तू मुझे, अपने मुख इक बार ।
सुन कर प्यारा शब्द वो, पाऊँगी तव प्यार" ।। 1821/5200

(तब)

दोहा॰ स्पर्श कराया कलश मैं, माँ के कर के साथ ।
उसने विद्युत वेग से, दूर हटाया हाथ ।। 1822/5200

बोले, "जल नहिँ चाहिए!" मातु-पिता इक साथ ।
मुख से तेरे, बिन सुने, नेह भरी कछु बात ।। 1823/5200

"होकर फिर लाचार मैं, कही दुखद वह बात ।
गलती से तव पुत्र का, हुआ है मुझसे घात! ।। 1824/5200

"पशु शावक समझा उसे, छोड़ा उस पर बाण ।
उसी बाण ने ले लिए, तुमरे सुत के प्राण ।। 1825/5200

"क्षमा करो मुझको अभी, दयावान पितु-मात! ।
पुत्र मुझे ही जान लो, सेवा में दिन-रात" ।। 1826/5200

(सुन कर)

दोहा॰ सुन कर मरना पुत्र का, तजे पिता ने प्राण ।
बोली माता-बिलखती, ले अब मेरी जान ।। 1827/5200

48. Story of Dashrath's ascent to the heaven (Ayodhyā Kānd)

बोली, "हम ज्यों जा रहे, लेकर पुत्र वियोग ।
तू भी लेकर यों मरे, पुत्र विरह का सोग" ।। 1828/5200

इस भाँति से विलपती, मुझको दे कर श्राप ।
स्वर्ग लोक को चल बसी, अंधी माता आप ।। 1829/5200

कर उनकी उत्तरक्रिया, भारी दुख के साथ ।
आया फिर रोता हुआ, घर मैं मलता हाथ ।। 1830/5200

(आगे दशरथ बोले)

दोहा॰ देवी! अब संजोग है, जैसा पाया शाप ।
मुझको आज जला रहा, राम विरह का ताप ।। 1831/5200

अनजाने में ही सही, हुआ मुझी से पाप ।
अब मुझको है भोगना, उस माता का शाप ।। 1832/5200

मिला कर्म का फल यही, नहीं किसी का दोष ।
निकलूँ मैं संतोष से, बिना किसी पर रोष ।। 1833/5200

"प्राण पखेरू उड़ रहे, तन से मेरे आज ।
जो होना था होगया, रखियो मेरी लाज ।। 1834/5200

"दीपक मेरा बुझ रहा, रिक्त हुआ है तेल ।
जीवन का मम जानिये, खतम हो रहा खेल ।। 1835/5200

"हाथ पाँव लूले पड़े, निकल रहे हैं प्राण ।
नाड़ी मेरी मंद है, बंद भए हैं कान ।। 1836/5200

"धीमी धीमी साँस है, नहीं तुंड में थूक ।
गात्र शिथिल हैं सब हुए, रुधिर रहा है सूख ।। 1837/5200

"शीतल है छाती बड़ी, शीतल हैं सब अंग ।
अंतिम क्षण में भी मुझे, नहीं राम का संग ।। 1838/5200

"नाम राम का अब रटूँ, फिर लूँ अंतिम साँस" ।

49. Story of Bharat's arrival at Ayodhyā (2. Ayodhyā Kānd)

इतना कह रघुराज ने, बंद करी निज आँख ।। 1839/5200

(इति)

✍दोहा॰ यथा श्रवण के मातु ने, रो कर छोड़े प्राण ।
त्यों ही दशरथ ने तजी, पुत्र विरह में जान ।। 1840/5200

(कौशल्या)

✍दोहा॰ हे शिव शंकर! अंबिके! हे मेरे जगदीश! ।
नाथ-विरह के शोक से, हृद् में निकले चीस ।। 1841/5200

मोक्ष हमारे नाथ को, देना भोलेनाथ! ।
आत्मा विगत उबारिए, कहूँ जोड़ कर हाथ ।। 1842/5200

अयोध्या काण्ड : पन्द्रहवाँ सर्ग

49. भरत के अयोध्या आगमन की कथा :

49. Story of Bharat's arrival at Ayodhyā *(2. Ayodhyā Kānd)*

कथा

(कौशल्या व सुमित्रा)

✍दोहा॰ प्राण पखेरू उड़ गए, जब पिंजर से भाग ।
भूप सिधारे स्वर्ग को, भव बंधन को त्याग ।। 1843/5200

✍दोहा॰ रानी-दोनों ने किया, रो कर बहुत विलाप ।
रोया सूत सुमंत्र भी, पाकर हिरदय ताप ।। 1844/5200

भीषण मातम अवध में, "गुजरे कोशलनाथ" ।
विद्युत गति से फैलता, गया, शोक के साथ ।। 1845/5200

(सचिव संघ)

✍दोहा॰ पास पुत्र कोई न था, जिसे राज्य अधिकार ।
मृत दशरथ का जो अभी, करे दाह संस्कार ।। 1846/5200

मंत्री गण ने तय किया, रखें तेल में देह ।
शीघ्र भरत को लाइए, केकय से सस्नेह ।। 1847/5200

(गुरुवर वसिष्ठ)

49. Story of Bharat's arrival at Ayodhyā (2. Ayodhyā Kānd)

✍दोहा॰ गुरु ने भेजा दूत को, लाने भरत कुमार ।
बोलो, आओ शीघ्र ही, गुरुवर रहे पुकार ।। 1848/5200

कहना कछु भी ना उसे, अवध नगर का हाल ।
बोलो, "गुरुवर ने कहा, आने को तत्काल" ।। 1849/5200

(तब)

✍दोहा॰ पाकर घर को लौटने, माता का संदेश ।
भरत लीन था हो रहा, आने अपने देश ।। 1850/5200

लाया संदेसा तभी, मुनि वसिष्ठ का दूत ।
सुन कर तत्पर हो गया, कैकेयी का पूत ।। 1851/5200

भरत, दूत के साथ ही, निकल पड़ा तत्काल ।
पीछे से शत्रुघ्न भी, रुका न दो दिन काल ।। 1852/5200

(उधर)

✍दोहा॰ केकय से रथ दौड़ता, दिश दक्षिण की ओर ।
नद नाले वन लाँघता, चला वायु की तौर ।। 1853/5200

करके नदिया शाल्मली, और पिपासा पार ।
आई नदी सरस्वती, पवित्र जल की धार ।। 1854/5200

आगे कुछ योजन चले, लीन्हा पूरब मोड़ ।
तेज वेग से राह पर, अश्व रहे थे दौड़ ।। 1855/5200

धूल हवा से उड़ रही, घुँघरू का था नाद ।
आगे यमुना थी नदी, कुछ अरसे के बाद ।। 1856/5200

यमुना सरिता लाँघ कर, करके बस जलपान ।
चला नैमिषारण्य में, पूर्व दिशा में यान ।। 1857/5200

(और, फिर)

✍दोहा॰ नैमिष वन था अति घना, पथरीली थी राह ।
शुष्क उष्ण जब लू चले, तन को देती दाह ।। 1858/5200

सत्यव्रत कथा दूत से, सुन कर योजन बाद ।

49. Story of Bharat's arrival at Ayodhyā (2. Ayodhyā Kānd)

आगे गंगा थी नदी, देती माँ की याद ।। 1859/5200

पी कर पावन नीर वो, करके सरिता पार ।
लगा यान फिर भागने, अश्व जिसे थे चार ।। 1860/5200

भरत ने कहा दूत से, कैसे हैं मम तात ।
कैसीं हैं माता त्रयी, कैसे हैं मम भ्रात ।। 1861/5200

कैसी जनता अवध की, कहो शुभ समाचार ।
सिया मातु का अवध में, कैसा था सत्कार ।। 1862/5200

उत्तर कुछ भी ना मिला, ना कोई संकेत ।
चुप था सेवक राह में, पूरे ध्यान समेत ।। 1863/5200

"यथा ईश की है कृपा, तथा सभी दिन-रात" ।
प्रश्नों को यों टालता, सूत न बोला बात ।। 1864/5200

पार किए फिर गोमती, और शारदा नीर ।
आया स्यंदन भरत का, उत्तर तमसा तीर ।। 1865/5200

इधर)

✍दोहा॰ अवध नगर सब शाँत था, सन्नाटा सब ओर ।
बोला भरत, "ये क्या हुआ, कहाँ गया गुल शोर ।। 1866/5200

"विषाद से क्यों है भरी, नगरी ये शमशान ।
कुछ तो गड़बड़ है यहाँ, आया क्या तूफान ।। 1867/5200

"अवध में न पितु प्रेम है, ना राघव का मोद ।
सीता माँ का स्नेह ना, ना लछमन का क्रोध" ।। 1868/5200

(राज भवन में आकर)

✍दोहा॰ मातु कक्ष में ना पिता, सजी नहीं है मात ।
अस्त व्यस्त बिखरा सभी, कक्ष लगा उत्पात ।। 1870/5200

(कैकेयी)

✍दोहा॰ कहा भरत ने मातु से, सब क्यों है चुपचाप ।
माता बोली भरत को, करो न चिंता आप ।। 1871/5200

49. Story of Bharat's arrival at Ayodhyā (2. Ayodhyā Kānd)

सब कुछ ज्यों था त्यों हि है, अशुभ नहीं कुछ बात ।
सब कुछ मंगल है यहाँ, कुछ ना है उत्पात ॥ 1872/5200

विषय बदलने के लिए, बोली, भरतकुमार! ।
नाना, मामा का कहो, मुझे शुभ समाचार ॥ 1873/5200

(भरत)

दोहा॰ माँ से पूछा भरत ने, "क्या है सच्ची बात ।
छुपा रहे क्या, हैं सभी, मुझसे, बोलो मात! ॥ 1875/5200

"घर में पितुवर हैं नहीं, कहाँ गए श्री राम ।
सीता भाभी भी नहीं, लखन गया किस काम ॥ 1876/5200

"दो माता मायूस हैं, घर में नहीं उलास ।
नगरी सूनी है पड़ी, लगते सभी उदास ॥ 1877/5200

"तेरे मुख के रंज से, लगता मुझको खेद ।
बोलो माते! बात क्या, मुझसे खोलो भेद" ॥ 1878/5200

(कैकेयी)

दोहा॰ तब मुख खोला मातु ने, बोली सच्चे बोल ।
"साजिश उसने जो रची, विष में चीनी घोल ॥ 1879/5200

"तेरे ही हित के लिए, क्या क्या खेली खेल ।
कीन्हा तेरा मैं भला, कितने पापड़ बेल ॥ 1880/5200

"कैसे तेरे तात को, मैंने किया लचार ।
मैंने पत्थर एक से, दो खग डाले मार" ॥ 1881/5200

कैकेयी ने फिर कही, "दो-वर" वाली बात ।
बोली, ये मत समझ तू, कीन्हा मैंने घात ॥ 1882/5200

पहले वर से अवध का, माँगा मैंने राज ।
कहा राम ने, "ठीक है," नहीं हुआ नाराज ॥ 1883/5200

दूजे वर से राम को, दिया विपिन का वास ।

49. Story of Bharat's arrival at Ayodhyā (2. Ayodhyā Kānd)

न ही बजेगी बाँसुरी, न ही बचा है बाँस ।। 1884/5200

वन में सीता भी गयी, लखन लला है साथ ।
"राम! राम!" के नाम से, गुजरे कोशलनाथ ।। 1885/5200

तुझको मुझ पर गर्व हो, कीन्हा तेरा काज ।
तुझसे पूछे ही बिना, दिया तुझे है राज ।। 1886/5200

(और)

दोहा॰ अब ना शत्रु है बचा, ना ही विघ्न विकार ।
वैभवशाली राज्य पर, तेरा सब अधिकार ।। 1887/5200

सौतन का हक छीन कर, कीन्हा मारग साफ ।
तेरे हित में मैं नहीं, किया किसी को माफ ।। 1888/5200

(परंतु)

दोहा॰ कटु बचनन वे विष भरे, सुन कर भरत कुमार ।
काँपा ऐसा क्रोध में, जैसी वीणा तार ।। 1889/5200

(भरत)

दोहा॰ अकुलाते फिर भरत ने, कहा मातु से, आप ।
भारी ईर्ष्या क्रोध से, तूने कीन्हा पाप ।। 1890/5200

तेरे माथे में भरा, किसने है यह कीच ।
अधम घिनौने मोह से, काम किए क्यों नीच ।। 1891/5200

बो कर बीजक कलह का, उगला तूने पाप ।
सुख देने की भूल से, मुझे दिया तू ताप ।। 1892/5200

"पुत्र बड़ा ही नृप बने," रघुकुल की है रीत ।
धर्म सनातन है वही, क्षात्र-कर्म की नीत ।। 1893/5200

अवध राज्य है राम का, ना मेरा अधिकार ।
त्रैकालिक यह सत्य है, कभी टरे ना टार ।। 1894/5200

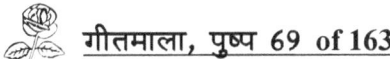 गीतमाला, पुष्प 69 of 163

49. Story of Bharat's arrival at Ayodhyā (2. Ayodhyā Kānd)

खयाल : राग अड़ाना,[27] तीन ताल 16 मात्रा

(भरत शोक)

स्थायी

जननी मोरी करत अंऽधेऽ ऽ ऽ ऽ ऽ र ऽ । राऽमचंद्र भयोऽ ऽ ऽ बनबासीऽ ऽ ।।

♫ रेंसारें निसां पनिम पसांसां–निधनि–प– । म–पपनि निम–गम रेसारेसारेसा ।।

अंतरा–1

जिन बिऽगाऽड़ीऽ मंऽथर दाऽसीऽ । भरत कहेऽ माँ! तूऽ कुलनासीऽ ऽ ।।

♫ मप धधनिसांसां– निसांरें– सांनिधनिप । मपनि सांगंमं रेंसां! निसां रेंसां निपरेंसां ।।

(और)

दोहा॰ माते! माते! स्नेह से, तुझे पुकारे राम ।
मुख में उसके था सदा, रहता तेरा नाम ।। 1895/5200

ऐसे प्यारे पुत्र पर, कीन्हा तू आघात ।
उसके निर्मल प्रेम पर, तूने मारी लात ।। 1896/5200

तुझको भाता राम था, सबसे अधिक प्रमाण ।
राम–भरत थे एक से, तेरे लिए समान ।। 1897/5200

इतने प्यारे पुत्र को, दीन्हा क्यों वनवास ।
जिसने दीन्हा है सदा, तेरे मुख पर हास ।। 1898/5200

नवी नवेली जो बहू, आई तेरे द्वार ।
तूने घर में ना रखी, उसको भी दिन चार ।। 1899/5200

लक्ष्मण भी था प्रिय तुझे, प्रिय मेरा लघु भ्रात ।
फिर क्यों माते! छल किया, तूने उसके साथ ।। 1900/5200

---

[27] **राग अड़ाना :** यह आसावरी ठाठ का राग है । इसका आरोह है : सा रे म प, ध नि सां । अवरोह है : सां ध नि प, म प ग म रे सा ।

▶ लक्षण गीत : **दोहा॰ कोमल ग नि अवरोह में, आरोह में ग वर्ज्य ।**
सां प वादि संवाद से, सजे "अड़ाना" तर्ज ।। 1901/5200

49. Story of Bharat's arrival at Ayodhyā (2. Ayodhyā Kānd)

"तेरे पापी कपट में, ना मैं तेरे साथ ।
मैं राघव के राज्य को, नहीं लगाऊँ हाथ" ।। 1902/5200

(अत:)

✍दोहा॰ कहा भरत ने मातु को, "कीन्हा तू अन्याय ।
दूँगा माते! राम को, नीति नियम से न्याय ।। 1903/5200

"जाऊँगा मैं विपिन में, जहाँ गए हैं राम ।
लाऊँगा मैं बंधु को, वापस अपने धाम" ।। 1904/5200

होते हुए कुलीन तू, कर्म किए हैं हीन ।
पापन कोई और ना, तुझसे अधिक मलीन ।। 1905/5200

माता को यों कोस कर, रोता बारंबार ।
निकल पड़ा वह कक्ष से, व्याकुल भरत कुमार ।। 1906/5200

(यों)

✍दोहा॰ कोसा अपनी मातु को, उसने बारंबार ।
किया भरत ने शब्द का, बारंबार प्रहार ।। 1907/5200

रोता फिर मिलने गया, छोटी माँ के पास ।
माता ने अति प्रेम से, उसको दिया उलास ।। 1908/5200

मिल कर छोटी मातु से, आया भरत कुमार ।
मिलने कौसल मातु को, बन कर व्यथित अपार ।। 1909/5200

(कौशल्या माँ के पास)

✍दोहा॰ लख कर जननी राम की, पिघला उसका कोह ।
चिपका माता से यथा, चुंबक सेती लोह ।। 1910/5200

बोला, माते! राम ने, पाया है वनवास ।
उसमें मेरा दोष ना, मुझ पर कर विश्वास ।। 1910/5200

"मेरी माता ने किए, बहुत घिनौने काम ।
सीता सह वनवास को, भेजा तेरा राम" ।। 1912/5200

(और)

49. Story of Bharat's arrival at Ayodhyā (2. Ayodhyā Kānd)

दोहा॰ "मुझको माते! दो क्षमा, अनाथ मैं बिन-राम ।
लाऊँगा मैं विपिन से, वापस उसको धाम ।। 1913/5200

"मुझको शासन का नहीं, जनपद में अधिकार ।
ज्येष्ठ पुत्र राजा बने, यही नीति आचार" ।। 1914/5200

(और)

दोहा॰ "जिसने कीन्हा पाप ये, करके राम विरोध ।
पता नहीं किस बात का, लीन्हा है प्रतिशोध ।। 1915/5200

"उसे मिटावे एक दिन, अधम उसी का पाप ।
रच कर यह षड्यंत्र वो, देगी खुद को ताप ।। 1916/5200

"अपने कुल को है दिया, दूषण उसने घोर ।
उस निर्लज को ना कहीं, सुखद मिलेगा ठौर" ।। 1917/5200

(यों)

दोहा॰ "राज्य अवध का मात्र है, राघव का अधिकार ।
माँ ने उससे छीन कर, कीन्हा अत्याचार ।। 1918/5200

"निरपराध को दंड है, दीन्हा उसने घोर ।
सिर पर लेगी पाप वह, न्याय धर्म की चोर" ।। 1919/5200

(और भी)

दोहा॰ "मेरी जननी ने किया, कुल में है विद्रोह ।
राज्य वित्त अधिकार का, उसे हुआ है मोह ।। 1920/5200

"मैं राघव का दास हूँ, राजा हैं रघुनाथ ।
मम जननी के पाप में, ना है मेरा हाथ" ।। 1921/5200

(कौशल्या बोली)

दोहा॰ माता बोली भरत से, मत खो अपना होश ।
मुझे पूर्ण विश्वास है, तुम हो सुत! निर्दोष ।। 1922/5200

विधि विधान होवे यथा, तैसे होता काम ।
तेरे पितुवर चल बसे, लिए राम का नाम ।। 1923/5200

49. Story of Bharat's arrival at Ayodhyā (2. Ayodhyā Kānd)

डट कर शासन में लगो, यथा मिला अधिकार ।
पूज्य तात स्वर्गीय का, करें दाह संस्कार ।। 1924/5200

मातु सुमित्रा से मिलो, वह भी बड़ी उदास ।
सुत उसका भी है गया, राम संग वनवास ।। 1925/5200

उर्मिल को दो हौसला, श्रेष्ठ उसी का याग ।
बिना किसी आपत्ति के, उसने कीन्हा त्याग ।। 1926/5200

सती न ऐसी और है, कहता है इतिहास ।
सान्त्वन देकर तुम उसे, उसके मुख दो हास ।। 1927/5200

(सुमित्रा और कैकेयी बोलीं)

✍दोहा॰ मातु सुमित्रा ने कहा, निर्मल तुमरा स्नेह ।
बंधु भक्त हो तुम खरे, अब न दुखाओ देह ।। 1928/5200

बोली माता कैकयी, कीन्ही मैंने भूल ।
मेरे पापी कर्म से, लगा सभी को शूल ।। 1929/5200

(और)

✍दोहा॰ दोनों माता ने कहा, पितु को दो तुम दाह ।
देह तेल में है पड़ा, तकत तिहारी राह ।। 1930/5200

(तब)

✍दोहा॰ अंतिम यात्रा जब चली, दशरथ की, सह सोग ।
"राम-नाम सब सत्य है," गाए पंडित लोग ।। 1931/5200

चंदन कठ की थी चिता, सजी पुष्प की सेज ।
सबके नैनन नीर थे, मुख सबके निस्तेज ।। 1932/5200

देख दशरथ की चिता, सब जन बोले, आह! ।
साम वेद के मंत्र से, भरत लगाया दाह ।। 1933/5200

अयोध्या काण्ड : सोलहवाँ सर्ग

50. Story of Bharat going to Chitrakūt (Ayodhyā Kānd)

 50. भरत के चित्रकूट गमन की कथा :

50. Story of Bharat going to Chitrakūt *(Ayodhyā Kānd)*

(भरत)

दोहा॰ शोक सभा जब होगयी, दस दिन सबके साथ ।
भरत शत्रुघन से कहे, सोचें वन की बात ।। 1934/5200

सुनत रही थी मंथरा, छुप कर वह आलाप ।
कहे भरत शत्रुघ्न को, किया इसीने पाप ।। 1935/5200

इस कुब्जा की जीभ से, लगी भेद की आग ।
इसने सूरज वंश को, दीन्हा काला दाग ।। 1936/5200

(शत्रुघ्न)

दोहा॰ हाथ पकड़ शत्रुघ्न ने, मारी उसको लात ।
जूड़ा धरे घसीट कर, पीटा उसका गात ।। 1937/5200

रोका उसको भरत ने, मत लो इसकी जान ।
नारी हत्या पाप है, यद्यपि छल की खान ।। 1938/5200

(चौदह वे दिन पर)

दोहा॰ चौदह दिन जब होगए, हुआ शाँत जब शोक ।
सभा बुलाई भरत ने, लगाय माँ पर रोक ।। 1939/5200

कहा सभा में भरत ने, देकर सबको मान ।
राम अवध के भूप हैं, मैं सेवक दरबान ।। 1940/5200

(वसिष्ठ)

दोहा॰ वसिष्ठ गुरुवर ने कहा, आज सचिव प्रत्येक ।
तिलक लगा कर भरत का, सिद्ध करें अभिषेक ।। 1941/5200

(भरत)

दोहा॰ करी भरत ने घोषणा, पूर्ण शपथ के साथ ।
"जाऊँगा मैं विपिन में, लाने को रघुनाथ ।। 1942/52005

"अवध राम का राज्य है, सभी जहाँ सुखभाग ।

वही राज हम फिर करें, लगे न कोई दाग" ।। 1943/52005

कोई भूखा ना रहे, ना ही दुख में रोय ।
सदा सुखी सब हों जहाँ, रामराज्य वह होय ।। 1944/5200

कोई चिंतित ना रहे, ना हो कोई दुष्ट ।
कोई अपहारी न हो, ना हो कोई भ्रष्ट ।। 1945/5200

कोई चोरी ना करे, ना ही बोले झूठ ।
मार कूट हो ना कहीं, ना ही कोई लूट ।। 1946/5200

"प्रभु के मन में अवध का, होता मेरा राज ।
अनुज बनाता राम को, अग्रज मुझको आज" ।। 1947/52005

(भरत प्रतिज्ञा)

✍दोहा॰ राजचिह्न सब तज दिये, पाँव खड़ाऊँ डार ।
वल्कल कटि धारण किए, शीश जटा संभार ।। 1948/5200

राघव आसन पर मुझे, कभी नहीं अधिकार ।
वापस लाऊँगा उन्हें, उनकी हो सरकार ।। 1949/5200

(फिर)

✍दोहा॰ मंत्री गण ने भरत की, कीन्ही जय जयकार ।
वापस लाने राम को, किया एक निर्धार ।। 1950/5200

(अत:)

✍दोहा॰ भारी सेना थी खड़ी, गुरुवर जनपद लोग ।
तीनों रानी चल पड़ीं, तज कर अपना सोग ।। 1951/5200

जन जनपद के भी चले, गुरु वसिष्ठ के साथ ।
राम-सिया की जै कही, उठाय दोनों हाथ ।। 1952/5200

(मगर)

✍दोहा॰ आई सेना भरत की, जब गंगा के पास ।
देख उसे घबड़ा गए, गुह-निषाद के दास ।। 1953/5200

निषाद की सेना बढ़ी, लेकर भाले तीर ।

50. Story of Bharat going to Chitrakūt (Ayodhyā Kānd)

भरत सैन्य के सामने, खड़े हुए भिल वीर ।। 1954/5200

(तब, भरत)

✍दोहा॰ देख भिलन को सामने, लड़ने को तैयार ।
रोकी सेना भरत ने, संकट खड़ा निहार ।। 1955/5200

भेजा सचिव सुमंत्र को, करने उनसे बात ।
पाकर आज्ञा भरत से, चला दूत निष्णात ।। 1956/5200

(गुह निषाद)

✍दोहा॰ निहार सचिव सुमंत्र को, निषाद हर्षित गात ।
बोला निषाद रंज से, क्या है, प्यारे! बात ।। 1957/5200

सेना लेकर आगया, क्या है भरत-विचार ।
किससे लड़ना है उसे, किसका है संहार ।। 1958/5200

(सुमंत्र)

✍दोहा॰ सुमंत्र बोला, मत डरो, तुम हो हमरे मीत ।
राघव को लाने चला, भरत बंधु, सह प्रीत ।। 1959/5200

(परन्तु)

✍दोहा॰ सुना नाम जब राम का, निषाद को संदेह ।
सेना लेकर जा रहा, कैसा है यह स्नेह ।। 1960/5200

(गुह बोला)

✍दोहा॰ मुझे लुभाना चाहता, लिए स्नेह का नाम ।
माता से जो ना बना, पुत्र करेगा काम ।। 1961/5200

पापी माता, सुत लिए, चली मारने राम ।
हमें भुलाना चाहती, करने पूरा काम ।। 1962/5200

(सुमंत्र बोला)

✍दोहा॰ सुलझाने गुहराज को, कहा सचिव ने, तात! ।
तीनों माता संग हैं, वसिष्ठ गुरु भी साथ ।। 1963/5200

उनकी रक्षा के लिए, सेना हमरे संग ।
मेरा कहना मान लो, वचन न होगा भंग ।। 1964/5200

50. Story of Bharat going to Chitrakūt (Ayodhyā Kānd)

भरत राम का दास है, पितृ तुल्य हैं राम ।
वापस लाने बंधु को, निकला भरत सुजान ।। 1965/5200

(फिर)

✍दोहा॰ माना कहना दूत का, निषाद ने तत्काल ।
स्वागत करके प्रेम से, चूमा उसका भाल ।। 1966/5200

निषाद बोला भरत को, राघव मेरा भ्रात ।
तुम राघव के दास हो, भाई तुम मम, तात! ।। 1967/5200

(और बोला)

✍दोहा॰ रुको यहाँ तुम रात भर, भोजन मेरे साथ ।
चलो दिखाऊँ स्थान वो, जहाँ रुके रघुनाथ ।। 1968/5200

(तब, निषाद)

✍दोहा॰ आए जब उस स्थान पर, गदगद सबके गात ।
छूआ बरगद वृक्ष वो, लगाय दक्षिण हाथ ।। 1969/5200

(और)

✍दोहा॰ माता तीनों रो पड़ी, नैनन नीर अटूट ।
रोया भरत कुमार भी, गया नियंत्रण छूट ।। 1970/5200

सोये सब उस रात में, तृण की सेज बिछाय ।
राम मिलन के सोहने, सपने सुखद रचाय ।। 1971/5200

(सवेरे)

✍दोहा॰ अरुणोदय से पूर्व ही, सारे हुए तयार ।
राम-नाम गाते हुए, करने गंगा पार ।। 1972/5200

सेना सारी भरत की, आई गंगा तीर ।
गुह निषाद ने पुल किया, तरने गंगा नीर ।। 1973/5200

निकला गंगा तीर से, सकल भरत का संघ ।
चला विपिन में ठाठ से, लेकर नई उमँग ।। 1974/5200

यान भरत का सामने, पीछे सैनिक वीर ।

50. Story of Bharat going to Chitrakūt (Ayodhyā Kānd)

चले कतारें बाँध कर, पी कर गंगा नीर ।। 1975/5200

(फिर)

दोहा॰ भरत वाहिनी शोर में, चली दिखाती शान ।
वनचर सब भयभीत थे, भागे लेकर प्राण ।। 1976/5200

चली भरत की वाहिनी, दक्षिण पथ के साथ ।
गाते नारे जोश में, जय जय जय रघुनाथ! ।। 1977/5200

दिखा दूर जब सामने, भरद्वाज मुनिवास ।
सेना को करके खड़ी, गया भरत मुनि पास ।। 1978/5200

(आश्रम में)

कर मुनिवर की वन्दना, दोनों जोड़े हाथ ।
शिष्ट भाव अनुसार ही, विनय सभ्यता साथ ।। 1979/5200

बोला, मुनिवर! भरत मैं, अग्रज मेरा राम ।
आया हूँ मैं अवध से, ढूँढन राघव धाम ।। 1980/5200

आगे सेना देख कर, भया उन्हें सन्देह ।
मन ही मन मुनि को लगा, झूठा इसका स्नेह ।। 1981/5200

(भरद्वाज)

कहा भरत को, सौम्य! क्यों, उठा रहे हो पैर ।
साथ तिहारे सैन्य है, चले मिटाने बैर ।। 1982/5200

त्याग राम ने है किया, देकर तुमको राज ।
बदला लेने के लिए, आए हो क्या आज ।। 1983/5200

राम–लखन अविजेय हैं, लौट यहाँ से भाग ।
तेरे हित की बात है, प्यारे! भ्रम को त्याग ।। 1984/5200

राम–लखन से लड़ सके, इतना ना तू वीर ।
लेगा तेरे प्राण वो, एक राम का तीर ।। 1985/5200

मुनिवर बोले, भरत को, सूर्य वंश के वीर ।
उल्लंघन करते नहीं, रीति रिवाज लकीर ।। 1986/5200

51. Story of Bharat's meeting with Rāma (2. Ayodhyā Kānd)

(भरत)

कहा भरत ने, हे मुने! मैं राघव का दास ।
वापस लाने मैं उन्हें, जाऊँ उनके पास ।। 1987/5200

माताएँ हैं साथ में, प्रिय जन लाए आस ।
उनकी रक्षा के लिए, लाई सेना खास ।। 1988/5200

मुनिवर! मेरा मानिये, कहना कृपया आप ।
मार्ग बता कर कीजिए, मेरा राम-मिलाप ।। 1989/5200

(मुनिवर)

मुनिवर बोले अब मुझे, तुझ पर है विश्वास ।
रुको यहाँ तुम रात में, सुख से लो निःश्वास ।। 1990/5200

सुबह सवेरे चल पड़ो, कल दक्षिण की ओर ।
कालिंदी को पार कर, लो पश्चिम का मोड़ ।। 1991/5200

चित्रकूट गिरि पास है, सुंदर अति अभिराम ।
माल्यवती के छोर पर, तुम्हें मिलेंगे राम ।। 1992/5200

(फिर)

कहना मुनि का मान कर, अपना डेरा डाल ।
भरत संघ का रात में, गुजरा सुख से काल ।। 1993/5200

(सवेरे)

✍दोहा॰ निकला रवि जब गगन में, भरत हुआ तैयार ।
अनुमति मुनिवर से लिए, करने यमुना पार ।। 1994/5200

फिर)

✍दोहा॰ गाती जय सिय राम की, सेना जमुना पार ।
चित्रकूट गिरि पर चढ़ी, करके एक कतार ।। 1995/5200

अयोध्या काण्ड : सतरहवाँ सर्ग

51. श्री राम-भरत मिलाप की कथा :

51. Story of Bharat's meeting with Rāma *(2. Ayodhyā Kānd)*

51. Story of Bharat's meeting with Rāma (2. Ayodhyā Kānd)

(राम की कुटिया के पास)

✍दोहा॰ आई सेना ठाठ से, अधिक मचाती शोर ।
रामकुटी के पास में, माल्यवती की ओर ।। 1996/5200

दिखा भरत को दूर से, पर्णकुटी का धाम ।
भाभी शाक पका रही, पास उपस्थित राम ।। 1997/5200

राम-सिया को देख कर, सजल भरत के नैन ।
चरण कमल छूए बिना, उसे न आया चैन ।। 1998/5200

सेना उसने की खड़ी, वाम उठा कर हाथ ।
बोला, देखो सामने, भाभी अरु रघुनाथ ।। 1999/5200

सेना संघ रुके यहीं, मैं जाता हूँ आप ।
विनय प्रेम से बंधु का, शमन करूँ अनुताप ।। 2000/5200

(उधर)

✍दोहा॰ ईंधन लाने था गया, लखन लला संतुष्ट ।
सुन सेना का शोर वो, भागा आया रुष्ट ।। 2001/5200

बोला आग बुझाइके, जाओ कुटि में, मात! ।
सेना लेकर भरत है, आया करने घात ।। 2002/5200

मुझे, बंधु! आदेश दो, करने उनका नास ।
कैकेयी की चाल को, करदूँ अभी खलास ।। 2003/5200

(राम)

✍दोहा॰ कहा लखन ने राम से, मुझको है संदेह ।
आयी सेना साथ है, यह कैसा है स्नेह ।। 2004/5200

राघव बोले लखन को, तज दो अपना रोष ।
अनजाने में भरत को, कृपया मत दो दोष ।। 2005/5200

भरत प्रेम का पुंज है, आया हो चित खोल ।
आने दो उसको यहाँ, अशुभ न बोलो बोल ।। 2006/5200

(लखन)

51. Story of Bharat's meeting with Rāma (2. Ayodhyā Kānd)

दोहा॰ अगर भरत में स्नेह है, क्यों है सेना साथ ।
मुझे लगे विपरीत है, इसमें माँ का हाथ ।। 2007/5200

(राम)

दोहा॰ "भरत अवध का भूप है, भूलो मत यह बात ।
सेना नृप के साथ हो, यही नियम है, तात!" ।। 2008/5200

(भरत, आने पर)

दोहा॰ भरत निकट जब आगया, रामचंद्र के पास ।
बोला, नैनन सजल से, मैं हूँ तुमरा दास ।। 2009/5200

गिरा चरण पर राम के, बोला, हे रघुनाथ! ।
दया करो इस भक्त पर, चलिए मेरे साथ ।। 2010/5200

"अवध राज्य है आपका, मैं हूँ तुमरा दास ।
आया हूँ मैं शरण में, लेकर मन में आस ।। 2011/5200

"क्षमा करो मम मातु को, भूलो उसकी बात ।
अब तो पितु भी चल बसे, तुम्ही पिता हो, तात! ।। 2012/5200

"अवधराज बस आप हैं, तुम्ही हमारे बाप ।
ईर्ष्या से लाचार हो, जननी कीन्हा पाप" ।। 2013/5200

(और)

दोहा॰ "हाथ जोड़ बिनती करूँ, सुनो कृपालु राम ।
लखन सिया को साथ ले, चलिए वापस धाम ।। 2014/5200

"सिंहासन है आपका, ना वह मम अधिकार ।
सेवा तुमरी मैं करूँ, मुझे दीजिए प्यार ।। 2015/5200

"तीनों माता साथ हैं, अथ है सेना साथ ।
अवध जनों का है कहा, चलिए घर, रघुनाथ!" ।। 2016/5200

(राम)

दोहा॰ सुन कर पितु के मृत्यु की, राम, भरत से बात ।
सिसकी दे कर रो पड़े, सह न सके आघात ।। 2017/5200

51. Story of Bharat's meeting with Rāma (2. Ayodhyā Kānd)

धीरज अरु बल छूट कर, गिरे भरत के काँध ।
दोनों बाँह पसार कर, लिया भुजा में बाँध ।। 2018/5200

बोले राघव भरत को, "नृप हो तुम बेजोड़ ।
क्यों आए हो विपिन में, राज्य काज सब छोड़" ।। 2019/5200

(भरत)

दोहा॰ कहा भरत ने, हे सखे! सुनो पिता की बात ।
जैसी मैंने है सुनी, वही कहूँगा, तात! ।। 2020/5200

भूपति जब थे जा रहे, वहाँ न मैं, ना आप ।
देते देते, तन तजा, मम जननी को शाप ।। 2021/5200

पुत्र न कोई पास था, न मध्यमा का प्यार ।
राम–नाम का विरह ही, गया पिता को मार ।। 2022/5200

पूजनीय पितु भूप हैं, गए परम परलोक ।
रो रो पुत्र वियोग में, राम–नाम का शोक ।। 2023/5200

पिता गए, बिन स्नेह के, करते बहुत विलाप ।
मैं आया जब तेल में, पड़ा हुआ था बाप ।। 2024/5200

(और)

दोहा॰ मिलते ही संदेश मैं, सात दिवस दिन–रात ।
दौड़ा बिन विश्राम के, बिन जाने ही बात ।। 2025/5200

मैं आया जब देश में, ठप था कारोबार ।
दूजे दिन अवधेश का, किया अंत्य संस्कार ।। 2026/5200

"जाल मध्यमा ने बुना, खोकर अपने होश ।
रखो बंधु विश्वास तुम, उसमें ना मम दोष ।। 2027/5200

"जननी के षड्यंत्र में, ना है मेरा हाथ ।
ना ही मुझको ज्ञात था, ना मैं उसके साथ ।। 2028/5200

"मिला यद्यपि है मुझे, निष्कंटक सब राज ।
मिले मुझे यदि शीश पर, रत्न स्वर्ण का ताज ।। 2029/5200

51. Story of Bharat's meeting with Rāma (2. Ayodhyā Kānd)

"फिर भी मैं हतभाग्य हूँ, सुख-वर्षा के बीच ।
बिना बंधु-पितु-प्रेम के, मेरा जीवन नीच" ।। 2030/5200

(राम)

दोहा॰ सीता को फिर राम ने, कही दुखद वह बात ।
सीते! भव को छोड़ कर, चले गए हैं तात ।। 2031/5200

(राम)

दोहा॰ राघव ने फिर लखन को, बोली जब दुख-बात ।
सीता सह मिल कर गले, रोये चारों भ्रात ।। 2032/5200

(सीता)

दोहा॰ माता के लग कर गले, दिया सिया ने प्यार ।
पड़ी चरण पर मातु के, नीर नैन से ढ़ार ।। 2033/5200

(कौशल्या)

दोहा॰ वैदेही को मातु ने, गले लगाया थाम ।
चूमा सिर अति प्रेम से, लेकर शिव का नाम ।। 2033/5200

बोली सुत को रंज से, कैसे तेरे काम ।
कितनी दुबली होगयी, मेरी बेटी, राम! ।। 2034/5200

कहा सिया को मातु ने, "बेटी तेरा हाल ।
पतझड़ में हो पेड़ की, जैसी सूखी डाल ।। 2035//5200

"तेरा कोमल मखमली, कमल कली सा अंग ।
वन के कटु परिवेश में, पड़ा है पीला रंग" ।। 2036/5200

(अत:)

दोहा॰ "चलिए वापस घर चलें," बात पिया को बोल ।
"रहना इस वीरान में, लगता मिट्टी मोल" ।। 2037/5200

यहाँ न खाना स्वाद का, ना पीने का मोद ।
चल घर बेटी मैं तुझे, दूँगी माँ की गोद ।। 2038/5200

कहा लखन को मातु ने, उर्मिल भेजा प्यार ।
बोली, दीजो नाथ को, जब हो साक्षात्कार ।। 2039/5200

51. Story of Bharat's meeting with Rāma (2. Ayodhyā Kānd)

तेरी जाया है सती, वनिता जग में एक ।
बिना कहे सब सह रही, त्याग उसी का नेक ।। 2040/5200

फिर माता ने राम को, कहा, पुत्र रघुनाथ! ।
चल अब हमरे साथ तू, सुनले मेरी बात ।। 2041/5200

(सुमित्रा)

दोहा॰ मातु सुमित्रा राम से, बोली, सुत रघुराज! ।
पूज्य पिता के बाद तू, ले ले अपना राज ।। 2042/5200

भाग्यवान मम लाल है, रघुसुत लखन महान ।
निश-दिन है उसको मिला, तव चरणन में स्थान ।। 2043/5200

परम बंधु प्रिय है सखा, अनुज तुम्हारा, राम! ।
राम-सिया के बाद में, होगा उसका नाम ।। 2044/5200

उसकी पत्नी उर्मिला, अमर उसी का नाम ।
निज-सुख तज उसने चुना, बंधु-धर्म का काम ।। 2045/5200

(केकेयी)

दोहा॰ कैकेयी ने राम को, बोला सुत! रघुवीर! ।
क्षमा करो अपराध मम, मैं हूँ बहुत अधीर ।। 2046/5200

कुब्जा की मैं चाल में, आकर कीन्ही भूल ।
पापी कपटी दुष्ट मैं, सबको दीन्हा शूल ।। 2047/5200

कौशल्या का मैं किया, पग-पग है अपमान ।
लज्जित अपने आप से, जग में हूँ बदनाम ।। 2048/5200

मेरी आँखे खोल दी, पुत्र! भरत ने आज ।
मेरे करतब दुष्ट से, आई अब मैं बाज ।। 2049/5200

मुझको पश्चाताप है, कारज मम गद्दार ।
घर चल कर तुम लौट कर, कीजो मम उद्धार ।। 2050/5200

(भरत)

दोहा॰ कहा भरत ने राम को, मैं हूँ तुमरा दास ।

51. Story of Bharat's meeting with Rāma (2. Ayodhyā Kānd)

वनी बना कर तुम मुझे, रखलो अपने पास ॥ 2051/5200

हाथ जोड़ विनती मेरी, सुनिये दया निधान! ।
सिया लखन को साथ ले, चलिए अपने धाम ॥ 2052/5200

माँ ने पद मुझको दिया, जिसकी मुझे न चाह ।
गद्दी वापस दूँ तुम्हें, चलूँ मैं अपनी राह ॥ 2053/5200

पद स्वीकारो वह तुम्हीं, वहीं तुम्हारा स्थान ।
तुम्हीं अवध के राज हो, वहीं तुम्हारा धाम ॥ 2054/5200

(अत:)
अवध चलो अब, रामजी! माता की भी माँग ।
अब तो है वनवास की, बातें ऊटपटाँग ॥ 2055/5200

करी मिन्नतें भरत ने, स्नेह विनय के साथ ।
चरण छुए श्री राम के, जोड़े दोनों हाथ ॥ 2056/5200

नहीं पिता भी अब रहे, न हि माता में क्रोध ।
बाधाएँ अब मिट गयीं, सुनो ज्ञान का बोध ॥ 2057/5200

हठ को छोड़ो, घर चलो, करो राज्य का भोग ।
वन–जीवन में क्या रखा, बोल रहे सब लोग ॥ 2058/5200

(और)
दोहा॰ नर का देह न फिर मिले, न ही भूमि का भोग ।
राज्य परम आनंद का, आया अब संजोग ॥ 2059/5200

मनुज जनम मिलता नहीं, बार–बार, हे राम! ।
अभी भोग इसका करो, कल का किसको ज्ञान ॥ 2060/5200

(राम)
दोहा॰ बोले राघव तत्त्व से, सुनो भरत! प्रिय भ्रात! ।
गुरु वसिष्ठ ने जो कही, धर्म कर्म की बात ॥ 2061/5200

बालमीक मुनि कह गए, योगवसिठ में बात ।
जन्म मरण का ज्ञान तुम, भूल गए हो, तात! ॥ 2062/5200

51. Story of Bharat's meeting with Rāma (2. Ayodhyā Kānd)

(सुनो)

दोहा॰ जो आता सो बिछुड़ता, यही नियति का खेल ।
भवसागर के चक्र में, नहीं चिरंतन मेल ।। 2063/5200

ऐसा को जन्मा यहाँ, जो न गया भव छोड़ ।
मातु-पिता गुरु बंधु से, गया न नाता तोड़ ।। 2064/5200

कौन रुका किसके लिए, कौन अमर इन्सान ।
जीना मरना नित्य हैं, यौवन जरा समान ।। 2065/5200

लौटत नाहीं दिन ढले, पल जो जाता बीत ।
अविरत करता कार्य जो, मिले उसी को जीत ।। 2066/5200

नीर सिंधु का बाष्प बन, जाता धरती छोड़ ।
वर्षा बन कर लौटता, नूतन नाता जोड़ ।। 2067/5200

जन्म मृत्यु का चक्र ये, उसी नीर समान ।
आना-जाना है लगा, योग वियोग प्रदान ।। 2068/5200

(और ध्यान रहे)

दोहा॰ नित्य सनातन हैं लगे, दोनों योग-वियोग ।
ऐसा कोई ना हुआ, जिसको मिला न सोग ।। 2069/5200

युवा बुढ़ापा नित्य ज्यों, जन्म मरण का साथ ।
कोई तब कैसे बचे, काल करे जब घात ।। 2070/5200

दिन ढल कर ना लौटता, जब आती है रात ।
कार्य कर्म पहले करो, अवसर निकला जात ।। 2071/5200

(और भी)

दोहा॰ गिरता तरु से फल पका, लगे हवा का झोंक ।
आयुष जी कर नर तथा, जाता है पर लोक ।। 2072/5200

मारे झपटा श्येन ज्यों, चिड़िया बचे न कोय ।
पाश तथा यम दूत का, मरण बुलावा होय ।। 2073/5200

जिसका ना उपचार है, ना जिस पर अधिकार ।

51. Story of Bharat's meeting with Rāma (2. Ayodhyā Kānd)

उस पर रो कर क्या मिले, नैनन अँसुअन ढार ॥ 2074/5200

कौन यहाँ स्वाधीन है, सब जग उसके हाथ ।
काल-चक्र में सब फँसे, कोई चले न साथ ॥ 2075/5200

(तथा ही)

दोहा॰ जग में सुख-दुख है बँटा, दायाँ बायाँ हाथ ।
तथा कर्म से है जुटा, कर्म-फलों का साथ ॥ 2076/5200

सुख-दुख जग में है बने, जैसे दिन अरु रात ।
दुख रजनी के बाद ही, आता सुखद प्रभात ॥ 2077/5200

गुरुवर ने हमको कहा, सत्य-धर्म का मूल ।
क्रोध-शोक में डूब कर, मत करना तुम भूल ॥ 2078/5200

(और कहा)

दोहा॰ जन-सेवा अब धर्म है, तुम हो क्षत्रिय वीर ।
जाओ शासन अब करो, अधिक न ढारो नीर ॥ 2079/5200

याद पिता को तुम रखो, हुए कर्म में लीन ।
अब तुम हठ को छोड़ कर, बनो विलाप विहीन ॥ 2080/5200

चरित पिता का देख कर, बनो भरत! आदर्श ।
वचन भंग ना हम करें, न हि अकर्म को स्पर्श ॥ 2081/5200

उतार दूँ ऋण पितृ के, पूरा कर वनवास ।
जाओ अब तुम लौट कर, मेरी है अरदास ॥ 2082/5200

(भरत)

दोहा॰ सुन कर भी वच राम के, भरत न पाया तोष ।
बोला रघुपति को पुनः, सह विरोध, सह जोश ॥ 2083/5200

माना मैंने, रामजी! तुम्हें वीर विख्यात ।
अगम कठिन कछु आपको, कहीं न कोई बात ॥ 2084/5200

फिर भी मुझको, हे प्रभो! लगता है विपरीत ।
वन में बसता भूप है, तज कर कुल की रीत ॥ 2085/5200

51. Story of Bharat's meeting with Rāma (2. Ayodhyā Kānd)

मम जननी है पापिनी, कर दूँ उसका घात ।
मगर न भाएगी तुम्हें, स्त्री हत्या की बात ।। 2068/5200

अग्रज, शासन छीन कर, वन में भेजा जाय ।
इसमें कैसा धर्म है, यह तो है अन्याय ।। 2087/5200

(अत:)

दोहा॰ मिट जावेगा जो हुआ, तुम पर है अपराध ।
चल कर शासन हाथ लो, होगा ना अपवाद ।। 2088/5200

बिनती मेरी मानिये, वचन करो स्वीकार ।
वरना वन में मैं बसूँ, तुम सह वल्कल धार ।। 2089/5200

सब सुख मैं भी त्याग दूँ, बसूँ तिहारे साथ ।
लौटूँगा ना अवध को, सुनो प्रभो, रघुनाथ! ।। 2090/5200

(राम)

दोहा॰ क्षात्र-धर्म ही न्याय है, वन हो, या हो राज ।
पिता वचन को पालना, सत्य-धर्म का काज ।। 2091/5200

पितु-आज्ञा पालन करूँ, जब तक तन में जान ।
सिद्ध करूँगा मैं उसे, देकर अपने प्राण ।। 2092/5200

धरो न धरना बैठ कर, तुम हो क्षत्रिय वीर ।
उठो, भरत रघुवर सखे! मन में धर कर धीर ।। 2093/5200

(फिर)

दोहा॰ सबने बोला, ठीक हैं, राघव के उद्गार ।
पितु-आज्ञा को पाल कर, कुल का है उद्धार ।। 2094/5200

सबने बोला भरत को, हठ को, सौम्य! निवार ।
चलो नीति को धार कर, राघव-मत अनुसार ।। 2095/5200

(अत:)

दोहा॰ राघव बोले भरत को, करो नीति से काज ।
ऊँचा रघुकुल नाम हो, सत्य-धर्म से राज ।। 2096/5200

52. Story of Bharat going to Nandigrām (2. Ayodhyā Kānd)

मन में क्लेश न भेद हों, क्षमा करो अपराध ।
विरह सतावे ना तुम्हें, कभी आज के बाद ।। 2097/5200

दृढ़ मेरा संकल्प है, वन में चौदह वर्ष ।
रहूँ यथा प्रण है किया, तभी मुझे हो हर्ष ।। 2098/5200

(भरत)

दोहा॰ हरि के आगे हार कर, बोला भरत सुजान ।
पादुक अपने, हे प्रभो! मुझको दो, श्रीराम! ।। 2099/5200

आसन पर इनको रखूँ, नृप मैं इनके नाम ।
शासन, राघव! मैं करूँ, जाकर नंदीग्राम ।। 2100/5200

राह तिहारी मैं तकूँ, राघव! चौदह वर्ष ।
तुम ना यदि लौटे तभी, जल जाऊँ सह हर्ष ।। 2101/5200

तथास्तु लेकर राम से, निकला भरत कुमार ।
आया लौटा अवध में, सिर पर पादुक धार ।। 2102/5200

अयोध्या काण्ड : अठारहवाँ सर्ग

52. भरत के राज्यारोहण की कथा :

52. Story of Bharat going to Nandigrām *(2. Ayodhyā Kānd)*

(भरत)

दोहा॰ हरि–पादुक सिर पर धरे, आया भरत कुमार ।
अचरज जनपद लोग को, तापस भरत निहार ।। 2103f/5200

(राज सभा में)

दोहा॰ राज सभा में भरत ने, कहे वचन अनमोल ।
"नृप हमरे श्री राम हैं, बाजे उनका ढोल" ।। 2104/5200

अवध नगर है राम का, मेरा नंदीग्राम ।
अनुमति दो सब मिल मुझे, वहाँ करूँ मैं धाम ।। 2105/5200

(तब, भरत)

52. Story of Bharat going to Nandigrām (2. Ayodhyā Kānd)

✍दोहा॰ सभा-जनों ने भरत के, स्त्युत्य कहे सब काम ।
सिंहासन पर पादुका, रखी राम के नाम ।। 2106/5200

नंदिग्राम में भरत जी, मृग की त्वाचा बिछाय ।
बैठे शासन के लिए, आगे सभा बिठाय ।। 2107/5200

कीन्हा वल्कल पहन कर, कंद मूल जल-पान ।
नीति नियम सब पाल कर, शासन राघव-नाम ।। 2108/5200

(फिर)

✍दोहा॰ रोटी कपड़ा अवध में, सबको मिला मकान ।
कोई भूखा ना रहा, "राम-राज्य" के नाम ।। 2109/5200

जनपद के जन बंधु थे, सबको सबसे प्यार ।
मुख में मंगल शब्द थे, दुःख हृदय से पार ।। 2110/5200

अनुरागी थे राम के, बूढ़े बाल जवान ।
सबके मुख में रात दिन, एक राम का नाम ।। 2111/5200

विनय प्रीति से भरत ने, पाला जनपद ग्राम ।
जन मत के अनुसार ही, किया स्वर्ग सा धाम ।। 2112/5200

(और)

✍दोहा॰ अपराधी पद त्यागता, पद को अपने आप ।
चाहे जनता आम हो, या फिर नृप का बाप ।। 2113/5200

वर्ण-कर्म को मान था, नहीं जाति का मान ।
अखिल विश्व में एक था, राम-राज्य का नाम ।। 2114/5200

(इति)

✍दोहा॰ मुनिवर नारद हैं सदा, रत्नाकर के साथ ।
सरस्वती की है दया, करी कृपा रघुनाथ ।। 2115/5200

श्लोक गीत दोहे सजा, चौपाई का ठाठ ।
हरि किरपा से पूर्ण है, अवध काण्ड का पाठ ।। 2116/5200

3. Aranya Kānd

अध्याय 3

अरण्य काण्ड

3. Aranya Kānd

3. Aranya Kānd

अध्याय 3

अरण्य काण्ड

(अथ)

✍दोहा॰ यहाँ हुआ है इस तरह, अवध काण्ड निःशेष ।
अरण्य-काण्ड के पाठ का, अब विमल श्रीगणेश ।। 2117/5200

अरण्य काण्ड : पहला सर्ग

गीतमाला, पुष्प 70 of 163

कहरवाताल 8 मात्रा

(दर्शन दो अंबे)

स्थायी

दरशन दे दो, हमको अंबे, देवी चरण में ले लो ।
मोहे, अपनी शरण में ले लो, देवी दरशन दे दो ।। देवी॰

♪ सांसांरेंसां सां- निध, रेंसांरेंसां रें-सां-, निरेंसांनि धपग म प नि- - - - ।
धप, ममम- ममप म निप मग- -, सासा धधधप धपनिध पम- - - - - - ।।

अंतरा-1

दुर्गे दुर्घट नाम तिहारो, सबके पाप निबारो ।
भव सागर से ऊब गए हम, हमको आके उबारो ।।
देवी, दरशन दे दो, देवी! दरशन दे दो ।

♪ धधध- धधधध धनिनि निनि-निप, पनिपम ग-प मम- - - म- - - ।
सांसां रेंसांसांसां निध सां-रे सांसां- सांनि, निरेंसांनि धपग मपनि- - - - ।। **धप॰**

अंतरा-2

आओ सपनन रूप निहारूँ, देवी मोहे निहारो ।
तेरे द्वारे आन खड़ा हूँ, मोरे कष्ट उतारो ।।
देवी, दरशन रे दो, देवी दरशन दे दो ।

53. Story of Virtuous Anasūyā (Rāmāyan, 3. Aranya Kānd)

53. साध्वी अनसूया की कथा :

53. Story of Virtuous Anasūyā *(Rāmāyan, 3. Aranya Kānd)*

छन्दमाला, मोती 6 of 11

मणिमाला छन्द[28]

ऽ ऽ ।, । ऽ ऽ, ऽ ऽ ।, । ऽ ऽ

(अनसूया)

अत्री ऋषि की स्त्री थी प्रीतम प्यारी । साध्वी अनसूया थी सद्गुण क्यारी ।। 1
पारायण वेदों के साठ करे वो । नारायण पूजा के पाठ करे वो ।। 2

अत्री मठ में थी सीता जब आई । दीन्ही अनसूया शालीन बधाई ।। 3
सीता उस माँ के आगे कर जोड़े । बोली, वन आई हूँ मैं घर छोड़े ।। 4

माता अनसूया दीन्ही उपदेसा । "कीजो पति का तू सीते! नित तोसा ।। 5
"हो काज तिहारे सीते! सब एते । "स्वामी सुख पावे, पाते सुर जेते" ।। 6

53-A. Story of Lord Dattātraya *(Rāmāyan, 3. Aranya Kānd)*

कथा

दोहा॰ चित्रकूट से भरत के, अवध लौटने बाद ।
बंधु मातु गुरु वृंद की, आई फिर-फिर याद ।। 2118/5200

स्थान-स्थान से थे जुड़े, उनके सुमिरण बोल ।
प्रतिमा उनकी कर्ण में, सदा बजाती ढोल ।। 2119/5200

भरत जहाँ पर था खड़ा, भू पर घुटने टेक ।

---

[28] **मणिमाला छन्द** : इस 12 वर्ण, 20 मात्रा वाले अष्टि छन्द के चरणों में त य त य गण आते हैं । इसका लक्षण सूत्र ऽ ऽ ।, । ऽ ऽ, ऽ ऽ ।, । ऽ ऽ इस प्रकार है । विराम 6-6 पर विकल्प से होता है ।

▶ लक्षण गीत : दोहा॰ मत्त बीस का जो बुना, छः छः मात्रा वृंद ।
त य त य गण की शृंखला, "मणिमाला" है छंद ।। 2120/5200

53-A. Story of Lord Dattātraya (Rāmāyan, 3. Aranya Kānd)

स्मृति पट पर वे देखते, वहाँ दृश्य प्रत्येक ।। 2121/5200

शब्द बिलखते भरत के, गिरे नैन से नीर ।
आग्रह उसका स्नेह से, हृदय चलावे तीर ।। 2122/5200

कहता वह कर जोड़ कर, मुझको बारंबार ।
चलो सखे! तुम अवध को, लेने निज अधिकार ।। 2123/5200

गले लगाना भरत का, रखना पग पर शीश ।
स्नेह भरे फिर भरत को, सीता के आशीष ।। 2124/5200

रोना माता-तीन का, गुरुवर का उपदेश ।
अवध जनों की प्रार्थना, प्रेम भरा उद्देश ।। 2125/5200

सैन्य गया पद चिह्न को, स्थान-स्थान पर छोड़ ।
लीद अश्व की विपिन में, गयी वन्यता मोड़ ।। 2126/5200

(एक दिन)

✍दोहा॰ राघव ने की एक दिन, लखन-सिया से बात ।
याद यहाँ पर अवध की, जहाँ-तहाँ दिन-रात ।। 2127/5200

चलें यहाँ से दूर हम, चित्रकूट को छोड़ ।
मिले इसी इतिहास को, एक नया सा मोड़ ।। 2128/5200

"विधि का भी इस खेल में, कुछ हो मतलब साथ ।
कठपुतली हम हैं सभी, नाचत उसके हाथ" ।। 2129/5200

(अत:)

✍दोहा॰ निकल पड़े तीनों वनी, प्यारी कुटिया छोड़ ।
जंगल के पथ पर चले, दक्षिण पश्चिम मोड़ ।। 2130/5200

आए जब तीनों वनी, अत्रि मुनि के द्वार ।
अनसूया ने शुभ किया, स्वागत दीठ-उतार ।। 2131/5200

साध्वी अनसूया सती, अत्रि ऋषि की नार ।
सुपुत्र उनका दत्त था, शिवजी का अवतार ।। 2132/5200

53. Story of Virtuous Anasūyā continued (3. Aranya Kānd)

 गीतमाला, पुष्प 71 of 163

कहरवाताल 8 मात्रा

(दत्त गुरु)

स्थायी

दत्त गुरु मेरा, जय जय हो ।
दत्ता दिगंबर, शिव शिव ओम् । दत्ता दिगंबर, शिव शिव ओम्, बोलो ।
सद्गुरु मेरा, जय जय हो ।।

♪ मप पम पधधप, पध पम म– – – ।
निनि– निनि–निनि, सांरें सांनि ध–पम । निनि– निनि–निनि, सांरें सांनि ध–, धध ।
मपपम पधधप, पध पम म– – – ।।

अंतरा–1

मुख माँगे दान देता, सब से न्यारा न्यारा ।
जग में जिस का बोल बाला, हर हर ओम् ।
आहा! तीन मुखी सत् नाम कहो ।।

♪ गग गग म–म पप, नि– ध पम म–म– ।
नि– नि नि– नि नि–नि निनि, सांरें सांनि ध– ।
पप! मपप मपध धप पधप मम– – – ।।

अंतरा–2

दुख करे दूर सारे, सब से प्यारा प्यारा ।
सबसे ऊँचे नाम वाला, हर हर ओम् ।
आहा! दीन दुखी भगवान् कहो ।।

अंतरा–3

सुख देता ढेर सारे, दत्तात्रय मेरा ।
हम पर उसने जादू डारा, हर हर ओम् ।
आहा! एक सखा सियराम कहो ।।

53. Story of Virtuous Anasūyā continued *(3. Aranya Kānd)*

📖 कथा 📖

53. Story of Virtuous Anasūyā continued (3. Aranya Kānd)

(अनूसया)

दोहा॰ अनसूया थी जोगिनी, धर्मचारिणी नार ।
पतिव्रता सुखकारिणी, अत्री मुनि की दार ॥ 2133/5200

(सीता)

दोहा॰ इक दिन बैठी थी सिया, अनसूया के पास ।
बोली, मुझको ज्ञान दो, सफल बने वनवास ॥ 2134/5200

सद्गुण इतना दीजिए, माते! मुझको आज ।
उदास मैं ना हूँ कभी, ना ही बिगड़े काज ॥ 2135/5200

पतिव्रता मैं दृढ़ रहूँ, तन्मय पति की ओर ।
मुझ पर कोई आ पड़े, अगर समस्या घोर ॥ 2136/5200

विचलित मेरा मन कभी, ना हो लालच, पाप ।
माता! मुझको दीजिए, ऐसा आशिष आप ॥ 2137/5200

जग की सारी नारियाँ, सुन कर उसके बाद ।
विचलित ना होवें कभी, किसी वजह के साथ ॥ 2138/5200

(अनूसया)

दोहा॰ सुनलो सीते! गौर से, देकर अपना ध्यान ।
मानव के कल्याण का, गूढ़ श्रेष्ठ यह ज्ञान ॥ 2139/5200

बोली वृद्धा तापसी, करके नम्र प्रणाम ।
"कृपा अगम है राम की, जय जय जय सिय राम ॥ 2140/5200

"जीवन तेरा है, सिया! पावन गंग समान ।
स्त्री-जग में आदर्श तुम, जय जय जय सिय राम ॥ 2141/5200

"तज कर गृह संसार को, देकर सब कुछ दान ।
आई वन में जानकी, जय जय जय सिय राम ॥ 2142/5200

"आई वन घन-घोर में, बिना किसी अभिमान ।
दमके पति सह दामिनी, जय जय जय सिय राम" ॥ 2143/5200

(और)

53. Story of Virtuous Anasūyā continued (3. Aranya Kānd)

दोहा॰ "पावन पति-अनुगामिनी, परे किए सुख-काम ।
तुम हो त्रिभुवन स्वामिनी, जय जय जय सिय राम ।। 2144/5200

"सीते! तुम बड़भागिनी, तुम्हें मिला पति राम ।
परम स्वर्ग अधिकारिणी, जय जय जय सिय राम ।। 2145/5200

"मति है सम जिसकी सदा, कर्म योग वरदान ।
पति-पथ ही अनुसारिणी, जय जय जय सिय राम ।। 2146/5200

"कर्म धर्म अनुसारिणी, हाथ राम का थाम ।
घोर विपद् हँस कर सहे, जय जय जय सिय राम" ।। 2147/5200

(और भी)

दोहा॰ "पतिप्रेम से जो पगे,[29] नारी उसका नाम ।
पति-सेवा में जो लगे, जय जय जय सिय राम ।। 2148/5200

"जिसकी संपद् है पति, हिरदय पति का धाम ।
तन-मन पति पर वार दे, जय जय जय सिय राम ।। 2149/5200

"पति चिंतन में रत सदा, निश-दिन चारों याम ।
नारी त्रिभुवन जीत ले, जय जय जय सिय राम ।। 2150/5200

"पति सम चंगी कछु नहीं, धन दौलत की खान ।
पति होते, तंगी नहीं, जय जय जय सिय राम ।। 2151/5200

"पतिप्रतिष्ठा पालती, देकर अपनी जान ।
पति परमेश्वर मानती, जय जय जय सिय राम ।। 2152/5200

"दुराचार से जो परे, वनिता उसका नाम ।
पर-नर जिसके बंधु हैं, जय जय जय सिय राम ।। 2153/5200

"सावित्री सम साधवी, होवे तेरा नाम ।
पति-संगत में तुम रहो, जय जय जय सिय राम ।। 2154/5200

---

[29] पगना = प्रेम में डूबना ।

54. Story of Sage Sharbhanga (Rāmāyan, 3. Aranya Kānd)

"गौरी के नित संग ही, शिव शंकर भगवान ।
"गौरी कूदी आग में, जय जय जय सिय राम" ॥ 2155/5200

(सीता)

दोहा॰   सीता बोली, हे सती! वच तुमरे अनमोल ।
तुमने दीन्हा ज्ञान है, देवी! अमृत घोल ॥ 2156/5200

पतिव्रता का धर्म मैं, पालूँ इसके बाद ।
व्रत विचलित ना हूँ कभी, दीजो आशीर्वाद ॥ 2157/5200

अरण्य काण्ड : दूसरा सर्ग

 54. श्री शरभंग मुनि की कथा :

54. Story of Sage Sharbhanga (Rāmāyan, 3. Aranya Kānd)

📖 कथा 📖

(वन के पथ पर)

दोहा॰   अनसूया को कह विदा, निकले सीता-राम ।
साथ लखन था गा रहा, जय जय सीता-राम ॥ 2158/5200

दोहा॰   वन से वन राघव चले, चले ग्राम से ग्राम ।
ऋषि-मुनि जन सत्संग में, गाते, जय सियराम! ॥ 2159/5200

लछमन सेवा में लगा, रहता था दिन-रात ।
राघव उसके थे पिता, सीता उसकी मात ॥ 2160/5200

(मुनि जन)

दोहा॰   मुनि मंडल श्री राम को, विविध सुनाते गान ।
तन्मय गाते हरि! हरि! विविध राग की तान ॥ 2161/5200

गीतमाला, पुष्प 72 of 163

(रामायण चौपाई)

दोहा॰
राम-सिया वन को चले, लखन लला है साथ ।

54. Story of Sage Sharbhanga (Rāmāyan, 3. Aranya Kānd)

मातु-पिता गृह को तजे, धन्य-धन्य रघुनाथ ।। 4275/5200

♫ नि-नि निनि- निनि सां - - निसां- - -, निनिनि निनि- रेंसां सां- - सां ।

नि-नि निनिप पप पग- परे- - -, ग-ग परेरेरे रेसा- -सा ।।

स्थायी

चंदन तिलक सुमंगल माथे, चंदन तिलक सुमंगल माथे ।

दशरथ नंदन राम सुहाते ।

श्री राम जय राम-, जय जय रामा, जय राम-सिया राम-, जय जय रामा ।।

जय राम-सिया राम, जय राम सियाराम-, जय जय रामा ।।

♫ -ग-गप रेरेसा सानि़प़रेरे गरेसारे, -ग-गप रेरेसा सा-नि़प़रेरे गरे-सा- ।

-पगपप निसांरेंसांनिप पगग परे-सा- ।

-गग गप रेरे सासा-, नि़प़ रेरे गरे-सा-ग, गग गप रेरेसासा-, नि़प़ रेरे गरे-सा- ।।

अंतरा-1

शीश जटा कटि वल्कल धारे, कानन कुंडल नयन लुभाते ।

जय राम-सिया राम, सियाराम जय जय रामा ।।

♫ -पगप पसां- सांसां- निनिनिरें ध-प-, -गगगप रे-सासा -नि़प़रे रेगरे-सा- ।

-गग गप रेरे सासा- नि़प़ रेरे गरे-सा-, गग गप रेरे सासा- नि़प़ रेरे गरे-सा- ।।

अंतरा-2

मुख मंडल पर हास्य बिराजे, विघ्न कष्ट कछु नाहि दुखाते ।

अंतरा-3

वीर धनुर्धर धीरज धारी, संकट मोचन राम कहाते ।

अंतरा-4

राम रमैया भव की नैया, राम-नाम नर को हरसाते ।

अंतरा-5

राम सहारे, राम किनारे, राम-नाम सब दुख बिसराते ।

अंतरा-6

भीषण पाप मनुष के जेते, राम-नाम से सब छुट जाते ।

अंतरा-7

राम-सिया संग लछमन सोहे, लखन लला सब जन को भाते ।

अंतरा-8

54. Story of Sage Sharbhanga (Rāmāyan, 3. Aranya Kānd)

राज काज सुख तज कर सारे, मातु-तात के बचन निभाते ।

अंतरा-9

सिया संग प्रभु वन में बिराजे, भगतन राम चरित शुभ गाते ।

अंतरा-10

वाह वाह रे दशरथ राजा! धन्य-धन्य कौशल्या माते! ।

दोहा॰

दीन-दयाला आप हैं, करुण कृपालु राम! ।
कौशल्या सुत, हे सखे! पाहि पाहि रे माम् ॥ 2162/5200

♪ नि-नि निनि-नि- सां- -नि सां- - -, निनिनि निनि-रेंसां सां- -सां ।
नि-नि-निप पप-, ग- परे- - -! ग-ग परेरे रेसा सा- -सा ॥

(मुनि जन)

दोहा॰ ऋषि-मुनि आते दूर से, देखन सचिदानंद ।
भक्ति सुधारस पान कर, पाते परमानंद ॥ 2163/5200

(राहों में)

दोहा॰ रुक कर राघव ग्राम में, जभी बिताते रात ।
पाते स्वागत जनन से, कंद मूल सौगात ॥ 2164/5200

रुकते मंदिर में कभी, प्रभु चरणन में राम ।
निर्जन वन स्थल में कभी, कर लेते आराम ॥ 2165/5200

(शरभंग मुनि)

दोहा॰ चलते राह अरण्य की, लछमन सीता राम ।
आए मुनि शरभंग के, दंडक आश्रम धाम ॥ 2166/5200

दंडक वन अति घोर में, असुरों का था जोर ।
ऋषि-मुनि जन सब तंग थे, हाय! हाय! का शोर ॥ 2167/5200

मुनि ने देखा राम को, तेजस्वी बलवीर ।
धनुष्य काँधे शोभता, और हाथ में तीर ॥ 2168/5200

मुनिवर बोले राम से, यहीं करो तुम वास ।
मुनि मंडल को मैं करूँ, रघुवर! तुमरा दास ॥ 2169/5200

55. Story of Sage Sutīkshna (Rāmāyan, 3. Aranya Kānd)

सुतीक्ष्ण मुनि से तुम मिलो, दंडक वन में आज ।
बतलावेंगे वे तुम्हें, स्थान, जहाँ हो काज ।। 2170/5200

वृद्ध बहुत मैं हो चुका, अंतिम मेरे श्वास ।
दर्शन तुमरे जो मिले, और न जीवन आस ।। 2171/5200

आज तुम्हारे दरस से, बुझी नैन की प्यास ।
सफल भई मम साधना, अब लूँ अंतिम साँस ।। 2172/5200

धन्य-धन्य मैं हो गया, जीवन मेरा पूत ।
इतना कह कर मुनि पड़े, यज्ञ कुंड में कूद ।। 2173/5200

 55. श्री सुतीक्ष्ण ऋषि की कथा :

55. Story of Sage Sutīkshna *(Rāmāyan, 3. Aranya Kānd)*

📖 कथा 📖

(राम)
दोहा॰ राघव बोले बैठ कर, सुतीक्ष्ण मुनि के संग ।
मुझको तुमरे पास है, भेजा मुनि शरभंग ।। 2174/5200

राघव ने मुनि से कहा, अपना सब इतिहास ।
पूछा मुनि को राम ने, कहाँ करें हम वास ।। 2175/5200

(लक्ष्मण)
दोहा॰ मुनि को लछमन ने कहा, सुनो दुखी यह बात ।
गुजर चुके शरभंग हैं, प्यारे तुमरे भ्रात ।। 2176/5200

(सुतीक्ष्ण मुनि)
दोहा॰ तजे प्राण शरभंग ने, कहते जय जय राम ।
मुनिवर बोले, "राम से, बड़ा राम का नाम" ।। 2177/5200

(और)
दोहा॰ ऋषिवर बोले राम से, विधि का है यह काम ।
दंडक में तुम आगए, हमें बचाने, राम! ।। 2178/5200

55. Story of Sage Sutīkshna (Rāmāyan, 3. Aranya Kānd)

दर्शन पा कर आपके, अति प्रसन्न मैं, राम! ।
सत्य-धर्म के वीर तुम, होगा पावन काम ।। 2179/5200

तुमने ताड़ी ताड़का, एक बाण से मार ।
असुरों से हम तंग हैं, हमरा करो उबार ।। 2180/5200

(असुर जन)

दोहा॰ कठिन काल में तुम यहाँ, आए हमरे पास ।
शुभ हैं लक्षण ये, प्रभो! होंगे संकट नास ।। 2181/5200

जप तप हमरे बंद हैं, यज्ञ कुंड उध्वस्त ।
असुरों के कटु कर्म से, मुनि जन सारे त्रस्त ।। 2182/5200

नर भक्षक हैं असुर ये, फिरते वन दिन-रात ।
नर-नारी पशु रूप में, करते हमरा घात ।। 2183/5200

(धर्म-सूत्र)

दोहा॰ "जब-जब हानि धर्म की, होत पाप के हाथ ।
आता रक्षक धर्म का, जैसे तुम, रघुनाथ!" ।। 2184/5200

श्लोक

यदा यदा हि धर्मस्य हानिर्भवति भीषणा ।
तदा तदा स आयाति, भूमौ नारायण: स्वयम् ।।

(विधि का खेला)

दोहा॰ "माता ने तुमको दिया, घोर अधम आदेश ।
छुपा उसी में है भला, विधि का यह उद्देश ।। 2185/5200

"अगर भाग्य का यह रघो! ना होता उद्देश ।
क्यों आते सीता लिए, तज कर अपना देश ।। 2186/5200

"विवस्वान को कृष्ण ने, दिया बुद्धि का योग ।
यहाँ उसी समबुद्धि का, राघव! करो प्रयोग" ।। 2187/5200

(और)

दोहा॰ इतनी कह कर राम को, सुतीक्ष्ण मुनि ने बात ।
भाथे अक्षय बाण के, दिये लखन के हाथ ।। 2188/5200

56. Story-2 of Agastya muni (Rāmāyan, 3. Aranya Kānd)

(अगस्त्य मुनि)

दोहा॰ अगस्त्य मुनि मम भ्रात हैं, मिलो उन्हें तुम, राम! ।
तुमको वे बतलायँगे, उचित वास का स्थान ।। 2189/5200

अगस्त्य से तुम थे मिले, कौशिक मुनि के साथ ।
दुष्ट ताड़का जब मरी, राघव! तुमरे हाथ ।। 2190/5200

अगस्त्य मुनि फिर चल दिये, कारूषा से, राम! ।
विंध्याचल में आ बसे, धर्म कर्म के नाम ।। 2191/5200

विंध्या गिरि में, पास ही, अगस्त्य मुनि का धाम ।
सघन विपिन में है बनी, मुनि की कुटिर ललाम ।। 2192/5200

अरण्य काण्ड : तीसरा सर्ग

56. श्री अगस्त्य मुनि की कथा–2 :

56. Story-2 of Agastya muni (Rāmāyan, 3. Aranya Kānd)

कथा

(लक्ष्मण)

दोहा॰ विंध्य–अद्रि उत्तुंग है, पर्वत महा विशाल ।
नभ को छूते शिखर हैं, कुदरत करत कमाल ।। 2193/5200

चट्टानों की श्रृंखला, जंगल जिसमें घोर ।
दीर्घ वृक्षवर झुंड हैं, बिखरे चारों ओर ।। 2194/5200

निविड विपिन घन विन्ध्य में, आए जब श्री राम ।
विन्ध्याद्रि गिरि में दिखा, अगस्त्य मुनि का धाम ।। 2195/5200

मुनिवर का मठ देख कर, गया लखन मुनि पास ।
बोला, राघव आ रहे, सीता देवी साथ ।। 2196/5200

(अगस्त्य मुनि)

दोहा॰ राघव मुनिवर से मिले, नम्र झुका कर शीश ।

56. Story-2 of Agastya muni (Rāmāyan, 3. Aranya Kānd)

स्वागत राघव का किया, मुनि ने सह आशीष ।। 2197/5200

(सीता)

दोहा॰ सुतीक्ष्ण को कह कर विदा, निकल पड़े श्रीराम ।
विन्ध्य शैल पर आगए, अगस्त्य मुनि के धाम ।। 2198/5200

सीता ने मुनि से कहा, आप गिरा[30] अवतार ।
वेद विशारद आप हैं, ज्ञान कला भँडार ।। 2199/5200

स्थान कहो ऐसा हमें, जहाँ कंद फल मूल ।
हरी घास, मृग शशक हो, जल तरु बेली फूल ।। 2200/5200

सुंदर प्रकृति में जहाँ, विविध रंग का खेल ।
नदिया के जल का जहाँ, खग पशुअन से मेल ।। 2201/5200

(राम)

दोहा॰ बोले राम अगस्त्य को, कहो हमें वह स्थान ।
क्षात्र-धर्म के वीर को, जो हो शुभ वरदान ।। 2202/5200

जहाँ पूर्ण एकांत हो, ऋषि जन का सत्संग ।
मुनि मंडल में बैठ कर, चिंतन ना हो भंग ।। 2203/5200

हमरा व्रत जब सिद्ध हो, लौटेंगे हम देश ।
स्थान हमें ऐसा कहो, सिया न पाए क्लेश ।। 2204/5200

(अगस्त्य मुनिवर)

दोहा॰ अगस्त्य बोले, हे प्रभो! होगा तुमरा काम ।
एक स्थान ऐसा हि है, पंचवटी है नाम ।। 2205/5200

अगस्त्य मुनि ने राम को, दिये धनुष तलवार ।
और बताए राम को, उनके दिव्य प्रहार ।। 2206/5200

कहा राम को गूढ़ वो, "आदित्य-हृदय" मंत्र[31] ।

---

[30] गिरा = सरस्वती देवी ।

[31] आदित्य हृदय मंत्र = वाल्मीकि रामायण, युद्ध कांड 107

56. Story-2 of Agastya muni (Rāmāyan, 3. Aranya Kānd)

अरि पर अंतिम काल में, प्रयोग करने तंत्र ।। 2207/5200

(पंचवटी)

दोहा॰ जहाँ पाँच वट वृक्ष हैं, खड़े नदी के तीर ।
पंचवटी वह स्थान है, पावन अमृत नीर ।। 2208/5200

गोदावरी पर है बसा, सुरपुर जैसा स्थान ।
क्षात्र-धर्म के कर्म में, करो वहाँ विश्राम ।। 2209/5200

(और)

दोहा॰ दक्षिण दिश में जाइयो, तुम दस योजन दूर ।
"दक्षिण-गंगा" तीर पर, मिले शाँति भरपूर ।। 2210/5200

रंग बिरंगे फूल हैं, मृग साँभर खरगोश ।
हरियाली में कूदते, मन को देते तोष ।। 2211/5200

कंद मूल फल बहुत हैं, शीतल निर्मल नीर ।
सीता ने चाही तथा, स्वर्ग-सुखों की भीड़ ।। 2212/5200

वहाँ बसो तुम, रामजी! तपोभूमि वह स्थान ।
मुनि जन की रक्षा करो, धर्म कर्म के नाम ।। 2213/5200

खड़े वहाँ पर पाँच हैं, वट के वृक्ष विशाल ।
पंचवटी सुंदर रची, विधि ने किया कमाल ।। 2214/5200

(अगस्त्य विदाई)

दोहा॰ इतना कह कर राम को, मुनि ने किया प्रणाम ।
कृतकृत्य मुनि होगए, धर्म कर्म के नाम ।। 2215/5200

बोले मुनिवर राम को, तुमसे मिल कर, राम! ।
काज यहाँ का सिद्ध है, अब है दूजा काम ।। 2216/5200

बुला रही गोदावरी, मुझको दक्षिण देश ।
स्थापन करना है वहाँ, ऋषि-मुनि वृंद निवेश ।। 2217/5200

निकल पड़े फिर शीघ्र ही, मुनि आश्रम को छोड़ ।
किया नमन श्री राम ने, सादर कर को जोड़ ।। 2218/5200

57. Story of Vindhyādri Mountain (3. Aranya Kānd)

57. विंध्याद्रि पर्वत की कथा :

57. Story of Vindhyādri Mountain *(3. Aranya Kānd)*
(विंध्य पर्वत)

दोहा॰ अति विशाल विंध्याद्रि है, गिरिवर पर्वत राज ।
उत्तर-दक्षिण में यही, करता देश विभाज ॥ 2219/5200

शिखर विंध्य के तुंग हैं, बहुगुन दीर्घ कतार ।
अंत न दिखता शैल का, बिखरा अचल अपार ॥ 2220/5200

झंझा विंध्या में चले, वर्षा भी जी तोड़ ।
आतप उष्मा तेज का, प्रपात भी बेजोड़ ॥ 2221/5200

नदियाँ टीले तरु घने, शिखर गगन से पार ।
गिरि के दक्षिण छोर है, नीर नर्मदा धार ॥ 2222/5200

महावृक्ष नभ चूमते, वन के पशु खूँखार ।
कृमि अलबेले विपिन में, डंक देत हैं मार ॥ 2223/5200

लखन सिया गिरि पर चढ़े, रटत राम का नाम ।
विंध्याद्रि की कीर्ति हैं, गाते बेद पुरान ॥ 2224/5200

किया पार जब विंध्य का, विशाल तुंग पहाड़ ।
आगे देखी नर्मदा, नदिया जल की धार ॥ 2225/5200

58. श्री नर्मदा देवी की कथा :

58. Story of River Narmadā (Rāmāyan, 3. Aranya Kānd)

दोहा॰ गंगा यमुना नर्मदा, नदियाँ तीन विशाल ।
वेद पुराणों ने कही, जिनकी कीर्ति त्रिकाल ॥ 2226/5200

तीनों सरित पवित्र हैं, तीनों पावन धाम ।
तीनों देवी-रूप हैं, तीनों मंगल नाम ॥ 2227/5200

59. Story of Sātpudā Mountains (Rāmāyan, 3. Aranya Kānd)

📖 कथा 📖

(लक्ष्मण)

दोहा॰ लछमन बोला, नर्मदे! तेरा नीर अथाह ।
राघव दक्षिण हैं चले, उनको दीजो राह ॥ 2228/5200

(नर्मदा)

दोहा॰ सुन कर उसकी अर्चना, शाँत हुआ नद नीर ।
रेवा बोली राम को, "जाओ परले तीर!" ॥ 2229/5200

देवी दीन्हे राम को, आशिष मंगल ढेर ।
बोली, रघुवर! जाइए, बिना किसी भी देर ॥ 2230/5200

(फिर)

दोहा॰ पार किए नद नर्मदा, वन्दन कीन्हा राम ।
कृपा तिहारी अगम है, मंगल तेरे काम ॥ 2231/5200

(सातपुड़ा)

दोहा॰ नद के दो तट पर बसे, अग्रज अनुज पहाड़ ।
उत्तर में गिरि विंध्य है, सातपुड़ा नद पार ॥ 2232/5200

विंध्या का गिरि एक है, सातपुड़ा के सात ।
दोनों गिरिवर बंधु हैं, नदी नर्मदा मात ॥ 2233/5200

 59. सातपुड़ा पहाड़ की कथा :

59. Story of Sātpudā Mountains *(Rāmāyan, 3. Aranya Kānd)*

📖 कथा 📖

(सातपुड़ा)

दोहा॰ पुराण शास्त्रों में कही, जिनकी स्तुति अपार ।
उनमें गिरिवर एक जो, सातपुड़ा है पहाड़ ॥ 2234/5200

सरिता तापी नर्मदा, निकली जिससे धार ।
गौरवशाली गिरि वही, सातपुड़ा है पठार ॥ 2235/5200

60. Story of River Tāpī (Rāmāyan, 3. Aranya Kānd)

सात अचल भाई जहाँ, करते सात कतार ।
पर्वत भारत भूमि का, सातपुड़ा है पठार ।। 2236/5200

विंध्या का लघु बंधु है, खड़ा नर्मदा पार ।
सात शिखर मिलते जहाँ, है सातपुड़ा पहाड़ ।। 2237/5200

सातपुड़ा पर जब चढ़े, तब वनवासी लोग ।
कीन्हा आदर राम का, दिया स्नेह का भोग ।। 2238/5200

(यथा)

दोहा॰ राघव-लछमन को दिया, समर कला विज्ञान ।
कठ पत्थर से युद्ध भी, सेतु गढ़न का ज्ञान ।। 2239/5200

अरण्य काण्ड : चौथा सर्ग

60. श्री ताप्ती देवी की कथा :

60. Story of River Tāpī (Rāmāyan, 3. Aranya Kānd)

गीतमाला, पुष्प 73 of 163

(ताप्ति मैया)

स्थायी

जल का मंद करो, ता थैया! नाव में बैठे राम रमैया ।

सारे ग- म-ग रेसा-, रे- ग-म-! ग-रे ग म-म- प-म गरे-ग- ।

अंतरा–1

बोला लछमन, तापी मैया! सुनियो अरज, पडूँ मैं पैंया ।

म-प- धधधध, प-म- ग-म-! गगग- ममम, पम- ग- रे-ग- ।

अंतरा–2

लहरें बंद करो री, माता! राम संग है सीता मैया ।

अंतरा–3

कंज तरंग करो री, माता! बोला सादर, लक्ष्मण भैया ।

अंतरा–4

60. Story of River Tāpī (Rāmāyan, 3. Aranya Kānd)

मन आनंद धरो री, माता! भव की राम चलावत नैया ।

कथा

दोहा॰ **सातपुड़ा को जब किया, राम-सिया ने पार ।**
आगे देखी बह रही, 'तापी' नद की धार ।। 2240/5200

दीदी नदिया नर्मदा, अनुजा तापी ओघ ।
दोनों की दिश एक है, एक समुंदर योग ।। 2241/5200

काट सागुवन पेड़ को, स्थूल बनाया पोत[32] **।**
लक्ष्मण ने, सह राम के, लाँघा नदिया स्रोत ।। 2242/5200

(लक्ष्मण)

दोहा॰ **लक्ष्मण ने की अर्चना, तापी नदिया तीर ।**
"राम-सिया दक्षिण चले, मंद करो तव नीर" ।। 2243/5200

तापी देवी ने तभी, धीमा कीन्हा नीर ।
शाँत हुई लहरें सभी, पार चले रघुवीर ।। 2244/5200

नारद की वीणा बजी, तारों की झनकार ।
नील गगन की चाँदनी, हटा गयी अँधकार ।। 2245/5200

गीतमाला, पुष्प 74 of 163

खयाल : राग बागेश्री, तीन ताल 16 मात्रा

(चंदा चकोरी)

स्थायी

चंदा चकोरी, चंदा चकोरी, रात चाँदनी,
आसमान में टिम-टिम तारे । चंदा चकोरी, रात चाँदनी ।।

♪ रेसानि़ध़ नि़सा-म- म-प धमगरेसा, रेसानि़ध़ नि़सा-म-, म-प धमगरेसा,
गमधधनिसांसां सां- गग गम गरेसा, रेसानि़ध़ नि़सा-म-, म-प धमगरेसारे ।।

अंतरा-1

---

[32] पोत = नौका, नाव ।

61. Story of Sahyādri Mountains (Rāmāyan, 3. Aranya Kānd)

नील गगन से मोतियन बिखरे, धरती पर बैकुंठ उतारे ।

♪ गमध निसां   सां सां– धनिसांगं रेंसांनिध, धनिसांमं गंरें सां–ग–ग मगरेसा ।

अंतरा–2

सुंदर सृष्टि, भुवन सुखारे, कण–कण तन–मन मंगल सारे ।

(चाँदनी रात)

 दोहा० शीतल निर्मल नीर की, तापी सरिता धार ।
निहार राघव तीर पर, हर्षित हुई अपार ॥ 2246/5200

रामचंद्र ने जब करी, तापी नदिया पार ।
राघव बोले सरित् को, तेरा जय जयकार ॥ 2247/5200

 61. सह्याद्रि पर्वत की कथा :

61. Story of Sahyādri Mountains (Rāmāyan, 3. Aranya Kānd)

(आगे)

 दोहा० राम–सिया आगे बढ़े, गावे लछमन गीत ।
राम–नाम जो गा रहा, है वह सच्चा मीत ॥ 2248/5200

 गीतमाला, पुष्प 75 of 163

(राघव राघव बोल)

स्थायी

घड़ी–घड़ी, राघव! राघव! बोल, रे, घड़ी–घड़ी, राघव! राघव! बोल ।
हरि बिन, जीवन मिट्टी मोल ॥

♪ सांनि धप–, सां–निध! प–धप! म–म, रे, गम पम–, प–मग! रे–गरे! सा–सा ।
सासा रेरे, प–मग रे–गरे सा–सा ॥

अंतरा–1

घर आँगन में, बजे विपिन में, राम–नाम का ढोल ।

♪ सारे ग–मम म–, धप– मगग म–, सा–रे म–ग रे– सा–सा ।

अंतरा–2

61. Story of Sahyādri Mountains (Rāmāyan, 3. Aranya Kānd)

नया उजाला पड़े हृदय में, बंद खिड़की खोल ।

अंतरा–3

जीवन बिता बिना भजन के, मत कर टालम टोल ।

📖 कथा 📖

(सह्याद्रि)

✍दोहा॰ तापी से आगे बढ़े, योजन दक्षिण ओर ।
आकर पहुँचे रामजी, सह्याद्रि के छोर ।। 2249/5200

सर्वसनातन शैल है, गिरि सह्याद्रि महान ।
ज्वालामुखी–उद्‌भुत गिरि, भारत माँ वरदान ।। 2250/5200

विद्यमान दो शाख में, उत्तर–दक्षिण एक ।
पूरब पश्चिन दूसरी, राम रहे हैं देख ।। 2251/5200

पवित्र नदियों का पिता, गिरि सह्याद्रि विशाल ।
पावन सरिता हैं सभी, पूरब उनकी चाल ।। 2252/5200

(और)

✍दोहा॰ सह्याद्रि के हैं बड़े, ऊँचे शिखर अपार ।
चट्टानों की हैं लगीं, कतार पर हि कतार ।। 2253/5200

हरी करौंदा झाडियाँ, ढकती सघन पहाड़ ।
शेर बबर हैं मारते, कर्कश घोर दहाड़ ।। 2254/5200

लछमन से हैं सब डरे, वन्य जीव खूँखार ।
माँदों में हैं जा छुपे, लख कर लखन कुमार ।। 2255/5200

सह्याद्रि की कोख में, पले मराठे वीर ।
राम शरण में आगए, बने नम्र गंभीर ।। 2256/5200

सह्याद्रि का है उन्हें, चप्पा–चप्पा ज्ञात ।
रघुवर–सेवा में लगे, तन–मन से दिन–रात ।। 2257/5200

और जाति सह्याद्रि की, भिल्ल, कोरव, गोंड ।
मुंड, कातकर, वारली, वैग तथा ही खोंड ।। 2258/5200

62. Story of the city of Rāmtek (Rāmāyan, 3. Aranya Kānd)

(मराठे)

दोहा॰ वीर मराठे आगए, सुन कर राघव नाम ।
बैठे राघव चरण में, दास बने सत्काम ।। 2259/5200

दिखलाते श्री लखन को, युद्ध कला के दाँव ।
छिप कर छापे मारना, सहसा करना घाव ।। 2260/5200

अरण्य काण्ड : पाँचवाँ सर्ग

62. रामटेक[33] नगर की कथा :

62. Story of the city of Rāmtek *(Rāmāyan, 3. Aranya Kānd)*

कथा

(राम)

दोहा॰ गिरि सह्याद्री लाँघ कर, आए दक्षिण राम ।
दिखी वैनगंगा उन्हें, सरिता पावन नाम ।। 2262/5200

राम–सिया लछमन रुके, देख नदी का तीर ।
"प्राणहिता" भी है कहा, दक्षिण में यह नीर ।। 2263/5200

प्राणहिता को पार कर, आए विदर्भ देश ।
सीता लक्ष्मण हृष्ट थे, प्रसन्न थे अवधेश ।। 2264/5200

विशाल गिरि जब पार थे, समतल यहाँ प्रदेश ।
नदियाँ सारी थी बची, पार करन को शेष ।। 2265/5200

आगे बढ़ते रामजी, चले ग्राम से ग्राम ।
मठ मंदिर में रात को, करते थे विश्राम ।। 2266/5200

जन–गण आते दरस को, सुन कर, "आए राम" ।

---

[33] **रामटेक** = महाकवि कालिदास जी ने मेघदूत महाकाव्य में "रामटेक" को "रामगिरि" कहा है (स्निग्धच्छायातरुषु वसतिं रामगिरिर्याश्रमेषु ...) ।

62. Story of the city of Rāmtek (Rāmāyan, 3. Aranya Kānd)

भोजन लाते प्रेम से, रुके राम जिस ग्राम ।। 2267/5200

कथा सुनाते रामजी, जभी लगे सत्संग ।
सुन कर राघव की व्यथा, जन पाते थे रंज ।। 2268/5200

कभी सुनाते रामजी, कथा विनोदी व्यंग ।
कभी वेद के मंत्र से, प्रवचन में नव रंग ।। 2269/5200

बंधु भाव में बैठते, ऋषि-मुनि भगतन संग ।
लीला राघव वचन की, करती सबको दंग ।। 2270/5200

गीतमाला, पुष्प 76 of 163

(शरणं रामा)

स्थायी

शरणं रामा, शरणं नाथा, पाहि प्रभु रे! शरणं देवा ।

♫ नि़सारे- रे-ग-, पमग- रे-सा-, प-म गम- प-! पमग- रे-सा- ।

अंतरा-1

सुंदर रूपा, वन्दन भूपा, शरणं शरणं, सद् गुरु देवा ।

♫ रे-रेरे ग-म-, ध-पम ग-म-, धधनि- धपम-, प-मग रे-सा- ।

अंतरा-2

शुभ वर दाता, हरि रघुनाथा, त्राहि त्राहि भोः! सद् गुरु देवा ।

अंतरा-3

मंगल छाया, तेरी माया, स्वस्ति स्वस्ति ओम्! सद् गुरु देवा ।

(राम)

दोहा॰ राघव लक्ष्मण बैठ कर, करते जब आराम ।
करते निश्चित रात में, अगले दिन का काम ।। 2271/5200

विदर्भ के इक स्थान में, आए जब श्री राम ।
उत्सव भगतन ने किया, विराट शुभ अभिराम ।। 2272/5200

कभी न ऐसा था हुआ, प्रसन्नता का पर्व ।
प्रेम सुधारस था बहा, इतिहास में सर्व ।। 2273/5200

62. Story of the city of Rāmtek (Rāmāyan, 3. Aranya Kānd)

बसा नगर इस क्षेत्र पर, "रामटेक" शुभ नाम ।
टिके जहाँ पर राम थे, उसका शुचि परिणाम ।। 2274/5200

टीला सुंदर देख कर, मंदिर बना विशाल ।
लीला ने सियराम की, कीन्ही यहाँ कमाल ।। 2275/5200

गीतमाला, पुष्प 77 of 163

(राम-नाम सुहाना)

स्थायी

राम-नाम सत् नाम सुहाना, श्री राम जय राम, जय जय रामा ।
♫ सा-रे ग-ग गग प-म गरे-ग-, प- म-ग रेरे ग-, रेरे गग रे-सा- ।

अंतरा-1

पीत पितांबर कटि पर सोहे, छवि निरंजन मन को मोहे ।
दशरथ सुत रघुवर श्री रामा, सीतापति रघुनंदन नामा ।।
♫ सां-नि धनि-धप निध पम प-ध-, निध- पम-मम- पप म ग-रे- ।
सासारेरे गग गगपप मग रे-ग-, म-ग- रेसा रेरेग-गग रे-सा- ।।

अंतरा-2

कमल लोचन सूरत प्यारी, मंगल मुख मूरत मनहारी ।
परम पुरुष परमेश्वर रामा, सुर नर पूजित हरि अभिरामा ।।

अंतरा-3

रघुपति राघव दीन-दयाला, भगतन के अविरत प्रति पाला ।
परम आतमा रूप ललामा, अंतर्यामी हिरदय धामा ।।

(पूजन)

दोहा॰ सह्याद्रि गिरि लाँघ कर, आए विदर्भ राम ।
स्वागत राघव का हुआ, उत्सव बहुत ललाम ।। 2276/5200

राम जहाँ पर थे टिके, नगर बसा उस स्थान ।
"रामटेक" उस नगर को, मिला पवित्तर नाम ।। 2277/5200

मंदिर राघव का बना, लख कर ऊँचा स्थान ।
राम-लखन-सिय चरण में, पवन पुत्र हनुमान ।। 2278/5200

63. Story of river Godāvarī (Rāmāyan, 3. Aranya Kānd)

इर्द गिर्द सब ग्राम से, आते भगतन लोग ।
बैठे राघव चरण में, परम चढाते भोग ।। 2279/5200

अरण्य काण्ड : छठा सर्ग

63. श्री गोदावरी देवी की कथा :

63. Story of river Godāvarī (Rāmāyan, 3. Aranya Kānd)

श्लोक छंद

(पञ्चवटी)

गङ्गां च यमुनां तापीं गोदावरीं च नर्मदाम् ।
प्रगे पञ्च नदीः स्मृत्वा सर्वं पापं विनश्यति ।। 1

♫ म-म- म- पपप- ध-प-, ध-ध-धनि- ध प-मप- ।
मम- म-म मप- म-ग-, रे-ग- म-प- मग-रेग- ।।

सह्याद्रिः प्राक्तनो यावत्-तावद्गोदावरी नदी ।
पुरातनतमौ द्वौ तौ गिरिनदीषु भारते ।। 2

ज्येष्ठा नदी च प्राचीना गोदावरी महानदी ।
स्थूला नव बृहन्नद्यः-तस्या उपनदीषु च ।। 3

इन्द्रावती मुळा वर्धा धारणा प्रवरा तथा ।
शबरी वैनगंगा च प्राणहिता च कादवा ।। 4

गोदावर्यास्तटे सन्ति पुण्यस्थानानि काशिवत् ।
नाशिकं तीर्थक्षेत्रं च प्रतिस्थानं स्थितं तथा ।। 5

वटवृक्षास्थिता यत्र पञ्च गोदावरी तटे ।
तद्धि पञ्चवटी स्थानम्-आगतो यत्र राघवः ।। 6

दोहा॰ गंगा यमुना नर्मदा, तापी गोदा मात ।
सरिता पाँच पवित्र ये, पापघ्ना हैं ज्ञात ।। 2280/5200

प्राक्तन सह्याद्रि यथा, गोदावरी पुराण ।

63. Story of river Godāvarī (Rāmāyan, 3. Aranya Kānd)

सर्वपुरातन है नदी, कहते लोग सुजान ।। 2281/5200

इसके तट पर क्षेत्र हैं, पावन तीरथ धाम ।
नासिक त्र्यंबक हैं बसे, हरि-धाम, "प्रतिस्थान" ।। 2282/5200

वृक्ष पाँच बरगद जहाँ, पंचवटी वह स्थान ।
गोदावरी के तीर पर, आगत हैं श्रीराम ।। 2283/5200

📖 कथा 📖

✍दोहा॰ कहा लखन को राम ने, बढ़ते हम दिन-रात ।
दक्षिण-पश्चिम में चलो, लगभग योजन सात ।। 2284/5200

अगस्त्य मुनि को है पता, अपना अगला धाम ।
करनी है कुटिया वहाँ, पंचवटी है नाम ।। 2285/5200

पँचवटी वह स्थान है, अगस्त्य मुनि का काम ।
गोदावरी तट पर करी, मुनि ने शिव के नाम ।। 2286/5200

विंध्याचल से राम को, करके स्नेह प्रणाम ।
अगस्त्य मुनि थे चल पड़े, करने जन कल्याण ।। 2287/5200

(पंचवटी)

✍दोहा॰ विंध्या से कह कर विदा, अगस्त्य सिद्ध महान ।
"प्रतिस्थान" में आ बसे, करने धार्मिक काम ।। 2288/5200

गीतमाला, पुष्प 78 of 163

दादरा ताल

(देवी गोदावरी की कथा)

स्थायी

गीत शारद ने मंजुल है गाया, साज नारद मुनि ने बजाया ।
रत्नाकर से है मंगल रचाया, रामायण को है सुंदर सजाया ।।

♫ म-ग म-म- म प-म- ग म-प-, रे-ग म-म- मध- प- मग-म- ।
रेगम-म म- म ध-प- गम-प-, रे-ग-म- म- म ध-प- मग-रे- ।।

64. Shrī Rāma's arrival at Pañchavatī (3. Aranya Kānd)

अंतरा-1

नौ नदियों में मानी पुरानी, नद गोदावरी सबकी रानी ।
नीर इसका है तीरथ कहाया, मठ तट पर मुनि ने बनाया ।।

♬ सां- निनिरें- सां ध-नि- धप-म-, सांसां नि-रें-सांध- नि-ध प-म- ।
म-ग म-म- म प-मम गम-प-, रेग मम म- मध- प- मग-रे- ।।

अंतरा-2

विंध्या वन से मुनि जब था धाया, तट गोदावरी पर था आया ।
पाँच वट की जहाँ पर थी छाया, पंचवटी का वो तीरथ बसाया ।।

अंतरा-3

नीर इसका है अमृत की धारा, जिसका दैवी महा गुण है भारा ।
इसका तीरथ, चलाय कर माया, पूज्य "दक्षिण की गंगा" कहाया ।।

64. पंचवटी में श्री राम के आगमन की कथा :

64. Shrī Rāma's arrival at Pañchavatī *(3. Aranya Kānd)*

कथा

दोहा॰ अगस्त्य ने जैसा कहा, सुंदर विन्ध्य[34] पहाड़ ।
पादप शोभा से सजे, कुसुमों का शृंगार ।। 2289/5200

(दंडक वन में)

दोहा॰ अगस्त्य को कह कर विदा, चले राम वन राह ।
काँटे आतप मार्ग में, तन को देते दाह ।। 2290/5200

श्वापद उनको देखते, लेकर तरु की ओट ।
राक्षस उद्यत हैं छुपे, पुहुँचाने को चोट ।। 2291/5200

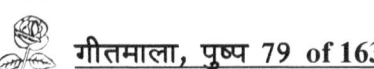

गीतमाला, पुष्प 79 of 163

---

[34] **Vindhya :** In Valmiki Rāmāyaṇ, Vālmiki has called the North-South Sahyādri mountain range (पश्चिम घाटी) as Vindhya (विंध्य) (Araṇya kāṇḍ - 11.85-86); Kishkindhā kāṇḍ - 3.15, 48.2-3, 49.15, 49.22, 50.1, 56.3, 58.6, 63.2, etc.). He called it Shaila (शैल) in 4.50.3.

64. Shrī Rāma's arrival at Pañchavatī (3. Aranya Kānd)

राग बागेश्री, कहरवा ताल

(पंचवटी)

स्थायी

निश-दिन संग में, नाथ हमारे! पीछे पीछे साथ तिहारे ।
पग पग चलूँ मैं, पंथ निहारे ॥

♪ साग मध पधसांनिध म- ग-रे रेम-म-! -मगरेसा म-म- -सागम धप-म- ।
-मध धध धध निध सां-नि धमगरेसा ॥

अंतरा–1

राहों में काँटे हैं बिखरे, पशु बेशुमार डोरे डारे ।
धोखा पल छिन असुर जनों से, डगमग हैं अब भाग्य हमारे ॥

♪ -मगम ध- निधसां- सां- रेंनिसां-, -निनि सांगंरेंसांसां- नि-सां- नि-ध- ।
-ध-ध निनि धध मगग मरेरे सा-, -निसा मम ध- निध सां-नि धमगरेसा ॥

अंतरा–2

चल कर जोजन साँझ सकारे, अवध नगर को पीछे छोरे ।
आए पंचवटी के द्वारे, मनहर स्थान जो चित्त को हारे ॥

अंतरा–3

इस थल को आवास बनाएँ, वन तापोभूमि जाना जाए ।
रामायण की नींव सजाएँ, जन हित का इतिहास रचाएँ ॥

(और)

दोहा॰   दंडक वन में आगए, हर्षित हो कर राम ।
बोले, "इस वन में करें, सीते! हम विश्राम" ॥ 2292/5200

"कैकेयी माँ ने दिया, जो मुझको आदेश ।
दंडक वन में त्यों मुझे, लाया है परमेश" ॥ 2293/5200

 गीतमाला, पुष्प 80 of 163

(सुंदर पंचवटी)

स्थायी

पंचवटी अति सुंदर है, जल धारा गिरि कंदर हैं ।

64. Shrī Rāma's arrival at Pañchavatī (3. Aranya Kānd)

रंग भरे खग बंदर हैं, मोद विपिन के अंदर है ।।

♫ सा-रेरेग- रेसा रे-गग म-, पप म-ग- रेरे सा-रेरे सा- ।
सा-सा सारे- रेरे ग-गग म-, प-प पमम म- ग-रेरे सा- ।।

अंतरा-1

पुष्प लताएँ तरु पर हैं, कमल दलों पर मधुकर हैं ।
चटक चहकते मधु रव हैं, सौरभ अनुपम मनहर है ।
मंगल रंग समुंदर है ।।

♫ प-प पप-प धध धध प-, गगग गग- गग ममपम ग- ।
सासासा सारेरेरे- गग मम प-, म-पप ममम गगरेरे सा- ।।

अंतरा-2

गिरि मंडल पर हरियाली, पवन शीत प्रभाशाली ।
स्वर्ग भूमि भूतल वाली, स्वयं इन्द्र जिसका माली ।
सींचत धरती अंबर है ।।

अंतरा-3

वीणा लेकर नारद जी, कुबेर गणपति शारद जी ।
किन्नर सुर कोविद सारे, आते पंचवटी के द्वारे ।
ब्रह्मा विष्णु शंकर हैं ।।

(सुंदर वन)

✍दोहा॰ **आम्र उदुंबर आँवला, बरगद पीपल बेल**[35] ।
कीकर शीसम शाल्मली, झूलत जिन पर बेल ।। **2294**/5200

सेब शरीफा कर्दली, अनन्नास कचनार ।
खट्टे मीठे रस भरे, नींबू बेर अनार ।। **2295**/5200

गुलाब चंपक केवड़ा, शहतूत अमलतास ।
जवाकुसम मधु मल्लिका, टेसू कुमुद पलास ।। **2296**/5200

(यहाँ)

✍दोहा॰ **तरु बेली थी सब लदी, फल-फूलों के साथ** ।

---

[35] **बेल** = 1. बिल्व, बिल्व पर्ण का वृक्ष । 2. बेल = लता ।

64. Shrī Rāma's arrival at Pañchavatī (3. Aranya Kānd)

लखन तरु से फैंकता, झेलत फल रघुनाथ ।। 2297/5200

(हवा में)

✍दोहा॰ सुमन सुगंधी महकते, दृश्य बहुत रमणीक ।
पंचवटी की राह है, अद्‌भुत नैसर्गिक ।। 2298/5200

मैना शुक आकाश में, बगुले हंस चकोर ।
चकवे चिड़िया टिट्टिभी, करते अद्‌भुत शोर ।। 2299/5200

चट चट चीं चीं नीड़ में, शावक करते बोल ।
चोगा चुगने प्रेम से, करते चटक किलोल ।। 2300/5200

कौवे बक कठफोड़वे, कोयल चील कपोत ।
तीतर बगुले सारिका, मोर भ्रमर खद्योत ।। 2301/5200

(हरियाली पर)

✍दोहा॰ हरियाली में दौड़ते, खरहे[36] मृग हैं स्वैर ।
साँबर सारस नेवले, आपस में नहिँ बैर ।। 2302/5200

(झाड़ियों में)

✍दोहा॰ सुन कर गर्जन शेर की, काँपत सर्व शरीर ।
भैंसे भालू भेड़िये, पीते नदिया नीर ।। 2303/5200

(रात में)

✍दोहा॰ फिरत निशाचर रात में, मंडुक चुगद शृगाल ।
चमगादड़ वृक लोमड़ी, कीड़े वृश्चिक व्याल ।। 2304/5200

(राहों में)

✍दोहा॰ कंकड़ तीले राह में, पग-पग देते शूल ।
गरम हवा के झोंक से, उड़े आँख में धूल ।। 2305/5200

पश्चिम घाटी में गिरे, वर्षा मूसलाधार ।
छतरी सम तरुवर घने, रुकने का आधार ।। 2306/5200

पगडंडी नाला बने, चल नहिँ सकते आप ।

---

[36] **खरहा** = खरगोश ।

64. Shrī Rāma's arrival at Pañchavatī (3. Aranya Kānd)

तरुवर की छतरी तले, खड़े रहो चुपचाप ।। 2307/5200

वर्षा, गिरि सह्याद्रि में, क्षण क्षण बदले रूप ।
अकस्मात् वर्षा गिरे, फिर आजाती धूप ।। 2308/5200

(कुटिया)

योजन दस जब आगए, दक्षिण दिश में राम ।
बोली नद गोदावरी, "कुटिया रचो ललाम" ।। 2309/5200

निर्मल नदिया नीर में, किया उन्हों ने स्नान ।
दीन्हा माँ गोदावरी, उन्हें कृपा वरदान ।। 2310/5200

वर लेकर जब आगए, पंचवटी में राम ।
बोले इस स्थल रम्य को, चलो बनाएँ धाम ।। 2311/5200

निकट पाँच वटवृक्ष के, समतल भूमि देख ।
पर्ण कुटी की नींव की, गाड़ी सिय ने मेख ।। 2312/5200

लछमन लाया काट कर, बल्ली छत-सामान ।
बनी सिया के चाह की, कुटिया स्वर्ग समान ।। 2313/5200

बाड़ा चारों ओर था, आगे फाटक द्वार ।
बाहर हरियाली हरी, फूलों का सिंगार ।। 2314/5200

(कुटिया के पास)

दोहा॰ निर्मल जल फल मधुर थे, पंचवटी में ढेर ।
आम्र वृक्ष पर कोकिला, मयूर करते टेर ।। 2315/5200

हरियाली में हरिण का, दिखता मनहर नाच ।
छाया देते थे घने, बरगद विशाल पाँच ।। 2316/5200

सीता सजती सुंदरी, कुसुमों के शृंगार ।
लछमन लाता काट कर, ईंधन, फल-आहार ।। 2317/5200

चूल्हा आँगन में लगा, करने रोटी पाक ।
सीता के सह रामजी, काटत सब्ज़ी शाक ।। 2318/5200

64. Shrī Rāma's arrival at Pañchavatī (3. Aranya Kānd)

गीतमाला, पुष्प 81 of 163

खयाल : राग मालकंस, कहरवा ताल 8 मात्रा

(रिम झिम बरसत)

स्थायी

रिम झिम बरसत बादल गरजत, सावन आयो, रंग लायो रे ।

♫ गग मम धधनिनि सां-धम गमगसा, सां-सांसां नि-नि- ध-निसां सांनिधमगसा ग-।

अंतरा-1

पंचवटी के हर प्रांगण में, फूल गुलाली, बिखरायो रे ।

♫ गगममध- नि- सांसां सां-गंनि सां-, निनिनि निनि-नि, निधनिसांनिधम ग-।

अंतरा-2

सिय की कुटी के दर आंगन में, गुत पर पानी, उछलायो रे ।

गीतमाला, पुष्प 82 of 163

राग : भिन्न षड्ज,[37] तीन ताल 16 मात्रा

(सावन की बिजुरी)

स्थायी

दमक दिखावे दामनिया, सरसर बादरिया जल बरसत ।

कड़ कड़ कड़कत बिजुरिया ।। दमक॰

♫ सांनिधग मग-सा- ऩिसाधऩिसागमधनिसां, निसांगंसांसां निधधधम- गमगगसासा ।

ऩिसा धऩि सागमध गमधनिसागमधनिसांसां ।। सांनिधग॰[38]

---

[37] **राग भिन्न षड्ज** : यह बिलावल ठाठ का राग है । इसका आरोह है : सा ग म ध नि सां । अवरोह है : सां नि ध म ग सा ।

▶ लक्षण गीत : **दोहा॰ म सा वादि संवाद हो, रे प स्वरों का त्याग ।**

सकल शुद्ध स्वर से बना, "भिन्न-षड्ज" है राग ।। 2319/5200

[38] **स्थायी तान :** दमक दि 1. गग साऩि धऩि सऩि । धऩि धम़ धऩि साग । मग साऩि सासा 2. साऩि धऩि साग मग । साग मध मग साऩि । धऩि सा- सा- 3. सासा गम गग सासा । गम धध गम गग । साऩि धऩि सा- । **अंतरा तान :** मोरनि 1. सासा गम गग सासा । गम धनि धध मम । गम गग सासा 2. गम धनि सांनि धनि । सांनि धम गम गग ।

65. Story of Shūrpankhā (Rāmāyan, 3. Aranya Kānd)

अंतरा-1

मोरनिया नाचे, मोर पपिहा, ठुमकत थिरकत नाचत थैया ।

♫ मध-निसां- नि-सां-, निसां मंगंसां, गंमंगंसांसां निधधध म-गम गमधनिसां ।

अंतरा-2

ठंढी फुहार दे गुदगुदियाँ । मन मोरा प्रणय के गीत रचैया ।

अरण्य काण्ड : सातवाँ सर्ग

65. शूर्पणखा की कथा :

65. Story of Shūrpankhā (Rāmāyan, 3. Aranya Kānd)

कथा

(शूर्पणखा, एक दिन)

दोहा॰ **जैसा था विधि ने रचा, भाग्य करम का खेल ।**
इक दिन वन में होगया, चार जनों का मेल ।। 2320/5200

सीता बगिया में खड़ी, सींच रही थी घास ।
चूल्हा आँगन में जला, रामचंद्र थे पास ।। 2321/5200

राघव लेकर टोकरी, चुगत रहे थे फूल ।
लछमन झाड़ी काट कर, खोद रहा था मूल ।। 2322/5200

ऐसे में इक कामिनी, आई राघव पास ।
विषय वासना में रता, करने अपना नास ।। 2323/5200

(और)

दोहा॰ **मुख मंगल श्री राम का, जब देखा अभिराम ।**
कुलटा बोली राम को, कौन कहाँ तव धाम ।। 2324/5200

मुखड़ा राज कुमार सा, लगता तेरा, नाथ! ।
वन में लाया क्यों, सखे! इस नारी को साथ ।। 2325/5200

सानि़ ध़नि़ सा- ।

65. Story of Shūrpankhā (Rāmāyan, 3. Aranya Kānd)

बोली दुष्टा, राम को, लाज शर्म सब छोड़ ।
बिना किसी संकोच के, विषय वासना जोड़ ।। 2326/5200

नगरी तज कर क्यों यहाँ, कुटिया में है वास ।
चल अब मेरे संग तू, मजे चखाऊँ खास ।। 2327/5200

जटा-जूट को छोड़ दे, वल्कल करके त्याग ।
मुझसे लगन लगाइके, चल! चलते हैं भाग ।। 2328/5200

तन मम सुगठित देख ये, यौवन से भरपूर ।
सब कुछ तुम पर वार दूँ, चलो यहाँ से दूर ।। 2329/5200

(राम)

✍दोहा॰ राघव बोले, श्रीमती! सीता मेरी दार ।
उधर खड़ा तरु काटता, भाई लखन कुमार ।। 2330/5200

नाम ध्येय अपना कहो, को है तुमरा गाँव ।
बहिना! सुख से बैठ कर, भोजन करके जाव ।। 2331/5200

कंद मूल की शाक है, फल मीठे रसदार ।
गरम रोटले हैं बने, बीच सिया का प्यार ।। 2332/5200

(कुलटा)

✍दोहा॰ सुन कर बैना राम के, उसको आया क्रोध ।
बोली, सिय को खाइके, तुझे सिखाऊँ बोध ।। 2333/5200

रूप सुहाना छोड़ कर, किया रूप विकराल ।
आँखें मोटी लाल सी, बिखरे भूरे बाल ।। 2334/5200

खड़ी हुई वो क्रोध में, खड्ग हाथ में धार ।
ऊँची तगड़ी राक्षसी, अधम असुंदर नार ।। 2335/5200

बोली, मेरे बंधु हैं, बसे समुंदर पार ।
बीर बिक्रमी असुर है, कोई सकै न मार ।। 2336/5200

भाई दशमुख है महा, धीर असुर लंकेश ।
कुंभकर्ण मम भ्रात है, विभिषण के प्रति द्वेष ।। 2337/5200

65. Story of Shūrpankhā (Rāmāyan, 3. Aranya Kānd)

खर-दूषण मम बंधु हैं, महावीर बलवान ।
"शूर्पणखा" मम नाम है, रानी मुझको जान ।। 2338/5200

(और)

मुनि मर्दन भाता हमें, रुचिकर नर का माँस ।
मेरे संगी तुम बनो, आओ मेरे पास ।। 2339/5200

तजो सिया को, हे सखे! मैं हूँ तेरी नार ।
मंत्र मुग्ध करदूँ तुम्हें, करलो मुझसे प्यार ।। 2340/5200

सीता को मैं खा हि लूँ, लक्ष्मण को भी साथ ।
तभी अकेले तुम मेरे, हो जाओगे नाथ ।। 2341/5200

(फिर)

इतना कह कर पापिनी, बड़े वेग के साथ ।
लपकी सिय को मारने, खड्ग घुमा कर हाथ ।। 2342/5200

विद्युत गति से लखन ने, कीन्हा परशू वार ।
कटी नाक उस धृष्ट की, सिय को सकी न मार ।। 2343/5200

 **गीतमाला, पुष्प 83 of 163**

(कोपी लछमन)

स्थायी

लछमन बहुत है कोपी, सीते! ।
♪ धधपम गगम म प-प-, गरेसा-!

अंतरा-1

मेरा बंधु बड़ा पियारा, स्नेहिल सुहृद सखा नियारा ।
दुख पल उसे न भाते, सीते! ।।

♪ म-पध नि-नि- सांनि- धप-म-, म-मम प-पप धनि- धप-म- ।
मम पप धप- म गरेसा-, रेगम-! ।।

अंतरा-2

वीर पुरुष है छत्रिय बाँका, धीर है रण में मैंने आँका ।
छल बल उसे न आते, सीते! ।।

66. Story of Khar Dushan (Rāmāyan, 3. Aranya Kānd)

अंतरा–3

सीधा सादा भोला भाला, राजनीति में ढीला ढाला ।
उसको कुकर्म खाते, सीते! ।।

अंतरा–4

लछमन मेरा अभिन्न अंगी, निश-दिन मेरा बना है संगी ।
जग जन सद् गुण गाते, सीते! ।।

दोहा॰ चीख मारती जोर से, आग बबूला अंग ।
रोई कुलटा जोर से, "भयो रंग में भंग" ।। 2345/5200

हाथ नाक पर दाबके, "हाय मर गयी, राम!" ।
लहू लुहान तन राक्षसी, बोली "बिगड़ा काम" ।। 2346/5200

"बदला लूँगी पाप का, लछमन को मैं मार ।
रावन को बहकाउँगी, हार भुजा का डार" ।। 2347/5200

(फिर, लंका में)

दोहा॰ गाली बकती राक्षसी, लंका पहुँची नीच ।
रोई ऊँचे शोर में, राज सभा के बीच ।। 2348/5200

सनी रक्त से राक्षसी, देख सभा के लोग ।
हाय! हाय! करने लगे, भरा भवन में सोग ।। 2349/5200

कोलाहल ऊँचा मचा, धधक उठा सब देश ।
लंका पर बिजली गिरी, क्रुद्ध हुआ लंकेश ।। 2350/5200

अरण्य काण्ड : आठवा सर्ग

The Aranya Kānd : Favascicule 8

66. असुर खर-दूषण की कथा :

66. Story of Khar Dushan (Rāmāyan, 3. Aranya Kānd)

कथा

66. Story of Khar Dushan (Rāmāyan, 3. Aranya Kānd)

(खर)

✍दोहा॰ खर बोला, बहिना प्रिये! हम हैं तेरे साथ ।
कौन तुम्हें घायल कियो, बोलो सारी बात ।। 2351/5200

किसका आया मरण है, घोर दुखों के साथ ।
नाक कान पद खड्ग से, काटूँ उसके हाथ ।। 2352/5200

टुकड़े करके देह के, कर दूँ उसका नास ।
मुंडी उसकी काट कर, लाऊँ तेरे पास ।। 2353/5200

(दूषण)

✍दोहा॰ बहिना का मुख देख कर, दूषण भया अवाक् ।
राक्षस बोला, कौन वो, जिसने काटी नाक ।। 2354/5200

कहाँ शत्रु का वास है, क्या है उसका नाम ।
साथ दुष्ट के कौन हैं, करता क्या है काम ।। 2355/5200

काटूँगा उसका गला, भाग न पावे चोर ।
चुप होजा तू अब जरा, अधिक मचा मत शोर ।। 2356/5200

(रावण)

✍दोहा॰ निहार बहिना की व्यथा, रावण के मन क्रोध ।
बोला, इस दुष्कर्म का, लेंगे हम प्रतिशोध ।। 2356/5200

बोलो को वो वीर है, बोलो उसका नाम ।
सेना अपनी भेज कर, करता उसे तमाम ।। 2357/5200

हम बलशाली वीर हैं, सेना हमरे पास ।
खर-दूषण को भेज कर, करते उसे खलास ।। 2358/5200

कैसे वो लड़ पाएगा, हमरे दल के साथ ।
खर-दूषण के सामने, होगी उनकी मात ।। 2359/5200

(शूर्पणखा)

✍दोहा॰ देख बंधु का प्यार वो, क्रोधित जिसका गात ।
बहिना ने उसको कही, वन की सारी बात ।। 2360/5200

66. Story of Khar Dushan (Rāmāyan, 3. Aranya Kānd)

दसरथ सुत हैं दो युवा, राम-लखन हैं नाम ।
सुंदर तरुणी साथ है, पंचवटी है धाम ।। 2361/5200

दंडक वन में है बसा, पंचवटी का धाम ।
सह्याद्रि के विपिन में, कुटिया है अभिराम ।। 2362/5200

दसमुख! लगन लगाइके, धरो सिया की बाँह ।
लहू लखन का मैं पीऊँ, करूँ राम से ब्याह ।। 2363/5200

(फिर)

✍दोहा॰ खर-दूषण नृप बंधु का, देख अनूठा प्यार ।
शूर्पणखा रोने लगी, जोर दहाड़ें मार ।। 2364/5200

लश्कर लेकर जाइए, शस्त्र-अस्त्र सरदार ।
लाओ सीता को यहाँ, राम-लखन को मार ।। 2365/5200

सीता जैसी सुंदरी, जग में मिलै न कोय ।
ऐसी नारी विश्व में, और कहीं ना होय ।। 2366/5200

उसको लाओ बांध कर, दसमुख नृप के पास ।
हत्या राघव की करो, करो लखन का नास ।। 2367/5200

उस बैरी को मार कर, मुझको रुधिर पिलाव ।
बदला तीनों शत्रु से, मिल कर तीन चुकाव ।। 2368/5200

(अत:)

✍दोहा॰ सुन आवाहन बहिन के, खर कीन्हा संकल्प ।
राम-लखन को मार कर, करूँ व्यथा मैं स्वल्प ।। 2369/5200

राम-लखन का माँस मैं, तुझे खिलाऊँ काट ।
शादी सीता की करूँ, रावण से, बड़ ठाट ।। 2370/5200

बहिना भी फिर चल पड़ी, उन्हें दिखाने राम ।
सीता को बंदी करें, पूरण करने काम ।। 2371/5200

(और)

✍दोहा॰ निकले खर-दूषण तभी, लेकर सेना साथ ।

66. Story of Khar Dushan (Rāmāyan, 3. Aranya Kānd)

राम-लखन से समर में, करने दो-दो हाथ ।। 2372/5200

असुर अकंपन भी चला, त्रिशिरा-सुबली साथ ।
बोले, सेवा हम करें, और बटाएँ हाथ ।। 2373/5200

(फिर)

✍दोहा॰ पंचवटी में आगए, असुर बंधु तत्काल ।
खर-दूषण आगे खड़े, पीछे सैन्य विशाल ।। 2374/5200

(राम)

✍दोहा॰ आई बहिना साथ में, दिखलाने को स्थान ।
राम-लखन रहते कहाँ, सीता की पहिचान ।। 2375/5200

जान लिया श्रीराम ने, खर-दूषण का दाँव ।
कहा सिया को राम ने, तुम कुटिया में जाव ।। 2376/5200

अक्षय धनु दे-दो हमें, शर भाथों के साथ ।
रक्षा तेरी हम करें, बोले श्री रघुनाथ ।। 2377/5200

(और फिर)

✍दोहा॰ खड़े राम लछमन हुए, लेकर अक्षय बाण ।
बोले राघव असुर को, राखो अपने प्राण ।। 2378/5200

सुनो वचन तुम लाभ के, लड़ना बात न ठीक ।
हाथ मिलाओ प्रेम से, आकर तुम नजदीक ।। 2379/5200

सेना दल किस काम का, क्यों आए हो आप ।
शाँति में सबका भला, मार-काट हैं पाप ।। 2380/5200

(और)

✍दोहा॰ रघुकुल के हम क्षात्र हैं, पितु दशरथ-रघुनाथ ।
किस बल पर तुम आगए, करने दो-दो हाथ ।। 2381/5200

ऋषि-मुनि जन तुमने हने, पर दारा अपमान ।
धर्म कर्म खंडित किए, असुर-राज के नाम ।। 2382/5200

कर्म परायण क्षात्र जो, रक्षक वह मैं राम ।

66. Story of Khar Dushan (Rāmāyan, 3. Aranya Kānd)

अनुज हमारा लखन है, इसको करो प्रणाम ।। 2383/5200

सीता हमरी दार है, उससे रहियो दूर ।
उसे लगाया हाथ तो, होंगे चकना चूर ।। 2384/5200

भेजा तुमको कौन है, क्या है मन में पाप ।
इससे आगे मत बढ़ो, देंगे तुमको ताप ।। 2385/5200

लड़ कर तुम्हें न लाभ है, होगा तुमरा नास ।
अब भी लौटो शाँति से, लेकर मुख पर हास ।। 2386/5200

(अत:)

✍दोहा॰ नारद थे बरसा रहे, राम-लखन पर फूल ।
बोले उज्वल कीजिए, दसरथ कुल अनुकूल ।। 2387/5200

(शुर्पणखा)

✍दोहा॰ शुर्पणखा ने तब कहा, लूँगी बदला आज ।
शादी मुझसे तुम करो, बिना किसी भी लाज ।। 2388/5200

राघव! मुझसे तुम करो, शादी बिन तकरार ।
मानो कहना तुम, सखे! मत करना इनकार ।। 2389/5200

पाँच निमिष के बीच में, डालो तुम हथियार ।
अथवा सेना आसुरी, देगी तुमको मार ।। 2390/5200

(फिर)

✍दोहा॰ पाँच निमिष फिर राम थे, खड़े धनुष को धार ।
छठे निमिष खर ने किया, आक्रम बिन-ललकार ।। 2391/5200

(इधर से)

✍दोहा॰ अक्षय धनु से राम के, बरसे शर घनघोर ।
लछमन शर से खर मरा, बहुत मचा कर शोर ।। 2392/5200

(अत:)

✍दोहा॰ राघव के शर से मरे, सुबली त्रिशिरा वीर ।
दूषण रण में आगया, देख रहे रघुवीर ।। 2393/5200

(तब)

66-A. Story of Dev Bāna weapon (Rāmāyan, 3. Aranya Kānd)

दोहा॰ चौदह सेना असुर कीं, लेकर शर तलवार ।
टूट पड़ीं श्री राम पर, देने उसको मार ।। 2394/5200

राघव बोले लखन को, छोड़ो अक्षय बाण ।
इनकी मृत्यु अटल है, लो अब इनके प्राण ।। 2395/5200

66-A. Story of Dev Bāna weapon *(Rāmāyan, 3. Aranya Kānd)*

दोहा॰ तथास्तु कह कर अनुज ने, किया विनम्र प्रणाम ।
अक्षर शर फिर तान कर, बोला, जय जय राम! ।। 2396/5200

तेज शरों से लखन ने, बींधे वीर अनेक ।
राघव के शर छेदते, गए असुर प्रत्येक ।। 2397/5200

सिर त्रिशिरा का कट गया, लगी देह को आग ।
दूजे से सुबली मरा, गया अकंपन भाग ।। 2398/5200

देव बाण ने राम के, चीरा दूषण देह ।
कट कर सिर नीचे गिरा, मिला मुक्ति का गेह ।। 2399/5200

(फिर)

दोहा॰ दूषण मरता देख कर, प्यारी बहिना रोय ।
साँसें उसकी रुक रही, बचा सकै ना कोय ।। 2400/5200

मूर्छा खाकर राक्षसी, बिना लगे ही बाण ।
गिरी धरा पर धाँय से, निकले तन से प्राण ।। 2401/5200

(अब)

दोहा॰ राघव लछमन ने किया, दंडक असुर विहीन ।
मुनि जन हर्षित होगए, जप तप में लवलीन ।। 2402/5200

गीतमाला, पुष्प 84 of 163

दादरा ताल

(शस्त्रधर राम)

स्थायी

67. Story of Demon Mārīch (Rāmāyan, 3. Aranya Kānd)

श्री राम धरे जब, शस्त्र हाथ में, पाप न कोई बचना ।
बचना, साँप न कोई डसना ।।

♪ रे– ग–म मप– मम, प–ध प–म म–, म–म म प–ध– पपम– ।
पपप–, नि–ध प म–प– धपम– ।।

अंतरा–1
असुरों ने जब, संकट कीन्हा, राघव ने है रक्षण दीन्हा ।
अब, डर नहीं मन में बसना, बसना ।।

♪ सांसांसां रें– सांसां, नि–धनि सां–सां, रें–सांनि ध– नि– सां–निध प–म– ।
गग, मम मम पप ध– पपम–, पपप– ।।

अंतरा–2
विघ्न कष्ट सब, राम उबारे, पाप ताप सब राम उतारे ।
अब, राम सहारा अपना, अपना ।।

(श्री राम बोले)

> दोहा॰ कहा सिया को राम ने, "देखो विधि का खेल ।
> किया दुखों के संग है, परम सुखों का मेल" ।। 2403/5200
>
> दशरथ ने "दो–वर" दिये, माता ने वनवास ।
> विधि ने यह सब है रचा, लिखने शुभ इतिहास ।। 2404/5200

"आगे है किसके लिए, लिखी जीत या हार ।
कल का किसको है पता, करें उचित व्यवहार" ।। 2405/5200

अरण्य काण्ड : नौवाँ सर्ग

67. मायावी मारीच की कथा :

67. Story of Demon Mārīch (Rāmāyan, 3. Aranya Kānd)

📖 कथा 📖

(अकंपन)
दोहा॰ मरे असुर जब बाण से, गया अकंपन भाग ।

67. Story of Demon Mārīch (Rāmāyan, 3. Aranya Kānd)

आया लंका द्वीप में, देने नृप को जाग ।। 2406/5200

बतलाई लंकेश को, खर-दूषण की हार ।
शूर्पणखा की मौत भी, असुरों का संहार ।। 2407/5200

(रावण)

✍दोहा॰ रावण बोला क्रोध से, को माई का लाल ।
लड़ा हमारे बंधु से, मैं हूँ उसका काल ।। 2408/5200

जिसने मारे बंधु हैं, उसे बिछा कर जाल ।
विनष्ट जग से हम करें, उधेड़ उसकी खाल ।। 2409/5200

शस्त्र-अस्त्र है संपदा, माया हमरे पास ।
वीर धुरंधर शूर हैं, असुर हमारे दास ।। 2410/5200

(अकंपन)

✍दोहा॰ हाथ अकंपन जोड़ कर, बोला सुनलो बात ।
दिव्य पुरुष श्री राम हैं, पुरुषोत्तम विख्यात ।। 2411/5200

राम धीर अरु वीर हैं, दिव्य भव्य हैं गात ।
बली धनुर्धर शूर है, लछमन उसका भ्रात ।। 2412/5200

उनको रण में मारना, बात असंभव, तात! ।
अक्षय शर बरसाइके, देंगे हमको मात[39] ।। 2413/5200

घोर भूल है, राम से, करना दो-दो हाथ ।
आत्मघात है माँगना, लड़ कर उसके साथ ।। 2414/5200

(फिर भी)

दंभ कपट पाखंड से, रच कर माया जाल ।
उसकी टाँग फँसाइके, बींधो उसका भाल ।। 2415/5200

भगिनी तव थी चाहती, सिय को लाय उठाय ।
तुमरी दार बनाइके, तुमरी गोद बिठाय ।। 2416/5200

---

[39] मात = पराभव, पराजय, हार ।

67. Story of Demon Mārīch (Rāmāyan, 3. Aranya Kānd)

सीता जैसी सुंदरी, नहिँ त्रिभुवन में कोय ।
ऐसी मंगल देवता, तुमरी रानी होय ।। 2417/5200

सीता उसकी प्रीत है, पतिव्रता विख्यात ।
सीता के सुख के लिए, राम करे हर बात ।। 2418/5200

(सीता)

दोहा॰ सीता है जग सुंदरी, देवी सम है रूप ।
तीनों जग में और ना, ऐसा परम स्वरूप ।। 2419/5200

अत:)

दोहा॰ पति को दूर बुलाइके, माया जाल बिछाय ।
डाल सिया को मोह में, लंका लाव उठाय ।। 2420/5200

राम बिरह की आग में, जल कर प्राण गँवाय ।
सीता तुमरे हाथ में, तुमको शीश नवाय ।। 2421/5200

(रावण)

दोहा॰ सुन बातें उस दास की, पाया असुर उलास ।
पुष्पक लेकर चल पड़ा, मारीची के पास ।। 2422/5200

मारिच बंधु सुबाहु का, रावण का अनुराग ।
दंडक वन में आ बसा, आरूषा से भाग ।। 2423/5200

(मारीच)

दोहा॰ दंडक में मारीच के, गले लगा लंकेश ।
बोला, तेरा है भया, असुर–विहीना देश ।। 2424/5200

असुर हमारे राम ने, कीन्हे मार खलास ।
इसी लिए मैं आगया, चाचा! तुमरे पास ।। 2425/5200

फिर से दंडक में हुआ, ऋषि–मुनियों का राज ।
जप तप पूजा पाठ भी, यज्ञ होत हैं आज ।। 2426/5200

(अत:)

दोहा॰ तुम मायावी असुर हो, परम हमारे दास ।
कांचन–मृग के रूप में, जाओ कुटिया पास ।। 2427/5200

67. Story of Demon Mārīch (Rāmāyan, 3. Aranya Kānd)

चमकीली मृग की त्वचा, देगी मन को भ्राँत ।
भेजेगी धरने तुम्हें, सीता अपना काँत ।। 2428/5200

लेजाओ श्री राम को, तुम कुटिया से दूर ।
नाम पुकारो लखन का, करो शोर भरपूर ।। 2429/5200

भेजेगी सीता उसे, जभी बचाने राम ।
मैं जोगी के भेस में, करता अपना काम ।। 2430/5200

बदला लेने राम से, मुझको तेरी आस ।
तेरे जैसा दास ना, कोई मेरे पास ।। 2431/5200

(नारद, नभ से)

✍दोहा॰ नारद नभ से देखते, पुष्प सिया पर डाल ।
बोले, "रावण! तू स्वयं, बिंधेगा निज भाल ।। 2432/5200

"पंडित तुझको जग कहे, तुम हो नारी–चोर ।
नारी हरना पाप है, दंड मिलेगा घोर ।। 2433/5200

"इसी लिए तो मातु ने, भेजा वन में राम ।
आई सीता साथ में, करने पूरण काम ।। 2434/5200

"विधि खेलत है खेल ये, तुम ना जानो बात ।
अपने कुल का आप ही, करवाओगे घात" ।। 2435/5200

(मारीच)

✍दोहा॰ मारिच बोला, "हे प्रभो! कर लो मन को शाँत ।
काहे मुख से सिंह के, चले चुराने दाँत ।। 2436/5200

किस मूरख ने है कही, तुमसे उल्टी बात ।
झगड़ा करके राम से, होगा आतमघात ।। 2437/5200

सपने में भी राम को, कृपया कभी न छेड़ ।
वरना वह शरपात से, लंका रखे उधेड़" ।। 2438/5200

(और)

✍दोहा॰ "बल नहीं तुझमें, हे सखे! करने ऐसा काम ।

67. Story of Demon Mārīch (Rāmāyan, 3. Aranya Kānd)

लेने के देने तुझे, कर देंगे श्री राम ॥ 2439/5200

"मिथिला जब तू था गया, आया मंडप छोड़ ।
शिव-धनु तुझसे ना उठा, उसने डाला तोड़ ॥ 2439/5200

"वही वीर ये राम है, देगा तुझको मार ।
सिया वही है जानकी, रामचंद्र की दार ॥ 2440/5200

"घर को वापस जा अभी, तज कर अपनी ऐंठ ।
सिया चुराना पाप है, चुप होकर तू बैठ ॥ 2441/5200

"मेरी माता है मरी, उसका करते घात ।
मत ले बदला राम से, सुन ले मेरी बात ॥ 2442/5200

"खर-दूषण सब मर मिटे, करने को जो काज ।
उसी मौत को माँगने, तू आया है आज" ॥ 2443/5200

(रावण)
दोहा॰ रावण बोला फिर उसे, सखे! सँभालो होश ।
तुझ पर जब डंडा पड़े, मुझे न देना दोष ॥ 2444/5200

ऋषि-मुनि सब निर्भय भए, हमरे मूल उखाड़ ।
दौड़ गए राक्षस सभी, दंडक पड़ा उजाड़ ॥ 2445/5200

(मारीच)
दोहा॰ मारिच बोला, हे सखे! तुझे नहीं है ज्ञात ।
इसी लिए तू कह रहा, ऐसी उल्टी बात । 2446/5200

मुझ पर डंडा पड़ चुका, जब था राघव बाल ।
गिरी ताड़का बाण से, सुबाहु भी तत्काल ॥ 2447/5200

लछमन के शर ने मुझे, फेंका पर्वत पार ।
प्राण बचे मेरे, सखे! राघव के उपकार ॥ 2448/5200

बरसों मैं रोता रहा, मिटा न उसका घाव ।
क्यों कहता फिर तू मुझे, चलने को यह दाँव ॥ 2449/5200

(रावण)

68. Story of the Golden Deer (Rāmāyan, 3. Aranya Kānd)

दोहा॰ अगर पियारे! तुम मुझे, दोगे इसमें साथ ।
सफल बनेगा काम ये, पछतावे रघुनाथ ।। 2450/5200

सीता को फिर वो कभी, पा न सकेगा राम ।
दंडक सारा ढूँढता, फिरे, बिना–आराम ।। 2451/5200

"करना होगा काम ये, तुझको बिन इनकार ।
चाहे मरना भी पड़े, यही तुझे अनिवार" ।। 2452/5200

(फिर)

दोहा॰ सुन कहना लंकेश का, गए पसीने छूट ।
काँपे अंग मरीच के, जीवन–आशा टूट ।। 2453/5200

मरना ही यदि है मुझे, मरूँ राम के हाथ ।
अवश मरीची फिर मिला, शठ रावण के साथ ।। 2454/5200

अरण्य काण्ड : दसवाँ सर्ग

68. कांचन–मृग की कथा :

68. Story of the Golden Deer *(Rāmāyan, 3. Aranya Kānd)*

कथा

(रावण)

दोहा॰ सुन स्वीकृति मारीच की, रावण प्रमुदित गात ।
बोला, अनुपम मित्र तू, समुचित तेरी बात ।। 2455/5200

चाचा मम तू है सखा, मेरा सच्चा मीत ।
स्नेही सुहृद तू भला, हितकर तेरी प्रीत ।। 2456/5200

जाओ अब तुम सामने, लेकर रूप अनूप ।
मैं पीछे से भिक्षु का, आऊँ लेकर रूप ।। 2457/5200

(मारिच)

दोहा॰ पुत्र ताड़का का चला, सिय–कुटिया की ओर ।
बना हुआ मृग सुनहरा, झूठ उचक्का चोर ।। 2458/5200

68. Story of the Golden Deer (Rāmāyan, 3. Aranya Kānd)

फुदक-फुदक फिरने लगा, उछल कूद सब ओर ।
तीर नैन से छोड़ता, अदा कामिनी तौर ।। 2459/5200

हरियाली में हरिण का, कांचन चमके रंग ।
लंबे सींग हिलाइके, सजे अंग का ढंग ।। 2460/5200

त्वचा मुलायम मखमली, दर्शक के मन भाय ।
लख कर सीता का जिया, उस दिश खींचा जाय ।। 2461/5200

कांचन-मृग को देख कर, चरता चारों ओर ।
बोली, कैसा चतुर है, चंचल ये चित चोर ।। 2462/5200

छन्दमाला, मोती 7 of 11

वसंततिलका छन्द

S S I, S I I, I S I, I S I, S S

सा-नि़- सारे-रे सारे ग-मग रे-ग रे-सा-

(मृग-माया)

आया अनूप मृग कांचन रंग वाला ।
देखो ललाम उसकी मृदु ढंग छाला ।। 1
नाचे, रघो! ठुमक आँगन में हमारे ।
बोली सिया, "मिरग को धरियो, पिया रे!" ।। 2

(सीता)

दोहा॰ पति अरु देवर को सिया, लगी बुलाने पास ।
"आओ तुरत" पुकारती, देखो अचरज खास ।। 2463/5200

मन मोहक मृग सुनहरा, चम-चम चमके रूप ।
चारु चित्र उद्यान में, जब हो तन पर धूप ।। 2464/5200

इधर-उधर वह भागता, धूप-छाँव में खेल ।
सुंदर भाव प्रभाव का, अपार सुंदर मेल ।। 2465/5200

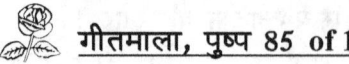

गीतमाला, पुष्प 85 of 163

68. Story of the Golden Deer (Rāmāyan, 3. Aranya Kānd)

खयाल : राग जौनपुरी,[40] तीन ताल 16 मात्रा

(मायावी मृग)

स्थायी

मन रिझावे सुनहरा हिरन रंग, मन रिझावे सुनहरा हिरन रंग ।
बगिया में मोरी क्रीडत कूदत, मृग लसित, करत मोरा मनवा दंग ।।
♪ पम पसां ध॒ पग॒रेसारे रेमम प–प, पम पसां ध॒ पग॒रेसारे रेमम प–प ।
पध॒सां– सां नि॒सांरेंसां ध॒पगग रेमग॒रे, सासा सारेम मपप पध॒ नि॒सांरें गं॒सां ध॒ ।।

अंतरा–1

ठुमकत फुदकत नाच नचावे, मृदु छाला मोरा चित्त लुभावे ।
चंचल नैनन मन भरमाए, ताहि चाह करत मोहे तंग ।।
♪ ममपप ध॒ध॒नि॒नि॒ सां –सां सांरेंनि॒सां–, पप पध॒सां– सां रें सांरेंगं॒रें सांनि॒सांध॒प ।
सां–सांसां ध॒–मप गग रेमग॒रेसा–, सारे म–म, मपध॒ नि॒सांरें गं॒सांध॒ ।।

अंतरा–2

मृग की माया सिय नहीं जानी, मारिची को वो मृग मानी ।
दृष्टि सिय की भई दीवानी, तिन ललचावत कंज अंग ।।

(सीता)

दोहा॰ उसको लाओ पकड़ कर, बने पालतू मीत ।
कुटिया में उसको रखूँ, उससे जोड़ूँ प्रीत ।। 2466/5200

मीठी बातें मैं करूँ, निश–दिन उसके साथ ।
उठो पकड़ कर लाइयो, मृग को, प्रिय रघुनाथ! ।। 2467/5200

जाना धीरे पाँव से, आहट ना वह पाय ।
झपटो विद्युत वेग से, निश्चित पकड़ा जाय ।। 2468/5200

---

[40] राग जौनपुरी : यह आसावरी ठाठ का राग है । इसका आरोह है : सा रे म प, ध॒, नि॒ सां । अवरोह है : सां नि॒ ध॒ प, म ग॒, रे सा ।

▶ लक्षण गीत : दोहा॰ ग म ध नि स्वर कोमल जहाँ, आरोह है ग हीन ।
ग ध वादी संवाद से, "जौनपुरी" रंगीन ।। 2469/5200

68. Story of the Golden Deer (Rāmāyan, 3. Aranya Kānd)

लौटूँगी जब अवध मैं, ले जाऊँगी साथ ।
सखियाँ मेरी प्रेम से, उसे लगावें हाथ ॥ 2470/5200

(लक्ष्मण)

दोहा॰ लछमन ने सिय को कहा, "असुरों की है चाल ।
हमें लुभाने के लिए, बिछा रहे हैं जाल ॥ 2471/5200

"मृग सोने का ना सुना, ना ही देखा जाय ।
कथा पुराणों के लिए, ऐसा हरिण सुहाय ॥ 2472/5200

"भेजो मत तुम राम को, सुनलो मेरी बात ।
उनको भ्रम में डाल कर, असुर करेंगे घात" ॥ 2473/5200

(परंतु)

दोहा॰ "लेखा विधि का हो यथा, वैसे होता काम ।
विषम घड़ी हो जब लिखी, सुमति होत नाकाम ॥ 2474/5200

"पंडित होते मूढ़ हैं, गोते खात सुजान ।
मृगजल पीने मन करे, माया सकै न जान ॥ 2475/5200

"कर्म-फलों का फेर ये, कठपुतली का खेल ।
सीता हो या राम हो, लेना पड़ता झेल" ॥ 2476/5200

(सीता)

दोहा॰ माया सीता पर चली, निहार मृग का रूप ।
उसके आगे राम भी, हार गए सुरभूप ॥ 2477/5200

(राम)

दोहा॰ राघव बोले लखन को, सच्ची तेरी बात ।
मगर सिया माने नहीं, बुद्धि हुई है भ्राँत ॥ 2478/5200

सुनी न उसने लखन की, सरबस सच्ची बात ।
चली राम ना लखन की, दोनों को दी मात ॥ 2479/5200

अरण्य काण्ड : ग्यारहवाँ सर्ग

69. Story of Lakshmans Divine Line (3. Aranya Kānd)

69. लक्ष्मण रेखा की कथा :

69. Story of Lakshmans Divine Line *(3. Aranya Kānd)*

कथा

(राम लक्ष्मण को)

दोहा॰ मैं जाता हूँ, तुम रुको, कहे लखन को राम ।
सीता की रक्षा करो, बिगड़े ना कछु काम ।। 2480/5200

कुटिया ना तजना, सखे! रहे सदा अवधान ।
भूल न हो जावे कछु, रखो सिया पर ध्यान ।। 2481/5200

(इधर, मृग)

दोहा॰ लछमन को समझाइके, निकल पड़े श्री राम ।
असुर सुन रहे थे सभी, राघव-लखन बखान ।। 2482/5200

राघव हलके पाँव से, आकर मृग के पास ।
झपटे उस पर वेग से, लेकर लंबी साँस ।। 2483/5200

उछला मृग झट कूदके, विद्युत गति के साथ ।
गिरे राम धड़ाम से, पशु नहिँ आया हाथ ।। 2484/5200

खड़ा हुआ मृग सामने, भोला बन कर चोर ।
उठे राम, तन झाड़ कर, फिर से पीछे दौड़ ।। 2485/5200

कूदे मृग पर, फिर गिरे, खुला जटा का जूट ।
धरी मृदुल दुम हिरन की, गयी हाथ से छूट ।। 2486/5200

लुके, छिपे, भागे, रुके, बहुत खिला कर खेल ।
फिर से प्रकट समीप वो, मृगतृष्णा का मेल ।। 2487/5200

आगे-आगे भागता, कपटी नकली क्रूर ।
लुभाय माया जाल में, उन्हें लेगया दूर ।। 2488/5200

(तब)

दोहा॰ मुश्किल जाना राम ने, मृग धरना, जब काम ।

69. Story of Lakshmans Divine Line (3. Aranya Kānd)

मारा शर, धनु तान कर, लेने उसके प्राण ।। 2489/5200

शर लगते ही मृग गिरा, प्रकट मारिची रूप ।
बोला, "मुक्ति मिल गयी, मुझको अब, सुरभूप!" ।। 2490/5200

(फिर)

दोहा॰ चिल्लाया फिर जोर से, "हाय! हाय!" का साज ।
पहुँचाने संकेत की, रावण तक आवाज ।। 2491/5200

(और)

दोहा॰ राघव सम आवाज में, किया असुर चित्कार ।
"हे लक्ष्मण मुझको बचा!" चीखा बारंबार ।। 2492/5200

(तब)

दोहा॰ समझ गए राघव, हमें, छला असुर ने आज ।
लछमन ने जो था कहा, वही सही अंदाज ।। 2493/5200

मुझसे भारी भूल है, हुई भरम के साथ ।
हारा बाजी आज मैं, शठ मारिच के हाथ ।। 2494/5200

(मारीच)

दोहा॰ मरते मारिच ने कहा, "पूर्ण हुआ अब बैर" ।
राघव निकले शोक में, वापस उल्टे पैर ।। 2495/5200

(रावण)

दोहा॰ मारिच के संकेत से, रावण हुआ तयार ।
सीता को हरने चला, वेश साधु का धार ।। 2496/5200

(सीता)

दोहा॰ सीता बोली लखन को, तुम्हें पुकारे राम ।
जाओ जल्दी दौड़ कर, बिगड़ न जावे काम ।। 2497/5200

(लक्ष्मण)

दोहा॰ लछमन बोला, जानकी! माते! सुनिये बात ।
रक्षा तुमरी मैं करूँ, बोल गए हैं भ्रात ।। 2498/5200

माते! कहना राम का, कैसे टालूँ आज ।

69. Story of Lakshmans Divine Line (3. Aranya Kānd)

असुरों की ये चाल है, बिगड़ न जावे काज ।। 2499/5200

क्षमा करो, जी जानकी! जरा सुनो मम बात ।
जग में सबसे वीर हैं, रामचंद्र मम भ्रात ।। 2500/5200

(सीता)

✍दोहा॰ वचन लखन के सुन सिया, भई क्रोध से लाल ।
बोली झल्लाकर उसे, चले न तेरी चाल ।। 2501/5200

माता कहता तू मुझे, मन में है कछु और ।
बना राम का दास तू, मगर हृदय में चोर ।। 2502/5200

तेरे हाथ न आउँगी, मैं राघव की दार ।
विष पी कर मर जाउँगी, पतिव्रता मैं नार ।। 2503/5200

(यों)

✍दोहा॰ हा! हा! कर वो रो पड़ी, ऊँचे सुर के साथ ।
सीता बोली राम को, मुझे बचा रघुनाथ! ।। 2504/5200

(लक्ष्मण)

बोला लछमन विनय से, माते! हो न उदास ।
मैं तेरा ही पुत्र हूँ, रामचंद्र का दास ।। 2505/5200

जाता हूँ तेरे कहे, कहो न ऐसी बात ।
रोना मत तुम, जानकी! हो जाओ अब शाँत ।। 2506/5200

"ना वह सचमुच हरिण है, ना वह राम-पुकार ।
माया के भ्रम में पड़ी, क्यों तुम यों बेकार ।। 2507/5200

"होनी जब भी हानि हो, आते गलत विचार ।
हरदम विनाश काल में, होता मनोविकार ।। 2508/5200

"शंका आवे स्वजन पर, बैरी लगता मीत ।
हित भी तब हानि लगे, सुजन लगे विपरीत" ।। 2509/5200

(और)

अति बलशाली राम हैं, कभी न पाएँ हार ।

69. Story of Lakshmans Divine Line (3. Aranya Kānd)

आए यदि राक्षस सभी, देंगे सबको मार ।। 2510/5200

हने सुबाहु ताड़का, दूषण डाला मार ।
उनके हम बैरी बने, अतः कुटिल व्यवहार ।। 2511/5200

सौंप धरोहर हैं मुझे, गए कृपालु अगाध ।
जाता हूँ फिर भी अभी, क्षमा करें अपराध ।। 2512/5200

(फिर)

इतना कह कर लखन ने, लेकर अपना तीर ।
कुटिया के चारों तरफ, खींची गोल लकीर ।। 2513/5200

"रक्षा तुमरी अब करे, यही लखन की रेख ।
कोई लाँघ सके न ये, रहना सीमा देख ।। 2514/5200

"सीमा रेखा से परे, मत जाना किसी काज ।
विद्युत-रेखा ये करे, तुमरी रक्षा आज" ।। 2515/5200

गीतमाला, पुष्प 86 of 163

(लक्ष्मण रेखा)

स्थायी

लखन ने रेख लगाई ।

♪ ममप प ध-प मगरेसा- ।

अंतरा-1

रावण मारीच जाल बिछाए, मृग-माया का मोह रचाए ।
भूल न हो, भौजाई! ।।

♪ सा-रेग रे-सासा प-म गरे-म-, पप प-ध- प- नि-ध पम-प- ।
म-प प ध-, पमगरेसा- ।।

अंतरा-2

संकट चारों ओर हैं छाए, राघव मृग के पीछे धाए ।
रोत है सीता माई ।।

अंतरा-3

70. Story of Sītā's abduction (Rāmāyan, 3. Aranya Kānd)

छोड़ धरोहर, आज्ञा तोड़े, चला लखन सीता को छोड़े ।

क्षमा करो, रघुराई! ।।

अंतरा–4

बोला, रेखा पार न करिए, गैरन पर विश्वास न धरिए ।

सुनिये, सीता माई! ।।

अरण्य काण्ड : बारहवाँ सर्ग

70. सीता अपहरण की कथा :

70. Story of Sītā's abduction *(Rāmāyan, 3. Aranya Kānd)*

📖 कथा 📖

(रावण)

दोहा॰ लछमन कुटिया से जभी, निकला सहित कलेस ।
लीन्हा रावण ने तभी, भिक्षुक मुनि का भेस ।। 2516/5200

जटा–जूट नकली सभी, हाथ कमंडलु धार ।
माथे चंदन पोत कर, वस्त्र गेरुए डार ।। 2517/5200

(यों)

दोहा॰ भिक्षां देहि! का किया, मुख में शुभ उच्चार ।
सीता के अपहरण का, मन में नीच विचार ।। 2518/5200

आया कुटिया द्वार पर, इधर–उधर को देख ।
विद्युत का झटका लगा, रुका देख कर रेख ।। 2519/5200

(तब)

दोहा॰ वहीं खड़ा फिर होगया, "भिक्षां देहि" पुकार ।
सीता बोली, आइए, खोलो फाटक द्वार ।। 2520/5200

रावण बोला भीख ना, लूँगा मैं उस पार ।
वरना तुझको शाप मैं, दे दूँगा खूँखार ।। 2521/5200

सीते! वर दूँगा तुझे, "पति का हो कल्याण ।

युगल पुत्र की माँ बने," दे दे भिक्षा दान ।। 2522/5200

चाहे कोई झूठ भी, दे देता वरदान ।
आशिष होता पूर्ण वो, विधि का बने विधान ।। 2523/5200

(फिर)

दोहा॰ वचन लखन के भूल कर, आई रेखा पार ।
रावन ने पकड़ी सिया, रामचंद्र की नार ।। 2524/5200

गीतमाला, पुष्प 87 of 163

(भिक्षां देहि)

स्थायी

सीता माई भिक्षां देहि ।
♫ सा–रे– ग–रे–! प–म– गरेसा– ।

अंतरा–1

वस्त्र गेरुए, सिर पर चोटी, हाथ कमंडलु, दाढ़ी खोटी ।
आया जोगी रावण द्रोही, निकला लछमन कुटि से ज्यों ही ।।
♫ सा–रे ग–रेसा–, रेरे गग म–म–, प–म गरे–मम, प–मग प–म– ।
नि–ध– प–म– ग–मम प–प–, ममप– धधपम पप म– गरे सा– ।।

अंतरा–2

राम गए हैं मृग के पीछे, लखन है निकला रेखा खींचे ।
सिया अकेली कुटिया माही, जैसी थी रावण ने चाही ।।

अंतरा–3

भिक्षा देने सीता आई, रावन उसकी धरी कलाई ।
शोर मचा रही है वैदेही, इत उसका रघु तारक नाही ।।

(तब)

दोहा॰ रोई सीता जोर से, "मुझे बचाओ राम! ।
मैंने रेखा लाँघ दी, बिगड़ गया है काम" ।। 2525/5200

सीता ने लंकेश का, काटा दायाँ हाथ ।
मारा चाटा असुर ने, बायें कर के साथ ।। 2526/5200

71. Story of Sītā's lamentation (Rāmāyan, 3. Aranya Kānd)

सिया लड़ी लंकेश से, मगर न पाई छूट ।
केश पकड़ कर दुष्ट ने, जकड़ी उसकी जूट ॥ 2527/5200

उठाय काँधे पर उसे, वायुयान में डार ।
दक्षिण दिश में उड़ गया, लेकर रघु की दार ॥ 2528/5200

अरण्य काण्ड : तरहवाँ सर्ग

 71. सीता के विलाप की कथा :

71. Story of Sītā's lamentation *(Rāmāyan, 3. Aranya Kānd)*

📖 कथा 📖

(सीता)

दोहा॰ सीता बोली असुर से, चोरी का क्या काम ।
मुझे छोड़ दे तू अभी, मेरा पति है राम ॥ 2529/5200

राम दयालु वीर हैं, क्षमा करेंगे पाप ।
सच्चे मन से अगर तू, पछतावेगा आप ॥ 2530/5200

आया तू किस काम से, वेष साधु का धार ।
बलशाली श्री राम हैं, तुझको देंगे मार ॥ 2531/5200

रोई सीता बिलखती, राघव नाम पुकार ।
शोर मचाया यान में, उसने बारंबार ॥ 2532/5200

(रावण)

दोहा॰ रावण बोला, सुन सिये! मैं रावन लंकेस ।
तुझे उठाने के लिए, धारा भिक्षुक भेस ॥ 2533/5200

मंडप में मैं था वहाँ, सिये! स्वयंवर बेर ।
शिव-धनु मुझसे ना उठा, तूने दिया खदेड़ ॥ 2534/5200

अब तू मुझसे ना बचे, दूर हमारा देश ।
अगर न मानी तू कहा, दूँगा तुझको क्लेश ॥ 2535/5200

71. Story of Sītā's lamentation (Rāmāyan, 3. Aranya Kānd)

आ न सके राघव कभी, अरण्य करके पार ।
गहरी नदियाँ राह में, जिनके तीर अपार ।। 2536/5200

पर्वत सह्याद्रि तथा, गोदावरी विशाल ।
कृष्णा कावेरी नदी, सागर जल विकराल ।। 2537/5200

यह कह कर लंकेश ने, उतार मुनि का वेश ।
फेंका बाहर यान से; बाँधे अपने केश ।। 2538/5200

उड़ता चोगा गेरुआ, रावण का मुनिवेश ।
अटका बरगद पेड़ पर, भगवा चिह्न विशेष ।। 2539/5200

(और)

✍दोहा॰ राक्षस बोला, हे सिये! मैं रावण लंकेश ।
कीर्ति हमारी जानते, जग के सारे देश ।। 2540/5200

डरते हैं मुझसे सभी, देश विदेशी लोग ।
जो मेरी सेवा करे, पाता सुख के भोग ।। 2541/5200

(मगर)

✍दोहा॰ दंडक मेरा खास है, कर्मभूमि का स्थान ।
असुर यहाँ के भारती, करते मुझे प्रणाम ।। 2542/5200

जबसे राघव है यहाँ, करने लगा निवास ।
मेरे असुर कुटुंब का, तबसे हुआ विनास ।। 2543/5200

(अत:)

✍दोहा॰ इसी लिए हमने रचा, मृग-माया का खेल ।
तुझको डाला भूल में, करने मुझसे मेल ।। 2544/5200

मारिच लेकर आगया, सुवर्ण मृग का वेष ।
छद्मी भिक्षुक मैं बना, लगाय नकली केश ।। 2545/5200

राम-लखन हैं मर चुके, उसी असुर के हाथ ।
अब तू करले प्रेम से, शादी मेरे साथ ।। 2546/5200

(और)

71. Story of Sītā's lamentation (Rāmāyan, 3. Aranya Kānd)

दोहा॰ धरती पर डरते सभी, सुन कार मेरा नाम ।
मुझसे डरता जो नहीं, एक वही है राम ।। 2547/5200

जाएँगे जब हम, प्रिये! मेरे लंका देश ।
राघव ढूँढ न पाएगा, बोल पड़ा लंकेश ।। 2548/5200

लायी हैं मैंने कई, महा नारियाँ ज्येष्ठ ।
विश्व सुंदरी तू सिये! सब परियों में श्रेष्ठ ।। 2549/5200

रानी बन जा तू सिये! छोड़ अभी अभिमान ।
मेरे लंका देश में, तुझे मिले सम्मान ।। 2550/5200

(फिर)

दोहा॰ इतना कह कर असुर ने, धरा सिया का हाथ ।
सीता ने उसको डसा, बड़ी जोर के साथ ।। 2551/5200

(सीता बोली)

दोहा॰ सीता बोली असुर को, तू है कुत्सित नीच ।
तेरे जैसा अधम ना, और जगत के बीच ।। 2552/5200

पतिव्रता हूँ नार मैं, रामचंद्र की दार ।
तेरे हाथ न मैं पडूँ, होगी तेरी हार ।। 2553/5200

कूद पडूँगी यान से, दे दूँगी मैं जान ।
तू मुझको ना पा सके, चाहे ले मम प्राण ।। 2554/5200

(और)

दोहा॰ सीता रोई यान में, मुझे बचाओ, राम! ।
कहाँ फँसी मैं, रामजी! आकर रोको यान ।। 2555/5200

पंछी गण आकाश के! बादल! रोको यान ।
संदेसा दो नाथ को, मुझे बचावे आन ।। 2556/5200

हे तरु कोई! दीजिए, मेरा यह संदेश ।
वायुयान से है मुझे, भगा रहा लंकेश ।। 2557/5200

(जटायु)

72. Story of Brave Jatāyu (Rāmāyan, 3. Aranya Kānd)

दोहा॰ उसी समय था जा रहा, उड़ता एक विहंग ।
जटायु, गाता नाम को, भक्ति भाव के संग ।। 2558/5200

सुन सीता की हाँक वो, "मुझे बचाओ नाथ!" ।
पंछी मुड़ कर आगया, शीघ्र वेग के साथ ।। 2559/5200

आया जब खग वीर वो, वायुयान के पास ।
देखी उसने जानकी, रोती हुई उदास ।। 2560/5200

जटायु ने लंकेश को, बोला, "स्त्री को छोड़" ।
"पर नारी को छेड़ना, पाप बहुत है घोर" ।। 2561/5200

(रावण)

दोहा॰ रावण बोला विहग को, "करता हूँ मैं पाप ।
क्या दुख है इससे तुझे, अपना रस्ता नाप" ।। 2562/5200

(सीता)

दोहा॰ खग को सीता ने कहा, मुझे छुड़ाओ, मीत! ।
रोको इसके यान को, इसे सिखाओ नीत ।। 2563/5200

72. वीर जटायु की कथा :

72. Story of Brave Jatāyu (Rāmāyan, 3. Aranya Kānd)

कथा

(जटायु)

दोहा॰ लख कर रोती नार को, भया जटायु लाल ।
झपट पड़ा लंकेश पर, नोचा उसका गाल ।। 2564/5200

जटायु ने लंकेश को, किया चंचु से घाव ।
घायल दसमुख देह से, हुआ रुधिर का स्राव ।। 2565/5200

कहा असुर को, मैं तुझे, नोच गिराता, नीच! ।
नारी को तू छोड़ दे, तीन निमिष के बीच ।। 2566/5200

(मगर)

72. Story of Brave Jatāyu (Rāmāyan, 3. Aranya Kānd)

✍दोहा॰ रावण ने तलवार से, कीन्हा उस पर वार ।
हुए विहंग जटायु पर, बारंबार प्रहार ।। 2567/5200

लड़े परस्पर गगन में, दोनों क्रोध सवार ।
जटायु नख, पर,[41] चंचु से, रावण शर, तलवार ।। 2568/5200

(रावण)

✍दोहा॰ रावण बोला, पक्षि को, क्यों देता तू जान ।
उड़ जा अपने रासते, मेरा कहना मान ।। 2569/5200

(जटायु)

✍दोहा॰ वीर जटायु ने कहा, "सत्य-धर्म की आन ।
नारी-रक्षा मैं करूँ, चाहे निकले प्राण ।। 2570/5200

"नारी-रक्षा पुण्य है, जिसमें जात न पात ।
सबसे ऊँचा धर्म है, सबसे अच्छी बात" ।। 2571/5200

(तब)

✍दोहा॰ लड़ते लड़ते खड्ग का, लगा जोर से वार ।
कटा पंख जटायु का, बही रक्त की धार ।। 2572/5200

विहंग अब ना उड़ सका, अधमूआ प्रभु-दास ।
गिरा भूमि पर धाँय से, गिनत आखिरी साँस ।। 2573/5200

आसमान से खग गिरा, लिए राम का नाम ।
हड्डी पसली चूर थी, फिर भी मुख में राम ।। 2614/5200

(सीता)

✍दोहा॰ सीता आर्त पुकारती, रो कर बारंबार ।
बोली, वीर जटायु को, "तेरी जय जय कार" ।। 2575/5200

अरण्य काण्ड : चौदहवाँ सर्ग

---

[41] पर = पंख, डैना ।

73. Story of Shrī Rāma's lamentation (3. Aranya Kānd)

73. श्री राम के विलाप की कथा :

73. Story of Shrī Rāma's lamentation *(3. Aranya Kānd)*

कथा

(उधर)

दोहा॰ चकित, असुर का देख कर, मायावी वह काम ।
दौड़े उल्टे पैर से, घबड़ा कर श्री राम ।। 2576/5200

उसी समय पर सामने, दिखा राम को भ्रात ।
उसे देख कर राम को, लगा बहुत आघात ।। 2577/5200

बोले, "प्यारे! आज ये, तुमने की है भूल ।
सिया अकेली छोड़ कर, काम किया प्रतिकूल ।। 2578/5200

"शकुन न लगते सामने, आज मुझे अनुकूल ।
घोर न कोई माजरा, हो जावे प्रतिकूल" ।। 2579/5200

शोकाकुल श्री रामजी, करने लगे विलाप ।
रोने लछमन भी लगा, करत बहुत अनुताप ।। 2570/5200

(लक्ष्मण)

दोहा॰ लछमन बोला राम को, क्षमा करो, मम भ्रात! ।
भेजा मुझको मातु ने, कह कर कड़वी बात ।। 2621/5200

डरो न फिर भी, रामजी! मुझे यहाँ पर देख ।
कुटिया की सब ओर है, आँकी विद्युत रेख ।। 2572/5200

कोई शठ ना आ सके, ना श्वापद, ना चोर ।
कहा मातु को वो रहें, रेखा की इस ओर ।। 2573/5200

(राम)

दोहा॰ जाल असुर ने है रचा, मेरे भाई! आज ।
उधर न जाने क्या बुरा, किया उन्होंने काज ।। 2574/5200

73. Story of Shrī Rāma's lamentation (3. Aranya Kānd)

शीघ्र वेग से रामजी, लाँघे फाटक द्वार ।
गए कुटी में दौड़ते, सीता! नाम पुकार ।। 2575/5200

(लक्ष्मण)

दोहा॰ माता! माता! लखन भी, उचारता घबड़ाय ।
कोना-कोना देखता, नैनन आँसू लाय ।। 2576/5200

(राम)

दोहा॰ सीता कुटिया में नहीं, कहीं नहीं आवाज ।
देखो नदिया तीर पर, गयी कहाँ है आज ।। 2577/5200

बगिया में बैठी छुपी, तुलसी माँ के पास ।
उपवन में जा कर छिपी, करने को उपहास ।। 2578/5200

श्वापद कोई खा गया, जिसे पेट में आग ।
मायावी ठग तो नहीं, गया उठा कर भाग ।। 2579/5200

लीला से शठ ने उसे, कीन्हा अंतर्धान ।
या फिर धोखा दे रहे, नैन हमारे म्लान ।। 2580/5200

गीतमाला, पुष्प 88 of 163

राग तिलक कामोद

(कित गई सीता)

स्थायी

कित गयी सीता प्राण पियारी, ढूँढत ढूँढत अखियाँ हारी ।

♫ ऩिसा रेरेप मगसाऩि ऩिपऩि सारेगऩिसा, रेमपध मपसांसां पधम- गरेगऩिसा ।

अंतरा-1

बोलो लछमन मोरे भाई, कहाँ है तोरी भौजाई ।
श्वापद कोई उसको खाई, छुपी तो नहीं वो बैठी ।
या है असुर ने सीता उठाई, कित गयी ... ।।

♫ म-म- पपनिनि सां-सां- रेंनिसां-, पनि- सां रें-रेंसां सां-रेंगंनि-सां- ।
म-मम प-नि- सांसांसां- रेंनिसां-, पनि- सांरें सांरें- सां- रेंगंनि-सां- ।
पनि सां रेंनिसां प- पधम मगरेगऩिसा, ऩिसा रेरेप ... ।।

73. Story of Shrī Rāma's lamentation (3. Aranya Kānd)

अंतरा–2

कमल कुसुम सम कोमल काया, कहाँ गयी मोरी जाया ।
ठगी असुरों ने रच कर माया, कहाँ से संकट आया ।
खो गयी रे मोरी सीता प्यारी, कित गयी ... ।।

अंतरा–3

सुंदरतर रमणी अभिरामा, अनूप शुभ रूप ललामा ।
कहाँ गयी है तू बिन–रामा, तज अपनी कुटिया धामा ।
खोजी हमने भूमि सारी, कित गयी ... ।।

(राम)

दोहा॰ बोले, "लक्ष्मण! था तेरा, सही रहा अनुमान ।
असुरों का ये काम है, मृग–माया के नाम" ।। 2581/5200

(फिर)

दोहा॰ इधर–उधर फिरने लगे, वन उपवन को छान ।
आहट सुनने के लिए, उतावले थे कान ।। 2582/5200

पशु–पक्षी तरु बेल से, लगे पूछने राम ।
किसने देखी है कहो, सिय मेरी अभिराम ।। 2583/5200

फल–फूलों से पूछने, जाते उनके पास ।
गयी कहाँ है जानकी, करके मुझे उदास ।। 2584/5200

नद–नालों से बोलते, करदो मेरा काज ।
जीवित भी है या नहीं, मेरी सीता आज ।। 2585/5200

धरती गगन विशाल से, पूछत हैं रघुनाथ ।
कहाँ गयी मेरी सिया, तज कर मेरा साथ ।। 2586/5200

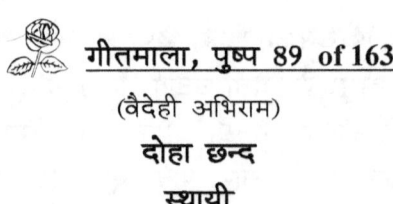

गीतमाला, पुष्प 89 of 163

(वैदेही अभिराम)

दोहा छन्द

स्थायी

73. Story of Shrī Rāma's lamentation (3. Aranya Kānd)

चंद्र मुखी मनमोहिनी, वैदेही अभिराम ।
कमल लोचना जानकी, गयी कहाँ तज राम ।। 2587/5200

♪ सा–सा सारे– गगम–गम–, ध–ध–प– मपम–म ।
धधध नि–धप– ध–पध–, पम– पम– गरे सा–सा ।।

अंतरा–1

शुभ वदना शुचि श्यामला, सीता मंगल नाम ।
चारु चरित प्रिय दर्शिनी, गयी कहाँ तज धाम ।। 2588/5200

♪ रेरे गगम– मम प–मप, ध–प– म–गग म–म ।
ध–ध निनिध पप ध–पध–, पम– पम– गरे सा–सा ।।

अंतरा–2

तुझे पुकारूँ मैथिली, उत्तर दे इक बार ।
संग मेरे रहती सदा, गयी कहाँ इस बार ।। 2589/5200

अंतरा–3

मन को मेरे, हे प्रिये! देकर दारुण दाह ।
नीतिनिपुण अनुगामिनी, गयी आज किस राह ।। 2590/5200

अंतरा–4

पतिव्रता सहचारिणी, आई तज अनुराग ।
पति परमेश्वर धारिणी, गयी कहाँ पति त्याग ।। 2591/5200

 गीतमाला, पुष्प 90 of 163

(राम–सिया विलाप)

स्थायी

कब, होगा मधुर मिलाप ।
करते राम विलाप, करती सिया विलाप ।।

♪ सासा, रे–रे– गगम गरे–रे ।
गगम– ध–प मप–प, धधप– मग– रेसा–सा ।।

अंतरा–1

सीता मेरी प्राण पियारी, बोलो किसने है वो निहारी ।

73. Story of Shrī Rāma's lamentation (3. Aranya Kānd)

निकल कहाँ वो गयी है घर से, पूछे राघव खग तरुवर से ।

मोहे, कौन दिया है शाप ।।

♪ सा–रे– ग–म– प–प पनिपध–, पमप– धधप– ध– प गमरेग– ।

सासासा रेग– म– पप– प मम म–, ग–म प–पप धप मगरेरे सा– ।

धध–, नि–ध पम– ग– रे–सा ।।

अंतरा–2

लक्ष्मण–रेखा पार करी मैं, भूल बहुत ये घोर करी मैं ।

कहाँ फँसी मैं, मुझे छुड़ाओ, रघुपति आकर मुझे बचाओ ।

मैंने, किया कौनसा पाप ।।

अंतरा–3

रावण मारीच जाल बिछा कर, मृग–माया का स्वाँग सजाया ।

सिया राम के मन को रिझा कर, एक नया इतिहास रचाया ।

है, राम–सिया मन ताप ।।

(लक्ष्मण)

दोहा॰ लछमन बोला, हे प्रभो! करो न इतना शोक ।
जो होना था सो हुआ, सके न हम वह रोक ।। 2592/5200

चलो विपिन में ढूँढते, चप्पा–चप्पा छान ।
नदियाँ कंदर गिरि सभी, देकर पूरण ध्यान ।। 2593/5200

उमँग नूतन ले चलें, करने सार्थक काम ।
सीता ढूँढन में लगें, हो जाएँ कृतकाम ।। 2594/5200

जग में ऐसी है कहाँ, अघट कहीं जो बात ।
किये परिश्रिम घोर तो, सुकर सुघट ना, तात! ।। 2595/5200

तुम पुरुषोत्तम हो, प्रभो! तुमसे सब गति पात ।
बंद करो रोना अभी, चलो ढूँढने मात ।। 2596/5200

(राम)

दोहा॰ पाकर स्फूर्ति लखन से, मन में धीरज धार ।
लगे सिया की खोज में, करके सोच विचार ।। 2597/5200

73-A. Story of Ashvattha Tree (Rāmāyan, 3. Aranya Kānd)

चप्पा-चप्पा छानने, लगे अनुज के साथ ।
गिरि कंदर सब देखते, पेड़ पात रघुनाथ ।। 2598/5200

वृक्षराज अश्वत्थ की कथा

73-A. Story of Ashvattha Tree (*Rāmāyan, 3. Aranya Kānd*)

दोहा॰ बूटे वन के छानते, दिखा उन्हें तरु राज ।
जिसने पकड़े साधु के, वस्त्र राम के काज ।। 2599/5200

चढ़ कर लछमन झाड़ पर, लाया वस्त्र उतार ।
उस चोगे की जेब में, मिली वस्तुएँ चार ।। 2600/5200

नकली दाढ़ी-मूँछ भी, झोलि, जटा, जपमाल ।
उस तरुवर ने राम को, कहा भिक्षु का हाल ।। 2601/5200

"आया शठ, मुनि स्वाँग में, कीन्ही भिक्षा माँग ।
सिया हरण करके गया, वायुयान से भाग ।। 2602/5200

"दक्षिण दिश में है उड़ा, भाग गया है मूढ़ ।
साथी था मारीच का, यही भेद है गूढ़" ।। 2603/5200

दीन्हे आशिष राम ने, बरगद को अभिराम ।
बोले, "तू तरुराज है, अमर रहे तव नाम" ।। 2604/5200

 74. जटायु के स्वर्गारोहण की कथा :

74. Story of Jatāyu's death (*Rāmāyan, 3. Aranya Kānd*)

📖 कथा 📖

(जटायु)

दोहा॰ चलते-चलते आगए, राम-लखन उस स्थान ।
जहाँ जटायु था गिरा, होकर लहू लुहान ।। 2605/5200

कौन सखे! हो तुम कहो, पूछत खग को राम ।
रघुकुल का मैं दास हूँ, "जटायु" मेरा नाम ।। 2606/5200

74. Story of Jaṭāyu's death (Rāmāyan, 3. Aranya Kānd)

(राम)

दोहा॰ पास बैठ कर राम ने, लिया गोद में शीश ।
जटायु को सहला रहे, किरपालु जगदीश ॥ 2607/5200

राघव बोले, हे सखे! क्या है तुमरा नाम ।
कटे तिहारे पंख हैं, किसका है यह काम ॥ 2608/5200

काम तिहारा कौनसा, रहा अधूरा आज ।
पहले पूरण वह करूँ, फिर मैं अपना काज ॥ 2609/5200

(और)

दोहा॰ मैं दशरथ का पुत्र हूँ, राघव मेरा नाम ।
हरण दार मेरी हुई, ढूँढा विपिन तमाम ॥ 2610/5200

तुमने यदि देखा उसे, कहो कौन था चोर ।
बतलाओ हमको, सखे! गया किधर की ओर ॥ 2611/5200

गीतमाला, पुष्प 91 of 163

(अमर वीर जटायु)

स्थायी दोहा, अंतरा चौपाई

स्थायी

चला जटायु स्वर्ग में, चढ़ आकाश तरंग ।
पड़ा राम की गोद में, रुधिर लिप्त सब अंग ॥ 2612/5200

♪ ग॒म- मम-म- प-म प-, पप प-म-ग॒ रेम-म ।
पप- म-ग॒ रे- ग॒-म प-, पपप म-ग॒ रेग॒ रे-रे ॥

अंतरा–1

राघव उसको गोद लिटाया, उसे सराहा, गले लगाया ।
जटायु अपना शीश झुकाया, और सिया का हाल बताया ।
अमर जटायु विहंग ॥

♪ सा-सासा रेरेग॒- प-म रेग॒-म-, पम- गम-प-, ध॒प- मग॒-रे- ।
सासा-सा रेरेरे- ग॒-ग॒ रेसा-रे-, ग॒-ग॒ रेग॒- म- प-म ग॒रेग॒रे- ।
पपप मग॒-म ग॒रे-रे ॥

74. Story of Jatāyu's death (Rāmāyan, 3. Aranya Kānd)

अंतरा–2
बोले राघव अवध बिहारी, जटायु मेरा अति उपकारी ।
मेरे कारण तन है त्यागा, कटा मगर ये वीर न भागा ।
धैर्य न कीन्हा भंग ।।

अंतरा–3
लड़ा जटायु वीर ये ऐसे, क्षत्रिय मरता रण में जैसे ।
हाथ जोड़ लखन रघुराई, दीन्हे उसको बहुत बधाई ।
श्रीधर उसके संग ।।

(जटायु बोला)

दोहा॰ जटायु बोला, हे प्रभो! मैंने देखा चोर ।
वायुयान से है गया, दक्षिण दिश की ओर ।। 2613/5200

मैंने टोका चोर को, कह कर, "स्त्री को छोड़" ।
उसने पर तलवार से, दीन्हा मेरा तोड़ ।। 2614/5200

बिना पंख उड़ ना सका, रक्त लिप्त मम काय ।
राम! राम! कहता हुआ, गिरा धरा पर, धाँय! ।। 2615/5200

(श्रद्धांजली)

दोहा॰ लेटा राघव–गोद में, शिथिल पड़े सब अंग ।
खग–नैनन में नीर है, राघव आशिष संग ।। 2616/5200

नारी–रक्षा के लिए, खग ने रोका यान ।
काट दिये पर असुर ने, लेने उसके प्राण ।। 2617/5200

रावण आगे उड़ गया, पीछे पक्षी छोड़ ।
गिरा धरा पर धाँय से, पंख राम को जोड़ ।। 2618/5200

(लक्ष्मण)

दोहा॰ लछमन बोला राम से, "क्षात्र–धर्म का हीर ।
आज जगत में एक है, परम जटायु वीर" ।। 2619/5200

(जटायु)

दोहा॰ देख राम की वो दया, उसके मन अभिधान ।

74. Story of Jatāyu's death (Rāmāyan, 3. Aranya Kānd)

जितना नाम महान है, उतने महान राम ।। 2620/5200

आगे बोला विहग वो, हम हैं रघुकुल दास ।
प्रभो! आपसे मिलन की, मुझे सदा थी आस ।। 2621/5200

(राम)

✍दोहा॰ मिल कर पितु के दास को, राघव को आनंद ।
रघुपति ने खग को दिया, आलिंगन सानंद ।। 2622/5200

(जटायु)

✍दोहा॰ उड़ा जा रहा था जभी, मैं नभ में स्वच्छंद ।
"राम" नाम था गा रहा, मैं लेने आनंद ।। 2623/5200

मैंने नारी की सुनी, चीख पीड़ के साथ ।
अबला वह थी कह रही, "मुझे बचाओ, नाथ!"।। 2624/5200

सुन कर उसकी चीख मैं, आया उसकी ओर ।
वायुयान में रो रही, मचा रही थी शोर ।। 2625/5200

राजा कोई था खड़ा, पकड़े उसका हाथ ।
असुर रूप वह था लगा, मुझको, श्री रघुनाथ! ।। 2626/5200

सिर पर उसके मुकुट था, कर में शर-तलवार ।
लंबी मूँछें थी बढ़ी, चेहरा था खूँखार ।। 2627/5200

निहार अबला की व्यथा, और असुर का कर्म ।
जागी मम संवेदना, और क्षात्र का धर्म ।। 2628/5200

मैंने पूछा असुर को, "कौन रो रही नार ।
इस देवी पर क्यों, प्रभो! करते अत्याचार ।। 2629/5200

"नारी हरना पाप है, जाना यह आतंक ।
मिले मृत्यु का दंड ही, राजा हो या रंक" ।। 26730 5206

राजा बोला, क्या तुझे, करता मैं जो पाप ।
लेना देना क्या तुझे, अपना रस्ता नाप ।। 2631/5200

74. Story of Jatāyu's death (Rāmāyan, 3. Aranya Kānd)

सुन कर कहना असुर का, मुझको आया क्रोध ।
चंचु-वार मैंने किया, उसे सिखाने बोध ।। 2632/5200

उसने अपने खड्ग से, काटा मेरा पंख ।
उड़ न सका फिर मैं, रघो! रक्त सिक्त मम अंग ।। 2633/5200

(अत:)

दोहा॰ गिरा धरा पर धाँय से, बिखरे मेरे पंख ।
भाग्यवान मैं हो गया, मिला तिहारा अंक ।। 2634/5200

उड़ कर राजा यान से, भागा दक्षिण ओर ।
हो सकता है नार वह, पत्नी हो, प्रभु! तोर ।। 2635/5200

(फिर)

दोहा॰ इतना कह कर विहग ने, छोड़े अपने प्राण ।
दाह-कर्म कर धर्म से, निकले लछमन राम ।। 2636/5200

गीतमाला, पुष्प 92 of 163

(हे वीर जटायु!)

स्थायी

हे वीर जटायु प्यारे! अभिनंदन लाखों तेरे ।
तूने, नारी की रक्षा करने, प्राण गवाँए अपने ।।
बलिदान जो तूने कीन्हा, भारत की मिट्टी सोना ।
जय हो भारत भूमि, जय जय भारत माता ।।

♪ सा– रे–रे रेग॒–रे– गमप–! ध॒ध॒प–मम ग॒–म– ग॒रेसा– ।
सासा, रे–रे रे म–ग॒– रेरेग॒–, प–म ग॒रे–ग॒– मग॒रे– ।।
रेरेग॒–ग॒ ग॒ रे–ग॒– म–प–, ध॒–पप म– ग॒–म– ग॒रेग॒– ।
सासा रे– ग॒–रेरे ग॒–म–, ध॒प मम ग॒–मम ग॒रेसा– ।।

अंतरा–1

तेरी, भारत भक्ति सच्ची, तेरी कुरबानी है ऊँची ।
तूने सुन वेदों की वाणी, पर दारा माता जानी ।।
आदर्श है तेरा ऊँचा, सद्भाव है तेरा सच्चा ।
जय वेदों की भूमि, जय जय भाग्य विधाता ।।

75. Story of Brave Sampātī (Rāmāyan, 3. Aranya Kānd)

♪ सासा, रे-रेरे ग-रे- ग-म-, पप मगरे-ग- म- पमग- ।
सासा रेरे ग-म- प- मगम-, पप ध-प- मगरे- गरेसा- ।।
सा-रे-रे रे ग-म- प-प-, धधप-प प म-गरे म-ग- ।
सासा रे-ग- रे- ग-म-, धप मम ग-मम गरे-सा- ।।

अंतरा-2

हे रामचंद्र रघुराई! हे जानकी सीता माई! ।
हे लखन लला सुखदाई! हे भारत सुत मम भाई! ।
तेरी आँख में आँसू केसे, जब वीर जटायु जैसै ।।
जय हो कर्म की भूमि, जय जय सीता माता ।।

75. वीर संपाती की कथा :

75. Story of Brave Sampātī (Rāmāyan, 3. Aranya Kānd)

कथा

(लक्ष्मण)

दोहा॰ **हे देवी गोदावरी! बोला लखन कुमार ।**
खड़े राम हैं तीर पर, मन में पीड़ अपार ।। 2637/5200

सीता खोजन हैं चले, राघव दक्षिण देश ।
असुर सिया को ले गया, करके नकली भेस ।। 2638/5200

दक्षिण दिश में जब उड़ा, असुर दुष्ट वो काग ।
तूने देखा क्या उसे, नभ से जाता भाग ।। 2639/5200

(नर्मदा)

दोहा॰ **बोली नद गोदावरी, एक करो तुम काम ।**
संपाती जब आएगा, पूछो उससे नाम ।। 2640/5200

आता संपाती यहाँ, पीने को जल, तात! ।
खगवर वीर जटायु का, संपाती है भ्रात ।। 2641/5200

(संपाती)

दोहा॰ **आया संपाती जभी, पीने नदिया नीर ।**

75. Story of Brave Sampātī (Rāmāyan, 3. Aranya Kānd)

लक्ष्मण ने पकड़ा उसे, नद के उत्तर तीर ।। 2642/5200

(राम)

✍दोहा॰ लक्ष्मण ले आया उसे, रामचंद्र के पास ।
राघव ने उसको कहा, तुम रघुकुल के दास ।। 2643/5200

तुमरे प्यारे बंधु को, जिसने डाला मार ।
उसने कीन्ही हरण है, मेरी प्रियतम नार ।। 2644/5200

वायुयान से असुर वो, भागा अपने धाम ।
बोलो, यदि तुमको पता, क्या है उसका नाम ।। 2645/5200

(संपाती)

राघव ने ज्यों ही कही, "जटायु-वध" की बात ।
फूट-फूट रोने लगा, संपाती दुख गात ।। 2646/5200

सुन कर दुख वृत्तांत वो, संपाती को खेद ।
जटायु का वध जान कर, खोला उसने भेद ।। 2647/5200

(संपाती)

✍दोहा॰ बोला, मैंने है लखी, रोती नारी एक ।
वायुयान से गगन में, मदद रही थी देख ।। 2648/5200

पीत वस्त्र धारण किए, हिला रही थी हाथ ।
"मुझे बचाओ" चीखती, सिया हि हो, रघुनाथ! ।। 2649/5200

राक्षस वो बलवान है, 'रावण' उसका नाम ।
महा द्वीप पर है बसा, 'लंका' उसका धाम ।। 2650/5200

इतना ही मुझको पता, अब आगे की बात ।
पूछो लंका रासता, अगस्त्य मुनि से, तात! ।। 2651/5200

मुनि अगस्त्य रहते वहाँ, गोदावरी के तीर ।
पूरब दिश में जाइए, दो योजन, रघुवीर! ।। 2652/5200

प्रतिस्थान की राह मैं, तुम्हें दिखाऊँ, तात! ।
अगस्त्य मुनि से, रामजी! तुम्हीं करोगे बात ।। 2653/5200

76. Story-3 of Agastya muni (Rāmāyan, 3. Aranya Kānd)

मिलाय मुनि को राम से, खग संपाती वीर ।
लिया विदा श्री राम से, लेकर नैनन नीर ।। 2654/5200

अरण्य काण्ड : पन्द्रहवाँ सर्ग

76. श्री अगस्त्य मुनि की कथा-3

76. Story-3 of Agastya muni (Rāmāyan, 3. Aranya Kānd)

कथा

(राम)

दोहा॰ मुक्त हुआ जब विघ्न से, दण्डक पूर्ण प्रदेश ।
सीता को अपहृत किया, रावण शठ लंकेश ।। 2655/5200

सीता ढूँढन काज को, लछमन अरु अवधेश ।
निकल पड़े आँसू लिए, जाने दक्षिण देश ।। 2656/5200

संपाती है साथ में, रामचंद्र का दास ।
'प्रतिस्थान' में आगए, अगस्त्य मुनि के पास ।। 2657/5200

राघव ने मुनि से कही, सिया हरण की बात ।
खर-दूषण के नाश का, यथा तथा वृत्तांत ।। 2658/5200

जटायु खग की वीरता, जिसने त्यागा देह ।
संपाती की मदद भी, रावण पर संदेह ।। 2659/5200

रावण ने यदि है किया, सिया हरण का काम ।
मुनिवर! बतलाओ हमें, उस रावण का धाम ।। 2660/5200

(अगस्त्य मुनि)

दोहा॰ मुनिवर बोले राम को, बहुत बुरी है बात ।
रावण ने पातक किया, उसका होगा घात ।। 2661/5200

पहले निश्चित हो पता, तुमको, हे श्री राम! ।
"सीता लंका में हि है, और कौनसे स्थान ।। 2662/5200

76-A. Gajendra Moksha (Rāmāyan, 3. Aranya Kānd)

"ये दो बातें जान लो, पक्की सहित प्रमाण ।
फिर प्रवेश हो लंक में, पूर्ण किए अनुमान" ।। 2663/5200

गजेंद्र मोक्ष की कथा

76-A. Gajendra Moksha (Rāmāyan, 3. Aranya Kānd)

(अगस्त्य मुनि)

दोहा॰ जब थे अगस्त्य विंध्य में, उन्हें मिले थे राम ।
मुनि आए गोदावरी, प्रतिस्थान में धाम ।। 2664/5200

पश्चिम घाटी में उन्हें, बहुत मिला सम्मान ।
भगत जनों की भीड़ थी, आश्रम तीर्थस्थान ।। 2665/5200

वैष्णव जन आते यहाँ, अगस्त्य मुनि के द्वार ।
विष्णु भक्ति की शक्ति से, पाते सुख-संसार ।। 2666/5200

पावन जल गोदावरी, जानी तीरथ धाम ।
हुई विश्व विख्यात वह, "दक्षिण-गंगा" नाम ।। 2667/5200

इंद्रद्युम्न)

दोहा॰ एक विष्णु का भक्त था, "इन्द्रद्युम्न" शुभ नाम ।
त्रिकूट गिरि पर धाम था, जपता चारों याम ।। 2668/5200

इक दिन वह था ध्यान में, जपत विष्णु का नाम ।
अगस्त्य मुनि मिलने उसे, आए उसके धाम ।। 2669/5200

इंद्रद्युम्न रत जाप में, विष्णु ध्यान में लिप्त ।
अविरत सुमिरण में लगा, होकर जगत-अलिप्त ।। 2670/5200

गजेंद्र)

दोहा॰ उसने मुनि की ना सुनी, आने की आवाज ।
ना देखा उसने उन्हें, खोया था वह आज ।। 2671/5200

अपमानित मुनिवर हुए, बोले, यह तो पाप ।
अगस्त्य ने संताप से, दीन्हा उसको शाप ।। 2672/5200

76-A. Gajendra Moksha (Rāmāyan, 3. Aranya Kānd)

अगस्त्य मुनिवर ने कहा, "अपमानित मैं आज" ।
तेरे इस अपराध से, तू होगा गजराज ।। 2673/5200

इंद्रद्युम्न को क्लेश था, निहार मुनि का रोष ।
बोला, मुने! क्षमा करो, अनजाने में दोष ।। 2674/5200

सुन कर उसकी प्रार्थना, अनजाने की भूल ।
मुनिवर को आई दया, कम करने को शूल ।। 2675/5200

अगस्त्य मुनि)

✍दोहा॰ मुनिवर बोले, ठीक है, ले ले यह वरदान ।
परम मुक्ति देंगे तुझे, नारायण भगवान ।। 2676/5200

इंद्रद्युम्न हाथी बना, फिरता वन–वन रोज ।
नाम जाप करता हुआ, करत विष्णु की खोज ।। 2677/5200

देवल मुन्रि)

✍दोहा॰ एक झील की छोर पर, देवल मुनि का धाम ।
ध्यान मगन रहते सदा, जपत विष्णु का नाम ।। 2678/5200

उसी झील पर एक दिन, आया इक गंधर्व ।
"हूहू" उसका नाम था, सुंदर जग में सर्व ।। 2679/5200

परियाँ उसके संग थीं, मोहक जिनके अंग ।
जल केली में सब लगे, अशिष्ट जिसमें ढंग ।। 2680/5200

देख खेल अश्लील वो, देवल के मन क्रोध ।
मारा मंतर शाप का, देने उसको बोध ।। 2681/5200

हूहू गंधर्व)

✍दोहा॰ मुनि ने उस गंधर्व को, बना दिया घड़ियाल ।
और कहा, तेरा बनें, श्री नारायण काल ।। 2682/5200

मगर मच्छ को देख कर, गयीं अप्सरा भाग ।
पड़ा रहा वह नीर में, पाकर दुख दुर्भाग ।। 2683/5200

गजेंद्र मोक्ष)

76-B. Story of Shrī Rāma's departure from Pratisthān

✍दोहा॰ गजेन्द्र इक दिन आगया, उसी झील के तीर ।
मन उसका ललचा गया, निहार निर्मल नीर ।। 2684/5200

ज्यों ही उसने पाँव को, रखा नीर के बीच ।
आया हूहू नक्र वो, उसे मारने, नीच ।। 2685/5200

पकड़ा पाँव गजेंद्र का, हूहू ने मुख फाड़ ।
गजेंद्र से उस नीर में, कीन्ही उसने रार ।। 2686/5200

हाथी ने फिर हार कर, किया विष्णु का जाप ।
आर्त पुकारा विष्णु को, करके बहुत विलाप ।। 2687/5200

सुन कर रोना भगत का, चले विष्णु भगवान ।
करने आए सफल वो, अगस्त्य का वरदान ।। 2688/5200

गरुड़ध्वज श्री विष्णु ने, छोड़ सुदर्शन चक्र ।
देने मुक्ति गजेन्द्र को, मारा हूहू नक्र ।। 2689/5200

श्री राम के प्रतिस्थान से प्रस्थान की कथा

76-B. Story of Shrī Rāma's departure from Pratisthān

✍दोहा॰ पूछत राम अगस्त्य को, कहाँ है लंका धाम ।
मुझे मार्ग बतलाइए, करने यथेष्ट काम ।। 2690/5200

रावन शठ ये कौन है, कहिए उसका रूप ।
इतना पापी क्यों बना, असुरों का यह भूप ।। 2691/5200

"सीता को कैसे करें, मुक्त वहाँ से, तात! ।
बिना युद्ध कैसे बने, मेरे मन की बात ।। 2692/5200

"शाँति से यदि ना बने, सिया मुक्ति का काज ।
लड़ने की क्या युक्ति हो, मुझसे कहिए आज ।। 2693/5200

"नारी-हर्ता असुर वो, तस्कर है उद्दंड ।
उस पापी के, हे मुने! योग्य कहो क्या दंड" ।। 2694/5200

(अगस्त्य मुनि)

76-B. Story of Shrī Rāma's departure from Pratisthān

✍दोहा॰ मुनिवर बोले राम को, "करो शाँति से काम ।
अगर शाँति से ना बने, तभी करो संग्राम" ।। 2695/5200

(लंका)

✍दोहा॰ लंका उसका धाम है, कोस चार सौ दूर ।
निकलो प्रातः काल में, साहस से भरपूर ।। 2696/5200

कीजो दर्शन विष्णु के, पहले तुम, श्रीराम! ।
नारायण का स्थान है, प्रतिस्थान शुभ नाम ।। 2697/5200

अनेक नदियाँ राह में, आती हैं मशहूर ।
समुद्र कोना हो जहाँ, लंका योजन दूर ।। 2698/5200

(मगर)

चलते-चलते राह में, "प्रथम करो तुम काम ।
पाओ सच्चा मीत जो, तुम्हें साथ दे, राम! ।। 2699/5200

"सेना जिसके पास हो, रण में जो हो धीर ।
साहस निष्ठा पूर्ण हो, स्वामी-भक्त जो वीर ।। 2700/5200

"नीति युद्ध जो लड़ सके, क्षात्र-धर्म के नाम ।
रावण सेना प्रबल को, करे पराजित, राम! ।। 2701/5200

"सेना पहले हो खड़ी, फिर लंका प्रस्थान ।
बिन सेना के ना बने, सिया मुक्ति का काम ।। 2702/5200

"समदुक्खी समध्येय का, मिले तुम्हें जब मीत ।
परम दास सेवा करे, तब पाओगे जीत" ।। 2703/5200

(रावणकथा)

श्लोक छंद

कैकश्या रावणः पुत्रः पिता तस्य च विश्रवा ।
भ्रातरः कुंभकर्णश्च कुबेरश्च विभीषणः ।। 1

♫ रे-रे-रे- रे-रेरे- ग-रे-, मम- म-म- प म-गग- ।
रे-रेरे- रे-गम-ग-रे, सासा-सा-सा- रेग-मग- ।।

76-B. Story of Shrī Rāma's departure from Pratisthān

स्वसा शूर्पणखा तस्य शूर्पणखी यतो हि सा ।
पत्नी मन्दोदरी देवी, मेघनादः सुतस्तथा ।। 2

रावणः स तपः कृत्वा वराञ्शिवस्य प्राप्तवान् ।
अमृतमुदरे कूप्यां दशमुखांश्च साहसम् ।। 3

महेशात्तु वरान्प्राप्य ततो भूत्वा महाबली ।
अपहृतं कुबेरस्य भ्रातुर्राज्यं च पुष्पकम् ।। 4

लंकाधिपः स पौलस्त्यो दशाननो महाऽसुरः ।
रावणः स महाक्रूरो बभूव राक्षसाधिपः ।। 5

(रावण चरित्र)

दोहा॰ माता जिसकी कैकशी, पिता विश्रवा नाम ।
रावण राक्षस क्रूर का, सुवर्ण लंका धाम ।। 2704/5200

बंधु विभीषण हैं भले, कुंभकर्ण, कुबेर ।
शूर्पणखा भगिनी प्रिया, छलती माया फेर ।। 2705/5200

पतिव्रता मंदोदरी, आस्तिक रावण दार ।
इन्द्रजीत सुत था बड़ा, छोटा अक्षकुमार ।। 2706/5200

(राम)

दोहा॰ "सुने हुए हैं नाम ये, आरूषा में पूर्व ।
कौशिक ने मुझको कहे, राक्षस-गण के सर्व ।। 2707/5200

(अज्ञानी रावण:, रत्नाकर उवाच)

श्लोक

आतताई महापापी रावणो लंपटः खलु ।
जटायुर्हतस्तेन निःशस्त्रः सात्त्विकः खगः ।। 1

अनारण्यो नृपो योगी, रावणेन हतः स्वयम् ।
भार्या नलकुबेरस्य रम्भा तेन बलात्कृता ।। 2

मदनमञ्जरी तेन कलत्रमृतुशर्मणः ।
कुशध्वजस्य कन्या च देववती बलात्कृते ।। 3

76-B. Story of Shrī Rāma's departure from Pratisthān

अनसूया सुलेखा च स्वाहादेवी च पङ्कजा ।
अपहृता स्त्रियो नैका रावणेन बलेन च ।। 4

अष्टावक्रो वसिष्ठश्च माण्डव्यो मुद्गलस्तथा ।
कुमारौ तेन दत्तश्च नारदश्चापमानितः ।। 5

एवं तं रावणं ज्ञात्वा मूढं च पण्डितं तथा ।
शान्त्या पृष्ट्वा च युद्धं वा कुरु यथोचितं हरे ।। 6

दूत एतादृशः प्रेष्यः सीतां लब्धुं नु युक्तिवान् ।
सीतां यो गुप्तसन्देशं दातुञ्च शक्ष्यते खलु ।। 7

(अज्ञानी रावण)

रावण ज्ञानी ख्यात था, शिव का भक्त महान ।
घोर तपस्या को किए, मिले चार वरदान ।। 2708/5200

रावण को वर से मिला, महान बल भंडार ।
अमृत का वरदान भी, माया का अधिकार ।। 2709/5200

महाबली रावण बना, अत्याचारी, घोर ।
स्त्री लंपट, शठ, निर्दयी, हीन, घिनौना चोर ।। 2710/5200

झपटा राज्य कुबेर से, छीना पुष्पक यान ।
ऐंठी लंका स्वर्ण की, बना अधिप तूफान ।। 2711/5200

रावण लंपट चोर ने, मारा जटायु वीर ।
मरवाया मारीच को, चलाय राघव तीर ।। 2712/5200

अनारण्य नृप को हना, करके अत्याचार ।
रावण ने दूषित करी, नलकुबेर की दार ।। 2713/5200

देववती कुशध्वज सुता, रावण हवस शिकार ।
मदनमंजरी सुंदरी, ऋतुशर्मा की दार ।। 2714/5200

रावण ने अपहृत करी, अनसूया बल भार ।
स्वाहा देवी, पंकजा, और अनेकों नार ।। 2715/5200

76-B. Story of Shrī Rāma's departure from Pratisthān

रावण ने लांछित किए, अष्टावक्र सुजान ।
वसिष्ठ, मुद्गल, अश्विनी, नारद, दत्त महान ।। 2716/5200

(अगस्त्य मुनि ने कहा)

अगस्त्य बोले राम से, "रावण को इस रीत ।
ज्ञानी-मूरख जान कर, पाओ उस पर जीत" ।। 2717/5200

(रावण)

दोहा॰ अगस्त्य मुनि ने राम को, कही काम की बात ।
रावण लंपट, क्रूर है, अधम, विषैलागात ।। 2718/5200

निर्दय, पापी, चोर है, नास्तिक, मायाजाल ।
धर्म कर्म सद्भाव का, बना हुआ है काल ।। 2719/5200

चरित्र उसका जान कर, उचित करो व्यवहार ।
सदा सत्य की जीत हो, असत्य की हो हार ।। 2720/5200

(भीमा)

दोहा॰ दक्षिण दिश को तुम बढ़ो, आवे "भीमा" तीर ।
करके नद में स्नान तुम, करदो पावन नीर ।। 2721/5200

(कृष्णा)

दोहा॰ फिर आवे "कृष्णा" नदी, मंगल जिसका नाम ।
सरिता को वन्दन किए, आगे बढ़िये, राम! ।। 2722/5200

(अमरावती)

दोहा॰ मानी कृष्णा सरित है, श्री विष्णु का रूप ।
वहाँ रची अमरावती, इन्द्रदेव सुर भूप ।। 2723/5200

(कावेरी, कुंबकोणम्)

दोहा॰ आगे वाली सरित का, "कावेरी" है नाम ।
देवी शिव की भक्त थी, कुंभकोण शिव[42] धाम ।। 2724/5200

(श्रीरंगम्)

दोहा॰ कवेर-मुनि की अंगजा, कावेरी उपनाम ।

---

[42] शिव = पूज्य ।

76-B. Story of Shrī Rāma's departure from Pratisthān

जिसके तट पर है बसा, श्रीरंगम का धाम ।। 2725/5200

(तुंगभद्रा, शृंगेरी)

दोहा०   "तुंगभद्रा" तरंगिणी, जब आएगी, राम! ।
शृंगेरी शुभ स्थान है, वेद पठन का धाम ।। 2726/5200

नीलगिरि से जो चली, तुंग पयस की धार ।
दक्षिण तट चल कर करो, पूर्वघाट को पार ।। 2727/5200

(वैगाई)

दोहा०   "वैगाई" नद लाँघ कर, जाओ पूरब देश ।
नदिया के मुख तक बढ़ो, तब आवे सलिलेश ।। 2728/5200

(लंका)

दोहा०   उस भूमि के अग्र से, आगे लंका देश ।
जहाँ बसा है असुर वो, अज्ञानी लंकेश ।। 2729/5200

(और)

दोहा०   "राघव! भेजो दूत जो, जावे रावण देश ।
सीता देवी ढूँढ कर, उसको दे संदेश" ।। 2730/5200

वापस आवे लौट कर, सह प्रमाण तत्काल ।
आँखों देखा वो तुम्हें, बतलावे सब हाल ।। 2731/5200

(फिर)

फिर हो प्रवेश लंक में, लेकर दल बलवान ।
कहे, "सिया को छोड़ दे, करे शाँति से काम" ।। 2732/5200

कहो, "कर्म ये घोर है, नारी हरना पाप ।
सीता को तू सौंप दे, अथवा देंगे ताप" ।। 2733/5200

सुने न यदि चेतावनी, असुर घमंडी चोर ।
बोलो, "फल तुझको मिले, फिर इसका अति घोर" ।। 2734/5200

(राम)

दोहा०   उत्तर मुनि से पाइके, मुदित भए श्री राम ।
बोले, आशिष दीजिए, सफल बने मम काम ।। 2735/5200

Sangit-Ramayan-Dohavali

मंगल आशिष पाइके, करके उन्हें प्रणाम ।
प्रतिस्थान से चल पड़े, रामचंद्र भगवान ।। 2736/5200

इति)

✍दोहा॰ मुनिवर नारद हैं सदा, रत्नाकर के पास ।
कृतज्ञ स्वरदा मातु का, रामचंद्र का दास ।। 2737/5200

कीर्तन भजनों से सजा, चौपाई का ठाठ ।
हरि किरपा से है हुआ, अरण्य-काण्ड का पाठ ।। 2738/5200

Sangit-Ramayan-Dohavali

Sangit-Ramayan-Dohavali

अध्याय 4
किष्किन्धा काण्ड

77. Story of Sītā's ornaments (4. Kishkindhā Kānd)

अध्याय 4

किष्किन्धा काण्ड

(अथ)

✍दोहा॰ हुआ भजन संगीत से, अरण्य काण्ड अवशेष ।
किष्किन्धा के काण्ड का, अब करूँ श्रीगणेश ।। 2783/5200

किष्किन्धा काण्ड : पहला सर्ग

77. सीता के आभूषणों की कथा :

77. Story of Sītā's ornaments (4. Kishkindhā Kānd)

कथा

(सीता)

✍दोहा॰ पंख विहग का कट गया, बही रक्त की धार ।
क्रोधी रावण हँस पड़ा, सीता को दुखभार ।। 2739/5200

खग को गिरता देख कर, रोई छाती पीट ।
सीता बोली, हे सखे! तू ही सच्चा मीत ।। 2740/5200

विकट समय, जो साथ दे, उसकी सच्ची प्रीत ।
कार्य निभाते जो मरे, खरी उसी की जीत ।। 2741/5200

"नारी-रक्षा के लिए, जो करता बलिदान ।
असली बीरा[43] सोही है, जाना वही महान" ।। 2742/5200

(जब)

फूट-फूट रोती सिया, बैठी सिसकी मार ।
चुपके से कुछ आभरण, उसने दिये उतार ।। 2743/5200

---

[43] बीरा = भाई; वीर ।

78. Story of Sītā's arrival in Lankā (4. Kishkindhā Kānd)

बाँध दुपट्टे में उन्हें, गठरी करी तयार ।
नीचे देखा भूमि पर, लोग खड़े थे चार ।। 2744/5200

उनको सीता ने कहा, मेरा पति है राम ।
जा कर उनसे तुम कहो, आवे रावण-धाम ।। 2745/5200

(तब)

दोहा॰ ताक रहे थे यान को, लोग अवाजें मार ।
गठरी सीता मातु ने, दीन्ही नीचे डार ।। 2746/5200

"आन बचाओ रे मुझे!" बोली चीखें मार ।
सुन कर रावण ने उसे, दीन्ही थप्पड़ मार ।। 2747/5200

गठरी पकड़ी एक ने, मगर हुआ ना ज्ञात ।
रोती नारी कौन है, बोली क्या वह बात ।। 2748/5200

खोल उन्होंने पोटली, देखा भूषण भार ।
कुंडल कंगन अँगुठी, नथनी पायल हार ।। 2749/5200

गठरी दी सुग्रीव को, बात जान कर नेक ।
बोले, "दुखिया नारी ने, विमान से दी फेंक" ।। 2750/5200

किष्किन्धा काण्ड : दूसरा सर्ग

78. सीता के लंका प्रवेश की कथा :

78. Story of Sītā's arrival in Lankā *(4. Kishkindhā Kānd)*

कथा

(उधर)

दोहा॰ लाँघ नदी गोदावरी, करके पर्वत पार ।
बल जबरी से ले चला, रामचंद्र की दार ।। 2751/5200

सौ योजन उड़ता हुआ, रावण का वह यान ।
लाँघ समुंदर आगया, लंका बीच विमान ।। 2752/5200

78. Story of Sītā's arrival in Lankā (4. Kishkindhā Kānd)

रावण बोला, हे सिये! आया अपना धाम ।
गिरि सागर को पार कर, आ न सकेगा राम ॥ 2753/5200

घर समझो अपना इसे, अशोक वन अभिराम ।
तुझको लंका लाइके, सफल हुआ मम काम ॥ 2754/5200

(फिर)

दोहा॰ यान देख कर दासियाँ, आईं विमान पास ।
रावण ने उनको कहा, यह नारी है खास ॥ 2755/5200

इसकी सेवा तुम करो, देकर ध्यान विशेष ।
जो माँगे इसको मिले, इसे न हो कछु क्लेश ॥ 2756/5200

इसे हमारी संपदा, छल बल यश की बात ।
वैभव माया वीरता, बतलाओ दिन-रात ॥ 2757/5200

इसे मनाओ प्रेम से, या फिर छल के साथ ।
रानी हमरी यह बने, कहे हमें यह, "नाथ" ॥ 2758/5200

(सीता)

दोहा॰ दासी से उसने कहा, रखो सिया पर ध्यान ।
इसे महल में ले चलो, वहीं सिया का स्थान ॥ 2759/5200

सीता बोली, "मैं नहीं, रहूँ महल में तोर ।
इसी वाटिका में करो, तृण की कुटिया मोर" ॥ 2760/5200

(रावण)

दोहा॰ रावण बोला, हे सिये! बन जा मेरी दार ।
स्वर्ण रत्न दूँगा तुझे, सर्व राज्य अधिकार ॥ 2761/5200

हठ अपना तू छोड़ दे, मत कर अब अभिमान ।
मन से तू अब भूल जा, पतिव्रता की आन ॥ 2762/5200

(और)

दोहा॰ राम-लखन हैं मर चुके, अब क्यों रोती व्यर्थ ।
मुझको पति तू मान ले, जानो इसका अर्थ ॥ 2763/5200

78. Story of Sītā's arrival in Lankā (4. Kishkindhā Kānd)

स्वर्ण हरिण होते नहीं, जग में असली रूप ।
कहानियों या स्वप्न में, ऐसे उचित स्वरूप ।। 2764/5200

राघव लछमन ने नहीं, समझा माया जाल ।
सीते! तेरी भूल से, सफल हमारी चाल ।। 2765/5200

(और भी)

✍दोहा॰ तेरी कुटिया है खड़ी, विना किसी उपयोग ।
महलों में अब तुम रहो, करो स्वर्ग सम भोग ।। 2766/5200

राघव अब जीता नहीं, लछमन भी निष्प्राण ।
मुझसे शादी कर, प्रिये! भूल राम का नाम ।। 2767/5200

हठ को छोड़ो तुम अभी, मरा हुआ है राम ।
जीवित भी हो वह अगर, आ न सके मम धाम ।। 2768/5200

धन संपद् मेरी सभी, तेरी हुई तमाम ।
मेरे किंकर दासियाँ, तुझको करें प्रणाम ।। 2769/5200

वल्कल-धारी राम तो, करता कुटिया वास ।
कांचन लंका का धनी, करलो अपना दास ।। 2770/5200

राघव पैदल घूमता, सहता भूख पियास ।
हाथी घोड़े हैं यहाँ, आगे पीछे दास ।। 2771/5200

राम-लखन हमने हने, उनकी आशा छोड़ ।
मुझको पति अब समझ ले, मुझसे नाता जोड़ ।। 2772/5200

(सीता)

✍दोहा॰ सुन रावन की बात वो, शब्द अधम मक्कार ।
सीता बोली असुर से, "तुझको है धिक्कार! ।। 2773/5200

"चुप कर, रावण पातकी! आगे कछु मत बोल ।
आत्मश्लाघ के खोखले, और बजा मत ढोल ।। 2774/5200

"कोई राघव को नहीं, कभी सकेगा मार ।
रामचंद्र जब आयँगे, होगी तेरी हार" ।। 2775/5200

78. Story of Sītā's arrival in Lankā (4. Kishkindhā Kānd)

(और)

दोहा० "सिया चुरा कर राम की, घोर किया तू पाप ।
तू कहता राघव मरा, मगर मरेगा आप ।। 2776/5200

"भरा हुआ है रे! तेरा, घड़ा पाप के साथ ।
फूटेगा सिर पर तेरे, जब आवें रघुनाथ ।। 2777/5200

"पापी! तूने हैं किए, दुष्ट कर्म भरपूर ।
अब तू राघव बाण से, होगा चकनाचूर ।। 2778/5200

"सौ पापों से कर्म का, घड़ा भरा है तोर ।
आएँगे जब रामजी, दंड मिलेगा घोर ।। 2779/5200

"रावण! तेरी अकड़ का, काल हुआ है पूर्ण ।
ना तज कर ये हेकड़ी, होगा रे! तू चूर्ण ।। 2780/5200

"चख लेगा फल पाप का, बरसेंगे जब बाण ।
पछतावेगा बाद में, निकलेंगे जब प्राण ।। 2781/5200

"मेरे स्वामी राम हैं, अगर मरे भी होय ।
राघव की अर्धांगिनी, अपना सकै न कोय" ।। 2782/5200

 गीतमाला, पुष्प 93 of 163

राग भैरवी

(हरि बचाओ!)

स्थायी

हरि बचाओ मुझे यहाँ से, तुरन्त आके मुझे छुड़ाओ ।
♪ साप- पपध़मप ध़नि- ध़पम प-, गम-ध़ पमग़- रेग़- सानि़-सा- ।

अंतरा-1

पतिव्रता पर बुरी नजरिया, प्रभु तुम्हें कछु नहीं खबरिया ।
ओ सर्वज्ञानी, ओ सर्वगामी, लाँघ समुंदर लीला दिखाओ ।।

♪ ग़म-मध़- ध़ध़ निनि़- ध़पपम-, ग़म- मप- पप ध़नि- ध़पमम- ।
सा प-पध़-मप, ध़ नि-ध़पमप-, ग़मध़ ध़पमग़ग़ मग़- सानि़-सा- ।।

78. Story of Sītā's arrival in Lankā (4. Kishkindhā Kānd)

अंतरा-2

यहाँ न कोई किसी को लज्जा, न साधवी का कोई लिहज्जा ।
बुरे इरादे हैं साफ इनके, प्रभु जी! आके इन्हें जगाओ ।।

अंतरा-3

न जाने किस ओर, मैं कहाँ हूँ, जहाँ न सज्जन कोई, वहाँ हूँ ।
प्रभो! सागरिया लाँघे आओ, इन्हें समुंदर तले डुबाओ ।।

(आगे)

दोहा॰ "नीच असुर! तू मूढ़ है, चाहे मेरा हाथ ।
सपने में भी अघट है, तेरा मेरा साथ ।। 2783/5200

"पतिव्रता मैं नार हूँ, भजूँ राम दिन-रात ।
सीता को पाना नहीं, तेरे बस की बात ।। 2784/5200

"राम राग, मैं रागिनी, तेरा बेसुर ताल ।
गीत प्रीत के गाइके, कौआ करै कमाल ।। 2785/5200

"बिल्ली पर चूहा मरे, हँसनिया पर काग ।
मुझ पर भी तू त्यों मरे, अरे! यहाँ से भाग" ।। 2786/5200

"अघट मनोरथ क्यों करे, बिना अर्थ बकवास ।
लेकर पंगा राम से, होगा सत्यानास ।। 2787/5200

(और सुन)

दोहा॰ "लंका मेरी दूर है, पहुँच सके ना राम" ।
यह तो तेरी भूल है, बिगड़ेंगे तव काम ।। 2788/5200

"शूर वीर सेना बड़ी, नहिं आवेगी काम ।
चरण कमल तू पकड़ ले, जब आवेंगे राम ।। 2789/5200

"रामचंद्र किरपालु हैं, कर देवेंगे माफ ।
वापस ले चल तू मुझे, कर ले पर्चा साफ" ।। 2790/5200

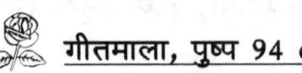

गीतमाला, पुष्प 94 of 163

(साँवरिया)

78. Story of Sītā's arrival in Lankā (4. Kishkindhā Kānd)

स्थायी

जुड़ जुड़ जाती मैं तोहे साँवरिया ।

♫ गग गग म–म म ध–प मगरेरेसा– ।

अंतरा–1

जहाँ मैं होती रामा, जादू की गुड़िया । छुप–छुप आती मैं, लाँघ सागरिया ।।

♫ सानि़ सा रेरे– रेरे, पम ग मम–प– । निनि निनि ध–प म, प–म गरेरेसा– ।।

अंतरा–2

जहाँ मैं होती रामा, पर वाली चिड़िया । उड़ उड़ आती मैं, तोहरी अटरिया ।।

अंतरा–3

जहाँ मैं होती रामा, सपनों की परिया । निंदिया में तोहरी मैं, तकती सुरतिया ।।

अंतरा–4

जहाँ मैं होती रामा, रावन–माँ बुढ़िया । गिन गिन लगाती मैं, कनवा पकड़िया ।।

(रावण)

✍ दोहा॰ **नृप ने मुखिया को कहा, "अड़ियल है यह नार ।**
अशोक वाटिका में रखो, इसका गर्व उतार ।। 2791/5200

"इसको मेरी कीर्ति की, बोलो निश–दिन बात ।
मेरी होने को कहो, इसको तुम दिन–रात" ।। 2792/5200

गीतमाला, पुष्प 95 of 163

(हे राघव)

स्थायी

हे राघव प्राण पियारे– –, तेरी राह तकुँ मैं तू आ रे– – ।

♫ धनि़ नि़सासासा रे–सा नि़सा–रे– –, गम प–म गरे– म ग रेसा सा– – ।

अंतरा–1

हाथ पड़ी मैं इस पापी के, पार सागर ले आया ।
नजर बुरी रावण की मुझ पर, चाहे करन मोहे जाया ।
दारा अपनी छोड़ के पापी, मुझ पर डोरे डारे ।।

♫ नि़–ध़ नि़सां– सां– रेरे रे–म– ग–, म–म ममप मग म–प– ।
धधध धनि– ध–पप म– पप ध–, नि–ध पमम गग म–प– ।

78. Story of Sītā's arrival in Lankā (4. Kishkindhā Kānd)

नि-ध- पपम- प-म ग रे-म-, पप मम ग-मग रेसासा- ।।

अंतरा-2

कोई संगी यहाँ नहीं है, काटत मोहे मेरा साया ।
सर्वगामी प्रभु सरबस ज्ञानी! मेरी बारी कहाँ हो ।
सकल जगत के ओ रखवारे, राघव! मोहे छुड़ा रे ।।

अंतरा-3

दोष हुआ है मेरे हाथों, पाई सजा ये मैंने ।
उमा जली जब इसी दोष में, शिवजी उसे उबारे ।
विघ्न विनाशी रामजी प्यारे, रघुवर! मुझे बचारे ।।

गीतमाला, पुष्प 96 of 163

खयाल : राग हमीर,[44] तीन ताल 16 मात्रा

(सीता रुदन)

स्थायी

नयनवा कजरारे छलकाए नीर । नयनवा॰

♪ निधनिसांरेंसां- सांनिधप मंधमंपगम ध-ध । निधनिसांरेंसां-॰

अंतरा-1

मनवा काहे जिया कलपाए, पागल निश-दिन मोहे तरपाए ।
आजा सजनवा थक गयो मनवा, न धरत बिलकुल धीर ।। नयनवा॰

♪ पपसां- सां-सां- सांध सांसांसांरेंसां-, ध-धध सांसां सांसां सांरें सांनिध-प- ।
सां-गं गंमंरेंसां- धनि सांरें सांरेंसांनिधप, सां निधप मंधपगम ध-ध ।। निधनिसांरेंसां-॰

अंतरा-2

जियरा कैसो हम बहलाएँ, नैनन अँसुअन से भर आए ।

---

[44] **राग हमीर** : यह कल्याण ठाठ का राग है । इसका आरोह है : सा रे सा, ग म ध, नि ध, सां । अवरोह है : सां नि ध प, मं प ध प, ग म रे सा ।

▶ लक्षण गीत : **दोहा॰ दोनों मध्यम स्वर जहाँ, तीव्र म पंचम संग ।**
ध ग वादी संवाद से, "हमीर" मैं है रंग ।। 2793/5200

79. Story of Ashoka Vātikā (Rāmāyan, 4. Kishkindhā Kānd)
काहे सजनवा करत न बतिया, न सुनत बिरहन गीत ।।

किष्किन्धा काण्ड : तीसरा सर्ग

79. अशोक वटिका की कथा :

79. Story of Ashoka Vātikā (Rāmāyan, 4. Kishkindhā Kānd)

कथा

(वाटिका में)

दोहा॰ अशोक सुंदर वाटिका, फूली फली अपार ।
नीर विमल उद्यान में, पथ पर वृक्ष कतार ।। 2794/5200

घास से ढकी भूमि थी, कहीं नहीं थी धूल ।
निर्मल जल में थे खिले, नील कमल के फूल ।। 2795/5200

कमल दलों पर गूँजते, भ्रमर अली के साज ।
सलिल अमल में मीन का, चलता निर्भय राज ।। 2796/5200

रंग रंग की मछलियाँ, कछुए जलचर जीव ।
उछल कूद कर खेलते, मनहर लगत अतीव ।। 2797/5200

दादुर टर टर बोलते, दादुरियों के साथ ।
आहट पाते उछलते, लगा सको ना हाथ ।। 2798/5200

और)

शीतल झोंके पवन के, करते हर्षित गात ।
तरु पर बेली झूमती, मंद पवन के साथ ।। 2799/5200

पथ पत्थर से सब सजे, भली भाँति की तौर ।
अशोक तरु की क्यारियाँ, पथ की दोनों ओर ।। 2800/5200

बाग सुहाने पुष्प के, रंगित खुशबूदार ।
जल फव्वारों से बने, इन्दर धनुष तुषार ।। 2801/5200

लता चमेली मंडवे, कंज कुसुम के कुंज ।

79. Story of Ashoka Vātikā (Rāmāyan, 4. Kishkindhā Kānd)

मँडराते रस चूसने, विहंग अलि के पुंज ।। 2802/5200

(मगर)

दोहा॰ "नहीं चाहिए ये मुझे, तेरे स्वर्ण मकान ।
ना ही बाग, न दासियाँ; मुझे चाहिए राम ।। 2803/5200

"मैं कुटिया में ही रहूँ, वहीं मुझे आराम ।
तले वृक्ष के बैठ कर, जपूँ राम का नाम ।। 2804/5200

"सुन कर सीता का कहा, दासी ने अविलंब ।
कुटिया कीन्ही पर्ण की, सीता को आनंद" ।। 2805/5200

(क्योंकि)

दोहा॰ "राम-नाम भाता मुझे, और नहीं कछु चाह ।
बिरहा मुझको खात है, मन को देता दाह ।। 2806/5200

"दिन चुभते काँटे बने, डसती नागिन रात ।
छाती मोरी काँपती, बिन राघव से बात ।। 2807/5200

"राम-नाम जप मैं करूँ, राघव मेरा काँत ।
अशोक तरु की छाँव में, बैठूँगी मैं शाँत" ।। 2808/5200

गीतमाला, पुष्प 97 of 163

खयाल : राग बागेश्री

(हे स्वामी!)

निस दिन तरसत नैना मेरे, मैं चंदा तू सूरज मेरा ।
धरती पर दिन रैन बसेरा ।।

♫ सांसां निनि धमपध ग-रेसा रे-सा-, रेसा निधसा- सा- मधनिप ग-रेसा ।
ममध- धध निध सां-नि धमगरेसा ।।

अंतरा-1

राह में बादल कारे बिखरे, रात में तारे आँखें मारे ।
स्वामी रघुपति! कबहु मिलोगे, थक गए नैना राह निहारे ।।

♫ ग-म म ध-निनि सां-सां- रेंनिसां-, नि-सां गं रें-सां- नि-सां- नि-ध- ।

80. Story of Queen Mandodarī (4. Kishkindhā Kānd)

पधनिध- निनिधध! मगम गरे-सा-, निसा मम ध-निध सां-नि धमगरेसा ।।

80. मंदोदरी देवी की कथा :

80. Story of Queen Mandodarī (4. Kishkindhā Kānd)

कथा

(मंदोदरी)

दोहा॰ रावण की मंदोदरी, शत में देवी एक ।
पत्नी नास्तिक–असुर की, फिर भी आस्तिक नेक ।। 2809/5200

रावण, वैरी राम का, करता ओछे काम ।
भगत असुरअर्धांगिनी, जपती निश–दिन राम ।। 2810/5200

(सीता अपहरण पर)

दोहा॰ सुन, "रावण लाया सिया," मंदोदरी को क्रोध ।
आई अशोक वाटिका, देने पति को बोध ।। 2811/5200

बोली, "तू कामुक बड़ा, मत कर ऐसे पाप ।
नारी गौरव भंग से, पाएगा तू ताप ।। 2812/5200

"छू कर नारी अपर की, मिलता दूना पाप ।
वापस लौटा दे सिया, करले पश्चाताप" ।। 2813/5200

(सीता)

दोहा॰ "सीता लक्ष्मी रूप है, धन की देवी आप ।
छेड़ेगा यदि तू उसे, तुझको देगी शाप ।। 2814/5200

"राम विष्णु का रूप हैं, परम पूज्य अवतार ।
मत कर ओछे काम तू, देंगे तुझको मार ।। 2815/5200

"वापस लौटा दे सिया, मिट जावेगा पाप ।
राम दयालु देव हैं, क्षमा करेंगे आप" ।। 2816/5200

(और)

दोहा॰ "घोर कर्म तूने किया, लीन्हा सिर पर पाप ।

81. Story of Kabandha (Rāmāyan, 4. Kishkindhā Kānd)

वृथा गर्व में फूल कर, बना हुआ है साँप ।। 2817/5200

"पतिव्रता को छेड़ कर, कीन्हा आतमघात ।
लौटा दे रे! तू सिया, राम वीर निष्णात" ।। 2818/5200

(और सुन!)

दोहा० "राम अपारा वीर है, पैने उसके तीर ।
उससे आज बिगाड़ कर, कल पाएगा पीर" ।। 2819/5200

अन्त में)

दोहा० "तू तो ज्ञानी पुरुष था, अब क्यों ये अज्ञान ।
चल कर उल्टी राह से, होगा तू बदनाम ।। 2820/5200

"फूट-फूट कर रो रही, कुछ तो करो लिहाज ।
नारी हरना पाप है, तज दो उसको आज ।। 2821/5200

"तुझको शिवजी प्राप्त थे, अब क्यों नास्तिक भाव ।
दश मुख पा कर अब तुझे, बुरे कर्म का चाव ।। 2822/5200

"सीता जग की मात है, राम जगत के तात ।
उनसे मत कर बैर तू, सुन ले मेरी बात" ।। 2823/5200

 81. असुर भक्त कबंध की कथा :

81. Story of Kabandha (Rāmāyan, 4. Kishkindhā Kānd)

📖 कथा 📖

(गोदावरी के पार)

दोहा० दुखी हुए जितने घने, सिया हरण से राम ।
उतना दुख उनको दिया, जटायु का निर्वाण ।। 2824/5200

(कबंध)

दोहा० किये पार गोदावरी, दुखी मनस् रघुनाथ ।
पुनः सिया की खोज में, चले अनुज के साथ ।। 2825/5200

नद नाले गिरि लाँघते, टेढ़ी मेढ़ी राह ।

81. Story of Kabandha (Rāmāyan, 4. Kishkindhā Kānd)

देखा आगे है खड़ा, असुर पसारे बाँह ।। 2826/5200

देख असुर को सामने, लछमन ताना तीर ।
बोला, राघव! मैं इसे, शर से डालूँ चीर ।। 2827/5200

(मगर, कबंध ने)

दोहा॰ सुना नाम जब "राम" का, कबंध ने सुख गात ।
कीन्हे ऊपर असुर ने, अपने दोनों हाथ ।। 2828/5200

(राम)

दोहा॰ राघव बोले लखन को, नहीं चलाओ तीर ।
शरणागत इस असुर के, देखो नयनन नीर ।। 2829/5200

राक्षस होकर भी, सखे! लगता है यह मीत ।
इसका लाभ उठाइये, इसके मन को जीत ।। 2830/5200

(अतः)

दोहा॰ राघव बोले, "कौन हो, क्या है तुमरा नाम ।
हाथ उठाये थे भला, कहो कौनसे काम ।। 2831/5200

"तब तो क्रोधित घोर थे, अब क्यों भए विनीत ।
बोलो प्यारे! धैर्य से, हमको बात अतीत" ।। 2832/5200

(कबंध)

दोहा॰ राम-भक्त मैं दनुज हूँ, मेरा नाम कबंध ।
दंडक-असुरों से मेरा, नहीं तनिक संबंध ।। 2833/5200

परदेसी वे असुर हैं, मैं हूँ देसी माल ।
हम हैं क्रौंचारण्य में, दनु कुल के प्रतिपाल ।। 2834/5200

मम पितु हरि के दास थे, मुझे राम की आस ।
दरस राम का पाइके, मिटी रक्त की प्यास ।। 2835/5200

आया था मैं मारने, तुम्हें भुजा में बांध ।
एक बार मैं बाँध लूँ, कोई सकै न फाँद ।। 2836/5200

(अब)

दोहा॰ "राघव! दर्शन पाइके, मेरा भया उबार ।

82. Story of Shabarī's plums (4. Kishkindhā Kānd)

मैं भी तुमरे शीश से, हलका कर दूँ भार ।। 2837/5200

"अब मैं तुमरा दास हूँ, मुझे स्वीकारो, राम! ।
मेरे लायक, हे प्रभो! कहदो कोई काम" ।। 2838/5200

(राम)
दोहा॰ बोले राम कबंध को, "दो-वर" वाली बात ।
मेरी पत्नी खो गयी, मदद करो तुम, तात! ।। 2839/5200

हार गए हम ढूँढ कर, हमें चाहिए मीत ।
हमें मिलादे जो सखा, सिया विरह पर जीत ।। 2840/5200

(कबंध)
दोहा॰ कबंध बोला राम को, "बात बताऊँ खास ।
सम दुक्खी सुग्रीव है, उसे बनाओ दास ।। 2841/5200

"ऋष्यमूक गिरि पर बसा, कपिवर बहुत उदास ।
वह भी चाहे मित्र जो, उसके मुख दे हास ।। 2842/5200

"उसने भी खोई प्रिया, बिरह उसे है खात ।
उसको भी वह चाहिए, जो बनवा दे बात" ।। 2843/5200

(सुग्रीव)
दोहा॰ पंपा सर के तीर से, जाओ दक्षिण ओर ।
शबरी की कुटिया मिले, पूछो उससे ठौर ।। 2844/5200

ऋष्यमूक पर आज ही, जाकर उसके पास ।
उसका काज बनाइके, करलो उसको दास ।। 2845/5200

किष्किन्धा काण्ड : चौथा सर्ग

82. शबरी भीलनी के जूठे बेरों की कथा :

82. Story of Shabarī's plums (4. Kishkindhā Kānd)

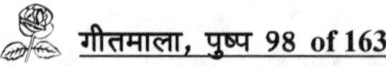

गीतमाला, पुष्प 98 of 163

82. Story of Shabarī's plums (4. Kishkindhā Kānd)

(शबरी-श्रीराम मिलन)

स्थायी

आए श्री हरी, आज मेरे घर आए ।

♫ रेग म- गरे-, म-ग रेरे- गरे सानि़सा- ।

अंतरा-1

छोड़के घर, सखी! वन में पधारे, लछिमन को संग लाए ।

♫ प-पप पध, पध-! निध प मम- म-, पमगरे रे- गरे नि़सा-।

अंतरा-2

आकर कुटिया में, राम प्रभु ने, मेरे भाग्य जगाए ।

अंतरा-3

बेर जो चख-चख, दीन्हे मैंने, जूठे मेरे फल खाए ।

अंतरा-4

पंपा के वन रम्य बहुत हैं, उनके मन को भाए ।

कथा

दोहा॰ **नद नाले वन लाँघते, निरखत निर्मल नीर ।**
राघव लछमन आगए, पंपा पश्चिम तीर ।। 2846/5200

दोहा॰ **तरु माला से था सजा, सुमन मनोहर पुंज ।**
मँडराते भिन् भिन् किए, मधुकर अलि के वृंद ।। 2847/5200

नीली निर्मल झील में, खिले कमल के फूल ।
जल लहरों पर पवन से, फूल रहे थे झूल ।। 2848/5200

राघव लछमन थे चले, शोभा परम निहार ।
दूर दिखाई दे रही, पर्णकुटी मनहार ।। 2849/5200

गीतमाला, पुष्प 99 of 163

(शबरी भीलनी)

स्थायी

पंपा सर है महा सुख दाई, नीर है नीला देत दिखाई ।

82. Story of Shabarī's plums (4. Kishkindhā Kānd)

शीतल मंद पवन पुरबाई, पश्चिम तीर चले रघुराई ।।

♫ ग–मं– पप प पमं– गग मं–प–, ध–ध ध नि–नि– रें–सां निध–नि– ।

ध–धध नि–ध पमंमं धपमं–ग–, रे–रेरे ग–ग गमं– मंधपमंग– ।।

अंतरा–1

फूल कमल के झील में नीले, जल लहरों पर डग मग डोले ।

भँवरे उन पर गूँजर बोले, यहाँ सृष्टि हरषाऽऽईऽऽ ।।

♫ नि़–रे गमंमं मं– ध–प मं ग–मं–, धध धधनि– धध निसां निध प–मं– ।

धपमं– गग गग प–मग रे–रे–, सारे– ग–ग मंधपमं – – ग – – ।।

अंतरा–2

दूर किनारे शबरी की नीकी, पर्ण कुटी दिखती भीलनी की ।

शबरी बेर है तोड़के लाई, निश–दिन राम दुहाऽऽईऽ ।।

(वहाँ, शबरी)

✍दोहा॰ **पूर्व जनम में मालिनी, शबरी का था नाम ।**
पाया पति से शाप था, करके घटिया काम ।। 2850/5200

पति ने उसको क्रोध से, बोले कटु उद्‌गार ।
"राम तिहारे फल चखें, तब तेरा उद्धार" ।। 2851/5200

पंपा वन में फिर जनी, लेकर "शबरी" नाम ।
वृद्धा भगतिन राम की, जपती हरि! हरि! नाम ।। 2852/5200

(शबरी भिलनी)

✍दोहा॰ **शिष्या ऋषि मातंग की, शबरी भिलनी नार ।**
पंपा वन में थी बसी, उसे राम से प्यार ।। 2853/5200

निश–दिन जपती राम को, "कब आओगे, नाथ! ।
लाये मीठे बेर हैं, दरसन दो, रघुनाथ!" ।। 2854/5200

रोज लगाती भोग वो, लेकर हरि का नाम ।
को जाने किस दिवस पर, आजावेंगे राम ।। 2855/5200

✍दोहा॰ **प्रति दिन उसको एक ही, हरि दरशन की आस ।**
तकत राह वो राम की, चातक जैसी प्यास ।। 2856/5200

82. Story of Shabarī's plums (4. Kishkindhā Kānd)

गीतमाला, पुष्प 100 of 163

राग बहार,[45] कहरवा ताल 8 मात्रा

(शबरी)

स्थायी

मोहे हरि दरशन की आास लगी, चातक जैसी प्यास लगी ।

♫ धनि सांसां निपमप गम नि–ध निसां–, सां–सांसां निपमप ग–ग मरेसा ।

अंतरा–1

राम चंद्र मोहे दरस दिलादो, किरपा का मोहे पयस पिलादो ।
राघव जी मोसे नैन मिलादो, पल भर ही सही, कोई बात नहीं ।।

♫ प–प प मप गम निनिध निसां–सां–, निनिनि– सां– सांसां नि–सांसां निसांनिध ।
गंगमं– रें– सांसां निनिध धनि–सां –, सांसां निप म पग मम नि–ध निसां– ।।

अीतरा–2

नंद लाल हरि राह दिखादो, जीवन की मोहे चाह दिलादो ।
माधव मोहे चैन दिलादो, क्षण भर ही सही, कोई बात नहीं ।।

अीतरा–3

नाम मनोहर मन में बसादो, प्रीय सखे मोरा काज करादो ।
बाँसुरी की मोहे बैन सुनादो, एक सुर ही सही, कोई बात नहीं ।।

(उस दिन)

दोहा॰ **उस दिन शबरी–द्वार पर, राघव खड़े निहार ।**
हरषा कर वृद्धा कहे, स्वागत प्रभो! तिहार ।। 2857/5200

नैनन आँसू प्रेम के, मुख पर उसके हास ।
आसन दीन्हा राम को, बैठी चरणन पास ।। 2858/5200

---

[45] **राग बहार :** यह काफी ठाठ का राग है । इसका आरोह है : सा म, म प ग म, ध नि सां । अवरोह है : सां, नि प म प, ग म, रे सा ।

▶ लक्षण गीत : **दोहा॰ वर्जित रे आरोह में, अवरोह में ध टार ।**
म सा वादी संवाद से, मृदु ग नि राग "बहार" ।। 2859/5200

82. Story of Shabarī's plums (4. Kishkindhā Kānd)

शबरी ने श्री राम को, दीन्हे जूठे बेर ।
चखे राम ने प्रेम से, रस भीने फल ढेर ॥ 2860/5200

 गीतमाला, पुष्प 101 of 163

(शबरी के बेर)

स्थायी

शबरी हरि को बेर खिलाती ।
चख-चख उनमें नेह मिलाती, शबरी हरि को बेर खिलाती ॥

♪ सासारे- गग म- पमग मगरेसा- ।
पप पप ममग- ध-प मगरेग-, सासारे- गग म- पमग मगरेसा- ॥

अंतरा-1

भक्ति भाव रस भीने मीठे, राघव खाते बेर वे जूठे ।
भोली भीलनी प्रेम रसीले, फल में माँ की याद दिलाती ॥

♪ सा-रे ग-ग गग म-म प-प-, म-मम प-प- ध-प म ग-म- ।
प-प धधध- सां-नि ध-प-ध-, धध प- म- ग- प-म गरेगसा- ॥

अंतरा-2

बात लखनवा समझ न पाए, राघव जूठे फल क्यों खाए ।
वन में बेर के ढेर पड़े हैं, मगर राम को ममता भाती ॥

अंतरा-3

बैठी राघव के चरणन में, आज प्रमोदित है वह मन में ।
शबरी पति का शाप सिमर कर, पूर्व जनम का पाप मिटाती ॥

दोहा॰ दूर हुए हैं अब मेरे, पाप ताप अरु शोक ।
जाऊँगी शुभलोक को, कोई सकै न रोक ॥ 2861/5200

♪ छन्दमाला, मोती 8 of 11

वसंततिलका छन्द

S S I, S I I, I S I, I S I, S S

♪ सा-नि- सारे-रे सारे ग- मगरे- गरे- सा-

(शबरी उद्धार)

82. Story of Shabarī's plums (4. Kishkindhā Kānd)

पंपा सुरम्य वन में, शबरी-कुटी है ।

वृद्धा सदा भजन चिंतन में जुटी है ।। 1

आए सियापति जभी शबरी-दुआरा ।

बोली, "सियापति! मुझे, तुमने उबारा" ।। 2

गीतमाला, पुष्प 102 of 163

(अमृत प्रीति)

स्थायी

नाम हरि का डगरी डगरी, पंपा वन में शबरी ।

♫ सा-सा सारे- रे- गगम- गमप-, नि-ध- पप म- गरेसा- ।

अंतरा-1

कर में धर चंगेरी नीकी, दरसन प्यासी राघव जी की ।

लौटी जब कुटिया में शबरी, राम आरहे उसे न खबरी ।।

♫ मम प- धध नि-सांनिध- प-ध-, निनिनिनि ध-प- ध-पम ग- म- ।

सा-रे- गग ममप- म- गगरे-, सा-सा सा-रेरे- गप- म गरेसा- ।।

अंतरा-2

देख श्रीराम को, हरसाई, आशिष मंगल वह बरसाई ।

गिरी चरण में भीलनी शबरी, आज उबारे उसे नरहरि ।।

अंतरा-3

चख कर बेर निजी मुख सेती, मीठे राघव जी को देती ।

जूठे बेर खिलाई शबरी, अमृत प्रीति जिनमें गहरी ।।

गीतमाला, पुष्प 103 of 163

राग रत्नाकर, कहरवा ताल 8 मात्रा

(शबरी उद्धार)

स्थायी

छूके तेरे पग, रघुनाथ! मनोरथ सिद्ध भए ।

♫ सानि़ सा-सा- गरे, सानि़सा-सा! रेग-रेसा- म-ग रेसा- ।

अंतरा-1

82. Story of Shabarī's plums (4. Kishkindhā Kānd)

निश-दिन हरि की ध्याई मूरत, कभी न देखी जिसकी सूरत ।
आज, तेरे दरस भए, मेरे सारे ताप गए ।।

♪ सासा रेरे गग म- ध-प- म-मम, गम- प ध-प- ममम- प-पप ।
मम, ध-प- ममग रेग-, रेग रे-सा- म-ग रेसा- ।।

अंतरा-2

झूठे बेर हरि खाए मीठे, चखे लखनवा, सुच्चे खट्टे ।
आज, मोहे ध्यान भए, मेरे सारे पाप गए ।।

अंतरा-3

गत जनम के मूढ़ मति के, काम मेरे अरु श्राप पति के ।
आज, राम उबार दिये, मेरे सारे शाप गए ।।

(फिर)

✍दोहा॰ शबरी बोली राम को, सुंदर पंपा तीर ।
यहाँ पुष्प फल नीर हैं, कोयल मैना कीर ।। 2862/5200

मृग सांबर खरगोश हैं, भँवरे तितली झुंड ।
शकुंत[46] मधुकर चूसते, पराग मधु के कुंड ।। 2863/5200

सीता को तुम क्यों नहीं, लाए अपने संग ।
बसते तुम इस विपिन में, यहाँ स्वर्ग के रंग ।। 2864/5200

(राम)

✍दोहा॰ शबरी को हरि ने कहा, चोखी तुमरी बात ।
पंपा सर अति रम्य है, सुखदाई दिन-रात ।। 2865/5200

पड़ते जब भी कान पर, शुक मैना के बैन ।
सिया बिरह की याद में, लुटती मन की चैन ।। 2866/5200

राघव ने फिर सब कही, "दो-वर" वाली बात ।
दंडक-वन मुझको दिया, कैकेयी मम मात ।। 2867/5200

साथ सिया भी चल पड़ी, पतिव्रता मम दार ।

[46] **शकुंत** = नीलकंठ पक्षी Blue jay.

82. Story of Shabarī's plums (4. Kishkindhā Kānd)

अनुज लखन भी आ गया, मुझे विराग निहार ।। 2868/5200

निष्कासित हम अवध से, करने को वनवास ।
दंडक वन में आ गए, करके कठिन प्रवास ।। 2869/5200

पंचवटी में लखन ने, पर्णकुटी अभिराम ।
करी सिया के चाह की; स्वर्ग समाना धाम ।। 2870/5200

महलों से बढ़कर वहाँ, निसर्ग की थी शान ।
मृग तरु जल पुष्प ही, सीता चित्त रुझान ।। 2871/5200

(फिर एक दिन)

दोहा॰ ऐसे सुखमय काल में, पड़ा अचानक भंग ।
इक दिन आया फुदकता, हरिण सुनहरा रंग ।। 2872/5200

कांचन–मृग को देख कर, पड़ी सिया को भ्रांत ।
बोली, रघुपति! जाइए, पीछे पग-से-शाँत ।। 2873/5200

उसको धर कर लाइए, उसे बनाऊँ मीत ।
मैं पालूँगी प्रेम से, उसे लगाऊँ प्रीत ।। 2874/5200

(तब)

दोहा॰ गए पकड़ने हरिण हम, बिछा हुआ था जाल ।
सिया अपहृत हो गई, असुरों की थी चाल ।। 2875/5200

वायुयान से असुर ने, किया सिया अपहार ।
जटायु आया रोकने, दिया असुर ने मार ।। 2876/5200

(अत:)

दोहा॰ आए हैं हम ढूँढते, चप्पा-चप्पा छान ।
मिलना है सुग्रीव से, उसे सम-दुखी जान ।। 2877/5200

"माते! हम को ज्ञान दो, करिए क्या हम काम ।
मिले सुयश किस नीति से," बोले उसको राम ।। 2878/5200

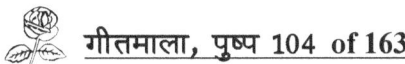
गीतमाला, पुष्प 104 of 163

82. Story of Shabarī's plums (4. Kishkindhā Kānd)

(राम समस्या)

स्थायी

सीता बिन घर कैसे जाऊँ, माता को मैं क्या बतलाऊँ ।

♪ ध्,नि़सा– सासा रेरे म–ग़रे सा–रे–, ग़–म– म– ग़– मग़ रेग़सा– ।

अंतरा–1

बिना सिया के अवध को जाना, मुझको लगता मरण समाना ।
बिन पत्नी क्या मुख दिखलाऊँ ।।

♪ रेग़– मग़– रे– ममम ग़ म–म–, पपम– गग़रे– गगग ग़म–म–
ध़ध़ पम– ग़– गग मग़रेग़सा– ।।

अंतरा–2

पूछेंगे जन माता मेरी, कहाँ गयी है सीता तेरी ।
उन सबको मैं क्या समझाऊँ ।।

अंतरा–3

जीवन सूना बिन सीता के, हाल क्या मेरी मन मीता के ।
निश–दिन व्याकुल मैं अकुलाऊँ ।।

अंतरा–4

घोर पाप है पत्नी खोना, मुझे शाप ये किसने दीन्हा ।
बिरहा मन कैसे बहलाऊँ ।।

(शबरी)

दोहा० शबरी वृद्धा ने कहा, दुखद तिहारी बात ।
राघव प्यारे! अब उठो, धीरज लेकर साथ ।। 2879/5200

होगा मंगल सब, सखे! आगे बढ़ कर, राम! ।
निष्ठा से बन जात हैं, बहुत कठिन भी काम ।। 2880/5200

छोड़ो बीती बात को, रोको रुदन विलाप ।
वीर भाव लेकर बढ़ो, साथ अनुज के आप ।। 2881/5200

मुनि मतंग ने है कहा, "जो खटता दिन–रात ।
लाभ उसी को है सदा, बने उसी की बात" ।। 2882/5200

83. Story of Hanumān's birth (4. Kishkindhā Kānd)

विधि ने सब कुछ है लिखा, यथा तथा इतिहास ।
तेरा मेरा मिलन भी, मत हो राम! उदास ।। 2883/5200

(और)

दोहा॰ “काम असुर का अधम है, घोर किया है पाप ।
जो लेता सिर पाप है, वह मरता है आप ।। 2884/5200

“खेद त्याग कर तुम बढ़ो, लगे रहो दिन-रात ।
हटो न अपने ध्येय से, तभी बनेगी बात” ।। 2885/5200

फिर बोली)

दोहा॰ “जग में दुर्लभ कुछ नहीं, करके अथक प्रयास ।
उद्यम का फल सुयश है, देता मुख पर हास ।। 2886/5200

“ढूँढो तुम उस चोर को, कहाँ गया वह भाग ।
बढ़ो बिना अनुताप के, बिना किसी अनुराग” ।। 2887/5200

दोहा॰ “पहले सीता का पता, फिर मोचन का भेद ।
अगर न माना शाँति से, करो असुर शिरछेद” ।। 2888/5200

किष्किन्धा काण्ड : पाँचवाँ सर्ग

83. श्री हनुमान जन्म की कथा :

83. Story of Hanumān's birth (4. Kishkindhā Kānd)

पुंजिकस्थला की कथा

83-A. Stoty of Puñjikasthalā (4. Kishkindhā Kānd)

कथा

(पूर्ववृत्त)

दोहा॰ इन्द्र देव की सुर पुरी, सजी बहुत थी आज ।
नाच रहीं थी अप्सरा, बाज रहे थे साज ।। 2889/5200

नाच रही थी मेनका, पुंजिकस्थला साथ ।

83-A. Stoty of Puñjikasthalā (4. Kishkindhā Kānd)

बजा रही थी तालियाँ, जोड़ हाथ से हाथ ।। 2890/5200

गाते गायक गायिका, गाने रस भरपूर ।
भक्ति भावना से भरे, कविवर काव्य चतुर ।। 2891/5200

 गीतमाला, पुष्प 105 of 163

तिलाना : कहरवा ताल 8 मात्रा

(पुंजिकस्थला)

स्थायी

तूम तन नन नन दीम्, तदारे दानी । नित न देरे ना, तदारे तदारे दानी ।
तूम तन नन नन दीम्, तदारे दानी ।

अंतरा–1

शंख नाद कराहिं शिव, अनहद छंद तरंग ।
भोले शंकर नाचिबे, बाजे डमरू संग ।
तदारे दानी, तूम तन नन नन दीम्, तदारे दानी ।।

अंतरा–2

ध ध कित्, ध ध कित्, तकित् तका कित् ।
तांडव नृत्य दिखावैं, ता दीम् त दीम् दीम् ।
त दीम् तन नन नन, भूमंडल सब दंग, तदारे दानी ।।

(तब)

दोहा॰ सुख दायक उस काल में, पड़ा अचानक खंड ।
इन्द्र द्वार दुर्वास जी, खड़े हुए उद्दंड ।। 2892/5200

मुनि लख इन्द्र अवाक् था, चुप किन्नर गंधर्व ।
खड़ी हो गई मेनका, शाँत स्वर्गजन सर्व ।। 2893/5200

 गीतमाला, पुष्प 106 of 163

तराना : राग जौनपुरी

(पुंजिकस्थला)

स्थायी

83-B. Stoty of Kesar and Añjanī (4. Kishkindhā Kānd)

दिर् दिर् तन नन तन, तूम् तन नन नन
निता न देरे ना तदा रे दानि
तूम् तनन नन, दीम् तनन नन
तदारे तदारे दानि, तदारे तदारे दानि ।।

अंतर–1

ओदे तन ओदे तन, दीम् तन नन नन
तदीम तनन नन, तूम् तन नन नन
ना दिर् दानि तूँ दिर् दानि, तदारे तदारे दानि ।।

(अंजनी की कहानी)

दोहा॰ पुंजिकस्थला नाच में, खोई अपना ध्यान ।
उसने मुनिवर ना लखे, मुनि समझे अपमान ।। 2894/5200

(दुर्वासा मुनि)

दोहा॰ उसे नाचती देख कर, क्रोधित मुनि दुर्वास ।
बोले, "बँदरी कौन ये, होवे उसका नास" ।। 2895/5200

इन्द्र देव दुर्वास को, बोले, मुनि! हो शाँत ।
अंजाने में है भई, उससे ऐसी भ्राँत ।। 2896/5200

दासी ने मुनि-चरण में, क्षमा माँगली भीख ।
शाँतमना फिर मुनि भए, बोले अब है ठीक ।। 2897/5200

केसर और अंजनी की कथा

83-B. Stoty of Kesar and Añjanī *(4. Kishkindhā Kānd)*

(अंजनी को दुर्वासा मुनि का आशीर्वाद)

दोहा॰ जब दुर्वासा खुश हुए, दीन्हा शुभ वरदान ।
बने "अंजनी" तू, तुझे, होगा पुत्र महान ।। 2898/5200

दुर्वासा बोले यथा, तथा हुआ फिर काम ।
दासी को अगले जनम, मिला अंजनी नाम ।। 2899/5200

कुंजर कुल में थी जनी, पिता बहुत बलवान ।
कन्या सुंदर चंद्र सी, अंजन-नैन प्रदान ।। 2900/5200

83-B. Stoty of Kesar and Añjanī (4. Kishkindhā Kānd)

कैसे पाई अंजनी, केसर-कपि मुख लाल ।
सुनो कथा अब आ रही, विधि है करत कमाल ॥ 2901/5200

📖 कथा 📖

(केसरी)

✒दोहा॰ उस उपवन के पास ही, इक था लघु उद्यान ।
रहता केसर नाम का, वानर वहाँ सुजान ॥ 2902/5200

शिवरात्री त्यौहार पर, पावन सायं काल ।
भक्त शिवा को पूजने, आते थे हर साल ॥ 2903/5200

(एक दिन)

✒दोहा॰ शिव मंदिर में एक दिन, शिव पूजा के बाद ।
सब भगतन के सामने, भया भयानक नाद ॥ 2904/5200

शंबासादन नाम का, असुर शठ महाकाय ।
आ-धमका था गरजता, "हाय! हाय! हर हाय!" ॥ 2905/5200

तोड़-फोड़ करने लगा, फल प्रसाद सब खाय ।
लगा जनों को मारने, घूसे चपत लगाय ॥ 2906/5200

(केसरी)

तभी केसरी कीश ने, पकड़ा उसका हाथ ।
मारा मुक्का पेट पर, बड़ी जोर के साथ ॥ 2907/5200

दो वीरों का फिर हुआ, मल्लयुद्ध घमसान ।
गुत्थमगुत्था द्वंद्व में, उड़े असुर के प्राण ॥ 2908/5200

(कुंजर)

✒दोहा॰ कुंजर हर्षित गात था, निहार केसर तेज ।
केसर को उसने कहा, तुम्हें कीर्ति की सेज ॥ 2909/5200

मेरी कन्या अंजनी, सुंदर चंद्र समान ।
ब्याहो तुम उसको, सखे! होगा सुत बलवान ॥ 2910/5200

मिला उसे वरदान है, दुर्वासा का नीक ।

84. Meeting between Shrī Rāma and Hanumān

सोच समझ कर हाँ कहो, तुम्हें लगे यदि ठीक ।। 2911/5200

सुन कर कुंजर का कहा, केसर प्रमुदित गात ।
केसर ने "हाँ" कह दिया, बड़े प्रेम के साथ ।। 2912/5200

कुंजर-कन्या अंजनी, ब्याही केसर साथ ।
शिव मंदिर में शुभ घड़ी, पीले कीन्हे हाथ ।। 2913/5200

(हनुमान जन्म)

दोहा॰ पंपा वन में जब बसे, केसर पवन कपीश ।
दिया दिव्य सुत प्राप्ति का, मतँग ने आशीष ।। 2914/5200

भाग्य लिखित जब थी घड़ी, चैत्र पूर्णिमा रूप ।
लिया जन्म शिव शंभु ने, कपि हनुमान स्वरूप ।। 2915/5200

दिव्य पुत्र को देख कर, शिव किरपा से प्राप्त ।
अंजनी केसर तुष्ट थे, दोनों सुख से व्याप्त ।। 2916/5200

किष्किन्धा काण्ड : छठा सर्ग

84. श्री राम-हनुमान मिलन की कथा :

84. Meeting between Shrī Rāma and Hanumān

ॐ श्लोक छंद

इतिहासयनन्यं किं वरिष्ठं मिलनं मतम्?।
विश्वे श्रेष्ठतमं पुण्यं रामहनुमतोर्मतम् ।। 1

पूज्यं महत्त्वपूर्णं च स्मर्तव्यं रोमहर्षदम् ।
धार्मिकं हार्दिकं रम्यं सुखदंचैतिहासिकम् ।। 2

लेख्यं च पठितव्यं च रोमाञ्चकं च सुन्दरम् ।
श्राव्यं गेयं च श्रोतव्यं शुभं हृद्यं सनातनम् ।। 3

पवित्रं मङ्गलं धन्यं भावनं तुष्टिदायकम् ।
गुह्यं गूढं च वन्द्यं च रोचकं पापमोचकम् ।। 4

84. Meeting between Shrī Rāma and Hanumān

दोहा॰ सबसे उत्तम कौनसा, मिलन जगत में एक?।
मेल राम-हनुमान का, जाना सबसे नेक ।। 2917/5200

वरिष्ठ जग इतिहास में, अपूर्व विश्वमहान ।
रामचंद्र से जब मिले, पवन पुत्र हनुमान ।। 2918/5200

हुआ न होगा फिर कभी, इससे मेल वरेण्य ।
स्मरण मिटाता पाप है, अटूट देता पुण्य ।। 2919/5200

महत्त्वपूर्ण शुभ पूज्य है, धार्मिक हार्दिक रम्य ।
रोचक रोमांचक तथा, संकट मोचक गम्य ।। 2920/5200

लेखनीय पठनीय जो, ज्ञेय गेय सुभ नाम ।
श्रव्य श्राव्य मंगल तथा, पावन है वरदान ।। 2921/5200

वन्दनीय है गूढ़ भी, सुख दायक जो मेल ।
हृद्य सनातन गुह्य का, विधि ने खेला खेल ।। 2922/5200

राम मिले हनुमान से, लिया मोड़ इतिहास ।
मिला कीश श्री राम से, बना राम का दास ।। 2923/5200

इतना सुंदर दिव्य सा, सुना कभी न मिलाप ।
इतना शुभ परिणाम हो, इतनी गहरी छाप ।। 2924/5200

कथा

(राम लक्ष्मण)

दोहा॰ सुन कर शबरी का कहा, शुभ उसका उपदेश ।
राम-लखन तत्पर हुए, त्याग दिया सब क्लेश ।। 2925/5200

कह कर शबरी को विदा, राम-लखन दो भ्रात ।
ऋष्यमूक गिरि पर चढ़े, मिलने सुग्रीव साथ ।। 2926/5200

(चार चर)

दोहा॰ वनपथ में उनको लखा, कीशचरों ने चार ।
चर बोले सुग्रीव को, संदेह समाचार ।। 2927/5200

84. Meeting between Shrī Rāma and Hanumān

बोले, गिरि पर आगए, दो बाली के वीर ।
तेजस्वी लगते युवा, दोनों लेकर तीर ।। 2928/5200

(सुग्रीव)

✍दोहा० "बाली-चर" के नाम से, सुग्रीव के मन द्वेष ।
मंत्रीगण ने तय किया, भेजें दूत विशेष ।। 2929/5200

सचिव, सुचेत कुशाग्र हो, जिसे नीति का ज्ञान ।
वेद विज्ञ, मतिमान हो, वचन कथन का ध्यान ।। 2930/5200

वाणी जिसकी मधुर हो, संस्कृत का हो ज्ञान ।
वाद सुसंस्कृत जो करे, अभ्यागत सम्मान ।। 2931/5200

शिवजी का जो भक्त हो, प्राप्त जिसे वरदान ।
कर्मयोग का सिद्ध जो, बुद्धियोग प्रदान ।। 2932/5200

मुख पर जिसके तेज हो, कपिवर हो बलवान ।
युद्ध कला अवगत जिसे, उसे दूत का मान ।। 2933/5200

(हनुमान)

✍दोहा० एक नाम सबने कहा, करे सचिव का काम ।
वाक् चतुर कपि महाबली, पवन पुत्र हनुमान ।। 2934/5200

बजरंगबली लाँगड़ी, अंजनीपुत्र कपीश ।
केसरीनंदन मारुति, कपिकेशरी हरीश ।। 2935/5200

पवनपुत्र को भेजिये, लेकर ब्राह्मण वेश ।
बालीदासों से मिले, साहस करके पेश ।। 2936/5200

(सुग्रीव)

✍दोहा० जाओ श्री हनुमान जी! लेकर द्विज का वेश ।
उचित प्रश्न से जानलो, क्या उनका उद्देश ।। 2937/5200

बालीचर पहिचान लो, ठीक किए अनुमान ।
या लो उनके प्राण या, वश करलो, हनुमान! ।। 2938/5200

कपटी उनको जान कर, चलना चातुर चाल ।

84. Meeting between Shrī Rāma and Hanumān

बाली के चर धूर्त हैं, बिछा रहे हैं जाल ।। 2939/5200

उन पर ना करुणा कभी, ना करना विश्वास ।
उनसे किरपा की कभी, ना करना तुम आस ।। 2940/5200

(हनुमान)

✍दोहा॰ हनुमत बोला, "हे प्रभो! बात नहीं यह ठीक ।
बिन परखे मत यों कहो, होजाओ निर्भीक" ।। 2941/5200

हनुमत फिर सुग्रीव को, करके नम्र प्रणाम ।
द्विज ब्रह्मण के रूप में, निकल पड़े हनुमान ।। 2942/5200

(सूक्तियाँ)

✍दोहा॰ "अनजाने ही क्यों भला, करते हो अपमान ।
उनको "बालीचर" कहा, बिन कोई परमाण ।। 2943/5200

"सदा हि सबका मान हो, कहता है हनुमान ।
पता नहीं किस भेस में, आजाएँ भगवान ।। 2944/5200

"दोष न दो निर्दोष को, लख कर रंग स्वरूप ।
काले कोले में छुपा, होता हीरक रूप ।। 2945/5200

"क्षुद्र कीट खद्योत भी, चमके नन्ही जान ।
क्षार समुंदर भी तथा, है मोती की खान ।। 2946/5200

"काँटे देते शूल हैं, गुलाब प्यारा फूल ।
मक्खी मारे डंक है, मधु में गुण अनुकूल ।। 2947/5200

"कीचड़ में पंकज उगे, मणिधर होता नाग ।
घन बादल में दामिनी, चिनगारी में आग ।। 2948/5200

"नारी में शक्ति खरी, हिरदय में अनुराग ।
एक नाद में ओम् है, सात सुरों में राग" ।। 2949/5200

(अत:)

✍दोहा॰ मिलने रघुवर राम से, दूत बना हनुमान ।
बहुत सोच विधि ने किया, अनुपम ये अनुमान ।। 2950/5200

84. Meeting between Shrī Rāma and Hanumān

गीतमाला, पुष्प 107 of 163

राग काफी, कहरवा ताल 8 मात्रा

(रामदास)

स्थायी

रघु मिलन को आया दास पवन सुत ।
शिव की है माया गंगाधर की ।
किष्किंधा के घन गिरि वन में । सुग्रीव दूत, रे ।।

♫ सानि़ सासारे रे ग–म– प–प मगरे सानि़ । सासा रे रे ग–म– प–पमपध निसां ।
निधपमग– रे– रेनि धनि पध मप । गमगप सानि़सा, गरेम ।।

अंतरा–1

वाणी कपीश की, शुद्ध सुसंस्कृत । देगई रामजी को, बिसवास रे ।
सामने जो है खड़ा, राम के । राघव दास है ।।

♫ प–प धमपनि सां–, रेंगरें सांरेंनिसांसां । नि–निनि धनिपध नि, रेंसांरेंनिध प– ।
पनिधनि प– ध– मप–, गमग पम । गमगप सानि़सा गरेम ।।

अंतरा–2

वाली ने सुग्रीव की, भार्या चुरा कर है ।
राम जी के हाथ, मरण सिधारा रे ।
सुग्रीव कपि को, राज मिला । अंगद नंद है ।।

अंतरा–3

शिवजी लीन्हे, रूप कपि के । सिया खोजके, वापस लाने ।
राम–सिया को, साथ मिलाने । दैवी रूप है ।।

(राम–हनुमान मिलन)

दोहा॰ **“मिलन राम–हनुमान का, अमित परम इतिहास ।**
राम चरण में आगया, रामचंद्र का दास ।। 2951/5200

“इससे बढ़ कर अरु नहीं, मेल किसी का खास ।
चल कर आया आप ही, दास राम के पास ।। 2952/5200

“परम विधाता ने दिया, रघुवर को वनवास ।

84. Meeting between Shrī Rāma and Hanumān

संगम सरिता का भया, बिना मिलन की आस ।। 2953/5200

"गंगा से यमुना मिली, यमुना बनी महान ।
रामचंद्र के मेल से, बना कीश भगवान ।। 2954/5200

"कारण–साधन जब मिलें, ठीक बने अनुमान ।
नारायण–नर मिलन ही, रामचंद्र–हनुमान" ।। 2955/5200

(तथा ही)

✍दोहा॰ "सुख में संगी हैं सभी, दुख में टिकै न कोय ।
जो संकट में साथ हो, सच्चा साथी होय ।। 2956/5200

"सदा सभी से यों मिलो, जैसे तन से प्राण ।
को जाने किस वेश में, आन मिलें भगवान" ।। 2957/5200

♫ छन्दमाला, मोती 9 of 11

वसंततिलका छन्द

ऽ ऽ ।, ऽ । ।, । ऽ ।, । ऽ ।, ऽ ऽ

♪ सा–नि़– सारे–रे सारेग–, मग रे–ग रे– सा–

(अनन्य मिलन)

बोला कपीश मिलके, प्रभु राम जी से । "आए प्रभो! विपिन में घन आप कैसे?" ।। 1
देखे सुजान कपि की, अभिराम माया । श्री राम ने झट गले, उसको लगाया ।। 2

ऐसा सुयोग न कभी, पहले भया था । वृत्तांत को सुखद मोड़, मिला नया था ।। 3
ऐसा प्रसंग जग में, न हुआ कभी भी । होगी न अन्य शुभ यों, घटना कहीं भी ।। 4

(हनुमान)

✍दोहा॰ देखा राघव को जभी, कपि का हर्षित गात ।
रोम–रोम हनुमान का, पुलकित सुख के साथ ।। 2958/5200

मंद हास्य मुख पर लिया, हृदय बसा कर राम ।
जोड़े दोनों हाथ को, किया विनम्र प्रणाम ।। 2959/5200

चरणन शीश झुकाय कर, लीन्हो पद रज भाल ।
उत्तमतम रसना किए, बोला, "जय जगपाल!" ।। 2960/5200

84. Meeting between Shrī Rāma and Hanumān

(अथ)

✍दोहा॰ सविनय वाणी में कहा, मंगल मय तव रूप ।
मुखमंडल के तेज से, लगते हो सुरभूप ।। 2961/5200

वल्कल कटि पर शोभते, कर में धनुष तिहार ।
महावीर हो तुम, प्रभो! मैं नत तुम्हें निहार ।। 2962/5200

(और)

✍दोहा॰ योग “दीर्घ-लघु-काय” का, मुझको शिव की देन ।
स्वामी-सेवा धर्म है, मम कुल का, दिन रैन ।। 2963/5200

सुग्रीव का मैं सचिव हूँ, नाम मेरा हनुमान ।
लेजाऊँ तुमको, प्रभो! मम स्वामी के धाम ।। 2964/5200

(इति)

✍दोहा॰ वचन सुसंस्कृत रस भरे, दिव्य ओज का स्त्रोत ।
विनय पूर्ण रसना सजी, अमृत रस से प्रोत ।। 2965/5200

(फिर कहा)

✍दोहा॰ कमल-नयन, मुख चंद्र सा, लगते हो नृप आप ।
वन में मुनि-भूषा लिए, क्यों आगम परिताप ।। 2966/5200

नाम ध्येय अपना कहो, मुझे जानलो दास ।
सुग्रीव कपिवर से मिलें, मुझको है यह आस ।। 2967/5200

(लक्ष्मण)

✍दोहा॰ लछमन बोला राम को, कपि लगता चालाक ।
मुख में अमृत भाष है, मन में हो विष पाक[47] ।। 2968/5200

कपि आया द्विज वेष में, देने हमको झाँस ।
ऊपर मीठी बात है, हिरदय देखो झाँक ।। 2969/5200

(राम)

✍दोहा॰ राघव बोले लखन को, “बोलो मत बिन सोच ।
बातें कपि की हैं सही, मुझे नहीं संकोच ।। 2970/5200

---

[47] पाक = रसोई ।

84. Meeting between Shrī Rāma and Hanumān

"श्लोक युक्त कपि कथन हैं, योग शास्त्र का ज्ञान ।
बुद्धिमान हनुमान हैं, लगते मुझे सुजान ।। 2971/5200

"छद्म मुक्त, शुभ वचन हैं, विनयशील मधु भाष ।
प्रामाणिक लगते मुझे, जिसे मित्र की आस ।। 2972/5200

"इसे वेद का ज्ञान है, शैली रस से सिक्त ।
विमल सुकोमल सरल है, विविध छंद से युक्त ।। 2973/5200

"ओज पूर्ण सब कथन है, नहीं कहीं भी दोष ।
कला व्याकरण से भरा, मधुर शब्द का कोश ।। 2974/5200

"क्षात्र-धर्म का वीर है, कार्मयोग का ज्ञान ।
बुद्धियोग का तज्ञ है, लगता मुझे सुजान ।। 2975/5200

"अनजाने ही ना कभी, करो किसी पर रोष ।
बिन पहिचाने तुम, सखे! मत दो इसको दोष" ।। 2976/5200

(सच है)

दोहा॰ "सदा सभी से प्रीत हो, सबका हो सम्मान ।
ना जाने किस रूप में, मिल जावें भगवान ।। 2977/5200

"पारस से लोहा मिला, ज्ञानी से गुणवान ।
सुनार को सोना मिला, राघव को हनुमान" ।। 2978/5200

(यों)

दोहा॰ लछमन को समझाय यों, करके उसको शाँत ।
कपिवर हनुमत को कही, "दो-वर" वाली बात ।। 2979/5200

दशरथ नंदन राम हूँ, रवि कुल का मैं क्षात्र ।
यह लछमन मम अनुज है, वसिष्ठ के हम छात्र ।। 2980/5200

राघव ने कपि से कहा, हमें मित्र की आस ।
पितु-आज्ञा सिर पर धरे, निकले हम वनवास ।। 2981/5200

(एक दिन)

दोहा॰ चला कुचक्कर एक दिन, रघु कुल का दुर्भाग ।

84. Meeting between Shrī Rāma and Hanumān

लगी सुखी परिवार में, भेद भाव की आग ।। 2982/5200

दिया पिता ने मातु को, "दो-वर" का वरदान ।
माँ ने उस वरदान का, दिया घोर परिणाम ।। 2983/5200

माता ने वर माँग कर, दिया हमें वनवास ।
पिता हमारे चल बसे, होकर बहुत निरास ।। 2984/5200

निकले वल्कल पहन कर, अवध राज्य को त्याग ।
संग हमारी स्त्री चली, चला लखन अनुराग ।। 2985/5200

(अत:)

दोहा॰ नद नाले हम लाँघ कर, चित्रकूट कर पार ।
बसे दंडकारण्य में, पंचवटी के द्वार ।। 2986/5200

रची लखन ने झोंपड़ी, जैसी सिय की चाह ।
विहग हरिण फल-फूल थे, जल का शीत प्रवाह ।। 2987/5200

मृग पंछी जल फूल से, सिय को लगा लगाव ।
कन्द-मूल कछु चीज का, वहाँ कभी न अभाव ।। 2988/5200

पर्ण कुटी के सामने, सुंदर दिखता बाग ।
तरु पर खग आनंद में, गाते मंगल राग ।। 2989/5200

(एक दिन)

दोहा॰ गुजरे यों क्षण मोद में, सीता के दिन-रात ।
इक दिन अनजाने घटी, अनहोनी सी बात ।। 2990/5200

एक सुनहरा सोहना, आया मृग मृदु काय ।
सीता का इक झलक में, लीन्हा चित्त लुभाय ।। 2991/5200

इतना सुंदर पालतू, पशु ना देखा जाय ।
सीता बोली, हे प्रभो! उसको पकड़ा जाय ।। 2992/5200

पालूँगी मैं प्रेम से, दाना घास खिलाय ।
अपने हाथों लाइके, निर्मल नीर पिलाय ।। 2993/5200

(फिर)

84. Meeting between Shrī Rāma and Hanumān

दोहा॰ मीना जैसे नैन से, दिल पर तीर चलाय ।
मखमल सी उसकी त्वचा, मन को चाह लगाय ।। 2994/5200

लक्ष्मण बोला, जानकी! माया तुम्हें भुलाय ।
मृग सोने के रंग का, सपनों में हि सुहाय ।। 2995/5200

(परंतु)

दोहा॰ वचन लखन के सत्य थे, सिया न मानी बात ।
हम निकले मृग के लिए, किया असुर ने घात ।। 2996/5200

सीता को लेकर गया, वायुयान से चोर ।
गया जटायु रोकने, सुन अबला का शोर ।। 2997/5200

काटे पंख जटायु के, राक्षस की तलवार ।
मम गोदी में खग मरा, वीरगति को धार ।। 2998/5200

कबंध ने हमको कहा, जाओ सुग्रीव पास ।
ऋष्यमूक गिरि पर बसा, कपिवर बहुत उदास ।। 2999/5200

आशिष शबरी से लिए, करने कृतार्थ काज ।
मिलना हम हैं चाहते, सुग्रीव कपि से आज ।। 3000/5200

(फिर राम बोले)

दोहा॰ हनुमत! अब हमको कहो, क्यों सुग्रीव कपिराज ।
किष्किंधा को छोड़ कर, इस गिरि पर है आज ।। 3001/5200

(हनुमान)

दोहा॰ सुन कर दुख मय राम की, कथा भगत हनुमान ।
दोनों नृप का हित करूँ, कीन्हा मन अनुमान ।। 3002/5200

दोनों सम-दुख में घिरे; दोनों वीर महान ।
दोनों का मैं दास हूँ, जय जय जय सीता राम! ।। 3003/5200

किष्किन्धा काण्ड : सातवाँ सर्ग

85. Story of of Rumā's abduction (4. Kishkindhā Kānd)

85. सुग्रीव पत्नी रुमा[48] हरण की कथा :

85. Story of of Rumā's abduction *(4. Kishkindhā Kānd)*

कथा

(हनुमान बोला)

दोहा॰ किष्किंधा को छोड़ कर, सुग्रीव कीश कपीश ।
ऋष्यमूक पर क्यों बसा, सुनो कहूँ, जगदीश! ।। 3004/5200

किष्किंधा का भूपति, बाली नाम कपीश ।
सुग्रीव उसका बंधु श्री, स्वामीनिष्ठ है कीश ।। 3005/5200

किष्किंधा का भूप है, बाली अति बलवान ।
सुग्रीव उसका सचिव था, कपिवर बहुत सुजान ।। 3006/5200

तारा[49] बाली की वधू, अंगद उसका पुत्र ।
सुग्रीव-पत्नी है रुमा, कश्यप उनका गोत्र ।। 3007/5200

दोनों भाई एक से, रंग स्वरूप समान ।
रण नीति में धीर हैं, दोनों बंधु महान ।। 3008/5200

(एक दिन)

दोहा॰ एक दिवस "मय" नाम का, असुर मल्ल घनघोर ।
आया आधी रात में, बहुत मचाता शोर ।। 3009/5200

खड़ा महल के सामने, बाली को ललकार ।
बोला, लड़ने आइयो, दूँगा तुझको मार ।। 3010/5200

सुन कर उसकी गर्वता, बाली के मन क्रोध ।
बोला, आकर मैं तुझे, अभी सिखाता बोध ।। 3011/5200

(सुग्रीव)

---

[48] रुमा = रूमा ।

[49] **तारा** = कपिवर सुषेण जी की कन्या, बाली की पत्नी ।

85. Story of of Rumā's abduction (4. Kishkindhā Kānd)

सुग्रीव बोला, हे सखे! मत सुन वह बकवाद ।
वापस लौटेगा स्वयं, थक जाने के बाद ।। 3012/5200

मूढ़ मति बाली महा, चला अकेला आप ।
सुग्रीव भी फिर साथ में, निकल पड़ा चुपचाप ।। 3013/5200

भागे दोनों वीर वे, धरने मय का हाथ ।
मय फिर उनको देख कर, काँपा भय के साथ ।। 3014/5200

(फिर)

दोहा॰ **सुरंग में मय घुस गया, गया भागता दूर ।**
बाली को ललकारता, मायावी मगरूर ।। 3015/5200

(बाली)

दोहा॰ **बाली बोला, बंधु! तुम, रुको गुफा के द्वार ।**
मैं आता हूँ भोर में, मायावी को मार ।। 3016/5200

"दोनों जाना खोह[50] **में, ठीक नहीं है आज ।**
यदि हम दोनों मर गए, कौन करेगा राज ।। 3017/5200

"मैं आता हूँ प्रात में, पूरण करके काज ।
यदि ना आऊँ लौट कर, तुम ले लेना राज ।। 3018/5200

"बिल का मुख पाषाण से, कर देना तुम बंद ।
ता की असुर न पा सके, तुमरे गल में फँद" ।। 3019/5200

(फिर)

दोहा॰ **बीत गए थे दिन कई, नहिँ लौटा जब भ्रात ।**
सब बोले, "मारा गया, बाली मय के हाथ" ।। 3020/5200

यथा बंधु ने था कहा, सुग्रीव ने पाषाण ।
बिल के मुख पर रख दिया, लेने मय के प्राण ।। 3021/5200

मंत्री मंडल ने कहा, करें दाह संस्कार ।

---

[50] **खोह** = कंदर, गुफा, गुहा, बिल, सुरंग, खोह, विवर (आदि समानार्थक शब्दों का प्रयोग इस कविता में आया है ।)

85. Story of of Rumā's abduction (4. Kishkindhā Kānd)

अगले नृप का सोचिए, नाम नीति अनुसार ।। 3022/5200

(तारा)

दोहा॰ तारा रानी ने तभी, कीन्हा ये ऐलान ।
"सुग्रीव अब राजा बने, अंगद बने प्रधान" ।। 3023/5200

(उधर)

दोहा॰ बाली मय से लड़ पड़ा, मुष्टि युद्ध दिन-रात ।
बार-बार आघात से, फटा असुर का गात ।। 3024/5200

मायावी जब मर गया, दुंदुभि-सुत बलवान ।
बाली बिल में फँस गया, बिल पर था पाषाण ।। 3025/5200

मूढ़ क्रुद्ध बाली भया, भरा क्रोध से गात ।
बोला, गद्दी के लिए, किया बंधु ने घात ।। 3026/5200

(फिर)

दोहा॰ कंदर की दीवार को, खोद खोद दिन-रात ।
बाली बाहर आगया, उसे लगे दिन सात ।। 3027/5200

बन कर बैरी बंधु का, बाली क्रोधित लाल ।
चला अनुज को मारने, बन कर उसका काल ।। 3028/5200

दाँत पीसता जोश में, आग बबूला लाल ।
टूट पड़ा सुग्रीव पर, बकता उसको गाल[51] ।। 3029/5200

(और)

दोहा॰ पत्नी उसकी छीन कर, उस पर किया प्रहार ।
किया बालि ने बंधु को, किष्किन्धा से पार ।। 3030/5200

सुग्रीव, पत्नी-विरह में, किष्किन्धा को त्याग ।
ऋष्यमूक गिरि पर बसा, लिए शोक की आग ।। 3031/5200

 गीतमाला, पुष्प 108 of 163

---

[51] गाल (पंजाबी) = गाली (हिंदी)

85. Story of of Rumā's abduction (4. Kishkindhā Kānd)

खयाल : राग रामकली,[52] तीन ताल 16 मात्रा

(रुमा–बिरहा)

स्थायी

रोऽये मोऽ ऽ ऽ ऽ री अँखियाँऽ ऽ ऽ,
जीऽया उदाऽ ऽ ऽ ऽ ऽ सीऽ, सखी! ।
राऽह तकूँऽ पी आऽयेऽ नाऽ ऽ ऽ ।।

♬ गमप– पध–पमंपपग मध–प–,
गरेग पम–ग–रे–सा–सा– गम ।
प–प पध– सां– निनिधप धनिसांरेंसंनिधपऽऽ ।।

अंतरा–1

पल छिन मोऽराऽ कल न परत हैऽ,
पीऽ को खबरियाँऽ दीऽऽजियोऽ ऽ ऽ ।
हरि! रोऽवऽतऽऽ हैऽऽ मोकाऽ जियरवाऽ,
कबहुँऽ मिलेंगे पियाऽ ऽ ऽ ऽ, रो–ये ।।

♬ मम मम प–ध– निनि सां सांसांसां सां–,
ध– ध धनिसांसां– निसांरेंसांनिधप– ।
मम प–धधपमप मगम मध– निसांसांसां–,
धधसां– सांसां–सां धनिसांरेंसांनिधपगम, प–प ।।

(हनुमान)

✍ **दोहा॰ सुन मैं दुख सुग्रीव का, आया उसके पास ।**
नारी–रक्षा के लिए, बन कर उसका दास ।। 3032/5200

बाली का मैं आप ही, कर देता संहार ।

---

[52] 𝄞 **राग रामकली :** यह भैरव ठाठ का राग है । इसका आरोह है : सा ग, म प ध, नि सां । अवरोह है : सां नि ध प, मं प, ध नि ध, म ग, म रे सा । इसमें वादी स्वर प और संवादी स्वर सा है ।

▶ लक्षण गीत : ✍ **दोहा॰ अवरोह नि मृदु तिव्र मा, आरोही रे त्याग ।**
कोमल स्वर जिसमें ध है, "रामकली" वह राग ।। 3033/5200

86. Story of Meeting between Sugrīva and Shrī Rāma

मैं तो केवल दास हूँ, कैसे नृप दूँ ताड़ ।। 3034/5200

नृप से ही नृप लड़ सके, नीति नियम आधार ।
रामचंद्र नृप आप हैं, उसको सकते मार ।। 3035/5200

(तारा)

दोहा॰ पति को तारा ने कहा, "स्त्री चोरी है पाप ।
करके ऐसा पाप तुम, स्वयं मरोगे आप" ।। 3036/5200

(रुमा की कथा सुना कर)

दोहा॰ हनुमत बोला राम को, "चलिए मेरे साथ ।
हाथ जोड़ बिनती करूँ, राघव श्रीरघुनाथ!" ।। 3037/5200

किष्किन्धा काण्ड : आठवाँ सर्ग

86. श्री राम-सुग्रीव मिलन की कथा :

86. Story of Meeting between Sugrīva and Shrī Rāma

कथा

(हनुमान)

दोहा॰ चलिए! कह कर चल पड़े, पहुँचे सुग्रीव पास ।
राम-लखन दो बंधु के संग राम का दास ।। 3038/5200

गिरि पर, वन की राह से, चढ़े राम-हनुमान ।
लखन लला पीछे चला, गाता जय जय राम! ।। 3039/5200

ऊँचे टीले पर दिखा, सुग्रीव नृप का धाम ।
किला मनोरम था बना, कपि सेना का काम ।। 3040/5200

(सुग्रीव)

दोहा॰ कपि सँग देखे राम को, हरषाया सुग्रीव ।
कपिवर राघव से मिला, जोड़ ग्रीव से ग्रीव ।। 3041/5200

काँधे पर श्रीराम के, रख कर अपना शीश ।
ढारे मोती अश्रु के, हर्षित गात कपीश ।। 3042/5200

87. Story of the fight between Sugrīva and Bālī

(राम)

दोहा॰ सजल नयन श्री राम ने, कहा कुशल अरु क्षेम ।
पास बिठा कर कीश को, जतलाया निज प्रेम ।। 3043/5200

राघव ने सुग्रीव का, धरा हाथ में हाथ ।
बतलाई कपिराज को, "दो-वर" वाली बात ।। 3044/5200

बोले, मेरी दार को, लेकर भागा चोर ।
तोरी भी पत्नी रुमा, विरह सहत है घोर ।। 3045/5200

(फिर)

दोहा॰ सुग्रीव ने अपनी कही, रुमा बिरह की बात ।
बोले राघव रोइके, सम दुक्खी हम भ्रात ।। 3046/5200

कहा राम ने कीश को, करें प्रथम तव काज ।
रूमा भाभी मुक्त हों, "करें योजना आज ।। 3047/5200

"फिर सीता को ढूँढने, निकलेंगे हम साथ ।
खोजेंगे सब विपिन ये, बोले श्री रघुनाथ ।। 3048/5200

"तुम अब मेरे बंधु हो, यथा लखन कुमार ।
हम दोनों सम दुक्खी हैं, तुमरी व्यथा हमार" ।। 3049/5200

किष्किन्धा काण्ड : नौवाँ सर्ग

87. सुग्रीव-बाली संग्राम की कथा :

87. Story of the fight between Sugrīva and Bālī

कथा

(सुग्रीव)

दोहा॰ खुश हो कर फिर राम को, बोला वानर-राज ।
निकला, राघव! दिवस है, बड़े भाग्य का आज ।। 3050/5200

आज मुझे, प्रभु! आपकी, कृपा मिली है खास ।

87. Story of the fight between Sugrīva and Bālī

मेरा हनुमत आज से, बने आपका दास ।। 3051/5200

ऋष, मारुत वानर बड़े, जितने मेरे पास ।
जामवंत, नल, नील भी, तुमरे हैं अब दास ।। 3052/5200

(हनुमान)

✍दोहा॰ हनुमत ने फिर राम के, धरे चरण, सह प्यार ।
बोला, "रघुवर! आपने, किए बहुत उपकार ।। 3053/5200

"नारायण तुम आप हो, संकट मोचन राम! ।
सब विध जग में आपका, होवे मंगल काम ।। 30540/5200

"मेरा अब सब आपका, दल बल तन-मन प्राण ।
तुमरी सेवा में रहूँ, देकर जीवन दान" ।। 3055/5200

(फिर, सुग्रीव)

✍दोहा॰ सुग्रीव ने की आरती, कह कर "जय रघुनाथ!" ।
कीन्ही पूजा राम की, परिक्रमा के साथ ।। 3056/5200

करी प्रतिज्ञा प्राण से, करके शुद्ध विचार ।
बंधु भाव स्थापित किया, मीठे शब्द उचार ।। 3057/5200

बोला, सुख-दुख एक हैं, तुमरे और हमार ।
तुमरे भाई तीन थे, अब हम भाई चार ।। 3058/5200

सीता मेरी भौज है, करूँ तिहारे काम ।
रूमा तुमरी भोज है, उसे छुड़ादो, राम! ।। 3059/5200

(और)

✍दोहा॰ रुमा पड़ी है कैद में, उसे बचाओ, राम! ।
नारी-रक्षा है बड़ा, क्षात्र-धर्म का काम ।। 3060/5200

नारी-रक्षा के लिए, मरा जटायु वीर ।
मेरी रूमा के लिए, राम! उठाओ तीर ।। 3061/5200

"मैं हृत-पत्नी हूँ, रघो! मुझको दो तुम साथ ।
हृत-पत्नी हो आप भी, तुमको मैं दूँ हाथ" ।। 3062/5200

87-A. Story of Sākhu Trees (Rāmāyan, 4. Kishkindhā Kānd)

मेरे कष्ट हरो, प्रभो! रखिये मेरी लाज ।
संकट मेरे टारिए, राघव! मेरे आज ।। 3063/5200

(राम)

✍दोहा॰ "मेरा अब तू बंधु है, रूमा मेरी भौज ।
मोचन भाभी का करें, फिर सीता की खोज ।। 3064/5200

"तू मेरा कपि बंधु है, मैं हूँ तेरा भ्रात ।
भौजाई मेरी रुमा, सिया भौज तव, तात! ।। 3065/5200

"अब हम दोनों बंधु हैं, क्षात्र-धर्म के नाम ।
भौजाई की मुक्ति है, भाई! मेरा काम" ।। 3066/5200

(क्योंकि)

✍दोहा॰ "पत्नी तुमरी छीन कर, बाली कीन्हा पाप ।
उस नृप को दंडित करूँ, अवधपति मैं-आप" ।। 3067/5200

(अत:)

✍दोहा॰ "तेरा दुख हम टार दें, शठ बाली को मार ।
नारी-मोचन धर्म है, क्षात्र-कर्म सुविचार ।। 3068/5200

"या रूमा को सौंप दे, उसके पति के हाथ ।
या हम उसको दंड दें," बोले श्री रघुनाथ ।। 3069/5200

साखु वृक्ष की कथा

87-A. Story of Sākhu Trees (Rāmāyan, 4. Kishkindhā Kānd)

(सुग्रीव)

✍दोहा॰ सुन राघव के शब्द वे, सुग्रीव पुलकित देह ।
मगर राम के बाण पर, उसके मन संदेह ।। 3070/5200

सुग्रीव बोला, राम से, बाली है अति वीर ।
प्रमाण दो, राघव! मुझे, आप चला कर तीर ।। 3071/5200

चूके यदि शर आपका, या हो शर कमजोर ।
बाली के फिर हाथ से, अनिष्ट होगा घोर ।। 3072/5200

87. Fight between Sugrīva and Bālī, continued

(राम)

✍दोहा॰ वहाँ साखु के वृक्ष हैं, सात सजाय कतार ।
प्रमाण देंगे वे तुझे, दिखलाय चमत्कार ।। 3073/5200

(फिर)

✍दोहा॰ राघव बोले ठीक है, सच्ची तेरी बात ।
कर ले तू विश्वास, फिर, लड़ बाली के साथ ।। 3074/5200

देख वहाँ तरु सात हैं, ऊँचे ताड़ समान ।
एक चला कर बाण मैं, दूँगा तुझे प्रमाण ।। 3075/5200

छोड़ा शर श्री राम ने, लेकर शिव का नाम ।
सातों तरुवर कट गिरे, देने उचित प्रमाण ।। 3076/5200

87. Fight between Sugrīva and Bālī, continued

(सुग्रीव)

✍दोहा॰ कपि को बोला राम ने, पहले कर लो बात ।
बाली माने शाँति से, तो मत लड़ना, तात! ।। 3077/5200

सुग्रीव बोला, ठीक है, वचन तिहारे, राम! ।
बहुत यत्न मैं कर चुका, मगर बना नहिँ काम ।। 3078/5200

बाली को मैंने कहा, क्षमा करो अपराध ।
तू मेरा भाई बड़ा, तेरी कृपा अगाध ।। 3079/5200

लौटा तू जब कुशल है, फिर क्यों इतना क्रोध ।
मुझको पश्चाताप है, हुआ भूल का बोध ।। 3080/5200

करो राज्य अब शान से, रखलो मुझको दास ।
तेरी सेवा मैं करूँ, रह कर तेरे पास ।। 3081/5200

तेरा सब मैंने रखा, ज्यों का त्यों ही राज ।
करी धरोहर वापसी, फिर क्यों तू नाराज ।। 3082/5200

(मगर)

✍दोहा॰ कहना मम माना नहीं, कट-कट पीसे दाँत ।

87. Fight between Sugrīva and Bālī, continued

दौड़ा मुझको मारने, ठुकरा कर मम बात ।। 3083/5200

एक वस्त्र बस पहन कर, निकला मैं तज ग्राम ।
काटा काल कलेश में, कीन्हा गिरि पर धाम ।। 3084/5200

(अब)

✍दोहा॰ "मेरी पत्नी यदि मिले, मुझको, हे श्रीराम! ।
दास बनूँगा आपका, करूँ आपका काम" ।। 3085/5200

पूर्ण भरोसा है मुझे, तुम पर, हे रघुनाथ! ।
सफल मनोरथ क्यों न हो, जब तुम मेरे साथ ।। 3086/5200

(राम)

✍दोहा॰ समझाने सुग्रीव को, बोले प्रभु श्री राम ।
सुखदाई! अब हम करें, पहले तेरा काम ।। 3087/5200

रक्षा रूमा की करें, उस बाली को ताड़ ।
नारी-रक्षा ध्येय है, बिन अनीति से लाड़ ।। 3088/5200

☎योजना)

✍दोहा॰ कीन्ही फिर यों योजना, क्षात्र-धर्म अनुसार ।
नारी-रक्षा काज में, नहीं जीत या हार ।। 3089/5200

बाली को आवाज दो, मुष्टियुद्ध ललकार ।
"रूमा को वह छोड़ दे, या लड़ने तैयार ।। 3090/5200

"रूमा को यदि छोड़ दे, लड़ने का नहिँ काम ।
किष्किन्धा बाली बसे, ऋष्यमूक तव धाम ।। 3091/5200

"लड़ने को यदि आगया, बाली तेरे साथ ।
मुष्टियुद्ध में तुम, सखे! करना दो-दो हाथ ।। 3092/5200

"पेड़ के तले मैं खड़ा, मारूँ उसको बाण ।
एक वक्ष पर घाव से, तज देगा वह प्राण" ।। 3093/5200

(फिर)

✍दोहा॰ "तारा रानी फिर करे, किष्किन्धा में राज ।

87. Fight between Sugrīva and Bālī, continued

रूमा को तू पाएगा, होगा तेरा काज" ।। 3094/5200

(सुग्रीव का प्रश्न)

दोहा॰ सुग्रीव बोला राम से, सफल बने अब काम ।
अच्छी हमरी योजना, क्षात्र-धर्म के नाम ।। 3095/5200

मगर कहो, श्री रामजी! "तुमने मारा तीर ।
बाली के यदि पीठ पर, हम हों कैसे वीर ।। 3096/5200

"रण की नीति क्या कहे, क्षात्र-धर्म के साथ ।
नारी-हर्ता के लिए, नियम कहो, रघुनाथ!" ।। 3097/5200

(श्री राम का उत्तर)

दोहा॰ बोले हरि सुग्रीव को, सुनो नीति तुम, तात! ।
क्षात्र-धर्म से मैं चलूँ, करने को हर बात ।। 3098/5200

प्रश्न तिहारा उचित है, करो न चिंता व्यर्थ ।
नीति-नियम को पाल कर, होगा नहीं अनर्थ ।। 3099/5200

"मुझे बंधु तूने कहा, रूमा मेरी भौज ।
भाभी तेरी है सिया, अब हम दो की फौज ।। 3100/5200

"अगवा सीता अरु रुमा, करने वाले मूढ़ ।
कीन्हे पातक घोर हैं, दोनों दुष्ट विमूढ़ ।। 3101/5200

"नारी हरना पाप है, उन्हें नहीं विश्वास ।
रण पर मरने योग्य हैं, करके धर्म विनाश" ।। 3102/5200

बाली को यह ज्ञात हो, "साथ तिहारे राम" ।
छुप कर तीर न पीठ पर, मारेगा श्री राम ।। 3103/5200

"बाली नृप कपिसंघ का; राघव है अवधेश ।
राजा को राजा हने, यही नीति आदेश" ।। 3104/5200

सुन कर राघव का कहा, सुग्रीव भया प्रसन्न ।
बोला, राघव! अब चलें, करने यश संपन्न ।। 3105/5200

(तब, सुग्रीव)

87. Fight between Sugrīva and Bālī, continued

✍दोहा॰ सुग्रीव-राघव चल पड़े, किष्किन्धा की ओर ।
वन में भय-बिन यों चले, सिंह राज की तौर ।। 3106/5200

किष्किन्धा जब आगए, यथा बनाया दाँव ।
राम खड़े तरु के तले, लिए वृक्ष की छाँव ।। 3107/5200

(और फिर)

✍दोहा॰ बालीगृह के सामने, सुग्रीव आकर आप ।
बोला, बाली! हे सखे! और न कर तू पाप ।। 3108/5200

मेरी रूमा छोड़ दे, उसका तनिक न दोष ।
मुझे सजा तू दे चुका, अब मत धर तू रोष ।। 3109/5200

आया हूँ, बंधो! यहाँ, लेने रूमा साथ ।
"बिना लड़ाई मान जा, मेरे सह रघुनाथ" ।। 3110/5200

नीति वीर श्री राम हैं, और न कर तू पाप ।
अगर अभी माना नहीं, देंगे तुझको ताप ।। 3111/5200

(और)

✍दोहा॰ नारी हरना पाप है, यही नीति की रीत ।
क्षात्र-धर्म को टाल कर, फल होगा विपरीत ।। 3112/5200

दे दे रूमा शाँति से, लौटूँगा चुपचाप ।
ऋष्यमूक पर मैं बसूँ, तुझे न दूँगा ताप ।। 3113/5200

नारी हरना पाप है, यही नीति की रीत ।
मानेगा यदि तू नहीं, फल होगा विपरीत ।। 3114/5200

निर्णय तेरे हाथ है, करना सोच विचार ।
होजा सहमति के लिए, या लड़ने तैयार ।। 3115/5200

(तब)

✍दोहा॰ सुन कर सुग्रीव का कहा, क्रोधित बाली लाल ।
झपट पड़ा सुग्रीव पर, बन कर उसका काल ।। 3116/5200

बाली-सुग्रीव बंधु का, युद्ध हुआ घमसान ।

87. Fight between Sugrīva and Bālī, continued

मुक्के पर मुक्के बजे, उठा-पटक तूफान ।। 3117/5200

दाँव पेच घूसे चले, करने को बलिदान ।
सुग्रीव कोसत राम को, कब छोड़ोगे बाण ।। 3118/5200

(राम)

✍दोहा॰ दोनों भाई राम को, लागे एक समान ।
दुविधा में राघव पड़े, नहीं चलाया बाण ।। 3119/5200

(अत:)

✍दोहा॰ तीर न सुग्रीव को लगे, बिगड़ न जावे काम ।
पीट रहा बाली उसे, तीर न छोड़े राम ।। 3120/5200

सुग्रीव भागा युद्ध से, बचाय अपने प्राण ।
समझ न पाया, राम ने, क्यों न चलाया बाण ।। 3121/5200

सुग्रीव के रण छोड़ते, लड़ना हुआ विराम ।
बाली भी घर आगया, चले गए श्रीराम ।। 3122/5200

(तारा)

✍दोहा॰ बाली घर पर आगया, हुआ क्रोध से लाल ।
भाई को गंदी बुरी, मुख से बकता गाल [53] ।। 3123/5200

सुन कर पति की गालियाँ, तारा बोली, नाथ! ।
गाली बकना गलत है, कुटुंबियों के साथ ।। 3124/5200

आगे बोली, "हे सखे! अभी सँभालो होश ।
रूमा को तुम छोड़ दो, उसका कछु नहिँ दोष ।। 3125/5200

"तुमने कीन्हा पाप वो, जिसका फल है घोर ।
कर दोगे विधवा मुझे, तुम नारी के चोर ।। 3126/5200

"ऋष्यमूक पर राम हैं, बसे अनुज के साथ ।
फल कड़ुआ चखवायँगे, तुझको श्री रघुनाथ ।। 3127/5200

---

[53] **गाल (पंजाबी)** = गाली (हिंदी)

87. Fight between Sugrīva and Bālī, continued

"नीति को मत त्याग तू, विनति करूँ, हे नाथ! ।
रूमा तेरी भौज है, मत रख अपने साथ" ।। 3128/5200

(और)

✍दोहा॰ "सुनो नाथ! मेरा कहा, कलह बुरी है बात ।
भाई से लड़ कर, सखे! होगा कुल का घात ।। 3129/5200

"अंगद भी है कह रहा, उचित नहीं अभिमान ।
सुग्रीव सह नल–नील हैं, जाँबवंत हनुमान ।। 3130/5200

"संत तुम्हें सब तज गए, लख कर तुमरा पाप ।
छल बल से कब तक चले, तुम्हें लगेगा शाप" ।। 3131/5200

(और सुनो)

✍दोहा॰ "अधर्म का जब, धर्म को, खा जाता है पाप ।
रक्षण करने रामजी, आजाते हैं आप ।। 3132/5200

"वेद शास्त्र कहते सभी, हमको बारंबार ।
नारी–अपहर्ता अघी, इक दिन खाता मार" ।। 3133/5200

(अत:)

"मिल कर राघव से, सखे! करो अनुज से मेल ।
फूट–कलह की आग ये, खतम करेगी खेल ।। 3134/5200

"गले लगा कर अनुज को, उसे करो युवराज ।
रामचंद्र की ओट में, होता पूज्य समाज" ।। 3135/5200

(फिर)

✍दोहा॰ तारा ने अति प्रेम से, कहा, सुनो मम नाथ! ।
रूमा को तुम छोड़ दो, जावे पति के साथ ।। 3136/5200

(बाली)

✍दोहा॰ पत्नी की मानी नहीं, बाली ने शुभ बात ।
गाली देकर मूढ़ ने, उसको मारी लात ।। 3137/5200

(लखन)

✍दोहा॰ सुग्रीव जब घर आगया, लतपत लहूलुहान ।

87. Fight between Sugrīva and Bālī, continued

भाई! यह कैसे हुआ, बोला लखन सुजान ।। 3138/5200

रूमा भाभी क्यों नहीं, लाया अपने संग ।
मारा किसने है तुझे, रक्त लिप्त क्यों अंग ।। 3139/5200

(सुग्रीव)
दोहा॰ सुग्रीव बोला लखन से, बुरा हुआ है काम ।
पीटा बाली ने मुझे, तीर न छोड़े राम ।। 3140/5200

पहले मुझको राम ने, लड़ने किया तयार ।
बाण न छोड़ा राम ने, खाई मैंने मार ।। 3141/5200

(फिर)
राघव जब घर आगए, सुग्रीव को अति रोष ।
बोला कहिए, रामजी! मेरा क्या था दोष ।। 3142/5200

तुमने शर छोड़ा न क्यों, मुझे पड़ी जब मार ।
झूठ वचन से क्यों किया, लड़ने मुझे तयार ।। 3143/5200

राघव बोले विनय से, क्षमा करो, कपिराज! ।
सुग्रीव! तेरा काम हम, सफल करेंगे आज ।। 3144/5200

(राम)
दोहा॰ राघव नैनन नीर थे, वाणी दुख में लीन ।
बोले, मुझे न दोष दो, मैं हूँ कपट विहीन ।। 3145/5200

"एक-रूप तुम बंधु हों, दिखा मुझे ना भेद ।
गलत निशाने तीर से, करना पड़ता खेद ।। 3146/5200

"कभी लगे बाली यही, तभी लगे वह आप ।
धोखे में शर छोड़ कर, कैसे करता पाप" ।। 3147/5200

(अत:)
दोहा॰ कल जाओ तुम पहन कर, गले कुसुम का हार ।
या माला हो रुद्र की, गल में अब की बार ।। 3148/5200

(तत:)
दोहा॰ राघव ने कपि से कहा, "काम करो तुम चार ।

87. Fight between Sugrīva and Bālī, continued

गल में माला रुद्र की, पहनो तुम इस बार ।। 3149/5200

"बोलो बाली को, सखे! मत कर अत्याचार ।
फिर भी ना माने, तभी, करो युद्ध-ललकार ।। 3150/5200

"बाली को पहले कहो, संग हमारे राम ।
क्षात्र-धर्म से काम हो, नैतिक हो संग्राम ।। 3151/5200

"लड़ती वेला पीठ तुम, रखना मेरी ओर ।
मारूँ तीर न पीठ पर, मैं कायर की तौर" ।। 3152/5200

निकले मिलकर वे पुनः, करके सोच विचार ।
आगे सुग्रीव था चला, समेत अवध कुमार ।। 3153/5200

पीछे कपि नल-नील थे, जाँबवंत हनुमान ।
रूमा के सत्कार का, गाते सब शुभ गान ।। 3154/5200

पगडंडी पर थे चले, कहते हरि-जयकार ।
कपि सब गल में डालके, गजपुष्पा के हार ।। 3155/5200

(फिर)

✎ दोहा॰ किष्किंधा में जब गए, सुग्रीव के सह राम ।
संग नील नल थे कपि, और लखन हनुमान ।। 3156/5200

रुके राम तरु के तले, और कपि थे साथ ।
जाओ सुग्रीव! शांति से, बोले श्री रघुनाथ ।। 3157/5200

"बातें जो मैंने कही, रखना चारों याद ।
प्रथम शाँति से तुम कहो, रण की बातें बाद" ।। 3158/5200

अतः)

✎ दोहा॰ बाली के घर जब गया, सुग्रीव सुख के साथ ।
बोला, "रूमा छोड़ दे, साक्षी हैं रघुनाथ" ।। 3159/5200

"लौटा जाऊँगा, सखे! किष्किंधा से पार ।
वापस ना आऊँ कभी, ना होगी तकरार ।। 3160/5200

87. Fight between Sugrīva and Bālī, continued

"साक्षी मेरे वचन के, स्वयं सखा प्रभु राम ।
जांबुवान नल नील हैं, लखन और हनुमान ।। 3161/5200

"अभी शाँति से मान जा, बंधो! मेरी बात ।
राघव परम दयालु हैं, क्षमा करेंगे, तात!" ।। 3162/5200

(बाली)

दोहा॰ सुन कर सुग्रीव का कहा, बाली क्रोधित लाल ।
बोला, सुग्रीव! मैं तेरा, आज बनूँगा काल ।। 3163/5200

तूने कीन्हा घात है, तुझे न आई लाज ।
या तू मुझको मार दे, या मैं तुझको आज ।। 3164/5200

(तारा)

दोहा॰ तारा ने फिर से कहा, छू कर पति के पाँव ।
मत जाओ रे! तुम वहाँ, हारोगे तुम दाँव ।। 3165/5200

बाली! जाकर तुम मिलो, कृपा करेंगे राम ।
पलड़ा भारी हो तेरा, बने तिहारा काम ।। 3166/5200

रूमा को मिलवाइये, उसके पति के साथ ।
अत्याचारी लोग के, हन्ता हैं रघुनाथ ।। 3167/5200

पाँव पड़ूँ मैं आपके, सुनिये मेरी बात ।
ठुकरा कर उस मूढ़ ने, मारी उसको लात ।। 3168/5200

(फिर, युद्ध)

दोहा॰ आया बाली दौड़ कर, लड़ा बंधु के साथ ।
गुत्थमगुत्था फिर हुए, करके दो-दो हाथ ।। 3169/5200

मेढ़े टक्कर मारते, नागों की फुत्कार ।
कुत्तों जैसे भोंकते, बंधु भाव दुत्कार ।। 3170/5200

द्वंद्व युद्ध घनघोर था, नोच उधेड़ी खाल ।
रीछ समान भिडंत में, शोणित लतपत लाल ।। 3171/5200

धक्कम धक्का मारते, सिर पर भूत सवार ।

88. Story of Queen Tārā (Rāmāyan, 4. Kishkindhā Kānd)

दोनों बकरों की तरह, बलि चढ़ने तैयार ।। 3172/5200

जैसे दो गज लड़ रहे, करने घोर प्रहार ।
दोनो बैरी बन गए, भूल बंधु का प्यार ।। 3173/5200

सुग्रीव डर कर देखता, कहाँ खड़े हैं राम ।
"पीठ मेरी उस ओर हो, तभी बनेगा काम" ।। 3174/5200

बाली ने पकड़ी शिला, करने घोर प्रहार ।
विद्युत गति से राम का, शर छाती से पार ।। 3175/5200

बाली धरती पर गिरा, हाथ पैर को तान ।
पछतावा करते हुए, निकल रहे थे प्राण ।। 3176/5200

किष्किन्धा काण्ड : दसवाँ सर्ग

88. साध्वी तारा देवी की कथा :

88. Story of Queen Tārā (Rāmāyan, 4. Kishkindhā Kānd)

📖 कथा 📖

(तारा)

दोहा॰ सुन पति का दम तोड़ना, तारा आई भाग ।
बोली, "राघव हे प्रभो! इसको दो सौभाग ।। 3177/5200

"इसने माँगी है क्षमा, करके भी अपराध ।
रखना अपनी शरण में, पति को इसके बाद ।। 3178/5200

"वध्य कहे हैं शास्त्र में, पापी नर जो चार ।
उनमें बाली एक है, करके अत्याचार" ।। 3179/5200

(बाली से तारा बोली)

दोहा॰ "अत्याचारी मूढ़ जो, करता स्वेच्छाचार ।
बलात्कार या जो करे, अधर्म से व्यवहार ।। 3180/5200

88. Story of Queen Tārā (Rāmāyan, 4. Kishkindhā Kānd)

"अधर्मचारी चार ये, वध्य कहे हैं गात्र ।
क्षात्र के लिए उचित हैं, कर्म-धर्म के पात्र ।। 3181/5200

"अवध्य का जो वध करे, उसके सिर पर पाप ।
वध न करे जो वध्य का, वध्य कहा वह आप" ।। 3182/5200

इसी नीति के सूत्र से, वध्य बने तुम, नाथ! ।
प्राण दंड तुमको मिला, रामचंद्र के हाथ ।। 3183/5200

और आगे)

✍दोहा॰ धर्म नीति मनु ने कही, पापी जो उद्दंड ।
पतिव्रता अगवा करे, उसे प्राण का दंड ।। 3184/5200

रामचंद्र क्षत्रीय हैं, रघु कुल रवि अवतार ।
मैंने तुमको था कहा, देंगे तुमको मार ।। 3185/5200

तारा राम से बोली)

✍दोहा॰ बात नीति की थी कही, बूझ न पाए नाथ ।
विधवा मुझको कर गए, अबला दुखी अनाथ ।। 3186/5200

माथे कुमकुम पोंछ कर, चूड़ी हीने हाथ ।
बोली, अब जो ठीक है, कीजो श्री रघुनाथ! ।। 3187/5200

बिलख-बिलख फिर रो पड़ी, पति-बिरहा में डूब ।
मेरा सब कुछ लुट गया, दुखी हुई मैं खूब ।। 3188/5200

बाली ने ज्यों था कहा, सुग्रीव ले लें राज ।
अंगद को घोषित करो, प्रधान पद से आज ।। 3189/5200

(राम)

✍दोहा॰ तारा देवी को कही, राघव ने शुभ बात ।
सुख-दुख दाता ईश ही, न्याय करे दिन-रात ।। 3190/5200

"जो होना था सो होगया," बोले श्री रघुनाथ ।
"भाई को अब दाह दें, हम आदर के साथ" ।। 3191/5200

(फिर)

89. Sugrīva's annointment at Kishkindhā

दोहा॰ दाह-कर्म विधि से किया, वेद मंत्र के साथ ।
शोक-गीत गाएँ सभी, उभय जोड़ कर हाथ ।। 3192/5200

(तारा)

दोहा॰ तारा देवी ने कहा, तेरह दिन के बाद ।
राज्य नीति से अब करें, रख कर मनु को याद ।। 3193/5200

(रामराज्य)

दोहा॰ सुग्रीव किष्किंधा-पति, अंगद सचिव प्रधान ।
तारा ने की नीति है, "राम-राज्य" के नाम ।। 3194/5200

"किष्किंधा में अब कभी, ना हो अत्याचार ।
नीति नियम अनुसार ही, अब होगा व्यवहार ।। 3195/5200

"नारी हरना पाप है, मिले मृत्यु का दंड ।
अबला के सम्मान में, पड़े कभी ना खंड ।। 3196/5200

"गंदी भाषा ना कहे, कोई वानर वीर ।
ना चोरी, ना छल करे, ना दे कोई पीर ।। 3197/5200

"कोई भूखा ना रहे, ना बिरहा में रोय ।
रोटी कपड़ा घर मिले, जीवन सुखमय होय ।। 3198/5200

"सबमें ममता भाव हो, मुख में मीठे बोल ।
एक नीति में बद्ध हों, जनपद जन समतोल" ।। 3199/5200

किष्किन्धा काण्ड : ग्यारहवाँ सर्ग

89. सुग्रीव के राज्यारोहण की कथा :

89. Sugrīva's annointment at Kishkindhā

कथा

(रुमा)

दोहा॰ रूमा बोली, राम ने, कीन्हा मेरा काज ।

89. Sugrīva's annointment at Kishkindhā

मिलवा कर पति से मुझे, राखी मेरी लाज ।। 3200/5200

पापी के घर में फँसी, रोती साँझ सकार ।
अबला की दुख से भरी, तूने सुनी पुकार ।। 3201/5200

अपने पति को पाइके, सफल हुई मैं आज ।
कृपा आपकी, रामजी! कीन्हा मंगल काज ।। 3202/5200

गीतमाला, पुष्प 109 of 163

(किष्किंध में राम-राज्य)

स्थायी

तूने कीन्हा मेरा का - - ज । हरि! मैं, सफल मनोरथ आज ।
रामा, सफल मनोरथ आज ।

♫ गमगरे प-मग! रे-गम ग- -ग । पमग रे- गगग मप-मग रे-रे ।
गगमम, पपम गम-गरे सा- -सा ।।

अंतरा-1

किष्किंधा में नीति नियम का । पुण्य करम का, सत्य धरम का ।
राघव! तूने बसाया रा - - ज ।।

♫ प-मगरे- ग- रे-रे रेगग म- । प-म गरेरे म-, प-म गरेरे सा- ।
गगमम! प-म गम-गरे सा- -सा ।।

अंतरा-2

पतिव्रता का तू रखवारा । दीन जनों का तू है प्यारा ।
तेरे, सिर पर भव का ताज ।।

अंतरा-3

दुखिया थी मैं, फँसी जाल में । रोती निश-दिन बुरे हाल में ।
तूने, छेड़ा मंगल साज ।।

(तब)

✍दोहा॰ हरषाए कपि गण सभी, सबके मन में मोद ।
कटुता हिरदय से हटी, तजे कलह खल क्रोध ।। 3203/5200

89-A. Story of Rāmlīlā (Rāmāyan, 4. Kishkindhā Kānd)

89-A. Story of Rāmlīlā (Rāmāyan, 4. Kishkindhā Kānd)

(भक्त जन)

✍दोहा॰ किष्किंधा में जब हुई, सुग्रीव की सरकार ।
राघव को सुग्रीव ने, बहुत कहे आभार ।। 3204/5200

आनंदोत्सव तब किया, संतों ने सह जोश ।
राम-सिया के गीत से, अभिनंदन का घोष ।। 3205/5200

किष्किंधा को राम ने, कीन्हा स्वर्ग समान ।
सुन कर आते जन सभी, निहारने भगवान ।। 3206/5200

होता जनपद में जभी, संत जनों का मेल ।
प्रस्तुत करते प्रेम से, रामलीला का खेल ।। 3207/5200

(नौटंकी)

✍दोहा॰ अभिनेता गण खेल के, पहने सुंदर वेश ।
करते अभिनय भूमिका, सज धज कपड़े केश ।। 3208/5200

कोई सजता जानकी, कोई बनता राम ।
कोई लखन कुमार तो, कोई कपि हनुमान ।। 3209/5200

कोई दशरथ सा सजे, कोई कौसल मात ।
कोई कैकेयी बना, करता तीखी बात ।। 3210/5200

कोई वसिष्ठ मुनि बने, कोई भरत कुमार ।
कोई विश्वामित्र जी, हाथ कमंडलु धार ।। 3211/5200

कोई मुनि बाल्मीक श्री, या रत्नाकर चोर ।
कोई व्याध-निषाद तो, कोई श्रवण किशोर ।। 3212/5200

कोई बनता ताड़का, कोई शबरी-रूप ।
कोई बाली कपि बने, कोई सुग्रीव भूप ।। 3213/5200

कोई पाखंडी बना, रावण नारी-चोर ।
कोई राक्षस मारिची, माया-मृग की तौर ।। 3214/5200

89-A. Story of Rāmlīlā (Rāmāyan, 4. Kishkindhā Kānd)

कलाकार सजते सभी, रामायण के पात्र ।
हेतु सभी का एक ही, जन मन रंजन मात्र ।। 3215/5200

(रामलीला)

(रामलीला)

✍दोहा॰ गौरी की अरदास से, रामायण आरंभ ।
डाकू-रत्नाकर भया, बालमीक सानंद ।। 3216/5200

"मा निषाद ..." के श्लोक से, राम-चरित का छंद ।
नारद मुनिवर ने किया, रामकथा प्रारंभ ।। 3217/5200

कथा)

✍दोहा॰ दशरथ के कुल की कथा; बाल श्रवण का घात ।
ब्यौरा शंबर युद्ध का; "दो-वर" वाली बात ।। 3218/5200

उत्सव राघव जन्म का; तीन मातु का प्यार ।
दिखलाया शशि राम को, दर्पण के आधार ।। 3219/5200

मार गिराई ताड़का, राघव ने तत्काल ।
कीन्हा विश्वामित्र ने, राघव का सत्कार ।। 3220/5200

सती अहल्या का किया, राघव ने उद्धार ।
सिया-स्वयंवर पर्व में, शिव-धनुष चमत्कार ।। 3221/5200

विवाह सीता-राम का, परशुराम की बात ।
सीता आगम अवध में, जनपद हर्षित गात ।। 3222/5200

फिर)

✍दोहा॰ कुब्जा ने छल से जभी, बीच अड़ायी टाँग ।
कैकेयी ने की तभी, "दो-वर" वाली माँग ।। 3223/5200

दशरथ विह्वल शोक से; राघव को वनवास ।
लखन सिया भी चल पड़े, नगरी हुई उदास ।। 3224/5200

राघव दंडक जात हैं, सबके मन को क्लेश ।
"राम! राम!" कहते हुए, गए स्वर्ग अवधेश ।। 3225/5200

89. Sugrīva's annointment, continued

अवध भरत का लौटना, माता को धिक्कार ।
किया भरत ने तात का, देह दाह सँस्कार ।। 3226/5200

और फिर)

दोहा॰ चित्रकूट में जब हुआ, राघव-भरत-मिलाप ।
राघव की पादुक लिए, लौटा वह निष्पाप ।। 3227/5200

राघव दंडक में बसे, जैसा कर्म-विपाक ।
आई शूर्पनखा रति, लछमन काटी नाक ।। 3228/5200

मारिच कांचन-मृग बना, रच कर माया जाल ।
रावण ने हर ली सिया, चल कर कपटी चाल ।। 3229/5200

उसके बाद)

दोहा॰ नारी-रक्षा के लिए, हुआ जटायु ढेर ।
कबंध का उपदेश भी; शबरी के जूठे बेर ।। 3230/5200

मिलन राम-हनुमान का, जिससे बड़ा न कोय ।
सुग्रीव बाली से लड़ा, मुक्ति रुमा की होय ।। 3231/5200

सुग्रीव को रूमा मिली, सबके मन आनंद ।
किष्किंधा में शाँति का, राज हुआ सानंद ।। 3232/5200

राघव लंका को चले, कपि सेना है साथ ।
कपि भट लंका जा रहे, गाते, जय रघुनाथ! ।। 3233/5200

89. Sugrīva's annointment, continued

(एक दिन, सुग्रीव)

दोहा॰ सुग्रीव कपिवर ने कहा, तारा भाभी! आप ।
करो प्रशासन नीति से, सदाचार निष्पाप ।। 3234/5200

(और कहा)

दोहा॰ तारा रानी ने कहा, सुग्रीव हो अधिराज ।
राघव के शुभ हाथ से, उसे तिलक हो आज ।। 3235/5200

सुग्रीव कपि घोषित हुए, किष्किंधा कपिराज ।

89. Sugrīva's annointment, continued

गौरव आदर से सजी, रूमा रानी आज ॥ 3236/5200

(सुग्रीव)

दोहा॰ सुग्रीव जब राजा बने, किष्किंधा के नाथ ।
बोले, भाभी! राज्य का, पद लो अपने हाथ ॥ 3237/5200

मुझको जाना है अभी, रामचंद्र के साथ ।
सीता भाभी की करें, खोज अथक दिन-रात ॥ 3238/5200

वानर सेना थी सजी, सबमें था अति जोश ।
देख सैन्य कपिराज का, राघव-मन संतोष ॥ 3239/5200

(नील, सुषेण, जंबुवान)

दोहा॰ अभियंता कपि नील था, सुषेण वैद्य सुजान ।
जांबुवान सह वीर थे, अंगद हरि हनुमान ॥ 3240/5200

(सुग्रीव)

सुग्रीव बोला राम को, चलिए सीता काज ।
जब तक सीता ना मिले, तारा का यह राज ॥ 3241/5200

नृप सुग्रीव ने फिर कहा, छेड़ो मंगल साज ।
किष्किंधा में आज से, बसे राम-का-राज ॥ 3242/5200

फिर बोला वह राम से, अब हो तुमरा काम ।
सीता भाभी खोजने, लगिये अब हम, राम! ॥ 3243/5200

ढूँढें गिरि कंदर सभी, ढूँढें वन के ताल ।
ढूँढेंगे चारों दिशा, ढूँढें नभ पाताल ॥ 3244/5200

बचेगा नहीं असुर वो, जहाँ छुपा है नाग ।
बाली को जो फल मिला, वही उसे दो भाग ॥ 3245/5200

किष्किन्धा काण्ड : बारहवाँ सर्ग

90. सीता आभूषण पहिचान की कथा :

90. Story of identification of Sītā's ornaments
90. Story of identification of Sītā's ornaments

📖 कथा 📖

(सुग्रीव)

✍दोहा॰ सुग्रीव बोला राम को, सफल हुआ मम काज ।
कृपा तिहारी से, प्रभो! पूर्ण मनोरथ आज ।। 3246/5200

रूमा मुझको मिल गयी, करिए अगला काम ।
सीता की अब खोज में, लागें आठों याम ।। 3247/5200

वन पर्वत सब छानरो, कहाँ छुपा है चोर ।
सीता को लेकर गया, दुष्ट किधर की ओर ।। 3248/5200

(और)

मेरे सब रण बाँकुरे, कपि जन बाँके वीर ।
गिरि कंदर, घर ग्राम के, ढूँढें नदिया नीर ।। 3249/5200

तन-मन धन मेरा, प्रभो! सब कुछ दूँगा वार ।
सीता ढूँढन काज में, ना मानेंगे हार ।। 3250/5200

(अत:)

अता-पता कोई मिले, करें जहाँ से खोज ।
तब तो हम आगे बढ़ें, उसी दिशा में रोज ।। 3251/5200

सुग्रीव बोला, राम को, रघुवर श्री रघुनाथ!।
चलो बनाएँ योजना, बैंठें दोनों साथ ।। 3252/5200

मेरी तो कपि मतिमंद हूँ, इस बारे में, तात! ।
सुमति आप ही दीजिए, तभी बनेगी बात ।। 3253/5200

निश-दिन मन में सोचते, किस विध करना काम ।
किस दिश में आगे बढ़ें, आज्ञा दीजै, राम! ।। 3254/5200

(राम)

✍दोहा॰ सुन कर वच सुग्रीव के, बोले गदगद राम ।
अब सीता की खोज का, करिए मिल कर काम ।। 3255/5200

90. Story of identification of Sītā's ornaments

अंगद जावे विंध्य[54] में, लखे असुर सब ओर ।
प्रमाण कोई तो मिले, रावण ही है चोर ।। 3256/5200

पीटो डौंडी नगर में, किसने देखी नार ।
रोती, वायुयान में, जाती नभ से पार ।। 3257/5200

सुनी किसी ने है यदि, उसकी आर्त पुकार ।
या उसने कोई अगर, फेंकी चीज उतार ।। 3258/5200

(तब, अचानक)

✍दोहा॰ सुन कर नाम विमान का, अरु भूषण संभार ।
बोला सुग्रीव राम को, मेरे सेवक चार; ।। 3259/5200

उनने देखा नार को, करत विलाप पुकार ।
बुला रही थी वो उन्हें, हाँक जोर से मार ।। 3260/5200

जिसने फेंका यान से, आभूषण का भार ।
हो सकता है नार वो, तुमरी ही हो दार ।। 3261/5200

(फिर)

✍दोहा॰ राघव ने कपि को कहा, लाओ वे श्रृंगार ।
देखूँ सिय के तो नहीं, कंगन पायल हार ।। 3262/5200

सजल नयन से रामजी, देख सके ना ठीक ।
बोले, लछमन! तुम लखो, लेकर सब नजदीक ।। 3263/5200

(लक्ष्मण)

✍दोहा॰ दो कंकण कर में लिए, देखे लखन कुमार ।
बोला, मैं नहीं जानता, भाभी का कर-भार ।। 3264/5200

केयूर लेकर फिर कहा, मुझे नहीं पहिचान ।
भाभी क्या धारण करे, भुज-भूषण परिधान ।। 3265/5200

---

[54] **विंध्य :** इस स्थान पर श्री वाल्मीक मुनि ने पश्चिम सहाद्रि को विंध्य कहा है (अरण्यकाण्ड 11.85-86; किष्किंधाकाण्ड 3.15, 48.2-3, 49.15, 49.22, 50.1, 56.3, 58.6, 63.2 आदि)।

90. Story of identification of Sītā's ornaments

हार देख उसने कहा, मुझे नहीं है ज्ञान ।
भाभी क्या है पहनती, गल में माला नाम ।। 3266/5200

कांचन कुंडल कर्ण के, मुझे नहीं हैं ध्यान ।
को भूषण भूषित करे, भौजी जी के कान ।। 3267/5200

माथे की बिंदी उसे, नहीं रही थी ज्ञात ।
उनके सिर मुझको दिखा, घुँघट है दिन-रात ।। 3268/5200

(फिर)

दोहा॰ पायल पग के देख कर, बोला लखन सुजान ।
पग वन्दन करते समय, देखे दोनों याम ।। 3269/5200

पायल को मैं जानता, निश्चित है पहिचान ।
प्रति दिन आदर से लखे, नूपुर मैंने, राम! ।। 3270/5200

गीतमाला, पुष्प 110 of 163

राग रत्नाकर, कहरवा ताल 8 मात्रा

(सीता आभूषण पहिचान)

स्थायी

ना जानूँ मैं, केयुर कंगन, ना बिंदिया ना हार ।
हरि! मोहे, पैंजन की पहिचान ।।

♫ सा- रे-ग- म-, प-मग रे-गग, प- मगरे- ग- म-म ।
सासा! रेग-, प-मग रे- गरेसा-सा ।।

अंतरा-1

पग पूजे मैं साँझ सकारे, मोहे, पायल का है ज्ञान ।

♫ रेरे ग-म- म- प-म गरे-ग-, मम-, प-मग रे- गरे सा-सा ।

अंतरा-2

अंग सिया के नहीं लखूँ में, मोहे, मातु सम सम्मान ।

अंतरा-3

ना मैं जानूँ, कंठी कुंडल, मोरा, चरणन पर ही ध्यान ।

अंतरा-4

91. Story of Shrī Rāma's departure from Kishkindhā

मम भौजाई, हे रघुराई! नित, पुण्य करे परिधान ।

(राम)

दोहा॰ राघव बोले, हे कपे! सारा भूषण भार ।
सीता के ही है सखे! कंगन कुंडल हार ।। 3271/5200

तरु पर लटके वेष ने, कहा असुर का गूढ़ ।
दक्षिण दिश में है गया, विमान से वह मूढ़ ।। 3272/5200

जटायु ने भी है लखी, नारी करती शोर ।
सिया ढूँढने हम चलें, अब लंका की ओर ।। 3273/5200

(सुग्रीव)

दोहा॰ सुग्रीव बोला राम से, तारा जाने नीत ।
नारी हरना पाप है, मृत्यु दंड की रीत ।। 3274/5200

किष्किन्धा काण्ड : तेरहवाँ सर्ग

91. किष्किंधा से प्रस्थान की कथा :

91. Story of Shrī Rāma's departure from Kishkindhā

📖 कथा 📖

(सुग्रीव)

दोहा॰ पंक्ति पंक्ति में थी खड़ी, लाँघन भीमा नीर ।
वानर सेना चल पड़ी, गरजत जय रघुवीर! ।। 3275/5200

लेकर आज्ञा राम से, सुग्रीव नृप कपिराज ।
दीन्ही वानर सैन्य को, बढ़ने की आवाज ।। 3276/5200

अंगद, कुंजर, केसरी, जाँबवंत, नल, नील ।
सुषेण, दधिमुख, मारुती, हरि, हनुमान, अनील ।। 3277/5200

सुंद, सुमाली, पुंडरी, सब सेनानी कपिवीर ।
हुए सज्ज दल बल लिए, युद्ध कुशल रण धीर ।। 3278/5200

183-A. Story of Shrī Rāma's departure for Lankā

टिड्डी दल सम छा गए, निष्ठा से सह जोश ।
किष्किन्धा से चल पड़े, करते जय जय घोष ।। 3279/5200

(संक्षिप्त वृत्तांत, अब तक)

✍दोहा॰ मुनि अगस्त्य ने था कहा, कहा असुर का धाम ।
दक्षिण दिश में चल पड़े, सेना लेकर राम ।। 3280/5200

अगस्त्य मुनि थे जानते, दक्षिण देश महान ।
मुनि ने दीन्हा राम को, रण का उत्तम ज्ञान ।। 3281/5200

सम-दंड की नीति से, करने रण पर काम ।
सीता को ढूँढन चले, राम लखन हनुमान ।। 3282/5200

183-A. Story of Shrī Rāma's departure for Lankā

(राम:)

(संक्षिप्त वृत्तांत, फिर)

✍दोहा॰ अगस्त्य मुनि ने ज्यों कहा, पंचवटी से राम ।
आए लछमन को लिए, प्रतिस्थान के ग्राम ।। 3283/5200

भगत जनों ने राम का, स्वागत किया महान ।
राघव ने सबको दिया, शुभ आशिष वरदान ।। 3284/5200

दक्षिण पथ से राम ने, भीमा करके पार ।
कृष्णा, तुँगभद्रा नदी, कावेरी की धार ।। 3285/5200

पूर्वघाट को लाँघ कर, वैगाई का तीर ।
पूर्व दिशा में निकल कर, दिखा सिंधु का नीर ।। 3286/5200

(सागर किनारे)

✍दोहा॰ लगी छावनी राम के, वानर दल की शूर ।
दिखी जहाँ से सामने, लंका योजन दूर ।। 3287/5200

(इति)

✍दोहा॰ नारद मुनि ने है दिया, रत्नाकर को दान ।
वाणी माँ ने है दिया, भक्ति भाव का ज्ञान ।। 3288/5200

183-A. Story of Shrī Rāma's departure for Lankā

दोहे भजनों से भरा, चौपाई का ठाठ ।
हरि किरपा से पूर्ण है, किष्किंधा का पाठ ।। 3289/5200

इति किष्किंधा काण्ड का, पाठ हुआ है शेष ।
अथ तुम सुंदर काण्ड का, बरणन सुनो विशेष ।। 3290/5200

मुनिवर नारद ने कहा, आखों देखा हाल ।
लिखता रत्नाकर वही, स्वरदा करै कमाल ।। 3291/5200

Rāmāyan, 5. Sundar Kānd

अध्याय 5

सुंदर काण्ड

Rāmāyan, 5. Sundar Kānd

92. Story of the Search for Sītā (Rāmāyan, 5. Sundar Kānd)

अध्याय 5

सुंदर काण्ड

(अथ)

दोहा॰ गीत भजन संगीत का, किष्किन्धा कर शेष ।
सुंदर सुंदरकाण्ड का, होत अथ श्रीगणेश ।। 3292/5200

सुंदर काण्ड : पहला सर्ग

92. सीता के खोज की कथा :

92. Story of the Search for Sītā *(Rāmāyan, 5. Sundar Kānd)*

कथा

दोहा॰ लंका आगे देख कर, कपि गण में था जोश ।
उछल कूद कर, कर रहे, "रामचंद्र-जय" घोष ।। 3293/5200

सागर तट पर दौड़ते, करते ताली नाद ।
साहस सबमें था भरा, तन-मन में आह्लाद ।। 3294/5200

(राम)

दोहा॰ राम खड़े थे तीर पर, निरखत सागर नीर ।
सागर देखत राम को, सम्मुख श्री रघुबीर ।। 3295/5200

सागर बोला, गहन मैं, गहरा मेरा नीर ।
करुणा-सागर राम हैं, वीर धीर गंभीर ।। 3296/5200

<u>गीतमाला, पुष्प 111 of 163</u>

(करुणा सागर)

स्थायी

दो सागर आमने सामने ।

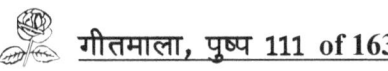

♫ सा- <u>रे</u>-म<u>ग</u> म-<u>गरे</u>- <u>ग</u>-<u>रे</u>सा- ।

92. Story of the Search for Sītā (Rāmāyan, 5. Sundar Kānd)

अंतरा–1

एक नीर की भरी है गागर, एक दया का करुणा सागर ।

दोनों गहरे चित्त लुभाने ।।

♫ सा–रे ग–प म– धप– म म–मम, रे–ग मग– रे– गरेसा– सा–सासा ।

रे–ग– ममम– प–म गरे–सा– ।।

अंतरा–2

एक रत्न का भरा भँडारा, एक गुणों का स्रोत अपारा ।

दोनों अचल प्रतिष्ठित जाने ।।

अंतरा–3

एक सरोत्तम, एक नरोत्तम, एक पयोधि, एक धी निधि ।

दोनों अथाह सुंदर माने ।।

✍दोहा॰ **राम सोचते, किस तरह, जाएँ सागर पार ।**
सीता खोजन–काज का, करिए सोच विचार ।। 3297/5200

(फिर)

✍दोहा॰ **कपि दल बैठा चरण में, आकर हरि के पास ।**
अंगद बोला, "रामजी! अब क्यों प्रभो! उदास" ।। 3298/5200

राघव बोले, कीश को, मैं हूँ करत विचार ।
सिया ढूँढने, सिंधु को, कौन करेगा पार ।। 3299/5200

गीतमाला, पुष्प 112 of 163

☯**ग़ज़ल**

(दो सागर)

स्थायी

एक सागर गहन वहाँ है, दूजा सागर परम यहाँ है ।

हनुमत उनके बीच खड़ा है, राम प्रभु के चरण पड़ा है ।।

♫ नि़–सा ग–मम– पधनि धपध म–, ग–म– पधपम पमग नि़सा– रे– ।

रेरेगग ममम– नि़–सा रेग– म–, पधनि मम– प– मगरे नि़सा– रे– ।।

अंतरा–1

92. Story of the Search for Sītā (Rāmāyan, 5. Sundar Kānd)

नीर पयोधि जल से भरा है, किरपा सागर उससे बड़ा है ।

♪ म-प निसां-सां- रेंसांनि धप- ध-, निधपम ग-रेरे गरेसा निसा- रे- ।

अंतरा–2
जल सागर में मोती बिखरे, एक सद्गुण का मोती खरा है ।

अंतरा–3
एक सागर ढकी है धरा, एक धरा का भार धरा है ।

अंतरा–4
एक सागर जल में डुबावे, दूजा भवजल से तरावै ।

(राम)

दोहा॰ "भेजें अनुचर संयमी, बोले रघुपति राम ।
जो न कहा, सो ना करे, अपने मन से काम ।। 3300/5200

"सीता ढूँढन काज में, करे न आज्ञा भंग ।
सीता की कर खोज वो, करदे हमको दंग" ।। 3301/5200

(अंगद)

दोहा॰ दल को अंगद ने कहा, इक योजन यह नीर ।
जाकर लंका देश को, कौन आ सके वीर ।। 3302/5200

दोहा॰ सुनो ध्यान से तुम वहाँ, क्या करना है काम ।
"करना सो ही, जो कहा, क्षात्र-धर्म के नाम ।। 3303/5200

"छुपके से जाकर वहाँ, करो सिया का शोध ।
ढूँढो माता है कहाँ, बिना किसी के बोध" ।। 3304/5200

राघव की मुँदरी उन्हें, देकर कहना बात ।
"रामचंद्र हैं आरहे, लेकर सेना साथ" ।। 3305/5200

"देखो लंका में कहाँ, रुकना हमको ठीक ।
इतना ही करके वहाँ, लौटो तुम निर्भीक ।। 3306/5200

"आज्ञा इतनी ही तुम्हें, और न करना काम ।
आज्ञा पालन पूर्ण हो, कहत रहे हैं राम" ।। 3307/5200

92. Story of the Search for Sītā (Rāmāyan, 5. Sundar Kānd)

(और)

दोहा॰ जो बतलाया सो ही हो, आज्ञा दीन्ही राम ।
अपने मन की मत करो, बिगड़ न जावे काम ॥ 3308/5200

(सुषेण)

दोहा॰ सुषेण बोला, हे कपे! वृद्ध कीश मैं तात! ।
चतुर्थ योजन मैं तरूँ, नहीं बनेगी बात ॥ 3309/5200

(जाँबवंत)

दोहा॰ जाँबवंत ने फिर कहा, यदि मैं जाऊँ राम! ।
आधा अंतर जा सकूँ, कुछ ना होगा काम ॥ 3310/5200

(अंगद)

दोहा॰ अंगद बोला, मैं युवा, तर लूँ सागर पार ।
ढूँढ न पाऊँगा सिया, बिना किसी आधार ॥ 3311/5200

(सुग्रीव)

दोहा॰ सुग्रीव बोला राम से, कहिए प्रभुजी! आप ।
पवन पुत्र हनुमान को, बैठा जो चुपचाप ॥ 3312/5200

सिंधु तरन की बात क्यों, जब है तुमरे पास ।
गरुड़ समाना जो उड़े, मारुत तुमरा दास ॥ 3313/5200

उसमें बल धी[55] तेज है, वीरों का है वीर ।
शास्त्रों में विद्वान है, संकट में गंभीर ॥ 3314/5200

(मुझे याद है)

दोहा॰ बाल्य काल जिसका भरा, लीला से, भगवान! ।
पूरब सूरज देख कर, लपक पड़ा हनुमान ॥ 3315/5200

युग सहस्र योजन उड़ा, खाने फल वह लाल ।
हनु के बल जब आ गिरा, वक्र हो गए गाल ॥ 3316/5200

(और)

दोहा॰ दिव्य देह वज्रांग है, शिवजी का अवतार ।

---
[55] धी = बुद्धि ।

92. Story of the Search for Sītā (Rāmāyan, 5. Sundar Kānd)

कंचन बरन कपीस है, चातुर प्रबल अपार ॥ 3317/5200

दयावान गुणवान है, युक्तिवान बलवान ।
नीतिमान धृतिवान है, ज्ञानवान हनुमान ॥ 3318/5200

योगीराज को सिद्ध है, "लघु-गुरु-काया" योग ।
सुनते नाम कपीश का, काँपत हैं सब लोग ॥ 3319/5200

आज्ञा दो अब दास को, कथन सुनो, श्री राम! ।
नाम एक हनुमान जो, सफल करे तव काम ॥ 3320/5200

(श्री राम)

दोहा॰ जाओ कपिवर! लाँघ कर, योजन सागर नीर ।
ढूँढो मेरी जानकी, बोले श्री रघुवीर ॥ 3321/5200

अपना परिचय दीजियो, सौम्य रूप में, तात! ।
सिया न डर जावे कहीं, लख कर विराट गात ॥ 3322/5200

हाथ जोड़ कर वन्दना, करो विनय के साथ ।
मुँदरी देकर सीय को, बोलो सुख से बात ॥ 3323/5200

(और)

दोहा॰ कुछ न किसी से भी कहो, छिप कर काम ।
लौटो करके काम ये, राह तकत हैं राम ॥ 3324/5200

"और न कछु करना, सखे! अपने मन से बात ।
सच्चा सेवक क्षात्र वो, जिसको सीमा याद" ॥ 3325/5200

आशिष हमरे, हैं सखे! मंगल तुमरे साथ ।
मुनिवर नारद कर रहे, फूलों की बरसात ॥ 3326/5200

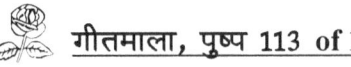 गीतमाला, पुष्प 113 of 163

(जाओ हनुमान)

स्थायी

जाओ पवन पुत्र हनुमान! विनति करत हैं तुमको राम ।

92. Story of the Search for Sītā (Rāmāyan, 5. Sundar Kānd)

♫ सारेगरे- ममप प-म गरेग-ग! रेरेग- ममम म पमगरे सा-सा ।

अंतरा-1

सागर पार छलाँग लगाओ, आई विपदा दूर भगाओ ।
कीजो हरि का काम ।।

♫ रे-रेरे ग-ग गम-म पमगरे-, म-म- पपप- ध-प मग-म- ।
रे-ग- मग रे- सा- ।।

अंतरा-2

ढूँढो घर-घर पुर लंका में, कहाँ है सीता अब शंका में ।
खोजो रावन धाम ।।

अंतरा-3

मुंदरी धर कर तुम मुख माही, उड़ो गगन में, त्राहि त्राहि! ।
लेकर हरि का नाम ।।

अंतरा-4

केसरी नंदन! हे दुख भंजन! हे सुर नाई! हे सुखदाई! ।
राह तकत सिय राम ।।

(वानर गण)

✍दोहा॰ **योग-विज्ञ हो तुम, सखे! धर्म रक्षक वीर ।**
हनुमत! तुम हो केसरी, स्वामी सेवक धीर ।। 3327/5200

बिगड़े काज सँवार दो, संकट मोचक कीश! ।
नीति निपुण बलबीर तुम, दीनानाथ कपीश ।। 3329/5200

(राम)

✍दोहा॰ **राघव ने कपि से कहा, जाओ तुम, हनुमान! ।**
मुँदरी मेरी साथ लो, देगी सत्य प्रमाण ।। 3330/5200

सीता को कहना, कपे! "आते हैं रघुनाथ ।
सेना वानर की लिए, रहो धैर्य्य के साथ" ।। 3331/5200

(हनुमान)

✍दोहा॰ **हनुमत बोला राम को, जब तव आशिष साथ ।**
बात बनेगी क्यों नहीं, मेरे प्रिय रघुनाथ! ।। 3332/5200

92-A. Story of Demoness Sursā (Rāmāyan, 5. Sundar Kānd)

"कारज उतना ही करूँ, जितना है आदेश ।
आज्ञा के भीतर रहूँ, जो दीन्ही अवधेश" ॥ 3333/5200

लंका जाकर मैं करूँ, याद असुर का देश ।
सीता माता को कहाँ, लाया है लंकेश ॥ 3334/5200

सिया मातु को ढूँढ कर, करूँ विनम्र प्रणाम ।
माता को फिर मुद्रिका, दूँगा पूज्य प्रमाण ॥ 3335/5200

बोलूँगा अब आरहे, रघुपति सेना साथ ।
धरें हौसला हृदय में, कुछ दिन की है बात ॥ 3336/5200

लेकर उचित प्रमाण मैं, लौटूँगा, रघुनाथ! ।
चूक न कोई मैं करूँ, "दो–वर" मुझको, नाथ! ॥ 3337/5200

"छुप–छुप कर मैं जाउँगा, ढूँढूँ सीता मात ।
छुप कर वापस आउँगा, रावण को अज्ञात" ॥ 3338/5200

(फिर)
दोहा॰ मुँदरी को मुख में रखे, निकला कपिवर वीर ।
वन्दन करके कपि उड़ा, जैसा रघुवर तीर ॥ 3339/5200

(पवन)
दोहा॰ पिता पवन भी चकित थे, लख कर सुत बलवान ।
वायु वेग से है चला, सुत मेरा हनुमान ॥ 3340/5200

कहे पवन फिर पुत्र को, सफल बने तव काम ।
जिसका ऐसा दास हो, धन्य–धन्य हैं राम ॥ 3341/5200

मातु–अंजनी को कहे, पवन–पिता भगवान ।
पुत्र तेरा बलभीम है, महावीर हनुमान ॥ 3342/5200

92-A. Story of Demoness Sursā *(Rāmāyan, 5. Sundar Kānd)*

दोहा॰ कपि ने गिरि मैनाक से, मारी जभी उड़ान ।
सुरसा अहिनी ने कहा, मम मुख आ, हनुमान! ॥ 3343/5200

जल में सुरसा थी खड़ी, अपने मुख को फाड़ ।

92-B. Story of Hiranyanābh (Rāmāyan, 5. Sundar Kānd)

कपि ने तन चौड़ा किया, अल्प पड़ा थोबाड़ ।। 3344/5200

अहिनी मुख दुगुना किया, कपि ने सूक्षम रूप ।
झट से मुख में जाइके, निकल उड़ा कपिभूप ।। 3345/5200

कपि ने सीखा कृष्ण से, "रूप-दीर्घ-लघु" योग ।
सुरसा का मुख लाँघने, कपि ने किया प्रयोग ।। 3346/5200

कभी अणु से सूक्ष्म है, या ब्रह्माण्ड स्वरूप ।
हनुमत को ये योग है, दिया द्वारिका भूप ।। 3347/5200

ॐ श्लोक

परमाणोः क्षणे सूक्ष्मः पर्वतेभ्यो गुरुः क्षणे ।
दामोदरोऽददाद्योगं हनुमते पुरा स्वयम् ।।

92-B. Story of Hiranyanābh *(Rāmāyan, 5. Sundar Kānd)*

दोहा॰ हिरण्यनाभ पहाड़ को, पवनानंद अमोघ ।
लाँघ गया अति वेग से, जैसे वारिद मेघ ।। 3348/5200

चाँद-सितारे देखते, कौन गगन में वीर ।
विद्युत गति से जा रहा, यथा राम का तीर ।। 3349/5200

(नारद)

दोहा॰ नारद मुनि ने, देख कर, कपि की परम उड़ान ।
कहा, प्रभो श्री राम जी!, "तुमरा दास महान" ।। 3350/5200

(लंका में)

दोहा॰ आया लंका में उड़ा, सीधा बाण समान ।
हनुमत सत्वर वेग से, जैसा गगन विमान ।। 3351/5200

आशिष राघव हैं दिये, सफल बनेगा काज ।
ढूँढन सीता-मातु को, आया लंका आज ।। 3352/5200

92-C. Story of Trikūt Mountain *(Rāmāyan, 5. Sundar Kānd)*

दोहा॰ नमन किए श्री राम को, लंबी मार उड़ान ।
आया लंका में कपि, सीधा बाण समान ।। 3353/5200

92-C. Story of Trikūt Mountain (Rāmāyan, 5. Sundar Kānd)

चंदा ने की चाँदनी, शुभ्र प्रकाशित रात ।।
त्रिकूट गिरि पर है खड़ा, करता लंका याद ।। 3354/5200

(यहाँ से)

दोहा० ऊँचे ऊँचे महल थे, छोटे बड़े मकान ।
सुंदर गलियाँ पथ बने, वन उद्यान महान ।। 3355/5200

सारी लंका छान कर, देखा ऐसा स्थान ।
जहाँ लगेगी छावनी, लड़ने को आसान ।। 3356/5200

मन में मोद मनाइके, सब चिंता को छोड़ ।
चला नगर में मारुती, भक्ति राम से जोड़ ।। 3357/5200

सारी नगरी छानने, मारी कई उड़ान ।
मन में नक्शा बाँधते, आई नयन थकान ।। 3358/5200

कुछ पल तरु पर बैठ कर, कीन्हा पूर्ण विचार ।
सूर्योदय के बाद में, किया नगर संचार ।। 3359/5200

(तब)

दोहा० राज भवन पर फिर चढ़ा, खिड़की-खिड़की झाँक ।
किस कमरे में कौन है, करत सिया की ताक ।। 3360/5200

सिया नहीं थी महल में, ना ही किसी मकान ।
लगा दास फिर छानने, एक-एक उद्यान ।। 3361/5200

(रावण)

हाथी घोडे असुर थे, गज शाला के बीच ।
वहीं खड़ा रावण दिखा, असुरों का नृप नीच ।। 3362/5200

राज महल के मध्य में, शिव मूर्ति के पास ।
बैठी थी मंदोदरी, रानी बहुत उदास ।। 3363/5200

आगे कमरों में दिखी, नारी बंद अनेक ।
रावण लाया था जिन्हें, रोती थी प्रत्येक ।। 3364/5200

सोचा सिय के साथ ही, इनको करदूँ मुक्त ।

92-D. Story of Ashok Vātikā (Rāmāyan, 5. Sundar Kānd)

आऊँ फिर सेना लिए, राम-लखन से युक्त ।। 3365/5200

मगर न आज्ञा थी मुझे, करने की उत्पात ।
सीता का अन्वेष ही; और न कोई बात ।। 3366/5200

(आगे)

दोहा॰ बागों में कपि को मिले, खाने को फल ढेर ।
लिए नाम श्री राम का, खाए उसने बेर ।। 3367/5200

सोच समझ कुछ काल में, होकर पुनः तयार ।
आया उपवन भव्य में, जो था गोलाकार ।। 3368/5200

(वहाँ)

लंबी चौड़ी राह में, दिखा खड़ा इक यान ।
लाया सिया उड़ाइके, होगा यही विमान ।। 3369/5200

माता है इस बाग में, हो अब अनुसंधान ।
चप्पा-चप्पा छानने, योग्य यही है स्थान ।। 3370/5200

बनी उधर थी वाटिका, जिसमें था जल-ताल ।
लगे यहाँ पर थे घने, अशोक वृक्ष विशाल ।। 3371/5200

92-D. Story of Ashok Vātikā *(Rāmāyan, 5. Sundar Kānd)*

दोहा॰ अशोक वन में कीश ने, कीन्हा जभी प्रवेश ।
फल-फूलों के थे दिखे, कुछ उद्यान विशेष ।। 3372/5200

नीर विमल की वापिका, कमल सुगंधित फूल ।
सुमन सुसौरभ सूँघते, पड़ती मन पर भूल ।। 3373/5200

पंछी रंग बिरंग के, जहाँ प्रसुन के पुंज ।
चंपा चंदन मालती, वहाँ भ्रमर के कुंज ।। 3374/5200

(सीता)

दोहा॰ सोचा बैठूँ मैं यहाँ, होती जब तक शाम ।
संध्या करने आएगी, देवी जपती राम ।। 3375/5200

फिर कपि की दृष्टि पड़ी, तले वृक्ष के दूर ।

92-D. Story of Ashok Vātikā (Rāmāyan, 5. Sundar Kānd)

बैठी देवी थी बहाँ, अवाक् था लंगूर ।। 3376/5200

तन पर पीले वस्त्र थे, बिन कुंडल के कान ।
कर में माला रुद्र की, जपती शिव भगवान ।। 3377/5200

आभा उसकी ताकते, करन लगा अनुमान ।
सीता माता है यही, जान गया हनुमान ।। 3378/5200

गीतमाला, पुष्प 114 of 163

राग काफी

(सीता बिरहा)

स्थायी

प्रभु मिलोगे अब कबहूँ, कहो मिलोगे कबहूँ ।
बिरहन अँसुअन कैसे सहूँ, प्रभु ।।

♪ सानि सारे-रे गग मम प – – मगरे, सानि सारे-रे गग मम प – – मगरे – – ।
रेनिधनि पधमप सांनिधपम पगरे, सानि ।।

अंतरा-1

निश-दिन तरसत बरसत नैना, हाल मैं मन का कासे कहूँ ।
कहो मिलोगे अब कबहूँ, प्रभु ।।

♪ मम पध निनिसांसां रेंरेंगं.रेंसां रेंनिसां-, नि-नि नि धनि धप निरेंसां रेंनि- ।
धप पनिधनि पध मप पधनिसांनिधपमगरे, सानि ।।

अंतरा-2

मन बेचैना मुश्किल रैना, तुम बिन सजना कैसे रहूँ । कहो मिलोगे ...

(तो)

दोहा॰ **सीता देवी देख कर, काँपे उसके गात ।**
जाऊँ कैसे पास मैं, समझ न आवे बात ।। 3379/5200

रोम-रोम हर्षित हुआ, हृदय रहा था काँप ।
मुंदरी मुख से काढ़ कर, कीन्ही उसने साफ ।। 3380/5200

सोचा सपना तो नहीं, या है यह आभास ।

93. Story of Rāvan's attrocicite on Sītā (5. Sundar Kānd)

देखा चुटकी काट कर, तभी हुआ विश्वास ।। 3381/5200

माता घबड़ा जायगी, मुझको देख विशाल ।
इस मंगल सुविचार से, रूप लिया "कपि बाल" ।। 3382/5200

पेड़-पेड़ पर कूदता, लेकर मन में आस ।
सीता के उस पेड़ पर, गया राम का दास ।। 3383/5200

सुंदर काण्ड : दूसरा सर्ग

93. हनुमान समक्ष सीता पर रावण के अत्याचार की कथा :

93. Story of Rāvan's attrocicite on Sītā *(5. Sundar Kānd)*

📖 कथा 📖

(असुरों की मुखिया)

दोहा॰ उसी समय पर आगयी, रावन-मुखिया क्रूर ।
बोली, सीते! आरहा, रावण नृप-आसुर ।। 3384/5200

असुरी-दासी देख कर, चुप बैठा हनुमान ।
क्षण में रावण आगया, जैसे हो तूफान ।। 3385/5200

महाकाय थी आसुरी, मोटे नैना लाल ।
तन पर उसके थे घने, भुरे रंग के बाल ।। 3386/5200

दाँत भयानक शेर से, जिनका पीला रंग ।
मुख में गंदी भाष थी, असभ्य जिसका ढंग ।। 3387/5200

कर में उसने थी धरी, लपलपती तलवार ।
गल में माला मुंड की, मुख में उसके लार ।। 3388/5200

ऊँचा उसका देह था, शरीर में दुर्गंध ।
कुछ भी बखान बोलते, गाली उसे पसंद ।। 3389/5200

(सीता)

दोहा॰ रावण आया देख के, लेकर असुरी साथ ।

93. Story of Rāvan's attrocicite on Sītā (5. Sundar Kānd)

बैठी अंग समेट कर, काँपे सिय के गात ।। 3390/5200

राम-नाम रटती रही, सीता आँखें मीच ।
बोली, फिर क्यों अगया, रावण राक्षस नीच ।। 3391/5200

(रावण)

दोहा॰ रावण बोला, सुन सिये! कहना अंतिम बार ।
झेले हैं अति कष्ट तू, फिर भी अड़ियल नार ।। 3392/5200

बैठी तू तरु के तले, नाम राम का ध्यात ।
ना तू खाती ठीक से, ना सोती दिन-रात ।। 3393/5200

अब तक छूआ ना तुझे, राखी तेरी लाज ।
अंतिम बारी मैं तुझे, कहने आया आज ।। 3394/5200

(और)

दोहा॰ राघव अब जीता नहीं, मरा लखन भी साथ ।
सीते! तू अब प्रेम से, धरले मेरा हाथ ।। 3395/5200

तू अब विधवा नार है, करले मेरा साथ ।
एक सहारा मैं तेरा, कह दे मुझको नाथ ।। 3396/5200

(सुनो!)

दोहा॰ जीवित भी यदि राम हो, वो है अब बलहीन ।
आ न सकेगा वो यहाँ, मुझको पूर्ण यकीन ।। 3397/5200

भूल राम का नाम तू, हो जा मेरी दार ।
बिना यान कैसे भला, आवे सागर पार ।। 3398/5200

भूखा प्यासा घूमता, दंडक में दिन-रात ।
तेरा अब उस राम से, मिलन असंभव बात ।। 3399/5200

घोड़े के ना सींग हैं, न ही साँप के पाँव ।
लगे न जल को आग भी, छोड़ राम की चाव ।। 3400/5200

मिथ्या सपने छोड़ दे, सीते! अब तू जाग ।
तू मेरी रानी बने, खुल जावेंगे भाग ।। 3401/5200

93. Story of Rāvan's attrocicite on Sītā (5. Sundar Kānd)

(अत:)

✍दोहा॰ बोलो जल्दी हाँ, सिये! बहुत न कर तू देर ।
तीन मास में ना पटी, दुख दूँगा मैं ढेर ।। 3402/5200

अब तक छूआ ना तुझे, ना लूटी मैं लाज ।
तेरा कीन्हा मान मैं, हाँ कह दे तू आज ।। 3403/5200

वस्त्र जीर्ण में हो खड़ी, देती तन को ताप ।
खाती पीती ठीक ना, निश-दिन राघव जाप ।। 3404/5200

मानी ना मेरा कहा, दुख दूँगा मैं लाख ।
सीते! तुझको आग में, कर दूँगा मैं राख ।। 3405/5200

पटरानी मेरी बनो, करो न सीते! देर ।
दे दूँगा मैं सब तुझे, धन संपद् के ढेर ।। 3406/5200

यौवन बीता जा रहा, तकते तेरी राह ।
हो जा मेरी तू, सिये! मुझको तेरी चाह ।। 3407/5200

वल्कल-धारी राम है, वन में उसका वास ।
आ न सकेगा वो यहाँ, तज दे उसकी आस ।। 3408/5200

(और)

✍दोहा॰ उसने मुखिया से कहा, सीता हेकड़ नार ।
खूब सताओ तुम इसे, कहो बने मम दार ।। 3409/5200

(सीता)

✍दोहा॰ बंद असुर ने जब करी, बकबक वह बेकार ।
सीता ने चिढ़ कर कहा, कितना तू मक्कार ।। 3410/5200

रघुकुल की नारी नहीं, करे असुर का साथ ।
क्योंकर सीता फिर वरे, पति जिसका रघुनाथ ।। 3411/5200

मैं राघव अनुगामिनी, तन-मन प्राण समेत ।
वल्कलधारी ही सही, वनवासी अनिकेत ।। 3412/5200

मैं राघव-सहचारिणी, सुख-दुख सहित त्रिकाल ।

93. Story of Rāvan's attrocicite on Sītā (5. Sundar Kānd)

आवे संकट क्लेश या, चंडवात भूचाल ।। 3413/5200

(सुन!)

✍दोहा॰ जैसी चंदा चाँदनी, सावित्री सत्वान ।
वैसी सीता, राम की, पत्नी परम सुजान ।। 3414/5200

नल की दमयंती यथा, अनुरागी गुणवान ।
सीता राघव की तथा, पतिव्रता प्रतिमान ।। 3415/5200

(और)

✍दोहा॰ चाहे तो मारो मुझे, कर लो अत्याचार ।
जितनी दो पीड़ा मुझे, करके तुम अविचार ।। 3416/5200

काटो पीटो तुम मुझे, दुख दो जितनी बार ।
राघव की अर्धांगिनी, ना मानूँगी हार ।। 3417/5200

(और)

✍दोहा॰ तू है लंपट विष भरा, कपटी काला साँप ।
कूट-कूट तुझमें भरा, कालकूट सा पाप ।। 3418/5200

तुझसे शिव-धनु ना उठा, तू दंभी कमजोर ।
भागा मंडप छोड़के, कायर तू रणछोड़ ।। 3419/5200

राघव आएँगे जभी, होगा चकनाचूर ।
देखूँगी मैं फिर तुझे, कितना तू है शूर ।। 3420/5200

तू पापी मगरूर है, तू है नारी-चोर ।
रामचंद्र जब आयँगे, दंड मिलेगा घोर ।। 3421/5200

(और)

✍दोहा॰ देवी तेरी दार है, करले उससे प्यार ।
पर नारी पर आँख क्यों, कैसा तू मक्कार ।। 3422/5200

कब सीखेगा धर्म तू, नीति नियम के काम ।
भुगतेगा सब पाप ये, कब लेगा तू नाम ।। 3423/5200

सपने में भी तू कभी, मत कर मेरी आस ।

93. Story of Rāvan's attrocicite on Sītā (5. Sundar Kānd)

अब भी आँखें खोल दे, गले लगेगा फाँस ॥ 3424/5200

पत्नी तेरी है सती, बन जा उसका दास ।
राघव जी जब आयँगे, कुल का होगा नास ॥ 3425/5200

ब्रह्मचारिणी मैं सती, पतिव्रता मैं नार ।
राम उठावेंगे तुझे, भू पर तू है भार ॥ 3426/5200

(और)

दोहा॰ सीता के सद्वचन से, रावण के मन रोष ।
सुन कर आना राम का, उड़े असुर के होश ॥ 3427/5200

(रावण)

दोहा॰ रावण के मन डर जगा, "जीवित है क्या राम? ।
लंका यदि वो आगया, बिगड़ेगा मम काम" ॥ 3428/5200

(और)

दोहा॰ रावण बोला, हे सिये! पैने तेरे बोल ।
अब तक मैंने हैं सुने, अब मत मुख तू खोल ॥ 3429/5200

तज तेरा अभिमान तू, मेरी महिमा जान ।
मैं रावण लंकेश हूँ, मुझको तू पहिचान ॥ 3430/5200

बन जा मेरी तू, प्रिये! अपने हठ को छोड़ ।
सीते! तू शादी किए, मुझसे नाता जोड़ ॥ 3431/5200

आगे बोला, सुन सिये! कान खोल कर बात ।
तीन मास में मान जा, अथवा होगा घात ॥ 3432/5200

सीते! तुझको काट कर, खाएँगे हम माँस ।
राघव तो है मर चुका, तू भी उसके पास ॥ 3433/5200

(फिर)

दोहा॰ बोला फिर वह क्रोध में, दासी से लंकेश ।
कल से डाँटो तुम इसे, इसको दो अति क्लेश ॥ 3434/5200

इसे सताओ तुम सभी, माने तुमरी बात ।

93. Story of Rāvan's attrocicite on Sītā (5. Sundar Kānd)

इसे बताओ तुम सभी, हमरी स्तुति दिन-रात ।। 3435/5200

कटु बचनन को बोल कर, इसे करो तुम तंग ।
इसे मनाओ, वह करे, ब्याह हमारे संग ।। 3436/5200

रत्नाकर कहे, स्वगत)

✍दोहा॰ 'काम आज का कल करूँ,' विपरीत विचार तोर ।
तू ना जाने आ रहा, संकट तुझ पर घोर ।। 3437/5200

कपि बैठा है पेड़ पर, करने अपना काम ।
मुंदरी सिय को सौंप कर, ले आवेगा राम ।। 3438/5200

(मंदोदरी)

✍दोहा॰ गयी वहाँ मंदोदरी, सुन कर सिया पुकार ।
सीता को धर बाहु में, दीन्हा उसको प्यार ।। 3439/5200

बोली, सीते! मैं तुझे, दूँगी माँ का प्यार ।
इस पापी को ले चली, करे न अत्याचार ।। 3440/5200

शिव ने इसको वर दिया, इसने कीन्हा पाप ।
शिव अब वर वापस लिए, देंगे इसको शाप ।। 3441/5200

(और)

✍दोहा॰ घोर असुर 'तारक' यथा, मरा स्कंद के हाथ ।
तथा हि आकर अब इसे, मारेंगे रघुनाथ ।। 3442/5200

'हिरण्यकश्यप' की कथा, करलें फिर से याद ।
छल बल सीता पर किए, पछतावेगा बाद ।। 3443/5200

पापी 'भस्मासूर' ने, दिया ईश को ताप ।
भस्म किया श्री विष्णु ने, नारी बन कर आप ।। 3444/5200

पापी 'बाली' कीश ने, दिया रुमा को त्रास ।
रामचंद्र के बाण ने, उसका किया विनास ।। 3445/5200

(अत:)

✍दोहा॰ जाग नींद से तू अभी, ले ले हरि का नाम ।

93. Story of Rāvan's attrocicite on Sītā (5. Sundar Kānd)

धन बल तेरी संपदा, ना आवेगी काम ।। 3446/5200

अगर पाप की वासना, नहीं करेगा दूर ।
लंका तेरी स्वर्ण की, होगी चकनाचूर ।। 3447/5200

(और)

✍दोहा॰ नारी हरना पाप है, मिले मृत्यु का दंड ।
इसी पाप के शाप से, होगा खंड-विखंड ।। 3448/5200

विधवा कर देगा मुझे, कुल का भी तू नास ।
छोड़ सिया को तू अभी, ले जा राघव पास ।। 3449/5200

(और)

✍दोहा॰ तेरे पापों ने मुझे, दीन्हे दुख हैं आज ।
तेरे जैसा पति मिला, लागे मुझको लाज ।। 3450/5200

राम विष्णु-अवतार हैं, सीता लक्ष्मी आप ।
छोड़ सिया को तू अभी, और न कर तू पाप ।। 3451/5200

कोई तेरी दार को, अगर चुरावे चोर ।
छोड़ेगा क्या तू उसे, बिना दंड के घोर ।। 3452/5200

राघव भी तुझको नहीं, छोड़ेंगे बिन-दंड ।
छोड़ सिया को तू अभी, होगा पुण्य प्रचंड ।। 3453/5200

(तब)

✍दोहा॰ बोली फिर मंदोदरी, चलो यहाँ से नाथ! ।
उसे अकेली छोड़ दो, अभी चैन के साथ ।। 3454/5200

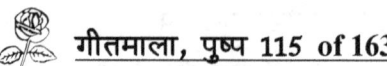

गीतमाला, पुष्प 115 of 163

(राम की दारा)

स्थायी

सिया, रामचंद्र की दारा है, तू उस पर अत्याचार न कर ।
तू, सीता को घर जाने दे ।।

♪ सानि़, रे-सानि़-ध नि़- सा-रे- सा-, ग- मम मम प-म-प-म ग रे-रे ।

93-A. Story of the maid Trijatā (Rāmāyan, 5. Sundar Kānd)

म–, ध–पम ग– मम ग–रेनि़ सा– ।

अंतरा–1

सिय, शाश्वत जग की माता है, श्री राघव उसका भर्ता है ।

तू, उस देवी का हाथ न धर ।।

♫ गग, म–मम पप प– ध–पम प–, ध– ध–पम पपध– पमग– म– ।

प–, धध प–म– ग– म–ग रे सा–सा ।

अंतरा–2

श्री, राघव न्याय के दाता हैं, अरु लछमन उनका भ्राता है ।

तू, उनसे रण का विचार न कर ।।

अंतरा–3

श्री, राम दया के सागर हैं, शरणागत का तिन आदर है ।

तू, और घिनौने पाप न कर ।।

(फिर)

दोहा॰ आई जब मंदोदरी, हुआ रंग में भंग ।
चला गया रावण तभी, लेकर सखियाँ संग ।। 3955/5200

त्रिजटा दासी की कथा

93-A. Story of the maid Trijatā *(Rāmāyan, 5. Sundar Kānd)*

दोहा॰ उसी समय त्रिजटा चरी, गयी सिया के पास ।
बोली, सुन शुभ बात ये, मत हो और उदास ।। 3456/5200

सपना कल आया मुझे, दिखा राम का दास ।
मुँदरी लेकर राम की, आया तेरे पास ।। 3457/5200

विशाल फिर सेना लिए, लंका आए राम ।
तुझे बचा कर ले गए, रघुवर अपने धाम ।। 3458/5200

सुंदर काण्ड : तीसरा सर्ग

94. श्री हनुमान सीता मिलन की कथा :

94. Story of meeting between Sītā and Hanumān
94. Story of meeting between Sītā and Hanumān

कथा

दोहा॰ **लौटी जब त्रिजटा चरी, मंगल मन के साथ ।**
सीता बैठी चैन से, जोड़े दोनों हाथ ।। 3459/5200

बोली, सपनन में सही, कब आओगे, नाथ! ।
भेजो लक्षण कोई तो, रघो! किसी के हाथ ।। 3460/5200

(सीता)

दोहा॰ **त्रिजटा की उस बात से, सिता के मन आस ।**
बोली, "रघुपति रामजी! कब भेजोगे दास ।। 3461/5200

"अब सपनन में ही सही, लंका आओ, नाथ!" ।
रावण के वध के लिए, लाओ सेना साथ ।। 3462/5200

फँसी पड़ी मैं जाल में, बिन जल मीन समान ।
रखती है मंदोदरी, मेरा दृढ़ सम्मान ।। 3463/5200

गीतमाला, पुष्प 116 of 163

खयाल : राग जयजयवंती,[56] **तीन ताल 16 मात्रा**

(सीता क्रन्दन)

स्थायी

रावन से, हरि! डर मोहे लागे, क्या है रघु! म्हारे भाग्य में आगे ।

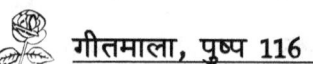

♫ सा–धऩि रेग, रेरे! गग मम मगमरेगरे, ऩि– सा– रेग! रेसा निधपम पध मगमगरे ।

अंतरा–1

लच्छन भेजो हरि! कछु मंगल को, रूठी मोरी किस्मत जागे ।

---

[56] **राग जयजयवंती :** यह खमाज ठाठ का राग है । इसका आरोह है : सा, रे रे रे ग रे सा, ऩि ध़ प़, रे ग म प, नि सां । अवरोह है : सां नि ध प, ध म रे ग रे सा ।

▶ लक्षण गीत : **दोहा॰ दो गांधार निषाद दो, आरोह में नि शुद्ध ।**
रे प वादी संवाद से, "जयजयवंती" सिद्ध ।। 3464/5200

94. Story of meeting between Sītā and Hanumān

♪ मपनि– सं–सांसां रेंरेंगं रेंसांरेंनि सां–, सां–नि– ध–मप नि–धम रेगरे– ।

(हे राम!)

दोहा॰ सुन कर त्रिजटा का कहा, सीता के मन तोष ।
बोली, राघव हे प्रभो! आओ सह जय घोष ॥ 3465/5200

मैं किस पिंजर में पड़ी, नहीं जानते आप ।
सुवन, यहाँ के सुमन भी, देते मुझको ताप ॥ 3466/5200

रावण की सखियाँ मुझे, कोसत हैं दिन–रात ।
साँवरिया! तुमरे बिना, किसे कहूँ मैं बात ॥ 3467/5200

तीन मास में, हे रघो! अगर न आए आप ।
प्राण तजूँगी मैं, प्रभो! मर जाऊँ चुपचाप ॥ 3468/5200

भागे–भागे तुम, प्रभो! आओ दीन कृपाल! ।
मेरी बारी, हे सखे! कहाँ छुपे, अरिकाल! ॥ 3469/5200

 गीतमाला, पुष्प 117 of 163

(सिया विलाप)

स्थायी

दुष्ट से मुझको तार, रे रामा! इस, दुष्ट से मुझको तार ।

♪ रे–रे रे गगग– म–म, रे गपम–! गग, प–म ग रेसारे– ग–ग ।

अंतरा–1

कहाँ फँसी हूँ, ना मैं जानूँ, तुम आओगे, यही मैं मानूँ ।
तू, असुर को आकर मार । इस, दुःख से मुझको तार, रे रामा!॥

♪ सारे– गम– म–, ध– पम ग–म–, धप म–प–ध–, निध– प म–प– ।
म–, ममप प सांनिध ध–ध । गग, प–म ग रेसारे– ग–ग ॥

अंतरा–2

लक्षण कोई, भेजो प्रभु जी! संदेसा कछु, दीजो रघु जी!
तुम, सपनन आओ हमार । इस नरक से मुझको उबार, रे रामा!॥

अंतरा–3

94. Story of meeting between Sītā and Hanumān

मुँदरी दीन्ही, हनुमत बीरा, खबरिया लीन्ही, कपिवर हीरा ।
वह, बहुत कियो उपकार । इस, कष्ट से मुझको तार, रे रामा! ।।

और)

दोहा॰ **क्षण लगते हैं दिन मुझे, दिन लगते हैं माह ।**
लगता, युग से हूँ यहाँ, देखत तुमरी राह ।। 3470/5200

भेजो लक्षण, हे रघो! कुछ तो मेरे पास ।
खबर तिहारी दीजिए, भेजहि अपना दास ।। 3471/5200

गीतमाला, पुष्प 118 of 163

राग पीलू[57]

(सीता बिरहा गीत)

स्थायी

रो रो मैं तो बाँवरिया, मोहे बचाओ हरि साँवरिया ।
रो रो मैं तो बाँवरिया, मोहे बचाओ हरि साँवरिया ।।

♫ गरे सानि सा–रेप गरेसानि़सा – – –, मपनि निसां–निधप धपगरेसानि़सा ।
गरे सानि सा–रेप गरेसानि़सा – – –, ग–ग गम–म– रेमधपगरेसानि़सा ।।

अंतरा–1

भोली झूठा कर पापी नजरिया, मोहे उठा कर जोर जबरिया ।
लाया उड़ा कर, पार सागरिया ।।

♫ सा–ग मप– पप –गमनि पगरेसा –, ग–ग गम– मम पधनि धनिधपप–
मपनि निसां– निधप रेमध पगरेसा– ।।

अंतरा–2

रावन की ये सुवन नगरिया, महल ये गलियाँ, सुंदर बगिया ।

---

[57] **राग पीलू :** यह काफी ठाठ का एक मिश्र राग है । इसका आरोह है : नि़ सा, ग रे ग, म प, ध प, नी ध प सां । अवरोह है : नि ध प म ग, नि़ सा ।

▶ लक्षण गीत : **दोहा॰ शुद्ध व कोमल स्वर सभी, आरोही सब शुद्ध ।**
कोमल स्वर अवरोह में, "पीलू" सुर समृद्ध ।। 3472/5200

94. Story of meeting between Sītā and Hanumān

लागत मोहे, भुवन में घटिया ।।

अंतरा-3

मोहे लुभावत असुरों की मुखिया, ताने चुभावत दसमुख सखियाँ ।
हाय! रुलावत, लाज न रखियाँ ।।

अंतरा-4

खात है दिन, डसे नागिन रतिया, काटत मन अरु काँपत छतिया ।
नाथ बिना अब, कासे कहूँ बतिया ।।

अंतरा-5

सिय को पुकारत रामजी दुखिया, रोत है लछमन व्याकुल अँखियाँ ।
आया है हनुमत, लेके मुँदरिया ।।

(हनुमान)

दोहा॰ जब बिलकुल सब शाँत था, तब राघव का दास ।
उतरा नीची डाल पर, आने सीता पास ।। 3473/5200

(सीता)

दोहा॰ आहट कपि की पाइके, नजर घुमाई मात ।
सुंदर कपि नन्हा लखे, कुतुहल उसके गात ।। 3474/5200

देख रही थी वो उसे, अति अचरज के बीच ।
दिखी कपि के हाथ में, पीत चमकती चीज ।। 3475/5200

नन्हा बंदर देख कर, बोली सीता मात ।
"मुख में मत वो डालियो, सुनियो मेरी बात ।। 3476/5200

"बेटा! दिखला दे मुझे, क्या है तेरे हाथ" ।
उसे पता क्या, चीज वो, भेजे हैं रघुनाथ ।। 3477/5200

(हनुमान)

दोहा॰ कृतांजलि नत शीश से, कपिवर निष्ठावान ।
सीता को मधु बैन से, बोले श्री हनुमान ।। 3478/5200

माते! मैं रघुवीर का, नम्र भगत हूँ दास ।
ढूँढत सागर पार मैं, आया तुमरे पास ।। 3479/5200

94. Story of meeting between Sītā and Hanumān

तुमको मुंदरी सौंप कर, लौटूँ रघुपति पास ।
राघव लेने आयँगे, मन में धरिए आस ।। 3480/5200

तुम राघव की हो प्रिया, कहती आभा तोर ।
असुर-शिकंजे में फँसी, पड़ी विपत में घोर ।। 3481/5200

(अनमोले शब्द)

✍दोहा॰ "मैं सीता हूँ राम की," बोली सिय जब बोल ।
सुन कर कपि के कान में, बजे विजय के ढोल ।। 3482/5200

हर्षित होकर दास ने, लीन्हा मंगल रूप ।
माते! मुझसे मत डरो, बोला वानर भूप ।। 3483/5200

(तब)

✍दोहा॰ मुंदरी लेकर हाथ में, कर राघव को याद ।
चकित भई सीता बड़ी, हर्षित पुलकित गात ।। 3484/5200

बोली सीता, यह तुझे, कहाँ मिली है चीज ।
राघव जी की मुंदरी, मेरे सुख की बीज ।। 3485/5200

मै हूँ राघव की प्रिया, सीता मेरा नाम ।
मैं नृप दशरथ की बहू, मेरा पति है राम ।। 3486/5200

जनक नंदिनी जानकी, पतिव्रता मैं नार ।
मिथिल कुमारी मैथिली, रामचंद्र की दार ।। 3487/5200

सीता ने कपि से कही, "दो-वर" वाली बात ।
जब से आई अवध मैं, दुखिया हूँ दिन-रात ।। 3488/5200

(फिर)

✍दोहा॰ दंडक में जब आगए, करने हम वनवास ।
कांचन का मृग आगया, करने हमरा नास ।। 3489/5200

रावण का वह असुर था, बिछा गया वह जाल ।
रावण आया मुनि बना, चलने अपनी चाल ।। 3490/5200

राम-लखन को चक्र में, डाला माया जाल ।

95. Story of Hanumān's ripping open his chest

रावण ले आया मुझे, वायुयान में डाल ।। 3481/5200

और)

दोहा॰ सीता बोली तुम कहो, राघव जी का हाल ।
मेरे बिन राघव दुखी, कथं बिताते काल ।। 3492/5200

राघव को कैसे मिले, तेरे जैसे दास ।
आएँगे बिन यान के, कैसे मेरे पास ।। 3493/5200

इतने छोटे दास को, क्यों भेजे भगवान ।
कैसे सागर पार तू, आया नन्ही जान ।। 3494/5200

(फिर भी, सीता बोली)

दोहा॰ प्रमाण ऐसा दो मुझे, जिससे हो विश्वास ।
तुम रावण के चर नहीं, राघव के हो दास ।। 3495/5200

सुंदर काण्ड : चौथा सर्ग

 95. छाती फाड़ हनुमान की कथा :

95. Story of Hanumān's ripping open his chest

📖 कथा 📖

(हनुमान)

दोहा॰ सुन कर सीता का कहा, खड़े हुए हनुमान ।
बोले, पूरण भक्ति से, जय जय सीता राम ।। 3496/5200

प्रमाण दूँगा मैं तुम्हें, सुनलो मेरी, मात! ।
फिर जानो विश्वास से, राघव मेरे तात ।। 3497/5200

देवी! सुनलो मैं कथं, मिला राम के साथ ।
फिर देखो निजि नैन से, हरि हैं मेरे नाथ ।। 3498/5200

निज परिचय पहले दिया, आत्मश्लाघ को छोड़ ।
फिर बोला, सिय मातु से, दोनों हस्तक जोड़ ।। 3499/5200

95. Story of Hanumān's ripping open his chest

माँ! तुमसे मिल कर भया, सफल आज यह कीश ।
सुनिये अब, कैसे मिले, मुझे राम जगदीश ॥ 3500/5200

(वृत्तांत वर्णन)

दोहा॰ असुर मरिच को मार कर, लौटे जब श्री राम ।
कुटिया में सीता न थी, बिगड़ गया था काम ॥ 3501/5200

सीते! सीते! राम ने, किया बिरह का सोग ।
लछमन ने रो कर कहा, अघट भया संजोग ॥ 3502/5200

चप्पा-चप्पा ढूँढने, लगा लखन भी साथ ।
पशु पंछी से पूछते, तरुअन से रघुनाथ ॥ 3503/5200

"बोलो सीता है कहाँ, देखी किसने आज" ।
फिर बरगद के वृक्ष ने, दिया सरल अंदाज ॥ 3504/5200

उस तरुवर ने था धरा, रावण का गणवेश ।
जिसमें माला रुद्र की, अरु नकली थे केस ॥ 3506/5200

ऊँचे तरुवर ने दिया, राम-लखन को जाग ।
सिय लेकर दक्षिण गया, वायुयान से भाग ॥ 3507/5200

(और)

दोहा॰ वीर जटायु ने कहा, "असुर बदल कर भेस ।
सीता माता को लिए, गया है दक्षिण देश" ॥ 3508/5200

कबंध बोला राम से, जाओ सुग्रीव पास ।
वह भी पत्नी खोइके, अब है बहुत उदास ॥ 3509/5200

शबरी ने भी राम को, दिया वही उपदेश ।
बोली, सुग्रीव को लिए, करो सिया अन्वेश ॥ 3510/5200

सुग्रीव ने भेजा मुझे, रामचंद्र के पास ।
राघव से जब मैं मिला, बना उन्हीं का दास ॥ 3511/5200

(फिर)

दोहा॰ बाली ने थी हरण की, सुग्रीव कपि की दार ।

95. Story of Hanumān's ripping open his chest

रुमा राम ने मुक्त की, शर बाली को मार ।। 3512/5200

पायल तुमरे देख कर, बोला लखन कुमार ।
"सिया मातु के हैं यही, पैंजन लच्छेदार" ।। 3513/5200

(फिर)
दोहा॰ वानर सेना चल पड़ी, दक्षिण दिश की ओर ।
संपाती ने था कहा, लंका में सिय तोर ।। 3514/5200

गिरि नदियाँ हम लाँघ कर, आए सागर तीर ।
फिर उड़ कर मैंने किया, पार समुंदर नीर ।। 3515/5200

घर-घर वन-वन खोजता, आया पग में तोर ।
जीवन, माते! है भया, सकल सफल अब मोर ।। 3516/5200

(और फिर)
दोहा॰ हाथ जोड़ कपि ने कहा, मैं राघव का दास ।
उनकी सेवा में लगा, आया तुमरे पास ।। 3517/5200

कुशल लखन श्री राम हैं, कह कर किया प्रणाम ।
रघुवर भेजे मुंदरी, देने तुम्हें प्रमाण ।। 3518/5200

(और)
दोहा॰ कुशल क्षेम सब आपके, देवी! पूछत राम ।
लक्ष्मण ने भी है कहा, सादर तुम्हें प्रणाम ।। 3519/5200

लखन लला है राम का, भाई बहुत सुजान ।
सच्चा सेवक है सखा, स्नेही भगत महान ।। 3520/5200

(और कहा)
दोहा॰ देवी माते! अब सुनो, श्री राघव का हाल ।
तुम बिन कैसे रामजी, दुखी बिताते काल ।। 3521/5200

चलते-फिरते रामजी, ध्याते तुमरा नाम ।
लगी आस है एक ही, प्रभु को आठों याम ।। 3522/5200

सुध-बुध को खो कर दुखी, रहते हैं श्रीराम ।

95. Story of Hanumān's ripping open his chest

ध्यान मगन रहते सदा, सिमरत तुमरा नाम ।। 3523/5200

तुमरी प्रतिमा हृदय में, मुख में तव गुण गान ।
बारबार तुमरी कथा, कहते दुखी बखान ।। 3524/5200

अपना आपा भूल कर, समय स्थान अवधान ।
सीते! सीते! जोर से, चिल्लाते हैं राम ।। 3525/5200

खाने में कछु स्वाद ना, ना पीने में मोद ।
सारे सुख को छोड़ कर, सदा विरह की गोद ।। 3526/5200

तुमरी चिंता में लगे, रहते हैं श्री राम ।
कैसी होगी लाड़ली, होगी वह किस धाम ।। 3527/5200

निश-दिन प्रभु ध्याते तुम्हें, चलते-फिरते राम ।
बात-बात पर रामजी, लेते तुमरा नाम ।। 3528/5200

रो रो कर मेरी सिया, बनी हुई बेहाल ।
कितने दुख है झेलती, होगी वह किस हाल ।। 3529/5200

अनशन करके राम के, हुए हैं दुबले गात ।
उसी बिरह ने है किया, तुम पर भी आघात ।। 35305206

गदगद मन जब हो उठे, नैनन भरता नीर ।
कभी अचानक सिसकते, असुरनिकंदन वीर ।। 3531/5200

और कथन कितने कहूँ, बिरहा के परिणाम ।
इतने दुख को झेल कर, जीवित हैं श्री राम ।। 3532/5200

(अब)

✍दोहा॰ निश्चित जानो मातु! तुम, मेरी बात प्रमाण ।
वानर सेना को लिए, झट आएँगे राम ।। 3533/5200

रावण दंभी चोर वो, होगा खंड-विखंड ।
पाखंडी को रामजी, देंगे दंड अखंड ।। 3534/5200

रहो धैर्य्य से तुम अभी, मन में शाँति धार ।

95. Story of Hanumān's ripping open his chest

राम-लखन हैं आरहे, सेना लिए अपार ।। 3535/5200

(फिर, हनुमान)

✍दोहा॰ शिशु-स्वरूप मैंने लिया, छुपने को आसान ।
दूँढे मैंने गृह सभी, तुमको खोजन काम ।। 3536/5200

फिर आया मैं बाग में, दिखी यहाँ पर आप ।
दरसाऊँ मैं अब तुम्हें, मेरा रूप अमाप ।। 3537/5200

खड़ा हुआ फिर सामने, दीर्घ रूप को धार ।
अपने दोनों हाथ से, अपनी छाती फाड़ ।। 3538/5200

हिरदय में उसके दिखे, सिंहासन पर राम ।
बोली सीता हर्ष से, जय जय श्री हनुमान! ।। 3539/5200

(सीता)

✍दोहा॰ सुन कर कपि से, राम का, बिरहाकुल बेहाल ।
सीता जी अपनी व्याथा, बिसर गयीं कुछ काल ।। 3540/5200

कपि से सीता ने कहा, होकर दुखी अपार ।
देखे तुमने जो अभी, मुझ पर अत्याचार ।। 3541/5200

राघव से कहना, सखे! मेरी भी दुख-बात ।
क्लेश कष्ट जो हो रहे, मुझ पर भी दिन-रात ।। 3542/5200

(और)

✍दोहा॰ कपि को फिर बोली सिया, कहना प्रभु को हाल ।
देखी जो तूने यहाँ, दुष्ट असुर की चाल ।। 3543/5200

कहियो, आवे रामजी, शीघ्र मास में तीन ।
अथवा मेरा पायँगे, देह प्राण के हीन ।। 3544/5200

(फिर)

✍दोहा॰ तन का पट फिर फाड़ कर, चूड़ामणी लपेट ।
बोली, प्रभु को दीजियो, शुभ सुमिरण की भेंट ।। 3545/5200

95. Story of Hanumān's ripping open his chest

गीतमाला, पुष्प 119 of 163

(पवन वेग से)

स्थायी

पवन वेग से, सुवन मेघ से, जाओ झट हनुमान ।
लाँघे सागर, सेना लेकर, ले आओ तुम श्री रा ऽ ऽ ऽ म ।
लाओ तुम श्री रा ऽ ऽ म ।।

♫ रेरेरे ग-ग ग-, पपप म-ग रे-, प-म- गग रेरेग-ग ।
म-म- प-पप, प-प- ध-पम, ध- प-म- गग रे- ग- - -ग ।।
मम मम गगरेग सा- - - सा ।।

अंतरा-1

रावन कहता कडवी बतियाँ, असुरी सतावे मोहे दिन रतिया ।
काँपत जियरा, धड़कत छतिया, धक धक सुबहो शाम ।
धक धक सुबहो शा ऽ ऽ म ।।

♫ सा-सासा रेरेरे- गगग- ममम-, पपध पम-प- पम गरे गगम- ।
प-पप धधप-, निनिधध पपध-, मम मम गगरे- ग-ग ।
मम मम गगरेग सा- - - सा ।।

अंतरा-2

कहता, पति तव वल्कल-धारी, राघव जोगी विपिन विहारी ।
कटुतर रसना, लाज बिसारी, करत मेरा अपमान ।
करत मेरा अपमा ऽ ऽ न ।।

अंतरा-3

इस पिंजर से मुझे छुड़ाओ, इँस संकट से मुझे बचाओ ।
रघुवर आओ, न देर लगाओ, तुमको मेरी आन ।
तुमको मेरी आ ऽ ऽ न ।।

(हनुमान)

दोहा॰ **वन्दन माता को किए, लेकर हाथ प्रमाण ।**
उड़ा इन्द्र के बाण सा, निकल पड़ा हनुमान ।। 3546/5200

96. Story of the good news : "Sītā found"

सुंदर काण्ड : पाँचवाँ सर्ग

96. सीता-उपलब्धि के शुभ संदेश की कथा :

96. Story of the good news : "Sītā found"

कथा

(हनुमान)

दोहा० बिना किए कुछ अनकही, उड़ा राम का दास ।
माता लखती रह गयी, पहुँच गया आकाश ।। 3547/5200

सफल-मनोरथ आगया, राम चरण में दास ।
रघुवर बैठे थे जहाँ, मौन लगाए आस ।। 3548/5200

महावीर को देख कर, हर्षित थे सब लोग ।
नयनन प्रेमल अश्रु से, राम बिसारे सोग ।। 3549/5200

(फिर)

दोहा० भुज में कपि को बाँध कर, छाती से धर छात ।
प्रेमालिंगन से मिले, गदगद दोनों गात ।। 3550/5200

नारद बोले मेघ से, "अमृत मय यह नेह ।
वानरनारायण यहाँ, एक बने दो देह" ।। 3551/5200

(तब)

दोहा० कपि गण सारे प्रेम से, बैठे चारों ओर ।
आतुर, सुनने के लिये, बिना मचाए शोर ।। 3542/5200

(यात्रा वृत्त)

दोहा० हनुमत बोला, मैं उड़ा, पूरब दिश की ओर ।
उतरा लंका द्वीप में, होन लगी जब भोर ।। 3553/5200

गिरि चढ़ कर मैंने लखी, लंका पुरी तमाम ।
नगरी में मुझको दिखा, उस रावण का धाम ।। 3554/5200

नक्षा लंका का मुझे, हुआ सकल जब याद ।

96. Story of the good news : "Sītā found"

आया नगरी में उड़ा, सूर्योदय के बाद ।। 3555/5200

लेकर शिशु कपि रूप मैं, लंका किया प्रवेश ।
किसी को न संदेह हो, ना जाने लंकेश ।। 3556/5200

(वहाँ)

✍दोहा॰ नगरी में मनहर बने, बड़े-बड़े प्रासाद ।
सुंदर असुर निवास थे, बिना किसी अपवाद ।। 3557/5200

ललाम गलियाँ थी बनी, आकर्षक उद्यान ।
फल-फूलों के वृक्ष की, प्रचुर फबीली शान ।। 3558/5200

बार-बार पुर पर उड़े, लीन्ही नगरी छान ।
घर-घर फिर अन्वेश कर, कीन्ही सब पहिचान ।। 3559/5200

भूमि सारी छान कर, ढूँढा ऐसा स्थान ।
जहाँ लगेगी छावनी, लड़ने को आसान ।। 3560/5200

(फिर)

राज भवन पर फिर चढ़ा, लिए बाल कपि रूप ।
खिड़की-खिड़की झाँकता, किस कमरे में भूप ।। 3561/5200

हर कमरे में देख कर, कहीं मिली नहिं मात ।
बैठा फिर मैं सोचता, उदास मेरा गात ।। 3562/5200

राज महल पर बैठ कर, कीन्हा कुछ आराम ।
सोचा अब मैं क्या करूँ, मन में भजता राम ।। 3563/5200

(उसके बाद)

✍दोहा॰ निकला फिर मैं देखने, एक-एक कर बाग ।
बागों में मैंने सुने, मधुर खगों के राग ।। 3564/5200

उद्यानों में थे लगे, मीठे फल के पेड़ ।
खाए मैंने तोड़ कर, पके ढेर से बेर ।। 3565/5200

(फिर)

✍दोहा॰ आया इक उद्यान में, लंबी मार उड़ान ।
दिखा राह में था खड़ा, उस रावण का यान ।। 3566/5200

96. Story of the good news : "Sītā found"

अशोक तरुओं से सजा, रावण का उद्यान ।
जिसके पथ में था खड़ा, पुष्पक नाम विमान ।। 3567/5200

पथ के दोनों छोर पर, अशोक वृक्ष विशाल ।
इतने सुंदर बाग की, और न कहीं मिसाल ।। 3568/5200

डाल-डाल पर वृक्ष के, लता रहीं थीं झूल ।
मंद पवन के झोंक से, बरस रहे थे फूल ।। 3569/5200

तरु मालाएँ शोभती, मनहर स्वर्ग समान ।
दो क्यारीं के बीच में, मुझको दिखा विमान ।। 3570/5200

वायुयान को देख कर, जागी मन में आस ।
सोचा, सीता, राम की, यहीं कहीं है पास ।। 3571/5200

(अशोक वाटिका में)

✍दोहा॰ अशोक तरु की वाटिका, सुंदर बनी विशाल ।
इन्द्र पुरी की थी वही, भू पर एक मिसाल ।। 3572/5200

इतनी सुंदर वाटिका, कहीं न होगी और ।
वृक्ष लदे फल-फूल से, चँगेरी की तौर ।। 3573/5200

निर्मल जल के थे वहाँ, झरने झील अनेक ।
कमल कुसुम से था भरा, जल पुष्कर प्रत्येक ।। 3574/5200

प्रसून सौरभ से भरे, अमृत मधु के कुंड ।
खग तितली अलि भ्रमर के, तरु बेली पर झुंड ।। 3575/5200

पत्ते बूटे फूल के, रंग बिरंग अनंत ।
सुंदरता के चित्र का, कहीं नहीं था अंत ।। 3576/5200

जाकर ऊँची डाल पर, बैठा मन को मार ।
दृश्य जहाँ से दिख सके, सब तरुअन के पार ।। 3577/5200

(तब)

96. Story of the good news : "Sītā found"

✍दोहा॰ पड़ी अचानक दृग् मेरी, एक स्थान पर दूर ।
बैठी थी तरु के तले, नारी तप में चूर ।। 3578/5200

तन पर पीले वस्त्र थे, कर में जप की माल ।
ध्यान मगन थी योगिनी, पद्मासन को डाल ।। 3579/5200

(मैंने सोचा)

✍दोहा॰ "इन असुरों में जोगिनी, कौन भला ये नार ।
होगी परदेसन वही, रामचंद्र की दार" ।। 3580/5200

इक पल अपनी आँख पर, हुआ नहीं विश्वास ।
सपने में हूँ, या मुझे, हुआ भरम आभास ।। 3581/5200

जब तक उसके वदन से, सुनूँ नहीं ये बोल ।
"मैं राघव की हूँ सिया," शब्द परम अनमोल ।। 3582/5200

तब तक मुझको ना लगे, सफल हुआ मम काम ।
राघव को मैं क्या कहूँ, जाकर रहित प्रमाण ।। 3583/5200

(अब)

✍दोहा॰ जाऊँ कैसे पास मैं, पूछूँ कैसे नाम ।
पूछूँ कैसे मैं उसे, "क्या तव पति है राम?" ।। 3584/5200

अंग स्वेद से था भरा, हाथ रहे थे काँप ।
सूख गया था मुख तथा, साँस रही थी हाँफ ।। 3585/5200

(फिर भी)

✍दोहा॰ पेड़-पेड़ को लाँघता, डाल-डाल पर भाग ।
गया सिया के पेड़ पर, निर्जन जब था बाग ।। 3586/5200

गीतमाला, पुष्प 120 of 163

(सीता दर्शन)

स्थायी

सीता, हनुमत को दरस दियो । री, जीवन कपि का सफल कियो ।।

♫ सा-रे-, सारेगग म- रेमग रेसा- । नि़, सा-रेरे गग म- रेमग- रेसा- ।।

96. Story of the good news : "Sītā found"

अंतरा-1

दास राम का, मुख में मुँदरी, उड़ कर आया, लंका नगरी ।

सिया लख कर, भान गयो ।।

♪ सा-रे ग-ग ग-, पप म- गगरे-, गग मम प-प-, ध-पम ममम- ।

धप मम गग, रेमग रेसा- ।।

अंतरा-2

असोक तरु के, तले सोगिनी, राम-नाम को, जपत जोगिनी ।

मन, ध्यान में लीन भयो ।।

अंतरा-3

पीत वस्त्र है, तन पर डाला, पद्मासन है, कर में माला ।

कपि, तरु से देख रह्यो ।।

अंतरा-4

कैसे पूछूँ, "नाम तिहारा, तेरा पति क्या, राम पियारा" ।

तोहे, मंगल राम कह्यो ।।

(उस समय)

दोहा॰ उसी समय पर आगया, रावण सखियों साथ ।
उसे देख मैं वृक्ष पर, बैठा दबोच गात ।। 3587/5200

माता थी हरि-ध्यान में, जोड़े दोनों हाथ ।
समाधि उसकी भंग की, मार असुर ने लात ।। 3588/5200

(सीता)

दोहा॰ खड़ा सामने जब हुआ, रावण नारी-चोर ।
सीता ने तब काँप कर, देखा उसकी ओर ।। 3589/5200

बोली माता असुर को, तीखी कर आवाज ।
"मना किया आना तुझे, कब आवेगा बाज" ।। 3590/5200

(रावण)

दोहा॰ रावण फिर बोला उसे, मृत है तेरा राम ।
मुझसे शादी कर, प्रिये! लंका तेरा धाम ।। 3591/5200

कोई ना जाने कहाँ, सिया पड़ी बेहाल ।

96. Story of the good news : "Sītā found"

आ न सके कोई यहाँ, सागर लाँघ विशाल ।। 3592/5200

तीन मास में तू, सखी! हो जा मेरी दार ।
अथवा तेरा माँस हम, खाएँ तुझको मार ।। 3593/5200

(और)
दोहा॰ छोड़ राम के स्वपन तू, मरा हुआ है राम ।
अब निश-दिन तू क्यों भला, रटती उसका नाम ।। 3594/5200

अब राघव को भूल जा, बन जा मेरी नार ।
हाथी, घोड़े, रथ, यहाँ, संपद्, मोद, अपार ।। 3555/5200

(तथा ही)
दोहा॰ करके मुझसे ब्याह तुम, करलो हलका बोझ ।
वायुयान में मैं तुम्हें, सैर कराऊँ रोज ।। 3596/5200

मैं बलशाली वीर हूँ, लड़ न सकेगा राम ।
आएगा जिस दिन यहाँ, भेजूँ यम के धाम ।। 3597/5200

(और)
दोहा॰ निहार तेरी राह हैं, बीते इतने साल ।
अब होजा मेरी प्रिया, मुझको माला डाल ।। 3598/5200

दहशतवादी वीर मैं, मार चुका हूँ राम ।
मुझसे शादी तू करे, तभी मुझे आराम ।। 3599/5200

तीन मास में तू अगर, हुई न मेरी दार ।
खा जाएँगे हम तुझे, सीते! जीवित मार ।। 3600/5200

(जांबुवान)
दोहा॰ सुन कर हनुमत का कहा, जांबुवान को क्रोध ।
उसने सोचा मैं अभी, हनुमत को दूँ बोध ।। 3601/5200

तभी कथा के बीच में, बोला जाँबूवान ।
"चिढ़ कर तूने क्यों नहीं, लीन्ही उसकी जान ।। 3602/5200

"तोड़-फोड़ता पुष्प का, रावण का उद्यान ।

96. Story of the good news : "Sītā found"

उसका सिर तू फोड़ता, जलाय पुष्पक यान ।। 3603/5200

"तूने सीता का सहा, क्यों इतना अपमान ।
रण जेता कपि वीर तू, कैसा है हनुमान!" ।। 3604/5200

(हनुमान)

🖋दोहा॰ सोलह आने सत्य है, प्यारे! तेरी बात ।
मगर क्षात्र के धर्म से, देख जरा तू, तात! ।। 3605/5200

"आज्ञा स्वामी की यथा, तथा चले, सो क्षात्र ।
अपनी मनमानी करे, सेवक वही अपात्र ।। 3606/5200

"मुझको आज्ञा थी, सखे! सिया खोज की मात्र ।
अन्य काज ना कर सका, सेवक मेरा गात्र" ।। 3607/5200

(सूक्ति)

🖋दोहा॰ "नृप-रावन का आप मैं, कर सकता संहार ।
मगर राम के काम का, मुझे नहीं अधिकार" ।। 3608/5200

(राम)

🖋दोहा॰ राघव बोले, ठीक है, परम भगत तू दास ।
कथा बोल आगे, सखे! सुनने की है प्यास ।। 3609/5200

(रत्नाकर)

🖋दोहा॰ सुनलो आगे की कथा, बोले श्री हनुमान ।
यथा घटी थी वह तथा, देकर पूरा ध्यान ।। 3600/5200

(हनुमान)

🖋दोहा॰ सुन कर बातें असुर की, सीता के मन शोच ।
बोली, रावण! नीच तू, कुछ तो कर संकोच ।। 3601/5200

तू है कीड़ा नरक का, गंदा तुच्छ गलीज ।
तेरे मन में मैल है, तुझको नहीं तमीज ।। 3602/5200

होकर भी शिव की कृपा, वेद शास्त्र का ज्ञान ।
कुल कलंकित कर रहा, करके तू अज्ञान ।। 3603/5200

96. Story of the good news : "Sītā found"

जनक सुता मैं जानकी, धर्मचारिणी नार ।
रघुकुल की मैं हूँ बहू, रामचंद्र की दार ।। 3604/5200

सूनी कुटिया देख कर, हर लाया पर नार ।
स्वाँग रचा कर साधु का, तुझको है धिक्कार ।। 3605/5200

(और)
दोहा॰ छू ले पद तू राम के, दया करेंगे नाथ ।
पाप सभी मिट जायँगे, सुन ले मेरी बात ।। 3606/5200

लंका में जब आयँगे, रामचंद्र रघुवीर ।
उतरेगा तेरा नशा, जब बरसेंगे तीर ।। 3607/5200

(तब)
दोहा॰ किया सिया के शब्द ने, रावण पर आघात ।
पागल होकर असुर वो, लगा पीसने दाँत ।। 3608/5200

झल्लाकर लंकेश ने, कहा उठा कर हाथ ।
मारूँगा सीते! तुझे, राम-लखन के साथ ।। 3609/5200

(मंदोदरी)
दोहा॰ सुन रावण की गर्जना, सिय पर अत्याचार ।
आई झट मंदोदरी, करने को प्रतिकार ।। 3610/5200

बोली, अब मैं राम की, दासी हूँ, लंकेश! ।
सीता मेरी है सुता, मत दो उसको क्लेश ।। 3611/5200

मेरी शिव से प्रार्थना, सत्य-धर्म के नाम ।
उसके मोचन के लिए, लंका आवें राम ।। 3612/5200

मंदोदरी ने फिर कहा, चलो यहाँ से नाथ! ।
सिया अकेली छोड़ दो, अभी चैन के साथ ।। 3613/5200

(तब)
दोहा॰ चला गया जब असुर वो, दास दासियाँ साथ ।
सीता कीन्ही प्रार्थना, जोड़े दोनों हाथ ।। 3614/5200

96. Story of the good news : "Sītā found"

सीता बोली, रामजी! कीजो मम उद्धार ।
आओ या भेजो यहाँ, सेवक सागर पार ।। 3615/5200

बिरहा मुझको खा रही, रावण से भी त्रास ।
उड़ कर आओ रामजी! तुमरी सिया उदास ।। 3616/5200

तुमको मैं कैसे कहूँ, मेरा कहाँ निवास ।
मोहे ढूँढन भेजिये, कोई अपना दास ।। 3617/5200

सपने में आजाइये, बतलाऊँ मैं स्थान ।
कहाँ फँसी हूँ मैं, प्रभो! लेती तुमरा नाम ।। 3618/5200

(और)

दोहा॰ विघ्न विनाशक आप हैं, मेरी सुनो पुकार ।
मैं संकट में हूँ फँसी, मेरा करो उबार ।। 3619/5200

करता रावण रोज है, मुझ पर अत्याचार ।
किया त्राण मंदोदरी, उस राक्षस की दार ।। 3620/5200

मुझे बचाओ, रामजी! क्षमा करो मम भूल ।
लखन लला को चूक से, दीन्ही मैंने शूल ।। 3621/5200

पुत्र कहूँगी अब उसे, मुझे दिखी सच राह ।
राघव! तुमको देख लूँ, और न है कछु चाह ।। 3622/5200

(और भी)

दोहा॰ संकट, प्रभु! ये घोर है, लाया मैंने आप ।
कडुआ फल तुमको दिया, बिगड़ गया है काज ।। 3623/5200

आओ जल्दी, रामजी! करके सागर पार ।
बैठी आस लगाइके, दुखिया तुमरी दार ।। 3624/5200

हनुमान)

दोहा॰ देखा जब कोई नहीं, इधर-उधर है पास ।
माता बैठी है तले, मुंडेर पर उदास ।। 3625/5200

सोचा माता से मिलूँ, अब मौका है ठीक ।

96. Story of the good news : "Sītā found"

उतरा ऊपर से तले, डाली पर नजदीक ।। 3626/5200

सुन कर ध्वनि वह, मातु ने, देखा मेरी ओर ।
चमकी मुंदरी हाथ की, उनके चित की चोर ।। 3627/5200

(सीता)

✍दोहा॰ माता बोली हाथ में, क्या है पकड़ी चीज ।
दिखा मुझे आकर यहाँ, कहाँ मिली सुख बीज ।। 3628/5200

(तब)

✍दोहा॰ नीचे आकर पेड़ से, जोड़े दोनों हाथ ।
सिय के पग पर सिर रखा, बड़े विनय के साथ ।। 3629/5200

बोला फिर मधु बैन से, माते! मैं कपिराज ।
लाया मुँदरी राम की, तुमको देने आज ।। 3630/5200

दीन्ही मुँदरी भक्ति से, मैंने माँ के हाथ ।
कहा, अँगूठी आपको, भेजी है रघुनाथ ।। 3631/5200

लिए मुद्रिका मातु ने, देखी बारंबार ।
बोली, यह श्री राम का, निश्चित है उपहार ।। 3632/5200

परंतु बोली जानकी, अचरज की है बात ।
इतने नन्हे दास को, भेजे क्यों रघुनाथ ।। 3633/5200

इतना छोटा आप तू, आया सागर पार ।
कैसे इतनी दूर तू, ढूँढा मेरा द्वार ।। 3634/5200

(तब)

✍दोहा॰ हँस कर तब मैंने कहा, लीन्हा है शिशु रूप ।
ता की बिन अवरोध के, आ पाऊँ छुप-छूप ।। 3635/5200

डरो न माते! देख कर, असली मेरा रूप ।
राम-दास हनुमान हूँ, पवन पुत्र कपिभूप ।। 3636/5200

मूल रूप बन कर उन्हें, बतलाया इतिहास ।
तुम बिन माते! रामजी, रहते बहुत उदास ।। 3637/5200

96. Story of the good news : "Sītā found"

आँसू उनके नैन से, प्रेम बिंदु की धार ।
माते! सपने आज हैं, होत रहे साकार ।। 3638/5200

(फिर)

दोहा॰ **बोली, "मैं हूँ जानकी, सीता, राघव दार ।**
दशरथ की पहली बहू, अवध जनों का प्यार" ।। 3639/5200

♫ <u>छन्दमाला, मोती 10 of 11</u>

शिखरिणी-छन्दः

। ऽ ऽ, ऽ ऽ ऽ, । । ।, । । ऽ, ऽ । ।, । ऽ

♫ साग-नि़-सा- रेगरे- सारेगपमगरे ग-रेगरे सा-

संस्कृत

(सीतालब्धिः)

कपिर्ब्रूते रामं नलिनिनयनं मङ्गलवचः ।
"प्रभो! श्रीवैदेही दशमुखवने शोकव्यथिता" ।। 1
तदा श्रीरामस्तं मधुरवचनैराह प्लवगम् ।
"कपे! त्वं मे भ्राता प्रियतरसखा दासपरमः" ।। 2

हिंदी

(सीता मि़ली)

♫ साग- नि़-सा-रेग रे-, सारेगपम गरे ग-रेग रेसा-

कहा वज्रांगी ने, अवधपति को वन्दन किए ।
"रघो! श्री सीता हैं, असुर-वन में व्यग्र दुखिता" ।। 1
सिया-भर्ता बोले, पवन-सुत को आशिष दिये ।
"सखा तू है मेरा, प्रिय अनुज भी लक्ष्मण यथा" ।। 2

(तब)

दोहा॰ **"मैं हूँ सीता, राम की," सुन कर अमृत बैन ।**
कपि गण सारे उठ खड़े, खोकर अपनी चैन ।। 3640/5200

हा! हा! करते हर्ष में, नाचे वानर वीर ।
बोले लंका अब चलो, लेकर भाले तीर ।। 3641/5200

(इति)

Sangit-Ramayan-Dohavali

दोहा॰ ऋषिवर नारद ने दिया, रत्नाकर को बोध ।
स्वरदा माता ने दिया, काव्य करन का मोद ॥ 3642/5200

गीत छंद लय से भरा, सुंदरतम नि:शेष ।
हरि किरपा से पूर्ण है, सुंदरकाण्ड विशेष ॥ 3643/5200

Sangit-Ramayan-Dohavali

अध्याय 6
लंका काण्ड

Sangit-Ramayan-Dohavali

Shri Rama's Travel-Details from Ayodhya to Lanka

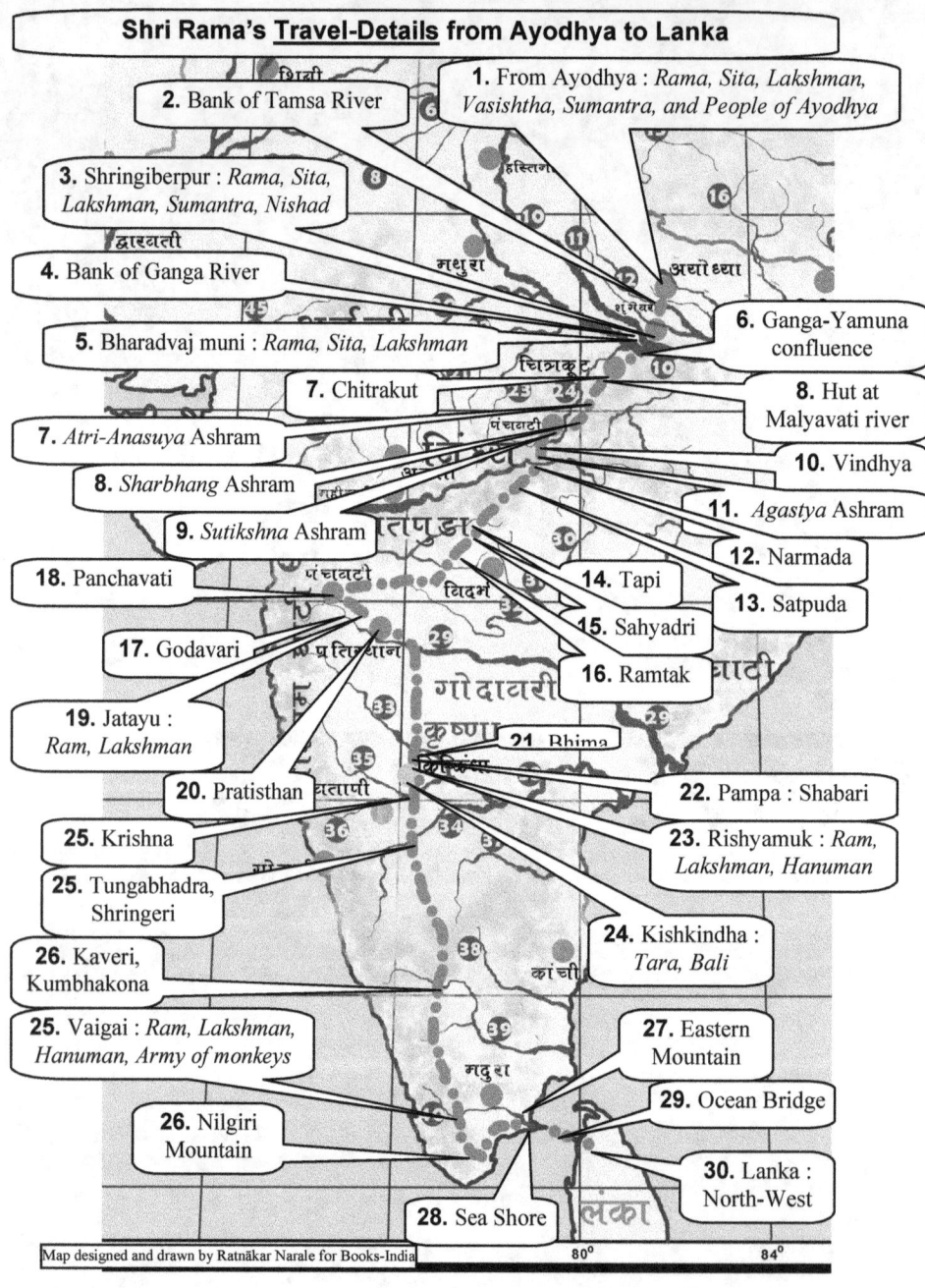

Shri Rama's Return Travel from Lanka to Ayodhya

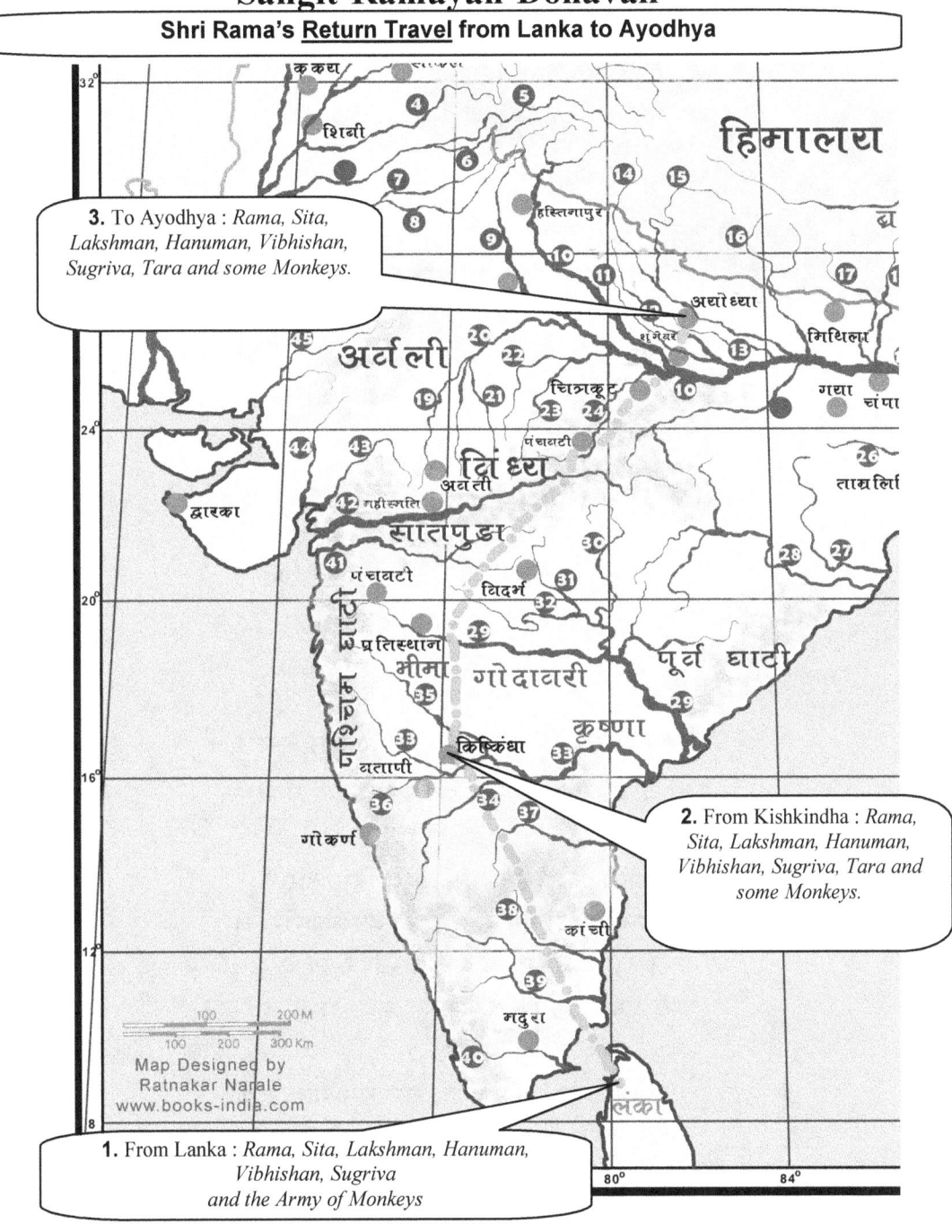

97. Story of building the bridge over the ocean

अध्याय 6

लंका काण्ड

(अथ)

दोहा॰ चौपाई दोहे सजा, सुंदरकाण्ड विशेष ।
अथ है लंका काण्ड का, सानंद श्रीगणेश ॥ 3644/5200

लंका काण्ड : पहला सर्ग

 97. सेतु बंधन की कथा :

97. Story of building the bridge over the ocean

  गीतमाला, पुष्प 121 of 163
राग दुर्गा, दादरा ताल 6 मात्रा
(सेतु बंधन)

स्थायी

राम लिखो, नाम लिखो, राम लिखो, नाम रे ।

♪ ध-ध पम-, प-प मरे-, सा-सा साध-, प-म म- - ।

अंतरा-1

शिला तरे, सेतु बने, स्वेद बिंदु ढार रे ।
राम जपो, नाम रटो, तभी बने काम रे ॥

♪ म-म पध-, सां-सां सांसां-, ध-सां रें-सां ध-ध प- - ।
ध-ध पम-, प-प मरे-, सासा धध- प-म म- - ॥

अंतरा-2

जादू भरा, महा भला, राम राम-नाम रे ।
काम करो, काम करो, राम को लो थाम रे ॥

अंतरा-3

97. Story of building the bridge over the ocean

राह तके, सिया वहाँ, रात दिवस जाग के ।
अँगुठी को देख देख, कहे प्रभो राम रे ।।

📖 कथा 📖

(कपि गण)

दोहा॰ गले लगाया राम ने, कपि हनुमान सुजान ।
बोले, तू मम भ्रात है, लखन भरत समान ।। 3645/5200

काँधे पर हनुमान को, सबने लिया बिठाय ।
नाचे कपिजन हर्ष में, दोनों हाथ उठाय ।। 3646/5200

(फिर)

दोहा॰ सबको राघव ने कहा, मिल कर करें विचार ।
सेना अपनी किस तरह, जावे सागर पार ।। 3647/5200

ना उड़ सकते हम वहाँ, ना तर सकते नीर ।
लंका योजन दूर है, सागर-परले तीर ।। 3748/5200

(निर्णय)

दोहा॰ निर्णय कीन्हा, हम रचें, सागर सेतु विशाल ।
देख-देख जिसको रहे, त्रिलोकनाथ निहाल ।। 3749/5200

सदृढ़ ऐसा पुल बने, ढहे न हमरे बाद ।
अमर विश्व में चिर रहे, शाश्वत उसकी याद ।। 3750/5200

(तब)
(लक्ष्मण)

दोहा॰ जितनी जल्दी हो सके, बने सेतु अभिराम ।
पता न रावण को चले, गोपनीय हो काम ।। 3751/5200

नील बनायो योजना, अंगद शिल्पाकार ।
हनुमत-नल लाते शिला, सुग्रीव था सरदार ।। 3752/5200

(अत:)

दोहा॰ आज्ञा सुग्रीव से लिए, सैनिक सब तत्काल ।
अपने-अपने काम में, करने लगे कमाल ।। 3753/5200

97. Story of building the bridge over the ocean

पत्थर गिरि से काट कर, ढोते कपि दल भार ।
गिरि से सागर तक खड़े, लंबी किए कतार ।। 3753/5200

सीता के शुभ नाम से, हुआ शिला का न्यास ।
विशाल सेतु प्रकल्प का, हुआ शुरू आयास ।। 3754/5200

सागर गहरा था बड़ा, पत्थर जाते डूब ।
आतप सूरज का कड़ा, देह तपावे धूप ।। 3755/5200

स्वेद बिंदु गिर कर हुआ, पावन सागर नीर ।
राम-नाम लिख अश्म को, तराय वानर वीर ।। 3756/5200

रचते पत्थर ध्यान से, सभी जोड़ कर प्रीत ।
लगे रात दिन काज में, गात राम के गीत ।। 3757/5200

गीतमाला, पुष्प 122 of 163

(राम-भक्त हनुमान)

स्थायी

श्री राम का शुभ नाम लिख-लिख, पवन सुत शिला तरै ।
जल सेतु बंधन, सिंधु तारण, कपीश दल सेवा करै ।।

♪ सारे नि-सा ग- मग प-ध पप पप, पपप धम पनिधप मरे- ।
सारे नि-सा ग-मग, प-ध प-पप, पपप धम पनिधप मरे- ।।

अंतरा-1

जाँबवंत सुग्रीव हनुमत, राम-काज करन खटै ।
नल नील अंगद ऋष मरुत कपि, राम का शुभ नाम रटै ।।

♪ ग-मध-नि निसां-सां निरेंसांसां, नि-नि सां-सां सांसांनिरें सांधप ।
गग प-प पधनिसां पनि धपम गग, प-प धम पनि धपम रे-सा ।।

अंतरा-2

भानु आतप तनु तपा कर, स्वेद बिंदु जल में गिरै ।
उस पूज्य पावन नीर में, शिला सेतु तारन काज करै ।।

अंतरा-3

97. Story of building the bridge over the ocean

लंका दहन, रावण हनन, सिंधु योजन दूर उड़ै ।
कपि वायुपुत्र वानर दल, सब राम जाप का मोद लुटै ।।

(राम–नाम)

दोहा० बिंदु–बिंदु से सिंधु है, शिला–शिला से पूल ।
पग–पग आगे बढ़ चले, निश–दिन कपि मिलजूल ।। 3758/5200

जाँबवंत, नल, नील भी, सुग्रीव, कपि हनुमान ।
ऋष्य, मरुत, अंगद सभी, लिखै राम का नाम ।। 3759/5200

राम–नाम से काम हो, राम–नाम से गीत ।
राम–नाम हर साँस में, राम–नाम से जीत ।। 3760/5200

राम–नाम ही आर है, राम–नाम ही पार ।
संकट मोचन काज में, राम–नाम असि–धार ।। 3761/5200

राम–नाम में तार है, भवसागर का पार ।
बिना नाम के हार है, रघुवर जीवन सार ।। 3762/5200

राम–नाम सुख देत है, सब विध दुक्ख मिटाय ।
भाता मुख में नाम है, हिरदय राम बिठाय ।। 3763/5200

मोती राघव नाम है, पावन अंतर्ज्योत ।
राम–नाम मन शाँति है, आत्मज्ञान का स्त्रोत ।। 3764/5200

राम–नाम जादू चले, जहर बने अमरीत ।
बने अघट भी सुघट है, बने हार से जीत ।। 3765/5200

राम–नाम रटते रहो, मन में धर कर धीर ।
राम–नाम पत्थर तरे, लाँघन सागर नीर ।। 3766/5200

गीतमाला, पुष्प 123 of 163

राग आसावरी, कहरवा ताल 8 मात्रा

(राघव मन रोये)

स्थायी

97. Story of building the bridge over the ocean

अँसुअन जल जो अश्क बहावे, राघव का मृदु मन दरसावे ।

♫ -पमपसां धध पधमप गरेम मपधप-, -पधसांसां सां- सांसां सांगं रेंसां निसांधप ।

अंतरा-1

याद सिया की बिरहा पन में, साजन का दुखी मन तरसावे ।

♫ -म-प धप- ध- सांसांसां- रेंनि सां-, -प-पध सां- सांसां सांरेंगं रेंसांध-प- ।

अंतरा-2

उत रावण के बाग में रोता, सीता मन-तोता घबरावे ।

अंतरा-3

इत हनुमाना धीरज वाला, सागर लाँघन सेतु बनावे ।

(राम-नाम)

दोहा॰ **राम-नाम इस आर है, राम-नाम उस पार ।**
राम-नाम मझधार है, राम नाम संसार ।। 3767/5200

राम-नाम से आदि हो, राम-नाम से अंत ।
राम-नाम से काम हो, कहते सज्जन संत ।। 3768/5200

राम-नाम लिख-लिख बना, सागर सेतु विशाल ।
पावन शाश्वत सेतु को, विश्व लखे चिरकाल ।। 3769/5200

गीतमाला, पुष्प 124 of 163

(जपो राम)

स्थायी

कहो राम, जपो राम, भजो राम ।

♫ सारे ग-ग, मग रे-, गरे सा-सा ।

अंतरा-1

राम-नाम है एक सहारा, एक किनारा, एक पियारा ।
राम तिहारा एक उबारा, एक उद्धारा, एक गुजारा ।
बोलो राम, गाओ राम ।।

♫ सा-रे ग-ग ग- प-म गरे-ग-, म-म मम-म-, ध-प मग-म- ।
ध-प मप-प- नि-ध पम-प-, ध-प मग-रे-, प-म गरे-सा- ।

97. Story of building the bridge over the ocean

सारे म-, <u>ग</u>रे सा-सा ।।

अंतरा-2

राम तुम्हारे सदा पास है, राम आस में साँस-साँस में ।
राम पवित्तर एक नाम है, राम ज्ञान है, राम ध्यान है ।
बोलो राम, गाओ राम ।।

अंतरा-3

राम तुम्हारा एक ही चारा, एक ही यारा, एक ही प्यारा ।
राम तुम्हारा है जग सारा, रटो राम का जय जय कारा ।
बोलो राम, गाओ राम ।।

(तब)

✍दोहा॰ राम-नाम गाते चले, लाँघत सागर नीर ।
पुल से लंका आगए, राघव के कपि वीर ।। 3770/5200

आई सेना राम की, लेकर सब सामान ।
स्थान कहा हनुमान ने, लड़ने को आसान ।। 3771/5200

(सुग्रीव)

✍दोहा॰ सैन्य सजाया व्यूह में, तत्परता के साथ ।
अगर आक्रमण आगया, करने दो-दो हाथ ।। 3772/5200

झटपट तंबू तान कर, डाला भव्य पड़ाव ।
चतुर चरों को भेज कर, कीन्हा भेद बचाव ।। 3773/5200

चतुर्वर्ग दल में बटे, सेवा के आधार ।
स्वास्थ्य सुरक्षा सैन्य की, खान-पान आगार ।। 3774/5200

(और)

✍दोहा॰ भरी सभा जब राम की, मंत्री गण के साथ ।
बनी योजना कार्य की, सुदृढ़ मन के साथ ।। 3775/5200

मंत्री बोले राम को, भेजो केसर-पूत ।
जावे रावण पास वो, बन कर हमरा दूत ।। 3776/5200

(राम)

98. Story of meeting between Rāvan and Hanumān

दोहा॰ कपि को बोला राम ने, तुम हो निर्भय दास ।
संदेसा हमरा लिए, जाओ रावण पास ।। 3777/5200

कहो, "छोड़ दे तू सिया, अभी शाँति के साथ ।
कर देंगे तुझको क्षमा, दयालु हैं रघुनाथ" ।। 3778/5200

सीता पावन पूज्य है, देवी सती महान ।
उसको ना तू क्लेश दे, ना ही कर अपमान ।। 3779/5200

वाणी तुमरी मधुर हो, दरसावे सम्मान ।
स्नेह विनय का भाव हो, न हो अहं को स्थान ।। 3780/5200

(और)

दोहा॰ अगर शाँति से ना करे, रावण तुमसे बात ।
करो यथोचित तुम, सखे! दंड भेद आघात ।। 3781/5200

यदि वह तुमरे प्राण से, खेले, कर अविचार ।
आत्म-सुरक्षा के लिए, करो प्रबल प्रतिकार ।। 3782/5200

और काज तुम ये करो, परखो उसके वीर ।
कितना उसका सैन्य है, उसमें कितने हीर ।। 3783/5200

लंका काण्ड : दूसरा सर्ग

98. श्री हनुमान-रावण मिलन की कथा :

98. Story of meeting between Rāvan and Hanumān

ॐ श्लोक छंद

(रावण-हनुमतोर्मिलनम्)

आगतो हनुमान्वीरो दूतो रामस्य मङ्गलः ।
रावणं मेलितुं किन्तु नैच्छत्स मिलितुं कपिम् ।। 1

♫ रे-रेरे- रेरेरे-ग-रे-, म-ग- रे-रे-रे ग-मग- ।
प-मग- मपध- प-म-, ग-ग-ग- रे-मग- रे-सा- ।।

98-A. Story of the desteuction of Ashok-Vātika

निरुपाएन तस्माद्धि क्रुद्धं कर्तुं च रावणम् ।
उध्वस्तामकरोद्भूरिम्-अशोकवाटिकां कपिः ।। 2

दृष्ट्वा च वाटिकां भग्नां मेघनादोऽधरत्कपिम् ।
आनयच्च सभायां तं दूतं रावणसम्मुखम् ।। 3

रावणः कपिमपृच्छत्-दासो वा राघवस्य त्वम् ।
कस्त्वं कस्य च दूतस्त्वं कस्मै च कथमागतः ।। 4

कपिश्च रावणं ब्रूते कपीशो हनुमानहम् ।
सीता माता-पिता रामो रामः स्वामी च मे तथा ।। 5

रामाय देहि सीतां त्वं विना युद्धं सुखं नृप ।
नार्यपहरणं पापं मृत्युदण्डो भविष्यति ।। 6

लङ्काधीशोऽभवत्क्रुद्धः श्रुत्वा हनुमतो वचः ।
आह विभीषणो बन्धुं कपिर्दूतोऽनघः हि सः ।। 7

श्रुत्वा बन्धोर्वचः सत्यं रावणस्तमताडयत् ।
सभायाश्च बहिष्कृत्य गच्छ ब्रूते विभीषणम् ।। 8

📖 कथा 📖

(हनुमान)

✍दोहा॰ राघव से आज्ञा लिए, निकल पड़ा हनुमान ।
रावणपुरी में आगया, करने राघव-काम ।। 3784/5200

मगर नहीं उससे मिला, रावण लंकाधीश ।
"परदेसी तू है" कहा, "वानर जाति कपीश" ।। 3785/5200

अशोक वाटिका ध्वंस की कथा

98-A. Story of the desteuction of Ashok-Vātika

(फिर)

✍दोहा॰ हनुमत ने फिर आखिरी, सोचा एक उपाय ।
अशोक सुंदर बाग में, कर दूँ घोर अपाय ।। 3786/5200

98-A. Story of the desteuction of Ashok-Vātika

लंकापति के आयँगे, महावीर जब खास ।
हथिया कर ले जायँगे, मुझको रावण पास ।। 3787/5200

"देखूँ रावण सैन्य में, कौन-कौन हैं वीर ।
अस्त्र शस्त्र परिमाण क्या, कितने हैं रणधीर" ।। 3788/5200

(तब)

✍दोहा॰ अशोक वन में आगया, उड़ कर कपि हनुमान ।
उधम मचाया बाग में, किया बहुत नुकसान ।। 3789/5200

(फिर)

✍दोहा॰ जल फव्वारे तोड़ कर, बहुत किया उत्पात ।
पेड़ उखाड़े बाग के, ध्वस्त फूल फल पात ।। 3790/5200

फोड़े पुतले मूर्तियाँ, गिरी झील में धूल ।
रावण सेवक डर गए, माली पाए भूल ।। 3791/5200

भागे-भागे आगए, सेवक रावण पास ।
बोले, "बंदर आगया, करने बगिया नास" ।। 3792/5200

(मुखिया)

✍दोहा॰ रावण की दासी तभी, आई रावण पास ।
बोली, "उस कपि ने करी, पुष्प वाटिका नास ।। 3793/5200

"पुष्प लता सब ध्वस्त हैं, डाले पेड़ उखाड़ ।
तोड़-फोड़ पुतले किए, की है बाग उजाड़ ।। 3794/5200

"अपने से सुंदर मृग डरे, सभी गए हैं भाग ।
कपोत तोते उड़ गए, मैना चिड़िया काग ।। 3795/5200

"लगता सीता का सगा, या राघव का दास ।
भेजो सैनिक बाँकुरे, लाओ धर कर पास" ।। 3796/5200

(रावण)

✍दोहा॰ सुन सीता के नाम को, रावण के मन क्रोध ।
बोला, आया कौन है, करने हमें विरोध ।। 3797/5200

98-A. Story of the desteuction of Ashok-Vātika

ध्वस्त किए मम वाटिका, किसका आया काल ।
उस बंदर को बाग से, डालो तुरत निकाल ।। 3798/5200

पकड़ो, ले आओ उसे, अभी हमरे पास ।
लौट न आवे फिर कभी, दुखी राम-का-दास ।। 3799/5200

घेरो चारों ओर से, कहीं न जावे भाग ।
तेल पूँछ पर डाल कर, उसे लगादो आग ।। 3800/5200

(किंकर)

✍दोहा॰ दौड़े आए बाग में, किंकर, धरने कीश ।
भागे उल्टे पैर वे, देखे विकट कपीश ।। 3801/5200

आए फिर से लौट कर, लेकर भाले तीर ।
ताने त्योरी भौंह की, लंकापति के वीर ।। 3802/5200

टूट पड़े हनुमान पर, घोर गर्जना साथ ।
बोले, पकड़ो कीश को, बाँधो उसके हाथ ।। 3803/5200

रावण अनुचर दौड़ते, आए जब ही पास ।
पीटा वृक्ष उखाड़ कर, दीन्हा उनको त्रास ।। 3804/5200

भाग गए, कछु मर गए, कुछ जो लौटे स्थान ।
बोले वानर वीर है, बलवत् शूर महान ।। 3805/5200

कुचला हमको कीश ने, भारी पेड़ उखाड़ ।
लड़ता केवल हाथ से, करता भारी रार ।। 3806/5200

बहुत बड़ा आकार है, जैसा मेरु पहाड़ ।
हाथी सा बल है उसे, सिंह समान दहाड़ ।। 38071/5200

(जंबुमाली)

✍दोहा॰ सुन कर क्रंदन भृत्य का, रावण को अति खेद ।
जंबूमाली को कहा, लाने कपि का भेद ।। 3808/5200

जंबूमाली पुत्र था, प्रहस्त का अति वीर ।
लड़ता आयुध विविध से, भाला मुद्गर तीर ।। 3809/5200

98-B. Story of Akshakumār (Rāmāyan, 6. Lankā Kānd)

दल को लेकर वीर वो, आया आयुध धार ।
कपि ने पत्थर पेड़ से, दीन्ही उसको मार ॥ 3810/5200

98-B. Story of Akshakumār *(Rāmāyan, 6. Lankā Kānd)*

दोहा॰ आया जब वो लौट कर, लंकापति के पास ।
दसमुख उसको देख कर, फिर से भया उदास ॥ 3811/5200

चिढ़ कर रावण ने तभी, कपि को देने मार ।
नायक सेना पाँच का, भेजा अक्षकुमार ॥ 3812/5200

बोला, जाओ दौड़ते, लेकर सब हथियार ।
फाँसो अपने जाल में, लाओ उसको मार ॥ 3813/5200

आया जब उस बाग में, योद्धा अक्षकुमार ।
कपि ने पत्थर फेंक कर, डाला उसको मार ॥ 3814/5200

(तब)

दोहा॰ निहार नेता मर गया, भागे सैनिक वीर ।
तज कर सब हथियार को, बिना चलाए तीर ॥ 3815/5200

देखा रावण ने अभी, मरा नहीं हनुमान ।
कुमार मेरा मर गया, बहुत भया अपमान ॥ 3816/5200

(इन्द्रजीत)

दोहा॰ देख पिता को दुख भरा, क्रोधित पीड़ित लाल ।
इन्द्रजीत बोला उसे, मैं हूँ उसका काल ॥ 3817/5200

मैं लाऊँगा पकड़ कर, अभी आपके पास ।
ना आया यदि पकड़ में, करता उसे खलास ॥ 3818/5200

ब्रह्म अस्त्र के सामने, चले न उसकी एक ।
ठीक निशाना साँध कर, मारूँ उसको फेंक ॥ 3819/5200

(तब)

दोहा॰ दसमुख के दस तुंड पर, चमका था जब हास ।
मेघनाद तब चल पड़ा, लिए अस्त्र वह खास ॥ 3820/5200

98-B. Story of Akshakumār (Rāmāyan, 6. Lankā Kānd)

हनुमत ने देखा उसे, ब्रह्म अस्त्र के साथ ।
सोचा अब मैं ना लड़ूँ, ऊपर कर दूँ हाथ ।। 3821/5200

चाहूँ तो विद्युत अभी, बन कर मैं चकचौंध ।
लेकर गिरिवर रूप मैं, डारूँ उसको रौंध ।। 3822/5200

(मगर)

ब्रह्म अस्त्र से गिर पड़ूँ, बिना किए अपमान ।
ज्यों ही फेंका अस्त्र वो, लेट गया हनुमान ।। 3823/5200

तुरन्त आए भागते, इन्द्रजीत के दास ।
जकड़ा कपि को डोर से, लाए रावण पास ।। 3824/5200

(रावण सभा में)

✍दोहा॰ रावण के दरबार में, देखे कपि ने वीर ।
रावण के मंत्री, सगे, अस्त्र शस्त्र धनु तीर ।। 3825/5200

(मंत्री गण)

✍दोहा॰ रावण के नेता सभी, निहार कर हनुमान ।
अपने मन करने लगे, भिन्न भिन्न अनुमान ।। 3826/5200

एक कहा मारो इसे, दूजा काटो कान ।
तीजा दुम को आग दो, और करो अपमान ।। 3827/5200

(रावण)

✍दोहा॰ सेनाध्यक्ष प्रहस्त को, बोला तब लंकेश ।
बोलो, इसका क्या करें, क्या दें इसको क्लेश ।। 3828/5200

(प्रहस्त)

✍दोहा॰ ऊँचा सिंहासन लिए, बैठा लंकाधीश ।
नीचे आसन पर प्रजा, और खड़ा था कीश ।। 3829/5200

प्रहस्त बोला, खोलिए, कपि के दोनों हाथ ।
बोलो सब कुछ सच कहे, राम-शपथ के साथ ।। 3830/5200

कौन, कहाँ से आगया, किसका है यह दास ।
इसने क्यों पंगा लिया, करके बगिया नास ।। 3831/5200

98-B. Story of Akshakumār (Rāmāyan, 6. Lankā Kānd)

हमरे सेवक क्यों हने, फिर क्यों लेटा आप ।
सीता का ये क्या लगे, इसके मन क्या पाप ।। 3832/5200

(रावण)

✍दोहा० प्रहस्त बोला, हे प्रभो! पूछो कपि से आप ।
उत्तर दे कपि शपथ से, क्या है मन में पाप ।। 3833/5200

कहो, कौन हो तुम कपे! क्या है तुमरा नाम ।
क्या लगती तुमरी सिया, क्या लगता है राम ।। 3834/5200

क्या यह तुमरा स्वाँग है, या हो सचमुच कीश ।
बोल चाल से तुम हमें, लगते हो वागीश ।। 3835/5200

वाणी तुमरी सभ्य है, तुम्हें शास्त्र का ज्ञान ।
हमरे हर सरदार पर, तुमरा सूक्षम ध्यान ।। 3836/5200

खिचड़ी क्या है पक रही, तुमरे मन में आज ।
कहो गूढ़ अंदाज क्या, खोलो सारे राज ।। 3837/5200

हमको लगते वीर तुम, क्यों करते हो पाप ।
इन्द्रजीत को देख कर, लेट गए क्यों आप ।। 3838/5200

रावण बोला, खोल दूँ, तुमरे कर के पाश ।
उत्तर दो सब प्रश्न के, जो पूछत है दास ।। 3839/5200

करने यदि तू आगया, लंका में आतंक ।
मृत्यु दंड दूँगा तुझे, मैं राजा, तू रंक ।। 3840/5200

(हनुमान)

✍दोहा० ज्यों ही बंधन खुल गए, लंबी करके पुच्छ ।
गोलाकार लपेट कर, आसन कीन्हा उच्च ।। 3841/5200

आसन सबसे तुंग पर, बैठ गये हनुमान ।
नीचे से रावण कहे, मेरा यह अपमान ।। 3842/5200

हनुमत बोले, अब सुनो, उत्तर तुम लंकेश! ।

98-B. Story of Akshakumār (Rāmāyan, 6. Lankā Kānd)

राघव नीति नरेश हैं, आप नीति रंकेश ।। 3843/5200

उत्तर सब मैं सच कहूँ, शपथ राम की खाय ।
दुष्कर सुनना सत्य है, सबसे सुना न जाय ।। 3844/5200

(परिचय)

दोहा॰ पवन पुत्र हनुमान मैं, अंजनी का हूँ पूत ।
केसरीनंदन मैं कपि, रामचंद्र का दूत ।। 3845/5200

(सीता से नाता)

दोहा॰ सीता मेरी मातु है, रामचंद्र हैं तात ।
स्वामी मेरे राम हैं, लखन लला है भ्रात ।। 3846/5200

(कहाँ से आया)

दोहा॰ किष्किंधा से हम चले, सुग्रीव सेना साथ ।
हम सब उनके दास हैं, नेता हैं रघुनाथ ।। 3847/5200

नदियाँ पर्वत लाँघ कर, आए सागर तीर ।
सागर पर पुल बांध कर, आए हम सब बीर ।। 3848/5200

मिल कर सीता मातु को, दिया राम-संदेश ।
राघव को भी दे चुका, माता का आदेश ।। 3849/5200

(बाग क्यों उजाड़ा)

दोहा॰ शाँति से तुमको कहा, मिलने की है आस ।
संदेसा श्रीराम का, लाऊँ तुमरे पास ।। 3850/5200

"परदेसी" कह कर मुझे, तुमने किया अपाय ।
"तब तो बिन उत्पात के, ना था अन्य उपाय ।। 3851/5200

"रामचंद्र का दास मैं, आया बन कर दूत ।
तुमसे मिलने के लिए, अंग सँवारा भूत ।। 3852/5200

"क्षमस्व हो उत्पात ये, कीन्हा बहुत अपाय ।
मगर बिना उत्पात के, कोई न था उपाय ।। 3853/5200

"रामचंद्र जब आयँगे, नगरी में निर्भीक ।

98-B. Story of Akshakumār (Rāmāyan, 6. Lankā Kānd)

टूट-फूट जो दिख रही, हो जावेगी ठीक" ।। 3854/5200

तोड़-फोड़ सब है मृषा, मिथ्या है उत्पात ।
ज्यों का त्यों हो जाएगा, घबराओ मत, तात! ।। 3855/5200

रामचंद्र भगवान हैं, सीता देवी नीक ।
उनकी लीला से सभी, हो जावेगा ठीक ।। 3856/5200

(रावण को उपदेश)

दोहा॰ कपि ने रावण से कहा, सुनो, प्रभो! लंकेश ।
भेजा है श्री राम ने, तुमको शुभ संदेश ।। 3857/5200

"सीता लौटा दो, प्रभो! अभी प्रेम के साथ ।
पछताओगे तुम मगर, करके दो-दो हाथ ।। 3858/5200

"सीता के तुम चोर हो, घोर किया है पाप ।
सीता देवी ने दिया, तुमको कटुतम शाप ।। 3859/5200

"जो भी नारी का करे, हरण पाप उद्दंड ।
तारा रानी ने उसे, कहा मृत्यु का दंड" ।। 3860/5200

देख रहे थे गगन से, नारद मुनिवर ईश ।
फूल कीश पर बरसते, दे कर शुभ आशीष ।। 3861/5200

(और)

दोहा॰ "कहना मानो तुम अभी, बन जावेगा काम ।
लौटा दो सीता अभी, बड़े दयालु राम ।। 3862/5200

"अभी समय है शाँति का, हो जावे ना देर ।
राघव से लड़ कर, सखे! हो जाओगे ढेर ।। 3863/5200

"जागो सपने से अभी, जाओ राघव पास ।
क्षमा माँगलो राम से, बनो राम के दास ।। 3864/5200

"भूल स्वयं तुम मान लो, ठंडा रखो दिमाग ।
राघव से यदि तुम लड़े, लगे राज्य में आग ।। 3865/5200

99. Story of Fire to Lankā (Rāmāyan, 6. Lankā Kānd)

"हमसे, प्यारे! मत डरो, रहो, सखे! निर्भीक ।
राम-सिया के मिलन पर, हो जावे सब ठीक ।। 3866/5200

"लंका तेरी शोभना, इतना सुंदर देश ।
मत कर सत्यानास तू, बचा इसे, लंकेश!" ।। 3867/5200

श्लोक

हरिर्हरति पापानि पश्चातापं कुरुष्व त्वम् ।
जानीहि त्वं दयालुंस्तं विष्णुरूपं जनार्दनम् ।।

(रावण)

दोहा॰ सुन कर हनुमत का कहा, रावण नृप घबराय ।
बोला, सागर लाँघ कर, राम न आने पाय ।। 3868/5200

सेना तट पर हो खड़ी, शस्त्र-अस्त्र के साथ ।
जल मैं पाँव न रख सके, रामचंद्र रघुनाथ ।। 3869/5200

हनुमान)

दोहा॰ हनुमत बोला, हे प्रभो! अब यह सब बेकाम ।
सेना लेकर आ चुके, लंका में हैं राम ।। 3870/5200

सुन बातें हनुमान की, रावण के मन क्रोध ।
कपि की समुचित बात से, उसे न आया बोध ।। 3871/5200

विनाश का क्षण आगया, अनुचित कीन्हा काज ।
रावण बोला, "तुम इसे, मृत्यु दंड दो आज" ।। 3872/5200

लंका काण्ड : तीसरा सर्ग

99. लंका दहन की कथा :

99. Story of Fire to Lankā *(Rāmāyan, 6. Lankā Kānd)*

कथा

(विभीषण)

99. Story of Fire to Lankā (Rāmāyan, 6. Lankā Kānd)

✍दोहा॰ बिभिषण बोले बंधु को, निरपराध है दूत ।
दंडित मत कर कीश को, तुझ पर सवार भूत ।। 3873/5200

(क्योंकि)

✍दोहा॰ वचन विभीषण ने कहे, नीति नियम अनुसार ।
वानर केवल दूत है, निर्दोषी, सरकार! ।। 3874/5200

हनुमत केवल दास है, उसके नृप हैं राम ।
कपि को आजादी नहीं, मन से करने काम ।। 3875/5200

"अनुचर तोता भूप का, देते शास्त्र सबूत ।
मृत्यु दंड उसको मिले, जिसने भेजा दूत" ।। 3876/5200

(रावण)

✍दोहा॰ भाई की शुभ बात से, उसे न आई जाग ।
बोला, कपि की पूँछ में, अभी लगा दो आग ।। 3877/5200

अपमानित करदो उसे, होगा ठीक दिमाग ।
लौट न आवेगा पुनः, डर कर जावे भाग ।। 3878/5200

(मगर)

✍दोहा॰ ज्यों ही कपि की पूँछ को, रावण ने दी आग ।
बंधन सारे तोड़ कर, शीघ्र गया कपि भाग ।। 3879/5200

महल–महल फिर कूद कर, कहता "जय जय राम" ।
आग लगी सब नगर में, जले असुर के धाम ।। 3880/5200

"जलें असुर के महल हीं, और न था उत्पात ।
जल ना जावे वाटिका, उत हैं सीता मात ।। 3881/5200

"हनुमत कूदा महल पर, बन कर रावण काल ।
जले असुर के महल ही, सिया सुरक्षित हाल ।। 3882/5200

"भूल न उसने की कभी, व्यर्थ जोश के साथ ।
आज्ञाकारी दास है, जानत हैं रघुनाथ ।। 3883/5200

99. Story of Fire to Lankā (Rāmāyan, 6. Lankā Kānd)

"सावधान हनुमान थे, करने में हर काम ।
जिसका ऐसा दास हो, धन्य-धन्य श्री राम" ।। 3884/5200

पकड़ो-पकड़ो चीखते, दौड़े राक्षस वीर ।
हाथ न आया मारुती, रावण के मन पीड़ ।। 3885/5200

बजाय डंका युद्ध का, हनुमत लंक जराय ।
आग नगर में देख कर, रावण बोल, हाय! ।। 3886/5200

गीतमाला, पुष्प 125 of 163

कहरवाताल 8 मात्रा

(लंका दहन)

स्थायी

बजायो युद्ध का डंका, जरायो मारुति लंका- - - ।

♫ धनिरेंसां- - नि-सां ध- पमंप- -, मगरेगसा - - ग-मध- नि-सां- - - ।

अंतरा-1

रावण को कहे विभिषण भाई, काहे रखै तू दार पराई ।
कपि को सौंप दे सीता, नहीं माना वो अडबंगा ।।

♫ -प-गम प- पप- निनिनिसां ध-प-, -प-ग मप-प - -निनिनि सांध-प ।
पधरें सां- - नि-सां ध- पमंप- -, मगरेग सा- -ग- म धधनि-सां- - ।।

अंतरा-2

राक्षस कपि की पूँछ जलाए, दावाग्नि को आप बुलाए ।
जलायो सोने की लंका, राम का दास ये बाँका ।।

अंतरा-3

शिव जी का अवतार सजायो, तांडव थैया नाच रचायो ।
डुबायो आग में लंका, "बचाओ!" एक है हाँका ।।

गीतमाला, पुष्प 126 of 163

चौपाई

100. Story of Vibhīshan (Rāmāyan, 6. Lankā Kānd)

(सीता अन्वेश)

स्थायी

अंबर में उड़ कर हनुमंता, लंका जाकर, ढूँढी सीता ।

♫ नि–धप म॑– पप धध पम॑ग–म॑–, प–म॑ग म॑–पप, म॑–गसा रे–ग– ।

अंतरा–1

कहा चरण में रख कर माथा, मुंदरी भेजे हैं रघुनाथा ।

सुन कर, "लंका में है सीता," अति हरषाए हरि सुखदाता ।।

♫ सारे– गगग ग– म॑म॑ गरे ग–म॑–, निधप– म॑–प– ध– पम॑ग–रे– ।

सासा रेरे, "ग–ग– म॑– गरे ग–म॑–," धध पमग–म॑– पम॑ गसारे–ग– ।।

अंतरा–2

बोले, हनुमत! तुम मम भ्राता, अंक लिए कपि को, सियभर्ता ।

वानर गण को हर्ष अनंता, शीश उठाये कपि हनुमंता ।।

अंतरा–3

रावण को बोला हनुमंता, सुख से वापस दे दे सीता ।

माना नहीं वह शठ अड़बंगा, कीन्हा कपिवर से अति दंगा ।।

अंतरा–4

कपि लाँगुल पर पट कस डाला, तैल ऊँडेल लगाई ज्वाला ।

भंग करन दसमुख अभिमाना, लंक जरायो कपि हनुमंता ।।

लंका काण्ड : चौथा सर्ग

100. नीति वीर विभीषण की कथा :

100. Story of Vibhīshan (Rāmāyan, 6. Lankā Kānd)

कथा

(रावण)

दोहा॰ बुझी आग जब नगर की, रावण पाया होश ।
कहा, "राम को मार कर, पाऊँगा संतोष" ।। 3887/5200

हनुमत बोला है हमें, कहाँ रुका है राम ।

उस पर हमला हम करें, करने उसे तमाम ।। 3888/5200

(सेनापति प्रहस्त)

दोहा॰ सेनाध्यक्ष प्रहस्त ने, किया घोर ऐलान ।
जाकर अब सेना लिए, मारूँगा मैं राम ।। 3889/5200

दल मेरा चतुरंग है, विश्रुत मेरा नाम ।
शस्त्र-अस्त्र परिपूर्ण है, नहीं बचेगा राम ।। 3890/5200

मैं संगर को जीत कर, कपियन को दूँ शोक ।
रावण की होगी सिया, कोई सकै न रोक ।। 3891/5200

(कुंभकर्ण)

दोहा॰ कुंभकर्ण ने फिर कहा, मैं रावण का भ्रात ।
राम-लखन को खा सकूँ, कोमल जिनके गात ।। 3892/5200

"मगर बात मैं नीति की, कहूँ सभा में आज ।
नारी हरना पाप है, रखो सिया की लाज ।। 3893/5200

"सीता को अगवा किए, घोर हुआ है दोष ।
लौटा दे सीता अभी, सँभाल, भाई! होश ।। 3894/5200

"रावण! ऐसे पाप में, रहे न मेरा हाथ ।
ऐसे पापी काम में, ना मैं तेरे साथ" ।। 3895/5200

(मंत्री महापार्थ)

दोहा॰ महापार्थ ने फिर कहा, मैं हूँ विषधर वीर ।
मैं छोड़ूँगा राम पर, सविष नाग के तीर ।। 3896/5200

काटेंगें वे राम को, महा विषैले नाग ।
बचा सके ना प्राण वो, जा न सकेगा भाग ।। 3897/5200

(इन्द्रजीत)

(विभीषण-इन्द्रजीत)

दोहा॰ कहा विभीषण ने, "सखे! मत कर इतना रोष ।
नीति से तू देख ले, इसमें अपना दोष ।। 3898/5200

"दूत कीश की पूँछ को, तूने दीन्ही आग ।

बंधन सारे तोड़ कर, निकल गया वह भाग ।। 3899/5200

"आग लगा कर पूँछ को, कपि को दीन्ही पीड़ ।
महल-महल सुलगाइके, भागा वानर वीर ।। 3900/5200

"आग लगाई आपने, वानर का क्या दोष ।
अपनी गलती का, सखे! हनुमत पर क्यों रोष? ।। 3901/5200

"पकड़ न पाया फिर उसे, कोई अपना वीर ।
भवन-भवन पर कूदता, चला गया कपि धीर" ।। 3902/5200

(अब, ओ रावण!)

✍दोहा॰ "सौंप पराई दार तू! उस स्वामी के हाथ ।
क्षमा करेंगे वे तुझे, कृपालु हैं रघुनाथ ।। 3903/5200

"मुख अनीति से मोड़ ले, मद के बंधन तोड़ ।
पातक तेरा घोर है, राघव को कर जोड़ ।। 3904/5200

"लड़ने का हठ छोड़ दे, करले योग्य विचार ।
घमंड का घट फोड़ दे, तब होगा उद्धार" ।। 3905/5200

(क्योंकि)

✍दोहा॰ "अजेय राघव लखन हैं, हिमगिरि सम हैं धीर ।
"उनकी सेना में बड़े, महाबली हैं वीर ।। 3906/5200

"राम-लखन वर क्षात्र हैं, तत्पर सजग निरोग ।
विपदा में भी धीर हैं, लिए कर्म का योग" ।। 3907/5200

(मगर)

✍दोहा॰ लड़ने के अपराध से, होगा तेरा घात ।
सेना बल तव व्यर्थ हैं, कर राघव से बात ।। 3908/5200

"राघव से वे क्या लड़ें, जिन्हें वासना रोग ।
व्यसनी कामुक आलसी, अधम विषय के भोग" ।। 3909/5200

(रावण)

✍दोहा॰ सुन कर कहना बंधु का, बिगड़ा उस पर भ्रात ।

100. Story of Vibhīshan (Rāmāyan, 6. Lankā Kānd)

"द्रोही" कह कर असुर ने, उसको मारी लात ।। 3910/5200

बोला, जा तू राम के, यहाँ नहीं तव काज ।
मेरी नगरी छोड़ दे, निकल यहाँ से आज ।। 3911/5200

क्यों इतना डरपोक तू, होकर मेरा भ्रात ।
जग जेता मैं वीर हूँ, क्यों भूला यह बात ।। 3912/5200

(विभीषण)

दोहा॰ बहिष्कार मेरा करो, मगर सुनो सरकार ।
मेरी बात न टालिए, फिर से करो विचार ।। 3913/5200

इस पल यदि मैं चुप रहूँ, कुल का होगा नाश ।
मेरे प्यारे बंधुओं! मुझ पर हो विश्वास ।। 3914/5200

मेरा कहना सत्य है, न्याय नीति के साथ ।
यद्यपि तुम मुझसे बड़े, सुन लो मेरी बात ।। 3915/5200

इस संकट को टालने, सीता दे दो, भ्रात! ।
"फिर पछतावा क्यों करो, बस में जब हो बात" ।। 3916/5200

हाथ जोड़ विनती करूँ, मेरे सुनो विचार ।
सुनो तिहारे काम कीं, बात बताऊँ चार ।। 3917/5200

(चार बातें)

दोहा॰ "नारी हरना पाप है, लड़ने में है घात ।
मार-काट, छल छद्म से, परे रहो दिन-रात" ।। 3918/5200

(फिर)

खेद बिभीषण को हुआ, गया सभा को छोड़ ।
युद्ध न टारे टर सका, छाई घटा घनघोर ।। 3919/5200

 गीतमाला, पुष्प 127 of 163

(विभीषण भाई)

स्थायी
रामजी, देंगे तुझको प्यार ।

100. Story of Vibhīshan (Rāmāyan, 6. Lankā Kānd)

♬ रेगमग-, प-मग रेगरे- सा-सा ।

अंतरा-1

रावण तेरा कहा न माना, वो तुझको विद्रोही जाना ।
दुष्ट ने, कीन्हा है अविचार ।।

♬ सा-सासा रे-रे- पम- ग रे-ग-, म- ममम- प-धपम- ग-म- ।
रे-ग म-, प-मग म- गरेसा-सा ।।

अंतरा-2

रघुवर सेवा आज करेगा, लंका पर कल राज करेगा ।
राम है, विष्णु का अवतार ।।

अंतरा-3

नीति का तू सत्य पुजारी, कीर्ति होगी नित्य तिहारी ।
विश्व में, तेरी जय जयकार ।।

(रावण के भेदिये)

✍**दोहा**॰ **भेजे चर लंकेश ने, दे कर वानर वेश ।**
छिप कर राम पड़ाव में, करने गुप्त प्रवेश ।। 3920/5200

जान लिया कपि ने उन्हें, लख कर नकली रूप ।
पकड़ा उनको कंठ से, पवन पुत्र सुरभूप ।। 3921/5200

लाए राघव सामने, डरे हुए जासूस ।
बोला, इनका क्या करें, दिखते हैं मायूस ।। 3922/5200

(राम)

✍**दोहा**॰ **राघव बोले, हे चरो! करो भोज, जल-पान ।**
डरो न तुम हमसे, सखे! बोलो सत्य बखान ।। 3923/5200

मैं सीतापति राम हूँ, क्या हैं तुमरे नाम ।
किसने भेजा है तुम्हें, कहाँ तिहारा धाम ।। 3924/5200

कहो, बंधु! तुम कौन हो, क्यों यह लिया लिबास ।
क्या करने आए यहाँ, किसके हो तुम दास ।। 3925/5200

(गुप्त चर)

100. Story of Vibhīshan (Rāmāyan, 6. Lankā Kānd)

✍दोहा॰ चर बोले, यह भेस है, हमे दियो लंकेश ।
हम तो उसके दास हैं, हमको न दो कलेश ।। 3926/5200

(राम)

✍दोहा॰ हँस कर बोले रामजी, देखो सारे भेद ।
बतलादो सब असुर को, हमें न कोई खेद ।। 3927/5200

"सच बोलो तो दंड ना, देंगे तुम्हें न दोष ।
तुम तो केवल भृत्य हो, दूत सदा निर्दोष" ।। 3928/5200

तुम इसमें निर्दोष हो, तुमको मिले न दंड ।
जिसने भेजा है तुम्हें, होगा खंड-विखंड ।। 3929/5200

देखो तुम जो जी करे, बिना किसी भी लाज ।
सागर सेतु देख लो, निज नैनन से आज ।। 3930/5200

कन्द-मूल फल खाइए, बैठो हमरे साथ ।
फिर जाकर बतलाइए, जो देखी सब बात ।। 3931/5200

(और)

✍दोहा॰ जाकर रावण को कहो, "बुला रहे रघुनाथ ।
सीता को लौटाइये, वरना होगा घात" ।। 3932/5200

इतना कह कर राम ने, छोड़ दिये वे वीर ।
चले गए शरमाइके, दसमुख के मुखबिर ।। 3933/5200

(गुप्तचर)

✍दोहा॰ आकर दूतों ने कहा, सुनो सत्य, लंकेश! ।
जीत गए हमरा जिया, परम पुरुष अवधेश ।। 3934/5200

सुनो प्रथम जो श्रव्य है, अनुभव हमरा आज ।
सोच विचारे फिर, प्रभो! होजाना नाराज ।। 3935/5200

लड़ कर ऐसे पुरुष से, होगा आतमघात ।
प्रताप उनका पुण्य है, वे हैं पावन, तात! ।। 3936/5200

जब हमको हनुमान ने, लाया राघव पास ।

घबड़ाये थे हम, प्रभो! मन में बहुत उदास ।। 3937/5200

देखा हमने राम को, ज्यों ही पहली बार ।
आभा उनकी शाँत वो, जीता चित्त हमार ।। 3938/5200

कभी न देखा तेज वो, किसी पुरुष में दिव्य ।
हिरदय है श्री राम का, उससे ज्यादा भव्य ।। 3939/5200

(और)

✍दोहा॰ डरे हुए थे हम, प्रभो! मृत्यु दंड की आस ।
हाथ जोड़ कर थे खड़े, हमें न था विश्वास ।। 3940/5200

बिठाय हमको राम ने, बिलकुल अपने पास ।
पूछा हमको प्रेम से, वाणी बहुत मिठास ।। 3941/5200

राम-लखन किरपाल हैं, कपि सब उनके वीर ।
लड़ते पत्थर पेड़ से, राम-लखन धनु तीर ।। 3942/5200

उनके पास न अश्व हैं, ना रथ, ना ही शस्त्र ।
हाथ हि उनके ढाल हैं, हस्त हि उनके अस्त्र ।। 3942/5200

(और भी)

✍दोहा॰ राम सभी के प्राण हैं, सभी राम के प्राण ।
राम सभी की आस हैं, राम सभी के त्राण ।। 3943/5200

राघव उनके संग हैं, अन्तरंग हैं राम ।
कपि राघव के अंग हैं, सब मुख राघव नाम ।। 3944/5200

सेनापति सुग्रीव है, हनुमत है बलवान ।
जांबुवान गुणवान है, अंगद है मतिमान ।। 3945/5200

(और बोले)

✍दोहा॰ हमने जब हनुमान को, पकड़ा था, लंकेश! ।
पीटा हमने था उसे, दीन्हा बहुत कलेश ।। 3946/5200

हमने कटु बातें कहीं, कीन्हा तस अपमान ।
उसको बाँधा डोर से, खींचा पशू समान ।। 3947/5200

100. Story of Vibhīshan (Rāmāyan, 6. Lankā Kānd)

हमने उसकी पूँछ को, घोर लगाई आग ।
प्राण बचाने के लिये, कीश गया वह भाग ॥ 3948/5200

(मगर)

दोहा॰ हमको जब हनुमान ने, पकड़ा रंगे हाथ ।
हमें बिठाया प्रेम से, दयावान रघुनाथ ॥ 3949/5200

हमको बोले रामजी, डरो न हमसे आप ।
तुम तो चर निर्दोष हों, तुम हों सब निष्पाप ॥ 3950/5200

कंद मूल हमको दिये, पीने मधुरस पान ।
योग क्षेम पूछे हमें, किया बहुत सम्मान ॥ 3951/5200

आगे बोले रामजी, देखो जो मन भाय ।
पूछो जो मन प्रश्न हैं, लो जो मन ललचाय ॥ 3952/5200

(पुल)

दोहा॰ हमें दिखाया राम ने, सागर सेतु विशाल ।
अश्म तराये नीर पर, राघव-नाम कमाल ॥ 3953/5200

राजमार्ग सम सेतु पर, आई सेना पार ।
उत्तर लंका में लगा, उनका शिविर अपार ॥ 3954/5200

मुक्त किया हमको तभी, बिना किसी भी दंड ।
राघव के सौजन्य से, हमको हर्ष प्रचंड ॥ 3955/5200

दिया राम ने आपको, प्रेम सहित संदेश ।
"सीता लेकर आइए, या लड़ने, लंकेश!" ॥ 3956/5200

(रावण)

दोहा॰ तथास्तु कह कर असुर ने, किया अधम ऐलान ।
करो आक्रमण राम पर, बिना किसी आह्वान ॥ 3957/5200

लंका काण्ड : पाँचवाँ सर्ग

101. सरमा देवी की कथा :

101. Story of Sarmā Devī (Rāmāyan, 6. Lankā Kānd)

101. Story of Sarmā Devī (Rāmāyan, 6. Lankā Kānd)

📖 कथा 📖

✍दोहा॰ असुर जगत में था यथा, विभिषण को सम्मान ।
उसकी पत्नी थी तथा, "सरमा" बहुत सुजान ।। 3958/5200

(रावण)

✍दोहा॰ रावण ने की योजना, देत मूँछ पर ताव ।
आकर सिय के सामने, चला आखिरी दाँव ।। 3959/5200

रावण बोला, हे सिये! अब तो मेरी मान ।
निज नैनन से देख ले, मरा हुआ है राम ।। 3960/5200

रोए निश-दिन, तू सखी! रटत राम की बात ।
राम युद्ध में मर गया, रुधिर सना है गात ।। 3961/5200

नाथ मुझे अब मान तू, स्वर्ग गया रघुनाथ ।
उसकी तज अब आस तू, चल कर मेरे साथ ।। 3962/5200

रहो हमारे महल में, तज कर कुटिया वास ।
सीते! तुझसे ब्याह कर, हूँगा तेरा दास ।। 3963/5200

(क्योंकि)

✍दोहा॰ घोर लड़ाई थी छिड़ी, चले धनाधन् तीर ।
लड़े बहुत घनघोर थे, मेरे सैनिक वीर ।। 3964/5200

सेवक-विद्युतजिह्व ने, छोड़ा अपना तीर ।
काटा सिर श्री राम का, ढेर हुआ बलबीर ।। 3965/5200

(विद्युतजिह्व)

✍दोहा॰ फिर रावण ने दास को, किया गुप्त संकेत ।
आज्ञा पा कर भृत्य वो, आया गठर समेत ।। 3966/5200

खोली गठरी दास ने, सिक्त रक्त से लाल ।
जिसमें सिर था राम सा, टीका-युक्त कपाल ।। 3967/5200

(तब)

101. Story of Sarmā Devī (Rāmāyan, 6. Lankā Kānd)

✍दोहा॰ आँखें बिलकुल राम सी, गोरे कोमल गाल ।
नाक कान मुख सब राम से, राघव जैसे बाल ।। 3968/5200

रंग रूप सब रामसे, सुंदर भाल विशाल ।
कटे शीश को देख कर, बुरा सिया का हाल ।। 3969/5200

अजेय राघव वीर हैं, उन पर चले न तीर ।
जो राघव को मार दे, हुआ न ऐसा वीर ।। 3970/5200

फिर भी सीता डर गयी, मूर्छित भई अचेत ।
रावण बोला, खबर दो! जब हो सिया सचेत ।। 3971/5200

(सरमा)

✍दोहा॰ आई, रावण के गए, "सरमा" नामक नार ।
भौजाई लंकेश की, विभीषण जी की दार ।। 3972/5200

मुख पर जल छिड़का जभी, खुले जानकी-नैन ।
"हा राघव!" कह कर किया, उसने विह्वल बैन ।। 3973/5200

"कहाँ गए हो छोड़ कर, मेरे प्रिय रघुनाथ! ।
इस संकट के काल में, तज कर मेरा हाथ ।। 3974/5200

(मगर, सीता)

✍दोहा॰ "गिरे न तुमसा वीर यों, मुझे बहुत संदेह ।
बिना वदन पर तेज के, लगे न राघव देह" ।। 3975/5200

(सरमा)

✍दोहा॰ बोली सरमा सीय को, सच है तेरी बात ।
शीश राम का ये नहीं, सुदृढ़ राघव गात ।। 3976/5200

माया कीन्ही असुर ने, तुम्हें भूल में डाल ।
बींधा उसने आप ही, किसी दास का भाल ।। 3977/5200

(क्योंकि)

✍दोहा॰ उसे बंधु ने था कहा, रण में तेरी हार ।
नहीं मिल सकेगी तुझे, रामचंद्र की दार ।। 3978/5200

102. Story of meeting between Sītā and Vibhīshan

दम घुट कर मर जाएगी, मगर न तेरे हाथ ।
आएगी सीता कभी, पति जिसका रघुनाथ ।। 39795206

गीतमाला, पुष्प 128 of 163

खयाल : राग खमाज, तीन ताल 16 मात्रा

(सिया कहै)

स्थायी

सिया कहै कबहु मैं तुमको पाऊँगी ।
मैं तो नहीं रामजी जीऊँ तुमरे बिना ।।

♪ साग- गम- मपध म गमपनि- निसा- - - निसां- - ।
नि- सां- निसां- सांसांधसां- नि-धधप गमप-ध मग- ।।

अंतरा-1

पवन तरत आओ जी प्रभु मेरे, लेकर कपि को, मारन रावन ।
समुंदर लाँघके आओ,
मैं नहीं जीऊँ रामजी तुमरे बिना ।।

♪ निनिनि सांसांसां निसांसां- सां- निनि धप, गमपध गम ग-, सागगग म-मप ।
धमगमप नि-निसां- सां- -निसां- -,
नि- सां- निसां- सांसांधसां- नि-धधप गमप-ध मग- ।।

लंका काण्ड : छठा सर्ग

102. विभीषण-सीता मिलन की कथा :

102. Story of meeting between Sītā and Vibhīshan

कथा

(विभीषण)

दोहा॰ भरी-सभा में बंधु से, खाकर बिभिसन लात ।
बोला, "भाई! ये तेरा, होगा आतम घात ।। 3980/5200

"मैं नीति को ना तजूँ, चाहे निकले प्राण ।

102. Story of meeting between Sītā and Vibhīshan

धर्म परायण राम हैं, वही नीति के त्राण ।। 3981/5200

"अनीति जो भाई करे, उसका ना दूँ साथ ।
नीति नियम से जो चले, बंधु मेरा रघुनाथ" ।। 3982/5200

दुखी विभीषण जब चला, असुर-सभा को छोड़ ।
गया सिया के पास वो, हरि से नाता जोड़ ।। 3983/5200

(और)

दोहा॰ सीते! अब मैं जाउँगा, श्री राघव के पास ।
पाकर आश्रय राम का, बनूँ उन्हीं का दास ।। 3984/5200

(और भी)

(सुभाषित)

दोहा॰ अत्याचारी बंधु से, जिसने मारी लात ।
मित्र सदाचारी भला, जिसकी सुखमय बात ।। 3985/5200

मैं नीति को ना तजूँ, तजूँ बंधु का हाथ ।
अब राघव का बंधु मैं, भाई मम रघुनाथ ।। 3986/5200

बोलूँगा मैं राम से, सीते! तुमरी बात ।
चिंता अब तुम मत करो, आवेंगे रघुनाथ ।। 3987/5200

(सीता)

दोहा॰ बोली विभीषण को सिया, "मिले तुम्हें जब राम ।
कहना, मेरी याद हो, तुमको सुबहो शाम" ।। 3988/5200

गीतमाला, पुष्प 129 of 163

खयाल : राग देस

(सीता विभीषण संवाद)

स्थायी

विभीषण से बोली सीता, राघव से कहो दरशन दीजो ।

♫ रेरेमम प- नि-सां-निसां पनिसांरेंनिसां, रेंनिधप मपधप मगरे रेगरेम गरेगनि़सा ।

अंतरा-1

राघव आओ मेरी नगरिया, दैया-रे दैया, रामा लीजो खबरिया ।

103. Meeting between Shrī Rāma and Vibhīshan

निश-दिन मेरा सुमिरन कीजो ॥

♪ म-मम प-नि- सां-सां सांरेंनिसां-, निसांरें रेंमं गंरेंसां- पनिसां रेंनिधप- ।

अंतरा-2

याद करे है तोरी सजनिया, राह में तेरी, रामा मोरी नज़रिया ।
वानर सेना साथ में लीजो ॥

 103. विभीषण-राम मिलन की कथा :

103. Meeting between Shrī Rāma and Vibhīshan

दोहा॰ पहुँचाने श्री राम को, सीता का संदेश ।
आया विभिषण हर्ष से, तज कर अपना देश ॥ 3989/5200

विभिषण का श्री राम ने, बहुत किया सम्मान ।
बोले, तुम मेरे सखा, भाई हो सुखधाम ॥ 3990/5200

तुम नीति के वीर हो, तुम ही लंकाधीश ।
इतना कह कर राम ने, मुकुट चढ़ाया शीश ॥ 3991/5200

📖 कथा 📖

(सुग्रीव)

दोहा॰ मिल कर सीता-मातु से, निकला विभिषण वीर ।
मिलने को श्री राम से, नैनन लेकर नीर ॥ 3992/5200

विभिषण आता देख कर, प्रसन्न था हनुमान ।
सुग्रीव को संदेह था, राक्षस उसको मान ॥ 3993/5200

(हनुमान)

दोहा॰ विभिषण को हनुमान ने, लाया राघव पास ।
विभिषण बोले, रामजी! मैं अब तुमरा दास ॥ 3994/5200

(तब)

दोहा॰ विभिषण बोले, बंधु को, कपि है राघव दास ।
दंडित उसको मत करो, खोलो उसके पाश ॥ 3995/5200

(मगर)

103. Meeting between Shrī Rāma and Vibhīshan

✍दोहा॰ रावण राक्षस मूढ़ ने, सुनी न उसकी बात ।
द्रोही कह कर बंधु को, मारी कस कर लात ।। 3996/5200

(सुग्रीव)

✍दोहा॰ राघव-बिभिषण जब मिले, मंगलमय था मेल ।
लगा असुर, सुर के गले, खेलत है विधि खेल ।। 3997/5200

बिभिषण बोले राम से, मुझ पर हो विश्वास ।
बनना चाहूँ मैं, प्रभो! परम तिहारा दास ।। 3998/5200

मैंने रावण को तजा, अब तुम मेरे भ्रात ।
मुझे शरण में लीजिए, रघुवर मेरे तात! ।। 3999/5200

मैंने रावण को कहा, दे दे सीता मात ।
भरी सभा में बंधु ने, मारी मुझको लात ।। 4000/5200

बोला, द्रोही अधम तू, मुझसे नाता तोड़ ।
जा राघव के पास तू, मेरी नगरी छोड़ ।। 4001/5200

नगरी तज कर मैं गया, वैदेही के पास ।
लाया हूँ संदेश मैं; मुझे दया की आस ।। 4002/5200

विभिषण को श्री राम ने, सादर किया प्रणाम ।
कहा, नीति के वीर तुम, तुमरा हो सम्मान ।। 4003/5200

(विभीषण)

✍दोहा॰ करके वन्दन राम को, बोले विभिषण बात ।
मुझे शरण में लीजिए, राघव! मेरे भ्रात! ।। 4004/5200

मैंने बोला बंधु को, मत कर ओछे काम ।
लौटा दो सीता अभी, कृपा करेंगे राम ।। 4005/5200

क्रोधित होकर बंधु ने, मारी मुझको लात ।
राज्य-बहिष्कृत कर मुझे, कीन्हा कुल पर घात ।। 4006/5200

(राम)

✍दोहा॰ सुन कर विभीषण का कहा, राघव नैनन नीर ।

103. Meeting between Shrī Rāma and Vibhīshan

बोले, नीति सुधर्म के, तुम हो सच्चे वीर ।। 4007/5200

लगे विभीषण के गले, देकर गाढ़ा प्यार ।
राघव ने हलका किया, उनके मन का भार ।। 4008/5200

बोले लछमन को, सखे! लाओ सागर नीर ।
अभिषेचित इनको करें, लगाय तिलक अबीर ।। 4009/5200

"लंका-नृप" विभिषण नये, घोषित करदो आज ।
रावण नृप-पद खो चुका, बिगड़ा असुर समाज ।। 4010/5200

तिलक लगा कर राम ने, बिना देर लव लेश ।
उद्घोषित भी कर दिया, विभिषण को – "लंकेश" ।। 4012/5200

(फिर)

✍दोहा॰ पूछा राघव ने उन्हें, कैसा तुमरा देश ।
रावण के व्यावहार का, वृत्त कहो, लंकेश! ।। 4013/5200

अभिनंदित उनको किया, सब कपियों ने साथ ।
बोले विभिषण हर्ष से, "जय जय सीतानाथ!" ।। 4014/5200

(रावण)

✍दोहा॰ बिभिषण बोले, "हे रघो! सुनिये सह विस्तार ।
विवरण रावण सैन्य के, सहित असुर परिवार" ।। 4015/5200

रावण राजा वीर है, मायावी तूफान ।
कुंभकर्ण पर्वत यथा, महाकाय बलवान ।। 4016/5200

रावण लंपट क्रूर है, उसे हवस की प्यास ।
कुंभकर्ण घस्मर बड़ा, सोता है छह मास ।। 4017/5200

रावण पापी है बड़ा, कपटी दंभी चोर ।
कुंभकर्ण हिंसक तथा, विध्वंसक है घोर ।। 4018/5200

रावण नरभक्षक यथा, जिसे रुधिर की प्यास ।
कुंभकर्ण भी है तथा, खाता नर-पशु माँस ।। 4019/5200

104. Story of Angad's embassy (Rāmāyan, 6. Lankā Kānd)

रावण बोला था, सिये! खाऊँ तेरा माँस ।
पीऊँ तेरा रक्त मैं, समय तुझे त्रय-मास ।। 4020/5200

(तथा ही, इन्द्रजीत)

दोहा॰ इन्दजीत लंकेश का, मायावी है पूत ।
उसके कर ब्रह्मास्त्र है, जैसे यम का दूत ।। 4021/5200

विजय इन्द्र पर पाइके, "इन्द्रजीत" है नाम ।
"मेघनाद" भी है कहा, गर्जन मेघ समान ।। 4022/5200

(और, मंदोदरी)

दोहा॰ रावण-स्त्री मंदोदरी, असुरों से है भिन्न ।
शिवजी की भक्ति करे, कभी न होती खिन्न ।। 4023/5200

पतिव्रता मंदोदरी, नीति निपुण है नार ।
दयाशील है, करुण है, लंकाधिप की दार ।। 4024/5200

लंका काण्ड : सातवाँ सर्ग

104. वीर अंगद के दौत्य की कथा :

104. Story of Angad's embassy *(Rāmāyan, 6. Lankā Kānd)*

कथा

(रावण के सैनिक)

दोहा॰ आज्ञा दी लंकेश ने, होने को तैयार ।
हमला राघव पर करें, लिए कुंत तलवार ।। 4025/5200

योद्धा उद्यत होगये, लडने को रण घोर ।
गाते नारे विजय के, बहुत मचाया शोर ।। 4026/5200

दस सेनाएँ थी सजीं, दस सेनापति साथ ।
रावण सेना थी खड़ी, देख रहे रघुनाथ ।। 4027/5200

(उस समय)

दोहा॰ मंत्री-कपि सब राम के, विभीषणादिक धीर ।

104. Story of Angad's embassy (Rāmāyan, 6. Lankā Kānd)

बोले, भेजें हम पुनः, दूत परम कपि वीर ।। 4028/5200

हनुमत बोला, भेजिये, अंगद हमरा दूत ।
सब बोले, हाँ! योग्य है, कपि बाली-का-पूत ।। 4029/5200

(और)

दोहा॰ विभिषण ने भी फिर कहा, भेजो अंगद दूत ।
रावण के सिर से हटे, व्यर्थ युद्ध का भूत ।। 4030/5200

सबने फिर घोषित किया, अंगद कपि का नाम ।
जावे रावण पास वो, आशिष दीन्हे राम ।। 4031/5200

अंगद को फिर राम ने, कही नीति की बात ।
आदर हो लंकेश का, वाणी रहे उदात्त ।। 4032/5200

बोलोगे सम्मान से, रावण यद्यपि चोर ।
नृप का आदर हो सदा, चाहे कपटी घोर ।। 4033/5200

(अंगद)

दोहा॰ निकला अंगद शिविर से, कह कर जय जय राम ।
बोले बिभिषण जी उसे, सफल करो तुम काम ।। 4034/5200

आया अंगद नगर में, रावण के दरबार ।
बोला, सुनलो शाँति से, कहना मम, सरकार! ।। 4035/5200

मैं प्रतिनिधि हूँ राम का, करो शाँति स्वीकार ।
नीति वीर हम क्षात्र हैं, सदाचार अधिकार ।। 4036/5200

सीता को तुम छोड़ दो, बिना किसी तकरार ।
मगर करोगे बैर तो, तुम्हें पड़ेगी मार ।। 4037/5200

राघव का संदेश है, करलो तुम सत्कार ।
उनसे अब लड़ कर, प्रभो! तुम्हें मिलेगी हार ।। 4038/5200

(और भी)

दोहा॰ मैं बाली का पूत हूँ, रामचंद्र का दूत ।
खेल बहुत अब हो चुके, हारोगे यह द्यूत ।। 4039/5200

104. Story of Angad's embassy (Rāmāyan, 6. Lankā Kānd)

रामचंद्र अविजेय हैं, तीनों जग में एक ।
उन्हें असंभव कुछ नहीं, कार्य सुलभ प्रत्येक ।। 4040/5200

तुम ज्ञानी विख्यात हो, फिर भी नारी-चोर ।
मृत्यु दंड तुमको मिले, अब न चले बरजोर ।। 4041/5200

"यह अंतिम अवसर, प्रभो! आया अपने आप ।
खो कर यह मौका, प्रभो! तुम्हें मिलेगा शाप" ।। 4042/5200

(फिर बोला)

✍दोहा॰ "यहाँ सुप्त तुम चैन से, विषय भोग में चूर ।
उधर बन चुका सेतु है, तुमरे दृग् से दूर ।। 4043/5200

"अश्म तराये नीर पर, लिख-लिख राघव नाम ।
विशाल सेतु है बना, आने तुमरे धाम ।। 4044/5200

"तुमरी सेना आसुरी, हमें सकी ना रोक ।
समय हाथ से जा चुका, अब क्यों ऐसा शोक ।। 4045/5200

"भ्रम से, प्यारे! जाग जा, कोह मोह को छोड़ ।
सीता माँ को छोड़ कर, स्नेह राम से जोड़" ।। 4046/5200

(रावण)

✍दोहा॰ सुन कर अंगद वीर से, राघव का संदेश ।
"पकड़ो! राघव-दूत को," बोल पड़ा लंकेश ।। 4047/5200

रावण काँपा रंज से, हुआ क्रोध से लाल ।
बोला, कपि को बाँध कर, नोचो उसकी खाल ।। 4048/5200

अंगद की दुम काटदो, लौटेगा निज धाम ।
लड़ने फिर ना आएगा, डर जावेगा राम ।। 4049/5200

और)

✍दोहा॰ भाग गया था हाथ से, हनुमत पिछली बार ।
भाग न पाए कीश ये, इसको डालो मार ।। 4050/5200

राघव के योद्धा सभी, वानर हैं निःशस्त्र ।

105. Rāvan's "Decleration of War" on Shrī Rāma

पास हमारे वीर हैं, अश्व शस्त्र हैं अस्त्र ।। 4051/5200

अंगद को हम मार दें, तभी बनेगा काम ।
डर जावेगा राम भी, लौटेगा निज धाम ।। 4052/5200

(तब)

दोहा॰ रावण से आज्ञा लिए, बढ़े असुर सरदार ।
अंगद कपि को मारने, लेकर कर तलवार ।। 4053/5200

पकड़ न पाए कीश को, रावण के सब वीर ।
तलवारें ना चल सकीं, मार सके ना तीर ।। 4054/5200

अंगद उस दरबार से, बच कर आया भाग ।
राघव बोले क्लेश से, "रावण है हत-भाग" ।। 4055/5200

लंका काण्ड : आठवाँ सर्ग

105. रावण द्वारा युद्ध ललकार की कथा :

105. Rāvan's "Decleration of War" on Shrī Rāma

कथा

(रावण आक्रमण)

दोहा॰ अंगद उनके हाथ से, निकल गया जब भाग ।
रावण के सर्वांग में, लगी क्रोध की आग ।। 4056/5200

बोला, तुरंत युद्ध को, सेना करो तयार ।
बोलो धावा राम पर, बिना दिये ललकार ।। 4057/5200

दस सेना में बाँट कर, दस नेता थे साथ ।
रावण आया युद्ध को, देख रहे रघुनाथ ।। 4058/5200

(दो सेनाएँ)

दोहा॰ दोनों सेनाएँ जब बढ़ी, एक-दूसरी ओर ।
भिड़ी बीच मैदान में, गर्जन करती घोर ।। 4059/5200

105. Rāvan's "Decleration of War" on Shrī Rāma

एक असुर की वाहिनी, लंकापति के साथ ।
वानर सेना दूसरी, नेता श्री रघुनाथ ।। 4060/5200

एक गड़बड़ी में बढ़ी, जैसे बकरी भेड़ ।
दूजी उन पर जा पड़ी, लेकर पत्थर पेड़ ।। 4061/5200

एक करत है गर्जना, रावण-डींगें मार ।
दूजी करती अर्चना, राम-सिया जय कार ।। 4062/5200

(और)

शंख नगाड़े भेरियाँ, बजे युद्ध के ढोल ।
रणसिंघे छेने बजे, नारे मुख से बोल ।। 4063/5200

डंके असुरों के बजे, गर्जन का आक्रोश ।
मिल कर सब कपि कर रहे, राम-नाम का घोष ।। 4064/5200

राघव बोले सैन्य को, "युद्ध टरा नहिँ टार ।
छल बल से हम ना लड़ें, जीत मिले या हार" ।। 4065/5200

नेता रावण के बढ़े, रण पर अश्व सवार ।
वानर दल पैदल चले, असुरों को ललकार ।। 4066/5200

भिडंत)

✍दोहा॰ हरिण झुंड पर ज्यों बढ़े, सिंह दहाड़ें मार ।
वीर राम के त्यों पड़े, करन असुर संहार ।। 4067/5200

राक्षस-कपिगण का वहाँ, युद्ध हुआ घमसान ।
मार-काट होने लगी, रणभूमि शमशान ।। 4068/5200

गूँजा नभ, धरती हिली, भया भयंकर पात[58] ।
नारद शंकर देखते, रावण का उत्पात ।। 4069/5200

(वहाँ)

✍दोहा॰ रावण के योद्धा सभी, उँचे तगड़े वीर ।

---

[58] पात = शस्त्रपात ।

106. Story of Jambumālī (Rāmāyan, 6. Lankā Kānd)

युक्त विविध विध शस्त्र से, बरछी ढालें तीर ।। 4070/5200

माँसाहारी क्रूर हैं, जिन्हें रुधिर की प्यास ।
दाँत शेर से तीक्ष्ण हैं, मुख पर कुत्सित हास ।। 4071/5200

असुर घुमाते शस्त्र को, खड्ग, कुंत, तलवार ।
राघव कपि चंचल बड़े, असुर सके ना मार ।। 4072/5200

बरसाते शर रामजी, मिल कर लखन कुमार ।
पत्थर की वर्षा कपि, करते धूआँधार ।। 4073/5200

तीखे शर सिर काट कर, करते राक्षस ढेर ।
पत्थर से सिर फूटते, गिरते आँखे फेर ।। 4074/5200

106. जंबुमाली की कथा :

106. Story of Jambumālī (Rāmāyan, 6. Lankā Kānd)

कथा

(जब)

दोहा॰ बरसे राघव लखन के, शोले बन कर तीर ।
असुर धड़ा-धड़ मर गिरे, रावण के रण वीर ।। 4075/5200

(तब)

दोहा॰ दीन्हा जंबूमालि को, रावण ने विश्वास ।
मारो तुम हनुमान को, तभी राम का नास ।। 4076/5200

(फिर)

दोहा॰ गीदड़ जैसे दाँत को, चमका कर विकराल ।
टूट पड़ा हनुमान पर, बन कर उसका काल ।। 4077/5200

सियार झपटा सिंह पर, लेकर मुद्‌गर हाथ ।
राम-भक्त हनुमान जी, लड़े गदा के साथ ।। 4078/5200

(जंबुमाली)

दोहा॰ चक्कर गोल घुमाइके, कीन्हे मुद्‌गर वार ।
मार गदा पर झेलता, हनुमत पवन कुमार ।। 4079/5200

106-A. Story of Dhumrāksha (Rāmāyan, 6. Lankā Kānd)

टेढ़े-मेढ़े वक्र भी, कीन्हे शस्त्र प्रहार ।
हनुमत ने सब दाँव का, किया कुशल प्रतिकार ।। 4080/5200

असुर अचंभित रह गया, कपि कौशल्य निहार ।
समझ न पाया कौनसा, करना इस पर वार ।। 4081/5200

(तब)

दोहा॰ मुद्गर का जब ना चला, कपि पर कोई वार ।
लीन्हा भाला हाथ में, लंबा जलाल दार ।। 4082/5200

कुंत घुमाया जोर से, मगर न आया काम ।
शस्त्र चलाए और भी, सभी रहे बेकाम ।। 4083/5200

पवनपुत्र वायु यथा, चले न कोई वार ।
रामदास-हनुमान को, कोई सकै न मार ।। 4084/5200

(फिर)

दोहा॰ कसरत करके थक गया, रुका निमिष बस एक ।
किया वार हनुमान ने, उसको विमूढ़ देख ।। 4085/5200

फोड़ा सिर उस वीर का, गिरा धरा पर, धाँय! ।
गया लुढ़कता गेंद सा, कहता मुख से, हाय! ।। 4086/5200

106-A. Story of Dhumrāksha *(Rāmāyan, 6. Lankā Kānd)*

(जंबुमाली)

दोहा॰ जंबूमाली जब थका, रुका निमिष की देर ।
कपि ने गदा प्रहार से, कीन्हा उसको ढेर ।। 4087/5200

जबूमाली जब मरा, हनूमान के हाथ ।
आया भट धुम्राक्ष था, बड़े वेग के साथ ।। 4088/5200

दोहा॰ आया जब धुम्राक्ष था, रावण-वीर महान ।
बोला, मैं हनुमान को, भेजूँगा यम-धाम ।। 4089/5200

ज्यों ही आया पास वो, किया वार हनुमान ।
एक गदा के वार से, गिरा दिया बलवान ।। 4090/5200

107. Story of battle between Angad and Akampan

लंका काण्ड : नौवाँ सर्ग

107. अंगद-अकंपन युद्ध की कथा :

107. Story of battle between Angad and Akampan

107-A. Story of Vajradaňshtra

कथा

दोहा॰ धुम्राक्षासुर जब मरा, हनूमान के हाथ ।
वज्रदंष्ट्र नेता बना, बड़े शोर के साथ ।। 4091/5200

रावण ने उसको कहा, मारो वानर वीर ।
अंगद है बैरी बड़ा, उसको मारो तीर ।। 4092/5200

(अत:)

दोहा॰ आया वो अति वेग से, बन कर अश्व सवार ।
धनुष तीर को तान कर, कपि को देने मार ।। 4093/5200

वज्रदंष्ट्र से फिर हुआ, युद्ध भयंकर घोर ।
अंगद पर ना चल सका, उस राक्षस का जोर ।। 4094/5200

ज्यों ही झपटा असुर वो, करने कपि पर वार ।
अंगद ने सिर काट कर, दीन्हा उसको मार ।। 4095/5200

107. battle between Angad and Akampan continued

कथा

(तब, अकंपन)

दोहा॰ वज्रदंष्ट्र जब था मरा, अंगद कपि के हाथ ।
असुर अकंपन आगया, लड़ने अंगद साथ ।। 4096/5200

अंगद कपि ने असुर की, लीन्ही सेना घेर ।
पत्थर की वर्षा किए, कीन्हे सैनिक ढेर ।। 4097/5200

फिर)

108. Story of battle between Neel and Prahasta

दोहा॰ पेड़ शिला के सामने, मुद्‌गर थे बेकाम ।
गिरे धड़ाधड़ असुर थे, अपने सिर को थाम ।। 4098/5200

अंगद ने फिर पेड़ से, करके प्रचंड वार ।
असुर अकंपन वीर को, दीन्ही घातक मार ।। 4099/5200

108. नील-प्रहस्त युद्ध की कथा :

108. Story of battle between Neel and Prahasta

कथा

(रावण)

दोहा॰ दुष्ट अकंपन जब मरा, अंगद-नल के हाथ ।
बना प्रहस्त सेनापति, विशाल दल के साथ ।। 4101/5200

रावण ने उसको कहा, तुम हो भट रणधीर ।
तुमने रण जीते कई, मारे असंख्य वीर ।। 4102/5200

मारो अब तुम राम को, कर दो विजय हमार ।
आशा तुमसे है हमें, तुमरे धैर्य्य अपार ।। 4103/5200

(प्रहस्त)

दोहा॰ असुर अकंपन जब मरा, प्रहस्त अगला वीर ।
सैनिक उसके साथ थे, लेकर खांडे तीर ।। 4104/5200

प्रहस्त दंभी वीर था, रावण का प्रिय दास ।
बोला, राघव का करूँ, अब मैं सत्यानास ।। 4105/5200

कपियन को मैं मार कर, शीश गिराऊँ ढेर ।
मेरी सेना राम को, क्षण में लेगी घेर ।। 4106/5200

सब कपियन को मार कर, देखो तुम, लंकेश! ।
कर देता हूँ आपका, निष्कंटक यह देश ।। 4107/5200

शर शय्या पर राम को, लिटाय मैं कृतकाम ।
अंगद हनुमत लखन भी, रोएँगे, "हे राम!" ।। 4108/5200

109. Story of Kumbhakarna (Rāmāyan, 6. Lankā Kānd)

(मगर)

दोहा॰ आया प्रहस्त मारने, राम-लखन दो भ्रात ।
रोका विभीषण ने उसे, नील-सैन्य के साथ ॥ 4109/5200

(नील, नल)

दोहा॰ प्रहस्त सेना भव्य थी, गर्जन करती घोर ।
खड़ी होगयी क्रोध में, रण पर करती शोर ॥ 4110/5200

विभीषण की सेना वहाँ, डटी राह को रोक ।
सेनाएँ नल-नील की, बनीं कुंत की नोक ॥ 4111/5200

रावण का सेनापति, लिया नील ने घेर ।
नल ने गदा प्रहार से, कीन्हा उसको ढेर ॥ 4112/5200

प्रहस्त की सेना लड़ी, विभीषण जी के साथ ।
मरा प्रहस्त सेनापति, कपिवर नल के हाथ ॥ 4113/5200

(जांबुवान, सुग्रीव)

दोहा॰ जांबुवान ने मृतक का, देह सहित सत्कार ।
दिया दाह सम्मान से, दिया अंत्य संस्कार ॥ 4114/5200

कहा मंत्र सुग्रीव ने, जला चिता पर वीर ।
देखत रावण है धुआँ, लेकर नैनन नीर ॥ 4115/5200

लंका काण्ड : दसवाँ सर्ग

109. कुंभकर्ण की कथा :

109. Story of Kumbhakarna (Rāmāyan, 6. Lankā Kānd)

📖 कथा 📖

(असुर सैनिक)

दोहा॰ प्रहस्त राक्षस जब मरा, भाग गया रथपाल ।
आया रावण पास वो, कहने को सब हाल ॥ 4116/5200

बोला, प्रहस्त मर गया, सैनिक सारे ढेर ।

109. Story of Kumbhakarna (Rāmāyan, 6. Lankā Kānd)

प्रहस्त सेनाधीश था, हमरा अंतिम शेर ।। 4117/5200

(और)

दोहा॰ सेनानी सारे मरे, असुर बचे हैं दास ।
अब तो, स्वामी! एक ही, कुंभकर्ण है आस ।। 4118/5200

कुंभकर्ण तव भ्रात है, हाथी सम बलवान ।
महाकाय पर्वत यथा, वही करे अब त्राण ।। 4119/5200

पेड़ न पत्थर से डरे, उसे न मारे बाण ।
राम-लखन को मार कर, लेगा सबके प्राण ।। 4120/5200

रौंदेगा पद के तले, होगा राम समाप्त ।
बचेगा न हनुमान भी, हमें विजय फिर प्राप्त ।। 4121/5200

(रावण)

दोहा॰ सुन कर मरण प्रहस्त का, रावण के मन क्रोध ।
मरे सभी नेता मगर, करता रहा विरोध ।। 4122/5200

उठ कर बोला कोप से, जाओ हमरे दास! ।
कुंभकरण मम बंधु को, लाओ मेरे पास ।। 4123/5200

(सेवक)

दोहा॰ सेवक आज्ञा पाइके, गए वेग से भाग ।
देने किसी प्रयोग से, कुंभकर्ण को जाग ।। 4124/5200

हिला-हिला कर थक गए, और मचा कर शोर ।
ढोल-नगाड़े पीट कर, घोष किया घनघोर ।। 4125/5200

डाला ठंडा नीर भी, उसके मुख पर, धाँय! ।
निद्रालु न फिर भी जगा, कीन्हे बहुत उपाय ।। 4126/5200

नींदासे के सामने, खास जायकेदार ।
रखे थाल पकवान के, माँस मसालेदार ।। 4127/5200

(कुंभकर्ण)

दोहा॰ गंध माँस की सूँघ कर, नींद गयी जब टूट ।

109. Story of Kumbhakarna (Rāmāyan, 6. Lankā Kānd)

बोला, मुझको है लगी, अब तो भूख अटूट ।। 4128/5200

खाना सब कुछ खा लिया, गप-गप फक्के मार ।
सारी मदीरा पी गया, मारी घोर डकार ।। 4129/5200

बोला, मेरी नींद क्यों, तोड़ी, क्या है खास ।
किसकी आई मौत है, किसका खाऊँ माँस ।। 4130/5200

(दास)

✍दोहा॰ कहना कुछ है चाहता, दसमुख, तुमरा भ्रात ।
घोर विपद में है पड़ा, तुम्ही बचाओ, तात! ।। 4131/5200

(कुंभकर्ण)

✍दोहा॰ बोलो उसको वो यहाँ, आवे मेरे पास ।
मैं अधसोया हूँ अभी, ले लूँ थोड़ी साँस ।। 4132/5200

आया दसमुख भागता, करने उससे बात ।
बैठा उसके पास में, पकड़े उसका हाथ ।। 4133/5200

(रावण)

✍दोहा॰ कुंभकरण को प्रेम से, बोला रावण बात ।
तुम हमरे प्रिय अनुज हो, हमें बचाओ, भ्रात! ।। 4134/5200

मैं हूँ संकट में पड़ा, कर दो हमरे त्राण ।
मारे मम नेता सभी, राम-लखन के बाण ।। 4135/5200

डूब रही नौका मेरी, मैं हूँ बहुत निराश ।
कसा जा रहा मौत का, मेरे गल पर पाश ।। 4136/5200

आलस निद्रा छोड़ दो, लगो हमारे संग ।
बंधु भाव से तुम करो, रंग राम का भंग ।। 4137/5200

रण पर आगे तुम बढ़ो, लेकर सैन्य अनंत ।
राम लखन हनुमान का, करदो प्यारे! अंत ।। 4138/5200

विजय मुझे मिलते, सिया, ब्याहेगी सह ठाठ ।
फिर तू दे देना मुझे, नीति नियम के पाठ ।। 4139/5200

109. Story of Kumbhakarna (Rāmāyan, 6. Lankā Kānd)

(कुंभकर्ण)

दोहा॰ कुंभकर्ण ने फिर कहा, सुन ले मेरी बात ।
"कदम तुम्हारा गलत है, बस कर, मेरे भ्रात! ।। 4140/5200

"नारी हरना देत है, असुरों को भी पाप ।
जाकर राघव पास तू, करले पश्चाताप ।। 4141/5200

"मुझसे, भाई! गलत ये, मत करवा तू काम ।
तेरे पातक में नहीं, मेरा वैरी राम" ।। 4142/5200

(क्योंकि)

दोहा॰ "अपनी नारी छोड़ कर, परनारी पर आँख ।
माने ना तू नीति को, समझाने पर लाख ।। 4143/5200

"खर-दूषण मारे गए, असुर जनों का घात ।
नीति में क्या शक्ति है, कब समझेगा बात ।। 4144/5200

"तूने विभीषण को तजा, मुझे बहुत है खेद ।
जाकर राघव पास वो, खोलेगा सब भेद ।। 4145/5200

"जो कहती मंदोदरी, सुनले मेरे भ्रात! ।
अहंकार मद छोड़ दे, तभी बनेगी बात" ।। 4146/5200

(अब)

दोहा॰ "मुझे धकेले मृत्यु में, करके तू अपराध ।
किसको तू मरवाएगा, बंधो! मेरे बाद ।। 4147/5200

"पुत्र सहित तू जाएगा, होने वहाँ खलास ।
पाप युक्त तव नीति से, होगा कुल का नास ।। 4148/5200

"तूने मेरी बात का, नहीं किया विश्वास ।
चापलूस जब मर गए, आया मेरे पास" ।। 4149/5200

(मगर, फिर)

दोहा॰ देकर यों लंकेश को, तीखी सी फटकार ।
बंधु भाव की चाव से, हुआ बंधु तैयार ।। 4150/5200

109. Story of Kumbhakarna (Rāmāyan, 6. Lankā Kānd)

उठा महोदर नींद से, उग्र रूप को धार ।
जोभी आया बीच में, दिया उसी को मार ।। 4151/5200

भाई के हित हेतु से, लेकर भीषण रूप ।
निकला लड़ने राम से, देखे लंका भूप ।। 4152/5200

(तब)
(और, फिर)

दोहा॰ समर भयंकर जब छिड़ा, कुंभकर्ण के साथ ।
रक्षा करने को बढ़े, बाण लिए रघुनाथ ।। 4153/5200

बरसे जब श्री राम के, सायक चंद्राकार ।
असुरों के सब काटते, गए गले से पार ।। 4154/5200

(अहो आश्चर्य!)

दोहा॰ कुंभकर्ण ने राम को, देखा आँखें फाड़ ।
बोला, अब है पकड़ में, आया ठीक शिकार ।। 4155/5200

एक बार वो सहम कर, रुका देख कर तेज ।
बोला, ये तो स्वर्ग में, देगा मुझको भेज ।। 4156/5200

फिर आया वो होश में, जरा सोच के बाद ।
असमंजस में जब पड़ा, आया रावण याद ।। 4157/5200

(और)

दोहा॰ भ्रातृ भाव में जग पड़ा, और आसुरी चाव ।
झपटा फिर श्री राम पर, करने अंतिम घाव ।। 4158/5200

छोड़ा रघु ने वज्र सा, कुंभकर्ण पर तीर ।
गया शीश को छेदता, गिरा धरा पर वीर ।। 4159/5200

नारद थे बरसा रहे, सिया राम पर फूल ।
बोले, "रावण मूढ़ तू! होगा नष्ट समूल" ।। 6160/5200

लंका काण्ड : ग्यारहवाँ सर्ग

110. Story of Indrajīt (Rāmāyan, 6. Lankā Kānd)

 110. इंद्रजीत मेघनाद की कथा :

110. Story of Indrajīt (Rāmāyan, 6. Lankā Kānd)

📖 कथा 📖

(वानर सेना)

दोहा॰ कुंभकर्ण के मृत्यु से, असुरों को था सोग ।
गीत विजय के गा रहे, हर्षित वानर लोग ।। 4161/5200

सुन कर मरना बंधु का, रावण को संताप ।
फूट-फूट कर रो पड़ा, करता बहुत विलाप ।। 4162/5200

(इंद्रजीत और अतिकाय)

दोहा॰ देख पिता को अनमना, विह्वल पीड़ित गात ।
इन्द्रजीत बोला उसे, घबड़ाओ मत, तात! ।। 4163/5200

मैं बलशाली वीर हूँ, माया मेरे पास ।
मारूँगा मैं राम को, रखो पूर्ण विश्वास ।। 4164/5200

सेना मेरी सबल है, शस्त्र-अस्त्र परिपूर्ण ।
ब्रह्म-अस्त्र से राम को, करदूँगा मैं चूर्ण ।। 4165/5200

आज्ञा दो मुझको, पिता! जाऊँ रण पर आज ।
राम-लखन को मार कर, तुम्हें करूँ कृतकाज ।। 4166/5200

मेरे सह अतिकाय भी, आवेगा मम भ्रात ।
महाप्रबल अतिकाय है, अनुमति हो, प्रिय तात! ।। 4167/5200

110-A. Story of Atikāy (Rāmāyan, 6. Lankā Kānd)

(अतिकाय)

दोहा॰ रावण-सुत अतिकाय है, जाना शूर अमाप ।
टूट पड़ा सुग्रीव पर, मगर मरा वह आप ।। 4168/5200

(फिर)

दोहा॰ सुन कर वध अतिकाय का, इंद्रजीत को रोष ।

110-B. Story of the replica of Sītā (Rāmāyan, 6. Lankā Kānd)

मारूँगा मैं राम को, तभी मिलेगा तोष ।। 4169/5200

गीतमाला, पुष्प 130 of 163

(जाहि विध बुद्धि)

दोहा॰

नैनन नाही रोशनी, क्या दरपण का काम ।

बंजर कृषि की जोतनी, मेहनत सब बेकाम ।। 4249/5200

♫ म–मम प–प– ध–पध–, नि– धधपप मग म–म ।

ध–पम गग ग– म–गम–, सासारेरे गग म–ग–ग ।।

स्थायी

जाहि विध बुद्धि, ताहि विध काम ।

♫ सारे गग म–म–, पम गरे सा– ।

अंतरा–1

द्यू मंडल बिच जाको डेरो, ताको करत प्रनाम ।

♫ रे– ग–मम मम प–मग रेगम–, म–प– मगरे गसा– ।

अंतरा–2

धरती पर जब मारे फेरो, कोई न हेरो नाम ।

अंतरा–3

हिरदय जाके बिखरो नेरो, का रावन का राम ।

110-B. Story of the replica of Sītā *(Rāmāyan, 6. Lankā Kānd)*

दोहा॰ **इंद्रजीत रण में बढ़ा, लेकर सेना साथ ।**
कपि दल आया लौट कर, हाय! हाय! रघुनाथ! ।। 4170/5200

दल अंगद सुग्रीव के, खाकर भीषण मार ।
घबरा कर पीछे हटे, राम–लखन अब तार ।। 4171/5200

आगे–आगे बढ़ चला, मेघनाद बिन रोक ।
सारे कपियों पर घिरा, जहाँ–तहाँ था शोक ।। 4172/5200

विपदा में दल देख कर, कहे लखन को राम ।

110-B. Story of the replica of Sītā (Rāmāyan, 6. Lankā Kānd)

अक्षय धनु लेकर चलें, रण में हमरा काम ॥ 4173/5200

(फिर)

✎दोहा॰ बरसे अक्षय लखन के, और राम के बाण ।
इन्द्रजीत झट रुक गया, करने अपना त्राण ॥ 4174/5200

नाटक माया का रचा, छलने राघव प्राण ।
मायावी सीता रची, राम न छोड़े बाण ॥ 4175/5200

(माया प्रयोग)

उसके रथ में सुंदरी, सीता-सम थी नार ।
केश खींच कर की खड़ी, मुख पर थप्पड़ मार ॥ 4176/5200

रोती नारी ने कहा, छोड़ हमारा हाथ ।
मत छू हमरा देह तू, मेरे पति रघुनाथ ॥ 4177/5200

ब्याह करूँगी ना कभी, मैं रावण के साथ ।
प्राण तजूँगी मैं यहाँ, नाथ मेरे रघुनाथ ॥ 4178/5200

मुझको अब तू छोड़ दे, जोडूँ तुझको हाथ ।
जो हैं धनुधर सामने, वह हैं मेरे नाथ ॥ 4179/5200

बिलखाती बोली उसे, मत कर मुझे अनाथ ।
जीवित पति को छोड़ दे, पति मेरे रघुनाथ ॥ 4180/5200

मुझे बचाओ रामजी! श्रीधर! हे जगनाथ! ।
रामचंद्र! हे रघुपते! राघव! जोडूँ हाथ! ॥ 4181/5200

(तब)

✎दोहा॰ मेघनाद ने मेघ सा, करके नाद प्रचंड ।
गला भींच उस नार को, दिया मृत्यु का दण्ड ॥ 4182/5200

(हनुमान)

✎दोहा॰ सीता मरती देख कर, काँपे राघव अंग ।
मूर्छा खाकर गिर पड़े, हुआ रंग में भंग ॥ 4183/5200

हनुमत फिर श्रीराम को, बोला, हे रघुवीर! ।
क्या सच्चा है जानिये, फिर नैनन में नीर ॥ 4184/5200

110-C. Story of the Aindrāstra (Rāmāyan, 6. Lankā Kānd)

(लक्ष्मण)

✍दोहा॰ लछमन बैरी से भिड़ा, लेकर अखंड तीर ।
बाणों की वर्षा हुई, जैसे नभ से नीर ।। 4185/5200

(विभीषण)

✍दोहा॰ बोला विभिषण, "ओ हरे! सुनिये उसका भेद ।
मिथ्या सीता के मरे, क्यों है इतना खेद ।। 4186/5200

"ना वह सीता थी खरी, ना ही खींचे बाल ।
ना ही कोई नार थी, सब था माया जाल ।। 4187/5200

"अशोक वन में है सिया, भजती तुमरे नाम ।
कोई उसको क्या हने, जिसके स्वामी राम" ।। 4188/5200

110-C. Story of the Aindrāstra *(Rāmāyan, 6. Lankā Kānd)*

✍दोहा॰ इन्द्रजीत ने लखन पर, किए अस्त्र से वार ।
लछमन के शर पात ने, किया सफल प्रतिकार ।। 4189/5200

छोड़ा फिर ऐन्द्रास्त्र को, लक्ष्मण ने घमसान ।
शीश काट कर ले गया, इन्द्रजीत के प्राण ।। 4190/5200

लंका काण्ड : बारहवाँ सर्ग

111. श्री राम रावण युद्ध की कथा :

111. Story of battle between Shri Ram and Rāvan

कथा

(सुग्रीव सुषेण)

✍दोहा॰ रावण के जब सब मरे, भाई, सुत, सरदार ।
एक बचा वह आप ही, करने को प्रतिकार ।। 4191/5200

बोल रहे थे कपि सभी, राम-लखन जय कार ।
मना रहे थे मोद से, इंद्रजीत-संहार ।। 4192/5200

111. Story of battle between Shri Ram and Rāvan

(रावण)

✍दोहा॰ सुना जभी लंकेश ने, पुत्र गया परलोक ।
छम-छम आँसू गिर पड़े, रावण के मन शोक ।। 4193/5200

मूर्छित होकर गिर पड़ा, वहीं युद्ध के बीच ।
सचिवों ने जागृत किया, मुख पर पानी सींच ।। 4194/5200

(फिर)

✍दोहा॰ सचेत रावण जब हुआ, बना क्रोध में लाल ।
बोला, मैं अब राम का, बना हुआ हूँ काल ।। 4195/5200

मारूँगा मैं राम को, और लखन को साथ ।
आज इसी रण पर करूँ, रघु कुल का मैं घात ।। 4196/5200

रथ पर चढ़ कर आगया, बरसाने शर पात ।
कहर मचाया असुर ने, जैसे झंझावात ।। 4197/5200

(रावण)

✍दोहा॰ घबड़ाये कपि-भट सभी, सह न सके आघात ।
आए राघव पास वे, कहने को दुख-बात ।। 4198/5200

राम-लखन जब आगए, रण पर लेकर तीर ।
नया जोश सब गात में, पाए वानर वीर ।। 4199/5200

रावण)

✍दोहा॰ देखा रावण ने जभी, रामचंद्र का तेज ।
बोला, ये परलोक में, देगा मुझको भेज ।। 4200/5200

आभा देखी ना कभी, ऐसी सूर्य समान ।
लख कर मुखड़ा राम का, असुर हुआ हैरान ।। 4201/5200

(मगर फिर)

✍दोहा॰ सँभाल अपने धैर्य को, रावण हुआ तयार ।
बढ़ा दिया रथ सामने, करने को प्रतिकार ।। 4202/5200

छिड़ी लड़ाई जोर से, ऋत-अनृत की घोर ।
अमृत, राघव रूप में, विष है रावण चोर ।। 4203/5200

112. Story of Sañjīvanī (Rāmāyan, 6. Lankā Kānd)

लंका काण्ड : तेरहवाँ सर्ग

112. संजीवनी जड़ी बूटी की कथा :

112. Story of Sañjīvanī (Rāmāyan, 6. Lankā Kānd)

112-A. Story of Amogh weapon *(Rāmāyan, 6. Lankā Kānd)*

कथा

दोहा॰ रावण ने जब राम पर, किया शक्ति का पात ।
लछमन ने निज बाण से, काट दिया आघात ।। 4204/5200

अस्त्र गिर पड़े भग्न हो, धरती पर बेकाम ।
टूटा शस्त्र, अटूट भी, रावण था हैरान ।। 4205/5200

देखा उसने राम का, लखन बना है त्राण ।
सोचा पहले चाहिए, इसके लेने प्राण ।। 4206/5200

छोड़ा फिर लंकेश ने, "अमोघ" नामक बाण ।
बोला इसको झेल ले, अब न बचेंगे प्राण ।। 4207/5200

(अत:)

दोहा॰ ज्यों ही लक्ष्मण को लगा, उसका "अमोघ" बाण ।
बोला, आयुध ये मेरा, लेगा तेरे प्राण ।। 4208/5200

धन्-धन् करता अस्त्र वो, गिरा लखन पर आन ।
अग्नि की बौछार से, लेने उसकी जान ।। 4209/5200

अमोघ अस्त्र विस्फोट से, डरे कीश प्रत्येक ।
लछमन के जो पास थे, आहत हुए अनेक ।। 4210/5200

शक्ति बाण की चोट से, लक्ष्मण हुआ अचेत ।
मूर्छा खाकर गिर पड़ा, यथा हुआ हो खेत ।। 4211/5200

मूर्छित भाई देख कर, सजल राम के नैन ।
वानर वीर निराश थे, नहीं किसी को चैन ।। 4212/5200

112-A. Story of Amogh weapon (Rāmāyan, 6. Lankā Kānd)

(तब)

✍दोहा॰ राघव ने शर पात से, राक्षस दिये खदेड़ ।
जो ना भागे क्षेत्र से, योद्धा दिये उधेड़ ।। 4213/5200

टूटे रथ को छोड़ कर, भागा रावण ठौर ।
लाने नव सामान को, नये सैन्य को और ।। 4214/5200

सेना सुग्रीव ने खड़ी, कीन्ही एक कतार ।
लखन लला का हो सके, बिन बाधा उपचार ।। 4215/5200

(राम)

✍दोहा॰ उसे सुरक्षित स्थान में, ले आऐ श्री राम ।
शीश गोद में ले लिया, देने को आराम ।। 4316/5200

रावण के उस बाण से, मूर्छित लखन कुमार ।
बोले राघव, बंधु से, शिव जी त्राण तुम्हार ।। 4217/5200

बचा आज मम भ्रात को, हे शिव भोले नाथ! ।
घुटने मस्तक टेक कर, तुमको जोड़ूँ हाथ ।। 4218/5200

राघव बोले बंधु को, खोल नैन इक बार ।
लखन! बुलाओ तुम मुझे, "राघव!" नाम पुकार ।। 4219/5200

उठो निहारो तुम मुझे, व्याकुल तुमरा भ्रात ।
दीन दुखी इस बंधु से, कुछ तो बोलो बात ।। 4320/5200

(और)

✍दोहा॰ मैं विपदा में हूँ घिरा, मत जा मुझको छोड़ ।
ऐसे मुष्किल काल में, तू मत दम को तोड़ ।। 4321/5200

तुझ बिन तेरे राम का, जीना है बेकार ।
कैसे सुख वह पाएगा, बिना लखन का प्यार ।। 4322/5200

तुझ बिन मन ये टूटता, मत तज मेरा साथ ।
घुटता दुखता फूटता, व्याकुल है रघुनाथ ।। 4323/5200

किस मुख से बतलाउँगा, पूछेगी जब मात ।

112-A. Story of Amogh weapon (Rāmāyan, 6. Lankā Kānd)

"कित है हमरा लाड़ला, राघव! तेरा भ्रात" ।। 4324/5200

(और भी)

दोहा॰ मुझे नहीं ये चाहिए, विजय समर में आज ।
अनुज बिना मैं क्या करूँ, भव्य अवध का राज ।। 4325/5200

काज लगेंगे व्यर्थ ये, अगर न तेरा साथ ।
उस दरसन में अर्थ क्या, बिना-लखन, रघुनाथ ।। 4326/5200

सिया विरह का कल मुझे, जितना था दुख घोर ।
आज अनुज के यों पड़े, होता उससे और ।। 4327/5200

(तथा ही)

दोहा॰ जग में मिलते हैं बड़े, सुखदाई दिन-रात ।
ढूँढो तो मिलता नहीं, तेरे जैसा भ्रात ।। 4328/5200

जग तज यदि तू जाएगा, आऊँ तेरे साथ ।
जी ना पाऊँगा, सखे! तेरे बिना अनाथ ।। 4329/5200

सुख-दुख में तू संग था, बन कर मेरा अंग ।
बीच समर में तू नहीं, हुआ रंग में भंग ।। 4330/5200

(फिर बोले)

दोहा॰ मेरे लछमन को बचा, हे शंकर भगवान! ।
जीये मेरे साथ वो, उसको दो वरदान ।। 4331/5200

 गीतमाला, पुष्प 131 of 163

(लखन भाई)

स्थायी

लखन भाई! तुम बिन मोहे सुख नाही ।
♪ रेरेग रेसा-! सासा रेरे गरे- मग रे-सा- - ।

अंतरा-1

सिया बिरहा के दुःख बड़े हैं, अंग अनुज! तव, शिथिल पड़े हैं ।
तुम बिन, नाही कछु जग माही ।।

112-B. Story of dialogue between Sushen and Hanumān

♫ रेग मगरे– सा– रे–रे गम– प–, ग–ग मपप! पप, धधप मप– ध– ।
सासा रेरे, गरे गग– मग रे–सा– – ।।

अंतरा–2

नैन खोल अब लखन पियारे! और न सह सके मोरा जिया रे! ।
मोहे छोड़, लखन! मत जाई ।।

अंतरा–3

पहले ही जो, दुख थे भारे, भए हैं दुगुने, अनुज दुलारे! ।
व्यर्थ लगे अब, विजय भी, भाई! ।।

अंतरा–4

तुझ बिन घर सखे! कैसे मैं जाऊँ, माता को क्या मुखड़ा दिखाऊँ ।
शिव शंकर जी! पाहि मोहे पाहि! ।।

(वैद्य)

✍दोहा॰ **बैद्य–पुरोहित ने लखी, लखन लला की नाड़ ।**
नस–नस उसकी जाँच कर, किया नुक्स का ताड़ ।। 4332/5200

बोले, "लछमन का अभी, बुरा हाल है, राम! ।
बेहोशी में है पड़ा, मगर बचे हैं प्राण ।। 4333/5200

"इसे बचाने के लिए, अब है एक उपाय ।
तुरत जड़ी संजीवनी, लछमन को सूँघाय" ।। 4334/5200

(राम)

✍दोहा॰ **कहाँ मिलेगी ये जड़ी, जो दे जीवन दान ।**
पूछे राघव, वैद्य से, लाएगा हनुमान ।। 4335/5200

112-B. Story of dialogue between Sushen and Hanumān

📖 **कथा** 📖

(सुशेष वैद्य)

✍दोहा॰ **सौ योजन दिश पूर्व में, जाओ तुम हनुमान! ।**

112-B. Story of dialogue between Sushen and Hanumān

द्रोण मेरु के शिखर पर, क्षुप[59] संजीवन नाम ।। 4336/5200

सुंदर चिकनी हो जिसे, हरी चमकती पात ।
प्राण बचाने के लिए, दवा वही है ज्ञात ।। 4337/5200

सुषेण बोले, लखन के, संकट में है प्राण ।
पवन वेग से तुम उड़ो, पवन तनय हनुमान! ।। 4338/5200

(हनुमान)

दोहा॰ निकला हनुमत वेग से, क्षण में मार उड़ान ।
धरती से आकाश में, वायुपुत्र तूफान ।। 4339/5200

गीतमाला, पुष्प 132 of 163

कीर्जन : कहरवा ताल

(जै हनुमान)

स्थायी

जै हनुमान जै जै, जय हनुमान, जै हनुमान महान ।
जै हनुमान तूफान ।।

♫ सां- सांरेंसां- नि ध सांनि गंरेंसां- -सां, सां- सांरेंसांनिध पधपम- - - - -म ।
प- पधपमग रेगरेसा- - - - -सा ।।

अंतरा-1

सागर लाँघन जै हनुमान, जानकी ढूंढन जै हनुमान ।
सेतु बंधन जै हनुमान, प्रणाम तुमको जय हनुमान ।।

♫ पसांसां- सांरेंसांनि निसां रेंसांरें- -रें, रें-रेंगं रेंसांसांसां ध- निरेंरेंसां-सां ।
पसांसांसां सांरेंसांनि निसां रेंसांरें- -रें, रेंरें-गं रेंसांसां- ध- निरेंरेंसां- सां ।।

अंतरा-2

लंक जरावन जै हनुमान, लखन संजीवन जै हनुमान ।
असुर निकंदन जै हनुमान, प्रणाम तुमको जय हनुमान ।।

[59] **क्षुप** = छोटा तना, झाड़ी, पौधा ।

112-C. Story of the Drona mountain (6. Lankā Kānd)

अंतरा–3

अंजनी नंदन जै हनुमान, सब दुख भंजन जै हनुमान ।
हे जग वन्दन श्री हनुमान, प्रणाम तुमको जय हनुमान ।।

112-C. Story of the Drona mountain *(6. Lankā Kānd)*

📖 कथा 📖

दोहा॰ मेरु महागिरि द्रोण पर, पहुँचा जब हनुमान ।
एक शिखर उसको दिखा, नभ तक था उत्थान ।। 4340/5200

उतरा गिरि पर मारुती, करने को अनुमान ।
कपि दुविधा में पड़ गया, सब क्षुप एक समान ।। 4341/5200

चिकनी सबकी पात थी, हरा सभी का रंग ।
सुंदर सभी सुहावने, एक सरीखे अंग ।। 4342/5200

(और)

दोहा॰ किस पौधे को ले चलूँ, दिखते सभी समान ।
फँसे लखन के प्राण हैं, बिगड़ न जाए काम ।। 4343/5200

शीघ्र लौटना है मुझे, इस औषध के साथ ।
अधिक समय अब है नहीं, राह तकत रघुनाथ ।। 4344/5200

(अत:)

दोहा॰ उखाड़ चोटी द्रोण की, उड़ा भगत हनुमान ।
सोचा, सुषेण वैद्य जी, कर लेंगे अनुमान ।। 4345/5200

शीघ्र वेग से मैं चलूँ, दिया राम ने काम ।
फँसे भ्रात के प्राण हैं, चिंता में हैं राम ।। 4346/5200

🌹 गीतमाला, पुष्प 133 of 163

राग रात्नाकर, कहरवा ताल 8 मात्रा

(मेरे लछमन को बचा)

चाल : दोहा

112-C. Story of the Drona mountain (6. Lankā Kānd)

स्थायी

मेरे लछमन को बचा, शंकर गौरीनाथ! ।
हाथ जोड़ बिनती करूँ, बोले श्री रघुनाथ ।। 4347/5200

♫ सा–रे– गगगग म– गम–, प–मग रे–ग–म–म ।
प–म ग–ग गगम– गम–, ग–ग म– गरेसा–सा ।।

अंतरा–1

राघव बोले बंधु को, खोलो नैन तिहार ।
मुख से "राम" पुकार दो, लछमन! तुम इक बार ।। 4348/5200

♫ सा–सासा रे–रे– म–ग म–, प–म– ग–रे गम–म ।
गग म– "प–म" गरे–ग म–, गगमम! पम गरे सा–सा ।।

अंतरा–2

संकट में हूँ मैं पड़ा, तू मत दम को तोड़ ।
तेरे बिन मैं क्या करूँ, मत जा मुझको छोड़ ।। 4349/5200

अंतरा–3

सिया बिरह का एक था, अब ये दूजा क्लेस ।
तेरे बिन मैं, हे सखे! कैसे जाऊँ देस ।। 4350/5200

अंतरा–4

मातु बंधु को क्या कहूँ, कहाँ है उनका लाल ।
किस मुख से बतलाउँगा, "उसे ले गया काल" ।। 4351/5200

अंतरा–5

शक्ति बाण से क्षत हुआ, तू है पड़ा अचेत ।
बूटी लाने कपि गया, आया शैल समेत ।। 4352/5200

अंतरा–6

संजीवन उपचार से, बचें तुम्हारे प्राण ।
और न कछु मैं चाहुगा, हे शंकर भगवान! ।। 4353/5200

(लंका में)

✍दोहा॰ बूटी लेकर आगया, जब कपिवर हनुमान ।
ताली मारे सब कपि, मुदित भए श्री राम ।। 4354/5200

(हनुमान)

112-C. Story of the Drona mountain (6. Lankā Kānd)

✍दोहा॰ राघव बोले, क्यों कपे! लाया सकल पहाड़ ।
कपि बोला, मुझको सभी, लगे एकसे झाड़ ।। 4355/5200

जान न पाया कौनसा, लूँ मैं पेड़ उखाड़ ।
आया लेकर शिखर मैं, करें वैद्य उपचार ।। 4356/5200

(सुषेण जी)

✍दोहा॰ सूँघाया जब लखन को, संजीवन का पात ।
खोलीं आँखें लखन ने, करन लगा फिर बात ।। 4357/5200

बोला राघव को, चलो! करें असुर संहार ।
माता देखत राह हैं, लेकर कर में हार ।। 4358/5200

(जयकार)

✍दोहा॰ जब संजीवन सूँघ कर, खुली लखन की आँख ।
बोले, शिव-गौरी, "रघो! तुम्हें बधाई लाख!" ।। 4359/5200

(और)

✍दोहा॰ राघव बोले लखन को, प्यारे लखन सुजान! ।
पुनर्जन्म तुझको दिया, शिव शंकर भगवान ।। 4360/5200

देख रहे हैं गगन से, नारद तुमको, तात! ।
प्रसून हैं बरसा रहे, देकर आशिष साथ ।। 4361/5200

(और)

✍दोहा॰ लछमन जीवित देख कर, सबमें आया जोश ।
"जय जय सीता राम" का, हुआ निरंतर घोष ।। 4362/5200

लछमन बोला, रामजी! करें न हम अब देर ।
रावण को रण पर, रघो! मारेंगे इस बेर ।। 4363/5200

राह तकत है जानकी, चलिए, मेरे भ्रात! ।
नये जोश से हम बढ़ें, तभी बनेगी बात ।। 4364/5200

लंका काण्ड : चौदहवाँ सर्ग

113. Story of Rāvan's First head (Rāmāyan, 6. Lankā Kānd)

113. रावण के प्रथम शीश की कथा :

113. Story of Rāvan's First head *(Rāmāyan, 6. Lankā Kānd)*

📖 कथा 📖

(राम)

दोहा॰ लक्ष्मण जागा नींद से, बोला चलिए, राम! ।
माता देखत राह है, पड़ा अधूरा काम ।। 4366/5200

सुन कर बचनन बंधु के, राघव के मन जोश ।
निकले कपि नर बाँकुरे, करते जय जय घोष ।। 4367/5200

कपि दल लेकर आगए, रण में जब अवधेश ।
उनको आगे देख कर, रावण को आवेश ।। 4368/5200

बोला रावण राम को, मैं वीरों का वीर ।
मुझे न मारेगा कभी, राघव! तेरा तीर ।। 4369/5200

महा प्रतापी वीर मैं, त्रिभुवन में बस एक ।
लड़ सकता हूँ साथ में, तुझ-से वीर अनेक ।। 4370/5200

असुर अमर मैं वीर हूँ, तुझको दूँगा मार ।
सब नेता मम मर गए, तभी न मानूँ हार ।। 4371/5200

अमृत है मुझमें भरा, तुझे नहीं है ज्ञात ।
तेरे शर मेरा कभी, कर न सकेंगे घात ।। 4372/5200

नन्हा बालक, राम तू! मैं हूँ शूर महान ।
मेरे शर से तू मरे, लखन तथा हनुमान ।। 4373/5200

दशरथ-नंदन-राम को, बकता कटुतर बोल ।
आया रावण पीटता, आत्मश्लाघ के ढोल ।। 4374/5200

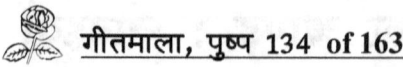

गीतमाला, पुष्प 134 of 163

113-A. Story of Chandra weapon (Rāmāyan, 6. Lankā Kānd)

खयाल : राग पूर्वी

(आत्मश्लाघ)

स्थायी

मधुर बैन तू बोल, बजा मत झूठ अहम के ढोल ।

♫ पध॒म॑ पगम ग- गम॑पध॒पम॑गम॑गमग-, म॑रे॒ग म॑प म॑ध॒प पध॒म॑ पम॑ गमग- ।

अंतरा-1

ऋषि-मुनि संतन राह दिखावत, रे बंदे बंद नैन तू खोल ।

♫ म॑म॑ गग म॑-ध॒म॑ध॒ सां-सां सांनिरें॒ सांसां,

नि निरें॒गंरें॒सांनि ध॒पप ध॒म॑पम॑ ग- मग-ग ।

अंतरा-2

सद् गुरु बचनन ज्ञान सिखावत, कर मत टालम् टोल ।

अंतरा-3

कोह मोह छल दंभ बनावत, जीवन मिट्टी मोल ।

113-A. Story of Chandra weapon *(Rāmāyan, 6. Lankā Kānd)*

(युद्ध)

✍दोहा॰ **दो सेनाएँ थीं खड़ी, असत्-सत्य के नाम ।**
बाएँ रावण था खड़ा, दाएँ थे श्री राम ।। 4375/5200

शर पहला रावण चला, करने को शुरुआत ।
तोड़ा राघव ने उसे, करके शर आघात ।। 4376/5200

छिड़ी लड़ाई जोर से, बरस रहे थे बाण ।
आहत जो थे होगए, निकल रहे थे प्राण ।। 4377/5200

युद्ध हो रहा घोर था, उठा पटक दे मार ।
दोनों दल के बीच में, शर पत्थर तलवार ।। 4378/5200

(तब)

✍दोहा॰ **छोड़ा अरि पर राम ने, सायक चंद्राकार ।**
रावण का सिर काटता, गया बाण उस पार ।। 4379/5200

सिर रावण का कट गया, हुआ विलक्षण दर्श ।

असुर डरे, "नृप मर गया!" सुर कपियन को हर्ष ।। 4380/5200

रावण-सिर था कट गया, धड़ था लहू लुहान ।
रावण रथ पर था खड़ा, गए नहीं थे प्राण ।। 4381/5200

रुका युद्ध क्षण के लिए, फिर सबको आश्चर्य ।
रावण का सिर दूसरा, निकला, जैसे सूर्य ।। 4382/5200

शीश निकलता देख कर, सभी अचंभित गात ।
असंमजस में राम थे, बूझ न पाए बात ।। 4383/5200

114. रावण के द्वितीय शीश की कथा :

114. Story of Rāvan's Second head *(Rāmāyan, 6. Lankā Kānd)*

कथा

(दूसरा सिर)

दोहा॰ शीश नया जब असुर का, उगा प्रथम के स्थान ।
अचरज में सब पड़ गए, राम लखन हनुमान ।। 4385/5200

रावण जीवित देख कर, चकित भए रघुनाथ ।
असमंजस में पड़ गए, समझ न पाए बात ।।।। 4386/5200

(रावण)

दोहा॰ अमोघास्त्र से जब हुआ, आहत लखन कुमार ।
रावण को विश्वास था, मरा लखन इस बार ।। 4687/5200

देखा रावण ने जभी, रण पर लखन कुमार ।
बना त्राण है राम का, अक्षय धनु को धार ।। 4688/5200

बोला, अब मैं लखन पर, छोड़ूँ शर खूँखार ।
घोर हमारा अस्त्र ये, देगा उसको मार ।। 4389/5200

रावण ने फिर लखन पर, चला अग्नि का बाण ।
हनुमत ने वह झेल कर, किया लखन का त्राण ।। 4390/5200

इस लिए, रावण)

115. Story of Rāvan's Third head (Rāmāyan, 6. Lankā Kānd)

दोहा॰ मारूँगा मैं कीश को, अब यह पहिला काम ।
फिर मारूँगा लखन को, फिर मारूँगा राम ।। 4391/5200

राम)

दोहा॰ फेंका दूजा राम ने, रावण पर फिर बाण ।
सिर दूजा भी कट गया, मगर न निकले प्राण ।। 4392/5200

कटा शीश लंकेश का, मगर न निकले प्राण ।
रावण का धड़ था खड़ा, रथ में अपने स्थान ।। 4393/5200

निकल पड़ा सिर तीसरा, सब थे रहे निहार ।
अचरज सबको था लगा, फिर से दूजी बार ।। 4394/5200

115. रावण के तृतीय शीश की कथा :

115. Story of Rāvan's Third head *(Rāmāyan, 6. Lankā Kānd)*

कथा

(रावण)

दोहा॰ रावण बोला राम को, अमर मुझे तू जान ।
अपने शर से, राम तू! ले न सके मम प्राण ।। 4396/5200

बचे प्राण हैं लखन के, त्राण बना हनुमान ।
मेरे शर को झेल कर, कीन्हा मम अपमान ।। 4397/5200

(असुर सेना)

दोहा॰ सुन कर रावण का कहा, असुर हुए तय्यार ।
लेकर मुद्गर हाथ में, खड्ग ढाल तलवार ।। 4398/5200

रावण-सेना तीसरी, लड़ने रण पर आज ।
आई पिछले रासते, छुप कर करने काज ।। 4399/5200

आई सेना असुर की, गाते रावण गीत ।
मस्त नशे में चूर थी, पाने रण पर जीत ।। 4400/5200

अंगद)

115. Story of Rāvan's Third head (Rāmāyan, 6. Lankā Kānd)

दोहा॰ निहार सेना असुर की, लिए ढाल तलवार ।
अंगद ने हनुमान को, बोला उचित विचार ।। 4401/5200

(फिर)

दोहा॰ अंगद ने फिर ज्यों कहा, हनुमत किया उपाय ।
द्रोण शैल के शिखर से, लाए अश्म उठाय ।। 4402/5200

हनुमत ने पत्थर बड़े, फेंके अरि पर ढेर ।
राक्षस पत्थर-मार से, भए अनेकों ढेर ।। 4443/5200

बरसाए प्रस्तर बड़े, असुरों पर हनुमान ।
मरे असुर उनके तले, लीन्ही सबकी जान ।। 4444/5200

राघव बोले प्रेम से, अंगद बहुत सुजान ।
यथा श्रेष्ठ हनुमान है, अंगद तथा महान ।। 4445/5200

अंगद ने हनुमान को, सुख से लिया उठाय ।
नाचा अंगद हर्ष से, काँधे उसे बिठाय ।। 4446/5200

(सुषेण)

दोहा॰ सुषेण बोले, हे कपे! "गिरिधारी" हनुमान! ।
रावण पर गिरि फेंक कर, ले लो उसकी जान ।। 4447/5200

हनुमान)

दोहा॰ मैं सेवक, नृप राम हैं, नृप का नृप पर वार ।
मैं कैसे नृप से लड़ूँ, अनीति के अधार ।। 4448/5200

(राम)

दोहा॰ अंगद ने श्री राम का, कीन्हा जय जयकार ।
राघव बोले, अमर हो, अंगद! नाम तिहार ।। 4449/5200

धनुष तान कर राम ने, कीन्हा शर का वार ।
सिर रावण का देह से, कटा तीसरी बार ।। 4450/5200

116. रावण के चतुर्थ शीश की कथा :

116. Story of Rāvan's Fourth head (Rāmāyan, 6. Lankā Kānd)
116. Story of Rāvan's Fourth head *(Rāmāyan, 6. Lankā Kānd)*

📖 कथा 📖

(पुन: आश्चर्य)

दोहा॰ कटा असुर का तीसरा, हरि के शर से शीश ।
निकला चौथा सिर नया, चकित भए जगदीश ।। 4452/5200

रावण ने हँस कर किया, राघव को आह्वान ।
सेना भेजी राक्षसी, झगड़ालू तूफान ।। 4453/5200

(असुर सेना)

दोहा॰ निकली सेना असुर की, गाते रावण नाम ।
अंगद का वध था उन्हें, सबसे पहला काम ।। 4454/5200

ऊँचे तगड़े निर्दयी, मुस्टंडे रँगरूट ।
आए खांडे असि लिए, पड़े शत्रु पर टूट ।। 4455/5200 ।

(सुग्रीव)

दोहा॰ कटा असुर का तीसरा, हरि के शर से शीश ।
निकला चौथा सिर नया, चकित भए जगदीश ।। 4456/5200

रावण देखो कर रहा, राघव को आह्वान ।
लाया सेना राक्षसी, निर्दय क्रूर महान ।। 4457/5200

कपियन ने रण क्षेत्र में, बिछा दिये तृण पात ।
रावण दल का आग से, किया रात में घात ।। 4458/5200

चौथा शर छोड़ा जभी, लेने रावण प्राण ।
शीश काट कर पार था, अर्धचंद्र सा बाण ।। 4459/5200

 117. रावण के पंचम शीश की कथा :

117. Story of Rāvan's Fifth head *(Rāmāyan, 6. Lankā Kānd)*

📖 कथा 📖

(पंचन शीश)

117. Story of Rāvan's Fifth head (Rāmāyan, 6. Lankā Kānd)

दोहा॰ चौथा सिर लंकेश का, गिरा धरा पर, धाँय! ।
निकला सिर फिर पाँचवाँ, कपि जन बोले, हाय! ॥ 4460/5200

हा! हा! करता जोश में, रावण बोला बोल ।
राम सामने पीटता, आत्मश्लाघ के ढोल ॥ 4461/5200

"शिव ने मुझको वर दिया, अमर बना मैं, राम! ।
शस्त्र–अस्त्र जग के सभी, मुझ पर हैं बेकाम" ॥ 4462/5200

रावण बोला राम को, टले न शिव वरदान ।
मरूँ न तेरे हाथ मैं, निष्फल तेरे बाण ॥ 4463/5200

मारूँगा सुग्रीव को, नहीं बचेगा आज ।
मैं मायावी वीर हूँ, दृढ़ मेरा अंदाज ॥ 4464/5200

(नई चाल)

दोहा॰ काली आधी रात में, जब सोये थे कीश ।
सोये थे जब चैन से, रामचंद्र जगदीश ॥ 4465/5200

रावण ने की योजना, अनीति के आधार ।
सोती सेना राम की, डालेंगे हम मार ॥ 4466/5200

उसने भेजा सैन्य को, काले कपड़े डाल ।
आए असिधर रात में, बन कपियन के काल ॥ 4467/5200

जांबुवान नल नील ने, सेना करी तयार ।
वर्षा पत्थर की किए, राक्षस डाले मार ॥ 4468/5200

(इधर)

दोहा॰ रावण को ये राम की, पता नहीं थी बात ।
सब सोते जब चैन से, नल दल जागत रात ॥ 4469/5200

रावण सेना आगयी, सबके कर तलवार ।
नईं सभी तलवार कीं, चमक रहीं थीं धार ॥ 4470/5200

ध्रुव तारे के किरण ने, चमकाईं असि धार ।
दिया चिह्न नल–नील को, करने को प्रतिकार ॥ 4471/5200

उद्यत थे कपि नील के, सजाय एक कतार ।
आज्ञा जब नल से मिली, करने पत्थर-मार ।। 4472/5200

तलवारों की चमक ने, कहा, कहाँ है कौन ।
नल ने आज्ञा दी तभी, जब सारे थे मौन ।। 4473/5200

नल से आज्ञा पाइके, बरसे पत्थर ढेर ।
हाय! हाय! की चीख कों, बिलकुल लगी न देर ।। 4474/5200

सुन कर चीखें, हाय! कीं, लछमन समझा पीड़ ।
छोड़े उन पर लखन ने, शब्द वेध से तीर ।। 4475/5200

नारद थे बरसा रहे, पुष्प नील पर वार ।
आशिष नल को दे रहे, लखन लला को प्यार ।। 4476/5200

(उधर)

दोहा॰ रावण रथ पर था खड़ा, निरखत रण का हाल ।
राघव रण पर आगए, बींधन रावण भाल ।। 4477/5200

राघव का फिर पाँचवाँ, सूँ-सूँ करता बाण ।
सिर रावण का काटता, गया ठीक संधान ।। 4478/5200

118. रावण के षष्ठम शीश की कथा :

118. Story of Rāvan's Sixth head *(Rāmāyan, 6. Lankā Kānd)*

कथा

(जांबुवान)

दोहा॰ इधर निशाचर थे पड़े, रण पर आहत ढेर ।
उधर मुदित कपि थे बड़े, जप की माला फेर ।। 4480/5200

जयकारा नल-नील का, लखन लला के गीत ।
नाचत कपि गण ताल में, ताली का संगीत ।। 4481/5200

कपियन को थे मिल गए, शस्त्र-अस्त्र तलवार ।
अश्व खड्ग मुद्गर सभी, असुरों के हर बार ।। 4482/5200

118-A. Story of Trishūl weapon (Rāmāyan, 6. Lankā Kānd)

जांबुवान ने सैन्य के, विभाग कीन्हे चार ।
अस्त्र शस्त्र तलवार-धर, पैदल, अश्व-सवार ॥ 4483/5200

जांबुवान ने यों किए, चार, सैन्य के अंग ।
सेना रण पर की खड़ी, नल के दल के संग ॥ 4484/5200

(रावण)
दोहा॰ सुन कर गौरव नील का, नल लछमन के काम ।
रावण आया क्रोध में, अपना माथा थाम ॥ 4485/5200

(मगर)
दोहा॰ विशाल सेना की खड़ी, करने कपि संहार ।
मारो नल अरु नील को, लिए ढाल तलवार ॥ 4486/5200

निकली सेना असुर की, लड़ने को तैयार ।
कपि सेना निःशस्त्र का, करने को संहार ॥ 4487/5200

खड़ी सामने देख कर, कपि सेना चतुरंग ।
अश्व ढाल असि से सजी, काँपे उनके अंग ॥ 4488/5200

भागे उल्टे पैर सब, रण से असुर जुझार ।
आया रावण पास फिर, सेना का सरदार ॥ 4489/5200

118-A. Story of Trishūl weapon *(Rāmāyan, 6. Lankā Kānd)*

(रावण)
दोहा॰ कटा शीश जब पाँचवाँ, कपि दल को आनंद ।
निहार सिर निकला छठा, हुआ हर्ष फिर मंद ॥ 4490/5200

रावण बोला राम को, तेरे शर नाकाम ।
मुझको शर से मार तू, नहीं सकेगा, राम! ॥ 4491/5200

डरा न राघव, असुर से, सुनी न उसकी बात ।
त्रिशूल-शर हरि ने लिया, करने को आघात ॥ 4492/5200

त्रिशूल-शर से राम ने, कीन्हा छठा प्रहार ।

119. Story of Rāvan's Sevenyh head (6. Lankā Kānd)

रावण का सिर काटता, गया देह से पार ।। 4493/5200

119. रावण के सप्तम शीश की कथा :

119. Story of Rāvan's Sevenyh head *(6. Lankā Kānd)*

कथा

(रावण)

दोहा॰ **उगा शीश जब सातवाँ, लगी अहम पर चोट ।**
देखी जब लंकेश ने, सेना आती लौट ।। 4495/5200

उस सेनापति से कहा, रावण ने उद्दंड ।
डर से रण को छोड़ कर, मिले मृत्यु का दंड ।। 4496/5200

रावण ने सरदार को, खूब लगाई डाँट ।
एक खड्ग के वार से, उड़ा दिया सिर छाँट ।। 4497/5200

नियुक्त रावण ने किया, नूतन सेनाधीश ।
भेजी सेना काटने, जांबुवान का शीश ।। 4498/5200

(फिर)

दोहा॰ **नूतन सैन्याधीश को, बोला लंकाधीश ।**
अब ना आना लौट कर, बिना कीश के शीश ।। 4499/5200

(रावण)

दोहा॰ **रावण निराश था हुआ, रण पर बारंबार ।**
फिर भी अड़ियल गावदी, माने ना वह हार ।। 4500/5200

119-A. Story of Sudarshan weapon *(Rāmāyan, 6. Lankā Kānd)*

(सुदर्शन अस्त्र की कथा)

(रावण)

दोहा॰ **निकला सिर फिर सातवाँ, रावण का नव जात ।**
रावण बोला क्रोध में, द्रोही है मम भ्रात ।। 4501/5200

नर जो इस संग्राम में, विभिषण का दे साथ ।
उस द्रोही कापुरुष के, काटेंगे हम हाथ ।। 4502/5200

120. Story of Rāvan's Eighth head (6. Lankā Kānd)

भेजी रावण ने नई, सेना मुद्गर धार ।
विभीषण ने उनको कहा, करने ठीक विचार ॥ 4503/5200

आई सेना आसुरी, होकर बहुत निराश ।
बढ़ी न आगे, नाहि वो, लौटी रावण पास ॥ 4504/5200

सबने मुद्गर छोड़ कर, कीन्हे ऊपर हाथ ।
सब असुरों को राम ने, जोड़ा अपने साथ ॥ 4505/5200

(सुदर्शन अस्त्र)

दोहा॰ छोड़ा हरि ने सातवाँ, बाण-सुदर्शन खास ।
रावण का सिर काटता, लौटा राघव पास ॥ 4506/5200

 120. रावण के अष्टम शीश की कथा :

120. Story of Rāvan's Eighth head *(6. Lankā Kānd)*

📖 कथा 📖

(रावण)

दोहा॰ कटा शीश जब सातवाँ, निकला अष्टम शीश ।
अचरज से कपि देखते, देखत हैं जगदीश ॥ 4508/5200

रावण बोला क्रोध से, विभीषण मेरे भ्रात! ।
अब तुझको मैं मार दूँ, सुन ले मेरी बात ॥ 4509/5200

(राम)

दोहा॰ सुन कर रावण का कहा, उसको बोले राम ।
विभीषण मेरा बंधु है, मैं हूँ उसका त्राण ॥ 4510/5200

120-A. Story of Kunta weapon (Rāmāyan 6. Lankā Kānd)
(कुंतास्त्र की कथा)

📖 कथा 📖

(कुन्तास्त्र)

दोहा॰ राघव बोले असुर को, मत कर इतना पाप ।

तेरी दार पतिव्रता, देगी तुझको शाप ।। 4511/5200

तेरा मेरा युद्ध है, भाई को मत मार ।
रण पर मरने के लिए, हो जा अब तैयार ।। 4512/5200

साध्वी है मंदोदरी, पवित्र तेरी दार ।
तेरे मरते वो सती, विधवा होगी नार ।। 4513/5200

क्षमा करो मंदोदरी! तुम हो मातु हमार ।
कैसे मैं सुख पाउँगा, तेरे पति को मार ।। 4514/5200

राघव ने शर आठवाँ, छोड़ा कुंताकार ।
रावण का सिर काटता, गया गगन से पार ।। 4515/5200

121. रावण के नवम शीश की कथा :

121. Story of Rāvan's Ninth head *(Rāmāyan, 6. Lankā Kānd)*

कथा

(रावण)

दोहा॰ रावण का जब आठवाँ, गिरा धरा पर शीश ।
निकला नौवाँ मुंड है, देख रहे जगदीश ।। 4517/5200

रावण बोला राम से, निहार अब शर पात ।
जगत कराहेगा सभी, सह न सके आघात ।। 4518/5200

बचे न अब तू, ना सिया, ना जीये मम भ्रात ।
होगी धूँआधार अब, मेरी शर बरसात ।। 4519/5200

सुन कर रावण का कहा, राम-सिया का घात ।
घबराई मंदोदरी, काँपे उसके गात ।। 4520/5200

(मंदोदरी)

दोहा॰ बोली तब मंदोदरी, "राघव! मत कर शोक ।
होनी में, विधि को, सखे! कोई सकै न रोक" ।। 4521/5200

बोली फिर मंदोदरी, "मेरा पति है चोर ।

122. Story of Rāvan's Tenth head (Rāmāyan, 6. Lankā Kānd)

धर्मपरायण रामजी! उसे दंड दो घोर ॥ 4522/5200

"विवस्वान को कृष्ण ने, यही कही थी नीत ।
धर्मयुद्ध में मानिये, एक शत्रु अरु मीत" ॥ 4523/5200

और)

दोहा॰ चोरी की है चोर ने, पतिव्रता तव दार ।
बेटा! मुक्त करो उसे, रावण को तुम मार ॥ 4524/5200

(मंदोदरी)

दोहा॰ कर्म करो तुम, रामजी! जिसमें क्षात्र सुहाय ।
पिंजर से लंकेश के, निर्दोष को छुड़ाय ॥ 4525/5200

(मगर)

दोहा॰ बोली जब मंदोदरी, धर्म कर्म की बात ।
बोले राघव, नीति जो, वही करूँगा, मात! ॥ 4526/5200

(राम)

दोहा॰ मंदोदरी के नाम से, नौवाँ हरि का बाण ।
काट गया सिर असुर का, जम कर ठीक निशान ॥ 4527/5200

नवम असुर के शीश को, काटा राघव बाण ।
सिर तो धड़ से अलग था, मगर न निकले प्राण ॥ 4528/5200

दसमुख के जब देह पर, निकला दसवाँ शीश ।
असमंजस में पड़ गए, रामचंद्र अवनीश ॥ 4529/5200

 122. रावण के दशम शीश की कथा :

122. Story of Rāvan's Tenth head *(Rāmāyan, 6. Lankā Kānd)*

📖 कथा 📖

(रावण)

दोहा॰ निकला दसवाँ सिर जभी, रावण के मन क्रोध ।
राघव का अपशब्द में, करने लगा विरोध ॥ 4531/5200

किसी स्थान या काल में, मेरा करे विनाश ।

122. Story of Rāvan's Tenth head (Rāmāyan, 6. Lankā Kānd)

ऐसा कोई शस्त्र ही, नहीं किसी के पास ॥ 4532/5200

रावण बोला राम को, कैसे हो तुम वीर ।
मैं अवध्य हूँ जान लो, निष्फल तुमरे तीर ॥ 4533/5200

(और)

दोहा॰ शिव-धनुष को तोड़ कर, गर्व तुम्हें है, राम! ।
सिया मुझे तब ना मिली, अब वह मेरी मान ॥ 4534/5200

रण में अब तुम हार कर, होगा तव उपहास ।
राम-चरित का अब यहाँ, बने नया इतिहास ॥ 4535/5200

जिसने मारी ताड़का, गया कहाँ वो वीर ।
खर-दूषण जिसने हने, एक चला कर तीर ॥ 4536/5200

(राम)

दोहा॰ सुन रावण की डींग वो, शिव से बोले राम ।
असमंजस में हूँ पड़ा, क्यों बिगड़ा है काम ॥ 4537/5200

खाली ना कोई गया, मेरे शर का वार ।
छोड़े शर नौ बार मैं, शीश कटे नौ बार ॥ 4538/5200

हे शिवगौरी! बोलिए, क्या रहस्य है आज ।
"मेरे शर नाकाम क्यों, कहाँ छुपा है राज़ ॥ 4539/5200

"हे मुनिवर नारद गुरो! भेजो कछु संदेस ।
बोलो अब मैं क्या करूँ, आओ लेकर भेस" ॥ 4540/5200

 गीतमाला, पुष्प 135 of 163

(राम का विस्मय)

स्थायी

शर मेरे आज क्यों नाकाम हैं ।
क्या ये माजरा, किसका ये काम है ॥

♪ सासा रेरे- ग-रे ग- म-ग-रे सा- ।

122. Story of Rāvan's Tenth head (Rāmāyan, 6. Lankā Kānd)

रेग॒ रे- ग॒रेसा-, ध॒ध॒नि॒- रे सा-नि॒ सा- ।।

अंतरा-1

एक बाण में मरी ताड़का, एक बाण में बाली ।

एक बाण में गया सुबाहु, मारिच की जान निकाली ।

बाण मेरे क्यों, जात हैं खाली । आज ये, कैसी इम्तहान है ।।

♪ रे-ग॒ म-म म- पम- ग॒-रेग॒-, प-म ग॒-रे ग॒- म-म- ।

प-म ग॒-म म- निध॒- पम-प-, ध॒-धप म- प-म ग॒रे-ग॒- ।

सा-रे ग॒म- म-, प-म ग॒ रे-ग॒- । म-ग॒ रे, सा-सा- ध॒-निरे॒-नि॒ सा- ।।

अंतरा-2

धनुर्वेद है पाया मैंने, विद्या सोलह जानी ।

शस्त्र कला सब सीखी मैंने, शास्त्र गहनता देखी ।

बाण मेरे क्यों, जात हैं खाली । आज ये, कैसा अज्ञान है ।।

अंतरा-3

शिव सायक मेरे तरकश में, इन्द्र धनुष बस मेरे ।

एक कटे सिर दूजा आवे, तंतर काम न आवे ।

बाण मेरे क्यों, जात हैं खाली । आज ये, उलझन महान है ।।

अंतरा-4

नारद आये, विभीषण बन कर । कहा उदर में, मारो तुम शर ।

बाण तेरा ये, जाय न खाली । आज ये, गूढ़ ज्ञान है ।।

(नारद जी, विभीषण बनकर)

दोहा॰   पास तिहारे मैं खड़ा, पहन विभीषण भेस ।

मारो शर को नाभि में, शिव का है संदेस ।। 4541/5200

शिव-संदेसा राम को, दिये विभीषण नाम ।

समाधान दे, होगए, मुनिवर अंतर्धान ।। 4542/5200

(फिर)

झट से उठ कर राम ने, लेकर शिव का नाम ।

छोड़ा दसवें बाण को, नाभि किए निशान ।। 4543/5200

123. Story of the Wise Rāvan (Rāmāyan, 6. Lankā Kānd)

(और)

दोहा॰ बाण उदर में ज्यों लगा, बोला, मेरे भ्रात! ।
सखे विभीषण! क्यों किया, तूने मेरा घात ।। 4544/5200

रथ से नीचे गिर पड़ा, रावण, फट कर पेट ।
हाय हाय! करता हुआ, गया धरा पर लेट ।। 4545/5200

लंका काण्ड : पन्द्रहवाँ सर्ग

123. ज्ञानी रावण की कथा :

123. Story of the Wise Rāvan (Rāmāyan, 6. Lankā Kānd)

कथा

(ज्ञानी रावण)

दोहा॰ अमृत गुत्थी जब फटी, कुमति गयी तब भाग ।
होश ठिकाने आगए, मिला सुमति को जाग ।। 4546/5200

कहती थी मंदोदरी, आज तलक जो बात ।
कुंभकर्ण ने भी कही, और विभीषण भ्रात ।। 4547/5200

सीता देवी ने कही, रो रो कर दिन-रात ।
तारा रानी ने कही, नीति नियम की बात ।। 4548/5200

हनुमत अंगद ने कही, समझाने की बात ।
सुर सज्जन कहते रहे, राम-लखन दिन-रात ।। 4549/5200

(अब)

दोहा॰ अहंकार जब ढह गया, दूर हुआ अज्ञान ।
संतों ने जो था दिया, याद पड़ा अब ज्ञान ।। 4550/5200

(रावण का पछतावा)

दोहा॰ धन संपद् बल दर्प से, हुआ मुझे अभिमान ।
मेरी मति मारी गयी, और मिला अज्ञान ।। 4551/5200

123. Story of the Wise Rāvan (Rāmāyan, 6. Lankā Kānd)

विंध्याद्रि के पार मैं, कीन्हा अपना राज ।
कारूषा, दंडक हुए, पूर्ण मुक्त हैं आज ॥ 4552/5200

ताटक सुबाहु जब मरे, मुझे न आया ज्ञान ।
खर-दूषण सब मर मिटे, फिर भी था अज्ञान ॥ 4553/5200

गए पुत्र सेनापति, भाई भी सब छोड़ ।
सम्मति आई ना मुझे, विनती करूँ कर जोड़ ॥ 4554/5200

"राज्य विभीषण को मिले, वही नीति का वीर ।
पावन देवी है सिया, ज्यों गंगा का नीर" ॥ 4555/5200

दोहा॰ "धरती पर देवी कभी, लेती नारी-वेष ।
सीता है वह एक ही," बोला शुभ, लंकेश ॥ 4556/5200

(अंत)

दोहा॰ राम बाण से मैं मरूँ, यह मेरा सौभाग ।
राम हाथ से मैं जलूँ, वही मुझे दें आग ॥ 4557/5200

सागर तट पर दाह दो, मुझको तुम, रघुवीर! ।
राख विसर्जित नीर में, लंका उत्तर तीर ॥ 4558/5200

(फिर, क्षमा)

दोहा॰ क्षमा करो मुझको, प्रभो! दीन-दयालु राम! ।
पतिव्रते सीते! तुम्हीं, क्षमा करो अज्ञान ॥ 4559/5200

बंधु विभीषण भी मुझे, क्षमा करें हनुमान ।
क्षमा करो मंदोदरी, लक्ष्मण बंधु सुजान ॥ 4560/5200

क्षमा करो मम सुत सभी, कुंभकर्ण कुबेर ।
नारी अपहृत जो करी, भट जो रण पर ढेर ॥ 4561/5200

क्षमा करो ब्रह्मा गुरो! क्षमस्व शिव भगवान! ।
क्षमा करो नारद मुने! विफल हुआ वरदान ॥ 4562/5200

क्षमा करो श्री रामजी! मैंने की है भूल ।

123. Story of the Wise Rāvan (Rāmāyan, 6. Lankā Kānd)

कीन्हा कुल का नास मैं, सबको दीन्हा शूल ।। 4563/5200

बल संपद् वरदान का, मुझमें था मद जोश ।
सब कुछ मेरा लुट गया, तब आया है होश ।। 4564/5200

गीतमाला, पुष्प 136 of 163

राग आसावरी

(रावण पछतावा)

स्थायी

दया करो श्री अवध बिहारी, कृपा करो हरि सकल निहारी ।
क्षमा करो अपराध हमारे, भला करो हम शरण तिहारे ।।

♫ सामगम गसा- निसा धधनि निसा-सा-, साम- गम- मध सासाम धगमगसा ।
सामगम गसा- निसाधधनि निसा-सा-, साम- गम- मध सासाम धगमगसा ।।

अंतरा-1

भूल हुई है मुझसे भारी, मैंने की सीता की चोरी ।
सहन करो तुम प्रभु रघुराई! दया करो, हम शरण तिहारी ।।

♫ ग-म मध- नि- सांसांसां- गंनिसां -, नि-नि- नि- नि-धनि सांनि ध-म- ।
सामम गसा- निसा धध निनिसा-सा-, साम- गम- मध सासाम धगमगसा ।

अंतरा-2

रघु कुल रीति सदा चली आई, भगिनी सम हो अपर लुगाई ।
सहन करो सब सीता माई, दया करो, हम शरण तिहारी ।।

अंतरा-3

कुबेर! विभिषण मेरे भाई! जिन पर मैंने की जबराई ।
सहन करो मम हाथापाई, दया करो, हम शरण तिहारी ।।

अंतरा-4

पवन तनय! तुम परम सहाई, तुमरी मैं लाँगूल जलाई ।
सहन करो अब हनुमत साई! दया करो, हम शरण तिहारी ।।

(राम)

दोहा० राघव बोले लखन को, सुनो असुर का ज्ञान ।

124. Story of Vibhīshan's annointmrnt (6. Lankā Kānd)

गर्व दर्प अब है गया, अंत हुआ अज्ञान ।। 4565/5200

जब तक मन अज्ञान था, कीन्हा हमसे बैर ।
अब वो हमरा बंधु है, हमको नहिँ है गैर ।। 4566/5200

(राम)

दोहा॰ दया क्षमा सुख-शाँति है, हमरे कुल की रीत ।
रहे हमारे राज्य में, सदा नीति अरु प्रीत ।। 4567/5200

भाई अब कपि-असुर हैं, खतम हुआ सब बैर ।
अभी घड़ी है शाँति की, अब ना कोई गैर ।। 4568/5200

जीवित नर में बैर हैं, दुर्गुण मत्सर पाप ।
छद्म शठ दुराचार हैं; मृतक देह निष्पाप ।। 4569/5200

(सुभाषित)

दोहा॰ युद्ध नीति कहती हमें, करो न मृत से बैर ।
मरने पर पातक सभी, जाते हैं भव तैर ।। 4570/5200

124. विभीषण के राज्यारोहण की कथा :

124. Story of Vibhīshan's annointmrnt *(6. Lankā Kānd)*

कथा

(लड़ाई के बाद)

दोहा॰ रावण दल हारा जभी, राघव दल के हाथ ।
"किसी असुर को मत हनो!" बोले श्री रघुनाथ ।। 4572/5200

(सुर-असुर)

दोहा॰ वानर-राक्षस हैं सभी, भाई-भाई आज ।
लंका में अब होगया, परम "राम-का-राज" ।। 4573/5200

राम-सिया की जय कही, सबने मिल कर साथ ।
नारे गूँजे गगन तक, सबने जोड़े हाथ ।। 4574/5200

ऋषि-मुनि सुर गण आगए, स्वागत कीन्हे राम ।

124. Story of Vibhīshan's annointmrnt (6. Lankā Kānd)

बधाइयाँ बोले सभी, नृप विभीषण के नाम ।। 4575/5200

(विभीषण मंदोदरी को)

दोहा॰ **विभीषण बोले राम को, उत्सव करिए आज ।**
सीता को मुक्ति मिली, बजें सुमंगल साज ।। 4576/5200

अब लंका में सुख मिलें, सबको ही दिन-रात ।
अबला होगी ना दुखी, हो न किसी का घात ।। 4577/5200

गीतमाला, पुष्प 137 of 163

दादरा ताल

(विभीषण-मंदोदरी)

स्थायी

बोला, विभीषण सुनो मेरी भाभी, फटी आज है दसमुख की नाभि ।

♫ सानि़, सासासासा गरे- सा-नि़ सा-रे-, सारे ग-ग- ग पपमग ग रे-सा- ।

अंतरा-1

होनी मुक्ति है आज सिया की, सिया होवेगी आज पिया की ।
होगा राघव ने चाहा है जो भी ।।

♫ मप ध-ध- ध- नि-ध पम- प-, पध नि-नि-नि सां-नि- धप- म- ।
सारे ग-गग ग प-म- ग रे- सा- ।।

अंतरा-2

अब न लंका में अँधेर होगा, नर निर्दोष ना तंग होगा ।
कोई गुंडा न होगा, न लोभी ।।

अंतरा-3

कोई अबला न अब दुख में रोये, बच्चा भूखा न अब कोई सोये ।
मिली हमको है किसमत की चाभी ।।

(राम)

दोहा॰ **रावण की अरथी उठी, अति आदर के साथ ।**
सागर पर सत्कार से, चिता रचे रघुनाथ ।। 4578/5200

(श्रद्धांजली)

124. Story of Vibhīshan's annointmrnt (6. Lankā Kānd)

✍दोहा० राघव बोले, सज्जनों! सब मिल जोड़ो हाथ ।
रावण को श्रद्धांजली, देंगे निष्ठा-साथ ।। 4579/5200

रावण निर्भय वीर था, शस्त्रधरों में श्रेष्ठ ।
वीर विभीषण बंधु का, भाई बलवत ज्येष्ठ ।। 4580/5200

कुल-कलह सब मिट गए, भया मृत्यु से पूत[60] ।
अहंकार को छोड़ कर, बना शाँति का दूत ।। 4581/5200

सिंहासन वो देगया, भाई को लंकेश ।
जीवन ज्योति बुझ गयी, दिया नीति संदेश ।। 4582/5200

रण में रावण है मरा, क्षत्रिय वीर समान ।
उसे, विभीषण दाह दें, नियम सहित सम्मान ।। 4583/5200

अंत्येष्ठी कर दीजिए, यथा वेद संस्कार ।
अर्पण हो श्रद्धांजली, मन से क्रोध निवार ।। 4584/5200

सुर-राक्षस भाई बनें, नीरव झंझावात ।
राज्य नीति विधि से करे, अब रावण का भ्रात ।। 4585/5200

(और)

✍दोहा० कहा सभा में राम ने, विभिषण हैं गुणवान ।
नीति निपुण हैं, करुण हैं, दो उनको सम्मान ।। 4586/5200

तिलक विभीषण को लगे, मंदोदरी के हाथ ।
ना अब कटु व्यवहार या, बैर किसी के साथ ।। 4587/5200

(विभीषण)

✍दोहा० सुन कर राघव का कहा, विभीषण बोले, राम! ।
धन्यवाद तुमको, प्रभो! घुटने टेक प्रणाम ।। 4588/5200

तुमने रावण बंधु को, किया पूज्य, रघुनाथ! ।
रावण ने माँगी क्षमा, जोड़ तुम्हीं को हाथ ।। 4589/5200

---

[60] पूत = यहाँ पर : (1) पुनीत, पवित्र, पावन । अन्यथा : (2) पुत्र ।

124. Story of Vibhīshan's annointmrnt (6. Lankā Kānd)

अनीति हारी नीति से, पाप पुण्य से आज ।
लंका में स्थापित करें, परम राम-का-राज ।। 4590/5200

(और)

दोहा॰ योग कृष्ण ने है कहा, समा-बुद्धि का नेक ।
योगी क्षत्रिय के लिए, शत्रु-मित्र सब एक ।। 4591/5200

गीतमाला, पुष्प 138 of 163

(रघुपति)

स्थायी

रघुपति राघव राम दुलारे, सदा दुखों को हरना हमारे ।
बिनति करत हम भगतन, सारे ।।

♪ ऩिरेगमं धमंधध सां-निरें निधममंग, मंमं- गरेगरे सा- धनिध मंगरेसा- ।
ऩिरेग गमंमं धध निनिधमं, गरेगरेसा ।।

अंतरा-1

हाथ जोड़ के शरण में तेरी, तन-मन अर्पण चरण में लीजो ।
सुफल सुभग शुभ गान तिहारे ।।

♪ मंगमं धसांसां सां- सांसांसां सां रें-सां-, निरें गंरें मं.गंरेंसां सांरेंनि ध मंगरेसा ।
ऩिरेग गमंमं धध नि-ध मंगरेगरेसा ।।

अंतरा-2

प्रिय जानकी पास सदा ही, पवन तनय प्रभु दास तुम्हारे ।
सपनन में प्रभु आओ हमारे ।।

(विभीषण)

दोहा॰ दुखी विभीषण ने कहा, देखो विधि की चाल ।
कल जो था भक्षक बना, उसे खा गया काल ।। 4593/5200

चिता जली लंकेश की, लंका उत्तर तीर ।
रावण की रक्षा बही, मिला नीर में वीर ।। 4594/5200

भाभी! अब तुमरा धनी, गया काल के धाम ।
उसको दो श्रद्धांजली, करो राज्य के काम ।। 4595/5200

125. Rāma-Rājya in Lankā (Rāmāyan, 6. Lankā Kānd)

(राम)

दोहा॰ दाह-कर्म जब हो गया, यथा नियम के साथ ।
सभा विभीषण की भरी, बैठे श्री रघुनाथ ॥ 4596/5200

बोले राघव, तिलक दें, नव राजा को आज ।
अर्जित लंका का हुआ, असुरराज को राज ॥ 4597/5200

इच्छा मेरी है यही, और सभी की एक ।
आज विभीषण वीर का, किया जाय अभिषेक ॥ 4598/5200

हाँ बोली मंदोदरी, किया सभी ने मान्य ।
तिलक विभीषण को लगे, होवेगा वह धन्य ॥ 4599/5200

(अभिषेक)

दोहा॰ सेवक लाया कलश में, जाकर सागर तीर ।
नीला निर्मल सिंधु का, शीतल पावन नीर ॥ 4600/5200

समिधा सामग्री सभी, पीला उत्तम चीर ।
मुकुट शीश लंकेश के, पहनाए रघुवीर ॥ 4601/5200

सिंहासन आसीन था, रावण का प्रिय भ्रात ।
अभिषेचित घोषित हुए, लंका नृप विख्यात ॥ 4602/5200

लंका काण्ड : सोलहवाँ सर्ग

 125. श्रीलंका में रामराज्य की कथा :

125. Rāma-Rājya in Lankā (Rāmāyan, 6. Lankā Kānd)

(राम)

दोहा॰ राघव ने कपि को कहा, करो एक तुम काम ।
रखो द्रोण गिरि को पुनः, वापस उसके स्थान ॥ 4603/5200

"संजीवन की औषधि," कपि को बोले राम ।
"आजावे जिससे, सखे! अन्य जनों के काम" ॥ 4604/5200

📖 कथा 📖

125. Rāma-Rājya in Lankā (Rāmāyan, 6. Lankā Kānd)

(विभीषण)

✍दोहा॰ किया विभीषण राज ने, सर्व प्रथम यह काज ।
बोला, जाकर तुम करो, मुक्त सिया को आज ।। 4605/5200

मंत्री से उसने कहा, सुन लो देकर ध्यान ।
सारी अपहृत नारियाँ, लाओ सह सम्मान ।। 4606/5200

उनको दो भंडार से, धन भूषण सम्मान ।
पहुँचाओ उनको अभी, अपने–अपने धाम ।। 4607/5200

रावण लाया हरण कर, जहाँ–जहाँ से नार ।
ले जाओ उसको वहाँ, सह आदर सत्कार ।। 4608/5200

(और)

✍दोहा॰ लाओ अशोक बाग से, सीता माँ को आज ।
रामचंद्र को सौंप दो, मधुर मिलन सह साज ।। 4609/5200

बरसों से पथ ताकती, बैठी हुई उदास ।
आज बुझावे माँ सिया, निज नैनन की प्यास ।। 4610/5200

करो व्यवस्था राम की, जाने को निज देश ।
व्याकुल चौदह वर्ष से, वहाँ भरत अवधेश ।। 4611/5200

अवध निबासी हैं खड़े, मातु–बंधु सह क्लेस ।
मुनि जन, सज्जन हैं सभी, हिरदय खाए ठेस ।। 4612/5200

(और भी)

✍दोहा॰ प्रबंध कपि गण का करो, जाने अपने धाम ।
उन सबको उपहार दो, करके बहु सम्मान ।। 4613/5200

जो चाहे रहना यहाँ, लंका करे निबास ।
रोजी–रोटी गेह ले, रहे हमारे पास ।। 4614/5200

आज्ञा सुग्रीव से लिए, स्वाभिमान के साथ ।
भाईचारे से रहें, हम हैं उनके नाथ ।। 4615/5200

"सुर–राक्षस भाई बनें, बन कर कृपा निधान ।

सबको सब सुविधा मिले," विस्मृत न हो विधान ।। 4616/5200

"कोई चोरी ना करे, न ही करे अपराध ।
बीता अत्याचार है," रहे सभी को याद ।। 4617/5200

कोई झगड़ा ना करे, न ही क्रोध से बात ।
मधुर बचन वाणी रहे, सबके मुख दिन-रात ।। 4618/5200

(और बताया)

✍दोहा॰ जन-गण मत से राज हो, यथा प्रजा का चाव ।
राजा जनता का सखा, पिता-पुत्र सम भाव ।। 4619/5200

राजा नर, प्रभु है प्रजा, प्रभु का नृप पर राज ।
नृप को दंडित प्रभु करे, यदि हो अनुचित काज ।। 4620/5200

चारों वर्ण समान हों, कोई न ऊँचा एक ।
चार कर्म हैं चार के, समान हैं प्रत्येक ।। 4621/5200

सबका शिष्टाचार हो, सबका हो सत्कार ।
भेदभाव छल वर्ज्य हों, सत्य-धर्म सरकार ।। 4622/5200

(और)

✍दोहा॰ शरणागत पर हो क्षमा, दीन दुखी पर प्रेम ।
शरण पड़े को लो गले, पूछो सकुशल क्षेम ।। 4623/5200

लोभ मोह मद को तजो, मत्सर का भी साथ ।
हिरदय में खल ना बसे, तभी बसत रघुनाथ ।। 4624/5200

आर्त जनों के दुख हरे, कर सेवा उपकार ।
मृदु बचनन से शुभ करे, वह नृप है सुखकार ।। 4625/5200

द्वेष दंभ छल कपट भी, वाणी कर्ण कठोर ।
घमँड वाद वितंड का, राजा कहा निठोर ।। 4626/5200

लंपट द्रोही भाव से, कलह अकारण होय ।
कुव्यसनी जिनका धनी, उनका तारक कोय ।। 4627/5200

126. Story of the meeting between Shrī Rāma and Sītā

राग द्वेष से दूर जो, अहंकार से गैर ।
उस राजा के राज में, जनता की है खैर ॥ 4628/5200

(और आगे)

दोहा॰ तारा रानी ने किए, नियम नीति के साथ ।
पालन उनका हम करें, साक्षी हैं रघुनाथ ॥ 4629/5200

<u>नारी हरना पाप है, देत मृत्यु का दंड</u> ।
कोई छल बल ना करे, ना ही करे घमंड ॥ 4630/5200

सबको सम सम्मान हो, राजा हो या रंक ।
सभी प्रेम से पूर्ण हों, "रामराज्य" हो लंक ॥ 4631/5200

नारद नभ से देखते, विभीषण के शुभ काम ।
फूलन हैं बरसा रहे, रामराज्य के नाम ॥ 4632/5200

लंका काण्ड : सतरहवाँ सर्ग

 126. श्री राम-सिया मिलन की कथा :

126. Story of the meeting between Shrī Rāma and Sītā

📖 कथा 📖

(सीता हनुमान संवाद)

दोहा॰ आज हवा में मोद है, सभी ओर आनंद ।
अँधकार सब हट गया, कष्ट होगए मंद ॥ 4634/5200

ना ही अब रावण रहा, ना उसका आतंक ।
राम-राज्य अब है यहाँ, राजा के सम रंक ॥ 4635/5200

(हनुमान)

दोहा॰ कपि, राघव आदेश से, आया सीता पास ।
बोला, "रावण मर गया, अंत हुआ वनवास" ॥ 4636/5200

निहार कपि को, जानकी, प्रमुदित राघव दार ।
नैनन आँसू हर्ष के, बरसे छम-छम धार ॥ 4563/5200

126. Story of the meeting between Shrī Rāma and Sītā

माता को कपि ने कहा, सुनिये सुख की बात ।
राघव जीते युद्ध हैं, करके रावण घात ।। 4563/5200

कपि जन सारे गा रहे, मंगल राघव गीत ।
"जय जय सीता-राम" से, मना रहे हैं जीत ।। 4639/5200

लाया हूँ मैं, जानकी! यह अति शुभ संदेश ।
माते! अब मन में न हो, तुमको कछु अंदेश ।। 4630/5200

और)

✍दोहा॰ अंत हुआ आतंक है, मृत रावण के साथ ।
"लंका नृप विभीषण बनें," बोले हैं रघुनाथ ।। 4631/5200

रावण लाया जो स्त्रियाँ, मुक्त करेंगे आज ।
न्याय नीति से अब चलें, यहाँ राज्य के काज ।। 4632/5200

(और)

✍दोहा॰ बंदी गृह सब खुल गए, प्रथम भया यह काम ।
नारी सब सम्मान से, पहुँचाईं निज धाम ।। 4633/5200

नारी हरना पाप है, कहा मृत्यु का दंड ।
भाई अब सुर-असुर हैं, बंधु-भाव अखंड ।। 4634/5200

(और भी)

✍दोहा॰ वचन सुनो शुभ और भी, वैदेही मम मात! ।
कही विभीषण राज ने, बहुत सुखद है बात ।। 4635/5200

हमको वापस भेजने, नृप ने किया प्रबंध ।
राघव से जब तुम मिलो, तभी खरा आनंद ।। 4636/5200

(सीता)

✍दोहा॰ सीता बोली, "हे कपे! तुमरे बहु उपकार ।
राघव के जय में खरी, तुमरी है जयकार" ।। 4637/5200

दास दासियाँ असुर की, दीन्ही मुझको क्लेश ।
फिर भी उनका काम वो, ना मानूँ मैं दोष ।। 4638/5200

126. Story of the meeting between Shrī Rāma and Sītā

सेवक करते काम वो, जो उनको आदेश ।
उनसे कर्म बुरे सभी, करवाया लंकेश ।। 4639/5200

(और)

✍दोहा॰ पड़ी यहाँ मैं हूँ, सखे! सहती अत्याचार ।
आस लगाए नाथ की, राघव एक विचार ।। 4640/5200

सीता बोली स्नेह से, कैसा लखन कुमार ।
माता मुझको मान कर, करता मुझसे प्यार ।। 4641/5200

उतावली मैं हूँ, सखे! मिलने राघव साथ ।
जाकर राघव से कहो, जल्दी आओ नाथ! ।। 4642/5200

(हनुमान)

देवी! प्रभाव से ही तेरे, यश सब राघव को हैं घेरे ।

✍दोहा॰ सीता को कपि ने कहा, देवी! तुमरा पुण्य ।
यश बल राघव को दिया, किया असुर को शून्य ।। 4643/5200

तुमरे कारण, जानकी! खर-दूषण सम वीर ।
किये राम ने ढेर हैं, परम चला कर तीर ।। 4644/5200

देखो दासी आ रही, लेने तुमको साथ ।
विदा कहूँ अब जोड़ कर, माते! दोनों हाथ ।। 4645/5200

(फिर)

✍दोहा॰ छू कर सीता मातु के, चरण कमल, हनुमान ।
आया राघव चरण में, लिए सिया सम्मान ।। 4646/5200

(सीता)

✍दोहा॰ सीता को कर वन्दना, निकला जब हनुमान ।
दासी ने सिय से कहा, चलिए मिलने राम ।। 4647/5200

पीत वस्त्र में सिय सजी, गल में चंपक हार ।
जपती माला रुद्र की, पग में पादुक डार ।। 4648/5200

केश सुमंडित थे रचे, कर्णफूल अभिराम ।

126. Story of the meeting between Shrī Rāma and Sītā

कर में मुँदरी राम की, मंगल रूप ललाम ।। 4649/5200

तन पर सिय के सादगी, पुष्प पर्ण शृंगार ।
नैन बसे श्री राम जी, मन में पति का प्यार ।। 4650/5200

कष्ट दुःख उपवास से, शुष्क भई थी नार ।
फिर भी अनुपम सुंदरी, मंगल रूप निखार ।। 4651/5200

गीतमाला, पुष्प 139 of 163

राग आसावरी, कहरवा ताल 8 मात्रा

(सीता मैया)

स्थायी

सिय के तन पर सादगी साजे, साँस-साँस में राम विराजे ।
राम की मुंदरी कर में सोहे, वन्य पुष्प के भूषण पाए ।।
♫ सारे म- पप पप पमपसा ध-प-, म-म प-प प- ध-म पग-रेसा ।
सारेम म पपप- पम पसां ध-प-, म-म प-प प- ध-पम ग-रेसा- ।।

अंतरा-1

फीका है जिन इह जग सारा, राम एक तिन नैन का तारा ।
राम बिना सिय जीय घबराए, सुख दिन ना जाने कब आएँ ।।
♫ म-प- ध- निध सांसां सांसां रेनिसां-, नि-नि निमम मम निसांरें सां ध-प- ।
सारेम मप- पप पम पसांध-प-, मम मम प- प-ध- मप ग-रेसा ।।

अंतरा-2

तेरी जीवन अद्भुत गाथा, जाने तिन भव नहीं भरमाता ।
पढ़ते सुनते हिय भर आए, नयनन से अँसुअन टपकाए ।।

अंतरा-3

आओ सीता के गुण गाएँ, आसावरी शुभ राग सुनाएँ ।
भगत जनों के मन बहलाएँ, रामायण रस जिन कहलाए ।।

(यात्रा)

दोहा॰ चली सिया की पालकी, दासी किंकर साथ ।
पग में घँघरू बाँध कर, नचत हिला कर हाथ ।। 4652/5200

126. Story of the meeting between Shrī Rāma and Sītā

पायल छमछम बाजते, ठेका ताली ताल ।
हर्ष जोश से डोलते, गल में माला डाल ।। 4653/5200

(इधर)

यात्रा सीता की जभी, आई पथ के पास ।
उमड़ पड़ी जनता सभी, सिय दर्शन की आस ।। 4654/5200

जमघट जनता का घना, सबके नैनन तोय ।
रुकी राह में पालकी, आगे बढ़ै न कोय ।। 4655/5200

सीता-दरस उतावले, नहीं किसी को होश ।
सिया भला क्या कर सके, नहीं किसी का दोष ।। 4656/5200

(अत:)

✍दोहा॰ उतरी, तज कर पालकी, सीता पैदल चाल ।
पति से मिलने को चली, पादुक पग में डाल ।। 4657/5200

देख सिया को सामने, खड़ी भीड़ में भ्राँत ।
हनुमत आया भागता, किया जनों को शाँत ।। 4658/5200

दो पंक्ति में होगए, जन-गण, पथ को छोड़ ।
दर्शन की सबको पड़ी, वन्दन भी, कर जोड़ ।। 4659/5200

(और)

✍दोहा॰ लछमन ने देखी तभी, सिया हर्ष के साथ ।
गिरा चरण में मातु के, जोड़े दोनों हाथ ।। 4660/5200

पुष्प सभी बरसा रहे, सिया राम जय घोष ।
निहार राघव को, सिया, खड़ी हुई सह जोश ।। 4661/5200

सीता की सुंदर छवि, राघव हर्षित देख ।
मन मोहक सी दामिनी, सुंदर पतली रेख ।। 4662/5200

गदगद दोनों प्रेम से, अवाक् दोनों प्राण ।
कुछ पल दोनों थे खड़े, खो कर अपने ध्यान ।। 4663/5200

(फिर)

126. Story of the meeting between Shrī Rāma and Sītā

दोहा॰ भागी आई फिर सिया, जहाँ खड़े थे राम ।
अंजुलि दोनों जोड़ कर, पड़ी चरण में आन ।। 4664/5200

बोले राघव, लखन को, "छोड़ो अमृत बाण ।
जिससे मृत सैनिक सभी, पा जाएँगे प्राण ।। 4665/5200

"थके डरे सब वीर भी, होजावें निर्भीक ।
ध्वस्त हुई जो वाटिका, हो जावेगी ठीक" ।। 6666/5200

सिया राम से जब मिली, रावण वध के बाद ।
लंका पहले सी भई, कहीं न था उत्पात ।। 4667/5200

टूटा-फूटा कुछ कहीं, ना ही उजड़ा बाग ।
जाग उठे सैनिक सभी, हिरदय में अनुराग ।। 4668/5200

मृत योद्धा जीवित हुए, जटायु पाया प्राण ।
योद्धा सेवक भी जगे, दीर्घ आयु का दान ।। 4669/5200

♫ छन्दमाला, मोती 11 of 11

शार्दूलविक्रीडित छन्द

ऽ ऽ ऽ, । । ऽ, । ऽ ।, । । ऽ, ऽ ऽ ।, ऽ ऽ ।, ऽ

♪ सा-रे- ग- मग रे-गम-प मगरे-, ग-प- मग- म- गरे-

(लंका ज्यों की त्यों)

लंका में जब रामचंद्र प्रभुजी, देवी सिया से मिले ।
कोई ना घर था जला, सुमन से पौधे पुनः थे खिले ।। 1
सेनानी रण में मरे अनघ जो, निद्रा घनी से जगे ।
ज्यों की त्यों नगरी भई कनक की, सानंद प्यारी लगे ।। 2

गीतमाला, पुष्प 140 of 163

दादरा ताल

(लंका ज्यों कि त्यों)

स्थायी

127. Story of Agni-Parikshā (Rāmāyan, 6. Lankā Kānd)

ज्यों थी त्यों, होगयी लंका आज, देख के शिव गौरी हैं निहाल ।

♫ ग- रे सा-, प-मग रेगरे- सा-सा, प-म ग- मम ग-म- ग रेसा-सा ।

अंतरा-1

हनुमत ने थी आग लगाई, रावण सेना मार भगाई ।

अशोक वन में आपत् काल, भई थी लंका जो बेहाल ।।

♫ मममम प- म- ध-प मग-म-, सा-सासा रे-रे- गमप पमगरे- ।

सासा-सा रेरे ग- प-मग रे-, सारे- ग- म-ग- म- गरेसा- ।।

अंतरा-2

ज्यों ही राघव मिले सिया से, ज्यों ही सीता मिली पिया से ।

होगयी लंका सुंदर हाल, देखिए राम कृपा की कमाल ।।

अंतरा-3

जला न टूटा कछु भी कहीं था, तरु बेली पर आँच नहीं था ।

नीर से निर्मल नीले ताल, हुआ सब पूर्व रूप तत्काल ।।

अंतरा-4

मरे अनघ जो असुर कपि थे, जगे निधन से सब पुनरपि थे ।

नगरी सब थी मालामाल, ना कहीं ध्वंस न कोई अकाल ।।

लंका काण्ड : अठारहवाँ सर्ग

127. अग्नि परीक्षा की कथा :

127. Story of Agni-Parikshā *(Rāmāyan, 6. Lankā Kānd)*

कथा

(राम बोले)

दोहा॰ लिया सिया को बाहु में, नैनन अँसुअन धार ।
निष्कलंक तुझको कहा, रावण मरती बार ।। 4670/5200

पतिव्रता तुम हो सिये! अमर तिहारी प्रीत ।
तुमरे व्रत के पुण्य से, हुई हमारी जीत ।। 4671/5200

(परंतु, विभीषण)

127. Story of Agni-Parikshā (Rāmāyan, 6. Lankā Kānd)

दोहा॰ विभीषण बोले, "तुम सिये! अति पावन हो नार" ।
रावण ने मरते कहा, "ज्यों गंगा की धार" ॥ 4672/5200

फिर भी नारी जाति पर, रहती जो पर-गेह ।
शक्की जनता जगत की, करती है संदेह ॥ 4673/5200

पतिव्रता के क्लेश का, उसे नहीं सम्मान ।
पुनीत से भी पुण्य का, आकांक्षते प्रमाण ॥ 4674/5200

(सीता)

दोहा॰ सुन कर कडुए वचन वे, सीता बोली, हाय! ।
अति व्याकुल होकर कहा, यह तो है अन्याय ॥ 4675/5200

इनके मन में बात ये, आई कैसे, राम! ।
मुझ पर यह संदेह क्यों, यों करने बदनाम ॥ 4676/5200

पतिव्रता-प्रण के लिए, अर्पण कर दूँ प्राण ।
या जन जो हैं चाहते, मैं दूँ उन्हें प्रमाण ॥ 4677/5200

अविश्वास ऐसा इन्हें, मन क्यों आया आज ।
क्यों आई सेना यहाँ, युध का क्या था काज ॥ 4678/5200

अंतर्यामी आप हैं, फिर क्यों शंका, नाथ! ।
कन्या राजा जनक की, क्यों लाए हो साथ ॥ 4679/5200

(और)

दोहा॰ ब्रह्मचारिणी मैं, रघो! वैदेही सौभाग ।
लांछन ऐसे ना सहूँ, कूद पड़ूँ मैं आग ॥ 4680/5200

प्रमाण मुझसे लो अभी, पवित्रता के साथ ।
अग्नि देवता जो करे, सो ही निर्णय, नाथ! ॥ 4681/5200

(फिर)

दोहा॰ जनक सुता मैं जानकी, अवधनाथ की दार ।
पतिव्रता-व्रत भीष्म का, लखो अब चमत्कार ॥ 4682/5200

बोली राघव को सिया, अनुमति है, श्री राम! ।

128. Story of Shrī Rāma's departure from Lankā

अग्नि-परीक्षा अब दिये, हूँगी मैं कृतकाम ।। 4683/5200

बैठे विभीषण, रामजी, लखन लला, हनुमान ।
कपि, राक्षस, मंदोदरी, आशिष करत प्रदान ।। 4684/5200

"अग्नि परीक्षा" के लिए, कमर कसी सानंद ।
चंदन-चिता जलाय कर, बैठी नैनन बंद ।। 4685/5200

(नारद)

दोहा॰ नारद ने सिय के लिए, कीन्हे मंगल काज ।
अग्नि देवता को कहा, "राखलो इसकी लाज" ।। 4686/5200

(सीता)

दोहा॰ सीता बोली, देवता! या तो मुझे बचाव ।
या फिर बकरा जान कर, बलि तुम मुझे चढ़ाव ।। 4687/5200

सुन सीता की प्रार्थना, फूल बने अँगार ।
मुग्ध भई जनता सभी, निरख कर चमत्कार ।। 4688/5200

सजल नयन से देखते, सब सीता का त्याग ।
पतिव्रता के सामने, हार गयी थी आग ।। 4689/5200

(अत:)

दोहा॰ मन ही मन राघव कहे, "तू ना जाने राम ।
ऊपर से मानव बना, अंदर से भगवान ।। 4690/5200

"राघव जिसको राखता, बिगड़ न पावे काम ।
निर्मल पावन भगत का, जाने अंतर्याम" ।। 4691/5200

लंका काण्ड : उन्नीसवाँ सर्ग

128. लंका से प्रस्थान की कथा :

128. Story of Shrī Rāma's departure from Lankā

कथा

(राम)

128. Story of Shrī Rāma's departure from Lankā

दोहा॰ राघव बोले, "जानकी, देवी है साक्षात् ।
पवित्र ज्वाला आग की, सीता के पश्चात्" ।। 4693/5200

लछमन बोला, "मातु है, पावन गंगा रूप ।
यथा पूज्य श्री राम हैं, परम पुरुष सुरभूप" ।। 4694/5200

विभीषण बोले राम को, "सीता पावन नार ।
निर्मल अमृत धार है, राघव! तेरी दार" ।। 4695/5200

बोली फिर मंदोदरी, "परम तोल के बोल ।
सीता गुण अनमोल हैं, सत्य तुला पर तोल ।। 4696/5200

"पतिव्रता है जानकी, सब सतियों में श्रेष्ठ ।
धर्मचारिणी है सिया, नारी जग में ज्येष्ठ" ।। 4697/5200

हनुमत बोला, "हे प्रभो! सुनो भगत का भाव ।
सीता देवी मातु है, सकल जगत की छाँव" ।। 4698/5200

असुर जनों ने भी कहा, "सीता हमरी मात" ।
वानर सेना ने कही, वही प्रेम से बात ।। 4699/5200

(फिर)

दोहा॰ सभा विसर्जित हो गई, जब संध्या के बाद ।
गए शयन को रामजी, शिव को करके याद ।। 4700/5200

(विभीषण)

दोहा॰ विभीषण आए भोर में, लिए राज-पोशाक ।
बोले, सजिए रामजी! जैसे गगन शशांक ।। 4701/5200

मार्जन करके, हे प्रभो! चंदन टीका भाल ।
तैल सुगंधित बाल में, वस्त्र रेशमी लाल ।। 4702/5200

सीता जी धारण करें, शुभ सोलह सिंगार ।
पहनें हीरक के सभी, आभूषण सँभार ।। 4703/5200

(तब)

दोहा॰ बोला नृप को राम ने, सुनो बात, लंकेश! ।

128. Story of Shrī Rāma's departure from Lankā

व्रत हमरे वनवास का, नहीं हुआ निःशेष ।। 4704/5200

मृग छाला वल्कल जटा, हमको योग्य लिबास ।
राजवस्त्र परिधान की, हमें नहीं है प्यास ।। 4705/5200

सीता ने नृप से कहा, ठीक नाथ की बात ।
मैंने भूषण यान से, फेंक दिये थे, तात! ।। 4706/5200

पीत वस्त्र मम उचित हैं, भूषा का नहिँ काज ।
आभूषण दल पुष्प के, भाते हमको आज ।। 4707/5200

गीतमाला, पुष्प 141 of 163

(सिया संग श्री राम सुहाते)

दोहा॰

राघव लंका से चले, वापस अपने देस ।
देत विदाई रोइके, विभीषण जी लंकेस ।। 4708/5200

राम सिया राम, सिया राम, जै जै रामा ।। टेक॰

♫ सा–सासा रे–रे– ग– रेग–, म–मम पमगरे ग–ग ।
म–म मम–म– प–मप–, धधधप म– रे–सा–सा ।।
सा– रेग म–, पम ग–ग, रे– ग– रेसासा– ।।

चौपाई

1. सिया संग श्री राम सुहाते, देख युगल मम नैन लुभाते ।
राम–सिया राम, सिया राम, जै जै रामा ।।
♫ सा–रे– ग–ग ग– प–म गरे–ग–, प–म गरेरे गग प–म गरे–सा– ।
सा– रेग म–, पम ग–ग, रे– ग– रेसासा– ।।
2. शुभ्र वस्त्र में रघुवर साजे, पीत वसन सिय तन पे बिराजे ।
3. पुष्प पर्ण आभूषण धारी, शुद्ध सादगी लगती प्यारी ।
4. जटा खड़ाऊँ पिनाक धारी, रामचंद्र की मूरत न्यारी ।
5. राम–सिया शुभ मंगलकरी, प्रभु चरणन में सब बलिहारी ।
6. राम लखन सीता हनुमंता, दर्शन पावन सुखद अनंता ।
7. सुर–असुर सब अमृत भीने, विभीषण को लंका पति कीन्हे ।

128. Story of Shrī Rāma's departure from Lankā

8. भरत मिलन की मन में आसा, राम-लखन-सिय हनुमत दासा ।

राम-सिया राम, सिया राम, जै जै रामा ।।

दोहा०

भरत-मिलन की आस है, चाँद चकोर समान ।

सीता को लेकर चले, राम लखन हनुमान ।। 4709/5200

♪ गगग गगग म- प-म प-, ध-प मप-म गरे-रे ।

सा-सा सा- रे-गम गरे-, म-म गगग रेरेसा-सा ।।

(विभीषण)

✍दोहा० विभीषण बोले, रामजी! और जानकी मात! ।
ठीक कही तुमने, प्रभो! अपने मन की बात ।। 4710/5200

दिन है आज प्रयाण का, फिर भी सुनिये, राम! ।
जो रहना है चाहता, उसे यहाँ है धाम ।। 4711/5200

रोटी कपड़ा, काम भी, देंगे उसे मकान ।
जब चाहे वह जा सके, वापस अपने ग्राम ।। 4712/5200

जब चाहे वह आ सके, वापस हमरे देश ।
सभी असुर-सुर एक हैं, बोले श्री लंकेश ।। 4713/5200

(और कहा)

✍दोहा० और कहा लंकेश ने, राम! तेरा हनुमान ।
पंछी सम उड़ता, प्रभो! महावीर तूफान ।। 4714/5200

उड़ कर आया कीश वो, ढूँढी सीता मात ।
सागर पर सेतु किए, कीन्हा रावण घात ।। 4715/5200

गदा पेड़ लेकर लड़े, उड़ता शैल उठाय ।
पूँछ जलाई असुर तो, डाली लंक जराय ।। 4716/5200

सूक्ष्म-दीर्घ-काया किए, करता विघ्न विनाश ।
उसका कैसे नाश हो, जिसका ऐसा दास ।। 4717/5200

128. Story of Shrī Rāma's departure from Lankā

 गीतमाला, पुष्प 142 of 163

(अमर तेरा हनुमान)

स्थायी

♪ अमर तेरा हनुमान, रे रामा! परम तेरा हनुमान ।
ममम मप– मगरे–, सा रेगम–! पपप मग– रेगसा–सा ।।

अंतरा-1

जा कर लंका, सिया खोज के, लाया शुभ पैगाम ।
हो रामा! शिष्य तेरा है महान ।।

♪ सा– सासा रे–ग–, पम– ग–रे ग–, म–म– पम गरेसा– ।
सा रेगम–! प–म गरे– ग रेसा–सा ।।

अंतरा-2

ढूँढन सीता, सेतु बाँधा, मारी एक उड़ान ।
हो रामा! सेवक तेरा सुजान ।।

अंतरा-3

लखन जियायै, उड़ा हवा में, लाया द्रोण पहाड़ ।
हो रामा! दास तेरा बलवान ।।

अंतरा-4

दसमुख सेना काट छाँट के, जीत लिया संग्राम ।
हो रामा! जय जय जय हनुमान ।।

(विभीषण)

दोहा॰ विभीषण नृप ने फिर कहा, राघव! तेरा भ्रात ।
लक्ष्मण सुखकर बंधु है, सेवा रत दिन–रात ।। 4718/5200

सच्चा साथी लखन है, योद्धा वीर महान ।
प्रेम भक्ति भँडार है, तेरा अनुज सुजान ।। 4719/5200

राम-लखन दो भ्रात हैं, जैसे दो ये नैन ।
जिसे लखनवा बंधु है, उसे चैन की रैन ।। 4720/5200

राघव! तेरी है सिया, जग में देवी रूप ।

128. Story of Shrī Rāma's departure from Lankā

सिया राम का मेल है, यमुना गंग स्वरूप ॥ 4721/5200

(और)

दोहा॰ विभीषण बोले राम से, और सुनो अरदास ।
भले हि मैं लंकेश हूँ, मगर तिहारा दास ॥ 4722/5200

कृपा सदा हो आपकी, मुझ पर, हे रघुनाथ! ।
आगे भी मैं चाहता, राघव! तुमरा साथ ॥ 4723/5200

तुमने रावण मार कर, हमें दिखाई राह ।
नीति नियम के राज की, हमें दिलाई चाह ॥ 4724/5200

विनती मेरी है, प्रभो! रहो यहीं अब आप ।
बन कर अब लंकेश तुम, रखो हमें निष्पाप ॥ 4725/5200

(सुविचार)
लक्ष्मण बोला राम से, लंका स्वर्ग समान ।
यहीं बसें श्री-रामजी, यही कहें हम धाम ॥
कहा लखन को राम ने, जननी, जन्म-का-स्थान ।
सेवा उनकी, स्वर्ग से, जानो सदा महान ॥

(राम)

दोहा॰ राघव बोले, हे सखे! मधुर तिहारे बोल ।
स्नेह भावना आपकी, लगी हमें अनमोल ॥ 4726/5200

मगर समस्या है हमें, हम हैं प्रण से बद्ध ।
पितु बचनों को पालने, निश्चित हम सन्नद्ध ॥ 4727/5200

राह तकत है अवध में, माता हमरी तीन ।
बैठा आतुर भरत है, भ्रातृ भक्ति में लीन ॥ 4728/5200

स्नेही जनता अवध की, देखत हमरी राह ।
सीता से मिलने उन्हें, बहुत लगी है चाह ॥ 4729/5200

(फिर)

दोहा॰ बोले हरि, लंकेश से, सफल भए सब काज ।

129. Story of Pushpak airplane (Rāmāyan, 6. Lankā Kānd)

जाएँ अपने धाम को, निकलेंगे हम आज ।। 4730/5200

नगर हमारा दूर है, घड़ी न जावे बीत ।
भरत राह है देखता, मन में लेकर प्रीत ।। 4731/5200

बोला हनुमत राम से, चलिए मेरे बाप! ।
तुम्हें उड़ा कर अवध में, ले जाऊँ मैं आप ।। 4732/5200

वहाँ भरत पथ देखता, तुमरा है दिन-रात ।
चौदह वर्ष अब हो रहे, कुछ दिन की है बात ।। 4733/5200

लंका काण्ड : बीसवाँ सर्ग

129. पुष्पक विमान की कथा :

129. Story of Pushpak airplane *(Rāmāyan, 6. Lankā Kānd)*

कथा

(विभीषण)

दोहा॰ सुन कर कहना राम का, विभीषण मुख मुस्कान ।
बोला, प्रभु सर्वज्ञ भी, बनते हैं अनजान ।। 4735/5200

(अत:)

दोहा॰ कहा विभीषण ने, प्रभो! कहो न ऐसी बात ।
प्रबँध तुमरे गमन का, किया हुआ है, तात! ।। 4736/5200

तुमको पुष्पक यान से, भेजूँगा, श्री राम! ।
शीघ्र अवध पहुँचाउँगा, तभी बने शुभ काम ।। 4737/5200

भरत तकत है राह को, घड़ी न जाए छूट ।
पैदल चल कर, रामजी! वचन न जाए टूट ।। 4738/5200

रामराज्य है आपने, कीन्हा मेरा राज ।
उसी नियम से कार्य ये, करना है सब आज ।। 4739/5200

(राम)

129-A. Story of Kuber (Rāmāyan, 6. Lankā Kānd)

दोहा॰ तुमरा कहना ठीक है, मगर सुनो, लंकेश! ।
सब भक्तों को छोड़ कर, कैसे जाऊँ देश ॥ 4740/5200

विमान में दो चार ही, बैठ सकेंगे लोग ।
बाकी पीछे छोड़ कर, मुझको होगा सोग ॥ 4741/5200

ये सब मेरे प्राण हैं, मैं हूँ इनकी साँस ।
ये मेरे आधार हैं, मुझ पर इनकी आस ॥ 4422/5200

(विभीषण)

दोहा॰ कहना तुमरा ठीक है, राघव! मेरे नाथ! ।
मैं भी तुमरा दास हूँ, भेजूँ सबको साथ ॥ 4743/5200

पीछे कोई ना रहे, जाओ सब मिल आज ।
सब ही मेरे भ्रात हैं, यही "राम–का–राज" ॥ 4744/5200

129-A. Story of Kuber (Rāmāyan, 6. Lankā Kānd)

दोहा॰ पग में नीरज लाल है, कर में धन की ढेर ।
लक्ष्मी के दरबार में, बैठे यक्ष कुबेर ॥ 4745/5200

लक्ष्मी जी से धन मिला, पुष्पक मिला विमान ।
सोने की लंका बनी, और बढ़ा सम्मान ॥ 4746/5200

(रावण)

दोहा॰ वैभव लख लंकेश का, रावण के मन बैर ।
इक दिन छापा मार कर, दिया भगाय कुबेर ॥ 4747/5200

लूटा धन उसका सभी, छीना पुष्पक यान ।
लूटी नगरी स्वर्ण की, असुर बना धनवान ॥ 4748/5200

पहले ज्ञानी था बड़ा, ढका अहम् से ज्ञान ।
ज्यों ज्यों अज्ञानी बना, त्यों त्यों वह तुफान ॥ 4749/5200

पुष्पक विमान की कथा

दोहा॰ पुष्पक विमान पुष्प सा, हलका है, रघुवीर! ।

129-A. Story of Kuber (Rāmāyan, 6. Lankā Kānd)

इसी लिए उसको मिला, 'पुष्पक' नाम प्रवीर ।। 4750/5200

उसमें दो या चार ही, बैठ सकत हैं लोग ।
फिर भी चिंता कुछ नहीं, सुनिये गुह्य प्रयोग ।। 4751/5200

"इसमें जितने लोग हों, उतना ही आकार ।
सारी सेना भी चढ़े, सह लेगा सब भार ।। 4752/5200

"इसमें ना पानी लगे, ना ईंधन की बात ।
वायु वेग से यह चले, वायु हि है यह खात" ।। 4753/5200

इसी लिए इसको कहा, "पुष्पक" "वायु-यान" ।
वायु शक्ति ईंधन इसे, वायु वेग उड़ान ।। 4754/5200

पंछी सम ये उड़त है, लेकर सबको, राम! ।
ठीक समय हो आएगा, रघुवर! तुमरा काम ।। 4755/5200

लंका से यह जाएगा, किष्किन्धा के द्वार ।
यात्री वहाँ उतार कर, अवध प्रयाण तिहार ।। 4756/5200

तुमको ये ले जाएगा, बिना किसी भी ताप ।
वापस फिर यह लौट कर, आए अपने आप ।। 4757/5200

ॐ श्लोक

इन्धनेन विना दिव्यं वायुना चलनं भवेत् ।
सुवाह्यं पुष्पतुल्यं यत्-यानं पुष्पकमुच्यते ।। 1

आकारस्तस्य तावद्धि यावत्तस्मिन्हि यात्रिणः ।
2गच्छति च स्वयं स्फूर्तम्-आत्मैव चालकं विना ।।

अहर्निशं च सज्जं यत्-तन्त्रं गुह्यमयं तथा ।
पुष्पकं दैविनं यानं वहति हनुमान्निव ।। 3

(राम)

दोहा॰ विभीषण! न्यारा यान ये, सखे! तिहारे पास ।
पुष्पक नाम विमान का, अद्भुत है इतिहास ।। 4758/5200

129-A. Story of Kuber (Rāmāyan, 6. Lankā Kānd)

इसमें गुण हनुमान के, स्वामी-सेवक यान ।
हनुमत सी क्षमता इसे, हनुमत तरह उड़ान ।। 4759/5200

हनुमत स्वामी भक्त है, हनुमत है बलवान ।
द्रोण शैल लेकर उड़ा, जैसे पुष्पक यान ।। 4760/5200

(और)

✍दोहा॰ पुष्पक यद्यपि आप ही, जावे आवे यान ।
चलो विभीषण! आप भी, तुम्हें हमारी आन ।। 4761/5200

तुम्हें मिलाऊँ मातु से, भरत भ्रात से, तात! ।
जनपद जन प्यारे बड़े, सेवा रत दिन-रात ।। 4762/5200

पहले किष्किंधा रुकें, तारा को लें साथ ।
चलना चाहे और जो, बोले श्री रघुनाथ ।। 4763/5200

(फिर)

✍दोहा॰ सुंदर पुष्पक यान था, उड़ने को तैयार ।
ज्यों जन चढ़ते यान में, त्यों बढ़ता आकार ।। 4764/5200

उड़ा यान लेकर सभी, यात्री, सह श्री राम ।
उत्तर दिश में मुड़ गया, उड़ता तीर समान ।। 4765/5200

गीतमाला, पुष्प 143 of 163

(पुष्पक विमान पर सियराम)

स्थायी

पुष्पक विमान पर सियराम, संग में लछमन अरु हनुमान ।
धरती पर जन गाते गान, जै जै सीता, जै जै राम ।।

♪ सा-सासा रेरे-रे गग रेगम-म, प-म ग रेरेगग मग रेरेसा-सा ।
सासासा- गग रेसा रे-गम ग-ग, प- म- गरेग-, म- गरे सा-सा ।।

अंतरा-1

आसमान में यान वो भला, पवन वेग से अवध को चला ।
नारद शंकर करत प्रणाम, जै जै सीता, जै जै राम ।।

♪ प-पप-प प- नि-ध प- मप-, धधधध ध-ध प- धपम ग- मप- ।

129-A. Story of Kuber (Rāmāyan, 6. Lankā Kānd)

म-मप म-गरे ममग रेसा-सा, प- म- गरेग-, म- गरे सा-सा ।।

अंतरा-2

नील गगन के चाँद सितारे, हिरदय हारी नयनन प्यारे ।
चाँदनी में सागर अभिराम, जै जै सीता, जै जय राम ।।

अंतरा-3

पूर्व क्षितिज पर जब रवि उभरा, रंग गगन का हुआ सुनहरा ।
नदियाँ पर्वत विपिन ललाम, जै जै सीता, जै जय राम ।।

अंतरा-4

लोग अवध के भगत हैं बड़े, आतुर मन से राह में खड़े ।
हर लब पर हैं दो शुभ नाम, जै जै सीता, जै जय राम ।।

(तब)

✍दोहा॰ लक्ष्मण ने लंकेश को, कहा, "ये कैसा यान?" ।
ज्यों ज्यों ऊपर जा रहा, बधिर हो रहे कान ।। 4766/5200

मचल रहा मेरा जिया, मुख में आए लार ।
खाना ऊपर आ रहा, पेट करे तक्रार ।। 4767/5200

माथे पर भी स्वेद है, गरम हो रहे गाल ।
सिहरन चमड़ी पर चढ़ी, और हो रही लाल ।। 4768/5200

(विभीषण)

✍दोहा॰ विभीषण बोला, हे सखे! घबराओ मत, यार! ।
होता है यों यान में, उड़ते पहली बार ।। 4769/5200

ठूँसो रूई कान में, हो जावे सब ठीक ।
चिंता बिलकुल मत करो, नभ है अब नजदीक ।। 4770/5200

(राम)

✍दोहा॰ राघव बोले, यान ये, चलता बादल चीर ।
कितना सुंदर दिख रहा, नीचे सागर नीर ।। 4771/5200

ऊपर नभ, नीचे धरा, कहीं न दिखता तीर ।
नील वर्ण आकाश से, नील समुंदर नीर ।। 4772/5200

129-A. Story of Kuber (Rāmāyan, 6. Lankā Kānd)

बादल रूई से लगे, भूरे भाप पहाड़ ।
तरल हवा में तैरते, बिना किसी आधार ।। 4773/5200

सूर्य किरण से चमकती, लहर लहर पर धूप ।
जैसे सागर ने लिया, नभ मंडल का रूप ।। 4774/5200

(और)

धरती के पादप लगें, हरी हरी कालीन ।
जन-गण कुछ दिखते नहीं, समतल लगे जमीन ।। 4775/5200

मुझे अचंभा है लगे, पर्वत टीले देख ।
नदियाँ देखो लग रहीं, जैसी पतली रेख ।। 4776/5200

(सुग्रीव)

दोहा॰ सुग्रीव बोला, रामजी! उड़ता यान अधीर ।
वेग बहुत ही तेज है, जैसे धनु का तीर ।। 4777/5200

(फिर)

प्यारे हनुमत! देखलो, शोभा तुम, सुरभूप! ।
क्यों बैठे हो तुम यहाँ, बाहर सुंदर धूप ।। 4778/5200

(हनुमान)

दोहा॰ हनुमत बोला, क्या कहूँ, तुमको असली बात ।
देख चुका हूँ ये सभी, नहीं नया कुछ, तात! ।। 4779/5200

देखे सब आकाश से, सागर तड़ाग ताल ।
गिरि कंदर नाले नदी, पादप ताल तमाल ।। 4780/5200

उड़ान मारी हैं कई, मैंने नभ से पार ।
सूरज तक भी था गया, बचपन में इक बार ।। 4781/5200

"जग जन कहते थे सदा, सपाट है संसार ।
अंबर से धरती दिखी, गोल गेंद आकार" ।। 4782/5200

लंका काण्ड : इक्कीसवाँ सर्ग

130. Story of Shrī Rāma's arrival at Kishkindhā

 130. किष्किन्धा में आगमन की कथा :

130. Story of Shrī Rāma's arrival at Kishkindhā

📖 कथा 📖

(किष्किंधा)

दोहा॰ विमान उतरा भूमि पर, जब था तीजा याम ।
यात्री गण हर्षित सभी, बोले जय सियराम ।। 4783/5200

किष्किंधा के लोग ना, जानत आए राम ।
यान देख उनको लगा, क्या है यह तूफान ।। 4784/5200

कोई समझा विहग है, कोई बोला भूत ।
कुछ वानर थे डर गए, क्या है यह अद्भुत ।। 4785/5200

कोई बोला यान ये, देखा पिछली बार ।
लेकर जब था जा रहा, रोती राघव-दार ।। 4786/5200

लगता विमान आगया, लेकर श्री रघुनाथ ।
या रावण है आगया, लेकर सीता साथ ।। 4787/5200

(सुग्रीव)

दोहा॰ उड़नखटोला गगन से, उतरा बिन आवाज ।
पंख विशाल समेटता, यथा गरुड़ खगराज ।। 4788/5200

नृप-सुग्रीव को देख कर, आए कपि सब पास ।
राम-सिया को देख कर, सबको हुआ उलास ।। 4789/5200

बोले, सीता का करें, मंगल हम सत्कार ।
मंडप रचने में लगें, करके जय जयकार ।। 4790/5200

तारा रानी आगयी, लेकर पूजा थाल ।
तिलक लगाया राम को, कुमकुम सीता भाल ।। 4791/5200

(तारा)

दोहा॰ किष्किंधा में आगया, जब लंका से यान ।

130. Story of Shrī Rāma's arrival at Kishkindhā

तारा कीन्ही आरती, सीता का सम्मान ।। 4792/5200

कपि सब बोले, आज हैं, जगे हमारे भाग ।
सीता के शुभ दरस ने, छेड़ा मंगल राग ।। 4793/5200

सीता के पग-रज लगे, किष्किंधा को आज ।
परम पवित्तर हो गया, नृप-सुग्रीव का राज ।। 4794/5200

(विभीषण)
दोहा॰ सभा भरी सुग्रीव की, सब कपियों के साथ ।
विभीषण जी बतला रहे, सुनो युद्ध की बात ।। 4795/5200

विभीषण ने हनुमान की, सराहना की ढेर ।
जिसने सबको सुख दिया, प्रतिदिन साँझ-सवेर ।। 4796/5200

गल में फिर हनुमान के, डाल सुमन का हार ।
सुग्रीव वानर राज ने, किया बहुत सत्कार ।। 4797/5200

नृप ने बतलाई कथा, बड़े जोश के साथ ।
ऋष्यमुक गिरि पर मिले, हनुमत से रघुनाथ ।। 4798/5200

ढूँढी सीता कीश ने, जाकर रावण धाम ।
सागर पर सेतु रचा, लिख-लिख राघव-नाम ।। 4799/5200

लंका ज्वालन की कथा, संजीवन की बात ।
रावण शठ के पेट पर, राघव-शर आघात ।। 4800/5200

अग्नि परीक्षा की कथा, कही क्लेश के साथ ।
पतिव्रता संकल्प की, महानता की बात ।। 4801/5200

लंका में फिर रामजी, किए राम-का-राज ।
लीला पुष्पक यान की, जो लाया है आज ।। 4802/5200

(सुग्रीव)
दोहा॰ सुग्रीव ने हनुमान को, भेजा नंदीग्राम ।
सूचित करने भरत को, "आते हैं श्रीराम" ।। 4803/5200

130. Story of Shrī Rāma's arrival at Kishkindhā

बालमीक मुनि से कहो, "लौट रहे रघुवीर" ।
आते पथ गुह से मिलो, जाकर गंगा तीर ।। 6804/5200

(हनुमान)

दोहा॰ बिन विलंब कपि उड़ पड़ा, लेकर राघव नाम ।
करके सीता मातु के, चरण सरोज प्रणाम ।। 4805/5200

आया नंदीग्राम में, भरतभूप के पास ।
देखा हनुमत ने उसे, नहीं हुआ विश्वास ।। 4806/5200

(क्योंकि)

दोहा॰ दुबला पतला साँवला, तनु पर वल्कल धार ।
मृगछाला आसीन था, शीश जटा संभार ।। 4807/5200

निश-दिन जिसके ध्यान में, एक नाम हो राम ।
उस मर्यादा वीर को, कपि ने किया प्रणाम ।। 4808/5200

(फिर)

दोहा॰ शीर्ष झुका कर नम्र हो, गया भरत के पास ।
बोला, मैं हनुमान हूँ, रामचंद्र का दास ।। 4809/5200

जिस स्वामी की आपको, लगी सतत है आस ।
अवध पुरी में आ रहे, बुझे नैन की प्यास ।। 4810/5200

पूर्ण किए वनवास को, लौट रहे रघुनाथ ।
लखन अनुज भी संग है, सिया मातु भी साथ ।। 4811/5200

(भरत)

दोहा॰ सुन कर "राघव" नाम को, उठा भरत लघु भ्रात ।
कण्ठ लगा हनुमान को, विद्युत गति के साथ ।। 4812/5200

कपि को पूछा भरत ने, कहाँ रुके हैं राम ।
ले आओ उनको, सखे! सफल करो मम काम ।। 4813/5200

कुशल क्षेम उनके कहो, कैसे हैं रघुनाथ ।
लछमन सीता भी कहो, कैसे हैं सब साथ ।। 4814/5200

130. Story of Shrī Rāma's arrival at Kishkindhā

स्वागत मैं उनका करूँ, बड़ उत्सव के साथ ।
अवध पुरी के द्वार में, जब पहुँचें रघुनाथ ।। 4815/5200

(हनुमान)

✍दोहा॰ हनुमत ने नृप भरत को, कहा सर्व वृत्तांत ।
स्वल्प वचन कह कर किया, भरत अनुज को शाँत ।। 4816/5200

सिया हरण की सब कथा, खग जटायु का त्याग ।
सेतु विन्यास की क्रिया, लंका पुर की आग ।। 4817/5200

लखन संजीवन की कथा, कुंभकर्ण का पात ।
दसमुख के वध की कथा, वायुयान की बात ।। 4818/5200

(फिर)

✍दोहा॰ पुनः नमन वन्दन किए, विदा हुआ हनुमान ।
मुनिवर श्री बाल्मीक को, देने खबर बखान ।। 4819/5200

मिल कर फिर गुहराज से, निकला मार उड़ान ।
लौटा राघव-चरण में, पवन पुत्र हनुमान ।। 4820/5200

(इति)

✍दोहा॰ मुनिवर नारद ने कहा, रत्नाकर को सार ।
दीन्ही माता शारदा, राग छन्द की धार ।। 4821/5200

भरा छन्द आनंद से, लंका कांड विशेष ।
हरि किरपा से पाठ ये, यहाँ हुआ निःशेष ।। 4822/5200

Bharat Milap Kand

अध्याय 7
भरत-मिलाप काण्ड

Bharat Milap Kand

131. Story of Bharat's meeting with Shrī Rāma

अध्याय 7

भरत-मिलाप काण्ड

(अथ)

✍दोहा॰ छन्द गीत दोहे सजा, संस्कृत श्लोक विशेष ।
कांड भरत-मिलाप का, अब होत श्रीगणेश ।। 4823/5200

भरत-मिलाप काण्ड : पहला सर्ग

131. भरत-मिलाप की कथा :

131. Story of Bharat's meeting with Shrī Rāma

📖 कथा 📖

(अवध में)

✍दोहा॰ राघव-सीता को लिए, आया पुष्पक यान ।
जनपद जन थे गा रहे, राघव के गुण गान ।। 4824/5200

✍दोहा॰ नर-नारी छोटे बड़े, जनपद के सब लोग ।
खूब सजाने अवध को, प्रचुर किए उद्योग ।। 4825/5200

गलियाँ-कूचे नगर के, साफ किए बाजार ।
घर-मंदिर नौ रंग से, भूषित राज दुआर ।। 4826/5200

राजमार्ग पर फूल के, बिछे गलीचे लाल ।
खड़ी किनारे नारियाँ, लेकर पूजा थाल ।। 4827/5200

(और)

✍दोहा॰ सुंदर बाला थीं खड़ी, लेकर कर में हार ।
राम-सिया के नाम को, गाते बारंबार ।। 4828/5200

सबने सुंदर रंग के, पहने वस्त्र ललाम ।

131. Story of Bharat's meeting with Shrī Rāma

बालक बूढ़े गा रहे, जय सीता! जय राम! ।। 4829/5200

(और भी)

✍दोहा॰ हाथी मंगल थे सजे, जिन पर थे सरदार ।
अश्व कतारें थीं खड़ी, शोभित वीर सवार ।। 4830/5200

हाथ जोड़ कर थे खड़े, ऋषि-मुनियन के संघ ।
वस्त्र गेरुए डाल कर, लिप्त भस्म से अंग ।। 4831/5200

बाजे वाले शान से, बजा रहे थे ढोल ।
ताल मजीरे बाँसुरी, मनहर जिनके बोल ।। 4832/5200

(तथा ही)

✍दोहा॰ रथ में बैठी उर्मिला, कौशल्या के साथ ।
करत सुमित्रा थी रही, कैकेयी से बात ।। 4833/5200

भरत खड़ा था सामने, तनु पर वल्कल धार ।
धरे हुए थे हाथ में, लाल गुलाबी हार ।। 4834/5200

सूरज ढलने था चला, जब चौथा था याम ।
दूर गगन में था दिखा, आता पुष्पक यान ।। 4835/5200

(तब)

✍दोहा॰ ज्यों ही उतरा भूमि पर, आसमान से यान ।
सबने बोला जोर से, जय सीता! जय राम!।। 4836/5200

साथ लखन के, यान से, उतरे सीता-राम ।
हार गले में भरत ने, पहनाए अभिराम ।। 4837/5200

माता तीनों ने करी, पूजा गाकर गान ।
गाए जन सब साथ में, ऋषि-मुनि संत सुजान ।। 4838/5200

वर्षा फूलों की हुई, और हुआ जयकार ।
दीये नगरी में जले, लाखों लाख हजार ।। 4839/5200

(फिर)

✍दोहा॰ कौशल्या ने राम को, तिलक लगाया लाल ।

131. Story of Bharat's meeting with Shrī Rāma

आलिंगन देकर उसे, चूमा उसका भाल ।। 4840/5200

राम-सिया अरु लखन की, करी आरती मात ।
देकर शुभ वरदान भी, धरे बाँह में गात ।। 4841/5200

मातु सुमित्रा ने उन्हें, दीन्हे आशिष ढेर ।
आँसू नैनन से गिरे, लीन्हा मुख को फेर ।। 4842/5200

कुशल क्षेम शत्रुघ्न ने, पूछा सब खुशहाल ।
लगाय उनके भाल पर, कुमकुम और गुलाल ।। 4843/5200

अवध जनों ने राम के, कीन्हे पूजन गान ।
राघव-सीता-लखन का, कीन्हा बहु सम्मान ।। 4844/5200

(और फिर)

✍दोहा॰ विभीषण, सुग्रीव, जामवत्, अंगद, नल, हनुमान ।
सुषेण, तारा, नील का, भरत किया बहु मान ।। 4845/5200

करता उन पर पुष्प की, वृष्टि सचिव सुमंत्र ।
वसिष्ठ ने स्वागत किया, बोल वेद के मंत्र ।। 4846/5200

गीतमाला, पुष्प 144 of 163

(राम घर आए)

स्थायी

आज, राघव वन से आयो, सखी! घर-घर दीप जलाओ ।
♫ सानि़, सा-सासा रेरे सानि़ सारे-, रेरे! गग गग म-ग रेसासा- ।

अंतरा-1

दशरथ नंदन, चरणन बंदन, कमल नयन हरि आयो ।
सखी! मंजुल गीत सुनाओ ।।
♫ सासासासा रे-रेरे, गगगग म-गरे, गगग गगमम मग रेग- ।
सारे! ग-गग म-ग रेसासा- ।।

अंतरा-2

जनक नंदिनी, अवध की रानी, हर्ष की ज्योत जगाई ।

132. Story of the Diwālī Festival (7. Bharat-Milāp Kānd)

सखी! दर्शन करने आओ ।।

अंतरा–3

अंजनी नंदन, सब जग वन्दन, हनुमत लीला दिखायो ।
सखी! अवध में आनंद छायो ।।

भरत-मिलाप काण्ड : दूसरा सर्ग

132. दीवाली उत्सव की कथा :

132. Story of the Diwālī Festival *(7. Bharat-Milāp Kānd)*

कथा

(नारद)

दोहा॰ नारद शंकर गा रहे, सुर में बहुत मिठास ।
लौटे हैं राघव–सिया, सफल हुआ वनवास ।। 4847/5200

(तब)

दोहा॰ सूरज नभ से ढल गया, कृष्ण भई है रात ।
चलिए अब सब महल में, बोली कौशल मात ।। 4848/5200

अवध द्वार से महल तक, राह सजी अभिराम ।
उभय ओर ललना खड़ीं, कर में दीप ललाम ।। 4849/5200

दीपक थाली में सजे, चम–चम करती ज्योत ।
लहराती आभा लगे, टिमटिमते खद्योत ।। 4850/5200

(फिर)

दोहा॰ यात्रा ज्यों ही चल पड़ी, राम–सिया जय घोष ।
सब बालाएँ नाचतीं, हर्ष मोद सह जोश ।। 4851/5200

आतिशबाजी के उड़े, आसमान तक बाण ।
रंग धमाके से गिरे, तारा–वृष्टि समान ।। 4852/5200

लड्डू पेड़े रेवड़ी, अनार केले आम ।
देत प्रेम से जनों को, लखन भरत सिय राम ।। 4853/5200

132. Story of the Diwālī Festival (7. Bharat-Milāp Kānd)

तोरण घर-घर पर लगे, दीपक शोभावान ।
लक्ष्मी देवी के हुए, पूजा कीर्तन गान ।। 4854/5200

 गीतमाला, पुष्प 145 of 163

(दिवाली भजन)

स्थायी

घर-घर दीप जलाओ सखी री, आज दीवाली ।
घर-घर दीप जलाओ सखी री, आज दीवाली ।
आतशबाज़ी चलाओ रे भैया, आज दीवाली ।।

♪ पप पप पनि ध पम-म मम प, मग म-प-ध- - - ।
सांसां सांसां सां-सां निध-ध धध ध, धम -मधनिरेंसांध-पम ।
प-पप पनिध पम-म म मप, मग म-प-ध-पम ।।

अंतरा-1

लछमी पूजा करो रे भैया, लछमी पूजा करो रे भैया ।
मिर्दंग ढोल बजाओ, सखी री आज दीवाली ।।

♪ -ग-ग- गमम- मध धप पमम-, -सां-धनि सां-सांध -धनि रेंसां ध-पम ।
-पपपप पनिध पम-म, मम प मग म-प-ध- - - ।।

अंतरा-2

धन देवी की आरती मंगल, कीर्तन गान सुनाओ, सखी री ।

अंतरा-3

आज घर आयो दशरथ नंदन, अवध में आनंद छायो, सखी री ।

अंतरा-4

बाल बालिका वनिता सुंदर, रंग रंगोली सजायो, सखी री ।

दोहा॰ घर-घर नगरी के सभी, रँगे रंग से सात ।
शिव-गौरी बोले, "पुरी, इन्द्रधनुष की भाँत" ।। 4855/5200

रची रँगोली रंग की, सबने विविध प्रकार ।
आँगन आँगन में सजा, रामायण का सार ।। 4856/5200

132. Story of the Diwālī Festival (7. Bharat-Milāp Kānd)

(रामलीला उत्सव)

दोहा॰ ललना चुनरी ओढ़ कर, नीली, पीली, लाल ।
तितली जैसी लचकती, चली ठुमकती चाल ।। 4857/5200

पग में घूँघर बाँध कर, छम-छम करतीं नाद ।
बालाएँ थीं नाचती, पूजन-विधि के बाद ।। 4858/5200

(और भी)

दोहा॰ घर-घर में जन मँडली, राम-कथा के पाठ ।
कहत सुनत आनंद में, चौपाई के ठाठ ।। 4859/5200

कोई दसरथ की कथा, "दो-वर" वाली बात ।
कोई दोहा छन्द में, बाल श्रवण का घात ।। 4860/5200

कुब्जा कुल्टा की कथा, कैकेई के काम ।
कौशल्या की कीर्ति की, कोई करे बखान ।। 4861/5200

कोई दंडक की कथा, वल्कलधारी राम ।
राम-सिया के सोरठे, छंद लखन के नाम ।। 4862/5200

भरत भेंट का माजरा, चित्रकूट का वास ।
राम पादुका की कथा, भरत हृदय का त्रास ।। 4863/5200

(फिर)

दोहा॰ पंचवटी की झोंपड़ी, सुंदर स्वर्ग समान ।
माया-मृग का फुदकना, कांचन रंग ललाम ।। 4864/5200

कोई रावण भिक्षु का, हाव भाव के साथ ।
अभिनय सच्चा सा किए, धरे सिया का हाथ ।। 4865/5200

"भिक्षां देहि माम् तु," कह कर भिक्षुक बोल ।
लक्ष्मण रेखा से परे, रहता झोली खोल ।। 4866/5200

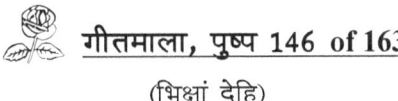

गीतमाला, पुष्प 146 of 163

(भिक्षां देहि)

132. Story of the Diwālī Festival (7. Bharat-Milāp Kānd)

स्थायी

सीता माई भिक्षां देहि ।

♪ सा–रे– म–ग– प–म– ग–रे– ।

अंतरा–1

वस्त्र गेरुए, सिर पर चोटी । हाथ कमंडलु, दाढ़ी खोटी ।
जोगी बना है, रावण द्रोही ।।

♪ सा–रे ग–गग–, मम मम प–म– । ध–प मगमम प–मग रे–ग– ।
सा–रे रेम– ग–, प–मम ग–रे– ।।

अंतरा–2

राम गए हैं मृग के पीछे । लखन है निकला रेखा खींचे ।
सिया अकेली कुटिया माही ।।

अंतरा–3

भिक्षा देने सीता आई । रावन पकड़ी सिया कलाई ।
शोर मचा रही है वैदेही ।।

(तथा ही)

दोहा॰ **कोई रो रो कर कहे, "बचा मुझे रघुनाथ!" ।**
कोई विहग जटायु की, बात अश्रु के साथ ।। 6867/5200

कोई शबरी सी बने, वृद्धा नारी रूप ।
चख–चख जूठे बेर से, हर्षाते सुरभूप ।। 4868/5200

कोई गावे राग में, "मिले राम–हनुमान" ।
एक निमिष में पा लिया, 'रामदास' का मान ।। 4869/5200

बाली–सुग्रीव बंधु का, मुष्टियुद्ध संग्राम ।
तारा देवी की कथा, किष्किंधा के ग्राम ।। 4870/5200

(और फिर)

सेतु–बंधन की कथा, कपि दल के शुभ काम ।
पत्थर सागर पर तरे, लिख कर राघव नाम ।। 4871/5200

कोई मुँदरी की कथा, सिय हनुमत की भेंट ।

133. Rāma's annointment as the King of Ayodhyā

सीता देवी की व्यथा, यथा तथा ही ठेठ ।। 4872/5200

कोई बढ़िया खेलता, "छातीफाड़ हनुमान" ।
देता सीता मातु को, ठीक ठीक अनुमान ।। 4873/5200

लंक जरावन की कथा, संजीवन की बात ।
इंद्रजीत वध की कथा, कुंभकर्ण का घात ।। 4874/5200

रावण की दस-मुख कथा, युद्ध राम के साथ ।
कोई गाता गीत है, "जीत गए रघुनाथ" ।। 4875/5200

(साथ ही)

दोहा॰ कोई झूला झूलते, नाचत देकर ताल ।
कोई रचता अन्न के, विविध भाँति से थाल ।। 4876/5200

कोई पुष्पक यान का, करता बहुत बखान ।
कोई सीता मातु का, करे मधुर गुणगान ।। 4877/5200

उत्सव ये आनंद का, 'दीपावली' के नाम ।
सब जग में जाना गया, जय सीता जय राम ।। 4878/5200

भरत-मिलाप काण्ड : तीसरा सर्ग

 133. श्री राम के राज्याभिषेक की कथा :

133. Rāma's annointment as the King of Ayodhyā

दोहा॰ रामचंद्र राजा बने, सीता रानी आज ।
जय जय नारे अवध में, बजे सुमंगल साज ।। 4879/5200

धन्य-धन्य दशरथ हुए, कौशल्या बड़भाग ।
राजा राघव सा नहीं, हुआ, न होगा बाद ।। 4880/5200

"भूखा कोई ना जहाँ, ना ही प्यासा कोय ।
निर्धन बेघर भी नहीं, राज्य राम का होय ।। 4881/5200

"कामुक मूढ़ न क्रूर हो, दुष्ट न मक्खीचूस ।

133. Rāma's annointment as the King of Ayodhyā

अनपढ़ नास्तिक ना जहाँ, कोई हो कंजूस ।। 4882/5200

"भक्तिहीन कोई न हो, व्याकुल हो ना दीन ।
अनृत कोई नर न हो, अधर्म में जो लीन ।। 4883/5200

"जनता के सुख के लिए, चलता है हर काज ।
न्याय नीति से जो चले, वही राम-का-राज" ।। 4884/5200

📖 कथा 📖

(सिंहासन)

दोहा॰ पूछा राघव ने, जभी, भरा सभा दरबार ।
"सिंहासन पर पादुका, क्यों है, भरत कुमार?" ।। 4885/5200

भ्राता बोला, राम को, अवध न मेरा राज ।
सिंहासन है आपका, ले लो सब तुम आज ।। 4886/5200

मैंने कीन्हा आज तक, राज्य तिहारे नाम ।
रख कर मैंने पादुका, सिंहासन पर, राम! ।। 4887/5200

मैं था नंदिग्राम में, बैठा छाल बिछाय ।
आया हूँ इत आज मैं, चौदह वर्ष बिताय ।। 4888/5200

(भरत)

दोहा॰ लेकर राघव-पादुका, आया भरत कुमार ।
"धरो धरोहर आपकी, शासन अवध तिहार" ।। 4889/5200

गिरा राम के चरण में, रो कर भरत कुमार ।
ले लो मुझको शरण में, बोला बारंबार ।। 4890/5200

"माँ ने तुमसे छीन कर, राज्य, पिता का प्यार ।
दिया मुझे है व्यर्थ ही, राज्यभोग अधिकार ।। 4891/5200

"मुझे नहीं यह चाहिए, पद का कछु अधिकार ।
दे दो मम पद लखन को, पद से मुझे न प्यार" ।। 4892/5200

(और)

दोहा॰ वल्कल जटा उतार कर, राजवस्त्र को धार ।

133. Rāma's annointment as the King of Ayodhyā

करो वेश भूषा, रघो! आभूषण श्रृंगार ।। 4893/5200

सेना को सँभाल लो, धन संपद् भँडार ।
सिंहासन पर बैठ कर, करो राज्य संभार ।। 4894/5200

(विजय यात्रा)

✍दोहा॰ मुनिवर बोले, रामजी! करिए अब जय घोष ।
निकले यात्रा नगर में, हर्ष सहित, सह जोश ।। 4895/5200

सीता, रानी थी सजी, कोमल सुंदर नार ।
स्वर्ग भूमि की अप्सरा, रामचंद्र की दार ।। 4896/5200

शोभा यात्रा सज गयी, सैनिक हुए तयार ।
नृप राघव, रानी सिया, रथ पर हुए सवार ।। 4897/5200

पंच पुरोहित गा रहे, वेद मंत्र के पाठ ।
भरत बन गया सारथी, घोड़े रथ को आठ ।। 4898/5200

चँवर डुलावत राम पर, लखन शत्रुघन भ्रात ।
हनुमत बैठा चरण में, छत्र विभीषण हाथ ।। 4899/5200

शोभा यात्रा चल पड़ी, बहुत मोद के साथ ।
यात्री गण सब गा रहे, जय सीता रघुनाथ! ।। 4900/5200

(तब)

✍दोहा॰ आगे रथ था राम का, फिर परिवार तमाम ।
ऋषि-मुनि जन पैदल चले, पीछे जनता आम ।। 4901/5200

अवध नगर में शान से, चक्र लगा कर एक ।
आई यात्रा महल में, करने को अभिषेक ।। 4902/5200

हुई तयारी महल में, शुरू हुआ अभिषेक ।
आए सज्जन अवध के, ऋषि-मुनि संत अनेक ।। 4903/5200

(तब)

(माता कौशल्या)

✍दोहा॰ सुवर्ण आसन पर सिया, बैठी राघव साथ ।

133. Rāma's annointment as the King of Ayodhyā

राजा रानी थे सजे, लिए हाथ में हाथ ।। 4904/5200

वसिष्ठ ने पूजन किए, वेद ऋचा के पाठ ।
गौतम जाबाली तथा, कात्यायन के साथ ।। 4905/5200

तिलक लगाए भाल पर, मौली बाँधी हाथ ।
सीता रानी अवध की, राजा श्री रघुनाथ ।। 4906/5200

गीतमाला, पुष्प 147 of 163

(राम को तिलक लगा)

स्थायी

आज, राम को तिलक लगेगा, सखी! आनंद आनंद होगा ।
♫ सारे, म-ग रे ममम मनिधपमप-, मम! नि-धप ध-पम पमगरेसा- ।

अंतरा-1

सीता हमरी रानी बनेगी, सुंदर भूषण रंग सजेगी ।
आज, राम-का-राज बसेगा, सखी! मंगल साज बजेगा ।।
♫ सा-रे- गमग- प-म गरे-ग-, प-मग म-मम ध-प मग-म- ।
सासा, रे-रे रे ग-ग गम-म-, मम! नि-धप ध-पम पमगरेसा- ।।

अंतरा-2

सबने शोभित वसन हैं डारे, जन पद सत् जन आन पधारे ।
आज, ऋषि-मुनि मंत्र उचारे, सखी! कीर्तन गान सजेगा ।।

अंतरा-3

सप्त नदी जल सिंचन होगा, कोई न पुर में अकिंचन होगा ।
आज, स्वर्ग बिराजा होगा, सखी! राघव राज करेगा ।।

(और फिर)

दोहा॰ स्वर्ण मुकुट मणि रत्न का, रामचंद्र के शीश ।
मुनि वसिष्ठ ने था रखा, देकर शुभ आशीष ।। 4907/5200

राज छत्र नल ने धरा, सुग्रीव चमर डुलाय ।
शारद किन्नर गा रहे, माता तिलक लगाय ।। 4908/5200

134. Story of Rāma-Rājya (Rāmāyan, 7. Bharat-Milāp Kānd)

सीता के गल राम ने, डाला मौक्तिक हार ।
सीता रानी अवध की, राघव नृप की नार ॥ 4909/5200

मंगल आशिष ढेर से, पाए सीता राम ।
जनपद जन कटिबद्ध थे, रामराज्य के नाम ॥ 4910/5200

(तब)

दोहा॰ सभा विसर्जित होगयी, राम हुए कृतकाम ।
विभीषण सुग्रीव कपि सभी, मुदित हुए हनुमान ॥ 4911/5200

भरत-मिलाप काण्ड : चौथा सर्ग

 134. रामराज्य की कथा :

134. Story of Rāma-Rājya (Rāmāyan, 7. Bharat-Milāp Kānd)

📖 कथा 📖

(राम)

दोहा॰ राघव बोले सज्जनों, "कहूँ नीति की बात ।
जो शास्त्रों ने है कही, सुनो ध्यान के साथ ॥ 4912/5200

"युग निर्माता नृप बने, तज कर मद अभिमान ।
स्वर्गभूमि भूतल करें, नृप का हो अभियान" ॥ 4913/5200

(वचन)

दोहा॰ "दिये बचन को पालना, रघु कुल की है रीत ।
प्राण जाय पर बचन ना, उसकी होती जीत" ॥ 4914/5200

(सदाचार)

दोहा॰ "सत्य शाँति सद्धर्म से, सदा सिद्धि सुख स्पष्ट ।
न्याय नीति निर्धार का, नर ना होवे नष्ट ॥ 4915/5200

"नास्तिक होता नष्ट है, आस्तिक की है जीत ।
सच्चे श्रद्धावान से, हमें सदा है प्रीत ॥ 4916/5200

"सज्जन संतन से हमें, सदा लगी हो प्रीत ।

134. Story of Rāma-Rājya (Rāmāyan, 7. Bharat-Milāp Kānd)

सत्यवान शुचि सौम्य जो, सदा उसी की जीत ॥ 4917/5200

"दीन हीन जो हैं दुखी, कर उनका उद्धार ।
सत्कर्मी नरवर वही, माना है हितकार" ॥ 4918/5200

(और)

दोहा॰ "दुराग्रही जो दुर्गुणी, दंभी दुर्मति दुष्ट ।
कुत्सित काले कर्म का, उसे कठिन दो कष्ट ॥ 4919/5200

"चारों वर्ण समान हों, भेद भाव बेकार ।
नर-नारी का विश्व में, समान हो अधिकार ॥ 4920/5200

"नृप सद्गुण भंडार हो, पावन गंगा नीर ।
चाल चलन में सरल हो, यथा धनुष का तीर ॥ 4921/5200

"स्नेह सुधा से सब सनें, स्वजन सुजन सत्नाम ।
सुखद सुमंगल सादगी, सभी समय सुखधाम" ॥ 4922/5200

(भ्रष्टाचार)

दोहा॰ "कोई घूस न ले कभी, ना हो भ्रष्टाचार ।
कोई ना उत्कोच दें, न ही बने लाचार" ॥ 4923/5200

(निष्काम)

दोहा॰ "सुख-दुख में जो एक है, लाभ हानि को छोड़ ।
वीतराग उस धीर को, संकट सकै न तोड़ ॥ 4924/5200

"सच्चा संगी है वही, जो दुख में हो साथ ।
भाई सच्चा है वही, जो दे दुख में हाथ" ॥ 4925/5200

(नारी-रक्षा)

दोहा॰ "पर नारी को मानिये, बेटी भगिनी मात ।
अपनी दारा से रहो, सदा स्नेह के साथ ॥ 4926/5200

"नारी-रक्षा पुण्य है, मानत हैं जग-तीन ।
नारी हरना पाप है, कर्म बहुत ही हीन ॥ 4927/5200

"अबला भूषण भूषिता, अभय कर सके सैर ।

जनपद जन रक्षा करें, बिना मोह वा बैर ।। 4928/5200

"ओम् स्वधा की शुभ ध्वनि, गृह मंदिर में होय ।
क्रन्दन का दुख रव कभी, नारी करे न कोय" ।। 4929/5200

(धर्म)

✍दोहा॰ "दुष्ट न लंपट भूप हो, धर्महीन व्यभिचार ।
क्रूर हृदय पापी न हो, ना हो भ्रष्टाचार ।। 4931/5200

"कर्म धर्म वर्तन करे, निश-दिन अपने आप ।
कर्महीन जन को मिले, रामराज्य में ताप ।। 4932/5200

"धर्म उच्चतम जानिये, क्षात्रधर्म शुभ नाम ।
सत्य-धर्म का रूप है, कार्य कर्म निष्काम" ।। 4933/5200

(राजा)

✍दोहा॰ "भूप प्रजा का पुत्र हो, प्रजा पिता-अरु-मात ।
आज्ञाकारी नम्र हो, जन सेवक दिन-रात ।। 4934/5200

"शस्त्र-अस्त्र का ज्ञान हो, जाने शास्त्र अनेक ।
क्षात्र पात्र रण वीर भी, लाखों में हो एक ।। 4935/5200

"युक्ति वाद का हो गुणी, राजा चतुर अपार ।
बात चीत से मन हरे, बूझे मनोविकार ।। 4936/5200

"लखे सत्य दृग् मात्र से, बिना बहाए स्वेद ।
जाने विद्युत वेग से, नीर क्षीर का भेद ।। 4937/5200

"सागर हो सत्धर्म का, विद्या कला सुजान ।
राजधर्म में निपुण हो, क्षात्रधर्म विद्वान" ।। 4938/5200

(और)

✍दोहा॰ "कर्म कुशल नृप हो सदा, नीति निपुण निष्णात ।
बोल चाल से जान ले, अपर हृदय की बात ।। 4939/5200

"तन मन धन सेती करे, भला प्रजा का भूप ।
आपद् में अविचल रहे, यथा यज्ञ का यूप ।। 4940/5200

134. Story of Rāma-Rājya (Rāmāyan, 7. Bharat-Milāp Kānd)

"दुर्गम करतब राज्य के, सुगम करन में लीन ।
राज काज की हो सदा, कीर्ति कभी ना क्षीण ।। 4941/5200

"वीर जनों में हीर हो, वीरों में बलबीर ।
धैर्यशील में धीर हो, निर्मल हृदय शरीर ।। 4942/5200

"मुख में वाणी मिष्ट हो, अमृत रस की धार ।
हिरदय दीन-दयाल हो, मनुज[61] धर्म का सार" ।। 4943/5200

(ज्ञान)

✍दोहा॰ "दावाग्नि में वन जले, वर्षा तारक होय ।
क्रोधाग्नि में जो जले, बचा सकै ना कोय ।। 4944/5200

"पूजे संत महंत को, राजा सिद्ध सुजान ।
चंदन रूप सुगंध दे, जाने वेद पुरान" ।। 4945/5200

(राजनीति)

✍दोहा॰ "पलड़े शासन तोल के, रहें सदा समतोल ।
नहीं दंड में रोष हो, निर्णय हो अनमोल ।। 4946/5200

"नीति नियम के न्याय में, सब पाएँ संतोष ।
ढूँढे भी ना मिल सके, जिसमें कोई दोष ।। 4947/5200

"पक्षपात से दूर हो, राग द्वेष को छोड़ ।
बैर भाव से हो परे, स्नेह प्रेम को जोड़" ।। 4948/5200

(तथा ही)

✍दोहा॰ "शरणागत को शरण दे, क्षमा त्राण वरदान ।
निर्वासित पर कर कृपा, मदद दान सम्मान" ।। 4949/5200

(क्योंकि)

✍दोहा॰ "घर से निस्कासित हुए, पामर पा कर ग्लान ।
शरण और की पाइके, कर सकते हैं हान" ।। 4950/5200

(प्रजा)

---

[61] **मनुज** = 1. मनु से उत्पन्न. 2. मनुष्य

134. Story of Rāma-Rājya (Rāmāyan, 7. Bharat-Milāp Kānd)

दोहा॰ "प्रजा न कोई क्षुधित हो, रोए कोई न मात ।
दाना पानी विपुल हो, कहीं न दुख की बात ।। 4951/5200

"भूप प्रजा का दास हो, सेवा कर्म कठोर ।
अत्याचारी नृप न हो, दंभी और निठोर ।। 4952/5200

"सदा राज्य में शाँति हों, रहें मेल से लोग ।
रोटी कपड़ा धाम हो, सभी करें उद्योग" ।। 4953/5200

(और)

दोहा॰ "फूलें खेती बाड़ियाँ, कभी पड़े न अकाल ।
नर-नारी सब ही रहें, कर्मठ शाम-सकाल ।। 4954/5200

"नारी बालक नर सभी, निर्भय हो स्वच्छन्द ।
हाट-बाट घर ना रहें, डर से ताले बंद ।। 4955/5200

"प्रजा जनों का नृप करे, परित्राण दिन-रात ।
राजा को चाहे प्रजा, नृप हो स्नेहिल तात ।। 4956/5200

"रखवारा हो राज्य का, जनसेवा में लीन ।
तारा हो वह नैन का, राजा दोष विहीन" ।। 4957/5200

(अनुशासन)

"गुरु द्विज का सम्मान हो, मुक्त हस्त से दान ।
न्याय नीति से काम हो, अनुशासन पर ध्यान ।। 4958/5200

"सबके प्रति सद्भावना, मानव प्राणी जीव ।
भूत मात्र सब एक ही, रामराज्य की नींव ।। 4959/5200

"सत्य सौम्य सम सादगी, सबविध सुखी समाज ।
क्षमा शाँति करुणा जहाँ, वहीं राम-का-राज" ।। 4960/5200

गीतमाला, पुष्प 148 of 163

(राम-राज्य)

स्थायी

135. Story of the Pearl Necklace (7. Bharat-Milāp Kānd)

रामराज्य का नाम ही, जग में स्वर्ग का धाम ।

♪ सारेग-ग ग- मंधप मं-, धध प- मं-ग रे सा-सा ।

अंतरा-1

जहाँ न कोई दोष रोष हो, जन-गण मन संतोष कोश हो ।
हिरदय की सुख संपद् राम ।।

♪ सारे- ग मं-मं- ध-प मं-ग मं-, पप धध निनि नि-धप मं-ग मं- ।
पधनिसां नि- धप मं-गरे सा-सा ।।

अंतरा-2

श्रम आश्रम का सदा भोग हो, वैर भाव का नहीं रोग हो ।
भाई हो संपूरण ग्राम ।।

अंतरा-3

जग में नारी सजे शेरनी, युवती बाला लगे मोरनी ।
घर आंगन में मंगल काम ।।

भरत-मिलाप काण्ड : पाँचवाँ सर्ग

135. मोती के हार की कथा :

135. Story of the Pearl Necklace (7. Bharat-Milāp Kānd)

कथा

(तिलक समारेह)

दोहा॰ **राघव अभिषेचित हुए, मिला बहुत सम्मान ।**
राम-सिया ने हृदय से, दिये अतिथि कों दान ।। 4961/5200

पहनाया फिर राम ने, सीता को उपहार ।
परंपरा गत जो चला, मौक्तिक माला हार ।। 4962/5200

(सभा विसर्जन)

दोहा॰ **हुई विसर्जित जब सभा, सह आदर उपहार ।**
सीता ने हनुमान का, किया बहुत सत्कार ।। 4963/5200

135. Story of the Pearl Necklace (7. Bharat-Milāp Kānd)

राघव ने जो था दिया, मोती वाला हार ।
सीता ने वह दे दिया, कपि के गल में डार ।। 4964/5200

(हनुमान)

दोहा॰ माता सीता ने दिया, हनुमत को उपहार ।
मगर भगत के हृदय में, आया एक विचार ।। 4965/5200

माता ने क्या सोच कर, दिया हार अनमोल ।
क्या माता ने भक्ति का, चुका दिया है मोल? ।। 4966/5200

क्या इसमें भी राम हैं, रत्न रूप भगवान? ।
मोती ये अनमोल हैं, दिखते हैं अभिराम ।। 4967/5200

हनुमत ने उपहार को, कर में लिया उतार ।
लख कर शोभा हार की, मन कुतुहल संचार ।। 4968/5200

सोचे कपि, इस हार में, क्यों है इतना तेज ।
देखूँ इसमें ओज क्यों, किस गुण की ये सेज ।। 4969/5200

कपि ने माला तोड़ कर, मोती लीन्हे हाथ ।
मुख में दाने फोड़ कर, ढूँढा गुण रघुनाथ ।। 4970/5200

मिला न उनमें राम के, रंग रूप का तेज ।
थूँ-थूँ करते थूँकता, मनके सब निस्तेज ।। 4971/5200

मुख से मोती फोड़ कर, लगा खोजने राम ।
भक्त हृदय के भाव को, समझ गए श्री राम ।। 4972/5200

राघव ने वह देख कर, जाना उसका चाव ।
हँसे चित्त में जान कर, कपि के मन का भाव ।। 4973/5200

गीतमाला, पुष्प 149 of 163

(राम जपो भवतु)

स्थायी

राम जपो भवतु, तन-मन से, नाम सदा वसतु, स्मरणन में ।

135. Story of the Pearl Necklace (7. Bharat-Milāp Kānd)

♪ सां–ध पगरे सारेप–, गरे गप ध–, ग–रे सारे– गगप–, गरेगप ध– ।

अंतरा–1
दशरथनंदं, जानकी छंदं, रघुकुलकुंदं, भज रे अनंतम् ।
देह तेरा पततु, चरणन में ।।

♪ गरेगपप–प–, सां–सांसां सांरेंसां, धधधधप–ध, पग रे गप–प– ।
ग–रे सारे– गगप–, गरेगप ध– ।।

अंतरा–2
अमृत अमलं, मंगल कमलं, जन–गण रमणं, भज हरि सुमनम् ।
चित्त तेरा भवतु, दरशन में ।।

अंतरा–3
पवन स्वामिनं, सुफल दायिनं, सागर तरणं, भव भय हरणम् ।
समय तेरा वहतु, भजनन में ।।

(सीता)

दोहा॰ दिखे सिया को भूमि पर, मोती चकनाचूर ।
बोली, कपि! ये क्यों किया, मनकों में था नूर ।। 4974/5200

व्याकुल सीता ने कहा, क्या है यह, हनुमान! ।
मोती सारे फोड़ कर, हार किया बेकाम ।। 4975/5200

(हनुमान)

दोहा॰ हाथ जोड़ कपि ने कहा, क्षमा करो उत्पात ।
मैं राघव को ढूँढता, और न कुछ थी बात ।। 4976/5200

माते! ऐसी चीज के, कहिए कितने दाम ।
जिसके अंतर् अंग में, बसे नहीं हों राम ।। 4977/5200

माते! मेरी भक्ति को, रत्नों से मत तोल ।
सिया राम के चरण रज, मुझको हैं अनमोल ।। 4977/5200

माता! मुझको दीजिए, केवल यह वरदान ।
सियाराम के काज में, अर्पित करदूँ प्राण ।। 4978/5200

(हनुमान)

135. Story of the Pearl Necklace (7. Bharat-Milāp Kānd)

✍दोहा॰ अज्ञानी जन जगत के, होते हैं मतिमंद ।
मुल्य राम के नाम का, नहीं जानते चंद ।। 4979/5200

मोती राघव नाम के, दुनिया में अनमोल ।
शीशा मिट्टी मोल भी, उन्हें रतन बहुमोल ।। 4980/5200

सेवक मैं श्री राम का, माते! अब कृतकाम ।
मातु-पिता गुरुवर सखा, मेरे स्वामी राम ।। 4981/5200

आराधूँ मैं एक ही, निश-दिन मन में नाम ।
मुझे बड़ा है प्राण से, राम-नाम का दाम ।। 4982/5200

(सीता)

✍दोहा॰ सीता गदगद हो गई, सुन कर कपि की बात ।
सीता ने हनुमान को, दीन्हा आशीर्वाद ।। 4983/5200

ठीक तिहारी बात है, तुमने दिया प्रमाण ।
तुमरी छाती में, सखे! बसे हुए हैं राम ।। 4984/5200

राम रतन तुझको मिला, तू रघुवर का दास ।
तुझमें राघव रंग है, तुझमें राघव वास ।। 4985/5200

धन्य-धन्य, प्रिय पुत्र! तुम, भक्तों के सिरमौर ।
तुम सम सारे विश्व में, भक्त न कोई और ।। 4985/5200

जब तक धरती पर रहे, गंगा की जलधार ।
गूँजे सारे विश्व में, तेरी जय जय कार ।। 4986/5200

तुम बिन सूना ही रहे, राघव का दरबार ।
राम कथा के पूर्व में, तेरा हो जयकार ।। 4987/5200

(अत:)

✍दोहा॰ राम रतन जिसको मिला, मोती से क्या काम ।
सर्व नाम में एक है, राम-नाम सत्नाम ।। 4988/5200

राम नहीं जिस वस्तु में, उसका कितना दाम ।
नाम नहीं जिस वदन में, वो जीवन क्या काम ।। 4989/5200

135. Story of the Pearl Necklace (7. Bharat-Milāp Kānd)

जिन नैनन में है जगी, राम-नाम की ज्योत ।
अँसुअन हैं उन नैन के, सच्चे मोती स्त्रोत ।। 4990/5200

साया जिस पर राम का, स्वर्ग उसे है धाम ।
राम रतन जिसको मिला, उसको धन क्या काम ।। 4991/5200

राघव जिसके तात हैं, सीता उसकी मात ।
स्वामी उसके राम हैं, राघव उसके भ्रात ।। 4992/5200

गीतमाला, पुष्प 150 of 163

राग खमाज, दादरा ताल

(पवन तनय)

स्थायी

राम भगत पवन पुरुष, नीति निपुण परम वीर ।
कर्म कुशल कीश वदन, स्वार्थ त्यागी चरम धीर ।।
♫ सा-सा गगम पधग मपध, सां-सां निधम पधम ग-ग ।
नि-नि निनिनि सां-सां सांपध, सां-नि ध-म पधम ग-ग ।।

अंतरा-1

पवन तनय आंजनेय, बुद्धिशाली शक्तिमान ।
राम-लखन साथ तेरे, तुम अनुपम भक्तिमान ।।
♫ गमग मनिध सां-निसां-सां, पनिनिसां-सां निसांनिध-ध ।
सा-सा गगग म-म पधध, सांसां सांनिधम पधमग-ग ।।

अंतरा-2

गणपति सम ज्ञानवान, रवि समान कांतिमान ।
राम प्रभु हैं नाथ तेरे, तुम अतुलित बुद्धिमान ।।

अंतरा-3

कपिवर तुम रामदास, किर्तिमान पुण्यवान ।
राम रतन हाथ तेरे, गुण अगणित मूल्यावान ।।

दोहा॰ प्यारे! ऐसे द्रव्य के, ना है कोई दाम ।
जिसके अंत:करण में, बसे नहीं हों राम ।। 4993/5200

136. Story of the Washer man (7. Bharat-Milāp Kānd)

तुमरे कण–कण में बसे, रामचंद्र भगवान ।
कपि! तुमरे मुख में सदा, राघव का ही नाम ।। 4994/5200

(रत्नाकर कहै)

दोहा॰ कीर्ति रूप न देखती, देखत तुमरे काम ।
कैकेयी सी सुंदरी, जग में है बदनाम ।। 4995/5200

भरत-मिलाप काण्ड : छठा सर्ग

 136. धोबी की कथा :

136. Story of the Washer man (7. Bharat-Milāp Kānd)

📖 कथा 📖

(रामराज्य)

दोहा॰ न्याय नीति के नियम से, करके गठित समाज ।
यथा शास्त्र, शुभ धर्म से, राघव कीन्हा राज ।। 4996/5200

राज्य राम करने लगे, तज कर गर्व प्रमाद ।
संकट जो थे आगए, उनका छोड़ विषाद ।। 4997/5200

सबके मन के भाव का, आदर कर रघुनाथ ।
सावधान सब समय थे, प्रजा जनों के साथ ।। 499853/5200

स्नेह सादगी शाँति से, सबको समझ समान ।
प्रजा जनों के कथन का, करते थे सम्मान ।। 4999/5200

(और)

दोहा॰ जनपद जन भी प्रेम से, पूजित करते राम ।
द्वेष द्रोह का देश में, कहीं नहीं था नाम ।। 50005/5200

प्रजा पितावत् पात्र थी, राघव पुत्र प्रमाण ।
सीता सबको स्निग्ध थी, प्यारी सुता समान ।। 5001/5200

(फिर भी)

136. Story of the Washer man (7. Bharat-Milāp Kānd)

✍दोहा॰ जैसी कर की पाँच ही, ऊँगल नहीं समान ।
वैसी जनता की मति, होती है असमान ।। 5002/5200

दस ऊँगल को जोड़ कर, करते लोग प्रणाम ।
उठाय कोई उँगली, कर देता अपमान ।। 5003/5200

श्वान पृच्छ टेढ़ी सदा, सीधी करै न कोय ।
रामराज्य के बीच भी, दुष्ट नीति नर होय ।। 5004/5200

✍दोहा॰ अवध पुरी में एक था, धोबी नर, खर जात ।
माने ना वो नीति को, न ही किसी की बात ।। 5005/5200

पत्नी से ना प्रीत थी, ना ही उसे लगाव ।
लड़ना उसका काम था, लखे आव ना ताव ।। 5006/5200

(धेबिन)

✍दोहा॰ इक दिन धोबी दार से, झगड़ा बारंबार ।
हाथा पाई जब हुई, बिगड़ी उसकी नार ।। 5007/5200

रोती बिलखाती हुई, होकर बड़ी उदास ।
पति के घर को छोड़ कर, आई माँ के पास ।। 5008/5200

चरण पड़ी वो तात के, बोली, बापू! आप ।
रखलो मुझको पास ही, पति देता है ताप ।। 5009/5200

बापू ने उसको कही, सती धर्म की बात ।
"पति का घर तेरे लिए, सुख देवे दिन-रात" ।। 5010/5200

(बापू)

✍दोहा॰ पतिव्रता संकल्प का, दीन्हा उसको ज्ञान ।
पति गृह ही मंदिर तुम्हें, वहीं तुझे हो स्थान ।। 5011/5200

स्वामी से ना बैर हो, बढ़े धनी से प्रेम ।
भला इसी में है तुम्हें, सदा इसी में क्षेम ।। 5012/5200

तजो क्रोध को तुम अभी, जाओ अपने गेह ।
करो क्षमा की याचना, तभी बढ़ेगा स्नेह ।। 5013/5200

136. Story of the Washer man (7. Bharat-Milāp Kānd)

“रानी तू पति के यहाँ, तू है नारी जात ।
जाओ घर अपने अभी, यहाँ न बीते रात” ।। 5014/5200

(बेटी)

✍दोहा॰ आज्ञा तुमरी है यथा, वही करूँगी काम ।
रोती धोबन घर गयी, लीन्हे पति पग थाम ।। 5015/5200

(धोबी)

✍दोहा॰ पत्नी आती देख कर, धोबी के मन ताप ।
बोला, तूने घर तजे, घोर किया है पाप ।। 5016/5200

धोबी भौंका क्रोध में, अपनी भौंहें तान ।
मैंने तुझको है तजा, मुझे पराया जान ।। 5017/5200

“मैं वह ना श्रीराम हूँ, जिसने कर अविचार ।
असुर-चुराई-दार को, लेने हुआ तयार” ।। 5018/5200

(राम)

✍दोहा॰ सुन कर धोबी का कहा, हुए विकल मन राम ।
कहा सभा से राम ने, जानो जन मत आम ।। 5019/5200

(मंत्री)

✍दोहा॰ मंत्री बोले राम को, हम हैं बहुत उदास ।
“सीता पर जनता नहीं, करती अब विश्वास ।। 5020/5200

“कहा विभीषण ने यथा, तथा जगत का ढँग ।
उसी नियम से सब चलें, राजा हो या रंक ।। 5021/5200

“अंतर्यामी आप हैं, जानत सदसद् भेद ।
फिर भी ये कहते हुए, हमें हो रहा खेद” ।। 5022/5200

(राम)

✍दोहा॰ कहा सिया से राम ने, कैसा नृप मैं राम ।
एक नियम से जग चले, दूजे से मम काम ।। 5023/5200

जनता का जो मत रहे, वही राज्य का सूत्र ।

136. Story of the Washer man (7. Bharat-Milāp Kānd)

जनता नारायण कही, नृप है उसका पुत्र ।। 5024/5200

करतब अब मैं क्या करूँ, कहो सही क्या काम ।
जनता से जनतंत्र है, सेवक है श्री राम ।। 5025/5200

कैसे मैं तुमको तजूँ, करने तृप्त समाज ।
कैसे जन मत टाल दूँ, दुविधा में हूँ आज ।। 5026/5200

(सीता)
दोहा॰ सीता बोली राम को, "मेरा ही था दोष ।
मैं थी लालच में पड़ी, मृग देखे मदहोश ।। 5027/5200

"ना मैं तुमको भेजती, मृग के पीछे, राम! ।
ना होता लंकेश का, सफल कपट का काम ।। 5028/5200

"तुम्हें कष्ट मैंने दिया, करवाया संग्राम ।
अब दुविधा में मत पड़ो, तज दो मुझको, राम! ।। 5029/5200

"क्षात्र-धर्म पर तुम चलो, यही सत्य है राह ।
पत्नी से बढ़ कर, सखे! प्रजा जनों की चाह" ।। 5030/5200

(राम)
दोहा॰ गर्भवती तू नार है, नाजुक तेरा हाल ।
बालमीक मुनिवर तुझे, सीते! रखें सँभाल ।। 5031/5200

(विदाई)
दोहा॰ निर्णय लेकर राम ने, बैठ सिया के साथ ।
तजा विपिन में दार को, दुखी हुए रघुनाथ ।। 5032/5200

(राम)
दोहा॰ वन में सीता छोड़ कर, व्याकुल पीड़ित राम ।
मूर्ति सिया की, स्वर्ण की, कीन्ही पूजन काम ।। 5033/5200

मूरत सच सीता लगे, सुंदर रूप ललाम ।
पूजा नित करने लगे, राम लखन हनुमान ।। 5034/5200

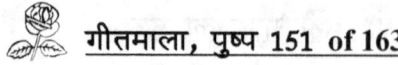
गीतमाला, पुष्प 151 of 163

Sangit-Ramayan-Dohavali

खयाल : राग यमन, तीन ताल

(सीता बिरहा)

स्थायी

निस दिन हों हम मन में तुम्हारे, सुखकर सुमिरन रखना सँभारे ।

♫ निनि पप रे- सासा गग ग मंनिधप-, गमंगप पधमंप निधप परे-सा- ।[62]

अंतरा–1

साथ तुम्हारे काल हैं गुजरे, दुख पल कारे सुख उजियारे ।

♫ पगप पसां-सां- निरेंगं रें सांनिधप, पगं रेंसां निधप- निध पपरे-सा- ।

अंतरा–2

मोद निमिष सब, नाथ पियारे, आज वे सारे लगते नियारे ।

(इति)

✍दोहा॰ **नारद मुनि ने है कही, रत्नाकर को बात ।**
सरस्वती से गीत हैं, मिले मुझे दिन-रात ।। 5035/5200

दोहे चौपाई सजा, राग छंद का ठाठ ।
राम कृपा से है बना, भरत–मिलन का पाठ ।। 5036/5200

Sangit-Ramayan-Dohavali

[62] **स्थायी तान :** निस दिन हों हम 1. निरे गमं पध निरें । सानि धप मंग रसा 2. निरे गमं गरे गमं । पध पमं गरे सा- 3. निनि धप मंग रेसा । निरे गमं पध निसा । **अंतरा तान :** साथ तुम्हारे 1. गरे गरे सानि सा- । निध निध पमं प- गरें गरें सांनि धप । निनि धप मंग रेसा 2. निरे गग रेग मंमं । गमं पप मंप धध पध निनि धनि सांसां । धनि सांसां धनि सांसां ।

अध्याय 8

लव-कुश काण्ड

8. Lav-Kush Kand

137. Story of the births of Lav and Kusha (8. Lav Kush Kānd)

अध्याय 8

लव-कुश काण्ड

(अथ)

दोहा॰ दोहे कीर्तन से सजे, कृपा करें अवधेश ।
मंगल लव-कुश-काण्ड का, अब होत श्रीगणेश ॥ 5037/5200

पहला सर्ग

 137. लव-कुश जन्म की कथा :

137. Story of the births of Lav and Kusha *(8. Lav Kush Kānd)*

📖 कथा 📖

(सीता)

दोहा॰ सीता बोली, रामजी! त्याग न तुमरा दोष ।
मृग-लालच मैंने किया, मुझे नहीं था होश ॥ 5038/5200

सीता खुद को कोसती, मन में लिए विषाद ।
बिछड़ी तुमसे, हे प्रभो! रखना मेरी याद ॥ 5039/5200

(फिर)

दोहा॰ रोती नारी देख कर, आए पथिकन चार ।
बोले, वन में क्यों तजी, गर्भवती यह नार ॥ 5040/5200

पहला बोला, मैं रखूँ, इसको अपने पास ।
दूजा बोला, ले चलें, वसिष्ठ मुनि के पास ॥ 5041/5200

तीजा बोला, ले चलो, भरद्वाज के धाम ।
चौथा बोला, बाल्मिकी, मुझे लगे शुभ नाम ॥ 5042/5200

चार राहियों ने उसे, पहुँचाया मुनिधाम ।
बालमीक मुनि ने कहा, शुभ है तुमरा काम ॥ 5043/5200

138. Story of Shrī Rāma's Ashvamedh Yajña

(वाल्मीकि)

दोहा॰ सीता ने मुनि को कहा, मैंने की है भूल ।
जिससे मुनिवर आज ये, काम हुआ प्रतिकूल ।। 5044/5200

सीता को मुनि ने कहा, "मत कलपाओ गात ।
नारद ने बोली यथा, तथा हो रही बात" ।। 5045/5200

यहाँ रहो निश्चिंत तुम, मन में रख विश्वास ।
सब कुछ वैसा हो रहा, यथा लिखा इतिहास ।। 5046/5200

(फिर)

दोहा॰ सुत सीता के आगए, पुत्र युगल अभिराम ।
बालमीक मुनि ने दिया, उनको "लव-कुश" नाम ।। 5047/5200

रावण ने था ज्यों दिया, सीता को वरदान[63] ।
युगल पुत्र की माँ बनी, पुत्र हुए गुणवान ।। 5048/5200

मुनि आश्रम में, राम के, लव-कुश जुड़वाँ पूत ।
पढ़े लिखे, आगे बने, रामराज्य के दूत ।। 5049/5200

शास्त्र विशारद होगए, लव-कुश ब्रह्म स्वरूप ।
शस्त्र-अस्त्र पंडित बने, रामचंद्र प्रतिरूप ।। 5050/5200

साम वेद संगीत का, किए परिश्रम घोर ।
वादन पारंगत हुए, दश वर्षीय किशोर ।। 5051/5200

लव-कुश काण्ड : दूसरा सर्ग

138. अश्वमेध यज्ञ की कथा :

138. Story of Shrī Rāma's Ashvamedh Yajña

कथा

[63] **सीता को वरदान :** देखिए कथा 162

138. Story of Shrī Rāma's Ashvamedh Yajña

(अश्वमेध)

दोहा॰ रामराज्य आदर्श के, बीते जब दश वर्ष ।
अश्वमेध का राम ने, किया यज्ञ से हर्ष ।। 5052/5200

(वसिष्ठ मुनि)

दोहा॰ राम-राज्य के जब हुए, पूर्ण सफल दस वर्ष ।
वसिष्ठ बोले राम को, उत्सव हो सह हर्ष ।। 5053/5200

सार्वभौम तुम अधिप हो, देवेन्द्र के समान ।
अश्वमेध के यज्ञ से, मिले हमें सम्मान ।। 5054/5200

श्वेत महाबल अश्व पर, सजा छत्र संभार ।
निकला पाने दिग्विजय, त्रिभुवन को ललकार ।। 5055/5200

आगे घोड़ा भागता, पीछे सैनिक लोक ।
चला अश्व जग जीतता, कोई सका न रोक ।। 5056/5200

तमसा पर जब आगया, अश्व जगत को जीत ।
लव-कुश ने पकड़ा उसे, सेना हुई चकित ।। 5057/5200

अश्व छुड़ाने सैन्य ने, शर का किया प्रहार ।
सेना का तगड़ा किया, लव-कुश ने प्रतिकार ।। 5058/5200

(फिर)

दोहा॰ छुड़ा सके ना अश्व को, सैनिक लव-कुश हाथ ।
लौटी सेना हार कर, बड़ी लाज के साथ ।। 5059/5200

(तब)

दोहा॰ मुनिवर बाल्मिक देखते, मगर पड़े ना बीच ।
लव-कुश पर विश्वास था, बिना किसी हिचकिच ।। 5060/5200

बोले, ज्यों ही थी कही, नारद मुनि ने बात ।
बिलकुल वैसा हो रहा, बिना कतई अपवाद ।। 5061/5200

(राम)

दोहा॰ आई सेना लौट कर, रोती राघव पास ।
लछमन बोला, हार कर, सेना हुई उदास ।। 5062/5200

138. Story of Shrī Rāma's Ashvamedh Yajña

मैं जाता हूँ आप ही, धर लाता हूँ अश्व ।
भरत संग में चल पड़ा, अचरज में सब विश्व ।। 5063/5200

(लक्ष्मण भरत)

दोहा॰ उत्सुकता थी विश्व में, क्या होगा परिणाम ।
लव-कुश से होगा जभी, भरत-लखन संग्राम ।। 5064/5200

लखन-भरत भी ना सके, लव-कुश को जब जीत ।
आए वापस लौट कर, लव-कुश थे अविजीत ।। 5065/5200

राम कहे हनुमान को, लाओ अश्व हमार ।
जाकर देखो कौन हैं, ऐसे वीर कुमार ।। 5066/5200

(हनुमान)

दोहा॰ लव-कुश-आभा देख कर, समझ गए हनुमान ।
"ये तो सुत हैं राम के, वीर कुमार महान" ।। 5067/5200

कपि ने हाथ उठायके, मानी अपनी हार ।
लव-कुश, कपि को बाँध कर, नाचे ताली मार ।। 5068/5200

हनुमत ने मुनि से कहा, यों ही बाँधे हाथ ।
मुझे ले चलो अवध को, देखेंगे रघुनाथ ।। 5069/5200

मुनिवर बोले, ठीक है, यही उचित है बात ।
तभी कथा आगे चले, यथा लिखी है, तात! ।। 5070/5200

अभी समय है आगया, मिलें राम से पुत्र ।
राघव से सीता मिले, यही कथा का सूत्र ।। 5071/5200

(फिर)

दोहा॰ लव-कुश-बाल्मीक ले गए, कपि को राघव पास ।
राघव बोले, क्या हुआ, कौन किया उपहास ।। 5072/5200

तुमने अक्षकुमार को, मारा पत्थर फेंक ।
काँपे तुमको देख कर, राक्षस क्रूर अनेक ।। 5073/5200

अहिरावण की बाँह भी, तुमने डाली तोड़ ।

138. Story of Shrī Rāma's Ashvamedh Yajña

जंबूमाली वीर भी, तुमने डाला फोड़ ।। 5074/5200

तुम रावण दरबार से, भागे धक्का मार ।
भूत पिशाच पलायते, तुमरे रूप निहार ।। 5075/5200

तुम तो सकल उठाइके, लाए द्रोण पहाड़ ।
डर कर दौड़े असुर भी, सुन कर एक दहाड़ ।। 5076/5200

तुम तो वीर महान हो, तुमसा को है वीर ।
किसने बाँधा है तुम्हें, बिना चलाए तीर ।। 5077/5200

(हनुमान)

दोहा॰ हनुमत बोला राम को, बन कर भोला कीश ।
मैं क्या जानूँ कौन ये, तुम जानो, जगदीश! ।। 5078/5200

(और)

दोहा॰ हनुमत बोला, रामजी! ये हैं बाल कुमार ।
मुझसे बढ़ कर वीर हैं, मैंने मानी हार ।। 5079/5200

अंतर्यामी आप हैं, फिर भी, दया-निधान! ।
परिचय इनसे पूछिये, होगा जग कल्याण ।। 5081/5200

(राम)

दोहा॰ कहो कुमारो! कौन हो, क्या हैं तुमरे नाम ।
पिता तिहारे कौन हैं, क्या है उनका काम ।। 5082/5200

माता तुमरी कौन है, कहाँ तुम्हारा धाम ।
मेरा परिचय मैं कहूँ, "राघव" मेरा नाम ।। 5083/5200

(और)

तुमने पाया है कहाँ, धनुर्वेद का ज्ञान ।
तुमरे गुरुवर कौन हैं, कहो सहित सम्मान ।। 5084/5200

तुमने हनुमत को भला, कैसे बाँधा पाश ।
जिसने असुरों का किया, गदा चला कर नाश ।। 5085/5200

जो ना रावण से डरा, असुरों को दी मार ।

138. Story of Shrī Rāma's Ashvamedh Yajña

संजीवन के काज में, लाया शैल उखाड़ ।। 5086/5200

(लव-कुश)

✍दोहा॰ लव-कुश बोले, तो सुनो, कथा हमारी, तात! ।
उत्तर अपने प्रश्न के, सभी प्रेम के साथ ।। 5087/5200

वीणा तारें छेड़ कर, दोनों राम कुमार ।
लगे सुनाने राम को, कथा-समुंदर सार ।। 5088/5200

गीतमाला, पुष्प 152 of 163

राग आसावरी, कहरवा ताल 8 मात्रा

(लव-कुश)

स्थायी

सुना रहे हैं लव-कुश सुंदर, रामायण का कथा समुंदर ।
♫ पधनि सांनिपमं मं- -मंध निध म-गग, -गमधपरेरे सा- साध- धनिधपपप ।

अंतरा-1

ब्रह्मा बोले, नारद धाए, बाल्मीक लेखा, शारद गाए ।
मंगल पावन ये श्लोक सागर, आनंदित हैं भवानी शंकर ।।
♫ -गंगंगंरें गं-गं- -गंगंगंमं गंरेंरें-, -निसांनिध निरेंरें- -निरेंगंरें निरेंसां- ।
-प-सांनि पमंमंमं -मंमंधनिध म-गग, -गमधपरेरे सा - साध-ध निधपपप ।।

अंतरा-2

अवध पुरी में रघुकुल साजा, "दो-वर" दीन्हे दशरथ राजा ।
कैकयी कुब्जा रचा कुचक्कर, भेजा वन में राम सुमंगल ।।

अंतरा-3

हरिण सुनहरा, हरण सिया का, जटायु शबरी, वध बाली का ।
लंका दाहन, सेतु बंधन, लखन संजीवन, रावण भंजन ।।

अंतरा-4

लव-कुश बालक अश्व जीत कर, हारे हनुमत भरत लखन दल ।
भूप अवध का बना है राघव, हर्ष भरे हैं धरती अंबर ।।

(कथा)

138. Story of Shrī Rāma's Ashvamedh Yajña

✍दोहा॰ धर्म परायण वीर था, राजा एक महान ।
रानी उसकी तीन थीं, मँझली उसकी जान ।। 5089/5200

मँझली को "दो-वर" दिये, बड़े मोह के साथ ।
अनजाने में कर गया, अपना आतमघात ।। 5090/5200

रघुपति के सुत चार थे, चारों वीर महान ।
वसिष्ठ विश्वामित्र ने, दिया शास्त्र का ज्ञान ।। 5091/5200

(एक दिन)

✍दोहा॰ इक दिन विश्वामित्र जी, आए दशरथ धाम ।
नृप ने बड़ सत्कार से, कीन्हा उन्हें प्रणाम ।। 5092/5200

दशरथ ने मुनि से कहा, सेवा कहिए, नाथ! ।
जो माँगोगे वार दूँ, बड़े प्रेम के साथ ।। 5093/5200

"ना" मैं उत्तर ना कहूँ, कहूँ शपथ के साथ ।
चाँदी सोना माँगलो, या सेना तैनात ।। 5094/5200

दशरथ को मुनि ने कहा, धन सब है बेकाम ।
मैं आया हूँ माँगने, पुत्र तिहारा, राम ।। 5095/5200

(विश्वामित्र)

✍दोहा॰ वन में सुबाहु ताड़का, कीन्हा है उत्पात ।
राम-लखन के बाण से, होगा उनका पात ।। 5096/5200

वचन भंग अब मत करो, दे दूँगा मैं शाप ।
वादा तोड़ा अगर तो, लग जावेगा पाप ।। 5097/5200

निकल पड़े जब विपिन को, मुनि के सह रघुनाथ ।
लखन लला भी चल पड़ा, गुरु भाई के साथ ।। 5098/5200

एक बाण में राम ने, किया ताड़का पात ।
दूजे शर से लखन ने, कीन्हा सुबाहु घात ।। 5099/5200

(फिर)

✍दोहा॰ मिथिला नगरी में सजा, उत्सव बहुत विशाल ।

138. Story of Shrī Rāma's Ashvamedh Yajña

रचा स्वयंवर जनक ने, शिव-धनु कियो कमाल ।। 5100/5200

रावणादि योद्धा सभी, चढ़ा न पाए तीर ।
शिव-धनु राघव हाथ में, टूट गया बिन पीर ।। 5101/5200

सीता ने फिर राम को, वर माला का हार ।
पहनाया अति हर्ष से, जनक किया सत्कार ।। 5102/5200

(मगर)
दोहा॰ चली कुचक्कर मंथरा, कैकेयी बदनाम ।
दोनों वर को माँग कर, वन में भेजा राम ।। 5103/5200

संग लखन भी चल पड़ा, चली सिया भी साथ ।
चले अयोध्या छोड़ कर, दंडक में रघुनाथ ।। 5104/5200

वन में रावण ने चली, माया-मृग की चाल ।
सीता को शठ लेगया, वायुयान में डाल ।। 5105/5200

(अन्वेश)
दोहा॰ सीता-ढूँढन को चले, राम-लखन दो भ्रात ।
मिला जटायु राह में, लहु से लथपथ गात ।। 5106/5200

जटायु, शबरी ने कहा, जाओ दक्षिण देश ।
हनुमत राघव से मिला, धन्य-धन्य अवधेश ।। 5107/5200

कपिसेना करने चली, सीता का अन्वेश ।
अगस्त्य मुनिवर ने कहा, कहाँ बसा लंकेश ।। 5108/5200

(हनुमान)
दोहा॰ हनुमत राघव से मिला, सर्व सुमंगल योग ।
कपि को राघव ने कहा, सिया बिरह का सोग ।। 5109/5200

लंका में कपि ने किया, सिया मातु का शोध ।
मुंदरी देकर राम की, दिया सिया को बोध ।। 5110/5200

सागर सेतु से हुई, सेना सागर पार ।
मारा रावण राम ने, किया सिया उद्धार ।। 5111/5200

139. Story of Sītā's return back to Earth

(राम)

दोहा॰ राम अवध के नृप बने, नीति नियम के साथ ।
अवध प्रजा का तंत्र था, सेवक थे रघुनाथ ।। 5112/5200

झुके प्रजा के सामने, तजे सिया को राम ।
पूजत मूरत स्वर्ण की, सीता की अभिराम ।। 5113/5200

(सीता)

दोहा॰ हमरी माता है सिया, पिता हमारे राम ।
हमें बालमिक ने दिया, ज्ञान राम के नाम ।। 5114/5200

लव-कुश काण्ड : तीसरा सर्ग

139. धरणी भंग की कथा :

139. Story of Sītā's return back to Earth

कथा

(वाल्मीक मुनिवर)

दोहा॰ लख कर गुरु बाल्मीक को, चरण पड़े श्री राम ।
गुरु बोले, "लाओ सिया," तभी बने शुभ काम ।। 5114/5200

दंड बहुत है पा चुकी, बिना किसी भी दोष ।
हमरे मठ में है सिया, निर्मल शुचि निर्दोष ।। 5115/5200

निरपराध को दंड है, मिला कठिन तम घोर ।
ले आओ उसको यहाँ, मत दो बिरहा और ।। 5116/5200

(राम)

दोहा॰ मुनिवर! कैसी है कहो, सीता मेरी प्राण ।
कैसे काटे हैं कहो, बरस दसों, बिन-राम ।। 5117/5200

(मुनिवर)

(राम)

दोहा॰ लखन-भरत-हनुमान! तुम, लाओ अपनी मात ।
झटपट तुम जाओ, सखे! अरज करे तव भ्रात ।। 5118/5200

139. Story of Sītā's return back to Earth

रथ में बैठे चल पड़े, तीनों आश्रम ओर ।
तमसा तट पर आगए, जहाँ सिया का ठौर ।। 5119/5200

(हनुमान)

✍दोहा॰ माते! हम हैं आपको, लेने आए साथ ।
आज्ञा गदगद हृदय से, दीन्ही हैं रघुनाथ ।। 5120/5200

क्षमा याचना चाहते, तुमसे राघव आप ।
निरपराध को दे दिया, दंड और संताप ।। 5121/5200

लव-कुश दोनों पुत्र हैं, बैठे उनके साथ ।
हर्षित दोनों हैं भए, पकड़ पिता का हाथ ।। 5122/5200

लव-कुश ने गा कर कही, सबसे तुमरी बात ।
नीर राम के नैन में, दीन्हे दोनों भ्रात ।। 5123/5200

राघव बोले, हे प्रभो! बड़ी हुई है भूल ।
मैंने आतप ताप में, फेंक दिया है फूल ।। 5124/5200

(अवध में)

✍दोहा॰ सीता राघव चरण में, गिरी, सजल कर नैन ।
बोली रोती हाँफती, सहित काँपते बैन ।। 5125/5200

(सीता)

✍दोहा॰ क्षमा करो, हे रामजी! मेरी छोटी भूल ।
बहुत बड़ा संकट बनी, दीन्हा सबको शूल ।। 5126/5200

सुन ही लेती मैं अगर, लक्ष्मण का उपदेश ।
सफल न हो पाता कभी, रावण का उद्देश ।। 5127/5200

तजा मुझे तुमने, रघो! यथा प्रजा-आदेश ।
रहें न दुविधा आज ये, ना ही होगा क्लेश ।। 5128/5200

आगे बोली राम से, "तुमरा ना है दोष ।
मेरे जाने में मिला, जनता को संतोष ।। 5129/5200

"तुमने ये निःस्वार्थ ही, किया है कटुतम काज ।

139. Story of Sītā's return back to Earth

जितना दुख आया मुझे, तुमको भी, रघुराज! ।। 5130/5200

"मेरे जीवन में यही, लिखा हुआ है, नाथ! ।
पल दो पल का, है प्रभो! हम दोनों का साथ ।। 5131/5200

"जाने दो मुझको, सखे! अब मत मुझको रोक ।
सहे दुःख इस लोक में, जाने दो पर लोक" ।। 5132/5200

गीतमाला, पुष्प 153 of 163

(सीता महाप्रयाण)

स्थायी

मोहे, जाने दे । भूमि सुता भूमि में जा रही ।
मोहे मत रोक रे । मोहे, जाने दे ।।

♪ गमगरे, गपपध म– । प–प पप– प–ध– प म– गरे– ।
मपप– मम गरेग प– । गमगरे, गपपध म– ।।

अंतरा–1

नन्हे तेरे लव–कुश दोनों, देखा ना तिन है जग कोनों ।
माता का प्रेम दे, जाओ मत सीते ।।

♪ गमगरे गमम– पप पप मपमग, रे–रे– ग– गग ध– पम ग–म– ।
गमगरे ग प–ध म–, गमगरे गम गपम– ।।

अंतरा–2

दुनिया ने तुझ को दुतकारा, बिना दोष के दोष है डारा ।
राघव को छोड़के, जाना मत सीते ।।

अंतरा–3

राघव मुझको जाना होगा, राधा बन कर आना होगा ।
शिव का आदेश है, श्यामा जाने दे ।।

(फिर)

दोहा॰ हे शंकर गौरी! बुझा, नीति नियम की आग ।
जला रही है राम के, अरु मेरे भी भाग ।। 5133/5200

धरती माँ! अब बस हुआ, राखो मेरी लाज ।

139. Story of Sītā's return back to Earth

लाई मुझको तू हि है, वापस ले ले आज ।। 5134/5200

तांडव शिवजी ने रचा, खोली तीजी आँख ।
धरती पल में फट गयी, करके मिट्टी राख ।। 5135/5200

शिवजी! अब झेलो मुझे, नाथ! पसारो हाथ ।
तरेड़ में कूदी सिया, देख रहे रघुनाथ ।। 5136/5200

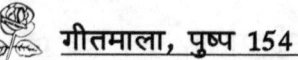

गीतमाला, पुष्प 154 of 163

खयाल : राग दरबारी कान्हड़ा

(तांडव नृत्य)

स्थायी

छम-छम पायल घुँघरू बाजे, छम-छम पायल घुँघरू बाजे ।
साथ में डमडम डमरू बोले, गौरी शंकर तांडव नाचे ।।

♫ मम रेरे- सानिसा रेपग- गमरे सा, मम रेरे- सानिसा रेपग- गमरे सा ।
म-म म पप पप- मपसां- निध-निप, -सां-सां निपमप ग-गम रेसा ।।

अंतरा-1

गल में माला सर्प बिराजे, कटि पर हिरन की छाला साजे ।
शंख फूँकते बम् बम् भोले, धरती अंबर संग में डोले ।। छम॰

♫ मम प- निध-नि- सां-सां सांरेंनिसां-, निसां रेंरें रेंसांसां सां निसांरेंसां ध-निप ।
परेंरें रें-रेंसांरें गं- गंमं रें-सां-, मपसां- निपमप ग-ग म रेसा ।। मम॰

अंतरा-2

सिर पे गंगा, चंद्र जटा में, तन पर भसम बिभूति शिवा के ।
आँख तीसरी शंकर खोले, डम् डम डम् डम डमरू बोले ।।

गीतमाला, पुष्प 155 of 163

तराना : राग मालकंस - तीन ताल

(तांडव नृत्य)

स्थायी

तन ना दिर् दिर् दानि त दानि तानूम् तन नन तन

140. Story of the glory of the Name of Shrī Rāma

दीम् त दीम् त दीम् तूँम् तनन तन ।।

अंतरा

दिर् दिर् तन दिर् दिर् तन दीम् तन नन नन

तदारे तदारे दानि तूम् तन नन नन, दीम् दीम् तन नन, दीम् दीम् तन नन

तिते कत गदि गिन ध - कत -

तिते कत गदि गिन धा - कत - तिते कत गदि गिन ।।

(नारद)

दोहा॰ नारद थे बरसा रहे, सुमन सुगंध अनेक ।
बोले, सीते! श्रेष्ठ तू, सब स्त्रियों में एक ।। 5137/5200

लव-कुश काण्ड : चौथा सर्ग

140. श्री राम-नाम महति की कथा :

140. Story of the glory of the Name of Shrī Rāma

(वन्दना)

कथा

(अनुप्रास)

दोहा॰ परम पूर्ण परमातमा, पूज्य पुण्य प्रिय प्राण ।
पापहरक पुरुषोत्तमा, एक राम है नाम ।। 5138/5200

पतित पावन प्रेम तू, परमेश्वर परिमाण ।
मनसा वचसा कर्मणा, प्रभु को प्रथम प्रणाम ।। 5139/5200

रामचरित चिंतामणी, रोचक चित्र चकोर ।
सुरचित रचना चाँदनी, चारु चमक चितचोर ।। 5140/5200

सुमिरण सुंदर सौख्य से, सजाय सुबहो शाम ।
सियापते! सब सौंप के, साधूँ मैं सुखधाम ।। 5141/5200

दीन-दयाल! दयानिधे! दाता दान उदार ।
दुःख दोष दबाइके, दीजो, देव! दीदार ।। 5142/5200

140. Story of the glory of the Name of Shrī Rāma

नाम नाद का नंद तू, नीति नियम निधान ।
निराकार निर्लेप जो, नमो नमो नित नाम ॥ 5143/5200

एक धनी धन धान्य का, ध्यान ध्येय का धाम ।
धर्मधीर धी धीमहि! धैर्य धुरंधर राम ॥ 5144/5200

भव भय भंजक भो: प्रभो! भाग्य भरो भगवान् ! ।
भारत भूप भला करो, भजूँ भजूँ भगवान् ! ॥ 5145/5200

रोम-रोम रत राम में, राम रतन रममाण ।
राम राम रटता रहूँ, रत्नाकर मैं, राम! ॥ 5146/5200

जो जपता जगनाथ को, उसे जगत में जीत ।
जानकी जीवन रामजी, जय जय जय जगदीश! ॥ 5147/5200

राम-नाम)

 दोहा॰

श्री रामायण की कथा, करत जगत कल्याण ।
गीत सिंधु, कवि आदि का, हरत सकल अज्ञान ॥ 5148/5200

रामायण की ये कथा, पावन पुण्य स्वरूप ।
जो पढ़ता है भक्ति से, वह पाता सुरभूप ॥ 5149/5200

सुख संपद् शुभ ज्ञान से, नर पाता सुविचार ।
मन में मंगल शाँति हो, विचरे मोद अपार ॥ 5150/5200

सुदूर भागे भगत के, तन-मन से सब दोष ।
निर्मल अनुपम फिर बसे, निश-दिन चिर संतोष ॥ 5151/5200
रामायण सुख सादगी, सेवा स्नेह सिखाय ।
त्याग नीति गुण धर्म का, सच्चा मार्ग दिखाय ॥ 5152/5200

गीतमाला, पुष्प 156 of 163

दादरा ताल

(राम-नाम महती की कथा)

स्थायी

140. Story of the glory of the Name of Shrī Rāma

गीत शारद ने मंजुल है गाया, साज नारद मुनि ने बजाया ।
रत्नाकर से है मंगल रचाया, रामायण को है सुंदर सजाया ।।

♫ म–ग म–म– म प–म– ग म–प–, रे–ग म–म– मध– प– मग–म– ।
रेगम–म म– म ध–प– गम–प–, रे–ग–म– म– म ध–प– मग–रे– ।।

अंतरा–1

बूझी जिसने ये रामऽ कथा है, मिटी उस नर की जीवन व्यथा है ।
उसने स्वर्गिऽक है ज्ञान पाया, भवसागर का तारऽ लगाया ।।

♫ सांसां निनिरें– सां ध–नि– धप– म–, सांसां निनि रेंरें सां ध–निनि धप– म– ।
म–ग म–म–म प– म–ग म–प–, रेगम–मम म ध–प– मग–रे– ।।

अंतरा–2

राम का नाम पापों को धोता, राम का नाम शुभ नाद होता ।
राम का नाम है जिसने गाया, पुण्य बुद्धि का आनंद पाया ।।

अंतरा–3

राम का नाम अमृत से गीला, प्रेम किरपा के रस से रसीला ।
जिसने राघव को मन में बसाया, उस पर दिन–रात ममता की माया ।।

(और)

✍ दोहा॰ मुख में जिसके राम का, निश–दिन बसता नाम ।
सुख मय उसका रास्ता, कर देते श्री राम ।। 5153/5200

जिसने लीन्हा नाम ना, दुख मय उसके काम ।
राम–नाम आधार है, राम–नाम सुख धाम ।। 5154/5200

रत्नाकर सा चोर भी, रट कर नाम अनंत ।
पाप ताप सब धोइके, बना बालमिक संत ।। 5155/5200

पितु–आज्ञा सिर पर धरे, वन को निकले राम ।
तज कर सुख सब महल के, मातु बंधु निज धाम ।। 5156/5200

निकली सीता साथ में, धर्मचारिणी नार ।
सुख–दुख दोनों सम किए, रामचंद्र की दार ।। 5157/5200

140. Story of the glory of the Name of Shrī Rāma

गीतमाला, पुष्प 157 of 163

राग खमाज, कहरवा ताल 8 मात्रा

(रामायण)

रामायण की अमर कहानी, मुनिवर कह गए ध्यानी, रे ।
राम कथा की अमृत वाणी, सुन सुन जन भए ज्ञानी, रे ।।

♫ पधम-गग रेसा सासाग गपम-म-, गमपप पप धसां निधपम मधपमग ।
गमध धध- ध- धनिधनि पधप -, गम पप पप धसां निधपम मधपमग ।।

अंतरा-1

राम-नाम का चल कर जादू,
पाप ताप सब भागे, रे ।
पापी लुटेरा रत्नाकर भी, बन गयो बाल्मीकि आगे, रे ।।

♫ गमध निसांसां सां- निनि सांरें निसांनिध,
नि-नि निसांसां सांसां पनिसांरेंनिसां- नि-धप ।
ग-ग मध-ध- धनिधनिपध प-, गम पप पपधसां धपगम मधपमग ।।

अंतरा-2

वचन पिता का सिर पर धर के, त्यागा राज को हासी, रे ।
सौतन माँ की तृप्ति करने, बना राम वनवासी, रे ।।

अंतरा-3

सुख-दुख दोनों समान कर के, जस कहती है गीता, रे ।
साथ पति के वन को निकली, धर्मचारिणी सीता, रे ।।

(महिमा)

दोहा॰ **नीति प्रीति श्रद्धा कृपा, जिस सत्ता की नींव ।**
राम-राज्य जिस देश में, परम सुखी हर जीव ।। 5158/5200

गीतमाला, पुष्प 158 of 163

(राम कहानी)

स्थायी

सुनो जी राम कहानी, सुनो जी श्याम कहानी ।

140. Story of the glory of the Name of Shrī Rāma

दोनों समुंदर दोनों सुहानी, दोनों बड़ी पुरानी ।।

♪ सारे- ग- प-म गरे-म-, पमग रे- प-म गरेगसा- ।
सा-रे गम-मम प-म गरेसा-, सा-रे- गप- मगरेसा- ।।

अंतरा-1
दोनों ही नीति सिखलाती, दोनों ही प्रीति दिखलाती ।
एक मथुरा, एक अवध की, गंगा जमुना पानी ।।

♪ सा-रे ग- म-प- मगरे-ग-, रे-ग- म- प-ध- पमग-म- ।
सा-रे रेग-म-, प-म गरेरे ग-, सा-रे- गपम- गरेसा- ।।

अंतरा-2
बंधु लखन का प्रेम परम है, सुदामा मित्र अमर है ।
सीता दीन्ही त्याग निशानी, राधा प्रेम दीवानी ।।

अंतरा-3
एक में वीर कथाएँ बाँकी, एक में बाल-लीला की झाँकी ।
आदि वाल्मीकि व्यास की बानी, लावे आँख में पानी ।।

अंतरा-4
राम रखा हनुमत बलशाली, कृष्ण सखा अर्जुन धनुधारी ।
रावण कंसन दुर्योधन को, याद दिलाई नानी ।।

(अतः)

दोहा॰ चरित्र अनुपम राम का, जग विख्यात अपार ।
वाक्य-वाक्य जिसका करे, भवसागर से पार ।। 5159/5200

पापी डाकू चोर वो, जप कर राघव नाम ।
पाप ताप मिट कर भया, पावन पूज्य महान ।। 5160/5200

जादू राघव नाम का, पावन परम अपार ।
एक शब्द शुभ नाम का, दूर करे अँधकार ।। 5161/5200

राम-नाम वो दीप है, सदाचार की ज्योत ।
भवसागर का पार है, पुण्य ज्ञान का स्रोत ।। 5162/5200

 गीतमाला, पुष्प 159 of 163

140. Story of the glory of the Name of Shrī Rāma
(राम तेरो धाम)

स्थायी

हरि रे तेरो, धाम परम सत् नाम ।

♪ मग म गरे-, ध-प मगग मग रे-रे ।

अंतरा–1

शाँति निकेतन वही जहाँ से, लौटन का नहीं काम ।

♪ सा-रे गम-मम गप- धपम ग-, रे-गग मप मग रे-रे ।

अंतरा–2

बिन गल माला शीश तिलक के, पैदल घटत पर्याण ।

अंतरा–3

बैठ मजे से रथ में यम के, बिना दिये कछु दाम ।

(और)

दोहा॰ निषाद केवट ने किया, रघु को गंगा पार ।
राघव आशिष से हुआ, भवसागर से तार ॥ 5163/5200

जटायु राघव गोद में, लीन्ही अंतिम साँस ।
हरि सेवक खग वीर वो, लिया स्वर्ग में वास ॥ 5164/5200

राम-नाम गाते चली, सच्चे मन से नार ।
शबरी मंगल भाव से, पाई थी उद्धार ॥ 5165/5200

(और)

दोहा॰ सुग्रीव दीन्हा राम को, सेवक कपि हनुमान ।
पाया पत्नी राज्य भी, रामायण में नाम ॥ 5166/5200

अंगद कीन्ही राम की, सेवा सेतु रचाय ।
किष्किंधा का पति बना, हरि में ध्यान लगाय ॥ 5167/5200

बनी भगत मंदोदरी, मन में आस्तिक भाव ।
सीता की रक्षा करी, शिवजी दीन्ही छाँव ॥ 5168/5200

रावण दूषण ताड़का, सुबाहु खर मारीच ।
राम-लखन के बाण से, गिरे मुक्ति के बीच ॥ 5169/5200

140. Story of the glory of the Name of Shrī Rāma

लक्ष्मण जाया उर्मिला, करके निर्मम त्याग ।
लिया परम पद स्वर्ग में, राम जगाया भाग ।। 5170/5200

भरत सुबंधु राम का, आज्ञाकारी दास ।
संग लखन शत्रुघ्न के, वैकुंठ में निबास ।। 5171/5200

राघव दर्शन पाइके, सहमा असुर कबंध ।
राघव-सेवा से भया, विमुक्ति से अनुबंध ।। 5172/5200

तारा, बाली की वधू, भई राम की दास ।
रामराज्य स्थापित किए, मिला स्वर्ग में वास ।। 5173/5200

अंगद ऋष नल नील भी, मरुत हरि जामवान ।
राघव की सेवा किए, स्वर्ग गए हनुमान ।। 5174/5200

बाली मरते दम किया, राम-नाम उद्गार ।
विनम्र पश्चाताप से, मिला उसे उद्धार ।। 5175/5200

रूमा देवी थी पड़ी, राम चरण में आन ।
सुग्रीव पत्नी को मिला, इन्द्रलोक में स्थान ।। 5176/5200

बाली अरु लंकेश में, जाग पड़ा था ज्ञान ।
पाए दोनों स्वर्ग थे; कंस नरक में धाम ।। 5177/5200

(और)

संपाती खग ने कहा, शठ रावण का नाम ।
राघव सेवा से मिला, उसको पावन धाम ।। 5178/5200

अगस्त्य विश्वामित्र ने, दीन्हे सद् उपदेश ।
सेवा कर निष्काम से, किया प्रसन्न रमेश ।। 5179/5200

सरमा पत्नी असुर की, विभीषण जी की दार ।
सेवा सीता की किए, पाई परम उबार ।। 5180/5200

राम-नाम रटती चली, बनी अहल्या शील ।
राम चरण से शुचि भई, अत्रिपत्नी सुशील ।। 5181/5200

140. Story of the glory of the Name of Shrī Rāma

दीन्हा सीता को सती, अनसूया उपदेश ।
पुण्य कर्म करके मिला, उसको स्वर्ग प्रवेश ।। 5182/5200

करके सेवा राम की, भरद्वाज शरभंग ।
सुतीक्ष्ण ऋषियन को मिला, स्वर्ग वास आनंद ।। 5183/5200

वन के ऋषि-मुनि भगत जो, लीन्हे राघव ध्यान ।
सत्संगी सब वृंद को, मिला स्वर्ग में स्थान ।। 5184/5200

लिख कर रघु की जीवनी, बाल्मीक तुलसी दास ।
पाया कविवर स्वर्ग में, स्थान, राम के पास ।। 5185/5200

(और भी)

दोहा॰ विभीषण बोला राम को, लंकेसर का भेद ।
बना विभीषण भूप था, मिटा असुर का खेद ।। 5186/5200

हनुमत छाती फाड़ कर, दिखलायो श्री राम ।
तन-मन राम समाइके, कीश बना भगवान ।। 5187/5200

श्लोक छंद

(श्रीरामचरितम्)

चरितं रघुनाथस्य श्लोकपदैः सुभाषितम् ।
एकेनैवाक्षरेणास्य मुच्यते भवसागरात् ।। 1

♪ सासासा- रेरेरे-ग-रे-, ग-गगग- गम-मंम- ।
ग-ग-ग-ग-ममं-म-ग-, ध-मंम- मंमंम-गरे ।।

रामायणं हि सर्वेषां भुक्तिमुक्तिफाप्रदम् ।
स्मरणं रघुवीरस्य सर्वमङ्गलकारकम् ।। 2

पापी च मुच्यते पापाद्-आर्तो दुःखात्प्रमुच्यते ।
निष्पुत्रो लभते पुत्रं भवति निर्धनो धनी ।। 3

एतं रामायणं नित्यं त्रिकाले यः पठेन्नरः ।
रामकृपां ततः प्राप्य सर्वपापाद्विमुच्यते ।। 4

इतीदं पावनं शास्त्रं रत्नाकरेण वर्णितम् ।

140. Story of the glory of the Name of Shrī Rāma

प्रतिदिनं स्मरेन्नित्यं विघ्नं तस्य न विद्यते ।। 4

(जप)

दोहा॰ चिंतन वन्दन राम का, करके करना काम ।
पठन रटन शुभ नाम का, कहिए जय जय राम ।। 5188/5200

उल्कामुख हरि नाम का, करके अविरत जाप ।
आया दशरथ रूप में, नष्ट हुए सब पाप ।। 5189/5200

राम चरित मानस लिखा, तुलसीदास महान ।
गोस्वामी कवि संत को, मिला स्वर्ग का धाम ।। 5190/5200

राम-नाम दोहे लिखे, कविवर संत कबीर ।
दोहावली के नाम से, भया महान फकीर ।। 5191/5200

 गीतमाला, पुष्प 160 of 163

(राम-नाम सुखदाई)

स्थायी

जप ले रे राम राम, नाम सुखदाई ।
♪ रेग म म प- प-, प-ध पमग-रे- ।

अंतरा-1

हरि ओम् वन्दे वन्दे, प्रभु मोहे पाहि, हरि भगतन रघुवर पुर जाई ।
♪ सारे- ग-ग म-प- म-ग-, पम- म-ग रे-ग-, मम मममम ममपध पम ग-रे- ।

अंतरा-2

श्रीकृष्ण राधे राधे, जप सुखकारी, निश-दिन हरि हरि, भजु मन माही ।

अंतरा-3

जै शिव अंबे अंबे, सब दुखहारी, फिर भव सागर डर कछु नाही ।

(और)

दोहा॰ स्वामी रामानंद ने, पूज पूज कर राम ।
भारत भूमि का किया, जग में उज्ज्वल नाम ।। 5192/5200

मीरा दीवानी भई, गा गा कर हरि नाम ।

140. Story of the glory of the Name of Shrī Rāma

विष का प्याला पी गयी, उसे लिया हरि थाम ।। 5193/5200

गीतमाला, पुष्प 161 of 163

(मीरा)

स्थायी

मीरा पी गई बिस का प्याला, ना हुई उईमा ना भई पीरा ।

केसब की सब लीला ।।

♫ ऩिध़ऩि- सा- सासा रेग गमं रेगरेसा, ग - मंप धधमंग ग- गमं रेगरेसा ।

ग-मंध सां- निधधनिसांरेंगंरेंसांनिधपमंगरेगरेसा ।।

अंतरा–1

राणा जी से नाता तोरा, जग जन से मीरा मुख मोरा ।

मोहन संग मन जोड़ा ।।

♫ धमंमंग मं- ध- धनिसांसां- निरेंसां-, निध निनि सां- सां-सांरें गंरें सांनिसांनिध ।

ध-धगं रेंसां सांसां धनिसांरेंगंरेंसांनिधपमंगरेगरेसा ।।

अंतरा–2

राधावर का नाम पियारा, गाई निश-दिन हरि हरि मीरा ।

हँस कर जीवन छोड़ा ।।

(और)

✍दोहा॰ रामदास स्वामी दिया, "दासबोध" का ज्ञान ।
राम कृपा से जगत को, मनश्श्लोक का दान ।। 5194/5200

कविवर ब्रह्मानंद जी, लिख्यो राम के गान ।
स्वामी सत्यानंद ने, राम चरित मधु तान ।। 5195/5200

राम कथा संगीत की, लिखकर छंदागार ।
रत्नाकर अज्ञान से, किया स्वयं उद्धार ।। 5196/5200

गीतमाला, पुष्प 161 of 163

दादरा ताल

(सरस्वती कृपा)

140. Story of the glory of the Name of Shrī Rāma

स्थायी

ये मंगल औ सुंदर, है किरपा तिहारी । देवी! शारदे ।।

♫ म म-म- ग म-रे-, म म-म- गम-रे- । म-प म-गम- ।।

अंतरा-1

मेरी माँ! मेरी माँ! द्वार पे तेरे, आके खड़ा हूँ, देवी! ज्ञान दे ।

♫ मप ध-! निध- प-! पध- नि ध-प-, प-ध निध- प-! म-प म-ग म- ।

अंतरा-2

गरीमा गरीमा, अपारा तिहारी, भव में पड़ा हूँ, देवी! तार दे ।

अंतरा-3

तेरे बिना मैं, बीच भँवर में, कबसे खड़ा हूँ, देवी! ध्यान दे ।

अंतरा-4

सुनने को मंजुल, ये वीणा तिहारी, आतुर बड़ा हूँ, देवी! वागीशे ।

गीतमाला, पुष्प 162 of 163

(महामंत्र)

हरे, राम राम राम, हरे रा-म! हरे राम राम राम, हरे रा-म!
हरे राम राम राम! हरे राम राम रा-म! हरे राम राम राम, हरे राम!

♫ सारे, ग- ग- ग-, सारे ग-! रेग- म- म- म-, रेग म-!
मप ध-, ध- ध-! निध प- प- प-! मग रे- रे- रे- सारे ग-! ।।

(समापन)

दोहा॰ **नारद शारद की कृपा, रामकृष्ण आशीष ।**
गौरी की अरदास फिर, राधे का संदेश ।। 5197/5200

रत्नाकर कृत कवित में, संगीत समावेश ।
राम कृष्ण का चरित इति, पूर्ण होत निःशेष ।। 5198/5200

धन्य हुआ कवि आज ये, पाकर माँ आशीष ।
खड़ा तिहारी शरण में, नम्र झुका कर शीश ।। 5199/5200

सरस्वती माँ ने दिया, मुझको जो वरदान ।
वाणी से मैं कर सका, राम कृष्ण का गान ।। 5200/5200

140. Story of the glory of the Name of Shrī Rāma

चरित्र हरि का श्रवण कर, मिट जावें सब क्लेश ।
रहें सभी जन प्रेम से, रहे न ईर्ष्या द्वेष ।। 5201/5200

राम-राज्य हो विश्व में, मिटे सभी अज्ञान ।
रावण कंसों का कभी, रहे न नाम निशान ।। 5202/5200

रत्नाकर ने है किया, रामकृष्ण का गान ।
गीता के संदेश से, बने जगत कल्याण ।। 5203/5200

रामकृष्ण के चरित का, करके अमृत पान ।
उसी ज्ञान भँडार से, मिटे सभी अज्ञान ।। 5204/5200

(इति)

दोहा॰ ब्रह्मर्षि नारद कहे, रत्नाकर को बात ।
सरस्वती माँ से दिशा, मिली उसे दिन-रात ।। 5205/5200

कीर्तन भजनों से भरा, गीतों का यह ठाठ ।
राम कृपा से है बुना, लव-कुश काण्ड का पाठ ।। 5206/5200

गीतमाला, पुष्प 163 of 765

राग : दरबारी, तीन ताल 16 मात्रा

(हरि के बिना)

स्थायी

हरि के बिना, नाही रे सुख जग माही ।
राम भगत के पितु और माई, और न दाता कोई ।।

अंतरा-1

राम पिता अरु राम ही माता, राम ही है सुखदाई ।

अंतरा-2

राम हमारा एक सहारा, राम! हमें तू त्राहि ।

अंतरा-3

राम नियारा, राम पियारा, राम! हमे पाहि पाही! ।

इति रत्नाकररचिता सङ्गीत श्रीरामायण दोहावली

www.ingramcontent.com/pod-product-compliance
Lightning Source LLC
Chambersburg PA
CBHW081102080526
44587CB00021B/3414